Kohlhammer

Behinderung, Bildung, Partizipation
Enzyklopädisches Handbuch der Behindertenpädagogik

Herausgegeben von
Iris Beck, Georg Feuser, Wolfgang Jantzen, Peter Wachtel

Gesamtherausgeber:
Wolfgang Jantzen

Redaktion:
Birger Siebert

Band 3

Astrid Kaiser/Ditmar Schmetz/Peter Wachtel/Birgit Werner (Hrsg.)

Bildung und Erziehung

Verlag W. Kohlhammer

Gesamtherstellung:
W. Kohlhammer Druckerei GmbH + Co. KG, Stuttgart
Printed in Germany

ISBN 978-3-17-019632-2

Vorwort der Gesamtherausgeber

Das Enzyklopädische Handbuch der Behindertenpädagogik „Behinderung, Bildung, Partizipation" ist ein Lexikon in Stichwörtern, die jedoch nicht alphabetisch, sondern thematisch in zehn Bänden strukturiert wurden. Insgesamt wurden ca. 20 Haupt-, 100 mittlere und 300 kleine Stichwörter erarbeitet. Sie suchen zum einen in ihrer Gesamtheit einen Zusammenhang des Fachwissens herzustellen, in dem jedes Stichwort und zugleich jeder Band verortet ist. Zum anderen aber bilden die Einzelbände aufeinander bezogene thematische Einheiten. Somit ist das Gesamtwerk in zwei Richtungen lesbar und muss zugleich auch so gelesen werden: als Bestand aufeinander verweisender zentraler Begriffe des Faches zum einen und als thematischer Zusammenhang in den Einzelbänden zum anderen, der aber jeweils auf die weiteren Bände verweist und mit ihnen in engstem Zusammenhang steht. Dementsprechend wurden Verweise sowohl innerhalb der Einzelbände als auch zwischen den Bänden vorgenommen, wobei einzelne Überschneidungen unvermeidbar waren.

Der Anspruch, das Gesamtgebiet der Behindertenpädagogik darzustellen, kann angesichts der Differenzierung und Spezialisierung der Einzelgebiete und ihrer schon je komplexen Wissensbestände nicht ohne Einschränkung eingelöst werden. So ging es uns nicht darum, diese Komplexität aller Theorien, Methoden, Handlungsansätze und Einzelprobleme in Theorie und Praxis einzufangen, sondern den Wirklichkeits- als Gegenstandsbereich der wissenschaftlichen Behindertenpädagogik hinsichtlich seiner konstitutiven Begriffe, Aufgaben und Problemstellungen zu erfassen. Dabei sollte der grundlegende, auf aktuellen Wissensbeständen beruhende und der zugleich erwartbar zukunftsträchtige nationale und internationale Forschungs- und Entwicklungsstand im Sinne einer synthetischen Human- und Sozialwissenschaft berücksichtigt werden. Reflexives Wissen bereit zu stellen ist also die wesentliche Intention. Dies gelingt nur, wenn aus anderen Wissenschaften resultierende Forschungsstände und Erkenntnisse möglichst breit und grundlegend verfügbar gemacht werden. Aufgrund der komplexen biopsychosozialen Zusammenhänge sowohl von Behinderung als auch von Persönlichkeitsentwicklung und Sozialisation müssen das gesamte humanwissenschaftliche Spektrum Berücksichtigung finden und insbesondere Philosophie, Psychologie und Soziologie, aber auch Medizin und Neurowissenschaften einbezogen werden. Gerade der neurowissenschaftliche Bezug, der selbstverständlich äußerst kritisch betrachtet wird, ist notwendig, um gegen neue Formen der Biologisierung die entsprechenden Argumente für Vielfalt und Differenz auf jeder Wissenschaftsebene, also auch auf der neurowissenschaftlichen, in die Debatte führen zu können. Vorrangig mit Blick auf die disziplinäre Verortung ist jedoch die Erziehungswissenschaft, Behindertenpädagogik ist eines ihrer Teilgebiete.

Für die Konzeption ist ein Bildungsverständnis tragend, das Bildung als Möglichkeit zur selbstbestimmten Lebensführung, zur umfassenden Persönlichkeitsentwicklung und gesellschaftlichen Teilhabe betrachtet; mit Wolfgang Klafki: Entwicklungen der Fähigkeiten zur Selbstbestimmung, Mitbestimmung und Solidarität, entwicklungspsychologisch mit Wolfgang Stegemann als Entwicklung auf höheres und auf höherem Niveau. Die erziehungswissenschaftliche Begründung von Bildungs- und Erziehungszielen muss über gesellschaftliche Erwartungen, wie sie sich in Forderungen nach einem Wissenskanon als Zurüstung auf die berufliche Eingliederung niederschlagen können, notwendigerweise hinausreichen und die Lebensbewältigung insgesamt umfassen. Bildung und Erziehung eröffnen Optionen für die Lebensgestaltung, und das bedeutet, die eigene Identität nicht nur schicksalhaft oder einzig von außen determiniert zu erleben, sondern auch über Möglichkeiten der Selbstverwirklichung und der Auswahl von Handlungsmöglichkeiten zu verfügen, Zwänge und Grenzen ebenso wie Handlungs- und Veränderungsmöglichkeiten erkennen und nutzen zu können. Nicht in jedem Fall, in dem diese Möglichkeiten nicht per se aufscheinen, ist diese Problematik begrifflich quasi automatisch mit Behinderung zu fassen. Umgekehrt heißt Bildung aber auch, solche Strukturen und Prozesse zu gestalten, die „Bildung für alle, im Medium des Allgemeinen", unabhängig von Kriterien, ermöglichen. Behinderungen im pädagogischen Sinn liegen dort vor, wo die Teilhabe an Bildung und Erziehung gefährdet oder erschwert ist oder wo Ausgrenzungsprozesse drohen oder erfolgt sind, und zwar aufgrund eines Wechselspiels individueller, sozialer und ökonomischer Bedingungen. Hier tritt die Frage der Ermöglichung von Partizipation in den Vordergrund. „Wo Menschen aus ihren Lebenszusammenhängen herausgestoßen werden, da wird lernender und wissender Umgang mit bedrohter und gebrochener Identität zur Lebensfrage" (Oskar Negt) und ebenso die Ermöglichung von Lebenschancen. Damit werden zugleich eine Abgrenzung zu sozial- oder bildungsrechtlichen Definitionen und eine weite Begriffsbestimmung von Behinderung vorgenommen, im Bewusstsein der Problematik, die diese mit sich bringt. Doch fasst auch der schulrechtliche Begriff des sonderpädagogischen Förderbedarfs, der wiederum nur partiell deckungsgleich mit dem sozialrechtlichen Behinderungsbegriff ist, äußerst heterogene, darunter auch rein sozial bedingte Benachteiligungsprozesse zusammen. Pädagogik heißt für uns somit auch nicht einseitige und ständige Förderung. Emil E. Kobi hat dies in der Gegenüberstellung einer ‚Pädagogik des Bewerkstelligens', der es immer um den Fortschritt geht, die sich nur auf den Defekt richtet und das So-Sein nicht anzuerkennen in der Lage ist, und einer ‚Pädagogik der Daseinsgestaltung' beschrieben, die anerkannte Lebensbedingungen zwischen gleichberechtigten und als gleichwertig anerkannten Subjekten und eine befriedigende Lebensführung auch bei fortbestehenden Beeinträchtigungen zu schaffen vermag. In diesem pädagogischen Verständnis von Behinderung liegt eine Begründung für die Beibehaltung des Begriffs der Behindertenpädagogik. Wir respektieren Benennungen wie Förder-, Rehabilitations-, Sonder-, Heil-, Integrations- und Inklusionspädagogik; der Begriff der Behinderung hebt jedoch wie kein anderer nicht nur die intransitive Sicht des behindert Seins, sondern auch die transitive Sicht des behindert Werdens hervor und lässt sich pädagogisch sinnvoll begründen. Ebenso entgeht er Verengungen mit Blick auf den Gegenstandsbereich; behindertenpädagogisches Handeln greift weit über den Bereich der institutionalisierten Erziehung und Bildung hinaus und findet lebensphasen- und lebensbereichübergreifend statt; auch innerhalb des schulischen Bereichs ist das Handeln weitaus vielfältiger als allein unterrichtsbezogene Tätigkeiten; gleichwohl bleiben diese prominente Aufgaben. Behindertenpädagogik, in diesem weiten Sinne intransitiv verstanden, ist zwar einerseits Teilgebiet der Erziehungswissenschaft, andererseits trägt sie in transitiver Hinsicht zu deren Grundlagen bei. Denn behindert werden und eingeschränkt zu sein sind alltäglich und schlagen sich keineswegs nur in der sozialen Zuschreibung von Behinderung nieder. Entgegen der noch vorfindbaren Gliederung nach Arten von Beeinträchtigungen bzw. schulischen Förderschwerpunkten und einer institutionellen Orientierung ist für uns ein an den Lebenslagen und an der Lebenswirklichkeit der Adressaten von Bildungs- und Erziehungsangeboten orientiertes Verständnis pädagogischen Handelns leitend. Diese Perspektive auf den individuellen Bedarf an Unterstützung für eine möglichst selbst bestimmte Lebensführung ist der Bezugspunkt der personalen Orientierung, aber dieser Bedarf impliziert immer auch den Bedarf an Überwindung der sozialen Folgen, also der behindernden Bedingungen des Umfelds. Traditionell wird der Lebenslauf- und Lebenslagenbezug der Pädagogik durch die Gegenstandsbezeichnungen der einzelnen Teildisziplinen angezeigt (Pädagogik, Andragogik, Geragogik einerseits; Sozial-, Berufs-, Freizeitpädagogik usw. andererseits). Hiermit können aber auch Abgrenzungen und Abschottungen einhergehen, so dass der Bezug zur Lebenslage als Ganzer und zum Lebenslauf in seiner biographischen Gewordenheit verloren geht. Lebenslagen- und Lebenslauforientierung stellen demgegenüber die notwendige Gesamtsicht her, die allerdings in ihrer Bezugnahme auf die Chancen und Grenzen selbstbestimmter Lebensführung einer Pädagogisierung im Sinne der andauernden intentionalen Erziehung entgehen muss. Sie hebt die spezifischen Gegenstandsbestimmungen und Handlungskonzepte der erziehungswissenschaftlichen Teildisziplinen nicht auf, sondern wird als konzeptionelle und methodische Leitperspektive tragend. Ebenso hat jedes Verständnis von individueller Teilhabe- und Bildungsplanung die Deutungshoheit der auf Unterstützung und pädagogisches Handeln angewiesenen Menschen zu respektieren und zentral von politischer Mitwirkung und der Gewährleistung der Menschen- und Bürgerrechte auszugehen. Dies verlangt die Demokratisierung und Humanisierung der Handlungsprozesse und Strukturen in Theorie und Praxis sowie die Auseinandersetzung mit Ethik, Moral und Professionalität.

Die aus diesem Verständnis von Bildung, Behinderung und Partizipation resultierenden Fragen lassen sich zusammenfassen in die nach dem Verhältnis von Ausschluss und Anerkennung, Vielfalt und Differenz, Individuum und Gesellschaft, Entwicklung und Sozialisation, System und Lebenswelt, Institution und Organisation, über die Lebensspanne hinweg und immer bezogen auf die Grundfrage nach Bildung und Partizipation angesichts behindernder Bedingungen.

Von diesen Grundgedanken ausgehend wurde die Konzeption und Anlage der Stichwörter von Iris Beck und Wolfgang Jantzen erarbeitet und dann durch das Team der Bandherausgeber kritisch überprüft und ergänzt. Es ergibt sich folgende Gesamtanlage: die Bände 1 und 2 dienen der wissenschaftlichen Konstitutionsproblematik mit Blick auf die wissenschaftstheoretische Begründung des Fachs einschließlich der erziehungswissenschaftlichen Verortung und dem Verhältnis von Behinderung und Anerkennung. Die Bände 3 bis 6 repräsentieren Aufgaben und Probleme der Bildung und Erziehung im Lebenslauf mit den Kernfragen nach Bildung, Erziehung, Didaktik und Unterricht zum einen, Lebensbewältigung und gleichberechtigter Teilhabe am Leben in der Gemeinde zum anderen. Die Bände 7 bis 10 behandeln Entwicklung und Lernen, Sprache und Kommunikation, Sinne, Körper und Bewegung sowie Emotion und Persönlichkeit. Sie stellen grundlegende pädagogische Auseinandersetzungen über Persönlichkeitsentwicklung und Sozialisation angesichts behindernder und benachteiligender Bedingungen dar, und zwar in übergreifender Sicht, die zugleich die notwendigen speziellen und spezifischen Aspekte zur Geltung bringt. Allgemeines und Besonderes sind insgesamt, über alle Bände hinweg, vielfach aufeinander bezogen und haben gleichsam ihre Bewegung aneinander. Dort, wo sich gemeinsame Probleme quer zu speziellen Gebieten stellen, sind diese auch allgemein und mit der Absicht der Grundlegung behandelt, auch um Redundanzen zu vermeiden. Dort, wo ohne Spezifizierung zu grobe Verallgemeinerungen und damit unzulässige Reduktionen erfolgt wären, sind die Besonderheiten aufgenommen. Angesichts der zahlreichen Publikationen, die spezielle und spezifische Fragen en detail und mit Blick auf Einzelprobleme behandeln, ist diese Entscheidung auch vor dem Hintergrund einer ansonsten nicht zu gewährleistenden Systematik getroffen worden.

Wir sind uns bewusst, dass dieser Versuch der Systematik nicht ohne Lücken, Widersprüche und Redundanzen auskommt. Die allfällige Kritik hieran verstehen wir im Sinne des „Runden Tisches“, als den wir die Zusammenarbeit unter den Herausgebern und Autoren verstehen, als Motivation zu neuen Fragen und neuer Forschung.

Wir danken allen Bandherausgebern und Autoren für ihre konstruktive Arbeit, die in Zeiten der Arbeitsverdichtung und Effizienzsteigerung nicht mehr selbstverständlich erwartet werden kann.

Iris Beck
Georg Feuser
Wolfgang Jantzen
Peter Wachtel

Vorwort

Bildung und Erziehung in der modernen Gegenwartsgesellschaft sind einerseits in speziellen Bildungsinstitutionen angesiedelt wie z. B. Schule, Ausbildung und Hochschule, andererseits finden sie an non-formalen und an informellen Orten wie in Familien, Kindertages- und Jugendeinrichtungen, in Arbeit und Freizeit statt. Die Bedeutung der non-formalen und informellen Bildung im Kindes- und Jugendalter findet in besonderer Weise im Bericht „Konzeptionelle Grundlagen für einen Nationalen Bildungsbericht" des Bundesministeriums für Bildung und Forschung (2004) Beachtung. Auf dem Weg in die künftige Wissensgesellschaft nimmt die Bedeutung dieser Bildung im Rahmen einer zunehmenden Entgrenzung der Bildungsorte zu. Stattdessen vollziehen sich Bildungsprozesse häufig im sozialen Nahraum der Familie und Nachbarschaft, der Peergruppe, in der Medien- und Inventkultur, insbesondere über das Internet. Das in diesem Band zugrunde gelegte Bildungs- und Erziehungsverständnis ist daher weit gefasst und in den Konturen darauf angelegt, Bildbar- und Erziehbarkeit des Individuums im Sinne von Befähigung zur autonomen Handlungsfähigkeit in möglichst vielen Bereichen des Lebensalltags, zur individuellen und sozialen Entwicklung der eigenen Persönlichkeit und zur sozialen Teilhabe am Leben in der Gesellschaft zu fördern. Von diesem Bildungs- und Erziehungsverständnis ausgehend, wird zugleich die normative Dimension erkennbar, die sich in vielfältigen Formen der Bildungsförderung, aber auch der Bildungsbenachteiligung äußern kann. So verweist der Anspruch auf Bildungsgerechtigkeit bereits auf mögliche und real existierende Benachteiligungen bei Menschen mit Behinderungen. Die Ergebnisse aus der PISA-Studie (2001) und aus IGLU (2003) z. B. dokumentieren die Problematik sozialer Ungleichheit im deutschen Bildungssystem. Die Dimensionen von Bildungsbenachteiligungen umfassen nicht nur Behinderung, sondern auch weitere Bereiche wie Schichtzugehörigkeit, Geschlecht, Religionszugehörigkeit, Migrationshintergrund. Der Aspekt der Ungleichheit in Bildung und Gesellschaft bei Menschen mit Behinderung verweist u.a. auf Problembereiche wie Separation und Integration, Exklusion und Inklusion, auf benachteiligende Lebenslagen bei Kindern, Jugendlichen, Erwachsenen und Familien mit den negativen Auswirkungen auf Lebensqualität und Bildung. Bildung und Erziehung erweisen sich in diesem Kontext als gesellschaftliche und individuelle Aufgabe, die für eine gelingende Lebensgestaltung in sozialer Integration unentbehrlich sind.

Das Forum Bildung verweist auf die Notwendigkeit, den weit gefassten Bildungsbegriff in einer auf Pluralität und stetigen Wandel angelegten Gesellschaft zu konkretisieren und als Kompetenzerwerb im Einzelnen zu beschreiben. Als Zieldimensionen von Bildung und Qualifikation nennt das Bildungsforum „Entwicklung der Persönlichkeit", „Teilhabe an der Gesellschaft" und „Beschäftigungsfähigkeit". Zu den Bildungskompetenzen zählen insbesondere Lernkompetenz, Transferkompetenz, methodisch-instrumentelle Kompetenzen (in den Bereichen Sprache, Medien, Naturwissenschaften), soziale Kompetenzen und Wertorientierungen.

Bildung und Erziehung sind in diesem Rahmen – als sich gegenseitig ergänzende Begrifflichkeiten – in ihrer auf das Gedankengut der Aufklärung zurückgehenden Zielbestimmung einer autonomiegeleiteten Handlungsfähigkeit gerichtet. Diese Zielsetzung gilt uneingeschränkt auch für Menschen mit Behinderung.

In diesem 3. Band des Enzyklopädischen Handbuchs der Behindertenpädagogik sind unter den beiden Hauptstichwörtern (HS) Grundlegungen zur Allgemeinen Pädagogik sowie zum prozessualen Charakter von Bildung und Erziehung reflektiert. Die Fragestellungen zur Allgemeinen Pädagogik verweisen u. a. auf Klärungen zu den Grundbegriffen Erziehung und Bildung, Entwicklung, Lernen, Sozialisation unter Einbeziehung der Dimensionen Generationenproblem, Wissens- und Kulturproblem, Entwicklungs- und Subjektivitätsproblem, Gesellschafts- und Anthropologieproblem. Im folgenden Beitrag ist Bildung als offener unabschließbarer Prozess zur Darstellung gebracht, in dem der Weg zur Zielerreichung einen zentralen Stellenwert einnimmt. Eine entwicklungsbegleitende Pädagogik vermag im Rahmen individueller und differenzierender Förderung dem Anspruch von Normalität in der Heterogenität gerecht zu werden.

Die mittleren Stichworte (MS) beinhalten thematische Schwerpunktsetzungen zu den Bereichen Identitäts- und Persönlichkeitsentwicklung unter Einbeziehung diagnostischer und interaktiver Förderprozesse bei erschwerten Bedingungen, die Bedeutung von Bildungspolitik für Erziehung und Bildung im Kontext individueller und institutioneller Förderung, Möglichkeiten und Schwierigkeiten im Prozess von Integration und Inklusion in Schule und Gesellschaft.

Die Kurzstichworte (KS) verdeutlichen das vielfältige Spektrum von Förderaufgaben und -möglichkeiten in Bildung und Erziehung vor dem Hintergrund erschwerter Lern- und Lebensbedingungen. In ihrer thematischen Ausrichtung umfassen sie Aspekte wie soziokulturelle Differenzlagen, Migration, Gender, Stigmatisierung. Des Weiteren finden Gesichtspunkte zur Begründung von Zielsetzungen, zur Förderung von Emotionalität, Selbstbestimmung und sozialer Kompetenzentwicklung ihre Erörterung. Spezielle Bereiche der Bildung bezogen auf Mobilität und Umwelt, ebenso in ästhetischer, technischer, gesellschaftlicher, naturwissenschaftlicher und interkultureller Ausrichtung konkretisieren Notwendigkeit und Vielfalt des Bildungsspektrums. Dies gilt ebenso für die Bewegungserziehung, die Gesundheits-, Sexualitäts-, Medien- und Freizeiterziehung.

Erziehung und Bildung besitzen grundlegende Bedeutung für alle Lebensphasen. Diese ist hier für das Säuglingsalter, die frühe Kindheit, die Frühförderung, die Elementarbildung, die berufliche Bildung und für das Alter thematisiert. Die institutionelle Komponente in diesem Zusammenhang bezieht sich auf Gegebenheiten, Fragen und Entwicklungen zur Professionalisierung und Kooperation von Verbänden, Institutionen und Personal, zur Elternqualifizierung und Familienbildung und auf die Evaluation von entsprechenden Bildungseinrichtungen.

Die in diesem Band veröffentlichten Beiträge tragen dem weiten Spektrum eines Bildungs- und Erziehungsdenkens Rechnung, das richtungweisend für Gegenwart und Zukunft Informationen vermitteln und zu innovativen Veränderungen und Weiterentwicklungen anregen soll.

Astrid Kaiser
Ditmar Schmetz
Peter Wachtel
Birgit Werner

Inhaltsverzeichnis

Vorwort der Gesamtherausgeber 5

Vorwort 9

Teil I

Allgemeine Pädagogik (*Norbert Ricken*) 15
Erziehung und Bildung (*Simone Seitz*) 43

Teil II

Erziehung des Menschen als Identitäts- und Persönlichkeitsentwicklung (*Ursula Carle*) 61
Bildungspolitik und Individuum (*Alfred Sander*) 71
Zone der nächsten Entwicklung (*Seth Chaiklin*) 78
Rehistorisierende Diagnostik (*Willehad Lanwer*) 88
Integration und Exklusion (*Wolfgang Jantzen*) 96
Die institutionelle Bildung in ihren Entstehungszusammenhängen (*Ursula Stinkes*) 105
Ethik des pädagogischen Prozesses (*Hajo Jakobs*) 115
Kooperation und kooperatives Lernen unter erschwerten Bedingungen inklusiven Unterrichts (*Rainer Benkmann*) 125
Risiko und Resilienz (*Michael Fingerle*) 135
Identität und Interaktion (*Ditmar Schmetz*) 143

Teil III

Bildung, Behinderung und soziale Ungleichheit (*Katja Koch*) 155
Migration und Bildung (*Wolfgang Nieke*) 159
Gender und Bildung (*Astrid Kaiser*) 165
Stigmatisierung und Etikettierung (*Jürgen Hohmeier*) 169
Begründung von Erziehungs- und Bildungszielen (*Barbara Koch-Priewe*) 173
Emotionale Erziehung (*Birgit Herz*) 178
Selbstbestimmung und Selbstvertretung (*Georg Theunissen*) 183
Entwicklung sozialer Kompetenz (*Friedrich Linderkamp*) 188
Mobilitätsbildung (*Philipp Spitta*) 192
Umweltbildung (*Hartmut Bölts*) 197
Ästhetisch-kulturelle Bildung (*Yvonne Ehrenspeck*) 203
Technische Bildung (*Gerhard H. Duismann*) 206
Gesellschaftliche Bildung (*Detlef Pech*) 210
Naturwissenschaftliche Bildung (*Brunhilde Marquardt-Mau*) 214
Interkulturelle Bildung (*Reinhard Stähling*) 217
Bewegungserziehung (*Beate Blanke*) 222
Gesundheitsförderung: Gesundheitserziehung (*Ulrike Greb*) 227
Sexualerziehung (*Ditmar Schmetz*) 232
Medienerziehung (*Birgit Werner*) 236

Spielpädagogik (*Ulrich Heimlich*) 242
Erziehung und Bildung im Säuglingsalter (*Wolfgang Praschak*) 247
Erziehung und Bildung in früher Kindheit (*Ellen Schwarzburg-von Wedel & Hans Weiß*). 251
Frühförderung (*Klaus Sarimski*) 256
Elementarbildung (*Helen Knauf & Tassilo Knauf*) 260
Berufs- und Lebensorientierung (*Roland Stein*) 266
Erziehung und Bildung im Alter: Andragogik und Geragogik (*Alexander Skiba*) 271
Bildung, Professionalisierung und Kooperation von Erzieherinnen und Erziehern (*Elsbeth Krieg*) 276
Elternqualifizierung und Familienbildung (*Kerstin Ziemen*) 280
Qualitätssicherung und Qualitätsentwicklung von Bildungseinrichtungen (*Kristina Kraft*) 285

Stichwortregister 289

Die Autoren 291

Teil I

Allgemeine Pädagogik

Norbert Ricken

Was unter Allgemeiner Pädagogik verstanden wird und verstanden werden kann, ist auch gegenwärtig umstritten und disziplinär uneinheitlich. Auch wenn der – zuletzt in den 1990er Jahren noch leidenschaftlich geführte – Streit um die Allgemeine Pädagogik längst wieder abgeflaut ist (vgl. insgesamt Krüger & Rauschenbach 1994; Brinkmann & Petersen 1998; Vogel 1998), haben sich nicht Klärung oder Konsens, sondern eher Ratlosigkeit und Verstummen in alten Positionen eingestellt: Während die einen an Allgemeiner Pädagogik als einer ebenso zentralen wie unverzichtbaren erziehungswissenschaftlichen Grundlagendisziplin festhalten (und damit bei den anderen den Verdacht nähren, unbelehrbar zu sein und die Erneuerung derselben als „Königsdisziplin" (Winkler 1998, 61) der Pädagogik insgesamt anzustreben), bezweifeln und bestreiten die anderen mit Blick auf Theoriegestalt und Forschungsertrag nicht nur Sinn und Nutzen einer Allgemeinen Pädagogik für die Gesamtdisziplin, sondern deren grundsätzliche Möglichkeit überhaupt. So wird aus der Perspektive der erziehungswissenschaftlichen Teildisziplinen die Nichtanschlussfähigkeit allgemeinpädagogischer Theoriediskurse an Teile der etablierten Bildungsforschung diagnostiziert und damit der Ertrag allgemeinpädagogischer Arbeiten für die unterschiedlichen erziehungswissenschaftlichen Einzeldisziplinen bestritten (vgl. Oelkers 2006). Dies geht oft mit einer Zurückweisung des – vermeintlich traditionellen – Anspruchs der Allgemeinen Pädagogik als *der* einen – ebenso normierenden wie zensierenden – erziehungswissenschaftlichen Leitdisziplin einher (vgl. Lenzen 1998) und wird nicht nur mit der konsequenten Substitution der Allgemeinen Pädagogik durch eine subdisziplinär justierte Grundlagenreflexion beantwortet (vgl. exemplarisch Jantzen 2007), sondern auch durch die Umwidmung bzw. gar den Abbau bislang allgemeinpädagogisch ausgerichteter Hochschullehrer(innen)stellen disziplinpolitisch genutzt (vgl. Tillmann et al. 2008). Aber auch aus allgemeinpädagogischer Perspektive selbst wird entlang der Problematik des Allgemeinen die Möglichkeit *einer* Allgemeinen Pädagogik infrage gestellt (vgl. Winkler 1994; als Entgegnung Mollenhauer 1996) und ihr Anspruch, einen ebenso einheitlichen wie verbindlichen ‚pädagogischen Grundgedankengang' (W. Flitner) formulieren können zu müssen, abgewehrt (vgl. Wimmer 2002); gerade mit Verweis auf die Pluralität und Heterogenität der unterschiedlichen theoretischen Zugriffe und (pädagogischen) Wissensformen (vgl. Vogel 1997) rückt nun die Unmöglichkeit eines *Gesamt*überblicks sowie der *einen* Systembildung (und damit von *System*bildung überhaupt) in den Vordergrund (vgl. ausführlicher Ricken 2002, 152–157), sodass auf deren Rückseite diese – insbesondere als Widerstreit in und Paradoxie der pädagogischen Aufgabe (vgl. Wimmer 2006) – nun als umgekehrte Aufgabenbestimmung der Systemdekonstruktion aufgenommen wird.

Insgesamt ergibt sich ein ambivalentes Bild der gegenwärtigen Allgemeinen Pädagogik: Trotz ihres vielfach beklagten oder begrüßten Verfalls ist mit Blick auf die grundlagentheoretischen Diskurse in der Erziehungswissenschaft von einem ‚Ende der Allgemeinen Pädagogik' nicht ernsthaft zu sprechen; vielmehr wird im ausdrücklichen Bezug auf ihre vielfältigen Bestreitungen die Arbeit an einer allgemeinen pädagogischen Grundlegung wieder aufgegriffen: keinesfalls, um alte Hegemonieansprüche und Normierungspraktiken wieder zu beleben; auch nicht, um einen einzigen ‚pädagogischen Grundgedankengang' als ein für alle verbindlich erklärtes Fundament durchzusetzen; sondern vielmehr, um der grundbegrifflichen wie auch kategorialen

Verwirrung entgegenzuwirken und den abgebrochenen Dialog innerhalb der Disziplin sowie grundlagentheoretische Reflexionen und Forschungen wieder aufzunehmen. Für Aufbrüche dieser Art aber scheint der Titel ‚Allgemeine Pädagogik' – auch und gerade wegen seiner Erblast – nicht mehr angemessen zu sein; die Aufgabe der ‚Allgemeinen Pädagogik' jedoch, eine ‚Landkarte' (Herbart) pädagogischer Problemstellungen zu skizzieren, derer der pädagogisch-reflexiv Tätige wie Forschende – wenn auch unterschiedlich – für sich bedarf, ist damit jedoch keineswegs abgegolten oder gar erledigt.

Diese Überlegungen zur Allgemeinen Pädagogik wollen auch in ihren rekonstruierenden und bündelnden Teilen keinen positions- und perspektivenübergreifenden, allgemeinen Geltungsanspruch reklamieren, sondern lassen sich als eine – unter anderen mögliche – Perspektive auf das Ganze der Pädagogik lesen. Nach kurzen Bemerkungen zum Begriff der Allgemeinen Pädagogik geht es zunächst um eine – hermeneutisch unabdingbare – Rekonstruktion der Geschichte und Gestalt derselben, aus der heraus sich dann Aufgaben und Funktionen einer Allgemeinen Pädagogik bestimmen lassen. Kern der allgemeinpädagogischen Arbeit ist aber die Auseinandersetzung mit und um einen ‚pädagogischen Grundgedankengang', die auch die Justierung der Grundbegriffe wie auch die Erläuterung der Formen pädagogischen Handelns bestimmt.

Zu Begriffsfragen

Mit Allgemeiner Pädagogik wird gemeinhin jener Teil der erziehungswissenschaftlichen Theoriebildung bezeichnet, der sich zum einen mit den Grundlagen, Grundbegriffen und Grundformen pädagogischen Handelns in primär systematischer, dann notwendigerweise auch historischer Perspektive beschäftigt und zum anderen auf die Theoriearchitektur und den Wissenschaftscharakter der Disziplin, auf ihre Gestalt und Genese, ihre Logik und Funktion reflektiert. Auch wenn oft genug nicht zwischen ‚Allgemeiner Pädagogik' und ‚Allgemeiner Erziehungswissenschaft' unterschieden wird (und historisch diese aus jener hervorgegangen ist), ist es hilfreich, hier eine Differenz einzuführen: Während gegenwärtig mit Allgemeiner Erziehungswissenschaft eher eine subdisziplinäre Markierung vorgenommen wird, sodass mit ihr jener Teil der Disziplin ‚Erziehungswissenschaft' bezeichnet werden kann, der sich mit ebenso umfassenden bzw. generellen wie gemeinsamen bzw. querliegenden – sprich: allgemeinen – Fragestellungen befasst und sich nicht den anderen, jeweilig an pädagogischen Handlungsfeldern orientierten Teildisziplinen (wie Schulpädagogik, Erwachsenen- und Weiterbildung, Behindertenpädagogik etc.) zurechnen lässt (und insofern im Stellentableau einer erziehungswissenschaftlichen Fakultät notwendigerweise zu berücksichtigen ist), so ist es hilfreich, die Bezeichnung ‚Allgemeine Pädagogik' im Rückgriff auf die Traditionen derselben stärker inhaltlich (und insofern nicht disziplinär) auszulegen und vorrangig für theoretische wie metatheoretische Grundlagenarbeiten und Reflexionsperspektiven zu reservieren. Das würde es erlauben, unter ‚Allgemeiner Pädagogik' eine spezifische Art des grundlagentheoretischen und selbstreflexiven Zugriffs zu verstehen (und insofern mit ‚allgemeinpädagogisch' eine spezifische Perspektive zu kennzeichnen, die auch nicht in ‚Bildungstheorie' oder ‚Erziehungsphilosophie' aufgeht), und diese als inhaltlichen Teil der ‚Allgemeinen Erziehungswissenschaft' – neben (und in) explizit methodologischen, historischen und wissenschaftssoziologischen bzw. -historischen wie aber auch vergleichenden u. a. Arbeiten – auszuweisen. Kern einer solchen allgemeinpädagogischen Perspektive wäre aber die Auseinandersetzung mit und um einen pädagogischen Grundgedankengang.

Zu Gestalt und Geschichte der Allgemeinen Pädagogik

Weder die gegenwärtige Aufgabenbestimmung und theoretische Gestalt der Allgemeinen Pädagogik noch die Heftigkeit der – inzwischen abgekühlten, aber vermutlich jederzeit wieder aktualisierbaren – Auseinandersetzungen um die Stellung der Allgemeinen Pädagogik im Gesamtgefüge der Erziehungswissenschaft lassen sich ohne das historische Verständnis derselben verstehen. Ohne die Geschichte der ‚Allgemeinen Pädagogik' im Kontext der Entwicklung der Pädagogik bzw. der Etablierung und Ausdifferenzierung der Erziehungswissenschaft seit dem 18. Jahrhundert detailliert nachzeichnen zu können (vgl. ausführlicher Tenorth 2004a und Ricken 2002), seien hier typologisch ausgewählte Fassungen Allgemeiner Pädagogiken vorgestellt:

Dass es zu jeder Zeit nicht nur praktische Handreichungen und Kompendien, sondern auch erfahrungsbezogene Reflexionen und explizit theoretische Abhandlungen zu pädagogischen Fragen gegeben hat, ist – mit Blick auf die anhaltende Auseinandersetzung mit pädagogischen Klassikern von Platon über Thomas von Aquin und Johann Amos Comenius bis hin zu John Locke und Jean-Jacques Rousseau – fester Bestandteil des disziplinären Gedächtnisses (vgl. Tenorth 2003 und Prange 2007); und doch lässt sich der Beginn von ausdrücklich allgemeinpädagogischen Studien als Reflexionen der jeweiligen Grundlagen und Geltungsansprüche von Erziehung erst mit der aufklärerischen Epochenschwelle im Übergang zum 19. Jahrhundert datieren. Primär bedingt durch die zunehmende gesellschaftliche Einrichtung von Schulen und insofern eng mit der Ausdifferenzierung eines pädagogischen Berufsstands verbunden, verdankt sich dieser Neueinsatz pädagogischer Reflexionen auch der Einsicht in die Notwendigkeit der (wissenschaftlichen und nicht mehr bekenntnisgebundenen) Theoriebildung als dem zentralen Medium der Bildung und Bearbeitung pädagogischer Vorstellungen. Was Immanuel Kant mit dem Hinweis auf die nur durch Wissenschaft mögliche Überwindung einer bloß mechanischen Erziehungskunst als „Entwurf zu einer Theorie der Erziehung" (1964, A10/700; vgl. auch A17/704) noch im Rahmen seiner Vorlesungen zur praktischen Philosophie entwickelt hat, findet sich – erstmalig und in deutlichem Kontrast zu anderen aufklärungspädagogischen Schriften – in Ernst Christian Trapps ‚Versuch einer Pädagogik' (1780) als ein „richtiges und vollständiges System der Pädagogik" (vgl. Trapp 1977a, 61/§ 26) auf der Basis von Grundsätzen, Beobachtungen und Erfahrungen ausgearbeitet. So enthält sein „Grundriss einer Erziehungswissenschaft" (vgl. Pädagogische Unterhandlungen 1779, 171) neben einer theoretischen Begründung der Notwendigkeit und Möglichkeit von Erziehung sowie der Darlegung und Erörterung der dabei ohne (zumeist religiös motivierte) Zusatzannahmen begründbaren Zweckbestimmungen pädagogischen Handelns insbesondere eine ausführlich ausgearbeitete und methodologisch reflektierte Übersicht der „Erkenntnißquellen" und der daraus resultierenden „Erziehungsregeln" (ebd. 46) – mit der Absicht, den pädagogischen Vorstellungskreis angehender Schulmänner nicht auf „Gutdünken" (Trapp 1977b, 11) aufzubauen, sondern durch methodische Reflexion zu schulen, und so die „Nothwendigkeit […], daß man Erziehung und Unterricht als eine eigne Kunst studiren müsse" (ebd. 7), zu belegen.

Nur wenig später ist es insbesondere Johann Friedrich Herbart, der – erstmals unter dem Titel ‚Allgemeine Pädagogik' (1806) – eine wissenschaftlich justierte Theorie der Pädagogik vorgelegt hat, in der die Eigenlogik pädagogischer Reflexionen gegen dominierende Fremdblicke betont und so die Etablierung eines explizit pädagogischen „Forschungskreises" (Herbart 1997a, 60) angebahnt wird. Während zeitgleich – bloß exemplarisch – bei Karl Heinrich Ludwig Pölitz in der Konstruktion eines „Systems der Erziehungswissenschaft" (Pölitz 1806, VII) die Eigenständigkeit der Pädagogik als einer „eigentümliche[n] und isolirte[n] Wissenschaft" (ebd. 8) zwar problematisiert, dann aber doch in einer Ableitungslogik zugunsten der „Unterordnung aller einzelnen Erziehungszwecke unter den Zweck der Sittlichkeit und [...] die Zwecke des Staates" (VI) – und damit zugunsten einer „Staatserziehungswissenschaft" (Teil A) – wieder aufgegeben wird, sucht Herbart dagegen durch die Konzentration auf „einheimische Begriffe" der Pädagogik (Herbart 1997a, 60) – deren erster und zentraler „Grundbegriff" der Begriff der „Bildsamkeit" als der Bedingung der Möglichkeit von Erziehung ist (Herbart 1997b, 186) – eine ausdrücklich pädagogisch justierte „Landkarte" (Herbart 1997a, 60) zu erarbeiten, die – „wie der Grundriß einer wohlgebauten Stadt, wo die ähnlichen Richtungen einander gleichförmig durchschneiden und wo das Auge sich auch ohne Vorübungen von selbst orientiert" (ebd. 60) – die Bildung des „Gedankenkreises" (ebd. 61) des Erziehers erlaubt und derer „der Erzieher für sich bedarf" (ebd.), damit aus *anderen* „Gedanken" auch *andere* „Empfindungen und daraus Grundsätze und Handlungsweisen" (ebd.) werden können. Auch wenn Herbart in der Durchführung eher prinzipienorientiert argumentiert und allemal – trotz seines Hinweises auf deren Bedeutung (vgl. 60) – keine eigenen empirischen Studien durchführt, so ist doch mit seiner ‚Allgemeinen Pädagogik' eine Weiche zugunsten einer eigenständigen pädagogischen Wissenschaft gestellt, deren Mitte die Allgemeine Pädagogik besetzt: als überwiegend philosophisch-reflektierende Grundlagen- und Grundlegungstheorie, die in einer Systematik bzw. einem ‚System der Pädagogik' eine „Theorie in ihrer Allgemeinheit" anbietet, die zwar von der „Kunst der Erziehung" (Herbart 1997c, 43) deutlich unterschieden werden muss, gleichwohl durchgängig auf sie bezogen bleibt.

Was mit Herbart gewissermaßen ‚prädisziplinär' (vgl. Tenorth 2004a, 341 u. ö.) begonnen und in – allerdings höchst unterschiedlichen – Systementwürfen zur ‚Allgemeinen Pädagogik' vielfach Nachahmung gefunden hat (vgl. exemplarisch Waitz 1852 und Ziller 1856), wird mit Wilhelm Diltheys ‚Grundlinien eines Systems der Pädagogik' (1884/94) zum disziplinären Neubeginn, in dem – nach einer harschen Kritik an den bisherigen Pädagogiken und deren „misslingender Wissenschaftlichkeit" (Dilthey 1986, 174) – erstmalig ein pädagogischer Gedankengang systematisch entwickelt wird, der nicht mehr eine bloß am Zweck der Erziehung ansetzende allgemeine „pädagogische Prinzipienlehre" (ebd. 175), sondern eine historisch justierte und entlang der Dichotomie von Individualität als Selbstzweck (vgl. ebd. 191) und Gesellschaft als Funktionszusammenhang (vgl. ebd. 192 ff., bes. 197 f.) entfaltete Skizze des „pädagogischen Problems" (ebd. 175) präsentiert. Der von Dilthey entwickelte und insbesondere durch seine Schüler Eduard Spranger und Herman Nohl etablierte spezifisch geisteswissenschaftliche Zuschnitt allgemeinpädagogischen Denkens prägt bis weit in die 1960er Jahre das pädagogische Reflexionsfeld und drängt neukantianische, i. e. streng prinzipien- und transzendentaltheoretisch argumentierende Entwürfe – wie die von Paul Natorp (vgl. 1905), Richard Hönigswald (vgl. 1913) und Alfred Petzelt (vgl. 1947) – eher zurück.

Die Vielzahl der seitdem veröffentlichten Allgemeinen Pädagogiken ist kaum übersehbar (vgl. exemplarisch Ballauff 1962; Röhrs 1969; Gamm 1979; Brezinka 1978; vgl. insgesamt Oelkers 1997) und reicht von explizit geisteswissenschaftlichen Erörterungen über praxeologische Entwürfe bis zu funktions- und evolutionstheoretisch argumentierenden Arbeiten. Auch wenn die Idee einer allgemeinen und allgemeinverbindlichen Grundlegung der Pädagogik bzw. der Erziehungswissenschaft durchaus pointiert wiederholt wird, drängt sich jedoch im Rück- wie Überblick der Eindruck auf, dass diese längst zugunsten der Pluralität jeweilig bloß partikularer Systementwürfe faktisch verabschiedet ist.

So begründet Wilhelm Flitner in seiner erstmals 1933 vorgelegten und dann vielfach aufgelegten und umgearbeiteten Allgemeinen Pädagogik (zuletzt 1997) mit Blick auf die „pädagogische Bildung" des „Horizonts des Erziehers" (ebd. 21 und 23) dezidiert die Notwendigkeit eines „pädagogischen Grundgedankengang[s]" (ebd. 9), den er in vier historisch-hermeneutisch ausgerichteten Sichtweisen – der anthropobiologischen, der geschichtlich-gesellschaftlichen, der geistigen und der personalen Betrachtungsart (vgl. ebd. 25–66) – entwickelt und als einen letztlich existentiell justierten Reflexionsgang präsentiert. Gerade weil es Flitner aber in der hermeneutisch-pragmatischen Ausrichtung seines Denkens um „pädagogische Besinnung" und „Verständigung" (ebd. 166) geht, zielt seine „systematische Behandlung der pädagogischen Fragen" (ebd. 10) nicht auf eine Rekonstruktion allgemeingültiger Prinzipien oder eine einheitliche Systembildung, sondern auf ein „dialogisches Philosophieren", in dem es gilt, „den pädagogischen Grundgedankengang aus der Wahrheit heraus sich rein aussprechen zu lassen" (ebd.). Kern der pädagogischen Aufgabe ist dabei die Darlegung, Erörterung und Plausibilisierung einer kulturell-historisch wie sozial-ethisch dimensionierten „Geistesbildung" (ebd. 162), die den ‚Zögling' nicht nur in die „Lebensformen, die in einem historisch bestimmten Lebenskreis als gültig empfunden werden" (ebd. 128), einführt, sondern ihm auch den Weg zur zwar eigenständigen, aber doch wahren „Lebensbemeisterung" (ebd. 129) aus dem „Verstehen der wahren Lebensaufgabe des Menschen" bahnt (ebd. 163). Dieses ebenso kulturell umfassende wie existentielle Verständnis des Pädagogischen durch den Aufweis des „Phänomen[s] der Erziehung" (ebd. 22) – im pädagogisch Tätigen – anzubahnen und durch die kategoriale Analyse des „Gefüge[s] der Grundbegriffe" (ebd.) in selbstständige Reflexion zu überführen, ist Aufgabe und Sinn seiner ‚Allgemeinen Pädagogik'; der von Flitner formulierte Grundgedankengang ist daher weder bloß *ein* Grundgedanke noch ein *allgemeingültiger* ‚Grundriss der allgemeinen Erziehungswissenschaft' (1933), sondern ein in seiner Systematik bloß möglicher und in sich bereits gebrochener, weil mehrperspektivisch angelegter Gedanken*gang* (vgl. 1997, 23). Doch auch wenn Flitner um die historisch-kulturelle Bedingtheit seines Gedankengangs wie auch seine normative Bindung an ein christliches Personverständnis weiß, so liefert sein allgemeinpädagogischer Versuch, das „erzieherische Phänomen als solches" (ebd.) zu Tage treten zu lassen, nicht nur eine – zudem überwiegend um den Begriff der ‚Bildung' justierte – spezifische Konstruktion des Pädagogischen, die nicht als Mantel eines vermeintlich wahren Kerns verstanden werden kann, sondern auch eine reflexive ‚Besinnung', die in ihren partikularen Prämissen doch weitgehend geteilt werden muss – oder sonst ihre bildende Aufgabe doch verfehlt.

Was bei Flitner aufgrund einer eher weiträumigen und an lebensweltlichen Verwendungsweisen orientierten Begrifflichkeit zu keiner präzisen ‚Landkarte' pädagogischer Problemstellungen führt (und auch nicht führen soll), macht aber die Stärke von Dietrich Benners praxeologischer Skizze der ‚Grundstruktur pädagogischen Denkens und Handelns' (2005) aus: in seiner begrifflich-systematisch konsequenten und um den Leitgedanken der „Aufforderung zur Selbsttätigkeit" (ebd. 80 u. ö.) gebauten Allgemeinen Pädagogik gelingt es ihm, „einen pädagogischen Grundgedanken" (ebd. 9) zu entwickeln, der es – das Ineinander von Theorie und Praxis in allen pädagogischen Handlungsfeldern pointierend – erlaubt, mithilfe von vier Prinzipien pädagogischen Denkens und Handelns einen vom pädagogischen Alltagsbewusstsein deutlich unterschiedenen und ausdrücklich analytisch justierten Theorierahmen zu entwerfen. Ausgehend von einem – entlang des Fichte'schen Gedankens der ‚Bestimmung zur Selbstbestimmung' entwickelten – Begriff menschlicher Gesamtpraxis (vgl. ebd. 29 ff.) wird pädagogisches Handeln als eine weder affirmative noch bloß negative, sondern nicht-affirmative und insofern in sich selbst paradoxe Praxis (vgl. ebd. 132 ff.) begriffen und in ihrer nicht-subsumierbaren Eigenlogik gegen andere menschliche Praxen – wie Politik, Wirtschaft und Arbeit, aber auch Religion und Kunst – abgegrenzt. Dieser Zuschnitt aber ermöglicht es zunächst, pädagogische Problemstellungen auf ihre jeweiligen Implikationen und Verkürzungen zu analysieren, hinsichtlich ihrer – erziehungs-, bildungs- oder institutionentheoretischen – Perspektiven zu differenzieren sowie weniger räsonierend als vielmehr ausdrücklich argumentativ zu bearbeiten und auch programmatisch zu entwerfen; zugleich aber werden pädagogische und gesellschaftliche Fragen so aufeinander bezogen, dass sie nicht einander vor- oder nachgeordnet werden (dürfen), sondern mit Blick auf die „menschliche Gesamtpraxis“ (ebd. 295 u.ö.) als Momente individueller wie sozialer „Menschwerdung“ (ebd.) verstehbar und beantwortbar werden. Damit fungiert der von Benner entlang der konstitutiven wie regulativen Prinzipien (vgl. ebd. 128) entwickelte ‚pädagogische Grundgedanke‘ selbst als ein allgemeines, weil durchgängiges ‚Bauprinzip‘ pädagogischer Theoriebildung, das nicht nur über die Grenzen der jeweiligen erziehungswissenschaftlichen Teildisziplinen hinausgreift und diese miteinander verbindet, sondern diese auch an die ‚Grundstruktur‘ des Pädagogischen zurückzubinden sucht. Das aber birgt die Gefahr, den Status des ‚Grundgedankens‘ – als eines möglichen, nicht aber beliebigen (vgl. ebd. 303) – in seiner wichtigen Funktion als gerade maßstabsgebundene ‚Landkarte‘ misszuverstehen und als neuen „alte[n] Ordnungsbegriff“ (Tenorth 2004a, 381) auszulegen; vielleicht auch, weil die Bennersche ‚Allgemeine Pädagogik‘ nicht als ‚Grundgedanken*gang*‘, sondern als „ein pädagogischer Grundgedanke“ (Benner 2005, 9) entwickelt ist, erweist sie sich – insbesondere in ihrer spezifisch subjekt- bzw. handlungstheoretischen Fassung – dann auch als bisweilen starr gegenüber der Komplexität und Mehrdimensionalität historischer wie gegenwärtiger Problemstellungen.

Ungefähr zeitgleich veröffentlicht lässt sich in Alfred K. Tremls ‚Einführung in die Allgemeine Pädagogik‘ (1987) eine gänzlich anders ansetzende, aber ähnlich orientierende Skizze des pädagogischen Problems erkennen: Entlang eines evolutionstheoretisch ausgearbeiteten Verständnisses der Funktion von Erziehung für die (jeweilige) Gesellschaft gelingt es Treml, mit seiner ‚Allgemeinen Pädagogik‘ eine „Ordnung im Denken [...] zum Zwecke der Orientierung“ (ebd. 11) zu entwerfen, die auf der Differenz von Theorie und Praxis und dem damit verbundenen Distanzgewinn aufbaut und gerade dadurch einen weiten Blick auf pädagogische Fragestellungen zu werfen erlaubt. So eignen sich seine Überlegungen zur „Erziehung in der sozio-kulturellen Evolution“ (ebd. 66–120) nicht nur als typologische Skizze einer kurzen Geschichte der Pädagogik, sondern eröffnen auch einen funktionstheoretischen Zugang zur pädagogischen Semantik. Auch wenn Treml diesen Faden in der ausgearbeiteten Fassung seiner Allgemeinen Pädagogik (2000) nicht wieder explizit aufgreift, sondern zugunsten eines erheblich abstrakteren Evolutionsverständnisses verschiebt (vgl. Treml 2004), so eröffnet doch der damalig justierte Fokus, in der und durch die Funktionsbestimmung die Form pädagogischen Handelns zu analysieren und als Zeigen zu bestimmen (vgl. Treml 2000, 86 ff. und Treml 1996), einen nicht nur originellen und anregenden Zugang zu pädagogischen Fragestellungen, sondern darin auch den Abschied aus einer erziehungswissenschaftlich doch üblicherweise traditionell gehaltenen Semantik.

Gerade die – in ihrer Auswahl typologisch verstandenen – Ansätze zu einer Allgemeinen Pädagogik belegen aber in ihrer Unterschiedlichkeit die unübersehbaren Schwierigkeiten einer Allgemeinen Pädagogik: Auch wenn die Funktion einer Allgemeinen Pädagogik als Orientierungswissen und ‚Landkarte‘ weder im Anspruch bestritten noch gar in ihrer Durchführung widerlegt wird, so gelingt diese Leistung – in allen Entwürfen durchgängig – doch nur, wenn dem gewählten partikularen Zugriff in seinen theoretischen Weichenstellungen auch in der Lektüre mehr oder weniger gefolgt wird; weder Autor noch Rezipient scheinen in der Lage zu sein, die jeweilig gewählten theoretischen Kategorien in der Auseinandersetzung mit anders möglichen Perspektiven zu begründen bzw. aus der konkurrierenden Pluralität selbst argumentativ hervorzutreiben (vgl. Anhalt 2005). Das aber ergibt insgesamt ein Bild der gegenwärtigen Allgemeinen Pädagogik als einer ebenso partikularen wie auch prekären und wohl nur darin allgemeinen Grundlagentheorie (vgl. Ricken 2002): kaum verwunderlich ist dann, dass Gesamtentwürfe zugunsten unzähliger Einführungsschriften zurückgegangen sind – mit dem eigentümlichen Effekt, dass Orientierung und Überblick zwar immer noch geleistet werden, aber oft genug nun in doch eher konventioneller, weil traditioneller Gestalt; doch auch wenn gegenwärtig Grundlagenreflexionen vorgelegt werden, so unterscheiden sie sich in ihrer Gestalt doch erheblich von denen traditioneller Allgemeiner Pädagogiken. So skizziert Michael Winkler in seiner ‚Kritik der Pädagogik' (2006) einen grundständigen Gedanken zum „Sinn der Erziehung" (ebd.) eher in der Form einer „Unschärfetheorie von Erziehung" (ebd. 11), die in eher gelegentlich-verstreuten, bisweilen fast beiläufigen, immer aber betont skeptischen Anmerkungen einer Theorie der Pädagogik „unter den Bedingungen von Unsicherheit" (ebd. 12) zuzuarbeiten sucht; was aber systematisch nicht streng konsistent entwickelt ist, sondern notwendigerweise „unsauber" (ebd.) bleiben muss, zeigt sich in seiner Erfahrungsnähe und seinem Erfahrungsreichtum – auch in der Darstellung – als Gewinn: dass auch Erziehung – wie jede andere Praxis – nicht nur „nicht theoriefrei zu haben" (Treml 2000, 7) ist, sondern jenseits symbolischer Diskurse und der mit ihnen einhergehenden ‚symbolischen Gewalt' (Bourdieu) gar nicht existiert, sodass gerade nicht Einheitlichkeit, sondern Mehrperspektivität, nicht Stringenz, sondern Inkonsistenz und Widerspruch Bedingung der Möglichkeit eigenständiger pädagogischer Sinnbildung werden. Ähnlich, aber in Theoriezugriff und Methodologie doch gänzlich anders, sucht auch Alfred Schäfer in seiner ‚Einführung in die Erziehungsphilosophie' (2005) eine „allgemeine Bestimmung von Erziehung" (ebd. 9) vorzulegen, die nicht nur der Konstituiertheit und Konstruiertheit der „Erziehungswirklichkeit" (ebd. 17 ff.) Rechnung trägt, sondern durch die dekonstruktive Bearbeitung leitender Paradigmen – Schäfer fokussiert dabei vorrangig die pädagogische Figur moderner Subjektivität als Gegensatz und Zusammenhang von Autonomie und Unterwerfung (vgl. ebd. 96 ff. wie 198 ff.) – die Möglichkeit kritischer Theoriebildung zuallererst eröffnen will. Gerade weil Erziehung als Wirklichkeit ohne Reflexion auf die „imaginären Bezugspunkte der jeweiligen symbolischen Ordnung" (ebd. 202) nicht bestimmbar ist, ist nicht nur der „Streit zwischen den Paradigmen um deren Wirklichkeitskonstruktion" (ebd. 21) sowohl historisch als auch systematisch zu rekonstruieren und – wenn auch mit „Skepsis gegenüber den eigenen Wirklichkeitsentwürfen" (ebd. 202) – auszufechten, sondern auch die Kategorienanalyse bis zu dem Punkt voranzutreiben, an dem das „Andere der symbolischen Ordnung" (ebd. 204) aufbricht. In dieser dekonstruktiven Ausrichtung aber verschiebt sich das, was unter ‚Allgemeiner Pädagogik' verstanden werden kann, von einer (vermeintlich) fundierenden Grundlagenreflexion zu einer problematisierenden Grenzreflexion (vgl. Fischer & Ruhloff 1993; Ruhloff 1996) und bietet in der Verknüpfung von strenger Theorie- und Begriffsarbeit mit der – gerade in Aporetik aufbrechenden – ‚pädagogischen Bildung des Horizonts des Erziehers' als Kritik eingewöhnter Haltungen eine neuerlich veränderte, wenn auch eingeschränkte ‚Topografie' pädagogischer Problemstellungen an.

Zu Funktion und Aufgabe der Allgemeinen Pädagogik

Vor diesem Hintergrund lassen sich – auch mit Blick auf die gegenwärtige Praxis allgemeinpädagogischer Arbeiten – dreierlei Funktionen und Aufgabenbereiche der Allgemeinen Pädagogik unterscheiden, die das traditionelle Selbstverständnis der Allgemeinen Pädagogik als einer ‚Landkarte' (Herbart), d.h. als einer Topografie pädagogischer Frage- und Problemstellungen zu Zwecken der ‚Bildung des Gesichtskreises der Erzieher', zu differenzieren und zu bearbeiten erlauben. Mit dieser Weichenstellung wird zugleich deutlich, dass (auch) Allgemeine Pädagogik sich nicht bloß – als letztlich doch unstrittige Teildisziplin der Erziehungswissenschaft – theoretisch und metatheoretisch auf erziehungswissenschaftliche Theoriebildungsfragen bzw. wissenschaftstheoretische und -methodologische Problemstellungen beziehen kann, sondern auch ihrerseits den Zusammenhang und Unterschied von Erziehungswissenschaft und Pädagogik, d.h. die Einverwicklung von theoretischer wie auch empirischer erziehungswissenschaftlicher Erforschung in pädagogisch-praktische Handlungszusammenhänge und umgekehrt, bedenken muss. So sehr die Unterscheidung von Pädagogik als eher praxisgebundener Reflexion und Erziehungswissenschaft als wissenschaftlich justierter Erforschung und Reflexion von pädagogischen Praktiken (und der in ihr enthaltenen symbolischen Konstruktionen) überzeugt und erforderlich ist, um Forschungsfragen nicht kurzschlüssig in Handlungsfragen umschlagen zu lassen (vgl. Tenorth 2004a, 374 ff.), so sehr ist auch der Zusammenhang von Pädagogik und Erziehungswissenschaft nicht vorschnell zu überspielen: zum einen, weil die wissenschaftliche Erforschung pädagogischer Praktiken nicht ohne Berücksichtigung der pädagogischen Selbstverständnisse der Akteure (wie aber auch der Forscher selbst) gelingen kann, sodass die jeweiligen Pädagogiken immer auch impliziter, bisweilen gar expliziter Gegenstand erziehungswissenschaftlicher Forschung sind (vgl. Kade & Seitter 2007); zum anderen, weil erziehungswissenschaftliche Konstruktionen in ihrer Begrifflichkeit wie Zugriffsweise selbst längst Bestandteil der praktisch relevanten Pädagogiken sind, sodass eine apodiktische, strikte Trennung beider die Vernachlässigung einer disziplinär erforderlichen Verwendungsforschung nach sich zöge (vgl. Wigger 1997).

Zur Theorie- und Reflexionsfunktion der Allgemeinen Pädagogik

Weitgehend unstrittig scheint derzeit, dass grundlagentheoretische Studien und Forschungen zum Kernbereich allgemeinpädagogischer Aufgabenstellungen gehören; gerade weil pädagogische Phänomene nicht gegenstandstheoretisch zu bestimmen sind, sondern in ihrer ‚Gegenständlichkeit' von sie erst konstituierenden Beobachtungsperspektiven abhängig sind, sodass das, was als ‚pädagogisch' gelten soll bzw. erforscht werden soll, zuallererst im sozialen Geschehen eigens identifiziert bzw. qua Beobachtung ‚hervorgebracht' werden muss (vgl. Schäfer 1989), kommt dieser Funktion der Theoriebildung und -reflexion eine besondere Bedeutung zu. Ihr wird die Allgemeine Pädagogik – neben der unverzichtbaren Pointierung der pädagogischen Konstitutionsproblematik – insbesondere durch systematisch entfaltete bzw. anthropologisch argumentierende Grundgedankengänge und begriffstheoretische wie -geschichtliche Reflexionen gerecht, in denen sie historisch-gesellschaftlich bedingte, jeweilig unterschiedlich ansetzende und insofern anderes fokussierende Beobachtungsperspektiven entwickelt, in unterschiedlichen Theorieschulen bearbeitet und zu – disziplinär eingewöhnten und weithin akzeptierten – Grundbegriffen (wie Erziehung und Bildung, aber auch Entwicklung, Lernen und Sozialisation) verdichtet (Koller 2004). Notwendigerweise werden diese grundlagentheoretischen Forschungen zur Konstitutionsproblematik des Pädagogischen durch sowohl historische als auch explizit kategoriale Reflexionen ergänzt, die die jeweiligen Rahmungen der pädagogisch-erziehungswissenschaftlichen Begriffsbildung problematisieren: zum einen, indem historisch wirksame Paradigmen der Wahrnehmung und Bearbeitung pädagogischer Fragestellungen – wie z.B. die für die abendländisch-neueuropäische Geschichte bedeutsamen Konzepte der ‚paideia' als antikem, der ‚imitatio' als mittelalterlichem und der ‚Bildung' als neuzeitlich-modernem Paradigma (vgl. Ricken 2006) – unterschieden, in ihrer Grundgestalt rekonstruiert und in ihren theoretischen wie praktischen Effekten analysiert werden; zum anderen, indem die jeweilige kategoriale Fassung der leitenden Begriffe befragt und mit Rückgriff auf außerdisziplinäre Diskurse geprüft wird, wie dieses insbesondere in den vielfältigen Auseinandersetzungen um einen – ebenso philosophisch-theoretisch haltbaren wie pädagogisch angemessenen – Subjektbegriff deutlich geworden ist (vgl. Meyer-Drawe 1990, 2004). Aber auch metapherntheoretische Arbeiten knüpfen an diese Konstitutionsproblematik an und illustrieren auf ihre Weise Komplexität und Unschärfe pädagogischer Phänomene und ihrer jeweiligen begrifflichen wie vorbegrifflichen Erschließung (vgl. Scheuerl 1959; Haan 1991; Meyer-Drawe 1999; Bilstein 2004a). Mit ihnen rückt zugleich die Rückseite der Konstitutionsproblematik – also die Frage nach dem Zusammenhang von Theorie und Praxis im pädagogischen Handeln selbst – in den Vordergrund: Gerade weil pädagogische Praktiken ohne (wie auch immer ausgearbeitete) geistige Vorstellungen und -entwürfe (der Akteure) nicht möglich sind, lassen sich Theorie und Praxis nicht voneinander isolieren und in einer Umsetzungs- und Anwendungslogik bloß oppositional gegenüberstellen. Vielmehr kommt es darauf an, den – bereits früh von Erich Weniger überzeugend herausgearbeiteten – durchgängigen ‚Theorie-Praxis-Zusammenhang' (vgl. 1952) zu betonen und auf seinen verschiedenen Stufen – der der unausdrücklichen Anschauung des Praktikers, der der expliziten Erfahrungsüberzeugung des Praktikers (Pädagogik) und schließlich der der Theorie des Theoretikers (Erziehungswissenschaft) (vgl. 1952, 16 ff.) – zu analysieren. Erst dieses Verständnis von Praxis als einem theoriegeladenen und -geleiteten Handeln und von Theorie als einem für Handeln konstitutiven ‚Resonanzraum', aus dem heraus gehandelt wird und der daher in besonderer Weise sowohl systematisch zu explizieren als auch durch Theoriebildung produktiv zu bearbeiten ist, macht es sinnvoll wie aussichtsreich, auch ausdrücklich nach der Performativität erziehungswissenschaftlicher Theoreme und Begriffe zu fragen, wie sich dies in einer eher ‚theorieakzentuierten Verwendungsforschung' bereits abzeichnet (vgl. Kade & Seitter 2007) und zu einer empirisch gewendeten allgemeinpädagogischen Performanz- und Wirkungsforschung ausbauen ließe.

Darüber hinaus kann als zweiter Kernbereich allgemeinpädagogischer Theoriebildung ein breiter wissenschaftstheoretischer und wissenschaftsgeschichtlicher Diskurs ausgemacht werden, in dem – neben der üblichen Wissenschaftsreflexion auf Gegenstand, Methode und Perspektive – nicht nur die Gestalt und die Geschichte der Disziplin Erziehungswissenschaft rekonstruiert werden, sondern auch der Status der Erziehungswissenschaft als Wissenschaft im Kontext ihrer disziplinären Selbstthematisierung diskutiert wird (vgl. Tenorth 1999, 2004a).

Zur Vermittlungs- und Diskursfunktion der Allgemeinen Pädagogik

Aufgrund ihrer grundlagentheoretischen Funktion kommt der Allgemeinen Pädagogik im Rahmen der disziplinären Arbeitsteilung in der Erziehungswissenschaft zudem eine intra- und interdisziplinär justierte Vermittlungs- und Diskursfunktion zu. Gleich einem Scharnier – und nicht einem Fundament – ist es zunächst (auch) die Aufgabe Allgemeiner Pädagogik, interdisziplinäre Diskurse zu rezipieren, gemäß ihrer eigenen Kriterien für pädagogische Fragestellungen anschlussfähig zu machen und innerhalb der Gesamtdisziplin zur Diskussion zu stellen (vgl. Friebertshäuser et al. 2006). Auch wenn dies bisweilen von anderen Teildisziplinen mit Blick auf die Anschlussfähigkeit allgemeinpädagogischer Diskurse bestritten wird, so ist doch unstrittig, dass die – insbesondere kategoriale – Rezeption und Auswertung anderer, insbesondere sozial- wie kultur- und humanwissenschaftlicher Diskurse aufgrund ihrer Komplexität und Pluralität in angemessener Weise nur arbeitsteilig organisiert werden können – was aber auch umgekehrt heißt (und ebenso unstrittig sein sollte), dass allgemeinpädagogische Befunde durchaus offensiv bzw. kooperativ in die jeweiligen teildisziplinären Diskurse innerhalb wie außerhalb der Erziehungswissenschaft hineingetragen werden müssen. Ein bloß teildisziplinär orientiertes Verständnis der Erziehungswissenschaft erweist sich damit als unzureichend, weil problemorientierte Verständigungen erschwert und am Eigenen orientierte Befragungen befördert werden. Neben dieser Vermittlungsaufgabe, die auch die Positionierung und Markierung pädagogischer Fragestellungen in anderen interdisziplinären Diskursen einschließt (vgl. Ehrenspeck & Lenzen 2006), kommt der Allgemeinen Pädagogik weiterhin – wenn auch nicht ausschließlich – die Aufgabe der intradisziplinären Kooperation, Moderation und Diskussion zwischen den Teildisziplinen zu, die sie überwiegend dadurch zu erfüllen versucht, dass sie Perspektiven anderer Teildisziplinen – wie Schulpädagogik, Berufspädagogik oder empirische Bildungsforschung (vgl. insgesamt Heft 2 der Zeitschrift für Erziehungswissenschaft 1998) – aufnimmt, in einem pädagogischen Zusammenhang zur Geltung zu bringen versucht und die verschiedenen Fachdiskurse mit Blick auf von allen geteilte wie für alle querliegende Problemstellungen auswertet. Das aber impliziert – hinsichtlich der im Rahmen der Reorganisation und Modularisierung des Studiums neu aufbrechenden Fragen eines disziplinären Gesamtzusammenhangs – auch die Orientierung an einer möglichen Einheit qua Eigenheit der Erziehungswissenschaft als einer Gesamtdisziplin in der Vielfalt ihrer teildisziplinären Stimmen und Perspektiven: weniger als ein durch Allgemeine Pädagogik fundierter bzw. von ihr kontrollierter und regulierter Zusammenhang, sondern vielmehr als ein – auch durch sie initiierter – Diskurs- und Streitzusammenhang.

Zur Öffentlichkeits- und Verständigungsfunktion der Allgemeinen Pädagogik

Im Anschluss an die bisherigen Aufgabenzuschreibungen mag es nicht verwundern, wenn eine dritte Funktion der Allgemeinen Pädagogik benannt wird. So wird in der Allgemeinen Pädagogik durchaus durchgängig – auf der Grundlage ihrer Theorie- und Reflexionsfunktion und mit Blick auf die inter- wie intradisziplinäre Vermittlungsfunktion in der Allgemeinen Pädagogik – die Problematisierung pädagogischer Fragen in einem gesamtgesellschaftlichen Zusammenhang vorangetrieben: weniger als ihrerseits politisch gebundene bzw. auf jeweiligen Gesinnungen aufbauende Erörterung pädagogischer Generalfragen (vgl. Tenorth 1990), als vielmehr als Problematisierung des Verhältnisses der Pädagogik zu ihrem ‚Außen' (vgl. Masschelein & Ricken 2002), sei es nun als Reflexion pädagogischer Praktiken in ihrem Verhältnis zu anderen gesellschaftlichen Praktiken (vgl. Benner 2005, 115 ff. wie 285 ff.), oder sei es als aus Forschung resultierende „Diskussion und Lösung öffentlicher Probleme" (Oelkers 2006, 194), die als „Grundprobleme nicht der pädagogischen Begrifflichkeit, sondern der heutigen Erziehung und Bildung" (ebd. 210) pädagogisch beunruhigen und sich nicht bloß teildisziplinär delegieren lassen. Die Frage nach dem ‚Außen' zu stellen heißt aber, sie doppelt aufzunehmen: einmal als Beunruhigung durch das ‚Außen', ein andermal als Frage nach dem Woraufhin des eigenen wissenschaftlichen Tuns. Diese sperrigen Fragen nach dem jeweiligen ‚Außen' wurden traditionell im Rahmen der Diskurse zur ‚pädagogischen Autonomie' (vgl. Tenorth 2004b) theoretisiert und darin auch als Momente des Theorie-Praxis-Verhältnisses ausgelegt, oft genug auch als strangulierende Fragen nach der praktischen Relevanz des Gedachten an andere adressiert; die vielfältigen Hinweise der Wissenschaftsforschung auf die Differenz pädagogischer Wissensformen (vgl. Vogel 1997), auf die Unvereinbarkeit pädagogischer und erziehungswissenschaftlicher Perspektiven und die daraus zuallererst resultierenden enormen Vorteile reflexiver Distanzierung (vgl. Tenorth 1995) sind überzeugendes Plädoyer genug, die Frage nach den Effekten des eigenen Denkens nicht in dieser Weise wieder aufzunehmen. Auch die durchaus beißende Kritik an der Allgemeinen Pädagogik als einer bloßen ‚Berufsethik' aufgrund ihres ‚Zuviels an Moral' (vgl. Tenorth 1998) ist dann überzeugend, solange nicht gleichzeitig geglaubt wird, den Fragen nach dem ‚Sinn' als unwissenschaftlichen Fragen damit ein Ende bereitet zu haben. Vielmehr geht es auch allgemeinpädagogisch wie erziehungswissenschaftlich darum, den ‚pädagogischen Stoff' nicht bloß zu historisieren oder reflexionstheoretisch zu isolieren und stillzustellen, sondern selbst als „Medium sozialer Prozesse" (vgl. Gamm 2000, 227) zu begreifen, die sich nicht unabhängig von den eigenen Reflexionen vollziehen.

Diesen drei Funktionen und Aufgabenstellungen aber kann die Allgemeine Pädagogik – will sie nicht bloß programmatisch bleiben – nur im Rahmen und auf Grundlage ihrer eigenen Theoriebildung und Forschung (zu allen drei Funktionen) nachkommen, denn erst diese liefern Kategorien und Kriterien sowie einen sowohl für die Systematisierung und Ordnung als auch für das Verstehen pädagogischer Probleme unverzichtbaren Gesamtrahmen. Kern der allgemeinpädagogischen Arbeit ist daher neben der grundbegrifflichen Erschließung des pädagogischen Problems und der Bestimmung der Form pädagogischen Handelns die (Re-)Konstruktion des ‚pädagogischen Problems' im Kontext eines ‚pädagogischen Grundgedankengangs'.

Zur Frage eines ‚pädagogischen Grundgedankengangs'

Auch wenn immer wieder mit Verweis auf den reklamierten Status wie auf die unüberholbare Pluralität allgemeinpädagogischer Perspektiven die Möglichkeit eines ‚pädagogischen Grundgedankengangs' bestritten wird (vgl. Masschelein 1996; Brinkmann & Petersen 1998), so ist doch – auch gegenwärtig – eine nur perspektivisch mögliche Skizze dessen, was als ‚pädagogisches Problem' (Dilthey) bezeichnet werden könnte, ebenso nötig wie möglich. Dies gilt umso mehr, als die Arbeit an einem ‚pädagogischen Grundgedanken' – mittels dessen auch die Eigenart des Pädagogischen gegen andere Logiken abgrenzbar würde – weder auf die (vorgängige) Begründung und Fundierung pädagogischen Handelns und Denkens noch auf die (bloß nachgängige) Begriffsbildung und Theoretisierung verwandter Vorstellungen abzielt (vgl. Benner 2005, 10 ff.). Vielmehr dient eine solche Skizze – auch mit Blick auf den disziplinär unabgeschlossenen Streit um einen solchen Grundgedankengang – der Bearbeitung und Beantwortung der Frage, was eigentlich die Frage ist, auf die Erziehung und Bildung zu antworten suchen.

In dieser – gegenüber der traditionellen Frage ‚Was ist Erziehung?' – veränderten Gestalt erlaubt sie einen eher sondierend angelegten ‚pädagogischen Grundgedankengang', der versucht, unterschiedliche Herausforderungskontexte und -syndrome als Dimensionen des pädagogischen Problems zu skizzieren und Muster der jeweiligen pädagogischen Beantwortung zu beschreiben. Es ist eine solchermaßen justierte Gesamtskizze des ‚pädagogischen Problems', die – zwar nicht qua Vollständigkeit der Problembeschreibung, sondern qua Distanz zu bereichspädagogischen Erfordernissen und ihren vermeintlichen Selbstverständlichkeiten – die Orientierung im Denken (und Handeln) ermöglicht, indem sie mit der Frage nach der Frage, worauf Erziehung zu antworten sucht, einen weitestmöglichen Rahmen pädagogischer Herausforderungen absteckt, der als ‚Resonanzraum' aller möglichen pädagogischen Fragestellungen tauglich sein kann und gerade in der Erkundung unterschiedlicher Problemkontexte in gedanklichen Rundgängen zu erhöhter reflexiver Distanz – insbesondere gegenüber vielfältigen bereichspädagogischen Anforderungen – zwingt.

Im Folgenden seien fünf Dimensionen des ‚pädagogischen Problems' unterschieden, in ihren Grundelementen – wenn auch stark verkürzt – skizziert und zu einem ‚pädagogischen Gedankengang' miteinander verwoben, der insgesamt der Intention Siegfried Bernfelds folgt, Erziehung als „die Summe der Reaktionen einer Gesellschaft auf die Entwicklungstatsache" (Bernfeld 1973, 51) zu verstehen.

Zu Generationalität als erster Dimension des pädagogischen Problems

Ohne die Problematisierung des Generationenverhältnisses lässt sich kein angemessenes Verständnis des Pädagogischen überhaupt entwickeln; es ist gerade die Besonderheit der menschlichen Generationalität, die das pädagogische Handeln in einer spezifischen, evolutionär begründeten und kulturell hochgradig unterschiedlich ausdifferenzierten Existenzstruktur zu verankern erlaubt und insofern einen ersten Zugang zum pädagogischen Problem zu eröffnen vermag: Zum einen erzwingt die durch Geburt und Tod bedingte Diskontinuität der Generationenfolge – Menschen kommen und gehen täglich von der Welt – eine mit Blick auf die sozio-kulturelle Gestalt menschlichen Lebens gesellschaftlich notwendige und tagtäglich erforderliche Reproduktions- und Kontinuierungsarbeit, in der das, was kulturell jeweilig bereits erreicht ist, tradiert und transformiert wird bzw. werden soll (vgl. Sünkel 1997); zum anderen aber ist dies nur dadurch erst möglich, weil Menschen – im Gegensatz zu Säugetieren insgesamt und anderen Primaten – sich nicht nur *an* Umwelt entwickeln und *von* anderen lernen, sondern auch – durch ein vertieftes Verständnis anderer als intentional anderer – in der Lage sind, Zeigegesten anderer zu verstehen wie auch herauszufordern und so *durch* andere zu lernen (vgl. Tomasello 2006). Erst mit dieser Doppelung aber lässt sich das pädagogische Generationenverständnis, dass es immer nur eine ‚vermittelnde' und eine ‚aneignende' Generation gibt und geben kann (vgl. Sünkel 1997), gegenüber anderen – z. B. biologischen, genealogischen, historischen oder rechtlichen – Generationenbegriffen abgrenzen und sowohl gegenüber dem ‚Verschwinden der Generationendifferenz' (vgl. Giesecke 1985) als auch gegenüber der Auflösung in eine (zu weite) ‚Vermittlungsaufgabe' (vgl. Kade 1997) behaupten; zugleich können aber soziologische Generationenverständnisse, die – auf der unterschiedlichen ‚Generationenlagerung' und der aus der ‚Erlebnisschichtung' resultierenden Erfahrungsdifferenz aufbauend (vgl. Mannheim 1964) – die Differenz der und den Konflikt zwischen den Generationen betonen, ein bloß lineares Verständnis der pädagogischen Kontinuierung in generationaler Diskontinuität, also der Perspektive, dass die Jüngeren nur auf den Stand der Älteren zu heben seien, korrigieren: Es ist nicht nur der neuzeitlich bedingte Bruch des ‚praktischen Zirkels von Sitte und Handeln' (vgl. Benner 2005), der zu einem nicht eindimensionalen pädagogischen Generationenverständnis geführt hat und sowohl ‚Repräsentation' statt bloßer ‚Präsentation' (vgl. Mollenhauer 1983) als auch ‚Diskontinuierung' als pädagogische Tätigkeit verstehen lässt (vgl. Masschelein 2000), sondern auch der in der ‚pädagogischen Differenz' zwischen Vermittlung und Aneignung erkennbare Bruch, der Diskontinuität und Kontinuität so verbindet, dass auch noch die strengste Tradierung unweigerlich Transformation mit sich bringt (vgl. Peukert 1987). Schleiermachers Frage – „Was will denn eigentlich die ältere Generation mit der jüngeren?" (Schleiermacher 2000, 9) – kann zwar noch als tauglicher Ausgangspunkt einer pädagogischen Grundlagenreflexion dienen, doch muss auch umgekehrt die Frage nach den Verpflichtungen der älteren gegenüber der jüngeren Generation gestellt und durch Erwägungen zur Generationengerechtigkeit ergänzt werden. So gesehen beinhaltet „Mitgesamttätigkeit" (ebd. 16) als Fluchtpunkt pädagogischen Handelns nicht nur das jeweilig selbstständige Eintretenkönnen der Jüngeren in die Aufgaben und Spuren der Älteren, sondern ebenso die durchgängig konflikthafte Nachfolge und Ablösung der Älteren durch die Jüngeren. Insgesamt aber erlaubt ein generationentheoretischer Zugriff, den bislang zumeist als Ausgang pädagogischer Reflexionen genutzten und weitgehend anthropologisch justierten Gedanken der Bildsamkeit (als naturaler Unbestimmtheit und Nichtfestgelegtheit qua ‚Mängelausstattung‘) praxeologisch an die Problematik des Zeigens zurückzubinden und dann im Kontext eines kulturell-historischen Verständnisses menschlicher Praktiken (vgl. Reckwitz 2003) zu diskutieren; in einer solchen Theorie müsste dann auch das Problem der Intergenerativität in umgekehrter Richtung diskutiert werden und die Frage, warum Menschen ‚Eltern‘ bzw. ‚Lehrmeister‘ werden (wollen), diesseits professionstheoretischer Diskurse gestellt werden.

Zu Wissen als zweiter Dimension des pädagogischen Problems

Gegenstand der tagtäglich erforderlichen und in sich nur gebrochen möglichen ‚Kontinuierungsarbeit‘ ist die Unterrichtung der Jüngeren durch die Älteren in allen menschlich-kulturellen Angelegenheiten, die nicht qua Natur tradiert und nur bedingt selbst erfahren werden können; gerade die Idee einer „beschleunigenden Einwirkung“ (Schleiermacher 2000, 12) zwingt dazu, die Frage nach dem ‚dritten Faktor‘ (vgl. Winkler 2006, 181) im pädagogischen Handeln radikaler aufzunehmen, als dies in den meisten Bildungskanons und Kompetenzkatalogen geschieht. Auch wenn Qualifikation, Kompetenz und Bildung als – sicherlich höchst unterschiedliche – Fluchtpunkte der pädagogischen Bemühungen längst hinreichend entfaltet sind, so scheint es doch an explizit wissenstheoretisch argumentierenden Thematisierungen des ‚dritten Faktors‘ zu mangeln; es ist aber gerade die mit ‚Wissen‘ bezeichnete Fähigkeit der Menschen zur Thematisierung, Ordnung und Selbstreflexion von Erfahrungen qua Symbolisierung als Bedingung der Möglichkeit sozialen Handelns (vgl. Stehr 2000, 81), die die kulturelle Weitergabe von ‚Wissen‘ ebenso zuallererst ermöglicht wie bereits voraussetzt. Dabei kann zunächst die Kontrastierung von Wissen mit Daten und Informationen sowie Bildung und Glauben ein relationales Verständnis von Wissen in doppelter Hinsicht ermöglichen (vgl. Degele 2000): Zum einen gilt Wissen nur dann als Wissen, wenn es in sich konsistent geordnet und kohärent mit anderem Wissen ist; zum anderen ist aber neben diesem (unterschiedlich einlösbaren) Wahrheitsanspruch Wissen erst dann Wissen, wenn es auf jemanden bezogen bzw. für jemanden bedeutsam ist. Faltet man nun dieses Verständnis von Wissen aus, dann ergibt sich eine Logik des Wissens, die sich in einer Spiralbewegung beschreiben lässt: Offenkundig ist zunächst, dass Wissen immer auch ein Wissen um den jeweiligen methodologischen Status beinhaltet, sodass deklaratives und prozedurales Wissen sich nicht nur typologisch bzw. klassifizierend unterscheiden lassen, sondern als ‚Was‘ und ‚Wie‘ des Wissens streng aneinander gebunden sind; zudem lässt sich Wissen nicht angemessen begreifen, wenn nicht auch sowohl sein sozialer Kontext – d. h. sein Entdeckungs- und Verwendungszusammenhang – als auch sein historischer Kontext – d. h. seine paradigmatische Gebundenheit in die jeweilige ‚Ordnung der Dinge‘ (vgl. Foucault 1971) – mitreflektiert werden. Aufgrund der in beiden Reflexionsbewegungen deutlich werdenden Perspektivität und Konstruktivität von Wissen muss Wissen als kontingent, also als historisch bedingt und jeweilig auch anders möglich eingesehen werden (vgl. Nowotny 1999): weniger aber, um in Pluralität der Beliebigkeit und Indifferenz von Wissen Vorschub zu leisten, sondern vielmehr, um die Frage nach der jeweiligen Bedeutung von Wissen für wen aufzunehmen. Etwas zu wissen, heißt daher nicht nur, auch zu wissen, wie man etwas weiß (und insofern auch zu wissen, woher man etwas in welchem Zusammenhang zu welchen Zwecken weiß), sondern in diesem Wissen sich selbst mitzuwissen – und sich selbst mitzuteilen. Auch wenn diese Fragedimension häufig bloß verhalten oder positional erörtert wird, so ist sie doch in jedem Wissen enthalten und eröffnet einen ebenso anthropologisch wie ethisch justierten Frage- und Reflexionshorizont menschlicher

Selbstverständigung, weil Wissen aufgrund seines konstitutiven ‚Mitteilungscharakters' (Schleiermacher) „stets an die Frage nach dem Menschen gebunden" (Derrida 2001, 10) ist – und zwar nicht trotz, sondern gerade wegen ihres problematischen, weil unabschließbaren Charakters (vgl. ebd. 11). Zugleich wird mit der Kontingenz des Wissens auch dessen nicht aufhebbare Unabgeschlossenheit deutlich, sodass jedes Wissen nicht nur bloß vorläufig ist, sondern dazu zwingt, nichts außer Frage zu stellen (vgl. ebd. 14) – und genau dafür öffentlich einzustehen (vgl. ebd. 22). Erst die Kombination von Unabgeschlossenheit und Bedeutsamkeit aber erlaubt, eine Differenz zwischen ‚Erkenntnis und Interesse' (Habermas) zu markieren, sodass Wissen mit Macht nicht bloß in eins fällt und fallen muss. Versteht man aber Wissen – aufgrund seiner methodologischen, historisch-sozialen und intersubjektiven Situiertheit und Kontingenz – notwendigerweise als ‚relationales Wissen' (vgl. Foucault 2004, 295 ff.), dann ist in und mit Wissen immer auch eine ‚Interpellation' (Althusser) verbunden, in der jemand nicht nur als ein spezifischer Jemand qua Anrufung konstituiert (und unterworfen), sondern auch zu seiner Selbsttransformation herausgefordert wird. Damit aber wird deutlich, dass das, was pädagogisch gemeinhin als ‚Bildungssinn' (vgl. Mollenhauer 1995) reflektiert wird, nicht von außen zu Wissen hinzugedacht werden muss, sondern eine Dimension des Wissens selbst ausmacht.

Zu (Inter-)Subjektivität als dritter Dimension des pädagogischen Problems

Mit der – als ‚pädagogische Differenz' bezeichenbaren – Brechung zwischen Vermittlung und Aneignung rückt ein weiterer Problemkreis in den Vordergrund, in dem Fragen der Subjektivität und Intersubjektivität, ihrer Gestalt, Genese und wechselseitigen Konstitution thematisch werden: nicht nur, weil diese im pädagogischen Handeln relevant werden und als ‚Maßgabe fremder Begreifungskraft' (Heine) ausdrücklich bedacht werden müssen, sondern auch, weil Subjektivität qua Intersubjektivität und Anerkennung in sich selbst bzw. aus sich selbst heraus auch pädagogisch buchstabiert werden muss. Bedeutsam – und weitgehend unstrittig – ist dabei, dass mit Subjektivität weder ein statisches noch in sich ungebrochenes, weil lineares Verständnis menschlicher Existenz bezeichnet wird, sondern vielmehr eine ausdrücklich epigenetische und relationale, sowohl selbst- als auch anderenreferentielle Logik eröffnet wird, die in den üblichen Kennzeichnungen des Subjektdenkens – Autonomie und Authentizität (vgl. Taylor 1996) – nur unzureichend deutlich gemacht werden kann: Menschen sind weder qua Natur oder Vernunft bereits ‚Subjekte ihrer selbst', noch werden sie dazu einfach von anderen gemacht; vielmehr entwickeln sie sich zuallererst in einem wirklichen ‚Neubildungsprozess' (und nicht in einer bloßen ‚Ausfaltung' vorheriger ‚Einfaltungen'), ohne dass dabei ein Anfangspunkt in ihrer genetischen Disposition oder ihrer sozialen Konstitution gefunden werden könnte. Weil aber Entwicklung – verstanden als Epigenesis – von Anfang an selbstreferentiell strukturiert ist, sodass das jeweilig entwickelte Selbstverständnis nicht bloß als eine nachträgliche Selbstfeststellung, sondern selbst als Bedingung der Möglichkeit weiterer Entwicklung verstanden werden muss (vgl. Erikson 1973), und weil Selbstbezüglichkeit nur aus und in Anderenbezüglichkeit gedacht werden kann (vgl. Mead 1962), ist mit Subjektivität zunächst eine Struktur doppelter Relationalität umrissen (vgl. Ricken 1999), die bei Søren Kierkegaard als ein „Verhältnis, das sich zu sich selbst verhält" (Kierkegaard 1992, 8), beschrieben wird – mit dem ausdrücklichen Zusatz, dass das Selbst nicht bloß das Verhältnis ist, sondern „dass das Verhältnis sich zu sich selbst verhält" (ebd.). Ein solches Verständnis von Subjektivität aber zwingt nicht nur zur Reformulierung der klassischen subjekttheoretischen Topoi – wie Selbstbewusstsein, Freiheit und Würde – und betont den ambivalenten Zusammenhang von ‚Zugrundeliegendem' und ‚Unterworfenem' (vgl. insgesamt Meyer-Drawe 2004), sondern verschiebt auch die Aufmerksamkeit auf Fragen der Konstitution von Subjektivität aus und in Intersubjektivität: Gerade weil Menschen sich von anderen her erlernen (und sich gerade nicht aus sich heraus entwickeln; vgl. auch Lacan 1991), ist Subjektivität – verstanden als ‚Inter-Subjektivität' (Schaller) – nicht ohne Anerkennung denkbar (vgl. dazu ausführlicher Balzer 2008). Mit Anerkennung wird dabei nicht – wie so oft irreführend assoziiert – ein bloß anerkennend-bestätigendes Handeln (konstativer Aspekt) gegenüber anderen bezeichnet, sondern ausdrücklich auch die stiftende bzw. herstellende Wirkung (auch des bestätigenden Handelns) (konstituierender Aspekt) betont (vgl. Düttmann 1997). Zudem würde Anerkennung verharmlost und halbiert, wenn es auf ein bloß bejahendes oder gar wohlwollend-liebevolles Verhalten gegenüber anderen reduziert würde; gerade weil Anerkennung verlangt, sich im Anerkennen anderer als nicht bloß abhängig zu erweisen, kann die Bedeutung der Dimension des Versagens und des Entzugs als einem notwendigen Moment in Anerkennungspraktiken kaum überbewertet werden (vgl. Benjamin 1990). Das aber führt schließlich dazu, Anerkennung als ein (performatives) Adressierungs- und Konstituierungsgeschehen zu lesen, in dem Normen der Anerkennbarkeit ebenso Unterwerfung wie Überschreitung bedingen, und diese auch machttheoretisch zu analysieren, sodass Subjektivität dann als ein Subjektivationsgeschehen problematisiert werden kann (vgl. Butler 2005 wie insgesamt Butler 2001).

Folgt man diesen Weichenstellungen, ergibt sich insgesamt ein Theoriegefüge, in dem Homogenitätsvorstellungen wie Authentizität, Autonomie und Identität ausgeschlossen sind bzw. in Differenzvorstellungen der Fremdheit, Bezogenheit und Verletzbarkeit übersetzt werden müssen, sodass Subjektivität als Inter-Subjektivität auch mithilfe der Kategorien der Alterität (Andersheit) und Alienität (Fremdheit) als ein Zusammenhang von Gegebensein, Aufgegebensein und Entzogenheit erläutert werden kann (vgl. Ricken 2004). Subjektivität als *einen* Selbst- und Anderenzusammenhang zu denken aber heißt, sie ‚pädagogisch' zu denken – wie auch umgekehrt pädagogisches Handeln ohne Intersubjektivität und Anerkennung als einer ebenso grundsätzlichen wie durchgängigen (weil nicht eingrenzbaren und insofern ubiquitären) Dimension pädagogischen Handelns nicht gedacht werden kann, weil Anerkennung weder bloß Mittel noch möglicher Gegenstand (unter anderen) oder Zielbestimmung pädagogischer Handlungen, sondern die entscheidende Dimension bzw. das zentrale Medium ist, in dem sich pädagogisches Handeln vollzieht und das es zuallererst ermöglicht.

Zu Gesellschaft als vierter Dimension des pädagogischen Problems

Mit Gesellschaft lässt sich nun eine weitere Dimension des pädagogischen Problems benennen (vgl. Bellmann 2008), die den – zunächst mit Generationalität erläuterten, dann mit Wissen und Subjektivität komplementär vertieften – Gedankengang wieder bündelt. Dabei ist die Einsicht, dass Gesellschaft ein zentraler und bedeutsamer Kontext pädagogischen Denkens und Handelns ist, zunächst eher trivial; die Frage aber, was jeweilig als pädagogisches Problem angesehen und wie dann pädagogisches Handeln strukturell an- und vorgebahnt wird, zieht erheblich komplexere gesellschaftstheoretische Reflexionen nach sich. Insofern Gesellschaft nicht bloß Rahmen und auch nicht bloß (zumeist normativ missverstandener) Fluchtpunkt pädagogischer Reproduktionsbemühungen ist, sondern Ort des ‚pädagogischen Nachfolgegeschehens' und selbst Antwort auf die ‚Entwicklungstatsache' (Bernfeld), ist es nicht hinreichend, Gesellschaftstheorien bloß pädagogisch zu replizieren und als Orientierung auf pädagogische Fragestellungen zu applizieren, wie dies häufig genug in den Debatten um Individualisierung, Risikogesellschaft und Wissensgesellschaft geschieht. Vielmehr geht es darum zu analysieren, wie „Kindheit" als Kennzeichnung der „menschlichen Entwicklungstatsache" interpretiert, strukturell – und damit von

Anfang an und nicht erst qua Reproduktion nachträglich – „im Aufbau der Gesellschaft berücksichtigt" (Bernfeld 1973, 51) und gesamtgesellschaftlich beantwortet wird. So lässt sich z. B. mit Blick auf differenzierungstheoretisch argumentierende Gesellschaftsbeschreibungen und ihre Unterscheidung zwischen segmentär-, stratifikatorisch- und funktional-differenzierten Gesellschaften nicht nur qua Funktionszuschreibung der jeweilig andere (systemische) Ort und Modus pädagogischen Handelns markieren (vgl. Treml 1987, 66–120), sondern auch die jeweilig entwickelte pädagogische Semantik mit Gewinn gegen den Strich lesen – wie dies exemplarisch von Niklas Luhmann in seiner Interpretation des Neuhumanismus unter dem Vorzeichen der gesellschaftlichen ‚Brauchbarkeit der Eigentümlichkeit' unternommen worden ist (vgl. Luhmann 1981 wie auch Luhmann 1989). Zudem rückt diese differenzierungstheoretische Perspektive auch die Frage des Verhältnisses der verschiedenen gesellschaftlichen Praxen zueinander in den Vordergrund: Gerade mit Blick auf die „nicht-hierarchische Ordnung der menschlichen Gesamtpraxis" (Benner 2005, 115 ff.) gilt es, zum einen ‚soziologistische' Fehlschlüsse, in denen gesellschaftliche Tatbestände ungebrochen in pädagogische Imperative verwandelt werden, wie auch – bloß umgekehrte – ‚pädagogistische' Fehlschlüsse, die alle Praktiken auf die Frage der Bedeutung derselben als Entwicklungsbedingung für die nachwachsende Generation reduzieren und entsprechend zu normieren versuchen, zu vermeiden; zum anderen müssen aber jeweilige Hegemonieansprüche und Dominanzen anderer Praxen problematisiert werden, ohne dass dabei der Zusammenhang der pädagogischen und gesellschaftlichen Funktionen abgeblendet bzw. einseitig ausgelegt wird, wie dies gelegentlich in den Debatten zur ‚Ökonomisierung der Bildung' (vgl. Frost 2006, kritisch Zymek 2005) geschieht. Versteht man schließlich Gesellschaft nicht bloß als „Inbegriff räumlich vereint lebender oder vorübergehend auf einem Raum vereinter Menschen" (Geiger, zit. nach Schäfers 2003, 109), sondern als geschichtlich gewordene, spezifische Figuration des Geflechts der Beziehungen und Funktionen, die die Menschen miteinander haben und füreinander sind – d. h. als „unsichtbare Ordnung, aus der heraus und in die hinein die Einzelnen beständig ihre Zwecke setzen und handeln", und die qua „Eigengesetzlichkeit der Beziehungen zwischen den einzelnen Menschen" (Elias 1987, 34) die jeweiligen Praktiken der Menschen reguliert –, dann wird mit Gesellschaft auch das Problem der Macht thematisch: weniger in der geläufigen Form der Opposition von Fremd- und Selbstbestimmung, sondern vielmehr in der Fassung einer spezifischen „Führung der Führungen" (Foucault 1994, 255) und ihrer jeweiligen Transformationen; das aber zwingt dazu, pädagogisches Handeln und Denken nicht nur in seinen jeweiligen gesellschaftlichen Vorbahnungen lesen zu lernen, sondern auch selbst als Moment von Macht, als Dispositiv eigener Art (vgl. Ricken 2006) zu verstehen – und zwar nicht unlautererweise, sondern zwangsläufig und unausweichlich.

Zur ‚Frage nach dem Menschen' als fünfter Dimension und anthropologischem Rahmen des pädagogischen Problems

Auch wenn die ‚Frage nach dem Menschen' (Derrida) in den bisherigen Überlegungen zum ‚pädagogischen Problem' mindestens virulent, wenn nicht sogar bereits offen thematisch geworden ist, so ist mit ihr doch ein weiterer Gedankenkreis benannt, der als umgreifender Horizont pädagogischen Denkens und Handelns skizziert und auch eigens be- und durchschritten werden muss. Ausdrücklich nicht gemeint ist dabei zunächst, das ‚pädagogische Problem' auf die ‚Frage nach dem Menschen' zu reduzieren bzw. durch eine spezifische Antwort und Festschreibung des Menschen zu dominieren, gar zu normieren und nur von dort zu lesen; gerade weil die ‚Frage des Menschen' nach sich selbst in Definitionen – trotz oder gerade wegen ihrer Vielzahl – keine angemessene Antwort finden kann, sondern als unbeantwortbare und insofern offene

Frage auf die jeweiligen Selbstverständnisse und Praktiken verweist, gilt es in besonderer Weise, das Problem der „anthropologischen Differenz" (Kamper 1973, 19 ff.) – kurz: dass Menschen nicht leben (können), ohne sich auf sich selbst zu beziehen, und darin sich Subjekt und Objekt zugleich sind – sowohl analytisch als auch perspektivisch-diskursiv zu bearbeiten: zum einen als Implikationsanalyse, in der die unterschiedlichen Praktiken und Diskurse daraufhin befragt werden, als wer sich Menschen in ihnen verstehen und als wer sie sich handelnd entwerfen (vgl. exemplarisch Lindemann 2001 und Lindemann 2006a); zum anderen als Explikationsdiskurs, in dem diese Befunde ausdrücklich aufgenommen, im Kontext expliziter, kulturwissenschaftlich oder philosophisch situierter anthropologischer Diskurse problematisiert und mit Blick auf wechselseitige Verständigung, als wer wir uns denn verstehen wollen, nach vorne diskutiert werden (vgl. dazu ausführlicher Ricken 2004). Dabei wird zugleich deutlich, dass menschliche Selbstverständigungen nicht einfach intentional verfügbar, sondern kulturell und geschichtlich gewachsen sind – und in der Tat höchst unterschiedlich ausfallen können (vgl. exemplarisch Köpping et al. 2002). Dennoch lässt sich – mit Blick auf die geschichtliche Vielzahl möglicher Antworten und Selbstproblematisierungen – eine durchgängige Struktur anthropologischer Selbstverständigung ausmachen: Menschen sind sich sowohl gegeben als auch aufgegeben, sodass sie auf Selbstdeutung qua Sinnbildung angewiesen sind (vgl. Habermas 1973, 105); weil es jedoch für sie unmöglich ist, in eine ‚echte Gegenlage' (vgl. Plessner 1981, 382) – zu sich und anderen wie anderem – einzutreten, bleiben sie sich dauerhaft auch selbst entzogen. Anthropologien lassen sich daher nicht nur als jeweilige, historisch und kulturell bedingte Thematisierungen und Relationierungen dieses dreidimensionalen Zusammenhangs von Gegebensein, Aufgegebensein und Entzogensein verstehen, sondern müssen auch ihrerseits darauf bezogen werden – und insofern als vorläufige Versuche, sich zu bestimmen, ohne sich gänzlich vor sich bringen zu können, gelesen werden. Pädagogisch resultiert daraus zunächst eine entschiedene Abwehr der unterschiedlichen – wie auch immer: biologistisch, soziologistisch oder anders begründeten – ‚Wesensbestimmungen' des Menschen und eine damit verbundene Relativierung kulturell dominanter Deutungen durch historisch und kulturell vergleichende Studien. Zugleich aber werden pädagogische Diskurse und Praktiken auch ihrerseits befragbar in ihrem jeweiligen Beitrag zur menschlichen Selbstverständigung, muss doch das pädagogische Handeln selbst als ein ‚anthropologisches Handeln' begriffen werden, in dem der Mensch infrage steht und sich selbst zur Frage wird (vgl. Bokelmann 1989) – mit dem Effekt, dass diese Frage selbst Bestandteil und Horizont pädagogischer Reflexionen wird und werden muss, weil „das Sein des Menschen [...] nicht abzutrennen [ist] von dem Sinn, zu dem er sich versteht" (Habermas 1973, 90).

Nimmt man den hier entlang der Frage nach der Frage, worauf Erziehung zu antworten sucht, entwickelten Gedankengang nun insgesamt in seinen fünf Dimensionen auf, dann zeigt sich, dass sich das ‚pädagogische Problem' von verschiedenen Seiten erschließen lässt und insofern auch mehrdimensional reflektiert werden muss. Doch bilden die skizzierten Dimensionen weder bloß *einen* noch einen *einheitlichen* Grundgedanken, sondern benennen Dimensionen, aus denen heraus sich das pädagogische Problem stellt und in die hinein die pädagogische Reflexion daher zu treiben ist. Was hier daher zu leisten versucht wurde, ist eine mehrperspektivisch angelegte ‚Topografie': als reflexiver Problematisierungshorizont zur Analyse und Diskussion pädagogischer Praktiken einerseits und als – durch eben diese Theoriediskurse aufgespannter – ‚Resonanzraum' für pädagogisches Handeln andererseits. Die durchgängig relationale Struktur des pädagogischen Problems aber verlangt schließlich eine explizit differenztheoretische Bearbeitungsform, die vor allem die pädagogische Kategorienbildung bestimmt – und insofern zu einer gewissen Distanz zur herkömmlichen erziehungswissenschaftlichen Begriffsbildung führt, sei es nun die der empirischen Bildungsforschung, die eher repräsentationstheoretisch formuliert und Rekursivität in den Phänomenen abblendet, oder sei es die einer traditionellen Bildungstheorie, die sich in ihrer Begriffsarchitektonik und -logik weitgehend dem klassisch subjekttheoretischen Problemaufriss verdankt (vgl. Rang & Rang 1985 und Scherr 2002 wie insgesamt Gößling 1999). Ein besonderes Augenmerk liegt daher dann auf Theoremen, die das ‚Zwischen' einerseits als Differenz – z. B. in der Begriffsreihe Verschiedenheit, Andersheit (Alterität) und Fremdheit (Alienität) (vgl. Ricken & Balzer 2007) – und andererseits als Relation – z. B. im Rückgriff auf Konzepte der Interaktion, Intersubjektivität und Anerkennung (vgl. Meyer-Drawe 1984 und Schäfer 2000 wie insgesamt Meyer-Drawe 2004) – zu bestimmen suchen, wie dies insbesondere durch die theoretischen Weichenstellungen in den Debatten der sog. ‚Postmoderne' geschehen ist (vgl. Kimmerle 2000 wie Reckwitz 2008).

Zu Funktion und Bedeutung pädagogischer Grundbegriffe

Dass Wissenschaftsdisziplinen flächendeckend und ohne Ausnahme ihre eigenen Grundbegriffe entwickeln (müssen), dient weder bloß der eigensinnigen Pflege ‚einheimischer Begriffe' (Herbart) noch dem Nachweis ihrer jeweiligen wissenschaftlichen Dignität und Eigenständigkeit, sondern ist vielmehr Ausdruck disziplinär eingewöhnter und routinisierter Problematisierungs- und Bearbeitungswege. Wissenschaftliche Grundbegriffe bündeln daher ebenso grundsätzliche und ständig wiederkehrende wie komplexe Sachverhalte und Zusammenhänge, indem sie diese auf einen einfachen, aber zentralen Begriff reduzieren und so in diesem Begriff transportierbar, wiedererkennbar und kommunizierbar machen. Was insgesamt wissenschaftstheoretisch üblich ist, gilt auch erziehungswissenschaftlich: Erziehungswissenschaftliche Grundbegriffe kennzeichnen aufgrund der komplexen Konstitutionsproblematik des ‚pädagogischen Problems' jeweils spezifische, deutlich voneinander zu unterscheidende und disziplinär weithin geteilte Beobachtungs- und Gegenstandskonstitutionsperspektiven; sie bezeichnen daher keine sozialen Phänomene, sondern machen an diesen aufgrund ihres Status als Theoriebegriffe jeweils spezifische pädagogische Problemstellungen bewusst. Dass sie daher aus guten Gründen auf wenige nötige Begriffe beschränkt sein und nicht beliebig vermehrt werden sollten, ist nahe liegend, wird aber selten eingehalten (vgl. Jordan & Schlüter 2009). Für die Erziehungswissenschaften kommt erschwerend hinzu, dass die üblichen ‚pädagogischen Grundbegriffe' – zumeist und sinnvollerweise beschränkt auf *‚Erziehung'* und *‚Bildung'* einerseits und *‚Entwicklung'*, *‚Lernen'* und *‚Sozialisation'* andererseits (vgl. Koller 2004) – auch alltagssprachlich weit verbreitet sind und oft genug nicht hinreichend unterschieden werden, sodass auch disziplinär bisweilen deren gegenseitige Bedeutungsdifferenz und deren Status als jeweiliger Beobachtungsbegriff in Vergessenheit geraten und zu einer quasi-gegenständlichen Redeweise verführen.

Sortiert man diese Grundbegriffe in systematischer Absicht, dann lassen sich zwei Achsen bzw. Begriffsreihen unterscheiden: Während mit *Entwicklung*, *Lernen* und *Sozialisation* drei unterschiedliche Perspektiven auf einer (horizontal gedachten) Achse der Veränderung markiert werden können, die zugleich als Voraussetzung und Herausforderungs- wie Anforderungskontext pädagogischen Handelns gelten, werden mit *Erziehung* und *Bildung* üblicherweise zwei unterschiedliche Perspektiven der pädagogischen Antwort auf diese Voraussetzung bzw. Herausforderung bezeichnet und auf einer zweiten (vertikal gedachten) Achse platziert; dass dabei der – vermutlich am wenigsten eingewöhnte (vgl. Meyer-Drawe 2008) – Begriff des

Lernens im Zentrum des Koordinatenkreuzes steht, ist weder ironisch noch zufällig, sondern Ausdruck dessen, dass es in den pädagogischen Bemühungen der Erziehung und Bildung im Kern um Prozesse des Lernens geht. Ohne hier die verschiedenen Grundbegriffe ausführlich entwickeln und bestimmen zu können (vgl. dazu etwa die Bände 3, 5 und 7 des vorliegenden Enzyklopädischen Handbuchs wie auch Böhm et al. 2008), ist es doch ebenso hilfreich wie erforderlich, die jeweilige Begriffsperspektive mit wenigen Stichworten zu präzisieren und auch gegeneinander zu konturieren – auch, weil ein disziplinärer Konsens hier kaum ausgemacht und erhofft werden kann.

Mit ‚*Entwicklung*' wird zumeist eine Gesamtperspektive auf (nicht nur) menschliche Veränderungsprozesse eingenommen und der Wandel zu, zwischen und in unterschiedlichen Gestalten beobachtet, sodass sowohl körperlich situierte Reifungs- als auch (sozial zu denkende) Enkulturations- und (auch selbstreferentiell zu denkende) Identitätsbildungsprozesse zunächst allgemein als Entwicklungsprozesse bezeichnet werden (können); fragt man aber genauer nach der jeweiligen Logik und Struktur von Entwicklungen, dann sind erhebliche Präzisierungen nachzutragen, die das weite Feld von Entwicklung – sozusagen zwischen bloßen Ausfaltungs- und Einbildungsprozessen – doch erheblich reduzieren und zugunsten multifaktorieller und insofern relationaler Modelle von Entwicklung verschieben, in denen Elemente der Reifung und der Sozialisation mit denen einer produktiven Auseinandersetzung des Selbst ineinander verwoben werden (vgl. exemplarisch Weinert 1998 wie insgesamt Oerter & Montada 2008). Damit aber rücken Entwicklungsvorstellungen in eine kaum übersehbare Nähe zu Sozialisationsmodellen, die ihrerseits längst die einst von Émile Durkheim in seiner Antrittsvorlesung aufgeworfene Perspektive der ‚socialisation méthodique' als gesellschaftlich erforderlicher ‚Sozialmachung' (vgl. Durkheim 1995, 46) überwunden und zugunsten interaktionstheoretischer Modelle der Genese von „Persönlichkeit und Sozialität im Lebensverlauf" (Grundmann 2006, 42 ff.) fortgeschrieben haben (vgl. auch Koller 2008). Will man jedoch – mit guten Gründen – beide Begriffe trennschärfer voneinander abgrenzen, dann scheint mir eine der Differenzmöglichkeiten darin zu bestehen, im Begriff der ‚*Sozialisation*' die konstitutive Bedeutung anderer – und damit auch die gesellschaftlicher Verhältnisse insgesamt – stärker zu akzentuieren (und für Sozialisation zu reservieren), während ‚Entwicklung' dann eher auf die Beschreibung und Theoretisierung der Struktur, Logik und Verarbeitung von Veränderungsprozessen abzielte. Beide Perspektiven verlangen aber in ihrer Logik nach einem dritten Grundbegriff, der – gerade im scharfen Kontrast zu eindimensionalen Vorstellungen der Ausfaltung oder der Einbildung, des Wachsens oder des Machens – einen zentralen Mechanismus der Veränderung genauer beschreibt; genau dies aber leistet der Begriff des ‚*Lernens*', der für nachhaltige Veränderungsprozesse reserviert ist, die weder aus naturaler noch aus technischer Kausalität, sondern vielmehr aus Erfahrung resultieren. Mit ‚Lernen' wird daher zunächst jener sowohl kognitiv als auch emotional und leiblich dimensionierte und nicht direkt beobachtbare Prozess der ‚Erfahrungserfahrung' (Buck) bezeichnet, der in der Verarbeitung und Reflexion von Erfahrung zu ebenso sichtbaren wie nachhaltigen Veränderungen in Verhalten, Wissen und Reflexion wie Sinngebung führt (vgl. Treml & Becker 2007); bedeutsam dabei aber wird, dass ‚Lernen' immer sowohl selbstbezüglich – man lernt im Lernen von etwas auch immer etwas von sich (vgl. Buck 1989) – als auch selbstreferentiell – man lernt im Lernen immer auch etwas am Lernen selbst (Lernenlernen) (vgl. Bateson 1981) – justiert werden muss, sodass weniger bloß das (vermeintlich richtige) Ergebnis des Lernens als vielmehr dessen „paradoxe […] Gangstruktur" samt seinen „Störungen und Verzögerungen" (Meyer-Drawe 2008, 400 f.) wie auch seiner grundsätzlichen Offenheit interessiert: „Wir befragen unsere Erfahrung gerade deshalb, weil wir wissen wollen, wie sie uns dem öffnet, was wir nicht sind" (Merleau-Ponty, zit. Meyer-Drawe 2008, 401). In seiner pädagogischen Bedeutungsfassung problematisiert der Begriff des ‚Lernens' zudem die konstitutive Bedeutung anderer für das Lernen, weil „nämlich jedes Lernen ‚Lernen von etwas durch jemand bestimmten' ist" (ebd. 392).

Dieser Zusammenhang von Entwicklung und Sozialisation einerseits und der beider mit Lernen andererseits macht verständlich, dass mit ‚*Erziehung*' zunächst ein Antworthandeln bezeichnet wird, das Lernen voraussetzt, auf Lernen reagiert und dieses anzuregen bzw. fortzugestalten beabsichtigt; ausgeschlossen ist dabei allerdings nicht, dass bestimmte Handlungen und Zeigegesten – wie dies z. B. in der kulturpsychologischen Verhaltensforschung diskutiert wird (vgl. Tomasello 2006) – für das Lernen des Lernens konstitutiv sein können. Üblicherweise werden mit ‚Erziehung' daher alle Prozesse, Maßnahmen und Handlungen – insofern auch durchaus institutionelle Arrangements – bezeichnet, die absichtsvoll ergriffen und Veränderung bzw. Verbesserung und Selbstständigkeit durch Einwirkung intendieren (vgl. exemplarisch Bokelmann 1970, 185 f.); neben diesem intentionalen Verständnis ist auch ein funktionales Verständnis von Erziehung üblich, in dem ausdrücklich nicht Absichten, sondern Wirkungen fokussiert werden und nach der pädagogischen Relevanz von etwas gefragt wird (vgl. Treml 2000, 59–81). Insgesamt ist aber ‚Erziehung' als ein Zusammenhang von ‚Erzieher – Zögling – Gegenstand' aufzunehmen und insofern triadisch verfasst.

Schwieriger zu fassen, wenn auch erheblich verbreiteter ist der Begriff der ‚*Bildung*': nicht nur, weil die Bedeutungsspanne doch erheblich ist und sowohl (gar kanonisierte) Wissensbestände und Reflexions- wie Haltungsfragen als auch Prozesse der subjektiven An- und Zueignung von Kultur (vgl. Adorno 1972, 94) ebenso wie der (selbstbezüglichen) Transformation des Selbst-Welt-Verhältnisses und schließlich Zielbestimmungen wie die der „höchste[n] und proportionirlichste[n] Bildung seiner Kräfte zu einem Ganzen" (Humboldt 1792, 131) und der darin grundgelegten, moralisch-freiheitlich gedachten ‚Höherentwicklung der Menschheit' umfasst (vgl. Ricken 2007); sondern auch, weil mit ‚Bildung' zudem ein zentrales Strukturmoment im pädagogischen Geschehen – kurz: das Problem der unaufhebbaren Selbstbezüglichkeit im Zusammenhang von Lernen und Erziehung – bezeichnet und zur leitenden (Ziel-)Perspektive des ‚Sich-Bildens' (vgl. v. Hentig 1996) ausgebaut worden ist, sodass ‚Bildung' auch als *das* neuzeitlich-moderne Paradigma pädagogischen Handelns gelten kann und in seiner Logik neben die historischen Paradigmen der ‚paideia' wie der ‚imitatio' gestellt, aber von ihnen auch dezidiert abgegrenzt werden muss. Es ist aber diese Doppelstellung von Teil und Ganzem, die den Begriffsgebrauch doch erheblich belastet. Zudem wird der Begriff der ‚Bildung' gegenwärtig einerseits aufgrund seiner überwiegend philosophischen Erblasten und andererseits aufgrund seiner das Problem der Fremdheit und Negativität eher ausschließenden Logik weitgehend eher schlicht verwendet und auf den kompetenztheoretisch gedachten Zusammenhang von Wissen, Reflexion und Urteil bzw. Handlungsvermögen und Handlungsbereitschaft reduziert (vgl. insgesamt Meyer-Drawe 1999; Meyer-Drawe & Witte 2007 wie auch Bilstein 2004b). Die zwangsläufige Frage aber, ob ‚Bildung' denn überhaupt noch als pädagogischer Grundbegriff taugt, ist daher weder einfach mit ‚ja' oder ‚nein' zu beantworten; mit Blick auf die Überlieferung ist ‚Bildung' gegenwärtig jedenfalls nicht wegzudenken.

Insgesamt ergibt sich damit ein Verständnis des Pädagogischen, in dem der zunächst durchaus weite Blick auf Veränderungsprozesse insgesamt eingeschränkt wird durch die Frage nach der jeweiligen Antwort, die in jedem pädagogischen Handeln – insbesondere mit Blick auf die konstitutive Bedeutung anderer wie auf die jeweiligen ‚Weltgehalte' – gegeben wird; auch wenn Pädagogik zwar immer irgendwie mit Lernen und Entwicklung wie auch mit Kindern und Fragen der Generationalität zu tun hat, so tut sie dies doch in einer spezifischen Weise, indem sie soziale Handlungen, Institutionen und Strukturen nach ihrer jeweiligen Bedeutung als Bedingung der Möglichkeit weiterer Entwicklung bzw. weiteren Lernens befragt – und hin auf weitere Gestaltungsfragen diskutiert. Doch so notwendig diese – im Gefüge der pädagogischen Grundbegriffe festgehaltene – Perspektive auch ist, für die Präzisierung des pädagogischen Handelns und die Pointierung des spezifisch Pädagogischen hinreichend ist sie kaum.

Zu Grundformen pädagogischen Handelns

Kaum verwunderlich ist vor diesem Hintergrund, dass es – neben metatheoretischen Reflexionen zum Problem der Gegenstandskonstitution und zumeist historisch-systematischen Rekonstruktionen der pädagogischen Grundbegriffe (insbesondere dem der Bildung) – von Anfang an auch üblich ist, die Grundform pädagogischen Handelns zu bestimmen. Doch so zahlreich die unternommenen Versuche – von Schleiermacher bis Giesecke – auch sind, so wenig überzeugend fallen sie aus: nicht nur, weil sie bisweilen bloß zirkulär vorgehen und pädagogisches Handeln mit Erziehung übersetzen, sondern auch, weil sich kein Konsens, sondern vielmehr die Tendenz abzeichnet, die einmal notierten Grundformen bloß additiv zu vermehren. Was bei Friedrich Schleiermacher mit ‚Behüten', ‚Unterstützen' und ‚Gegenwirken' (vgl. Schleiermacher 2000, 72 ff., 86 ff. und 108 ff.) systematisch begründet ist, ist – nur exemplarisch – in Hermann Gieseckes Auflistung der Grundformen mit ‚Unterrichten', ‚Informieren', ‚Beraten', ‚Arrangieren' und ‚Animieren' (vgl. Giesecke 1996, 76–111) bereits eher additiv konzipiert und lässt sich daher weitgehend umstandslos durch ‚Beurteilen', ‚Evaluieren', ‚Helfen' und anderes ergänzen.

Insofern kommt dem von Klaus Prange in jüngerer Zeit formulierten Vorschlag, die Eigenart pädagogischen Handelns weder in seiner Intention noch in seiner Funktion und Wirkung, sondern in seiner operativen Form zu suchen und mit *‚Zeigen'* – genauer: mit „Zeigen in Hinsicht auf Lernen" (Prange 2005, 8) – zu bestimmen, eine doppelte Bedeutung auch hinsichtlich der Bestimmung der Grundform zu: zum einen, weil mit ‚Zeigen' ein „organisierendes und formenerzeugendes Prinzip" (ebd. 65) markiert ist, das dazu taugt, in der Vielfalt pädagogischer Handlungen die durchgängige „Eigenart des Erzieherischen" (ebd. 8) aufzuweisen, und – umgekehrt – aus ihr heraus die Vielfalt der Handlungsformen systematisch zu entwickeln und in die elementaren Formen des ostensiven Zeigens (Vormachen), repräsentierenden Zeigens (Darstellen), direktiven Zeigens (Auffordern) und des reaktiven Zeigens (Rückmelden und Prüfen) zu differenzieren (vgl. Prange & Strobel-Eisele 2006); zum anderen, weil ‚Zeigen' sowohl alltagsweltlich plausibler und phänomenal verständlicher als auch – z. B. gegenüber ‚Vermitteln' und ‚Beybringen' – theoretisch präziser und anspruchsvoller wie anschlussfähiger formuliert ist (vgl. auch Kraft 2007). Auch wenn mit diesem Vorschlag der „Einheit der Differenz [...] von Zeigen und Lernen" (ebd. 92) als Kennzeichnung der Grundform pädagogischen Handelns weder die komplexe Konstitutionslogik des Pädagogischen noch die Problematik der bloß metaphorischen Kennzeichnung pädagogischen Handelns – zumeist in den Bildern des ‚Wachsenlassens', des ‚Machens' oder des ‚Führens' (vgl. Litt 1927 und Treml 2000) – gelöst oder gar verabschiedet ist (vgl. Ricken 2008), so sind doch die von Prange vorgenommenen Differenzierungen im Zeigen – *etwas* zeigen, *jemandem* zeigen und *sich* (zeigend) zeigen – hilfreich, um unterschiedliche Aspekte pädagogischen Handelns aufzufächern und systematisch bündeln zu können.

Versteht man aber ‚Zeigen' nicht bloß gestisch, sondern als soziale Praktik des Verfolgens, Erregens und schließlich Lenkens von

Aufmerksamkeit anderer auf etwas und insofern als Inszenierung ‚gemeinsamer Aufmerksamkeit', d.h. als doppelte Aufmerksamkeit der Beteiligten auf das Gezeigte wie auf die Aufmerksamkeit der jeweilig anderen (vgl. Tomasello 2006, 77ff., insbes. 88), dann ist mit ihm nicht nur ein spezifisch menschliches Grundphänomen bezeichnet, aus dem heraus pädagogisches Handeln sich hat ausdifferenzieren können, sondern auch ein performatives Geschehen der Adressierung und *Anerkennung* sichtbar gemacht, das als Rückseite der Zeigeform pädagogischen Handelns gelten kann. Was man wie warum auch immer einem anderen zeigt, muss auch hinsichtlich dessen befragt werden, als wen man den anderen anspricht und zu wem man ihn – wodurch genau – dann macht; die pädagogisch bedeutsame und durch nichts ersetzbare Rückfrage, wie das tut, was man tut, zielt genau auf jene Dimension der performativen Adressierung und Anerkennung, ohne die die Geste des Zeigens vermutlich gar kein Zeigen ist. Die Grundform pädagogischen Handelns muss daher doppelt – als ein Zusammenhang von ‚Zeigen' und ‚Anerkennen' – bestimmt werden. Dann aber ist es nicht abwegig zu erwägen, dass Zeigen nicht nur möglich ist, weil bereits alle Voraussetzungen von Zeigen und Zeigeverstehen – nämlich: das Verstehen anderer als intentional anderer (vgl. ebd. 17 u.ö.) – erfüllt sind, sondern dass dem Zeigen selbst eine konstituierende Dimension, eine performative Kraft innewohnt, die nicht nur dazu in Stand setzt, Andere als intentional Andere zu erkennen und auf der Basis eines Analogieschlusses zum eigenen Selbst anzuerkennen, sondern – im gleichen Moment des Zeigens – auch sich selbst als (intentionales) Selbst überhaupt erst zu erlernen (vgl. ebd. 94ff. und 118ff.).

Betont man daher pädagogisches Handeln als *einen* Zusammenhang von Zeigen und Anerkennen (vgl. Ricken 2008), dann folgt daraus v.a. zweierlei: Zum einen verschiebt sich das disziplinär fest etablierte ‚Paradox pädagogischen Handelns', weil nicht so sehr das paradoxe Ineinander von Freiheit und Zwang das pädagogische Handeln in Widersprüche führt (vgl. Gößling 1993), sondern vielmehr die Schwierigkeit, den bestätigenden und stiftenden Charakter mit dem bejahenden und negierenden Grundzug pädagogischen Handelns zu vereinbaren und auszubalancieren (vgl. Helsper 2002); zum anderen aber muss das ebenso übliche ‚pädagogische Dreieck' des Zeigens (vgl. Prange 2005, 55) korrigiert und um eine vierte Dimension erweitert werden, in der die gegenseitige, nicht aber deswegen symmetrische Anerkennung zwischen Zweien – typischerweise dem Lehrer und dem Zögling – als Anerkennungshandeln vor Dritten deutlich wird (vgl. auch Lindemann 2006b).

Zum Abschluss

Der hier vorgelegte Gedankengang ist in seiner Erläuterung dessen, was unter ‚Allgemeiner Pädagogik' gemeinhin verstanden werden kann, selbst ein ‚allgemeinpädagogischer Gedankengang' – und dies notwendigerweise: nicht nur, weil die eher abstrakten Überlegungen zur Möglichkeit und Unmöglichkeit einer Allgemeinen Pädagogik nur durch einen eigenen Versuch (und Irrtum) bewährt werden können, sondern auch, weil ein ‚allgemeinpädagogischer Grundgedankengang' seinerseits auf die überlieferten Bestimmungen als einem notwendigen hermeneutischen Rahmen verwiesen bleibt. Ziel eines solchen Versuchs ist aber weder die Fundierung oder Normierung und Regulierung pädagogischen Denkens und Handelns noch die Erneuerung der disziplinären Dominanz der ‚Allgemeinen Pädagogik', sondern die Bündelung, Distanzierung und Diskursivierung pädagogischer Problemstellungen mithilfe einer ‚pädagogischen Landkarte' im Sinne einer Topografie; weil der ‚pädagogische Grundgedankengang' weder ein einziger noch ein einheitlicher sein kann, ist mit ihm ein Reflexionszusammenhang bezeichnet, der einerseits das einkreist und festhält, was in der und durch die Disziplin bereits verabredet ist, und andererseits das virulent hält, was als Frage nicht beantwortet, aber offen gehalten werden muss. Insofern kommt es weniger auf einen *Grund*gedanken, sondern vielmehr auf einen Grundgedanken*gang* an, den zu skizzieren ihn zu beschreiten heißt – gemäß der Ironie Georg Christoph Lichtenbergs: „Die Systeme haben nicht allein den Nutzen, daß man ordentlich über Sachen denkt, nach einem gewissen Plan, sondern, daß man überhaupt über Sachen denkt, der letztere Nutzen ist unstreitig größer als der erstere" (Lichtenberg 1996, 497).

Literatur

Adorno, Theodor W. (1972): Theorie der Halbbildung [1959]. In: Adorno, Theodor W.: Gesammelte Schriften. Soziologische Schriften I. Frankfurt a. M., 93–121

Anhalt, Elmar (2005): Komplexität der Erziehung. Strategien pädagogischer Theoriebildung – Ein Vergleich geisteswissenschaftlicher, modelltheoretischer und systemtheoretischer Theorien, bislang unveröffentlichte Habilitationsschrift an der Universität zu Köln

Ballauff, Theodor (1962): Systematische Pädagogik. Heidelberg

Balzer, Nicole (2008): Spuren der Anerkennung. Zu einer Kategorie pädagogischer Praxis. Bremen [Dissertation am Fachbereich Erziehungs- und Bildungswissenschaften der Universität Bremen, unveröffentlichtes Manuskript]

Bateson, Gregory (1981): Die logischen Kategorien von Lernen und Kommunikation. In: Bateson, Gregory: Ökologie des Geistes. Anthropologische, psychologische, biologische und epistemologische Perspektiven. Frankfurt a. M., 362–399

Bellmann, Johannes (2008): Gesellschaft. In: Böhm, Winfried, Frost, Ursula, Ladenthin, Volker, Koch, Lutz & Mertens, Gerhard (Hrsg.): Handbuch der Erziehungswissenschaft. Band 1: Grundlagen – Allgemeine Erziehungswissenschaft. Paderborn u. a., 453–478

Benjamin, Jessica (1990): Die Fesseln der Liebe. Psychoanalyse, Feminismus und das Problem der Macht. Basel

Benner, Dietrich (1983): Grundstrukturen pädagogischen Denkens und Handelns. In: Lenzen, Dieter & Mollenhauer, Klaus (Hrsg.): Enzyklopädie Erziehungswissenschaft, Bd. 1: Theorien und Grundbegriffe der Erziehung und Bildung. Stuttgart, 283–300

Benner, Dietrich (2005): Allgemeine Pädagogik. Eine systematisch-problemgeschichtliche Einführung in die Grundstruktur pädagogischen Denkens und Handelns. 5. korr. Aufl., Weinheim/München

Bernfeld, Siegfried (1973): Sisyphos oder die Grenzen der Erziehung [1925], Frankfurt a. M.

Bilstein, Johannes (2004a): Symbol – Metapher – Bild. In: Fröhlich, Volker & Stenger, Ursula (Hrsg.): Das Unsichtbare sichtbar machen. Bildungsprozesse und Subjektgenese durch Bilder und Geschichten. Weinheim/Basel, 23–43

Bilstein, Johannes (2004b): Bildung. Über einen altehrwürdigen Grundbegriff und seinen anhaltenden Charme. In: Bildung und Erziehung 57, Heft 4, 415–431

Böhm, Winfried, Frost, Ursula, Koch, Lutz, Ladenthin, Volker & Mertens, Gerhard (2008) (Hrsg.): Handbuch der Erziehungswissenschaft. Band 1: Grundlagen – Allgemeine Erziehungswissenschaft. Paderborn u. a.

Bokelmann, Hans (1970): Art. Pädagogik: Erziehung, Erziehungswissenschaft. In: Speck, Josef & Wehle, Gerhard (Hrsg.): Handbuch pädagogischer Grundbegriffe (2 Bände), Bd. 2. München, 178–267

Bokelmann, Hans (1989): Streiten für die Menschen. Zum Verständigungsproblem in der Pädagogik. In: Röhrs, Hermann & Scheuerl, Hans (Hrsg.): Richtungsstreit in der Erziehungswissenschaft und pädagogische Verständigung. Wilhelm Flitner zur Vollendung seines 100. Lebensjahres am 20. August 1989 gewidmet. Frankfurt a. M./Bern/New York, 367–392

Brezinka, Wolfgang (1978): Metatheorie der Erziehung. Eine Einführung in die Grundlagen der Erziehungswissenschaft, der Philosophie der Erziehung und der praktischen Pädagogik. 4. Aufl., München

Brinkmann, Wilhelm & Petersen, Jörg (1998) (Hrsg.): Theorien und Modelle der Allgemeinen Pädagogik. Donauwörth

Buck, Günther (1989): Lernen und Erfahrung. In: Buck, Günther: Lernen und Erfahrung – Epagogik. Zum Begriff der didaktischen Induktion. Darmstadt, 7–94

Butler, Judith (2001): Psyche der Macht, Frankfurt a. M.

Butler, Judith (2005): Gewalt, Trauer, Politik. In: Butler, Judith (Hrsg.): Gefährdetes Leben. Politische Essays. Frankfurt a. M., 36–68

Degele, Nina (2000): Informiertes Wissen. Eine Wissenssoziologie der computerisierten Gesellschaft. Frankfurt a. M./New York

Derrida, Jacques (2001): Die unbedingte Universität. Frankfurt a. M.

Dilthey, Wilhelm (1986): Grundlinien eines Systems der Pädagogik [1884/1894]. In: Dilthey, Wilhelm: Gesammelte Schriften, Band 9: Pädagogik – Geschichte und Grundlinien des Systems. Göttingen, 167–238

Düttmann, Alexander García (1997): Zwischen den Kulturen. Spannungen im Kampf um Anerkennung. Frankfurt a. M.

Durkheim, Émile (1995): Antrittsvorlesung [1902]. In: Durkheim, Émile: Erziehung, Moral und Gesellschaft. Vorlesung an der Sorbonne 1902/1903, 37–55

Ehrenspeck, Yvonne & Lenzen, Dieter (2006) (Hrsg.): Beobachtungen des Erziehungssystems. Systemtheoretische Perspektiven. Wiesbaden

Elias, Norbert (1987): Die Gesellschaft der Individuen. Frankfurt a. M.

Erikson, Erik H. (1973): Identität und Lebenszyklus. Drei Aufsätze. Frankfurt a. M.

Fischer, Wolfgang & Ruhloff, Jörg (1993): Skepsis und Widerstreit. Neue Beiträge zur skeptisch-transzendentalkritischen Pädagogik. Sankt Augustin

Flitner, Wilhelm (1933): Systematische Pädagogik. Versuch eines Grundrisses zur allgemeinen Erziehungswissenschaft. Breslau

Flitner, Wilhelm (1997): Allgemeine Pädagogik [1950]. Stuttgart

Foucault, Michel (1971): Die Ordnung der Dinge. Eine Archäologie der Humanwissenschaften [1966]. Frankfurt a. M.

Foucault, Michel (1994): Das Subjekt und die Macht [1981]. In: Dreyfus, Hubert L. & Rabinow, Paul (Hrsg.): Michel Foucault. Jenseits von Strukturalismus und Hermeneutik. Weinheim, 243–261

Foucault, Michel (2004): Hermeneutik des Subjekts. Vorlesung am Collège de France (1981/1982). Frankfurt a. M.

Friebertshäuser, Barbara, Rieger-Ladich, Markus & Wigger, Lothar (2006) (Hrsg.): Reflexive Erziehungswissenschaft. Forschungsperspektiven im Anschluss an Pierre Bourdieu. Wiesbaden

Frost, Ursula (2006) (Hrsg.): Unternehmen Bildung. Die Frankfurter Einsprüche und kontroverse Positionen zur aktuellen Bildungsreform [Sonderheft der Vierteljahrsschrift für wissenschaftliche Pädagogik]. Paderborn u. a.

Gamm, Gerhard (2000): Nicht nichts. Studien zu einer Semantik des Unbestimmten. Frankfurt a. M.

Gamm, Hans-Jochen (1979): Allgemeine Pädagogik. Die Grundlagen von Erziehung und Bildung in der bürgerlichen Gesellschaft. Reinbek

Giesecke, Hermann (1985): Das Ende der Erziehung. Neue Chancen für Familie und Schule. Stuttgart

Giesecke, Hermann (1996): Pädagogik als Beruf. Grundformen pädagogischen Handelns. Weinheim/München

Gößling, Hans Jürgen (1993): Subjektwerden. Historisch-systematische Studien zu einer pädagogischen Paradoxie. Weinheim

Gößling, Hans Jürgen (1999): Art. Subjektivität/Intersubjektivität. In: Benner, Dietrich & Oelkers, Jürgen (Hrsg.): Historisches Wörterbuch der Pädagogik. Weinheim/Basel, 971–988

Grundmann, Matthias (2006): Sozialisation. Skizze einer allgemeinen Theorie. Konstanz

Haan, Gerhard de (1991): Über Metaphern im pädagogischen Denken. In: Zeitschrift für Pädagogik 27. Beiheft, 361–375

Habermas, Jürgen (1973): Philosophische Anthropologie (ein Lexikonartikel) [1958]. In: Habermas, Jürgen: (Hrsg.): Kultur und Kritik. Verstreute Aufsätze. Frankfurt a. M., 89–111

Helsper, Werner (2002): Lehrerprofessionalität als antinomische Handlungsstruktur. In: Kraul, Margret, Marotzki, Winfried & Schweppe, Cornelia (Hrsg.): Biographie und Profession. Bad Heilbrunn, 64–102

Hentig, Hartmut von (1996): Bildung. Ein Essay. München/Wien

Herbart, Johann Friedrich (1997a): Allgemeine Pädagogik aus dem Zweck der Erziehung abgeleitet [1806]. In: Benner, Dietrich (Hrsg.): Johann Friedrich Herbart: Systematische Pädagogik – Bd. 1: Ausgewählte Texte. Weinheim, 57–158

Herbart, Johann Friedrich (1997b): Umriss pädagogischer Vorlesungen [1841]. In: Benner, Dietrich (Hrsg.): Johann Friedrich Herbart: Systematische Pädagogik – Bd. 1: Ausgewählte Texte. Weinheim, 185–196

Herbart, Johann Friedrich (1997c): Die erste Vorlesung über Pädagogik [1802]. In: Benner, Dietrich (Hrsg.): Johann Friedrich Herbart: Systematische Pädagogik – Bd. 1: Ausgewählte Texte. Weinheim, 43–46

Hönigswald, Richard (1913): Studien zur Theorie pädagogischer Grundbegriffe: Eine kritische Untersuchung. Stuttgart

Humboldt, Wilhelm von (1792): Wie weit darf sich die Sorgfalt des Staates um das Wohl seiner Bürger erstrecken? In: Neue Thalia 1, Heft 2, 131–169

Jantzen, Wolfgang (2007): Allgemeine Behindertenpädagogik. Teil 1: Sozialwissenschaftliche und psychologische Grundlagen/Teil 2: Neurowissenschaftliche Grundlagen, Diagnostik, Pädagogik und Therapie. Berlin

Jordan, Stefan & Schlüter, Marnie (2009) (Hrsg.): Lexikon Pädagogik. Hundert Grundbegriffe. Stuttgart

Kade, Jochen (1997): Vermittelbar/nicht-vermittelbar: Vermitteln: Aneignen. Im Prozess der Systembildung des Pädagogischen. In: Lenzen, Dieter &

Luhmann, Niklas (Hrsg.): Bildung und Weiterbildung im Erziehungssystem. Frankfurt a. M., 30–70

Kade, Jochen & Seitter, Wolfgang (2007) (Hrsg.): Umgang mit Wissen. Recherchen zur Empirie des Pädagogischen, 2 Bände. Opladen/Farmington Hills

Kamper, Dietmar (1973): Geschichte und menschliche Natur. Die Tragweite gegenwärtiger Anthropologiekritik. München

Kant, Immanuel (1964): Über Pädagogik (1803). In: Weischedel, Wilhelm (Hrsg.): Immanuel Kant: Werke in sechs Bänden, Band 6: Schriften zur Anthropologie, Geschichtsphilosophie, Politik und Pädagogik. Frankfurt a. M., 693–761

Kierkegaard, Søren (1992): Die Krankheit zum Tode [1849]. In: Hirsch, Emanuel & Gerdes, Hayo (Hrsg.): Gesammelte Werke Abt. 24/25, übersetzt von Emanuel Hirsch. Gütersloh

Kimmerle, Heinz (2000): Philosophien der Differenz. Eine Einführung, Würzburg

Köpping, Klaus-Peter, Welker, Michael & Wiehl, Reiner (2002): Die autonome Person – eine europäische Erfindung? München

Koller, Hans-Christoph (2004): Grundbegriffe, Theorien und Methoden der Erziehungswissenschaft. Eine Einführung. Stuttgart

Koller, Hans-Christoph (2008): Sozialisation als pädagogischer Grundbegriff. In: Böhm, Winfried, Frost, Ursula, Ladenthin, Volker, Koch, Lutz & Mertens, Gerhard (Hrsg.): Handbuch der Erziehungswissenschaft. Band 1: Grundlagen – Allgemeine Erziehungswissenschaft. Paderborn u. a., 343–358

Kraft, Volker (2007): Operative Triangulierung und didaktische Emergenz. Zur Zeigestruktur der Erziehung. In: Aderhold, Jens & Kranz, Olaf (Hrsg.): Intention und Funktion. Probleme der Vermittlung psychischer und sozialer Systeme. Wiesbaden, 140–158

Krüger, Heinz-Hermann & Rauschenbach, Thomas (1994) (Hrsg.): Erziehungswissenschaft. Die Disziplin am Beginn einer neuen Epoche. Weinheim/München

Lacan, Jacques (1991): Das Spiegelstadium als Bildner der Ichfunktion, wie sie uns in der psychoanalytischen Erfahrung erscheint [1949]. In: Lacan, Jacques: Schriften I, Weinheim/Berlin, 61–70

Lenzen, Dieter (1998): Allgemeine Pädagogik – Teil- oder Leitdisziplin der Erziehungswissenschaft? In: Brinkmann, Wilhelm & Petersen, Jörg (Hrsg.): Theorien und Modelle der Allgemeinen Pädagogik. Eine Orientierungshilfe für Studierende der Pädagogik und in der pädagogischen Praxis Tätige. Donauwörth, 32–54

Lichtenberg, Georg Christoph (1996): Sudelbücher [1765–1799]. Hrsg. von Franz H. Mautner. 7. Aufl., Frankfurt a. M.

Lindemann, Gesa (2001): Die reflexive Anthropologie des Zivilisationsprozesses. In: Soziale Welt 52, 181–198

Lindemann, Gesa (2006a): Soziologie – Anthropologie und die Analyse gesellschaftlicher Grenzregime. In: Krüger, Hans-Peter & Lindemann, Gesa (Hrsg.): Philosophische Anthropologie im 21. Jahrhundert. Berlin, 42–62

Lindemann, Gesa (2006b): Die dritte Person – das konstitutive Minimum der Sozialtheorie: In: Krüger, Hans-Peter & Lindemann, Gesa (Hrsg.): Philosophische Anthropologie im 21. Jahrhundert. Berlin, 125–145

Litt, Theodor (1927): ‚Führen' oder ‚Wachsenlassen'. Eine Erörterung des pädagogischen Grundproblems. Leipzig

Luhmann, Niklas (1981): Theoriesubstitution in der Erziehungswissenschaft. Von der Philanthropie zum Neuhumanismus. In: Luhmann, Niklas: Gesellschaftsstruktur und Semantik. Studien zur Wissenssoziologie der modernen Gesellschaft, Band 2. Frankfurt a. M., 105–194

Luhmann, Niklas (1989): Individuum, Individualität, Individualismus. In: Luhmann, Niklas: Gesellschaftsstruktur und Semantik. Studien zur Wissenssoziologie der modernen Gesellschaft, Band 3. Frankfurt a. M., 149–258

Mannheim, Karl (1964): Das Problem der Generation [1928]. In: Wolff, Kurt H. (Hrsg.): Mannheim, Karl: (Hrsg., 1964): Wissenssoziologie. Auswahl aus dem Werk. Berlin/Neuwied, 509–565

Masschelein, Jan (1996): Die Frage nach einem pädagogischen Grundgedankengang. Bemerkungen über Handeln und Pluralität. In: Masschelein, Jan & Wimmer, Michael (Hrsg.): Alterität, Pluralität, Gerechtigkeit. Randgänge der Pädagogik, Sankt Augustin/Leuven, 107–125

Masschelein, Jan (2000): Die Zeit der Generationen. In: Masschelein, Jan, Ruhloff, Jörg & Schäfer, Alfred (Hrsg.): Erziehungsphilosophie im Umbruch. Beiträge zur Neufassung des Erziehungsbegriffs. Weinheim, 211–229

Masschelein, Jan & Ricken, Norbert (2002): Regulierung von Pluralität – Skizzen vom ‚Außen'. Erziehungsphilosophische Anmerkungen zu Aufgabe und Funktion einer Allgemeinen Erziehungswissenschaft. In: Zeitschrift für Erziehungswissenschaft 5, Heft 1. Beiheft, 93–108

Mead, George Herbert (1962): Mind, Self and Society from the Standpoint of a Social Behaviorist (1934). Chicago/London

Meyer-Drawe, Käte (1984): Leiblichkeit und Sozialität. Phänomenologische Beiträge zu einer pädagogischen Theorie der Inter-Subjektivität. München

Meyer-Drawe, Käte (1990): Illusionen von Autonomie. Diesseits von Ohnmacht und Allmacht des Ich. München

Meyer-Drawe, Käte (1999): Zum metaphorischen Gehalt von ‚Bildung' und ‚Erziehung'. In: Zeitschrift für Pädagogik 45, 161–175

Meyer-Drawe, Käte (2004): Subjektivität. Individuelle und kollektive Formen kultureller Selbstverhältnisse und Selbstdeutungen. In: Jaeger, Friedrich & Liebsch, Burkhard (Hrsg.): Handbuch der Kulturwissenschaften. Band 1: Grundlagen und Schlüsselbegriffe. Stuttgart/Weimar, 304–315

Meyer-Drawe, Käte (2008): Lernen als pädagogischer Grundbegriff. In: Böhm, Winfried, Frost, Ursula, Ladenthin, Volker, Koch, Lutz & Mertens, Gerhard (Hrsg.): Handbuch der Erziehungswissenschaft. Band 1: Grundlagen – Allgemeine Erziehungswissenschaft. Paderborn u. a., 391–402

Meyer-Drawe, Käte & Witte, Egbert (2007): Bilden. In: Konersmann, Ralf (Hrsg.): Wörterbuch der philosophischen Metaphern. Darmstadt, 61–80

Mollenhauer, Klaus (1983): Vergessene Zusammenhänge. Über Kultur und Erziehung. Weinheim/München

Mollenhauer, Klaus (1995): Grundfragen ästhetischer Bildung. Theoretische und empirische Befunde zur ästhetischen Erfahrung von Kindern (unter Mitarbeit von Cornelie Dietrich, Hans-Rüdiger Müller & Michael Parmentier). Weinheim/München

Mollenhauer, Klaus (1996): Über Mutmaßungen zum ‚Niedergang' der Allgemeinen Pädagogik – eine Glosse. In: Zeitschrift für Pädagogik 42, 277–285

Natorp, Paul (1905): Allgemeine Pädagogik in Leitsätzen zu akademischen Vorlesungen. Marburg

Nowotny, Helga (1999): Es ist so. Es könnte auch anders sein. Über das veränderte Verhältnis von Wissenschaft und Gesellschaft. Frankfurt a. M.

Oelkers, Jürgen (1997): Allgemeine Pädagogik. In: Zeitschrift für Pädagogik, 36. Beiheft, 237–267

Oelkers, Jürgen (2006): Allgemeine Pädagogik und Erziehung. Eine Annäherung an zwei Welten in pragmatischer Absicht. In: Vierteljahrsschrift für wissenschaftliche Pädagogik 82, Heft 2, 192–214

Oerter, Rolf & Montada, Leo (2008): Entwicklungspsychologie. Weinheim/Basel

Petzelt, Alfred (1947): Grundzüge systematischer Pädagogik. Stuttgart

Peukert, Helmut (1987): Tradition und Transformation. Zu einer pädagogischen Theorie der Überlieferung. In: Religionspädagogische Beiträge 19, 16–34

Plessner, Helmuth (1981): Die Stufen des Organischen und der Mensch. Einleitung in die philosophische Anthropologie. In: Plessner, Helmuth: Gesammelte Schriften, Band IV. Frankfurt a. M.

Pölitz, Karl Heinrich Ludwig (1806): Erziehungswissenschaft, aus dem Zwecke der Menschheit und des Staates praktisch dargestellt. 1. Teil. Leipzig.

Prange, Klaus (2005): Die Zeigestruktur der Erziehung. Grundriss der Operativen Pädagogik. Paderborn

Prange, Klaus (2007): Schlüsselwerke der Pädagogik. Band 1: Von Plato bis Hegel. Stuttgart u. a.

Prange, Klaus & Strobel-Eisele, Gabriele (2006): Die Formen des pädagogischen Handelns: eine Einführung. Stuttgart

Rang, Adalbert & Rang, Brita (1985): Das Subjekt der Pädagogik. Vorüberlegungen zum Zusammenhang von Pädagogik und ideologischer Praxis. In: Das Argument 27, 29–43

Reckwitz, Andreas (2003): Grundelemente einer Theorie sozialer Praktiken. Eine sozialtheoretische Perspektive. In: Zeitschrift für Soziologie 32, Heft 4, 282–301

Reckwitz, Andreas (2008): Subjekt. Bielefeld

Ricken, Norbert (1999): Subjektivität und Kontingenz. Markierungen im pädagogischen Diskurs. Würzburg

Ricken, Norbert (2002): Bruch mit dem Einen: Differenz – Pluralität – Sozialität. Anmerkungen zum Diskurs der deutschen Erziehungsphilosophie. In: Jahrbuch für Bildungs- und Erziehungsphilosophie 4, 149–176

Ricken, Norbert (2004): Menschen: Zur Struktur anthropologischer Reflexionen als einer unverzichtbaren kulturwissenschaftlichen Dimension. In: Jaeger, Friedrich & Liebsch, Burkhard (Hrsg.): Handbuch der Kulturwissenschaften. Band 1: Grundlagen und Schlüsselbegriffe. Stuttgart/Weimar, 152–172

Ricken, Norbert (2006): Die Ordnung der Bildung. Beiträge zu einer Genealogie der Bildung. Wiesbaden

Ricken, Norbert (2007): Vom Ende der Bildung als Anfang. Anmerkungen zum Streit um Bildung. In: Palentien, Christian, Harring, Marius & Rohlfs, Carsten (Hrsg.): Perspektiven der Bildung: Kinder und Jugendliche in formellen, nonformellen und informellen Bildungsprozessen. Wiesbaden, 21–46

Ricken, Norbert (2008): Zeigen und Anerkennen. Anmerkungen zur Grundform pädagogischen Handelns. In: Fuhr, Thomas (Hrsg.): Operative Pädagogik. Paderborn u. a.

Ricken, Norbert & Balzer, Nicole (2007): Art. Differenz: Verschiedenheit, Andersheit, Fremdheit. In: Straub, Jürgen, Weidemann, Arne & Weidemann, Doris (Hrsg.): Handbuch Interkulturelle Kommunikation und Kompetenz. Stuttgart, 56–69

Röhrs, Hermann (1969): Allgemeine Erziehungswissenschaft. Eine Einführung in die erziehungswissenschaftlichen Aufgaben und Methoden. Weinheim/Basel

Ruhloff, Jörg (1996): Bildung und problematisierender Vernunftgebrauch. In: Borelli, Michele & Ruhloff, Jörg (Hrsg.): Deutsche Gegenwartspädagogik, Band 2. Baltmannsweiler, 148–157

Schäfer, Alfred (1989): Zur Kritik pädagogischer Wirklichkeitsentwürfe. Möglichkeiten und Grenzen pädagogischer Rationalitätsansprüche. Weinheim

Schäfer, Alfred (2000): Vermittlung und Alterität. Zur Problematik von Sozialisationstheorien. Opladen

Schäfer, Alfred (2005): Einführung in die Erziehungsphilosophie. Weinheim/Basel

Schäfers, Bernhard (2003): Art. Gesellschaft. In: Schäfers, Bernhard (Hrsg.): Grundbegriffe der Soziologie. Opladen, 109–114

Scherr, Albert (2002): Subjektbildung in Anerkennungsverhältnissen. In: Hafeneger, Benno, Henkenborg, Peter & Scherr, Albert (Hrsg.): Pädagogik der Anerkennung. Grundlagen, Konzepte, Praxisfelder. Schwalbach/Ts., 26–44

Scheuerl, Hans (1959): Über Analogien und Bilder im pädagogischen Denken. In: Zeitschrift für Pädagogik 12, 211–223

Schleiermacher, Friedrich Daniel Ernst (2000): Grundzüge der Erziehungskunst. Pädagogische Vorlesungen von 1826. In: Schleiermacher, Friedrich Daniel Ernst: Texte zur Pädagogik. Kommentierte Studienausgabe, hrsg. von Michael Winkler und Jens Brachmann. Band 2. Frankfurt a. M.

Stehr, Nico (2000): Die Zerbrechlichkeit moderner Gesellschaften, Weilerswist

Sünkel, Wolfgang (1997): Generation als pädagogischer Begriff. In: Liebau, Eckart (Hrsg.): Das Generationenverhältnis. Über das Zusammenleben in Familie und Gesellschaft. Weinheim/München, 195–204

Taylor, Charles (1996): Quellen des Selbst. Die Entstehung der neuzeitlichen Identität. Frankfurt a. M.

Tenorth, Heinz-Elmar (1990): Verantwortung und Wächteramt. Wie die wissenschaftliche Pädagogik ihre gesellschaftliche Wirksamkeit behandelt. In: Vierteljahrsschrift für wissenschaftliche Pädagogik 66, Heft 4, 409–435

Tenorth, Heinz-Elmar (1995): Engagierte Beobachter, distanzierte Akteure. Eine Ermunterung, pädagogische Grundprobleme wieder zu erörtern. In: Zeitschrift für Pädagogik 41, Heft 1, 3–12

Tenorth, Heinz-Elmar (1998): Theorie, nicht Moral ist das Defizit. Eine Randbemerkung zu den Debatten über das Allgemeine von Pädagogik und Erziehungswissenschaft. In: Brinkmann, Wilhelm & Petersen, Jörg (Hrsg.): Theorien und Modelle der Allgemeinen Pädagogik. Eine Orientierungshilfe für Studierende der Pädagogik und in der pädagogischen Praxis Tätige. Donauwörth, 87–100

Tenorth, Heinz-Elmar (1999): Erziehungswissenschaft in Deutschland. Skizze ihrer Geschichte von 1900 bis zur Vereinigung 1990. In: Harney, Klaus & Krüger, Heinz-Hermann (Hrsg.): Einführung in die Geschichte von Erziehungswissenschaft und Erziehungswirklichkeit. Opladen, 111–154

Tenorth, Heinz-Elmar (2003) (Hrsg.): Klassiker der Pädagogik. 2 Bände. München

Tenorth, Heinz-Elmar (2004a): Art. Erziehungswissenschaft. In: Benner, Dietrich & Oelkers, Jürgen (Hrsg.): Historisches Wörterbuch der Pädagogik. Weinheim/Basel, 341–382

Tenorth, Heinz Elmar (2004b): Art. Autonomie, pädagogische. In: Benner, Dietrich & Oelkers, Jürgen (Hrsg.): Historisches Wörterbuch der Pädagogik. Weinheim/Basel, 106–125

Tillmann, Klaus-Jürgen, Rauschenbach, Thomas, Tippelt, Rudolf et al. (2008) (Hrsg.): Datenreport Erziehungswissenschaft 2008. Opladen/Farmington Hills

Tomasello, Michael (2006): Die kulturelle Entwicklung des menschlichen Denkens. Zur Evolution der Kognition. Frankfurt a. M.

Trapp, Ernst Christian (1977a): Versuch einer Pädagogik [1780]. Nachdruck der Erstausgabe von 1780, hrsg. von Ulrich Hermann. Paderborn

Trapp, Ernst Christian (1977b): Von der Nothwendigkeit, Erziehen und Unterrichten als eine eigne Kunst zu studiren. Antrittsvorlesung von 1779 in Halle. In: Trapp, Ernst Christian (Hrsg.): Versuch einer Pädagogik. Nachdruck der Erstausgabe von 1780, hrsg. von Ulrich Hermann. Paderborn, 5–11

Treml, Alfred K. (1987): Einführung in die Allgemeine Pädagogik. Stuttgart

Treml, Alfred K. (1996): Das Zeigen. Funktion und Folgen der Zeigetechnik in der Kulturgeschichte aus pädagogischer Sicht. In: Liedtke, Max (Hrsg.): Kulturethologische Aspekte der Technikentwicklung. Graz

Treml, Alfred K. (2000): Allgemeine Pädagogik. Grundlagen, Handlungsfelder und Perspektiven der Erziehung. Stuttgart

Treml, Alfred K. (2004): Evolutionäre Pädagogik. Eine Einführung. Stuttgart

Treml, Alfred K. & Becker, Nicole (2007): Art. Lernen. In: Krüger, Heinz-Herrmann & Helsper, Werner (Hrsg.): Einführung in Grundbegriffe und Grundfragen der Erziehungswissenschaft. Opladen/Farmington Hills, 103–114

Vogel, Peter (1997): Vorschlag für ein Modell erziehungswissenschaftlicher Wissensformen. In: Vierteljahrsschrift für wissenschaftliche Pädagogik 73, 415–427

Vogel, Peter (1998): Stichwort: Allgemeine Pädagogik. In: Zeitschrift für Erziehungswissenschaft 1, Heft 1, 157–180

Waitz, Theodor (1852): Allgemeine Pädagogik. Braunschweig

Weinert, Franz E. (1998) (Hrsg.): Entwicklung im Kindesalter. Weinheim/Basel

Weniger, Erich (1952): Theorie und Praxis in der Erziehung. In: Weniger, Erich: Die Eigenständigkeit der Erziehung in Theorie und Praxis. Probleme der akademischen Lehrerbildung. Weinheim, 7–22

Wigger, Lothar (1997): Was haben Pädagogik-Studenten gelesen? In: Zeitschrift für Pädagogik 43, Heft 5, 791–801

Wimmer, Michael (2002): Pädagogik als Kulturwissenschaft. Programmatische Überlegungen zum Status der Allgemeinen Erziehungswissenschaft. In: Zeitschrift für Erziehungswissenschaft 5, Heft Beiheft 1, 109–122

Wimmer, Michael (2006): Dekonstruktion und Erziehung. Studien zum Paradoxieproblem in der Pädagogik. Bielefeld

Winkler, Michael (1994): Wo bleibt das Allgemeine? Vom Aufstieg der allgemeinen Pädagogik zum Fall der Allgemeinen Pädagogik. In: Krüger, Heinz-Herrmann & Rauschenbach, Thomas (Hrsg.): Erziehungswissenschaft. Die Disziplin am Beginn einer neuen Epoche. Weinheim/München, 93–114

Winkler, Michael (1998): Maria und die positive Haltung – auch ein Zugang zur Allgemeinen Pädagogik. In: Brinkmann, Wilhelm & Petersen, Jörg (Hrsg.): Theorien und Modelle der Allgemeinen Pädagogik. Eine Orientierungshilfe für Studierende der Pädagogik und in der pädagogischen Praxis Tätige. Donauwörth, 55–86

Winkler, Michael (2006): Kritik der Pädagogik: der Sinn der Erziehung. Stuttgart

Ziller, Tuiskon (1856): Einleitung in die Allgemeine Pädagogik. Leipzig

Zymek, Bernd (2005): Was bedeutet „Ökonomisierung der Bildung"? Analyse des Gutachtens der Vereinigung der Bayerischen Wirtschaft „Bildung neu denken! Das Zukunftsprojekt". In: Berliner Debatte Initial 16, Heft 4, 3–13

Erziehung und Bildung

Simone Seitz

In diesem Beitrag werden Überlegungen zur inklusiven Erziehung und Bildung angestellt. Auf der Basis einführender Begriffsklärungen werden vertiefend Aspekte des Zusammenhangs von Behinderung und Profession sowie in einem zweiten Schritt von Heterogenität bzw. Diversität erörtert.

Einführung

Erziehung und Bildung sind die beiden zentralen Schlüsselbegriffe der Pädagogik insgesamt und konstituieren sie als wissenschaftliches Fachgebiet. Prozesse von Erziehung und Bildung lassen sich dabei weder theoretisch noch im praktischen Handeln getrennt voneinander denken, vielmehr machen sie erst in der gedanklichen Zusammenführung den Grundsachverhalt von Pädagogik aus. Im Kontext von Fragen inklusiver Erziehung und Bildung ist das Verhältnis zwischen Sozialisation und Erziehung bzw. Bildung von besonderer Relevanz. Denn Konstruktionen von Heterogenität, Differenz und Behinderung, wie sie im Zusammenhang inklusiver Erziehung und Bildung thematisiert und reflektiert werden, sind in der Einzelbiografie nicht von sozialisatorischen Effekten zu lösen. Konkret gesagt: Wenn ein Kind in einer Kindertageseinrichtung durch sein Verhalten „auffällt", so lässt sich dies nicht unabhängig von Fragen danach betrachten, in welchem Stadtteil es lebt, welche Art von Anregungen es im häuslichen Umfeld erhält, welche Bedeutung dort der Entwicklung des Kindes beigemessen wird und welche finanziellen Mittel zur Verfügung stehen.

Prozesse der Entwicklung und des Lernens vollziehen sich innerhalb veränderlicher individualbiografischer Kontexte. Diese wiederum sind in einem spezifischen – ebenfalls beständig in Veränderung begriffenen – gesellschaftlich-kulturellen Rahmen einzuordnen und unterliegen damit begrenzt gültigen Bewertungen. So macht es beispielsweise einen Unterschied, ob die Zweisprachigkeit von Kindern generalisierend als Problem und Erschwernis, generalisierend als Bereicherung oder spezifizierend in Fällen von bestimmten Sprachkombinationen (z. B. deutsch-englisch) als besondere Ressource, in anderen hingegen als Erschwernis betrachtet wird. Solche Bewertungen wirken in der Form von Einstellungen und Haltungen der Professionellen in das pädagogische Handeln hinein und sollten daher reflektionsfähig gehalten werden.

Ausgehend von diesem Gedanken werden im folgenden Abschnitt Anregungen zur Begriffsklärung von Erziehung und Bildung im Kontext inklusiver Pädagogik formuliert.

Erziehung

Erziehung als Phänomen ist weder gegenständlich greifbar noch kann sie bestimmten Handlungsabläufen unumstößlich als „Eigenschaft" zugeschrieben werden. Erziehung konstituiert sich vielmehr „im Auge" der Betrachterin oder des Betrachters, wenn Situationen – aufgrund von theoretisch abgesicherten Zusammenhängen – so gedeutet werden. Das Beobachten von Erziehung ist daher nicht ohne Deutungs- und Interpretationsprozesse denkbar, über die sich dann auf unterschiedlichen Ebenen von Praxisnähe und Theoriegeladenheit verständigt werden kann.

Unter einer Theorie der Erziehung wird mitunter verkürzt die „richtige" Handlungsanweisung für eine gelingende Erziehung verstanden. In diesem Fall wird sie folglich vom kalkulierbaren Erfolg und nicht vom Risiko her gedacht (vgl. Oelkers 2001, 226). Dass sich aber Erziehung im Einzelfall keineswegs als Ausführung fester Regeln mit „Gelingensgarantie" denken und praktizieren lässt, ist bereits mit Blick auf informelles erzieherisches Handeln im familiären Alltag offensichtlich und insbesondere für professionelles pädagogisches Handeln bedeutsam.

Die Ungewissheit pädagogischen Handelns resultiert dabei zunächst aus dem einfachen Umstand, dass sich Erziehung in sozialen Situationen realisiert. Eine erzieherische Situation wird jeweils von mindestens zwei interagierenden Personen hergestellt, die aus ihrer eigenen Deutungslogik heraus und mit unterschiedlichen Erfahrungen in einem gemeinsam geschaffenen und ausgestalteten sozialen Raum handeln. Bereits eine Dyade von erzieherisch tätiger Person und einem Gegenüber ist also hochkomplex. Sie ist zugleich stets von einem hierarchischen Ungleichgewicht geprägt, denn der pädagogisch handelnden Person stehen in der Regel Weisungskompetenzen zur Verfügung, die umgekehrt nicht bestehen (etwa Entscheidungsmacht über Einschluss oder Ausschluss des Gegenübers aus einem pädagogischen Feld). Unter anderem vor dem Hintergrund der hiermit gegebenen Verantwortlichkeit sollten pädagogisch Handelnde primär aus ihrer professionellen, d.h. beruflichen Rolle heraus und nicht aus ihrer privaten Rolle heraus handeln. Hierzu gehört auch ein Bewusstsein darüber, dass sich die Reaktion auf eine erzieherische Intervention beim Gegenüber nicht kausal bestimmen lässt. Vielmehr erwächst aus einem Bewusstsein über die Unbestimmtheit oder Vagheit, die jede sozial verfasste Situation auszeichnet und in der unter Handlungsdruck agiert werden muss, erst professionelles Handeln. Oevermann spricht in diesem Kontext von der „Krise als Normalfall", die es im professionellen Handeln situationsbezogen zu bewältigen gilt (vgl. 1996, 77) und die, blendete man sie aus, eine Deprofessionalisierung von Pädagogik bedeuten würde.

Erziehungsprozesse lassen sich daher nicht präzise vorhersagen. Dennoch wird eine Situation in der Regel dann als erzieherisch definiert, wenn eine der beteiligten Personen für ihr Gegenüber zumindest einen Horizont an Entwicklungs- und Lernperspektiven entworfen hat, die aus ihrer Sicht in irgendeiner Form eine „Verbesserung" für das Gegenüber bedeuten. Dabei ist zum einen stets zu reflektieren, was unter einer „Verbesserung" zu verstehen ist und wie sich dies rechtfertigt. Zum anderen sollte jeweils Klarheit über den Grad an Fixation oder – umgekehrt gedacht – an Vagheit der Lern- und Entwicklungsperspektiven für das Gegenüber bestehen (sozusagen über die gewählte „Brennweite" im Blick auf die Entwicklungspotenziale des Gegenübers). Dabei können die zukunftsbezogenen gedanklichen Entwürfe, die der erzieherischen Intervention unterlegt werden, nicht vereinfachend mit einer Vorstellung der „Machbarkeit" von Erziehung verbunden werden. Erzieherisches Handeln würde damit zur Technologie. Ein kausales Denkmuster, nach dem ein über Entwicklungsplanung begründetes erzieherisches Handeln entsprechende Veränderungen der Persönlichkeit beim anderen „hervorrufen" würde, ist für professionelles Handeln unterkomplex. Es geht daher im professionellen pädagogischen Handeln nicht darum, das Gegenüber über perfekt planbare Maßnahmen in einen „vorgefertigten" gedanklichen Rahmen einzupassen, wohl aber darum, gegenwarts- und zukunftsbezogene Bilder in Form von Erwartungen an das Gegenüber zu entwickeln und hierüber reflektieren zu können. Hohe, aber zugleich offene Erwartungen an das Gegenüber und der Blick für die Potenziale und Entwicklungsmöglichkeiten sind dann zentrale Momente professionellen inklusionspädagogischen Handelns. Hieraus folgt, dass pädagogisches Handeln nicht zwingend zum „Erfolg" führt, sondern lediglich Angebot sein kann. Es stellt folglich stets einen „Versuch" dar, dessen Ergebnisse nicht vollständig vorhergesehen werden können.

In inklusionspädagogischen Kontexten ist ein Verständnis erzieherischen Handelns als

Risikohandeln insbesondere mit Blick auf Situationen von Bedeutung, in denen es zu Verständigungsproblemen zwischen Pädagogin und Kind kommt. Wird dem Kind in einer Situation gegenseitigen Unverständnisses beispielsweise einseitig zugeschrieben „verhaltensauffällig" oder gar „verhaltensgestört" zu sein, so zeigt sich darin in zweifacher Weise der Versuch einer Reduzierung komplexer Prozesse auf wenige, berechenbare Faktoren: Zum einen wird die misslingende bzw. „gestörte" Kommunikation auf vermeintliche Eigenschaften einer Person zurückgeführt und damit die interaktionale Dimension dieser Feststellung ausgeblendet und zum anderen wird ein bestimmtes Handeln einer Person mit einer personalen Eigenschaft erklärt. Hiermit wird nicht nur die Komplexität der Entwicklung individuellen Verhaltens in komplexen Sozialisationsbedingungen insgesamt außer Acht gelassen, sondern möglicherweise auch der Blick auf den konkreten subjektiven Sinn des Handelns innerhalb einer sozialen Situation verstellt. Folgt man einer Vorstellung des Menschen als ein sich selbstorganisierendes und in sozialen Kontexten entwickelndes Wesen, so resultiert hieraus demgegenüber ein Verständnis des Handelns als für sich genommen stets subjektiv sinnvoll. Denn aus der eigenen Struktur heraus kann ein Mensch sich nicht anders als sinnvoll in Bezug auf die Aufrechterhaltung des eigenen Systems verhalten. In einer pädagogischen Situation geht es also stets darum, das gesamte Setting in den Blick zu nehmen und nicht allein das Handeln des Kindes.

Professionelles erzieherisches Handeln zeichnet sich im Vergleich zum erzieherischen Alltagshandeln folglich nicht einfach durch ein höheres Maß an Gewissheit in der „Wirkung" von erzieherischen Maßnahmen aus, das über das Erlernen von allgemeingültigen Handlungsregeln der Professionellen erreicht würde, sondern vor allem durch einen reflektierten Umgang damit und die Fähigkeit zur Rückspiegelung auf theoretisches Wissen. Professionelle verfügen dabei über einen gewissen Fundus an Theoriewissen, etwa über Entwicklung und Sozialisation, das in generalisierter Form vorliegt und ihnen hilft, über Zusammenhänge pädagogischer Situationen zu reflektieren. Im konkreten Handeln aber benötigen sie „vor" diesem generalisierten Wissen vor allem schnell verfügbares und für die spezielle Situation ausreichend konkretes, also „lokales" Wissen, um flexibel agieren und pädagogische Angebote entwickeln zu können, die für das Gegenüber anschlussfähig sind. Dieses spezielle Erfahrungswissen „flexibler Handlungsroutinen" (vgl. Bromme 2004), das dem allgemeinen Fachwissen gewissermaßen Gestalt verleiht, liegt aber nicht in verfestigter Form, quasi als gedanklicher „Werkzeugkasten" im Kopf von Pädagoginnen oder Pädagogen vor, sondern wird in der Handlungssituation selbst jeweils neu konstruiert. Reflektionen über pädagogisches Handeln finden dann zum Teil bereits in der Situation selbst („reflection in action"), aber vor allem auch im Nachhinein („reflection on action"), also zeitlich versetzt, statt (vgl. Schön 1983). In beiden Reflektionsformen sind allerdings nicht alle Wissensanteile vollständig bewusstseinsfähig. Dessen ungeachtet findet erzieherisches Handeln stets unter Handlungsdruck und Entscheidungszwang statt. Konkret heißt das: Wenn ein Kind sich aggressiv gegenüber einem anderen verhält, muss sofort entschieden werden, welche die angemessene pädagogische Intervention in dieser speziellen Situation ist.

Damit ist zunächst klar geworden, dass es für erzieherisches Handeln generell keine „Erfolgsgarantie" und keine kausal begründeten Handlungsempfehlungen geben kann. Risikobehaftetheit ist folglich eine Eigenheit erzieherischen Handelns insgesamt und nicht, wie vielleicht vermutet werden könnte, ein Spezifikum inklusions- oder sonderpädagogischen Handelns.

Es wird außerdem deutlich, dass erzieherischem Handeln stets ein Vergangenheits- und ein Zukunftsbezug inhärent sind. Die Referenz auf Erziehungsperspektiven impliziert einen Zukunftsentwurf des Gegenübers, der dem situationsbezogenen Handeln teils bewusst, teils unbewusst unterliegt. In der erzieherischen Begegnung, die sich uns im einzelfallbezogenen Handeln unter Entscheidungszwang stets als Gegenwart zeigt, spielt außerdem die Vergangenheit (auch der Professionellen) eine zentrale Rolle, denn die Zuschreibung von subjektivem Sinn ist nur aus der jeweiligen Biografie heraus möglich. Die Biografizität der an Erziehungsprozessen Beteiligten ist daher zentraler gedanklicher Bezugspunkt erzieherischen Handelns.

Blicken wir auf die bis hierher angestellten Überlegungen zurück, so erweist sich damit der Umstand als entscheidend, dass Erziehung als sozialer Prozess in der Zeit zu denken ist, denn sowohl die Biografizität der am Erziehungsprozess Beteiligten als auch die Ungewissheit pädagogischer Prozesse sind zeitliche Kategorien.

Bildung

Der Bildungsbegriff zählt zweifellos zu den schwierigen und komplexen Begriffen der Erziehungswissenschaft. Da sich viele pädagogische Denkrichtungen mit dem Begriff befasst haben, wurden zahlreiche, teilweise divergierende Verständnisweisen entwickelt. Einer breit geteilten Auffassung zufolge beschreibt Bildung den sozial verankerten Prozess der Entfaltung des Menschen in seinen unterschiedlichen Fähigkeitsbereichen (emotional, kognitiv, handelnd), der ihm aktive Teilhabe und die Übernahme von Verantwortung im gesellschaftlichen Leben ermöglicht (vgl. Koch-Priewe 2006).

Für inklusionspädagogische Fragen ist insbesondere die Idee der Allgemeinbildung von Bedeutung. Als „Erfinder" dieser Idee kann aus heutiger Sicht Johann Amos Comenius (1592–1670) gelten, obgleich er seine Überlegungen nicht mit dem – historisch später geprägten – Begriff der „Allgemeinbildung" beschrieb. Mit seiner Forderung, „universale Schulen" zu gründen, um hier „alle alles zu lehren", und zwar unabhängig von Geschlecht, Befähigung und sozialer Herkunft, formulierte er eine für diese Zeit revolutionäre Idee von Bildungsgerechtigkeit (vgl. 2000, 1). Ausgehend von einem christlichen Bild des Menschen als Abbild Gottes begründete er diese Forderung unter anderem mit der grundlegenden Bildungsfähigkeit aller Menschen. „Offensichtlich ist jeder Mensch von Geburt aus fähig, das Wissen von den Dingen zu erwerben" (ebd., 32). Es ging Comenius in seiner Konzeption nicht darum, lückenloses enzyklopädisches Wissen zu ermöglichen. Entscheidend für seine Idee war vielmehr ein zugrunde gelegtes universales Denken. Die Welt ist demnach durch rationale Gesetze geordnet und selbst der kleinste Körper spiegelt als Mikrokosmos die Gesetzlichkeit des Ganzen wieder (vgl. Flitner 2000, 236). Daher sollte Comenius zufolge jeweils das „Ganze" in zunehmender Differenzierung, d. h. mit ansteigendem Schwierigkeitsgrad gelehrt werden.

Zwei Metaphern scheinen zum Verständnis des Bildungsoptimismus Comenius' von besonderer Bedeutsamkeit, die des Turms und die des Spiegels: Im ersten Bild beschreibt er, dass alle Kinder in der Lage sind, einen Turm (oder Felsen) zu besteigen, „wenn nur Leitern recht angelegt werden oder in richtiger Ordnung und Folge Stufen in den Felsen gehauen und mit einem Geländer gegen die Gefahr des Absturzes versehen sind" (Comenius 2000, 67). Dies kann aus heutiger Sicht als Bild für ein systematisches didaktisches Vorgehen gelesen werden, das es allen Kindern möglich macht, im Lernen fortzuschreiten. Im zweiten Bild führt Comenius aus, es gäbe keinen Spiegel, der – auch wenn er stumpf sei – nicht geglättet werden könne (vgl. ebd., 67) und veranschaulicht so die Bildungsfähigkeit aller Kinder. Dabei geht er davon aus, dass der Prozess des „Glättens", also der Entwicklung der Bildungsbereitschaft, auch von den Kindern selbst untereinander initiiert werden kann: „Wenn gleicherweise die Jungen richtig geglättet und angespornt werden, so werden sie sich gegenseitig glätten und anspornen, bis schließlich alle alles erfassen" (ebd.).

Über die Attraktivität dieser Metaphern zum Bildungsoptimismus wird mitunter übersehen, dass im Hintergrund dieses Ansatzes eine sechsstufige Ordnung der Begabungen steht. Diese reicht von „scharfsinnig, eifrig und lenkbar (zum Studium geeignet)" bis hin zu „Schwachbegabten", „die zugleich verworren und von Natur aus böswillig sind – sie sind meistens verloren" (ebd., 70). Bezogen auf die letzte Gruppe empfiehlt Comenius zu versuchen, die „Hartnäckigkeit" zu bekämpfen und zu vertreiben, wenn dies aber nicht möglich sei, dürfe das „verwachsene und knorrige Holz" liegen gelassen werden. Schulen sollten folglich so eingerichtet sein, dass „die gesamte Jugend – mit Ausnahme höchstens derer, denen Gott den Verstand versagt hat – dort gebildet wird" (ebd., 63). Etwas weiter heißt es: „Eine solch entartete Geisteslage ist aber unter Tausenden kaum zu finden" (ebd., 70). Die Gruppe der „Schwachbegabten" wird also mittels einer quasi epidemiologischen Begründung vom Bildungsoptimismus und von (weiteren) Bildungsbemühungen ausgeschlossen. Diese ausgrenzenden Setzungen lesen sich aus heutiger Sicht befremdlich, historisch gesehen ist es aber insgesamt höchst bemerkenswert, dass Comenius „schwache Begabungen" überhaupt thematisierte und in Bezug auf Lernmöglichkeiten reflektierte.

Bis in die Gegenwart wirkt das Bildungsverständnis der Aufklärung (grob: 17./18. Jahrhundert), hier wird der Begriff der Bildung für das Schulwesen bedeutsam. Das von Kant formulierte Postulat, den Menschen durch Bildung aus der „selbstverschuldeten Unmündigkeit" herausführen zu können, markiert die gesellschaftliche Dimension des hier entwickelten Bildungsverständnisses. Bildung wurde folglich nicht nur als ein auf das Individuum bezogener Prozess gesehen, vielmehr ist das Leitbild der vernunftbestimmte Mensch, der seine naturgemäß gegebenen Kräfte entfaltet und hiermit einen Beitrag zum Gemeinwesen leistet. Dieses Bild wirkt bis heute in viele Bildungsvorstellungen hinein.

Von besonderer Bedeutung für inklusionspädagogische Fragen ist außerdem der Humboldt'sche Bildungsbegriff. Zur Zeit der Deutschen Klassik, in der bildungsbezogenen Überlegungen insgesamt viel Aufmerksamkeit geschenkt wurde, entwickelte Wilhelm von Humboldt (1767–1835) eine Theorie der Bildung und hieran anknüpfende schulstrukturelle Entwürfe, die „Schulpläne" für Königsberg und Litauen. Dort heißt es: „Jeder, auch der Ärmste, erhielte eine vollständige Menschenbildung, jeder überhaupt eine vollständige, nur da, wo sie noch zu weiterer Entwicklung fortschreiten könnte, verschieden begränzte Bildung" (Humboldt 1809; zit. in Diederich & Tenorth 1997, 36). Humboldt empfiehlt ausgehend hiervon ein nicht ständisch, sondern horizontal gegliedertes Schulsystem, in dem „Elementarschule" und „Gelehrtenschule" zeitlich aufeinander folgen sollten.

Parallel hierzu wurden erste Ansätze sonderpädagogischer Erziehung und Bildung entwickelt. Diese waren anfangs weniger auf die Integration in das entstehende allgemeinbildende Schulwesen ausgerichtet, sondern zunächst erste Versuche, überhaupt die Bildungsfähigkeit von „Taubstummen" (Itard; 1774–1838), „Blödsinnigen" (Pestalozzi, 1746–1827) und „Idioten" (Seguin, 1812–1880) zu erproben bzw. unter Beweis zu stellen.

Interessant ist, dass auch die Protagonisten des entstehenden Hilfsschulwesens zu Anfang des 20. Jahrhunderts mit der brisanten Unterscheidung von „bildungsfähigen" und „nicht bildungsfähigen" Kindern argumentierten und letztere von ihren Bemühungen um schulische Bildung ausschlossen, um das Recht auf schulische Bildung für die Gruppe der „Hilfsschüler" und „Hilfsschülerinnen" abzusichern. Abgrenzungsversuche zwischen „Hilfsschulen" und „Idiotenanstalten" anhand der Unterscheidung von Bildungsfähigkeit und Bildungsunfähigkeit prägten entsprechend die Diskussion (vgl. Barthold 1901). Das Denkmuster der Bildungsunfähigkeit scheint gegenwärtig weitestgehend überwunden worden zu sein, die Idee aber, Bildungsangebote entlang von Taxonomien unterschiedlicher „Sorten" von Schülern vertikal durchzustrukturieren, findet sich auch in neueren Konzeptionen „sonderpädagogischer" Bildung (vgl. zur Kritik Werning 2002).

Richtungweisend für die Frage der Allgemeinbildung sowie für didaktische Entwicklungen in der zweiten Hälfte des 20. Jahrhunderts ist das Werk von Wolfgang Klafki. Seine Bildungsvorstellungen sind eng mit Vorstellungen zu einer demokratischen Erziehung verflochten und er tritt als Wissenschaftler für die Implementierung des Gesamtschulsystems ein.

In seiner frühen Konzeption der bildungstheoretischen Didaktik untersuchte er die bis dahin vorliegenden didaktischen Ansätze anhand der Kategorisierung von formaler und materialer Bildung und entwarf auf dieser Basis das Konzept der bildungstheoretischen Didaktik, die beide Aspekte verflocht. Den Kern seiner späteren Konzeption der kritisch-konstruktiven Didaktik bildet die Idee der Allgemeinbildung an epochaltypischen Schlüsselproblemen (vgl. Klafki 1996; Koch-Priewe et al. 2007). Diese hat innerhalb der Integrationsforschung insbesondere in den Schriften von Feuser (1995) Aufnahme gefunden. Hierbei wird Klafki eine zu starke Konzentration auf die „Sache" im Unterricht unterstellt, die Grundidee der Konzeption, in fächerübergreifendem Unterricht an Projekten zu gesellschaftlichen Schlüsselproblemen zu arbeiten, aber übernommen.

Bedeutsam als Anknüpfungspunkt für inklusive Didaktik ist außerdem die in Klafkis Allgemeinbildungskonzept eingelassene Idee des Elementaren (vgl. Seitz 2006). Dies kann als verbindendes Moment zwischen den Lernwegen der verschiedenen Schülerinnen und Schüler wirksam werden, sodass ein Lernen in sozialer Eingebundenheit ermöglicht wird. Es muss sich dabei allerdings nicht um das „Einfache" oder „Basale" in unterrichtlichen Fragestellungen handeln, vielmehr können hierunter grundlegende und zugleich komplexe Aspekte verstanden werden, welche die Zugangsweisen der Kinder zu einer dabei hervorgebrachten „Sache" miteinander verbinden können. So wurden – etwa bezogen auf das Lernfeld „Zeit" – auf empirischem Weg Aspekte des Zeiterlebens und der biografischen Zeit als solche verbindenden Grundmuster im Zugang zum Lernfeld herausgearbeitet, wohingegen sowohl grundschul- als auch sonderpädagogische Materialien vorwiegend Fragen der messbaren Zeit fokussieren und damit sowohl an den Motiven der Kinder als auch an grundlegenden fachlichen Dimensionen des Phänomens Zeit vorbeilaufen (vgl. Seitz 2005).

Eine Veranschaulichung der Idee, grundlegende und zugleich komplexe Dimensionen in den Zugangsweisen der Schüler herauszufiltern, lässt sich in fraktalen (selbstähnlichen) Mustern finden. Diese bestehen aus vielen kleinen deckungsgleichen bzw. ähnlichen Kopien ihrer selbst. Selbst in der komplexesten, fraktal aufgebauten Figur finden sich folglich Grundmuster („Fraktale") wieder, die zugleich alle Aspekte der komplexen Ausformung enthalten.

Folgt man diesem Gedanken und setzt man ihn didaktisch um, so können damit vertikale Hierarchisierungen und Reduzierungen in Differenzierungsangeboten, d. h. etwa didaktische Versuche, grundschulpädagogische Lerninhalte für „lernschwache" Schüler weniger komplex vorzustrukturieren, didaktisch überwunden werden. Besonders bedeutsam ist hierfür eine zentrale Positionierung der Kinderperspektiven, d. h. der Subjektseite des Lernens. Werden Kinder in diesem Sinne als Didaktiker ihres eigenen Lernens anerkannt (vgl. Reich 2006), können sie im sozialen Feld des Unterrichts selbstorganisiert zu Ko-Konstrukteuren der „Sache" im Unterricht werden, was wiederum als konstitutiver Aspekt inklusiver Didaktik gesehen werden kann.

Auf diesem Weg kann es insgesamt gelingen, das Denkmuster unangemessener Begrenzungen in Bildungserwartungen zu überwinden. Dabei haben die Erwartungen an das Gegenüber eine hohe Relevanz für Bildungskonzeptionen, was sich gut an der in der Sonderschulpraxis entwickelten Vorstellung veranschaulichen lässt, nur sehr wenige der Menschen mit Trisomie 21 könnten schriftsprachliche Kompetenzen erwerben. Diese Vorstellung entsprach zunächst dem fachlichen Erfahrungs- und Wissensstand. Sie verfestigte sich in der Ausbauphase der Sonderinstitution „Schule für Geistigbehinderte" insofern, als den betreffenden Schülern dort in der Regel an diese Vorstellung angepasste, reduzierte Bildungsangebote gemacht wurden. Unter diesen Bedingungen und konfrontiert mit Pädagogen, die aufgrund des ihnen vermittelten Wissens und der strukturellen Rahmenbedingungen der Sonderinstitution vorwiegend ein Scheitern im Leselernprozess oder das Verbleiben auf einfachen Lesefertigkeiten von ihren Schülern erwarteten, war es nun für die betroffenen Kinder und Jugendlichen weitaus schwieriger, das Lesen und Schreiben zu erlernen. Unter diesen Bedingungen wurden folglich die Erwartungen bestätigt und damit einem Zirkelschluss gefolgt. Erst in der integrationspädagogischen Praxis wurde deutlich, dass diese Vorstellung ungerechtfertigt ist. In Integrationsklassen lernten plötzlich viele Kinder mit Trisomie 21 lesen und schreiben auf unerwartet hohem Niveau. Mittlerweile sind Menschen mit Trisomie 21 als Schriftsteller und Schriftstellerinnen tätig (vgl. König 2006), viele besuchen allerdings weiterhin Sonderinstitutionen und lernen unter den beschriebenen problematischen strukturellen Bedingungen.

Es lässt sich hieran deutlich machen, dass in bildungsbezogenen Erwartungen von Pädagogen ein Bild vom Gegenüber gezeichnet wird, das eine veränderliche, aber zwangsläufig jeweils begrenzte Perspektive darstellt. Je unbeweglicher dieses Bild ist und je mehr es von strukturellen Rahmenbedingungen eingeengt wird, umso schwieriger ist es für pädagogisch und didaktisch Handelnde, beim Gegenüber auch Unerwartetes wahrnehmen zu können. Umgekehrt gedacht ist folglich die Fluidität der Entwürfe vom Gegenüber ein entscheidender Faktor der Professionalität pädagogischen und didaktischen Handelns. Die Herausforderung für professionell pädagogisch Handelnde besteht demzufolge darin, einerseits zukunftsbezogen in Orientierung auf mögliche, antizipierte Lern- und Entwicklungsschritte des Gegenübers zu agieren, andererseits aber hierbei keine engen „Pfade", sondern offen gehaltene „Räume" des Lernens und der Entwicklung als Gesamtpersönlichkeit anzubieten, wie dies oben bereits in Bezug auf Erziehungsfragen verdeutlicht und hierbei zu den zeitlichen Kategorien der Ungewissheit und der Biografizität geführt wurde. Inklusive Bildung findet daher in einer Didaktik der Potenzialität ihre unterrichtsbezogene Konkretisierung (vgl. Seitz 2008). Damit zeigt sich auch, dass es in der Zielperspektive insgesamt um die Kongruenz von inklusions*didaktischer* und inklusions*pädagogischer* Konzeption bzw. insgesamt von inklusiven Bildungs- und Erziehungskonzeptionen geht.

Behinderung und Profession

„Behinderung" ist zweifellos ein schillernder und umstrittener Begriff. Seine Verständnis- und Verwendungsweisen geben Hinweise auf gesellschaftlich verhandelte Denkströmungen, insbesondere auf Vorstellungen von „Normalität". Im vorliegenden Abschnitt wird „Behinderung" weniger in dieser soziologischen Dimension beleuchtet, sondern gezielt als Schlüsselbegriff für die Sonderpädagogik als Profession kritisch beleuchtet.

„Behinderung" diente lange Zeit als „Schlüssel" zur Rechtfertigung der Profession, die sich die Aufgabe gab, für die unter diesem Begriff subsumierten Personengruppen spezielle Konzepte der Erziehung und Bildung zu entwickeln und in der Praxis umzusetzen. Professionsstrategisch gedacht ist es der Sonderpädagogik damit im Unterschied zur Interkulturellen Pädagogik gelungen, eine eigene Profession und wissenschaftliche Disziplin auszubilden. Dies gelang vor allem über die konzeptionelle Ausdifferenzierung der hierunter gefassten Personengruppe in unterschiedliche „Behinderungsarten", die mit den verschiedenen Sonderschularten korrespondieren. Eine positive Wirksamkeit dieser Beschulungsform wurde bis heute nicht nachgewiesen – vielmehr verweisen entsprechende Untersuchungen auf negative Effekte (vgl. Hildeschmidt & Sander 1996; Wocken 2006). Dennoch hat sich die Ausdifferenzierung als schwer rückgängig zu machen erwiesen, innerhalb der Sonderpädagogik wird jedenfalls ein Abschied von der „Aussonderungslogik" weiterhin nur zögerlich angegangen. Begründet wird dies in der Regel mit den speziellen „Bedürfnissen", die bestimmten Gruppen von Schülern zugeschrieben werden. Zum Teil wird dies zu der Argumentationsweise weitergeführt, dass auf diese Bedürfnisse nur an separierenden Orten angemessen eingegangen werden könne. Anstelle empirischer Argumentation wird dabei unter anderem mit einer schützenden Haltung gegenüber der Zielgruppe argumentiert (vgl. Ellger-Rüttgardt 2005).

Parallel hierzu haben sich die bis heute üblichen sonderpädagogischen Subdisziplinen entwickelt – wenn auch gegenwärtig nicht mehr explizit mit dem Behinderungsbegriff verknüpft (Lernbehinderten-, Sprachbehindertenpädagogik usw.), sondern anhand von sogenannten Förderschwerpunkten (Lernen, Sprache etc.). Studierende qualifizieren sich in der Regel weiterhin anhand zweier „Fachrichtungen". Die in diesem kategorialen Muster entwickelten Wissensvorräte (zusammengenommen mit der Wirkkraft des ausdifferenzierten Sonderschulsystems) prägen offensichtlich nicht nur das professionsstrategisch motivierte Denken der Fachverbände, sondern auch das der Fachwissenschaftler und Fachwissenschaftlerinnen weiterhin in einer so tiefgreifenden Weise, dass diese Struktur auch in neueren Ausbildungskonzeptionen fast unverändert fortgeschrieben wird und insgesamt kaum neue Strukturierungsmöglichkeiten der Disziplin entwickelt werden. Diese könnten etwa anhand von Kernkompetenzen der Profession (Unterricht, Diagnostik, Kooperation etc.), verschränkt mit der Spezialisierung für verschiedene pädagogische Handlungsfelder (Elementarpädagogik, Schulpädagogik, Sozialpädagogik etc.) organisiert werden.

Vonseiten der Sonderpädagogik liegen verschiedene Versuche vor, Erziehung und Bildung einer disziplineigenen Definition zu unterziehen (vgl. Bleidick 1982). Diese Ansätze unterliegen allerdings der Problematik, dass hierbei mehr oder weniger explizit auf die Definition bestimmter Zielgruppen rekurriert wird, um den „besonderen" Zugang der Disziplin zu dieser Frage zu konturieren. Hieraus resultieren Widersprüche, die am deutlichsten an dem innerhalb der „Geistigbehindertenpädagogik" entwickelten Konzept der „Lebenspraktischen Bildung" abzulesen sind.

Das in den Bildungskonzeptionen der geisteswissenschaftlichen Pädagogik vertretene Ideal mündiger und aufgeklärter Erwachsener, die kompetent am gesellschaftlichen Diskurs teilhaben, schien entsprechend dem Wissensstand in der Entwicklungsphase der „Schule für geistig Behinderte" (1950er bis 1960er Jahre) für die Klientel, für die man sich zuständig fühlte und deren Recht auf Bildung man absichern wollte, nicht erreichbar. So wurde in Abgrenzung hiervon für Kinder und Jugendliche, die nach eigens definierten Kriterien zu der Gruppe der „Geistigbehinderten" gezählt wurden, das Konzept der „Lebenspraktischen Bildung" entwickelt, auch um die Zielgruppe vor zu hohen Erwartungen zu schützen und damit deren Zugang zu schulischer Bildung abzusichern. Unter Bezug auf die Feststellung einer Verengung von „Kulturtechniken" auf den Schriftspracherwerb und das mathematische Lernen innerhalb der Allgemeinen Didaktik wurde eine Erweiterung des Verständnisses von Kulturtechniken auf Fertigkeiten zur selbstständigen Bewältigung des täglichen Lebens vorgenommen. Mit dieser Idee wurde also ein speziell zugeschnittenes Konzept für einen selbst definierten Personenkreis entwickelt und ausdifferenziert. Hiervon ausgehend entstanden Lehrpläne bzw. Richtlinien und didaktische Konzepte, die ein deutlich reduziertes Bildungsangebot mit erkennbarer Ausrichtung auf die erfolgreiche Bewältigung einer „Sonderbiografie" vorsahen (vgl. Seitz

2005). Übersehen wurde dabei, dass die Vorannahmen in der Form reduzierter Erwartungen an die individuellen Bildungsbiografien zum einen als selbsterfüllende Prophezeiung wirksam werden können und zum anderen grundlegenden Annahmen im Verständnis von Bildung widersprechen. Der zugrunde gelegte Gedanke nämlich, Bildungskonzeptionen über erwartete Grenzen der Entwicklungs- und Bildungsprozesse von Einzelnen zu begründen, steht in einem unauflösbaren Widerspruch zum Bildungsgedanken, denn hiermit wird die aus der strukturbedingten Offenheit und Kontextgebundenheit individueller Bildungsprozesse resultierende Ungewissheit in Bildungsbiografien, die oben als ein konstitutives Moment pädagogischer Prozesse beschrieben wurde, außer Kraft gesetzt. Ein Spiegel dieses Widerspruchs findet sich in der Problematik, dass ausbleibender Bildungserfolg in diesem Muster jederzeit mit der „Behinderung", Bildungserfolg hingegen mit den pädagogisch-didaktischen Bemühungen erklärt werden kann.

Definitionsversuche für spezielle Personengruppen (entsprechend der unterschiedlichen Förderschwerpunkte) engen folglich in problematischer Weise den Erwartungshorizont der pädagogisch Tätigen ein und unterliegen dem logischen Problem, dass hierbei die Definitionen der Klientel aus der eigens konstruierten Fachsystematik heraus generiert werden. Speziell hieran ausgerichtete Maßnahmen wie „besondere" Bildungskonzepte können somit gar nicht anders als „richtig" sein, da sie der Eigenlogik der Disziplin entsprechen. Die bestehenden speziellen Professionen und die von hier aus vorgenommene „Herstellung" spezieller Zielgruppen halten sich so gegenseitig aufrecht.

Neben den individuumsbezogenen haben auch die kontextbezogenen Erwartungen eine hohe Bedeutung. Im konkreten Fall kann es daher für individuelle Bildungsbiografien von entscheidender Bedeutung sein, ob beispielsweise ein Kind, das in seiner häuslichen Umgebung nur wenige entwicklungs- und lernförderliche Impulse erhält und durch sein Lernverhalten in der Schule „auffällt", Professionellen begegnet, die das beobachtete Lernverhalten als „Ausdruck" schwieriger Lern- und Entwicklungsbedingungen kritisch zu reflektieren wissen, oder ob sie die Lernauffälligkeit personenbezogen als „Behinderung" verstehen und damit der Zielgruppe von Schülerinnen und Schülern mit individuellem „sonderpädagogischem Förderbedarf" zuordnen. Paradox wird letzteres dann, wenn mit Blick auf die schulische Bildungskarriere eine erwartete geringe Unterstützung des Kindes durch das häusliche Umfeld (also Umfeldbedingungen) mehr oder weniger offen als Argument herangezogen wird, um das Kind für einen niedrigen Bildungsgang oder für die Zuweisung „sonderpädagogischen Förderbedarfs" zu empfehlen. Der Umstand, dass es sich bei Kindern mit „sonderpädagogischem Förderbedarf" überproportional häufig um Kinder mit sozial schwachen Ausgangspositionen handelt (vgl. Wocken 2006), lässt solche negativen Wirkzusammenhänge vermuten und macht deutlich, dass Sonderschulen, indem sie Kinder mit schwierigen Ausgangsbedingungen zu niedrig bewerteten Bildungsabschlüssen führen, wiederum „Versagen" vorherbestimmen und damit genau das festschreiben, was eigentlich über die Zuweisung „sonderpädagogischen Förderbedarfs" einer Bearbeitung zugänglich gemacht werden soll.

Es zeigt sich hieran ein Verteilungs- bzw. Verweigerungsmechanismus von Bildungschancen, der sich mit Bourdieu als Prozess der unterschiedlichen Übertragung von kulturellem Kapital beschreiben lässt (vgl. 1992). Denn wenn einem Kind im Laufe des schulischen Bildungswegs „sonderpädagogischer Förderbedarf" zugewiesen wird, so bedeutet dies oftmals, dass es weniger Chancen zur weiteren Aneignung von inkorporiertem kulturellem Kapital in Form von Bildung erhält, indem von dort an reduzierte Bildungsinhalte angeboten werden. Im Falle der Überweisung auf eine Förderschule gerät es außerdem in ein sozial einseitig geschnittenes Feld und hat damit weniger Chancen, soziales Kapital zu erwerben, welches ihm Zugänge zu Karrierewegen eröffnen könnte. Schließlich hat es als Absolvent oder Absolventin einer Förderschule nur einen äußerst begrenzten Spielraum für eine gesellschaftlich erfolgreiche Verortung als Erwachsene.

Die hier aufgezeigten Zusammenhänge verweisen außerdem auf widersprüchliche Aufträge, die sonderpädagogisch Professionellen gemäß ihrer Profession aufgegeben werden. Dies führt zu einer „Double-Bind-Situation", die mit der schlichten Formel ausgedrückt werden kann: Um ein Kind zu unterstützen, muss es zuvor negativ ausgelesen werden. Im Rahmen der diagnostischen Prozesse zur Zuweisung sonderpädagogischen Förderbedarfs müssen sich Lehrer für Sonderpädagogik an dieser negativen Auslese aktiv beteiligen, indem sie zunächst individuumsbezogenes „Versagen" dokumentieren und damit die Integrität der Betroffenen berühren müssen, um die sonderpädagogische Zuständigkeit zu rechtfertigen. Sie sind dabei gezwungen, dies auf das Individuum verengt zu tun, um die entsprechende Hilfe zu erhalten, obgleich sie wissen, dass sie insbesondere im Falle vermuteter wenig entwicklungsförderlicher häuslicher Bedingungen damit nur einen Teil bzw. oftmals lediglich das Symptom eines komplexen Problems beschreiben. Beziehen sie diese sozialisatorischen Kontexte aber ein, so müssen sie Aspekte beschreiben, auf die ein pädagogischer Zugriff in der Schule kaum möglich ist. Denn handlungsfähig sind sie primär auf der schul- und damit kindbezogenen Ebene.

Im Falle der Verkoppelung eines solchen diagnostischen Prozesses mit der Zuweisung an eine Sonderschule tun Lehrerinnen und Lehrer dies außerdem in dem Wissen, dass das Kind kaum eine realistische Chance hat, wieder in das allgemeinbildende Schulsystem zurückkehren zu können. Zugleich haben sie den von der Profession und Disziplin gleichermaßen proklamierten Auftrag, besonders individualisiert und an den Stärken des Kindes orientiert zu arbeiten: die für alle lehramtsbezogenen Professionen typische Widersprüchlichkeit zwischen Selektion und Förderung zeigt sich damit nirgendwo so stark wie an diesem Punkt.

Lehrer für Sonderpädagogik sind also im bislang wirksamen Professionsbild für eine negativ ausgelesene Gruppe von Schülern und Schülerinnen zuständig, die sie dann bestmöglich fördern sollen, obgleich die Bildungskarrieren strukturell bedingt in den allermeisten Fällen nicht erfolgreich verlaufen. Ein erster Lösungsansatz hierfür kann vorerst in einer konsequenten Auflösung der Verkoppelung von personeller Ressourcenvergabe mit personenbezogener Diagnostik gesehen werden (vgl. Kottmann 2006).

Weiter gehend ist aber anzunehmen, dass die geschilderte Double-Bind-Situation für Lehrkräfte, die mit inneren Konflikten einhergeht, nur über eine disziplinäre Neuordnung überwunden werden kann. Zwar findet sich in aktuellen Schriften die Überlegung, sonderpädagogisches Handeln zukünftig über Situationen und nicht über Personen zu legitimieren (vgl. Reiser 2005). Die Disziplin kommt damit aber nicht umhin, sich selbst in noch tiefgreifenderer Weise ein neues Profil zu geben und auf lange Sicht auch einen Verlust der mit einer eigenen Profession verbundenen Einflusskräfte hinzunehmen, um diese Widersprüche auflösen zu können.

Heterogenität

„Heterogenität" liegt derzeit zweifellos im Trend. Insbesondere im Kontext schulischer Fragestellungen ist die Sensibilität für Heterogenitätsfragen sichtbar gewachsen, was vor allem im Zusammenhang mit den Diskursen um die Ergebnisse der internationalen Leistungsvergleichsstudien zu sehen ist.

Die Integrationsforschung kann dabei – wie auch die Interkulturelle Pädagogik – für sich in Anspruch nehmen, seit über drei Jahrzehnten zum Verständnis von und im Umgang mit Heterogenität zu arbeiten. Zwar war dabei zunächst von der Idee ausgegangen worden, in

Integrationsklassen zwei Gruppen zusammenzuführen (abzulesen an der Formel: „gemeinsames Lernen behinderter und nichtbehinderter Kinder“), was aus heutiger Sicht eine unangemessene Reduzierung auf eine polare Kategorisierung darstellt. In den Theorieentwicklungen wurde aber schnell ein genaueres Verständnis von Heterogenität konturiert, das Gleichheit und Verschiedenheit bzw. Gemeinsamkeit und Besonderheit in einem dialektischen Verhältnis sieht und gesellschaftliche Widersprüche zwischen gleichen Rechten und Bedürfnissen und ungleichen Voraussetzungen der Einzelnen thematisiert (vgl. Reiser et al. 1986). Ausdifferenziert und erweitert wurde dies in der Denkfigur „egalitärer Differenz“ der Pädagogik der Vielfalt (vgl. Prengel 1993). In diesem Ansatz wurden Aspekte von Interkulturalität, Geschlecht und Befähigung/Behinderung gedanklich zusammengeführt und als unterschiedliche Dimensionen von Heterogenität auf der Basis der Gleichheit grundlegender Rechte und Bedürfnisse gedacht. In einem parallel laufenden, bislang kaum mit der Integrations-/Inklusionsforschung verknüpften Theoriestrang sind unter dem Leitbegriff der Intersektionalität Überschneidungen und gegenseitige Beeinflussungen der Heterogenitätsdimensionen stärker herausgearbeitet worden (vgl. Leiprecht & Lutz 2006).

Im aktuellen Diskurs der Integrations-/Inklusionsforschung wird Heterogenität mitunter als nicht zu hintergehende Ausgangsbedingung pädagogischen und didaktischen Handelns eingeordnet. Dabei gerät schnell aus dem Blick, dass in das Erkennen von Heterogenität bzw. Diversität unweigerlich Bedeutungszuschreibungen mit normativen Anteilen hinein spielen. Denn dem Erkennen von Heterogenität unterliegen zwangsläufig gedankliche Vorentscheidungen über Differenzen. Dabei ist verhandelbar, welche Differenzen für die jeweilige Fragestellung relevant sind und entsprechend wahrgenommen werden. Heterogenität ist folglich keine ontologische Eigenschaft bestimmter Gruppen (oder auch aller Gruppen), sondern eine kulturell umrahmte, von der Beobachtungsposition abhängige Unterscheidungspraxis, bei der unterschiedliche Kategorien von Differenz (also z. B. Alter, Befähigung, kulturelle Herkunft) herangezogen werden. Entscheidend ist dann, ob und wie diese Differenzen wahrgenommen werden und welche Bewertungen hieraus folgen.

Heterogenitätsdimensionen sind somit vom veränderbaren Erkenntnishorizont der Beobachter abhängig, werden innerhalb soziokultureller Kontexte konstruiert und sind damit sowohl kontext- als auch zeitgebunden (vgl. Fuchs 2007). Wissenschaftlich kann das Erkennen und Reflektieren von Heterogenitätsdimensionen damit als unabgeschlossener Arbeitsprozess der beteiligten Disziplinen gesehen werden, bei dem Heterogenität und Homogenität von den Beteiligten hervorgebracht und diskursiv verhandelt werden. Die kontextuelle und zeitliche Gebundenheit von Heterogenitätskonstruktionen lässt sich zum Beispiel an der wachsenden Bedeutsamkeit des Alters als Heterogenitätsdimension verdeutlichen. Gesamtgesellschaftlich erhalten Differenzen des Alters vor dem Hintergrund des sich derzeit vollziehenden demografischen Wandels und der unterschiedlichen Bewertungen dieses Prozesses verstärkte Aufmerksamkeit. Zugleich ist diese Dimension im Zuge der verstärkten Praxis jahrgangsübergreifenden Unterrichts insbesondere in den ersten Schuljahren auch im wissenschaftlichen Diskurs stärker in den Vordergrund gerückt und wird zukünftig sicherlich zunehmende Berücksichtigung in heterogenitätsbezogenen Reflektionen finden.

Es griffe vor diesem Hintergrund freilich zu kurz, Heterogenitätsdimensionen als polare Muster zu verstehen, die sich gegenseitig ausschließen (im Muster von weiblich – männlich, jung – alt, gesund – krank etc.), vielmehr handelt es sich um flexible Beobachtungsraster, bei denen immer auch Spielarten voneinander denkbar sind, welche sich wiederum mit Spielarten anderer Heterogenitätsdimensionen gegenseitig hervorbringen und verändern. In jeder Einzelbiografie lassen sich daher verschiedene, veränderliche Heterogenitätsdimensionen und folglich auch Aspekte von Befähigung/Behinderung beobachten, wenn der Blick hierfür „geschärft“ ist. Da diese miteinander verschränkt sind, wird dann, wenn ein Individuum in pädagogischen Prozessen allein anhand von Befähigung/Behinderung wahrgenommen wird, eine unangemessene Reduzierung im Blick auf eine im ständigen Wandel und „Umbau“ befindliche Identität, die je nach Beobachtungsstandpunkt neu „hervorgebracht“ wird, vorgenommen.

Für die integrative/inklusive Pädagogik sind damit vor allem Achtsamkeit und eine reflexive Haltung in Bezug auf gruppenbezogene Unterscheidungspraxen impliziert. Es gilt zu akzeptieren, dass Identitätsentwicklungsprozesse niemals abgeschlossen und Identitäten insgesamt hybride Gebilde sind, an denen grobe Kategorisierungen wie etwa solche anhand bestimmter Beeinträchtigungsformen vorbeilaufen. Gefragt sind vielmehr mehrperspektivische Zugänge, die es ermöglichen, im Blick auf Individuen unterschiedliche Dimensionen von Heterogenität in den Blick nehmen zu können, diese mit anderen im Bewusstsein darüber reflektieren zu können, dass hierin Machtfragen eingelagert sind und sie auch infrage stellen zu können. Denn die eigene Perspektive ist zwar jeweils unweigerlich begrenzt, aber dennoch wandelbar (Bateson 1999).

Hier stoßen wir abermals auf die Kategorie der Ungewissheit als konstitutives Element von Erziehung und Bildung. Ein reflektierter Umgang hiermit, das wurde in den Ausführungen weiter oben deutlich, stellt ein zentrales Professionalisierungsmoment pädagogischen Handelns dar. Eine Vorstellung der Machbarkeit, welche die unhintergehbaren Ungewissheiten und Risiken pädagogischen Handelns nicht ausreichend beachtet, kann die Komplexität eines pädagogischen Prozesses nicht erfassen. Die angestellten Überlegungen zum Erkennen von Heterogenität sind daher im Zusammenhang mit einer Vorstellung von Entwicklung und Lernen als hochkomplexe und nur eingeschränkt prognostizierbare Prozesse zu sehen, denen wir als Pädagoginnen und Pädagogen immer nur „auf der Spur“ sein können. Die Akzeptanz dieser Unberechenbarkeit führt dazu, Erziehung und Bildung der Idee von Potenzialität zu unterlegen.

Folgt man diesem Denkansatz, so zeigen sich Reibungspunkte zu dem derzeit sich vollziehenden Perspektivwechsel von der Input- zur Outputorientierung in Bildungsprozessen. Im Zuge dieser Entwicklung, die als Folgeerscheinung der – aus deutscher Sicht – enttäuschenden Ergebnisse internationaler Leistungsvergleichsstudien gesehen werden kann, wird aktuell versucht, Stufen des Kompetenzerwerbs bezüglich der individuellen Handlungsfähigkeit in den verschiedenen Lernbereichen auszudifferenzieren (vgl. Klieme & Leutner 2006). In Abgrenzung zu traditionellen, geschlossenen Curricula, die den inhaltlichen Input schulischen Lernens absichern sollen, wird damit auf die Effektivität und Effizienz und damit auf den Output schulischen Lernens abgehoben.

Kompetenzmodelle unterliegen u. a. dem Ziel, heterogene Lernniveaus in einem Bereich zu erfassen, blenden dabei allerdings bestimmte Leistungsbereiche aus, nämlich die ‚unterhalb‘ eines gesetzten Mindestniveaus (Kompetenzstufe 1). Im Umkehrschluss wird folglich eine Gruppierung von Kindern konstruiert, die aus unterschiedlichen Gründen die unterste Kompetenzstufe nicht erreichen und folglich im „blinden Fleck“ verbleiben (vgl. Seitz 2006b). Damit bleiben dann auch die hierfür bedeutsamen kontextuellen Bedingungsfaktoren in den Einzelbiografien konzeptionell unbeachtet. In der Zielperspektive geht es bei der Entwicklung von Kompetenzmodellen darum, dass Lehrer diagnostisch kompetent die unterschiedlichen aktuellen Lernstände ihrer Schüler einschätzen können, um dementsprechend fördernd eingreifen zu können. Letztlich handelt es sich also um Versuche, Lehrerinnen und Lehrern Hilfestellungen für den Unterricht mit heterogenen bzw. als heterogen wahrgenommenen

Lerngruppen zu geben, um damit Heterogenität für sie „handhabbar“ zu machen.

Ableitungen zu kompetenzorientiertem Unterricht (Lersch 2007) zielen entsprechend darauf ab, Kompetenzmodelle zur Konzeption von pädagogisch-didaktischen Handlungsmustern heranzuziehen. Die Problematik besteht dabei darin, dass hiermit ein mechanistisches Denken in didaktische Fragen Einzug halten könnte, das der Komplexität von Lernen und Bildung nur begrenzt angemessen zu sein scheint und Heterogenität in eng gesetzte gedankliche Muster setzt, bei denen eben nur eine Heterogenitätsdimension (Befähigung) Beachtung findet. Andere denkbare Aspekte von Heterogenität, welche das Lernen kontextualisieren, bleiben unbeachtet, obgleich es im konkreten Fall einen Unterschied macht, ob es sich beim lernenden Subjekt, das sich mit einer „Sache“ auseinandersetzt und diese dabei hervorbringt, um ein Mädchen oder einen Jungen handelt und welche kulturellen Hintergründe es mitbringt – und es sind vielerlei andere individualbiografische Faktoren denkbar, die als Ausgangspunkte des Lernprozesses gesehen werden müssen und diesen prägen. Zudem suggerieren Kompetenzmodelle, eine eindeutige Feststellung des Lernstands sowie der daraus resultierenden Förderbedürfnisse wäre möglich, während oben deutlich geworden ist, dass es im Blick auf Lern- und Entwicklungsprozesse gilt, ein gewisses Maß an Unverfügbarkeit des Gegenübers zu akzeptieren.

Kompetenzmodelle könnten so, werden sie mit einem technologisch gefärbten Verständnis von Unterricht verbunden, als einfach zu handhabende Instrumente für ein zieldifferentes Lernen mit hoher Transparenz bezüglich der Leistungserwartungen verstanden werden, sodass als heterogen wahrgenommene Lernwege genauer berechenbar und kontrollierbar werden. Setzt man hingegen voraus, dass sich individuelle Lern- und Entwicklungswege in einem hochkomplexen, selbstreferentiellen Prozess innerhalb individualbiografischer Bedingungen und jeweils auf der Basis bereits entwickelter Deutungsmuster und Erfahrungshorizonte vollziehen und akzeptiert man die hieraus resultierende Ungewissheit in Lern- und Entwicklungsprozessen, so geht es primär um eine in den Unterricht selbst eingelassene Diagnostik, welche die Gesamtpersönlichkeiten in den Blick nimmt und damit weit umfassender angelegt ist (vgl. Seitz 2008).

Vor diesem Hintergrund kann abschließend gefragt werden, wie sich die Integrations-/Inklusionsforschung gegenüber dieser Gesamtentwicklung der Output-Orientierung verhält und welche Positionen sie entwickelt. Theoriegebundene „Antworten“ auf diese Entwicklungen sind für das Selbstverständnis der Inklusionsforschung wie der Sonderpädagogik insgesamt höchst bedeutsam und weisen über diese konkrete Frage hinaus. Diesem Gedanken folgend wird hier abschließend ein möglicher theoretischer Orientierungspunkt erläutert, nämlich das Konzept der Verwirklichungschancen (Capability-Ansatz). Es wird dabei vorausgesetzt, dass sich ein zukunftsfähiges Erziehungs- und Bildungssystem zentral mit Fragen der Gerechtigkeit auseinanderzusetzen hat.

Der Capability-Ansatz wurde in der Grundstruktur von dem Ökonomen Sen entwickelt und von der Philosophin Martha Nussbaum ausdifferenziert und weitergeführt (vgl. 2003; 2007). Diesem Ansatz zufolge ist ein zentrales Ziel einer gerechten gesellschaftlichen Entwicklung die Erweiterung individueller Verwirklichungschancen (capabilities). Gemeint ist hiermit die Gewährleistung jener Bedingungen, die es allen Menschen ermöglichen, ihre individuellen Fähigkeiten zu entfalten, um ein von ihnen selbst als wertvoll erachtetes Leben führen zu können. Hierzu hat Nussbaum eine „vage“, d. h. für Überarbeitungen offene Liste an capabilities zur Sicherung eines „guten“ Lebens entwickelt (vgl. 2003, 57 ff.). Hierin nennt sie:

- Leben,
- körperliche Gesundheit,
- Unversehrtheit des Leibes,
- Sinne,

- Vorstellungskraft und Denken,
- Emotionen,
- Lebensklugheit (practical reason),
- Zugehörigkeit/Sozialität (affiliation),
- andere Lebewesen,
- Vergnügen und Erholung (play),
- Verfügung und Kontrolle über die eigene Umgebung (politisch und materiell).

Nussbaum zielt mit dieser Liste explizit *nicht* darauf, in essenzialistischer Weise menschliches Wohlergehen verbindlich zu definieren. Sie verklammert vielmehr Vorstellungen von einem „guten" mit denen eines „gerechten" Lebens und entwickelt dabei Mindestbedingungen der Menschenwürde. Gemeint ist allerdings nicht, dass Personen, auf die eine der genannten Bedingungen (etwa Unversehrtheit des Leibes) nicht zuzutreffen scheint, die Menschenwürde abgesprochen werden könnte. In frühen Schriften von Nussbaum tauchen durchaus Passagen auf, die solche Deutungen zulassen (vgl. Müller 2004). In neueren Veröffentlichungen hat sie aber klargestellt, dass es sich bei „Nichterfüllung" einer der Capabilites zwar um ein menschenunwürdiges Leben handeln kann, dies jedoch gerade *nicht* die entsprechenden Individuen adressiert, sondern genau umgekehrt die Gesellschaft als Ganze in die politische Verantwortung nimmt, für ein menschenwürdiges Leben der Einzelnen, gerade auch der Schwächsten zu sorgen (vgl. Dabrock 2008, 33). Es geht Nussbaum folglich darum, allgemeine Voraussetzungen für Wohlergehen im Sinne von *Berechtigungen* formulieren zu können. Diese sind in ihrer Konkretisierung differenzsensibel gedacht, d.h. sie sind an die kulturellen und sozialen Erfahrungsbereiche gebunden, in denen Menschen ihr Leben führen und entsprechend wandelbar. Der Capability-Ansatz wird im deutschsprachigen Raum derzeit für die Sozialpädagogik bzw. Soziale Arbeit erschlossen (vgl. Otto & Ziegler 2008). Für inklusionspädagogische Fragen ist der Ansatz insbesondere wegen der hierin eingelassenen Differenzsensibilität interessant.

Wird die Wirksamkeit von Erziehung und Bildung in ähnlichem Zuschnitt differenz- und fallspezifisch gedacht, dann zeigt sie sich daran, inwieweit den Personen im erläuterten Sinn die Möglichkeit gegeben wird, ihre individuellen Fähigkeiten zu entwickeln bzw. ihre Handlungsmöglichkeiten zu erweitern. Folgt man dem Capability-Ansatz, so werden folglich Wissensaneignung und Bildung nicht allein mit Blick auf ökonomisches Wachstum und gesellschaftliche Innovationsfähigkeit fokussiert (vgl. Oelkers et al. 2008, 87), wie dies der Entwicklung von Kompetenzmodellen unterlegt ist, sondern vor allem als Prozesse der Entwicklung von Verwirklichungschancen der Individuen gesehen.

Im Ansatz werden in diesem Zusammenhang tatsächlich realisierte Verhaltensweisen und Lebensumstände (functionings) von den Chancen zur Verwirklichung eines für das Individuum wertvoll befundenen Lebens (capabilities) unterschieden (vgl. Otto 2007). Es wird folglich ein fallbezogener und damit differenzierter Zugang eröffnet, der zugleich den Blick auf die strukturelle Seite von Bildung und Erziehung lenkt. Die Wirksamkeit von Erziehung und Bildung kann daher aus dieser Sicht nicht einseitig an den Adressaten festgemacht werden, sondern immer zugleich an den Strukturen bzw. Organisationen und deren Passung zueinander. Das kann dann zum Beispiel heißen, dass im Hinblick auf schulische Bildung nicht nur gefragt wird, welche z.B. an Bildungsstandards festgemachten Leistungen erreicht werden, sondern welche Partizipations- und Bildungschancen differenzsensibel für die einzelnen Schülerinnen und Schüler in einer Weise eröffnet werden, die diese auch nutzen können.

Für die weitere theoretische Fundierung von Bildung und Erziehung im Kontext von Heterogenität und Gerechtigkeit kann hier ein bedeutsamer Orientierungspunkt vermutet werden, der weiter ausgearbeitet werden kann. Es ginge dabei dann allerdings nicht um ein spezifisch inklusives Erziehungs- und Bildungsverständnis, sondern um eine Erziehung und Bildung, in welcher Gedanken und Erkenntnisse der Inklusionsforschung aufgehen.

Literatur

Barthold, Carl Christian Georg (1901): Die Idiotenanstalten und die Hilfsschulen, eine Grenzregulierung. In: Schröter, Wilhelm & Wildermuth, Hermann A.: Zeitschrift für die Behandlung Schwachsinniger und Epileptischer, Organ der Konferenz für das Idiotenwesen. XVII. (XXI.), 201–208. Wiederabdruck in: Lindmeier, Bettina & Lindmeier, Christian (2002): Geistigbehindertenpädagogik. Weinheim, 294–303

Bateson, Gregory. (1999): Ökologie des Geistes. Anthropologische, psychologische, biologische und epistemologische Perspektiven. 7. Aufl., Frankfurt a. M.

Bleidick, Ulrich (1982): Pädagogik der Behinderten. 5. Aufl., Berlin

Bourdieu, Pierre (1992): Die verborgenen Mechanismen der Macht. Hamburg

Bromme, Rainer (2004): Das implizite Wissen des Experten. In: Koch-Priewe, Barbara et al. (Hrsg.): Grundlagenforschung und mikrodidaktische Reformansätze zur Lehrerbildung. Bad Heilbrunn, 22–48

Comenius, Jan Amos (2000): Große Didaktik. 9. Aufl., Stuttgart

Dabrock, Peter (2008): Befähigungsgerechtigkeit als Ermöglichung gesellschaftlicher Inklusion. In: Otto, Hans-Uwe & Ziegler, Holger (Hrsg.): Capabilities – Handlungsbefähigung und Verwirklichungschancen in der Erziehungswissenschaft. Wiesbaden, 17–53

Diederich, Jürgen & Tenorth, Heinz-Elmar (1997): Theorie der Schule. Berlin

Ellger-Rüttgardt, Sieglind (2005): Prügelknabe Sonderschule – ungeliebte Tochter Sonderpädagogik? In: Zeitschrift für Heilpädagogik 56, 2, 42–53

Feuser, Georg (1995): Behinderte Kinder und Jugendliche. Zwischen Integration und Aussonderung. Darmstadt

Flitner, Andreas (2000): Leben und Werk des Comenius. In: Comenius, J.: Große Didaktik. 9. Aufl., Stuttgart

Fuchs, Martin (2007): Diversity und Differenz – konzeptionelle Überlegungen. In: Krell, Gertraude et al.: Diversity studies. Grundlagen und disziplinäre Ansätze. Frankfurt a. M.

Hildeschmidt, Anne & Sander Alfred (1996): Zur Effizienz der Beschulung so genannter Lernbehinderter in Sonderschulen. In: Eberwein, Hans (Hrsg.): Handbuch Lernen und Lern-Behinderungen. Aneignungsprobleme, neues Verständnis von Lernen, integrationspädagogische Lösungsansätze. Weinheim, 115–135

Klieme, Eckhard & Leutner, Detlev (2006): Kompetenzmodelle zur Erfassung individueller Lernergebnisse und zur Bilanzierung von Bildungsprozessen. In: Zeitschrift für Pädagogik 52, 6, 876–903

Kottmann, Brigitte (2006): Selektion in die Sonderschule. Das Verfahren zur Feststellung von sonderpädagogischem Förderbedarf als Gegenstand empirischer Forschung. Bad Heilbrunn

Koch-Priewe, Barbara (2006): Allgemeinbildung. In: Arnold, Karl-Heinz et al. (Hrsg.): Handbuch Unterricht. Bad Heilbrunn, 178–182

Koch-Priewe, Barbara et al. (Hrsg.) (2007): Das Potenzial der Allgemeinen Didaktik. Stellungnahmen aus der Perspektive der Bildungstheorie von Wolfgang Klafki. Weinheim

König, Michaela (2006): Er sah mir in die Augen. In: Ohrenkuss … da rein da raus 17, 17–18.

Leiprecht, Rudolf & Lutz, Helma (2006): Intersektionalität im Klassenzimmer: Ethnizität, Klasse, Geschlecht. In: Leiprecht, Rudolf (Hrsg.): Schule in der Einwanderungsgesellschaft. Ein Handbuch. Schwalbach/Ts., 218–232

Lersch, Rainer (2007): Kompetenzfördernd unterrichten. 22 Schritte von der Theorie zur Praxis. In: Pädagogik 12, 36–43

Müller, Jörn (2004): Menschenrechte und Behinderung in Martha Nussbaums Fähigkeitenansatz. In: Kodalle, Klaus-Michael (Hrsg.): Homo perfectus. Behinderung und menschliche Existenz. Würzburg (Kritisches Jahrbuch der Philosophie Beiheft, 5), 29–42

Nussbaum, Martha C. (2003): Gerechtigkeit oder Das gute Leben. Frankfurt a. M.

Nussbaum, Martha C. (2007): Frontiers of justice. Disability, nationality, species membership. Cambridge, Mass.

Oelkers, Jürgen (2001): Einführung in die Theorie der Erziehung. Weinheim

Oelkers, Nina et al. (2008): Handlungsbefähigung und Wohlergehen – Der Capabilities-Ansatz als alternatives Fundament der Bildungs- und Wohlfahrtsforschung. In: Otto, Hans-Uwe & Ziegler, Holger (Hrsg.): Capabilities – Handlungsbefähigung und Verwirklichungschancen in der Erziehungswissenschaft. Wiesbaden, 85–89

Oevermann, Ulrich (1996): Theoretische Skizze einer revidierten Theorie professionalisierten Handelns. In: Combe, Arno & Helsper, Werner (Hrsg.): Pädagogische Professionalität. Untersuchungen zum Typus pädagogischen Handelns. 5. Aufl., Frankfurt a. M., 70–182

Otto, Hans-Uwe (2007): Zum aktuellen Diskurs um Ergebnisse und Wirkungen im Feld der Sozialpädagogik und Sozialarbeit – Literaturvergleich nationaler und internationaler Diskussion. Expertise im Auftrag der Arbeitsgemeinschaft für Kinder- und Jugendhilfe. Berlin

Otto, Hans-Uwe & Ziegler, Holger (Hrsg.) (2008): Capabilities - Handlungsbefähigung und Verwirklichungschancen in der Erziehungswissenschaft. Wiesbaden

Prengel, Annedore (1993): Pädagogik der Vielfalt. Verschiedenheit und Gleichberechtigung in Interkultureller, Feministischer und Integrativer Pädagogik. Opladen

Reich, Kersten (2006): Konstruktivistische Didaktik. Weinheim

Reiser, Helmut (2005): Professionelle Konzepte und das Handlungsfeld Sonderpädagogik. In: Horster, Detlef (Hrsg.): Sonderpädagogische Professionalität. Beiträge zur Entwicklung der Sonderpädagogik als Disziplin und Profession. Wiesbaden, 133–150

Reiser, Helmut et al. (1986): Integration als Prozess. In: Sonderpädagogik 16, 3, 115–122

Seitz, Simone (2005): Zeit für inklusiven Sachunterricht. Hohengehren

Seitz, Simone (2006a): Inklusive Didaktik: Die Frage nach dem ‚Kern der Sache'. In: Zeitschrift für Inklusion. Online-Magazin, Heft 1. http://www.inklusion-online.de

Seitz, Simone (2006b): Inklusive Didaktik nach PISA. In: Vierteljahreszeitschrift für Heilpädagogik und ihre Nachbargebiete 75, 3, 192–199

Seitz, Simone (2008): Leitlinien didaktischen Handelns. In: Zeitschrift für Heilpädagogik 59, 6, 226–233

Schön, Donald (1983): The reflective practitioner. New York

Werning, Rolf (2002): Lernen und Behinderung des Lernens. In: Werning, Rolf et al. (Hrsg.): Sonderpädagogik. Lernen, Verhalten, Sprache, Bewegung und Wahrnehmung. München, 129–189

Wocken, Hans (2006): Andere Länder, andere Schüler? Vergleichende Untersuchungen von Förderschülern in den Bundesländern Brandenburg, Hamburg und Niedersachsen (Forschungsbericht). http://bidok.uibk.ac.at/library/wocken-forschungsbericht.html. (entnommen: 15.08.2006).

Teil II

Erziehung des Menschen als Identitäts- und Persönlichkeitsentwicklung

Ursula Carle

Unter Erziehung lässt sich im weitesten Sinne der Einfluss einer Gesellschaft auf die Entwicklung des Menschen verstehen. Eine einheitliche Theorie der Erziehung existiert nicht, vielmehr hängt die spezielle Ausprägung des Erziehungsbegriffs immer mit der dahinter stehenden Vorstellung von den maßgeblichen Funktionen der Gesellschaft und des Individuums ab. Der Erziehungsbegriff ist daher immer von Vorstellungen über die Funktion gesellschaftlichen Einflusses, von normativen Annahmen über Erziehungsziele und von Theorien der Entwicklung des Menschen gefärbt. Zudem spielt für die praktischen Konsequenzen wie für die theoretische Modellierung eine wichtige Rolle, welche Ideen von Beeinflussbarkeit des Menschen wie der Gesellschaft sich hinter einer Erziehungsvorstellung verbergen. Dabei unterstellt Erziehung eine positive Einflussnahme, nie eine, die dem zu erziehenden Menschen schadet. Was jedoch als positiver Einfluss angenommen wird, kann im historischen, sozialen und kulturellen Kontext sehr unterschiedlich ausfallen.

Definition: Erziehung als Identitäts- und Persönlichkeitsentwicklung

Betrachtet man Erziehung als Einflussnahme auf die Identitäts- und Persönlichkeitsentwicklung, so ist damit ein Strauß besonderer Vorannahmen verbunden. Denn der Identitätsbegriff setzt voraus, dass der sich entwickelnde Mensch als Individuum betrachtet wird. Abels definiert Identität u. a. mit Bezug auf Lothar Krappmann und Erik H. Erikson als Bewusstsein, ein „unverwechselbares Individuum mit einer eigenen Lebensgeschichte zu sein, in seinem Handeln eine gewisse Konsequenz zu zeigen und in der Auseinandersetzung mit anderen eine Balance zwischen individuellen Ansprüchen und sozialen Erwartungen gefunden zu haben" (2006, 254). Daraus lässt sich der Auftrag an die Erziehung des Menschen ableiten, ihm in seiner Identitätsfindung nützliche Auseinandersetzungsmöglichkeiten zu bieten. Erziehung als Identitäts- und Persönlichkeitsentwicklung setzt somit eine aktive, jedoch wechselseitige Einflussnahme voraus, d. h. nicht nur des Erziehers auf das Kind, sondern auch des Kindes auf den Erzieher. Denn die „Entwicklung von Kindern und Jugendlichen ist in zwischenmenschliche Interaktionen eingebettet. Dabei werden diese Kinder und Jugendlichen als aktiv Handelnde betrachtet, die am Aufbau ihrer Identität, ihrer Kompetenzen und Dispositionen, also in ko-konstruktiven Auseinandersetzungen mit anderen, selber beteiligt sind" (Kuhn et al. 2000, 15). Stellt damit der hier vertretene Erziehungsbegriff die Geschichte der Erziehung auf den Kopf und führt er erzieherisches Handeln als eindeutig gerichtetes Verhältnis zwischen Erzieher und Zögling ad absurdum?

Gegenstands- und Begriffsgeschichte der Erziehung seit dem 19. Jahrhundert

Der Wandel der Erziehungspraxis geht mit dem sozialen Wandel einher. Arbeitsmigration, Großstadt als Lebensraum und Kinderarbeit bestimmten das Leben im 19. Jahrhundert. Erst 1839 erließ Preußen das „Regulativ über die Beschäftigung jugendlicher Arbeiter", das Kindern unter zehn Jahren die Fabrikarbeit verbot und Kindern zwischen zehn und 16 Jahren nur noch zehn Stunden Arbeit täglich gestattete (Dörr 2004). Erziehung der Fabrikkinder und der Verdingkinder auf dem Lande richtete sich, sobald es im Lebenslauf möglich war, wesentlich auf eine gewinnbringende Ausführung ihrer Arbeitstätigkeit. Demgegenüber stand in den bürgerlichen Schichten das gute Benehmen im Zentrum der Erziehungsbemühungen. Beide, Kinderarbeit und angepasstes Benehmen, wurden bei Androhung von Strafe eingefordert. Wer gut erzogen war, zeigte gute Manieren, eine normgerechte äußere Erscheinung sowie Gehorsam gegenüber Autorität. Strafen waren an der Tagesordnung, die Rute war Ausdruck der Macht des Lehrers. Gleichwohl wuchsen Kinder in bürgerlichen Familien in eine Schriftkultur hinein, lernten Lesen und in Briefen Befindlichkeiten auszudrücken (Reinlein 2002). Mit diesem Prozess ging auch eine Säkularisierung der Erziehung einher. Christliche Inhalte und das Auswendiglernen von religiösen Texten wurden von anderen Inhalten und Praktiken zurückgedrängt.

Dass Erziehung nicht nur persönlich zwischen Erzieher und Kind geschieht, wird mit der Entstehung der Massenfertigung zunehmend auch kommerziell zur (erzieherischen) Einflussnahme genutzt. Zum Beispiel lassen sich gesellschaftliche Erziehungsziele und Werthaltungen auch im Spielzeug finden, das Kindern zur Verfügung steht. Mit der Industrialisierung gegen Ende des 19. Jahrhunderts begann der kommerzielle Einfluss auf das Kinderspiel und die Kinderkleidung an Bedeutung zu gewinnen. Puppen und Puppenwagen gehörten nun genauso zum Alltag der Mädchenerziehung wie Fahrzeuge zum Alltag der Jungenerziehung (Retter 1989; Balk 2007). Aber die Kinder bestimmten nicht selbst, was sie anzogen und auch nicht womit sie spielten. Kleidung und Spielzeug zu besorgen war Angelegenheit der Eltern – im Rahmen der an heute gemessen geringen Angebotsbreite. Kunden wurden Kinder in Europa erst Mitte des 20. Jahrhunderts.

Begriffsgeschichtlich entwickelte sich mit der Industrialisierung um die Jahrhundertwende bis ins zwanzigste Jahrhundert hinein eine Differenzierung des Erziehungsbegriffs. Zunächst wurde in absichtliche (intentionale) und unabsichtliche (funktionale) Erziehungsprozesse unterschieden.

Eine weitere begriffliche Differenzierung gewinnt in der Reformpädagogik an Bedeutung, die Unterscheidung zwischen direkter und indirekter Erziehung. Während direkte Erziehung die unmittelbare persönliche Vermittlung von Erziehungsinhalten durch den Erziehenden bedeutet, geht indirekte Erziehung von der Möglichkeit aus, durch ein bestimmtes Arrangement erziehen zu können. Die indirekte Erziehung wird ein herausragendes Merkmal der meisten reformpädagogischen Ansätze, die u. a. als Reaktion auf die schulischen Missstände zum ausgehenden 19. und beginnenden 20. Jahrhunderts betrachtet werden können. Die Unterdrückung des Kindes wird erkannt und das Pendel schlägt in Richtung eines Mythos vom guten und kompetenten Kind, einem Individuum, das alles mitbringt, um sich zu entwickeln. Aufgabe der Erziehung ist es in diesem Modell, hierfür die geeigneten sozialen und sächlichen Bedingungen zu schaffen (Keck 2005).

Im Nationalsozialismus wird für den Erziehungsbegriff das Denken in Rassenzugehörigkeit zentral. Das Konzept der Individualität weicht der Idee einer Erziehung des Charakters (Rosenberg 1936). Der Begriff der funktionalen Erziehung („Alle erziehen alle jederzeit", Krieck 1922, 47) gewann im Nationalsozialismus an Bedeutung.

In der neueren erziehungswissenschaftlichen Theoriebildung tritt der Sozialisationsbegriff an die Stelle des Erziehungsbegriffs (Fend 1969). Fend spricht von Sozialmachung als Einwirkung von Erwachsenen und Sozialwerdung als Aneignung und Verinnerlichung der gesellschaftlichen Normen und Werte bzw. Rollenmuster (Parsons 1969). Sozialisation ist nicht identisch mit funktionaler Erziehung. So dient der Begriff „funktionale Erziehung" lediglich der Verdeutlichung normativer gesellschaftlicher Einflussfaktoren. Sozialisation hingegen ist ein theoretisches Konstrukt, auf dessen Basis erzieherische Einflüsse untersucht werden können.

Loch führte schließlich den Begriff der Enkulturation als anthropologischen Grundbegriff der Pädagogik ein (1968), mit dem eine enge Wechselwirkung von Kultur und Erziehung angenommen wird.

Deutlich ist eine Entwicklung in Richtung Anerkennung des Kindes als aktives Individuum zu erkennen. Dieser Wandel zeigt sich auch in den Erziehungstheorien und in der Rolle, die dem Erzieher darin zugewiesen wird.

Ausgewählte Erziehungstheorien

Von den sehr unterschiedlichen Theorien der Erziehung greife ich im Folgenden auf vier Richtungen zurück, um zum einen den darin gespiegelten Wandel kurz anzureißen, der sich in den letzten 50 Jahren vollzogen hat, zum anderen, um deutlich zu machen, dass das Verhältnis zwischen Erziehenden und Erzogenen der entscheidende Aspekt ist, an dem sich die Relevanz der Erziehung für die Identitäts- und Persönlichkeitsentwicklung der Kinder zeigt.

Herman Nohl (1963) hat in den 1930er Jahren aus geisteswissenschaftlich verstehender Perspektive eine Theorie der Erziehung formuliert, die auf einem intergenerativen Konzept fußt. Zentrales Konstrukt ist der „pädagogische Bezug“ zwischen Erzieher und Zögling, der einerseits auf einem Autoritäts- und andererseits auf einem intensiven Vertrauensverhältnis gründet. Ziel ist die Entwicklung des Kindes hin zur Selbstständigkeit. Dabei spielen „wertvolle Inhalte“ eine große Rolle. Nicht nur die aktuelle Realität des Zöglings, sondern auch seine Zukunft sollen durch Erziehung positiv geprägt werden. Es geht also um eine Vermittlung zwischen Kind und Kultur. Nohl setzt auf Verstehen der Kultur, nicht auf Veränderung.

Demgegenüber hat Brezinka eine rationalistische Erziehungstheorie entwickelt. Erziehungsprozesse werden in seinem ebenfalls intergenerativ angelegten Konzept kausalistisch erklärt. Er versteht unter Erziehung soziale Handlungen, mit denen versucht wird, positive psychische Dispositionen anderer Menschen dauerhaft zu verbessern, zu erhalten oder negative Dispositionen zu verhindern (Brezinka 1974). Auch diese Theorie gründet auf Autorität und auf direkter Einflussnahme. Wie bei Nohl müssen die Kinder und Jugendlichen die Normen, auf denen der Erziehungsprozess basiert, nicht teilen. Es wird davon ausgegangen, dass der Erzieher die guten Normen und Positionen dem Zögling beibringt. Eine aktive Auseinandersetzung des zu Erziehenden mit den Normen der Erziehungspersonen ist nicht vorgesehen.

Mollenhauer widerspricht sowohl dem geisteswissenschaftlichen als auch dem rationalistischen Ansatz in seiner Aufsatzsammlung „Erziehung und Emanzipation“ (1968). Eine von Kirche, Staat und Politik unabhängige Pädagogik müsse sich reflexiv zur Eigenstruktur des Erzieherischen verhalten, könne also gerade nicht davon ausgehen, dass allein der Erzieher die guten Normen und Positionen innehat. Aus dieser Position heraus entwickelt Mollenhauer (1972) Erziehung als kommunikatives Handeln, als Interaktion und als Reproduktion.

Seit etwa Mitte der 1990er Jahre ist vor allem die Forschung zum Konstruktivismus für die Frage, was Erziehung sein kann, diskutiert worden (von Glasersfeld 1992; Varela et al. 1992; Ricken 1999). So erscheint das Bild vom Erzieher, der dem Zögling gute Normen beibringt, unrealistisch, geht man davon aus, dass der Mensch sich seine Wirklichkeit vor dem Hintergrund seiner Erfahrungen selbst konstruiert. Eine relationale Sicht vom jeweiligen Standpunkt aus muss auf den Gegensatz zwischen wissendem Erzieher und bedürftigem Zögling verzichten und beide als Partner in der Konstruktion ihrer Weltsicht begreifen. Dies ist vor allem von Youniss ausgearbeitet worden. Er betrachtet nicht die Erziehungsziele, sondern Beziehung als die Analyseeinheit und umgeht somit das Problem der Vermittlung von Normen und Inhalten. Damit öffnet er den Blick auf unterschiedliche Beziehungen des Kindes und ihre unterschiedlichen Funktionen in seiner Entwicklung. Wie Piaget erklärt er, dass „soziale Operationen, die zu wechselseitigem Verstehen führen, tatsächlich Ko-Operationen" sind (1994, 35). Das gegenseitige Verstehen ist auf „Einverständnis und gegenseitige Achtung oder Gemeinschaftlichkeit" (ebd. 83), auf immer wieder neu hergestellte Reziprozität angewiesen. Es „wird durch kommunikative Verfahren vermittelt, in denen Gedanken, Probleme, Gefühle und Bedürfnisse besprochen und durchgearbeitet werden. Gegenseitige Achtung ist untrennbar mit diesen Vorgehensweisen verbunden" (ebd.), da den Partnern ihre Unterschiedlichkeit bekannt ist. „Die Beziehung kann nur durch freiwillige Kooperation bewahrt werden …" (ebd.). Achtung entsteht, indem während der gemeinsamen Konstruktion von Wissen auch die Regeln für die Interaktion gemeinsam konstruiert werden (ebd. 103). Annedore Prengel hat in ihrem Buch „Pädagogik der Vielfalt" besonders den Aspekt der gegenseitigen Achtung und Anerkennung herausgestellt und ausgeführt, mit welchen Mitteln professionelle Pädagoginnen und Pädagogen die formulierten Grundsätze berücksichtigen können (1993, 184 ff.). Damit wird deutlich, dass Verantwortung für den Prozess in Erziehungssituationen auch unter der Perspektive einer ko-konstruktivistischen Grundannahme bei den Erwachsenen bleibt. Entscheidend ist die neue Vorstellung vom Aneignungsprozess selbst, der sehr viel aktiver und sehr viel stärker vom Kind gesteuert gedacht ist. Zugleich erhält Erziehung eine andere gesellschaftliche Funktion. Es geht nicht mehr vorrangig um Anpassung an tradierte Normen, sondern um Beteiligung der Kinder an der gesellschaftlichen Entwicklung (vgl. Carle 1998). Auch das sind normative Vorgaben, die jedoch stärker zukunftsorientiert sind und eher die Prozessqualität als die Reproduktion von Strukturen betreffen.

Erziehung in Verhandlungsbeziehungen

Das Verhältnis der Generationen hat sich also geändert. Gleichzeitig sind die biografischen Wege offener und vielversprechender geworden. In den Familien wird ein tendenzieller Wandel von einer autoritären hin zu einer Verhandlungsbeziehung festgestellt (Prengel 1999). Kinder nehmen heute stärker denn je ihre Entwicklung in die eigenen Hände. Dazu bieten ihnen nicht nur die familiären, sondern insgesamt die gesellschaftlichen Bedingungen zunehmend die Freiheit, vermitteln ihnen die Podien und liefern die Anerkennung (Carle 1998). Dort, wo die Gesellschaft den Kindern ernsthafte Mitgestaltungsmöglichkeiten verschließt, entstehen die Podien auch an ungewollter Stelle (S-Bahnsurfen, Sprayer etc.). Auch als praktische Folge dieses Wandels befindet sich das Erziehungsverhältnis im Umbruch, vor allem das institutionelle. Zwei altbekannte Verhaltensweisen gegenüber den Kindern lassen sich jedoch nach wie vor ausmachen und wirken bis in die Entscheiderebenen des Bildungs- und Sozialwesens: Unterstützung der neuen Freiheit der Kinder, Hilfe zur Autonomie (Kinderparlamente, Klassenräte, geförderte Projekte von Kindern, persönliche Beteiligung der Kinder in ihren Angelegenheiten) – dagegen Engführung (Betonung von Sekundärtugenden, Kopfnoten, Einsparungen vor allem im ‚unteren' Bildungs- und Sozialbereich) auf der anderen Seite.

Offenbar handelt es sich bei aller Aufbruchstimmung und Gegensteuerung heute um einen ebenso konflikthaften wie langwierigen Prozess der Veränderung des Generationenverhältnisses und des Professionsverständnisses im gesellschaftlichen Wandel. Aus historischer Distanz zeigt sich darin ein klares Entwicklungsmuster, aus der zeitgenössischen Involviertheit ein beunruhigendes Vor und Zurück, ähnlich der Entwicklung einer balancierenden Identität des Individuums (Krappmann 1969, 70 ff.).

Es waren (früher weniger) und sind (heute mehr) Erwachsene, die ihrer Erziehungsaufgabe nachkommen, indem sie die Autonomie des Kindes fördern, indem sie die Lebensbedingungen der Kinder so gestalten, dass dem Kind Möglichkeiten zur Entwicklung eines positiven Selbstbilds und vielfältiger Kompetenzen geboten werden (Ecarius 2007, 150). Immer schon setzte das voraus, dass nicht ausschließlich die Interessen der einen Seite bestimmend sind. Doch werden Familien zunehmend sensibel dafür, wie Kinder ihren eigenen Beitrag zur persönlichen und zur gesellschaftlichen Entwicklung leisten und wie Erwachsene (nur Erwachsene werden diesen Artikel lesen) der Verpflichtung nachkommen können, ihren Vorsprung an Einflussmöglichkeiten für die Kinder einzusetzen, ohne sie zu dominieren. Hier entwickelt sich eine neue Qualität der Erziehungsaufgabe vor allem aber auch der Erziehungswirkung, da die Kinder als Mitgestalter dieses Erziehungsprozesses zunehmend Mitverantwortung und damit auch Mitarbeit übernehmen. Das betrifft die selbst organisierte Freizeit, die Zeit mit selbst gewählten Freunden, die selbstständige Körperpflege, die Auswahl der Kleidung und den Umgang mit Taschengeld ebenso wie die Planung der Schullaufbahn. Gleichzeitig bedeutet das eine geringere Eingebundenheit in familiäre Verpflichtungen.

Das vornehmliche Muster in einem solchen (partnerschaftlichen) Erziehungsprozess ist das Verhandeln. Verhandlungen sind jedoch nur dann nachhaltig möglich, wenn die Verhandlungspartner sich eine von gegenseitiger Anerkennung geprägte Struktur geben. Nur so muss nicht ständig und über alles verhandelt werden. Vielmehr werden Regeln und Grenzen vereinbart, die dann für längere Zeit gelten sollen. Auch die Struktur des Lebensumfelds gibt bereits Bedingungen vor, die nicht mehr verhandelbar sind (Armeline 2005). Steht das Grundeinverständnis, wird in Familien z. B. über Gefahren und Sicherheitsrisiken von geplanten darüber hinausgehenden Aktionen verhandelt (Backett-Milburn & Harden 2004). Ecarius stellt fest, dass sowohl in einer Erziehung des Befehlens als auch in einer Erziehung des Verhandelns emotionale Empathie und fürsorgliche Unterstützung des Kindes die Hauptquellen dafür sind, dass Kinder sich wohlfühlen. Ohne Empathie wird ein Erziehungsmodus des Befehlens als „starres Konzept und machtvolles Befehlsgerüst mit zwanghaften Strukturen erlebt" (2007, 151). Das Kind kann kaum Raum zur Entwicklung wahrnehmen. „Eine Erziehung des Verhandelns ohne emotionale Sicherheit und Anlehnung führt zur Orientierungslosigkeit und einem Gefühl des Verlassenseins, der Unsicherheit in unverlässlichen Strukturen" (ebd.).

Empirische Studien stellen nicht nur einen Trend vom Befehlen zum Verhandeln fest (Übersicht: Torrance 1998), sondern auch Unterschiede hinsichtlich der Wirkung der Erziehungsmodi auf die spätere gesellschaftliche Teilhabemöglichkeit der Kinder, d. h. auf ihre Identitäts- und Persönlichkeitsentwicklung, immer vorausgesetzt, die grundlegende Beziehungsqualität im Verhandlungshaushalt bietet genügend Sicherheit und Orientierung.

Dort, wo in der Familie ein hoher Modernisierungsgrad erreicht wurde, übernehmen Jugendliche eher gesellschaftliche Verantwortung, beteiligen sich konstruktiver und setzen sich für das Gemeinwohl ein (Flanagan et al. 1998 in einer internationalen Studie). Kinder aus Familien, in denen ein engagierter, kooperativer und wertschätzender Interaktionsstil vorherrscht, verhalten sich auch gegenüber Gleichaltrigen kooperativer (Kuczynski et al. 1987; Greenwald & Harder 1994). Selbst Eltern geworden, vertreten sie wiederum einen offenen und liberalen Erziehungsstil (Schneewind & Ruppert 1995, 151). Umgekehrt fällt es Kindern aus Familien, in denen sie weniger soziale Kompetenzen erwerben konnten, offenbar schwerer, sich prosozial zu verhalten (Dodge et al. 1984). Kinder und Jugendliche mit autoritären und rechtsextremen Neigungen erlernen die Voraussetzungen hierfür auch über einen autoritären Erziehungsstil ihrer Eltern, wie die politische Sozialisationsforschung zeigt (Rebenstorf et al. 2000).

Kindern Mitgestaltungs- und Bildungsmöglichkeiten zu eröffnen bedeutet, sich aktiv mit Kindern auseinanderzusetzen. Es erfordert, Abstand von der traditionellen Erwachsenenrolle zu nehmen und Kinder als Personen und ernst zu nehmende Kooperationspartner zu akzeptieren. Zugleich kann so ihre Identitäts- bzw. Persönlichkeitsentwicklung gut unterstützt werden.

Zentrale Probleme

Nach dem alten Handlungsbild war der Erziehungsanspruch der erwachsenen Laien wie Professionellen ebenso total (wir bilden, lehren, erziehen die Zöglinge) wie doppelzüngig: Die Verantwortung für eventuelle negative Ergebnisse wurde Gott, der Welt oder gar den Kindern zugeschrieben. Das moderne, kokonstruktivistisch beeinflusste Handlungsbild ist sehr viel weniger deterministisch, erwartet sehr viel mehr Unsicherheit und sehr viel weniger steuernde Einwirkungsmöglichkeiten. Sein Wirksamkeitsanspruch ist also deutlich schwächer, setzt aber mehr Verantwortung für das Ergebnis voraus, indem es mehr Investitionen in Beziehung erfordert. Ein Erziehungsanspruch als Unterstützung der Identitäts- und Persönlichkeitsentwicklung und die Erziehungswirklichkeit kommen sich näher, vor allem da sich die Möglichkeiten (Intensität, Wissen, Können, Reichtum) erheblich verbessert haben und die gesellschaftlichen Erwartungen sich hinsichtlich Erziehung weg vom Befehlshin zum Verhandlungsmodus bewegen.

Entscheidend für die Erziehungsqualität ist jedoch die Beziehung zwischen Älteren und Jüngeren, zwischen Eltern, Erziehenden und Kindern. Zentrale familiäre und schulische Erziehungsprobleme ergeben sich dort, wo es nicht gelingt, Kindern die notwendigen Orientierungsgrundlagen, Sicherheit und emotionale Wärme zu geben. Mit der erhöhten Selbstständigkeit der Kinder entsteht eine Konkurrenz der traditionellen Erziehungsinstanzen mit anderen Interessen. Orientierung stellen nämlich nicht nur die Eltern oder die Lehrpersonen zur Verfügung, sondern mindestens ebenso einflussreich Peers und Medien (Tobin 2004). Entscheidend für den erzieherischen Einfluss ist im Verhandlungsmodus jedoch nicht mehr die Autorität, sondern die Überzeugungskraft. Sie wird zwar auch von Industrie und Handel professionell zu Konsumzwecken durch ausgeklügelte Werbung und konstruierte Sinnwelten den Kindern entgegengebracht (Jacobson 2004). Eine intensive und kooperative Beziehung hat jedoch deutlich mehr Chancen, gemeinsam Sinn zu konstruieren als der einseitige Einfluss externer Medien.

Erziehungswissenschaft nimmt heute an, dass Erziehen erlernt werden kann – und auch von den Eltern erlernt werden sollte. Praktisch steht dafür jedoch noch kein geeignetes Angebot zur Verfügung.

Zentrale Erkenntnisse mit Blick auf inklusive Erziehung

Erziehung des Menschen als Identitäts- und Persönlichkeitsentwicklung heißt, dass alle Menschen durch Erziehung in ihrer Identität und Persönlichkeit gestärkt werden können. Das funktioniert nicht dadurch, dass für bestimmte Heterogenitätsdimensionen passende pädagogische Verhaltensmuster entwickelt werden. Denn es kann nicht davon ausgegangen werden, dass die Zugehörigkeit zu einer bestimmten Gruppe (z. B. behindert – nichtbehindert) die Identität des Menschen dominiert. Vielmehr ist bei allen Menschen anzunehmen, dass sich unterschiedliche Heterogenitätsdimensionen in ihrer Person überlappen (z. B. Geschlecht, Begabung, Behinderung, Kultur/Ethnizität oder sozioökonomischer Status) und gegenseitig beeinflussen, aber auch im Laufe der Biografie verändern können (vgl. Wenning 2004; Bilden 1997). Heterogenitätsdimensionen sind jedoch keine Eigenschaften, sondern Konstruktionen, die je nach Perspektive und Kontext unterschiedlich ausfallen.

Identität entwickelt sich, indem sich das Individuum selbst wahrnimmt und für die Dinge und Geschehnisse um es herum Bedeutungen konstruiert. Es kommt also für die Identität und Persönlichkeit entscheidend darauf an, eine Perspektive einzunehmen, die Möglichkeiten eröffnet, sich zu entwickeln – und keine, die die vorweggenommenen Lebenschancen reduziert.

Abels führt mit Bezug zu Charles Taylors Buch „Sources of the Self“ (1989) fünf Kompetenzen an, die in der Auseinandersetzung mit anderen gelernt werden und geeignet sind, Identitäts- und Persönlichkeitsentwicklung zu ermöglichen:

- Unter Bezug auf Erik H. Erikson: „Die Fähigkeit, Gleichheit und Kontinuität zu konstruieren, und ein Katalog von Grundstärken“
- In kritischer Ergänzung der Identitätstheorie von Erikson und in Anlehnung an Lothar Krappmann: „Identitätsfördernde Fähigkeiten: Balancen und Überschreitungen“ Mit Hinweis auf Aaron Antonovskys Studien zur Salutogenese: „Dem Leben einen Sinn geben und sich in seinem Zentrum wissen“ (sense of coherence)
- „Bewegliches Denken“ im Sinne reflexiven Verhaltens und innerer Umgestaltung
- „Mut“ und Vertrauen (Abels 2006, 433 ff.).

Erziehung als Identitäts- und Persönlichkeitsentwicklung würde dann bedeuten, dass die Erziehungspersonen das Kind darin unterstützen, diese Kompetenzen aufzubauen.

Aktueller Forschungsstand

Wenn Identitäts- und Persönlichkeitsentwicklung das zentrale Erziehungsziel ist und dieses nur kooperativ erreicht werden kann, dann ist ein entscheidender Faktor der Erziehung die soziale Partizipation. In reformpädagogischen Konzepten nimmt sie einen zentralen Stellenwert ein. Dabei lernen junge Kinder von Kindern vor allem unterschiedliche Perspektiven auf den gleichen Sachverhalt kennen, von Erwachsenen eher neue Fertigkeiten und neues Wissen (Völkel 2003, 97). Die Wirkungen reformpädagogischer Arbeit sind gleichwohl wenig untersucht, sieht man einmal von Fallstudien und den Ergebnissen in Schulleistungsvergleichen ab. Demgegenüber sind die psychologischen Grundlagen der die Entwicklung der genannten Identitätsentwicklung fördernden Kompetenzen aus unterschiedlichen Fachperspektiven untersucht. Hier wird aus dem umfangreichen Spektrum lediglich die kognitionspsychologische Perspektive eingenommen und der Frage nachgegangen, ob es unter diesem Blickwinkel jedem Menschen möglich ist, seine Identität zu entwickeln.

Die Kognitionspsychologie konnte nachweisen, dass schon zwei- bis dreijährige Kinder die Perspektive anderer einnehmen, etwa ein bis zwei Jahre später sogar die Perspektive des Gegenübers denken können (Flavell et al. 1981). Flavell und Kollegen unterscheiden zwei verschiedene Levels von Perspektivübernahme:

Level 1: Das etwa zweijährige Kind versteht, dass ein anderer etwas anderes sehen kann als es selbst und umgekehrt.

Level 2: Das etwa vierjährige Kind versteht, dass etwas aus unterschiedlichen Wahrnehmungsperspektiven anders aussehen kann. Es kann sich in den Partner hineinversetzen.

„Im Alter zwischen drei und vier Jahren entwickelt sich sowohl die Fähigkeit zwischen Überzeugung und Realität zu unterscheiden als auch zwischen Schein und Realität. Kinder lernen in diesem Alter auch, dass ein Zusammenhang zwischen Zugang zu Informationsquellen und Wissen besteht. Gibt man vierjährigen Kindern einen sichtbaren und einen verdeckt fühlbaren Gegenstand, so können sie anschließend erklären, wie sie zu ihrem Wissen gekommen sind (O'Neill & Gopnik 1981).

Die Metakognitionsforschung hat gezeigt, dass Kinder im Alter von vier bis fünf Jahren über Grundwissen verfügen, das es ihnen ermöglicht, auf der Basis von Wissen über Absichten und Überzeugungen konkrete Handlungen und Emotionen vorherzusagen" (Carle et al. 2008, 43 f.).

Perner und Wimmer (1985) fanden, dass das vierjährige Kind zwar weiß, dass jemand eine falsche Überzeugung haben kann, das sechsjährige weiß demgegenüber bereits, dass die Überzeugung eines Menschen von der Überzeugung eines anderen Menschen falsch sein kann.

Die Erkenntnis kann somit als gesichert gelten, dass sich die kognitiven Grundlagen der Perspektivübernahme, der Empathie, der Rollendistanz und damit der Fähigkeit, Gleichheit und Kontinuität zu konstruieren, von der frühen Kindheit an entwickeln. Dies lässt zugleich den Schluss zu, dass es sich hierbei um eine grundlegende Kompetenz handelt, die jeder Mensch aufbauen kann. Sie ist zugleich eine Basis dafür, dass das Individuum seine eigene Identität mit Bezug auf die Erwartungen der anderen entwerfen kann.

Ausblick

Identitäts- und Persönlichkeitsentwicklung ist nach heutiger Vorstellung von Erziehung ein ko-konstruktiver und ko-produktiver Prozess. Damit hat sich das Erziehungsverständnis von einer einseitigen Ausrichtung zu einer partnerschaftlichen gewandelt, in deren Mittelpunkt die Gestaltung einer Sicherheit und Orientierung, aber auch Mut zu explorativem Verhalten bietenden Beziehung steht. Identität wird dabei mit Krappmann als eine vom Individuum immer wieder ausbalancierte und biografisch immer wieder neu entworfene modelliert. Für diesen Prozess sind verschiedene Kompetenzen erforderlich, die jeder Mensch erwerben kann. Erziehung hat damit die Aufgabe, die Entwicklung dieser Kompetenzen zu unterstützen.

Ausblickend lässt sich resümieren, dass es zu Einzelaspekten des Paradigmas „Erziehung als Identitäts- und Persönlichkeitsentwicklung" reichlich Hintergrundforschung gibt, die zu anderen Zwecken durchgeführt wurde. Die Verbindung zwischen inklusionspädagogischer und psychologischer Seite sowie deren ökosystemische Einbettung wurden bislang nicht untersucht. Insbesondere fehlen Studien darüber, wie Eltern für ihre neue Rolle qualifiziert werden können und welche Wirkung verschiedene inklusive schulische Settings auf die Identitätsentwicklung der Kinder haben.

Literatur

Abels, Heinz (2006): Identität. Über die Entstehung des Gedankens, dass der Mensch ein Individuum ist, den nicht leicht zu verwirklichenden Anspruch auf Individualität und die Tatsache, dass Identität in Zeiten der Individualisierung von der Hand in den Mund lebt. Wiesbaden

Adorno, Theodor W.: Erziehung zur Mündigkeit. Vorträge und Gespräche mit Hellmut Becker 1959 bis 1969. In: Kadelbach, V. Gerd (Hrsg.) Erschienen: 01. 11. 1971. Frankfurt a. M., 11

Antonovsky, Aaron (1987): Salutogenese. Zur Entmystifizierung der Gesundheit. Deutsche erweiterte Ausgabe von Alexa Franke. Tübingen

Armeline, William T. (2005): „Kids Need Structure". In: American Behavioral Scientist 48 8, 1124–1148

Backett-Milburn, Kathrin. & Harden Jeni (2004): How Children and their Families Construct and Negotiate Risk, Safety and Danger. In: Childhood 11, 429–447

Balk, Karin Hildegard (2007): Kinder und ihr Spielzeug. Erfurt

Bilden, Helga (1997): Das Individuum – ein dynamisches System vielfältiger Teil-Selbste. Zur Pluralität in Individuum und Gesellschaft. In: Keupp, Heiner & Höfer, Renate (Hrsg.): Identitätsarbeit heute. Klassische und aktuelle Perspektiven der Identitätsforschung. Frankfurt a. M., 227–250

Bois-Reymond, Manuela du & Torrance, Kathleen (1994): Die moderne Familie als Verhandlungshaushalt. Eltern-Kind-Beziehungen in West- und Ostdeutschland und in den Niederlanden. In: Bois-Reymond, Manuela du et al. (Hrsg.): Kinderleben. Opladen, 137–219

Brezinka, Wolfgang (1974): Grundbegriffe der Erziehungswissenschaft. Analyse, Kritik, Vorschläge. München/Basel

Büchner, Peter (1983): Vom Befehlen und Gehorchen zum Verhandeln. Entwicklungstendenzen von Verhaltensstandards und Umgangsnormen seit 1945. In: Preuss-Lausitz, Ulf (Hrsg.): Kriegskinder, Konsumkinder, Krisenkinder. Zur Sozialisationsgeschichte seit dem zweiten Weltkrieg. Weinheim, 196–212

Carle, Ursula (1998): 75 Jahre Rechte der Kinder – Was haben drei Generationen aus den Forderungen der 20er Jahre gemacht? In: Carle, Ursula & Kaiser, Astrid (Hrsg.): Rechte der Kinder. Baltmannsweiler, 12–23

Carle, Ursula et al. (2008): Anfangsunterricht in der Grundschule. Beste Lernchancen für alle Kinder. Expertise für die Enquetekommission „Chancen für Kinder" des Landtags Nordrhein-Westfalen. [http://www.landtag.nrw.de/portal/WWW/GB_I/I.1/EK/14_EK2/Gutachten/ExpertiseCarle2008.pdf-20080408]

Dodge, Kenneth A. et al. (1984): The assessment of intention-cue detection skills in children: Implications for developmental psychology. In: Child Development 55, 163–173

Dörr, Nikolas (2004): 165 Jahre Einschränkung der Kinderarbeit in Preußen. Ein Beitrag zum Beginn der Sozialgesetzgebung in Deutschland. In: Menschenrechtszentrum der Universität Potsdam MRM (Hrsg.): MenschenRechtsMagazin. Potsdam, 141 f.

Ecarius, J. (2007): Familienerziehung. In: Ecarius, J. (Hrsg.): Handbuch Familie. Wiesbaden, 137–156

Erikson, Erik H. (1959, 1973): Identität und Lebenszyklus. Drei Aufsätze. Frankfurt a. M.

Fend, Helmut (1969): Sozialisierung und Erziehung. Weinheim

Flanagan, Constance et al. (1998): Ties that bind: Correlates of Adolescents' civic commitments in seven countries. In: Journal of Social Issues 54, 457–475

Flavell, John H. et al. (1981): Young children's knowledge about visual perception: Further evidence for the Level 1 - Level 2 distinction. In: Development Psychology 17, 99–103

Flavell, John H. et al. (1986): Development of knowledge about the appearance-reality distinction. In: Monographs of the Society for Research in Child Development 51, 1–68

Geißler, Erich E. (1996): Selbstständigkeit und Verantwortung. Zur Renaissance des personalen Menschenbildes in der Pädagogik. In: Macha, Hildegard & Solzbacher, Claudia (Hrsg.) (1996): Zur Aktualität des personalen Menschenbildes. Beiträge zur Pädagogischen Anthropologie. Frankfurt a. M.

Glasersfeld, Ernst v. (1992): Radikaler Konstruktivismus. Ideen, Ergebnisse, Probleme. Frankfurt a. M.

Greenwald, Deborah F. & Harder, David W. (1994): Outcome predictors in a longitudinal study of high-risk boys. In: Journal of Clinical Psychology 50, 638–643

Holtappels, Heinz Günter (1998): Lebenswelt von Kindern – Sozialwissenschaftliche Erkenntnisse und Orientierungen für die Grundschule. In: Kahlert, J. (Hrsg.): Wissenserwerb in der Grundschule. Perspektiven erfahren, vergleichen, gestalten. Bad Heilbrunn, 47–72

Hurrelmann, Klaus (Hrsg.) (1974): Soziologie der Erziehung. Weinheim

Jacobson, Lisa (2004): Raising Consumers. Children and American Mass Market in the Early Twentieth Century. New York

Keck, R. Rudolf W. (2005): Erziehung und Erziehender Unterricht. In: Einsiedler, Wolfgang et al. (Hrsg.): Handbuch Grundschulpädagogik und Grundschuldidaktik. Bad Heilbrunn, 228–236

Kötters, Catrin (2000): Wege aus der Kindheit in die Jugendphase. Opladen

Krappmann, Lothar (1969): Soziologische Dimensionen der Identität. Strukturelle Bedingungen für die Teilnahme an Interaktionsprozessen. Stuttgart

Krieck, Enst (1922): Philosophie der Erziehung. Jena

Kuczynski, Leon et al. (1987): A developmental interpretation of young children's noncompliance. In: Developmental Psychology 23, 799–806

Kuhn, Hans-Peter et al. (2000): Sozialisation zur Mitbürgerlichkeit - Konzept des Buches. In: Kuhn, Hans-Peter et al. (Hrsg.): Sozialisation zur Mitbürgerlichkeit. Opladen, 11–15

Loch, Werner (1968): Enkulturation als anthropologischer Grundbegriff der Pädagogik. In: Bildung und Erziehung 21, 161–178

Loch, Werner (1979): Lebenslauf und Erziehung. Essen

Mollenhauer, Klaus (1968): Erziehung und Emanzipation. Polemische Skizzen. München

Mollenhauer, Klaus (1972): Theorien zum Erziehungsprozeß. München

Nohl, Herman (1963): Die pädagogische Bewegung in Deutschland und ihre Theorie. Frankfurt a. M.

Nohl, Herman (1974): Grundbegriffe der Erziehungswissenschaft

O'Neill, Daniela K. & Gopnik, Alison (1991): Young children's ability to identify the sources of their belief. In: Developmental Psychology 27, 390–397

Parsons, Talcott (1969): Politics and Social Structure. Chicago

Perner, Josef & Wimmer, Heinz (1985): „John thinks that Mary thinks that ..." Attribution of secondordery beliefs by 5- to 10-year-old children. In: Journal of Experimental Child Psychology, 39

Prengel, Annedore (1993): Pädagogik der Vielfalt. Opladen

Prengel, Annedore (1999): Vielfalt durch gute Ordnung im Anfangsunterricht. Opladen

Rebenstorf, Hilke et al. (2000): Autoritäre Reaktion und Erziehungsstil: Zur Entwicklung autonomer Persönlichkeit. In: Kuhn, Hans-Peter et al. (Hrsg.): Sozialisation zur Mitbürgerlichkeit. Opladen, 37–57

Reinlein, Tanja (2002): Der Brief als Medium der Empfindsamkeit: erschriebene Identitäten und Inszenierungspotentiale. Würzburg

Retter, Hein (1989): Handbuch zur Geschichte und Pädagogik der Spielmittel. Weinheim

Ricken, Norbert (1999): Subjektivität und Kontingenz. Markierungen im pädagogischen Diskurs. Würzburg

Rosenberg, Alfred (1936): Gestaltung der Idee. Reden und Aufsätze 1933 bis 1935. Hrsg. v. Trutz von Trotha. München, 47–57. In: Gamm, Hans-Joachim (Hrsg.) (1964): Führung und Verführung. Pädagogik des Nationalsozialismus. München, 67–71

Schneewind, Klaus A. & Ruppert, Stefan (1995): Familien gestern und heute: ein Generationenvergleich über 16 Jahre. München

Speitkamp, Winfried (1998): Jugend in der Neuzeit: Deutschland vom 16. bis zum 20. Jahrhundert. Göttingen

Tobin, Joseph (Hrsg.) (2004): Pikachu's Global Adventure. Durham NC

Torrance, Kathleen Anne (1998): Contemporary Childhood: Parent-Child-Relationships and Child Culture. Leiden

Varela, Francisco J. et al. (1992): Der mittlere Weg der Erkenntnis: Die Beziehung von Ich und Welt in der Kognitionswissenschaft. Bern

Völkel, Petra (2003): Stellenwert und Umsetzung sozialer Partizipation in pädagogischen Konzepten. In: Sturzbecher, Dietmar & Großmann, Heidrun (Hrsg.): Soziale Partizipation im Vor- und Grundschulalter. Grundlagen. München, 91–111

Wenning, Norbert (2004): Heterogenität als neue Leitidee der Erziehungswissenschaft? In: Zeitschrift für Pädagogik, 565–582

Youniss, James (1994): Soziale Konstruktion und psychische Entwicklung. Hrsg. v. Krappmann, Lothar & Oswald, Hans. Frankfurt a. M.

Bildungspolitik und Individuum

Alfred Sander

Bildungspolitik umfasst die Gesamtheit der Bestrebungen zur Gestaltung des Bildungswesens und der Bildungsmaßnahmen in einer Gesellschaft. Bildungsmaßnahmen sollen als Angebote oder Anregungen an Individuen zu ihrer Bildung (Selbstbildung) verstanden werden, nicht als von Dritten am Individuum durchzuführende Prozesse. Die institutionellen Strukturen, die für das regelmäßige Anbieten von Bildungsmaßnahmen geschaffen wurden oder werden, stellen das Bildungswesen dar. Bildungspolitik befasst sich nicht nur mit den schulischen Bildungsmaßnahmen und dem schulischen Bildungswesen. Bildung geschieht auch im vorschulischen Alter – z. B. in Kindertagesstätten, in den nebenschulischen Lebensräumen – z. B. in Jugendgruppen oder in Einrichtungen der Jugendhilfe, nach der Schulentlassung – z. B. in der betrieblichen Berufsausbildung, im Erwachsenenalter – z. B. durch Weiterbildungsmaßnahmen und im Seniorenalter – z. B. in Volkshochschulkursen für Ältere. Die auf Schule bezogene Bildungspolitik (Schulpolitik) steht oft jedoch im Mittelpunkt des Interesses, vor allem weil die Schule die einzige Institution ist, die von allen Bewohnern eines Landes etwa zehn Jahre lang besucht werden muss.

Die Pflicht zum Besuch der Schule gilt heute in unserer Gesellschaft grundsätzlich auch für die im Schulalter befindlichen Kinder mit Behinderungen. Die Pflicht zum Schulbesuch impliziert das Recht jedes Individuums auf schulische Bildungsangebote. Während im Grundgesetz der Bundesrepublik Deutschland eine solche Aussage fehlt, wird in der internationalen Kinderrechtskonvention, die 1990 auch von der Bundesrepublik unterzeichnet wurde, „das Recht des Kindes auf Bildung" durch Schulen ausdrücklich anerkannt (UN 1989, Art. 28). Kindern und Jugendlichen mit Behinderung wurde dieses Recht lange Zeit verwehrt, und auch heute noch ist der schulische Bildungsgang dieser Schülerinnen und Schüler Gegenstand andauernder bildungspolitischer Diskussion. Die historische Entwicklung der Ausbildungsmöglichkeiten für Menschen mit Behinderung zeigt, dass das Individuum meistens ein Spielball der Bildungspolitik war.

Zur Geschichte

Politik der Exklusion

Bis zum Ende des 18. Jahrhunderts gab es in der europäischen Kultur und Zivilisation keine öffentliche Unterstützung für Menschen mit Behinderungen. Behinderte Menschen lebten meist in den Familien ihrer Eltern oder – in höherem Alter – ihrer Geschwister, wo sie geduldet und miternährt wurden; andere zogen als Bettler durch das Land, wurden auf Jahrmärkten zur Schau gestellt oder mussten ihr Dasein in sonstiger entwürdigender Weise fristen. Nur vereinzelt waren aus religiös-mildtätigen oder aus aufklärerisch-philanthropischen Motiven Hospize oder „Rettungshäuser" für hilfsbedürftige Personen entstanden, und in manchen Orten gab es sog. Armenhäuser – gedacht für schuldlos verarmte Gemeindemitglieder –, die zum Teil auch Kinder oder Erwachsene mit Behinderungen aufnahmen. Das war, in groben Zügen, die Lage am Ende des Aufklärungszeitalters. Eine öffentliche Sozialpolitik entstand erst allmählich. Schulische oder berufsbezogene Ausbildung für behinderte Menschen war noch kein politisches Thema. Diese Menschen waren in aller Regel von den gesellschaftlichen Einrichtungen ausgeschlossen, insbesondere auch vom Bildungswesen exkludiert. Traditionell dominierte im christlichen Abendland die Politik der *Exklusion.*

Für die ersten Ansätze einer Bildungspolitik waren die damaligen Innenministerien der Fürstentümer verantwortlich; Kultus- oder Bildungsministerien gab es noch nicht. Hinsichtlich der Exklusion behinderter Jungen und Mädchen vom Schulbesuch muss man zwar bedenken, dass auch für Kinder ohne Behinderung die – seit dem 16. Jahrhundert immer wieder beschlossene – allgemeine Schulpflicht noch nicht überall durchgesetzt war; für Kinder mit Behinderung war sie aber noch nicht einmal angedacht worden.

Politik der Separation

Im Zuge der Ausbreitung von Grundideen der Aufklärung setzte sich nach und nach die Überzeugung durch, dass alle Menschen prinzipiell gleichwertig sind und jeder Mensch bildungsfähig ist. Daraus resultierten in der Praxis ab dem Ende des 18. Jahrhunderts verstärkte Bemühungen um die Verwirklichung der allgemeinen Schulpflicht und in diesem Zusammenhang auch erste nachhaltige Versuche zur Ausbildung behinderter junger Menschen. Die Bildungsversuche fanden in besonderen Anstalten statt und führten zu Erfolg versprechenden Ergebnissen, daher fanden sie allgemeinere politische Beachtung. So entstanden in wenigen Jahrzehnten um das Jahr 1800 in Mitteleuropa die ersten dauerhaften Bildungseinrichtungen für gehörlose, für blinde, für körperbehinderte und für geistig behinderte Kinder und Jugendliche, jedoch abgetrennt vom übrigen Schulwesen. Für die darin aufgenommenen jungen Menschen war die Zeit der krassen Exklusion nun beendet, aber ihre Ausbildung erfolgte separiert und segregiert. Das Stadium der *Separation* war erreicht und breitete sich politisch aus. Schulische Separation entsprach ganz dem gesellschafts- und bildungspolitischen Denken der Herrschenden im 19. Jahrhundert; die gesellschaftlichen Klassen waren im Schulwesen abgebildet und sind es in Deutschland im Grunde heute noch.

Die Bildungspolitik der Separation löste die Exklusion nur allmählich ab. Viele Generationen behinderter Jugendlicher blieben je nachdem, wo sie wohnten und lebten, noch jahrzehntelang weiterhin exkludiert, aber für eine immer größere Anzahl Betroffener wurde nun Bildung in separaten Anstalten möglich und üblich. Die Zahl der Sonderschulen mit oder ohne Heimbetrieb für Jugendliche mit allen Arten körperlicher oder geistiger Beeinträchtigungen nahm im Lauf des 19. Jahrhunderts beträchtlich zu, und die einzelnen deutschen Länder führten nacheinander die Pflicht zum Besuch der verschiedenen Sonderschultypen ein. Eltern behinderter Kinder waren dann also gesetzlich verpflichtet, ihr Kind in eine separierte Spezialschule der betreffenden Behinderungsart zu schicken.

Großen zahlenmäßigen Zuwachs erfuhr das Sonderschulwesen in Deutschland durch die Erfindung der Hilfsschule um 1870, einer Schule für alle in der Volksschule leistungsmäßig versagenden Kinder. Die Hilfsschule – später auch Schule für Lernbehinderte, Förderschule mit dem Schwerpunkt Lernen oder ähnlich benannt – übertraf an Schülerzahlen ab etwa 1900 alle anderen Sonderschultypen bei Weitem; das ist auch heute noch so. Sie war und ist bildungspolitisch der am heftigsten diskutierte Sonderschultyp, unter anderem weil die Schülerzuweisung auf umstrittenen Kriterien beruht und weil ihre unterrichtliche Effizienz nie bewiesen werden konnte (Wocken 2007).

Die Politik der Separation überdauerte den Ersten Weltkrieg und die Weimarer Republik und kam dann den Nationalsozialisten sehr gelegen. Ein zentrales Ziel der menschenverachtenden NS-Politik war bekanntlich, das deutsche Volk bzw. die nordische Rasse radikal von allen erblich Kranken zu befreien – durch Zwangssterilisationen und Euthanasiemorde; und dazu waren die separierten Behindertenschulen sehr nützlich. Denn die Sonderschulen galten als „das Sammelbecken […], in das der Arzt mit Schere und Sonde hineingreifen kann" (Krampf 1936, 42).

Ungeachtet dieses entsetzlichen Missbrauchs, der erst 1945 endete, wurde das separate Sonderschulwesen nach dem Zusammenbruch des Nazi-Reiches ohne konzeptionelle Veränderung wieder aufgebaut. Bildungspolitisch setzte sich in allen vier Besatzungszonen sehr schnell ein unkritisches restauratives Denken durch, das an das Sonderschulwesen der Weimarer Republik anschloss, und bewirkte in beiden deutschen Staaten eine beträchtliche Vermehrung der separierten Schulen. Das einzelne Kind war, wenn ihm Behinderung bzw. „Sonderschulbedürftigkeit" amtlich attestiert wurde, weiterhin der gesetzlichen Pflicht zum Sonderschulbesuch unterworfen. In allen deutschen Bundesländern besuchen auch heute noch die meisten Kinder und Jugendlichen mit Behinderungen separierte Sonderschulen (Förderschulen).

Zur aktuellen Situation

Politik der Kooperation

Der quantitative Ausbau des Sonderschulwesens rief in der demokratisch verfassten Bundesrepublik Deutschland jedoch seit den 1960er Jahren auch bildungspolitische Kritik hervor. In vielen Ländern der westlichen Welt, auch in der BRD, war nämlich als Reaktion auf den unbeweglichen Neokonservatismus weiter Teile der Kriegsgeneration eine starke gesellschaftskritische Bewegung meist jüngerer Menschen entstanden, die soziale Ungerechtigkeiten aufdeckten, traditionelle Strukturen hinterfragten und sich auch bildungspolitisch engagierten („Neue soziale Bewegungen"). In diesem Kontext wurde schulische Separation als soziales Unrecht angeprangert, insbesondere wenn sie gegen den Willen des einzelnen Kindes und seiner Eltern als negative Selektion erfolgte. So erhob sich heftige Kritik am Sonderschulwesen. Die Sonderschulvertreter und die konservativen Schulbehörden reagierten alsbald beschwichtigend darauf mit dem Versprechen, künftig die Separation der Sonderschulkinder durch vielfältige Formen von Zusammenarbeit mit allgemeinen Schulen abzubauen. Es begann also die bildungspolitisch ausgerufene Phase der *Kooperation* von Sonderschulen mit allgemeinen Schulen.

Die Kooperation konnte sehr unterschiedliche Gestalten annehmen, z. B. Besuche bei der Partnerklasse in der anderen Schule, Austausch einzelner Schüler und Schülerinnen in bestimmten Unterrichtsfächern, gemischte Schüler-Arbeitsgemeinschaften am Nachmittag, Wandertage zusammen mit der Partnerklasse, gemeinsame Schulfeiern an Weihnachten usw. Mancherorts verlief und verläuft die Zusammenarbeit zwar kreativ und anregungsreich, vielerorts aber nur kümmerlich. Meistens sind die allgemeinen Schulen nicht wirklich interessiert daran, und auch viele Sonderschulen entfalten zu wenig Initiative. Insgesamt gesehen blieb die Politik der Kooperation weitgehend unwirksam im Hinblick auf die angekündigte Separationsminderung. Dennoch wird in verschiedenen Kultusministerien deutscher Länder bis heute bildungspolitisch auf Kooperation zwischen Förderschule und allgemeiner Schule gesetzt. Denn Kooperation ist aus strukturkonservativer Sicht eine wohlfeile Lösung: Das Wort nimmt sich auf dem Papier fortschrittlich aus, weiter gehende Forderungen nach Gemeinsamkeit können damit zunächst einmal beschwichtigt werden; in der Praxis aber brauchen die allgemeinen Schulen sich nicht ernsthaft zu öffnen, und auch den Sonderschulen droht keine existenzielle Gefahr, denn ihr Fortbestand als selbstständige Anstalten steht bei Kooperation nicht infrage. Das einzelne Kind in der Förderschule bleibt jedoch weiterhin schulisch separiert.

Politik der Integration

Durch die behördliche Empfehlung zur Kooperation konnte die Kritik betroffener Eltern und engagierter Fachleute an der schulischen

Separation nicht zum Verstummen gebracht werden. Zusätzlich wurden von der neu aufkommenden empirischen Forschungsrichtung der Erziehungswissenschaft alte Zweifel an der pädagogischen Effizienz von Sonderschulen bestätigt; und differenziertere humanitäre Erwägungen, wie sie vor allem im Deutschen Bildungsrat diskutiert und veröffentlicht wurden (Deutscher Bildungsrat 1973), erschütterten das Konzept der Pflicht-Sonderschule weiter. Etwa gleichzeitig meldeten sich erstmals in Deutschland auch Vereinigungen erwachsener Menschen mit Behinderung nachhaltig zu Wort und forderten ihr Menschenrecht auf Nicht-Aussonderung in allen gesellschaftlichen Bereichen ein. Das alles führte dazu, dass seit Mitte der 1970er Jahre sich immer mehr Eltern behinderter Kinder erfolgreich gegen die Sonderschuleinweisung wehren, nicht zuletzt auch unter Berufung auf andere Länder der westlichen Welt, wo die sonderpädagogisch unterstützte Unterrichtung in Regelschulklassen schon verbreiteter war. Die „Eltern gegen Aussonderung" begannen sich zusammenzuschließen und fanden vielerorts auch Unterstützung durch Fachleute aus Kindergärten, aus Schulen und aus der Erziehungswissenschaft. Sie forderten eine Politik der *Integration* und wurden zu einer neuen bildungspolitischen Kraft.

Zwar nimmt seither die Quote der integrativ unterrichteten Kinder mit Behinderung allmählich zu, das einzelne behinderte Kind und seine Eltern können sich in Deutschland aber nicht darauf verlassen, dass ihr Wunsch nach gemeinsamem Unterricht in der allgemeinen Schule verwirklicht wird. Das Kind und seine Eltern sind insofern weiterhin Spielball der schulpolitischen Konstellation vor Ort. Die Quote der integrativ unterrichteten behinderten Kinder ist, wie schon gesagt, immer noch viel kleiner als die Quote der in Sonderschulen unterrichteten (etwa 15 % zu 85 %). In der realen Schullandschaft bestehen Separationspraxis, Kooperationsversuche und Integrationsmöglichkeiten gleichzeitig nebeneinander. Schulische Integration musste und muss gegen viele Widerstände durchgesetzt werden (Schnell 2003) und stößt bei vielen Schulbehörden allenfalls auf Duldung, selten auf aktive Unterstützung. Zwar hat sich das bildungspolitische Spitzengremium Kultusministerkonferenz 1994 endlich zu der Empfehlung durchgerungen, die Integration in allgemeine Schulen – unter grundsätzlicher Beibehaltung der Sonderschulen – generell auszubauen (KMK 1994), aber viele regionale Schulbehörden fanden und finden nach wie vor Möglichkeiten, dieser Reform Steine in den Weg zu rollen. Zwischen den 16 Bundesländern und auch zwischen den acht Förderschwerpunkten bestehen daher immense, sachlich nicht zu rechtfertigende Unterschiede in den Integrationsquoten (Schnell 2006). Eine Schulbehörde braucht beispielsweise nur die Zahl der Sonderschullehrerstunden, die für den Gemeinsamen Unterricht in Regelschulklassen erforderlich sind, administrativ zu beschneiden: Schon ist die Integrationsentwicklung in dem betreffenden Bereich gestoppt.

In mancher Hinsicht kann man die zurückliegenden drei Jahrzehnte schulischer Integration dennoch als pädagogische „Erfolgsgeschichte" (Preuss-Lausitz 2005, 71) bezeichnen: Unter anderem weil viele nicht behinderte und behinderte Kinder auf natürliche Weise miteinander umzugehen lernten; und weil einer großen Anzahl behinderter Kinder und Jugendlicher die Separation in gesonderten Schulen erspart blieb; auch weil nicht behinderte wie behinderte Kinder dabei leistungsmäßig mindestens ebenso gut gefördert werden wie in getrennten Schulen; und weil gemeinsamer Unterricht, besonders in seiner zieldifferenten Form, die Lehrpersonen zu genauerer Beachtung der individuellen Bedürfnisse und Fähigkeiten des Kindes mit Behinderung veranlasst. Gemeinsamer Unterricht motiviert zur Binnendifferenzierung der Arbeit in der Klasse und lenkt den Blick auf spezielle Bedürfnisse und Fähigkeiten auch anderer Schüler und Schülerinnen. Dieser wichtige Impuls zur Unterrichtsreform lässt sich immer wieder in integrativen Regelschulklassen beobachten. Integrative Klassen sind noch in der Minderzahl. Wenn aber die offizielle deutsche Bildungspolitik Gemeinsamen Unterricht vermehrt zulässt und unterstützt, wird sie damit zugleich die vielfach angemahnte innere Differenzierung und Individualisierung des gesamten schulischen Lernens voranbringen.

Eine Politik der Inklusion?

Während in der Fachwissenschaft seit Mitte der 1990er Jahre das Konzept der Inklusion als Weiterentwicklung der Integration zunehmend diskutiert und elaboriert wird, ist in der offiziellen deutschen Bildungspolitik der Begriff Inklusion bis heute noch nicht recht angekommen. Die aufrüttelnden Ergebnisse internationaler Schülerleistungsvergleiche wie TIMSS, PISA und IGLU (Deppe-Wolfinger 2006) lassen immerhin bei einer steigenden Zahl von Schulpolitikern die Einsicht wachsen, dass die in Deutschland praktizierte frühe Selektion der Kinder und die vermeintliche Homogenisierung der Schulklassen keine günstigen Bedingungen für gute Schulleistungen sind. Diese Einsicht führt allmählich zu Folgerungen, die sich dem Konzept der inklusiven Schule nähern. Auch der erste nationale Bildungsbericht der Bundesrepublik Deutschland (Konsortium 2006) weist in diese Richtung, indem er den Kindern und Jugendlichen mit Migrationshintergrund besondere Aufmerksamkeit widmet.

Anders als schulische Integration setzt *Inklusion* prinzipiell bei der ganzen Klasse an. Inklusiver Unterricht berücksichtigt nicht nur das Integrationskind, sondern ebenso die speziellen Bedürfnisse und Fähigkeiten der einzelnen Mitschüler und Mitschülerinnen, seien es Schwächen oder besondere Begabungen. Zwar ist in gutem integrativem Unterricht mit Zwei-Lehrer-System auch bisher schon zu beobachten, dass eigentlich alle Kinder vom binnendifferenzierten Lernen Gewinn haben und die Arbeitsweise und Atmosphäre der ganzen Klasse sich positiv ändern. Daneben gibt es aber immer noch kümmerliche Integrationsmaßnahmen in Form von bloß additiver Beigesellung eines behinderten Kindes ohne weitere Veränderung des Klassenunterrichts. Solche mangelhafte Praxis entspricht weder dem eigentlichen Konzept von Integration noch dem der Inklusion. Inklusion kann als optimierte und erweiterte Integration verstanden werden: *optimiert* durch den konsequenten Abbau von Fehlentwicklungen, die den Namen Integration nicht verdienen; und *erweitert* durch den Einbezug aller Kinder mit besonderen pädagogischen Bedürfnissen welcher Art auch immer. Inklusion erfordert eine Rückbesinnung auf die ursprüngliche, ungeschmälerte Integrationsidee. Noch ist in Deutschland die inklusive Schule nur selten und nur ansatzweise zu finden, z. B. im Konzept der schleswig-holsteinischen „Gemeinschaftsschule" (Erdsiek-Rave 2007, 28 f.); aber Bildungspolitik braucht solche Visionen, damit sie nicht im Verwalten und Beschützen des Vorhandenen stecken bleibt, sondern konstruktive Antworten auf die wissenschaftlichen und gesellschaftlichen Entwicklungen findet.

Ein UN-Sonderberichterstatter hat sich 2006/07 erstmals mit der Bildungsgerechtigkeit in Deutschland befasst, auch mit der Verwirklichung des Bildungsrechts für behinderte Kinder (Muñoz 2007). Seine Beobachtungen und Eindrücke zu Integration und Inklusion dürften der offiziellen deutschen Bildungspolitik Anlass geben, sich mit einem umfassenden Inklusionskonzept auseinanderzusetzen. In Kapitel IV.C „Education of children with disabilities" seines Berichts schreibt Muñoz (2007, 19): „76. In the case of Germany, a campaign has been mounted for the so-called ‚integration' of disabled persons in educational processes. The notion of ‚integration' is problematic and lacks any clear legal definition; it should, however, include the notion of ‚inclusion', underpinned by the adoption in December 2006 of the Convention on the Rights of Persons with Disabilities. [...]

77. Integration may be understood as a process in which people are obliged to adapt to a predetermined model. Seen in this way, it is a

top-down process which gives no heed to the special educational needs and specific characteristics of each individual, including schoolchildren and students with disabilities. It is not the individuals who should adapt to the educational system but the reverse. Inclusion, on the other hand, responds to the needs and rights of individuals and renders it incumbent on the State to ensure that all children receive education together in the same school environment. There are signs that, in Germany's case, insufficient progress has been made towards the inclusion of the disabled in ordinary schools [...]."

Dies ist eine unmissverständliche Aufforderung an die deutsche Bildungspolitik aus internationaler Sicht, das Schulwesen in inklusiver Richtung weiterzuentwickeln.

Der Einzelne und die Bildungspolitik

Bildungspolitik in Deutschland wird hauptsächlich von den politischen Parteien gestaltet, die in den 16 Länderparlamenten vertreten sind. Aufgrund der Kulturhoheit der Bundesländer kommt dem Bundestag in diesem Bereich geringere Bedeutung zu. Landtagswahlen sind die seltenen Zeitpunkte, zu denen der einzelne Bürger durch Ausübung seines aktiven Wahlrechts Einfluss auf die offizielle Bildungspolitik nehmen kann. Aber das Gewicht des einzelnen Wählers ist in einer parlamentarischen Demokratie naturgemäß sehr gering; nur zusammen mit Tausenden und Abertausenden gleicher Stimmen kann er überhaupt wahrnehmbares Gewicht erlangen. Hinzu kommt, dass bei Wahlen häufig nicht bildungspolitische Themen, sondern andere Politikfelder im Vordergrund stehen; die Wähler geben daher ihre Stimme häufig nicht – oder nicht primär – in bildungspolitischer Absicht ab. Der Einfluss des Einzelnen auf die offizielle Bildungspolitik, die von der legislativen, der exekutiven und seltener auch von der judikativen Staatsgewalt realisiert wird, ist insofern also äußerst gering.

Auf die staatliche Bildungspolitik wirken jedoch permanent viele weitere Kräfte ein. Denn viele Organisationen verfolgen bildungspolitische Interessen, so die unterschiedlichen Lehrerverbände und die Gewerkschaften, die Kammern und Wirtschaftsverbände auf Arbeitgeberseite, die zahlreichen pädagogischen Fachverbände aus Wissenschaft und Praxis, die Jugendhilfeverbände, die Kirchen, die schulrechtlich vorgeschriebenen Elternvertretungen, vielerorts auch spontan entstandene Elternvereine und Bürgerinitiativen. In diesen und ähnlichen Gruppierungen hat der einzelne Bürger, wenn er mitwirkt, sicher mehr bildungspolitische Einflussmöglichkeiten, insbesondere wenn er sich mit Gleichgesinnten zusammenschließt. Die Entwicklung der schulischen Integration in Deutschland belegt dies deutlich, spielten doch von Anfang an lokale Elterngruppen eine Hauptrolle bei der Durchsetzung des Gemeinsamen Unterrichts. Von örtlichen Initiativen bis zur landesweiten Schulreform ist es zwar ein langer Weg, aber die Knüpfung oder Nutzung von Netzwerken auf den verschiedenen gesellschaftlichen Systemebenen kann dabei erfahrungsgemäß entscheidend weiterhelfen (Sander 1999). Der Einzelne muss sich auf den Weg machen, er braucht nicht stets Spielball der Bildungspolitik zu bleiben, er kann stellenweise Mitgestalter werden.

Literatur

Deppe-Wolfinger, Helga (2006): PISA und IGLU – Bildungspolitische Dimensionen aus der Sicht der Sonder- und Integrationspädagogik. In: Stechow, Elisabeth von & Hofmann, Christiane (Hrsg.): Sonderpädagogik und PISA. Bad Heilbrunn, 35–52

Deutscher Bildungsrat, Empfehlungen der Bildungskommission (1973): Zur pädagogischen Förderung behinderter und von Behinderung bedrohter Kinder und Jugendlicher. Vom 12./13.10.1973. Stuttgart 1974

Erdsiek-Rave, Ute (2007): „Jeder einzelne ist wichtig." Schleswig-Holsteins Perspektiven einer Schule für alle. In: Demmer-Dieckmann, Irene & Textor, Annette (Hrsg.): Integrationsforschung und Bildungspolitik im Dialog. Bad Heilbrunn, 25–34

KMK (1994): Empfehlungen zur sonderpädagogischen Förderung in den Schulen in der Bundesrepublik Deutschland. Beschluss der Kultusministerkonferenz vom 06.05.1994. Nachdruck in: Drave, Wolfgang, Rumpler, Franz & Wachtel, Peter (Hrsg.): Empfehlungen zur sonderpädagogischen Förderung. Würzburg 2000, 25–39

Konsortium Bildungsberichterstattung im Auftrag der Ständigen Konferenz der Kultusminister der Länder in der BRD und des Bundesministeriums für Bildung und Forschung (2006): Bildung in Deutschland. Ein indikatorengestützter Bericht mit einer Analyse zu Bildung und Migration. Bielefeld

Krampf, Alfred (1936): Hilfsschule im neuen Staat. Hrsg. von der Reichsfachschaft V Sonderschulen im NS-Lehrerbund. Leipzig

Muñoz, Vernor (2007): Report of the Special Rapporteur on the right to education, Addendum: Mission to Germany. United Nations, General Assembly, Human Rights Council (A/HRC/4/29/Add.3) 9 March 2007. www.ohchr.org/english/bodies/hrcouncil/docs/4session/A.HRC.4.29.Add.3.pdf

Preuss-Lausitz, Ulf (2005): Entwicklungslinien und Zukunftsperspektiven der Integrationspädagogik. In: Sonderpädagogische Förderung 50, 1, 70–80

Sander, Alfred (1999): Ökosystemische Ebenen integrativer Schulentwicklung. In: Heimlich, Ulrich (Hrsg.): Sonderpädagogische Fördersysteme. Stuttgart, 33–44

Schnell, Irmtraud (2003): Geschichte schulischer Integration. Weinheim/München

Schnell, Irmtraud (2006): An den Kindern kann's nicht liegen … Zum aktuellen Stand gemeinsamen Lernens von Mädchen und Jungen mit und ohne sonderpädagogischen Förderbedarf in der Bundesrepublik Deutschland. In: Gemeinsam leben 14, 4, 195–213

UN (1989): Übereinkommen über die Rechte des Kindes. Vom 20. November 1989. www.nationalcoalition.de/pdf/UN-Kinderrechtskonvention

Wocken, Hans (2007): Fördert Förderschule? Eine empirische Rundreise durch Schulen für „optimale Förderung". In: Demmer-Dieckmann, Irene & Textor, Annette (Hrsg.): Integrationsforschung und Bildungspolitik im Dialog. Bad Heilbrunn, 35–59

Die Zone der nächsten Entwicklung[1]

Seth Chaiklin

Der Ausdruck *Zone der nächsten Entwicklung* (ZdnE) wurde von Vygotskij – vermutlich Ende des Jahres 1932, Vorläufer dieser Ideen können in Vygotskijs Texten ab 1929 identifiziert werden – mit dem Ziel geprägt, einen wichtigen Aspekt der psychischen Entwicklung des Kindes begrifflich zu fassen. Vygotskij (1896–1934) unternahm psychologische Studien und formulierte theoretische Analysen psychischer Entwicklung vorrangig in Moskau – im Zeitraum von 1924 bis 1934. Besonders bekannt ist er durch seine kulturhistorische Theorie höherer psychischer Funktionen.

Anfänglich wurde das Konzept der „Zone der nächsten Entwicklung" im Zusammenhang diagnostischer Untersuchungen eingeführt und dazu verwendet, in Entwicklung begriffene psychische Funktionen, Prozesse und Eigenarten zu bezeichnen, die ohne eine Unterstützung des Kindes nicht ermittelt werden konnten. Die Bedeutung des Begriffs wurde von Vygotskij im Zeitraum zwischen 1932 und 1934 ausgearbeitet und z. T. mit anderen Begriffen seines theoretischen Systems integriert, einschließlich seiner allgemeinen Theorie der kindlichen Entwicklung. Obgleich man relativ willkürlich ein Zitat aus dieser Zeit als „die Definition" der ZdnE herausgreifen könnte, brächte dies grundlegende Schwierigkeiten mit sich, denn diese Quellen weisen untereinander keine Konsistenz auf (so könnte man z. B. Zitate zusammenstellen, die die ZdnE jeweils als Differenz zwischen der aktuellen und der möglichen Entwicklung charakterisieren, als eine Region sich entwickelnder Funktionen, und als etwas, das durch Spiel, wissenschaftliche Begriffe und Lernprozesse geschaffen wird). Daher sind tiefer durchdachte Vorgehensweisen nötig, um eine Bedeutung für diesen Begriff zu verankern.

Eine Möglichkeit besteht darin, die Bandbreite der Texte heranzuziehen, in denen der Begriff eingeführt wird, indem man ihrer Chronologie und dem Kontext der Probleme und Schlüsse folgt, für die der Begriff diskutiert wird. Diese Vorgehensweise ist jedoch durch das zugängliche empirische Material eingeschränkt (dies betrifft vor allem die Texte, die Vygotskij in den letzten eineinhalb Jahren vor seinem Tod noch zu Papier bringen konnte).

Eine andere Strategie, die hier verfolgt werden soll, zielt darauf, Vygotskijs diverse Bezugnahmen auf die ZdnE als Teile eines nicht beendeten Forschungsprozesses zu betrachten, mit dem Ziel, ihre theoretische Bedeutung herauszuarbeiten. Jetzt liegt die Herausforderung darin, den Begriff in Bezug auf die theoretische Perspektive zu verstehen, in der er erscheint, unter Einschluss von Vygotskijs allgemeiner Theorie der Entwicklung. Auch diese Herangehensweise hat ihre Probleme. Das zentrale theoretische Kapitel zur allgemeinen Analyse der kindlichen Entwicklung (Vygotskij 1987a) enthält auch eine Diskussion der ZdnE – allerdings im Kontext von Diagnostik. Die anderen über kindliche Entwicklung publizierten Texte beinhalten eine solche Diskussion nicht, aber diese Texte wurden vermutlich verfasst bevor (oder während) der Begriff der ZdnE entstand, sodass nur eine geringe oder keine Möglichkeit bestand, diese Verbindungen zu ziehen. Unterdessen sind die umfassendsten und sorgfältigsten theoretischen Diskussionen der ZdnE meist im Kontext des schulischen Lehrens und Lernens zu finden. In Kürze: Man ist hier auf eine Sammlung unvollständigen Materials verwiesen, von dem aus Interpretationen konstruiert werden können.

Das Ziel dieses Beitrags ist es, *eine* mögliche Interpretation des Begriffs der ZdnE ein-

1 Aus dem Englischen übersetzt von Birger Siebert und Wolfgang Jantzen.

zuführen und zu erläutern. Die Darstellung verbleibt eng an Vygotskijs expliziten Aussagen zu diesem Begriff, verbindet sie aber unmittelbarer mit seiner Theorie der kindlichen Entwicklung. Dies erfordert, an einigen Stellen von Annahmen auszugehen, die nicht explizit in den Texten Vygotskijs formuliert werden, jedoch in Übereinstimmung mit seinen theoretischen Argumentationen insgesamt sind und die durch Hinweise auf entsprechende Textstellen belegt werden können. Ziel ist es, ein generatives Verständnis des Begriffs herauszubilden, anstatt zu versuchen, Vygotskijs „wahre" Auffassung dieses Begriffs aufzudecken (diese entwickelte und veränderte sich) oder die historische Frage aufzuwerfen, wie weit er tatsächlich kam.

Die Darstellung beginnt mit einer kurzen Stellungnahme über den gegenwärtigen Status des Begriffs in der psychologischen und pädagogischen Forschung; dann wird eine Interpretation von Vygotskijs Konzept in kompakter Form vorgestellt, gefolgt von einer Herausarbeitung dieser Ideen. Der Beitrag endet mit einigen Punkten im Konzept von Vygotskij, die weiterer Klärung bedürfen sowie einem kurzen Ausblick.

Gegenwärtige Auffassungen über die Zone der nächsten Entwicklung

Wenn ein wissenschaftlicher oder praktischer Pädagoge von Vygotskij gehört hat, dann hat diese Person vermutlich bereits eine Vorstellung von der ZdnE. Zu Beginn der 1980er Jahre waren lediglich ein Text oder zwei Texte als Quellen zugänglich (mit nur kurzen Ausführungen des Konzepts), sodass Leser oft jenseits dessen, was Vygotskij erklärt hatte, eine Vorstellung zu entwickeln hatten. Ausgehend von dieser limitierten Textgrundlage konstruierten Wissenschaftler und Praktiker einen Begriff der ZdnE, den sie für die Vorstellung von Vygotskij hielten. Argumente, Kritik, Bedenken oder „neue Entwicklungen" bezüglich Vygotskijs Konzeption stützen sich häufig auf diese beiden Quellen. Viele der gegenwärtigen Sichtweisen und Interpretationen verwässern oder verschleiern leider die allgemeinen theoretischen Positionen Vygotskijs, da sie weder den vollen Umfang der Vygotskij'schen Theorie adäquat berücksichtigen noch die Sachverhalte aufgreifen, die diese Konzeption motivierten. Die Unterschiedlichkeit der Interpretationen spiegelt vermutlich weit mehr die Konsequenzen einer inadäquaten Bezugnahme auf relevante Textquellen wider, als direkte wissenschaftliche Nichtübereinstimmung.

Ein größerer Bereich an bedeutsamen Texten, in denen Vygotskij sich auf die ZdnE bezieht, war in den frühen 1980er Jahren nur russischen Lesern zugänglich (auf Deutsch ab Mitte der 1980er Jahre und auf Englisch und Spanisch gegen Ende der 1990er Jahre). Heutzutage ist es möglich, Überlegungen zur ZdnE ausgehend von dieser größeren Textbasis hinreichend zu begründen. Daher wird hier keine Auswertung spezifischer Interpretationen vorgenommen, die nur auf einer beschränkten Textbasis beruhen. Einige dieser Interpretationen oder Behauptungen sind schlichtweg falsch oder erfolgen in Unkenntnis von Vygotskijs theoretischen Sichtweisen; andere wiederum sind jetzt, da deutlich mehr Texte zur Verfügung stehen, schwer zu begründen (z. B. dass Vygotskijs Begriff der ZdnE eher metaphorisch, rhetorisch oder deskriptiv als theoretisch zu verstehen sei, oder auch, dass die ZdnE in der Interaktion zwischen Kind und Erwachsenem geschaffen werde).

Inadäquate Interpretationen von Vygotskijs Konzept wurden darüber hinaus von Forschern und in Lehrbüchern verbreitet. Aufgrund dieser historischen Entwicklung könnten einige (oder viele) Leser dieses Beitrags fälschlicherweise der Ansicht sein, dass sie das bereits verstanden hätten. Dies schafft eine Herausforderung für eine klare und wohlbegründete Interpretation, die gemeinhin noch nicht in der wissenschaftlichen bzw. pädagogischen Literatur gefunden werden kann, welche den Namen Vygotskijs in

Verbindung mit diesem Konzept heranzieht, oder versucht, neue konzeptionelle und praxisbezogene Entwicklungen mit Vygotskijs ZdnE zu verknüpfen (z. B. „assisted instruction" oder „scaffolding"). In den meisten Fällen gibt es keine konzeptuelle oder historische Verbindung zu diesen neuen Entwicklungen (vgl. Stone 1998 für eine hilfreiche Diskussion bezüglich des „scaffolding"). Damit soll die Bedeutung solcher Forschungen (z. B. gemeinsames Problemlösen; dynamische Ermittlung [„dynamic assessment"] intellektueller Fähigkeiten) keinesfalls negiert werden. Die Ideen, die durch diese (Miss-)Verständnisse des Terminus ZdnE angeregt wurden, mögen einen wissenschaftlichen und praktischen Nutzen haben. Doch steht jeder vor der Entscheidung, ob er versucht, die Bedeutung zu verstehen, die Vygotskij diesem Ausdruck zugeschrieben hat (also den Begriff ZdnE auf Vygotskijs Konzept zu beschränken), oder sich Vygotskijs Terminus zu eigen zu machen und ihm einen neuen Inhalt zukommen zu lassen – dann müsste man deutlich herausstellen, dass man eine Bezeichnung Vygotskijs verwendet, aber nicht sein Konzept –, oder ob man alternative Termini entwickelt, um sich über Ideen auseinanderzusetzen, die von Vygotskij Konzept beeinflusst sind. Es scheint angemessener zu sein, den Ausdruck *Zone der nächsten Entwicklung* zu verwenden, um sich auf besondere theoretische und konzeptionelle Probleme zu beziehen, die Vygotskij anzusprechen versuchte, als er seinen Ansatz ausarbeitete, und andere Ausdrücke zu finden, um sich auf Praktiken zu beziehen, wie z. B. spezielle auf Unterrichtsstoff bezogene Konzepte oder wie eine Fähigkeit zu lernen usw.

Die Zone der nächste Entwicklung: Eine komprimierte Einführung

Die Zone der nächsten Entwicklung bezieht sich auf den Bereich der Entwicklung psychischer Prozesse und Strukturen, die für die psychischen Neubildungen, welche mit dem Übergang von der gegenwärtigen Periode psychischer Entwicklung auf die nächste in Verbindung stehen, notwendig, aber noch nicht hinreichend entwickelt sind. In theoretischer Hinsicht bezeichnet der Begriff das Verhältnis zwischen der psychischen Struktur der aktuellen Altersstufe und der psychischen Struktur, die für die Ausbildung der folgenden Altersstufe erforderlich ist, wobei diese Struktur durch das Handeln des Kindes im Zusammenhang seiner sozialen Entwicklungssituation gebildet wird. Die praktische Implikation liegt darin, dass die psychologische Diagnostik eben diesen Bereich in der individuellen Entwicklung eines Kindes als einen Führer für die pädagogische Intervention identifizieren sollte, während Lehren und Unterricht sich auf die psychischen Charakteristika fokussieren sollten, welche die für die kommende Altersstufe bedeutsam sind, anstatt sich auf die bereits vollzogene Entwicklung zu konzentrieren.

Die Zone der nächsten Entwicklung: eine umfassende Erläuterung des Konzepts von Vygotskij

Der vorangegangene Abschnitt stellt eine kurz gefasste Lesart der ZdnE dar. Jede Interpretation von Vygotskijs ZdnE verlangt eine kritische Entscheidung, ob dieses Konzept in Vygotskijs allgemeine Theorie der kindlichen Entwicklung zu integrieren ist oder diese für sich selbst stehen soll. Die hier vertretene Auffassung geht aus Gründen der Textquellen und der theoretischen Zusammenhänge davon aus, dass die ZdnE notwendigerweise auf Vygotskijs allgemeine Theorie kindlicher Entwicklung bezogen werden muss. Daher wird zunächst eine kurze Zusammenfassung dieser Theorie kindlicher Entwicklung vorgestellt, bevor das Konzept der ZdnE entwickelt wird.

Krise des ...	Alterstufen
Neugeborenen	
	Säuglingsalter (2 Monate bis 1 Jahr)
Einjährigen	
	Kleinkindalter (1 Jahr bis 3 Jahre)
Dreijährigen	
	Vorschulalter (3 bis 7 Jahre)
Siebenjährigen	
	Schulalter (8 bis 12 Jahre)
Dreizehnjährigen	
	Pubertätsalter (14 bis 18 Jahre)
Siebzehnjährigen	

Abb. 1: Altersstufen in Vygotskijs Entwicklungstheorie (Vygotskij 1932/1987a, 71, adaptiert)

Vygotskijs Theorie der kindlichen Entwicklung

Vygotskijs Analyse der kindlichen Entwicklung beruht auf einer holistischen Methodologie, aus der heraus er das Kind als eine integrale Person sieht, die in sozialen Beziehungen zu anderen Personen steht.

Der erste Schwerpunkt der Konzeption Vygotskijs liegt bei der Herausbildung der Persönlichkeit, begrifflich gefasst über die Theorie der Altersstufen. Die Abfolge der Altersstufen besteht nach Vygotskijs Auffassung aus dem Wechsel von relativ kurzen Phasen krisenhafter Übergänge zwischen Altersstufen und längeren stabilen Phasen von einem Jahr bis zu vier Jahren (vgl. für eine allgemeine Diskussion der Theorie der Altersstufen Mahn 2003; Davydov 1988, 63–87 und für die frühe Kindheit Bodrova & Leong 2003). Jede Altersstufe ist objektiv durch eine *zentrale* Neubildung gekennzeichnet, die sich am Ende der vorhergehenden Altersstufe herausbildet. Diese Neubildung beinhaltet im Vergleich zur vorangegangenen Altersstufe eine qualitativ neue Charakteristik der Persönlichkeit, durch welche sich die Grundrelation des Kindes zur gegenständlichen Umwelt verwandelt.

„In jeder Altersepoche geht die Entwicklung nicht so vonstatten, dass sich erst einzelne Seiten der Persönlichkeit des Kindes verändern und im Ergebnis dessen eine Umstrukturierung der Persönlichkeit insgesamt stattfindet, sondern gerade das Gegenteil ist der Fall: Die Persönlichkeit des Kindes verändert sich als Ganzes in ihrem inneren Aufbau, und von den Gesetzen, nach denen die Veränderungen dieses Ganzen vor sich gehen, wird die Bewegung jedes seiner Teile bestimmt" (Vygotskij 1934/1987a, 72).

Der zweite Schwerpunkt liegt auf den funktionellen psychologischen Eigenschaften (das System der höheren psychischen Funktionen), die als Resultat der neuen Persönlichkeitsstruktur entstehen und deren Organisation von den zentralen Neubildungen abhängig ist. „*[C]hange* in the functional structure of consciousness – is the main and central content of the entire process of mental development" (Vygotskij 1934/1987, 188, Hervorhebung i. O.). Die Formierung der Neubildung und die begleitenden funktionellen Änderungen sind das Basisprinzip für die Entwicklung von einer Altersstufe zur anderen.

Alter (oder „Altersstufen") ist ein materiell (leiblich) und historisch begründetes Faktum, keine ahistorische Eigenschaft oder biologische Notwendigkeit. Die Altersstufen sind materiell, weil die Neubildungen als Folgen von Aufgaben und Interaktionen mit Anderen entstehen und sie sind historisch, da dieser materielle Bezug zur Welt aus den besonderen (und sich wandelnden) Bedingungen und Anforderungen entsteht, wie sie Gesellschaften durch ihre Bedingungen und ortsbezogenen Anforderungen vorgeben. Vygotskij bezieht sich in seiner Formulierung der „Altersstufe" daher nicht auf ein nominelles, zeitliches Lebensalter (in Jahren), sondern auf eine Entwicklungsperiode, wenn er schreibt: „das reale Entwicklungsniveau wird determiniert durch die Altersstufe, das Stadium bzw. die Phase, in der sich das Kind gerade befindet" (1934/1987a, 78).

Vygotskij gab sich nicht nur mit einer Festlegung von Altersstufen zufrieden; der Ursprung der für jede Altersstufe zentralen Neubildungen musste geklärt werden. Vygotskijs holistische Sichtweise schließt eine isolierte Betrachtung der individuellen psychischen Funktionen oder Neubildungen oder das Beschreiben individueller psychischer Qualitäten des Kindes aus – ohne ihre Beziehung zu den Lebensgewohnheiten des Kindes zu berücksichtigen. Gleichzeitig bildet die integrierte psychische Struktur des Kindes (d. h. die Wechselbeziehungen zwischen den bereits entwickelten und den in Entwicklung begriffenen höheren psychischen Funktionen) die Basis für die Handlungen des Kindes in seinen Lebensgewohnheiten (Vygotskij 1930/1994, 349). Die Theorie charakterisiert somit die Beziehungen des Kindes zu seiner Umwelt als eine Konsequenz seiner psychischen Strukturen, welche die Basis der materiellen Handlungen und Interaktionen in bedeutungsvoll sozial organisierten Situationen bereitstellen (welche selbst zur Entwicklung der psychischen Neubildungen einer Altersstufe beitragen).

Diese allgemeine theoretische Konzeption spiegelt Vygotskijs Ziel wider, die Entwicklung als Prozess zu begreifen, „der durch die Einheit der materiellen und psychischen Seite, durch die Einheit von Gesellschaftlichem und Persönlichem auf der Stufenleiter der Entwicklung, die das Kind erklettert, [gekennzeichnet sei]" (1934/1987a, 59). Diese beiden Einheiten (materiell/psychisch und gesellschaftlich/personell) existieren, weil die psychische Struktur des Kindes (psychisch, individuell) immer die Relation zwischen Gesellschaftlichem und Materiellem widerspiegelt. Beide Einheiten halten unterschiedliche Wege bereit, um dieselbe Grundkonzeption von individueller Entwicklung als eine Konsequenz der Handlung in bedeutsamen und historisch geformten Praktiken des Kindes auszudrücken.

Um die Kausaldynamik jeder Altersstufe zu untersuchen, bedarf es einer Analyse der für das jeweilige Kind spezifischen, aber dennoch umfassenden, Beziehung zu seiner Umgebung. Diese *soziale Entwicklungssituation* „ist das besondere Ausgangsmoment für alle im Verlaufe der jeweiligen Periode stattfindenden dynamischen Veränderungen in der Entwicklung" (Vygotskij 1934/1987a, 75). Die soziale Entwicklungssituation beruht auf einem Grundwiderspruch zwischen den aktuellen Fähigkeiten des Kindes (die z. T. durch die momentan entwickelten psychischen Funktionen manifestiert sind) und den Zielen und Aufgaben, die das Kind leisten will (oder zu denen es angehalten oder ermutigt wird). Das Kind ist kein passiver Rezipient einer objektiven Umgebung, sondern entscheidet selbst, was wahrgenommen wird und interessant ist, jeweils entsprechend seiner Bedürfnisse und Interessen sowie in Beziehung zu den Anforderungen und Möglichkeiten, die vorhanden sind. In dem Versuch, den inneren Widerspruch einer Altersstufe zu überwinden, engagiert sich das Kind in unterschiedlichen konkreten Aufgaben und spezifischen Interaktionen, in Abhängigkeit von seinen und begrenzt durch seine bestehenden und sich entwickelnden psychischen Strukturen, die zur Entstehung von Neubildungen, neuen psychischen Funktionen beitragen, und/oder Beziehungen zwischen den existierenden Funktionen bereichern oder verändern.

Zum Beispiel bildet „dieser Widerspruch zwischen dem maximalen Sozialbezug des Säuglings (die Situation, in der er sich befindet) und seinen minimalen Kommunikationsmöglichkeiten [...] eben die Grundlage für die gesamte Entwicklung des Kindes im Säuglingsalter" (1932/1987b, 109). Das Neugeborene ist vom biologischen Standpunkt her gesehen völlig hilflos und bedarf anderer Personen, um seine Lebensbedürfnisse zu befriedigen. Vygotskij geht davon aus, dass das Kind anfänglich noch nicht sich selbst von dem Rest der Welt unterscheidet, oder einen unterschiedenen objektiven Inhalt (anstelle von Zuständen) erkennen kann. Die Errungenschaft dieses Abtrennens und Erkennens eines objektiven Inhalts ist die zentrale psychische Neubildung des Säuglingsalters (ebd., 142).

Jede Altersstufe beinhaltet eine führende Tätigkeit (im Deutschen häufig fälschlich als „dominierende Tätigkeit" wiedergegeben; Anm. d. Ü.), die in Relation zum zentralen Widerspruch in der sozialen Entwicklungssituation entsteht. Zum Beispiel ist das Spiel die führende Tätigkeit im Vorschulalter, das Lernen wissenschaftlicher Begriffe die des Schulalters. Es ist nicht die Tätigkeit, die das Kind entwickelt, sondern das Kind ist in Handlungen einbezogen, die darauf zielen, diese Tätigkeit zu realisieren, was in der Folge wahrscheinlich zu den psychischen Neubildungen der folgenden Altersstufe beiträgt. Viele (wenn nicht die meisten) spezifischen Handlungen im Alltagsleben des Kindes brauchen nicht darauf orientiert zu sein, diesem Widerspruch zu begegnen. In jedem Fall entstehen und entfalten sich die besonderen Neubildungen und psychischen Strukturen, die für den Wechsel auf die nächste Altersstufe erforderlich sind, in solchen Situationen. Kurz gesagt: die führende (manchmal auch als „dominierend" [predominating] bezeichnete) Tätigkeit ist die wesentliche Quelle der Entwicklung innerhalb einer Altersstufe (Vygotskij 1980, 460–463). Diese Annahmen wurden in der Folge im Kontext der Tätigkeitstheorie aufgegriffen und detaillierter weiterentwickelt (insbesondere durch El'konin (1999), einen Entwicklungspsychologen, der mit Vygotskij im Laufe der 1930er Jahre zusammenarbeitete, als diese Ideen entwickelt wurden).

Vygotskijs Theorie der über eine soziale Entwicklungssituation vermittelten Entwicklung des Kindes liefert ein allgemeines Prinzip für das Verstehen und die Erklärung der Dynamiken des strukturellen Wandels innerhalb jeder Altersstufe. Dieses Prinzip – Entwicklung als ein zukünftiges Ergebnis der Handlungen eines Kindes, die aus der Wechselbeziehung von Anforderungen und Möglichkeiten in historisch geformten Formen der Praxis sowie den eigenen Bedürfnissen, Interessen und Handlungen des Kindes entspringen – spiegelt Vygotskijs Intention wider, eine Theorie zu besitzen, die auf dem „inneren Wesen der untersuchten Prozesse" (Vygotskij 1934/1987a, 57) basiert, wonach sich eine Periode aus der anderen „als einheitliche(r) Prozess der Selbstentwicklung" (ebd.) entwickelt. Ähnlich wird das gleiche Prinzip – die Formierung der Neubildung als Quelle des Wandels in der Entwicklung – dafür genutzt, jede einzelne Altersstufe (also die Einheit) zu charakterisieren, doch sind der Inhalt und die Wechselbeziehungen der besonderen psychischen Funktionen für jede Altersstufe, entsprechend der jeweils entwickelten Neubildung, verschieden. Sie müssen daher für jede Altersstufe gesondert untersucht und bestimmt werden.

Die Zone der nächsten Entwicklung in Vygotskijs Theorie der kindlichen Entwicklung

Warum erarbeitete Vygotskij ein Konzept bestimmter „Zonen" in Form der „Entwicklung" und nicht z. B. des „Lernens"? Und wenn dieses Konzept auf Entwicklung fokussiert ist, was ist dann der Bezugspunkt für die „nächste Entwicklung"? Vygotskij explizite Diskussionen fokussieren meistens auf das, was als „höhere psychische Funktionen" in Betracht gezogen werden kann. Man könnte sich entscheiden, die ZdnE solchermaßen als einen Begriff zu interpretieren, der auf die Entwicklung individueller oder spezieller psychischer Funktionen oder anderer psychischer Charakteristika bezogen ist, doch dann verlöre man die Verbindung zum allgemeinen theoretischen System der Entwicklung, das Vygotskij erarbeitete. Wenn man andererseits diesen Bezug erhalten möchte, dann muss man über das hinaus extrapolieren, was Vygotskij tatsächlich vorgelegt hat.

Die Darstellung hier folgt der zweiten Strategie und verbindet die ZdnE mit Vygotskijs allgemeiner Theorie der kindlichen Entwicklung. Dabei wird der Ausdruck der „nächsten Entwicklung" mit Bezug auf die „nächste Altersstufe" benutzt – in Relation zur „aktuellen Altersstufe". Aus dieser Sichtweise heraus bezeichnet die ZdnE den Bereich der in Entwicklung befindlichen Prozesse, die notwendig für die Entstehung der psychischen Neubildungen, jedoch noch nicht hinreichend ausgebildet sind, um die mit dem Übergang von der aktuellen Altersstufe zur nächstfolgenden verbundene Neubildung zu realisieren.

Da das allgemeine Muster der Entwicklung (d. h. die Abfolge der Altersstufen in Abb. 1 und ihre spezifischen psychischen Strukturen) für alle Kinder (die in derselben gesellschaftlichen Tradition von Praxis mit ihren institutionellen Anforderungen und Erwartungen leben) das gleiche ist, ist es sinnvoll, den Ausdruck der *objektiven* ZdnE für diese allgemeine Struktur einschließlich der für die nächste Altersstufe wesentlichen Neubildungen einzuführen. So ist beispielsweise die objektive ZdnE für Kinder, die sich in der Krise der Siebenjährigen befinden, die Neubildung des Schulalters (die auf der Fähigkeit beruht, begrifflich, willentlich und bewusst zu denken). In diesem Sinne ist die objektive ZdnE für jede Altersstufe normativ, allerdings nicht a priori, da sie historisch bedingt ist. Unter verschiedenen objektiven Bedingungen (d. h. unterschiedlichen sozialen Entwicklungssituationen), wie etwa das Leben der Arbeiterkinder in englischen Fabriken während des 19. Jahrhunderts (vgl. Marx 1867/1962, Kap. 8, 3–6) oder bei den Millionen 5- bis14-jährigen Kindern, die heutzutage noch immer unter vergleichbaren Bedingungen arbeiten (vgl. International Labour Office 2006), wären andere objektive Zonen der nächsten Entwicklung für eine bestimmte Altersstufe zu charakterisieren.

Auf einer bestimmten Altersstufe unterscheiden die einzelnen Kinder sich in dem Ausmaß, in dem sie die für die folgende Altersstufe nötigen psychischen Strukturen ausgebildet haben (vgl. Vygotskij 1934/2002, 209; 1934/1987d, 299–302). Der Ausdruck *subjektive* Zone der nächsten Entwicklung könnte benutzt werden, um sich auf den gegenwärtigen Stand der Entwicklung der psychischen Strukturen des Kindes relativ zu dem zu beziehen, was für die nächste (objektive) Entwicklungsperiode nötig ist. „Das Gebiet der noch nicht ausgereiften, jedoch reifenden Prozesse ist die Zone der nächsten Entwicklung des Kindes“ (Vygotskij 1934/1987a, 83). Diese Schwerpunktsetzung auf den individuellen Entwicklungsbereich liegt dichter bei den allgemein üblichen Interpretationen des Konzepts der ZdnE.

Zusammengefasst fokussieren die zentralen Definitionsmomente der ZdnE (wie sie hier aufgefasst wurden) auf die Altersstufen des Kindes, dessen Entwicklung durch diese Perioden eine Folge der qualitativen Veränderungen in den Strukturbeziehungen ist (als Hervorbringung von Neubildungen), die durch die kindlichen Handlungen in seiner sozialen Entwicklungssituation hervorgebracht werden (reflektierend auf die Wahrnehmungen und Interessen des Kindes), wobei jede Altersstufe eine führende gesellschaftlich bestimmte Tätigkeit bzw. einen Entwicklungswiderspruch aufweist, welcher die Handlungen des Kindes organisiert (in denen seine subjektiven Interessen wirken) und die zur Entstehung der Neubildungen beiträgt. Die objektive/subjektive Unterscheidung ist in den Texten Vygotskijs nicht zu finden. Sie wird jedoch hier verwendet, um zu verdeutlichen, dass der Begriff objektiv (alle Kinder betreffend) im Verhältnis zu den Altersstufen verstanden werden muss und subjektiv für die Individuen in Relation zur objektiven ZdnE. Die ZdnE ist eine Möglichkeit, sich auf die ontogenetisch entwickelnden psychologischen Charakteristika einer gegebenen Altersstufe (objektiv) ebenso zu beziehen wie auf den aktuellen Entwicklungsstand des Kindes (subjektiv) in Bezug auf die Neubildungen, die idealerweise entstehen müssen. In diesem Sinne ist die ZdnE beides: eine theoretische und eine empirische Bestimmung.

Die Ermittlung der subjektiven Zone der nächsten Entwicklung

Ausgehend von der allgemeinen Logik der Definition der ZdnE können wir uns nun ansatzweise mit der Frage befassen, wie Vygotskij an das Problem der Ermittlung der subjektiven ZdnE – bei einer gegebenen objektive ZdnE – heranging. Während Vygotskij darauf hinweist, dass der Begriff der ZdnE auf alle Aspekte der (Persönlichkeits-)Entwicklung bezogen werden sollte (oder kann), ist seine Erörterung ihrer Ermittlung eher auf das ausgerichtet, was er einmal als „innere individuelle [...] Eigenschaften" (1934/1987a, 85) bezeichnete. Die allgemeine Logik dieser Diagnostik, wie sie hier dargestellt wurde, nimmt die in Entwicklung begriffenen Prozesse in den Blick (was Vygotskijs publizierte Erörterungen berücksichtigt), und vermeidet dabei die wichtige Frage nach ihrer Hinlänglichkeit (so wäre es vielleicht besser, sich auf die Funktionalität der Struktur, die für die folgende Altersstufe benötigt wird, zu konzentrieren – dies würde besser zu Vygotskijs theoretischen Auffassungen passen).

Wenn in Entwicklung befindliche psychische Prozesse noch ungeeignet für eine selbstständige Ausführung bestimmter Tätigkeiten sind, dann ist es schwer oder unmöglich, diese allein anhand der kindlichen Leistungen zu erkennen. Sie müssen in diesem Fall mittels indirekter Methoden erfasst und bestimmt werden. Vygotskijs Kerngedanke, den er mindestens zwei Jahre vor einer ersten Erwähnung der ZdnE formulierte, lautet: „*Die Zone möglicher Nachahmung fällt mit der Zone der eigenen Entwicklungsmöglichkeiten eines Lebewesens zusammen*" (1931/1992, 215, Hervorhebung im Original). Vygotskij (1934/1987, 82 f.) verwendet den Ausdruck der *Nachahmung* im Sinne einer geistigen, auf Einsicht beruhenden Handlung und nicht als Terminus für ein sinnloses, mechanisches Nachmachen, angeregt durch die Einwirkung einer anderen Person (z. B. durch entwickelnde Fragen, Demonstrationen oder direkte Anweisungen). Die entscheidende Annahme hierbei ist, dass Nachahmung (in diesem besonderen Sinne) möglich ist, weil reifende psychische Prozesse zwar noch zu ungenügend entwickelt sind, um eine selbstständige Ausführung zu erlauben, aber diese Prozesse ausreichend entwickelt sind, sodass die betreffende Person es versteht, Handlungen anderer Menschen aufzugreifen, um Aufgaben zu bewältigen. Diese Leistung wird als Indikator für die reifenden psychischen Prozesse herangezogen, die als Teil der ZdnE verstanden werden können.

Vygotskij verwendet in der Diskussion über die ZdnE häufig den Ausdruck Zusammenarbeit mit Bezug auf jede Situation, in welcher ein Kind Hilfe von anderen Personen bei der Lösung eines Problems oder einer Aufgabe erhält (vgl. 1932/1987a, 86–8; 1934/2002, 327–30). Seine Texte scheinen keine systematischen Prinzipien, Methoden oder Techniken aufzuzeigen, wie die Zusammenarbeit durch eine Person abgeleitet werden sollte, die eine (subjektive) Zone der nächsten Entwicklung bestimmt. So ist, in Vygotskijs Werk, Zusammenarbeit weder in einem pädagogischen Sinne gemeint (wo der erfahrenere Partner ständig Unterstützung für jene Momente vorhält, wo die reifenden Funktionen inadäquat sind) noch als theoretischer Ansatzpunkt bezogen auf Lernen (hierzu notiert Vygotskij 1934/2002, 209, dass es wohlbekannt ist, dass Kinder mithilfe anderer mehr tun können). Eher liegt die Bedeutung der Zusammenarbeit darin, dass sie als eine Technik benutzt werden kann, um sich entwickelnde Funktionen zu bestimmen (vgl. für eine Diskussion der Bestimmungsprozedur Lidz & Gindis 2003).

Probleme mit Vygotskijs Konzept der „Zone der nächsten Entwicklung": Zukünftig zu klärende Punkte

Die Darstellung verfolgte bis hierher den Schwerpunkt, Vygotskij Begriff der ZdnE zu erläutern. Nun soll die Aufmerksamkeit auf einige begriffliche Probleme gelenkt werden, die für die zukünftige Verwendung des Begriffs angesprochen und diskutiert werden müssen. Das erste Problem ist der Bezugspunkt „nächste Entwicklung". Wenn man sich auf „irgendeine psychische Entwicklung" bezieht, würde der Begriff nicht mehr zu unserem Verständnis des Problems beitragen, als einen Hinweis darauf, dass Entwicklungsmöglichkeiten existieren, die wir ausgehend von den selbstständigen Leistungen nicht erfassen können. Selbst mit dieser sehr weit gefassten Interpretation bedürfte es immer noch einer Entwicklungstheorie, die es ermöglicht, diese „nächste Entwicklung" zu spezifizieren. Ohne eine solche Theorie gibt es keinen Weg, einen Fokus auf die individuell in Entwicklung begriffenen Funktionen und Prozesse als Instanzen der Entwicklung selbst zu rechtfertigen, und nicht auf das Lernen. Daraus ergibt sich ein zweites Problem. Wenn Vygotskijs theoretische Herangehensweise an die Definition der Altersstufen aufrechterhalten werden soll, dann müssen die theoretischen Definitionen der Altersstufen präziser erstellt werden. Wenn die begriffliche Logik der Altersstufen, die in Form von Neubildungen im Zusammenhang mit einer bestimmten Struktur der psychischen Funktionen zurückgewiesen wird, dann bedarf es einer anderen Entwicklungstheorie. Verbleibt man bei Vygotskijs theoretischem System, dann ist das dritte zu lösende Problem die Frage, ob die „Zone" auf die Neubildungen zu beziehen ist oder auf die psychischen Funktionen (oder gibt es möglicherweise „Zonen" für beides?). Wenn das Konzept der „Zone" auf die Neubildungen ausgeweitet wird, entsteht vermutlich als viertes Problem der Bedarf an anderen Indikatoren (neben der Nachahmung) der Entwicklung psychischer Charakteristiken.

Diese Problematiken dürfen nicht als hinreichende Gründe herangezogen werden, das Konzept der ZdnE gänzlich fallen zu lassen, aber sie sollen zu genaueren theoretischen Bestimmungen des Konzepts ermutigen. Die aufgezeigten Probleme können vermutlich nicht nur verbal durch die Verfeinerung von Definitionen gelöst werden. Vielmehr – und Vygotskij würde dies zweifelsohne empfehlen – müssen die theoretischen Entwicklungen des Begriffs durch entsprechende theoriegeleitete praktische Interventionen erreicht werden, die darauf zielen, die Entwicklung von Kindern zu unterstützen.

Ausblick

Vygotskijs Konzept der ZdnE sorgt bei denjenigen Personen, die sich erstmalig mit dem Begriff auseinandersetzen, häufig für einen gewissen Optimismus, sowohl wegen seiner Orientierung auf die Möglichkeiten der Entwicklung (anstatt auf ihre Grenzen) als auch durch seinen Fokus auf den positiven Wert pädagogischer Arbeit. Dieser Optimismus ist zwar löblich, aber für eine produktive pädagogische Arbeit unzureichend. Um das Konzept der ZdnE adäquat in der pädagogischen Praxis zu verwenden, müssen die besonderen psychischen Entwicklungen, die für die nächste Altersstufe erforderlich sind, sowie die bedeutsamen Interaktionen in Betracht gezogen werden, die diese Entwicklung stützen.

Ein expliziter Fokus auf Entwicklung unterscheidet Vygotskijs eigene begriffliche Fassung der ZdnE häufig von den neueren, gegenwärtigen Lesarten des Begriffs in der wissenschaftlichen und pädagogischen Literatur, die sich auf Vygotskijs Konzept beziehen. Die in diesem Stichwort dargestellte Sichtweise der ZdnE legt das Augenmerk auf die zu entwickelnden relevanten psychischen Charakteristika und lenkt den Blick damit weg von der Rolle oder den Aufgaben des kompetenteren Anderen (welcher oft in gegenwärtigen Diskussionen des Konzepts hervorgehoben wird). Diese gegenwärtige Schwerpunktsetzung auf eher kompetente Andere übersieht die Notwendigkeit der Absicherung, dass Interaktionen zwischen dem Kind und dem kompetenten Anderen darauf gerichtet sind, die psychischen Besonderheiten der nächsten Altersstufe zu entwickeln, was der zentrale Punkt des Konzepts der ZdnE ist.

Die Identifizierung und Charakterisierung der ZdnE sollten auf einer wissenschaftlichen Analyse der psychischen Entwicklung basieren. Einen darüber hinausgehenden wissenschaftlichen (z. B. erklärenden) oder praktischen (z. B. legitimierenden) Nutzen kann es durch einen Bezug auf die ZdnE solange nicht geben, solange man dies Konzept nicht konkret auf die Entwicklungstheorie beziehen kann. Die verbesserte Integration von expliziten Entwicklungstheorien mit Interventionen, von denen man annimmt, dass sie sich auf das Konzept der ZdnE beziehen, ist ein bedeutender Punkt, der in der zukünftigen Arbeit direkter angegangen werden sollte. Die verbesserte theoretische Spezifizierung von relevanten psychischen Strukturen sollte es ermöglichen, bessere Leitlinien für Bestimmungsprozeduren zu formulieren und ebenso für spezifische Ziele, auf die Interventionsbemühungen gerichtet werden sollten.

Literatur

Bodrova, E. & Leong, D. (2003): Learning and development of preschool children from the Vygotskian perspective. In: Kozulin, Alex et al. (Hrsg.): Vygotsky's educational theory and practice in cultural context. Cambridge, 156–176

Davydov, Vasilei V. (1988): Problems of the child's mental development. In: Soviet Education 30, 8, 44–97

El'konin, Daniil B. (1999): Toward the problem of stages in the mental development of children. In: Journal of Russian and East European Psychology 37, 6, 11–30

International Labour Office (2006): The end of child labour: Within reach. Genf

Jantzen, Wolfgang (2001): Schwerste Beeinträchtigung und die Zone der nächsten Entwicklung. In: Rödler, P. et al. (Hrsg.): Es gibt keinen Rest! Basale Pädagogik für Menschen mit schwersten Beeinträchtigungen. Neuwied, 102–126

Jantzen, Wolfgang (2006): Die „Zone der nächsten Entwicklung“ – neu betrachtet. In: Stechow, Elisabeth von & Hofmann, Christiane (Hrsg.): Sonderpädagogik und Pisa. Kritisch-konstruktive Beiträge. Bad Heilbrunn

Lidz, Carol S. & Gindis, Boris (2003): Dynamic assessment of the evolving cognitive functions in children. In: Kozulin, Alex et al. (Hrsg.): Vygotsky's educational theory and practice in cultural context. Cambridge, 99–116

Mahn, Holebrook. (2003): Periods in child development. In: Kozulin, Alex (Hrsg.): Vygotsky's educational theory and practice in cultural context. Cambridge, 119–137

Marx, Karl (1962): Das Kapital. Kritik der politischen Ökonomie. Berlin

Stone, C. Addison (1998): The metaphor of scaffolding: Its utility for the field of learning disabilities. In: Journal of Learning Disabilities 31, 344–364

Vygotskij (Wygotski), Lev S. (1980): Das Spiel und seine Bedeutung in der psychischen Entwicklung des Kindes. In: El'konin, D. B.: Psychologie des Spiels. Köln, 441–465

Vygotskij (Wygotski), Lev S. (1987a): Das Problem der Altersstufen. In: Lompscher, Joachim (Hrsg.): Lew Wygotski: Ausgewählte Schriften: Band 2. Arbeiten zur psychischen Entwicklung der Persönlichkeit. Köln, 53–90 (Original 1934)

Vygotskij (Wygotski) L. S. (1987b): Das Säuglingsalter. In: Lompscher, Joachim (Hrsg.): Lew Wygotski: Ausgewählte Schriften: Band 2. Arbeiten zur psychischen Entwicklung der Persönlichkeit. Köln, 91–161 (Original 1934)

Vygotskij (Wygotski), Lev S. (1987c): Unterricht und Entwicklung im Vorschulalter. In: Lompscher, Joachim (Hrsg.): Lew Wygotski: Ausgewählte Schriften: Band 2. Arbeiten zur psychischen Entwicklung der Persönlichkeit. Köln, 255–270 (Original 1934)

Vygotskij (Wygotski), Lev S. (1987d): Unterricht und geistige Entwicklung im Schulalter. In: Lompscher, Joachim (Hrsg.): Lew Wygotski: Ausgewählte Schriften: Band 2. Arbeiten zur psychischen Entwicklung der Persönlichkeit. Köln, 287–306 (Original 1934)

Vygotskij, Lev S. (1992): Geschichte der höheren psychischen Funktionen. Münster

Vygotskij (Vygotsky), Lev S. (1994): The problem of the environment. In: Veer, René van der & Valsiner, Jan (Hrsg.): The Vygotsky Reader. Oxford, 338–354 (Original 1935)

Vygotskij, Lev S. (2002): Denken und Sprechen: Psychologische Untersuchungen. Weinheim: (Original 1934)

Rehistorisierende Diagnostik

Willehad Lanwer

Definition

Der diagnostische Prozess ist als ein Geschehen „der Vermittlung eines Allgemeinen (durch humanwissenschaftliches Wissen des Diagnostikers fundiertes und differenziertes Menschenbild) mit einem Einzelnen (Leben eines konkreten Menschen in all seiner Vielfältigkeit), indem das Einzelne als das Besondere dieses Allgemeinen in seiner Entwicklung rekonstruiert wird" (Jantzen 1990, 171) zu charakterisieren. Das Erkennen, Erklären und Verstehen der Entwicklung des Besonderen in dem Verhältnis des Einzelnen zum Allgemeinen kennzeichnet den Prozess der Rehistorisierenden Diagnostik. Rehistorisierende Diagnostik beschränkt sich nicht darauf zu beschreiben, wie ein Mensch ist, sondern hinterfragt, welche Ereignisse und Bedingungen im Verlauf der Individualentwicklung dieses Menschen dazu geführt haben, dass er so geworden ist, wie er ist. Betrachtet werden die Lebensverhältnisse und Existenzbedingungen eines Menschen, innerhalb derer es für ihn sinnvoll geworden ist, seine sogenannten „Symptome" zu entwickeln. Ausgehend von den ontologischen Grundannahmen, „dass das Ganze als Grund der Singularität jedes seiner Teile und jedes Teil als Bedingung des Ganzen erscheint" (Holz 2003, 45), ist das Werden und Gewordensein des Besonderen eines Menschen in der Rehistorisierung nur in seinen wechselseitigen Verhältnissen zur Welt und zum Menschen zu dechiffrieren. Rehistorisieren meint, das Besondere des Soseins eines Menschen in dem Allumfassenden der Vielfalt des menschlichen Seins zu erkennen und anzuerkennen. Ausgehend von der konkreten Tatsache des Besonderen eines Menschen geht es in einem ersten Schritt in dem Prozess der Rehistorisierung abstrahierend von der Tatsache darum, wie diese Tatsache gedanklich durchdrungen wird. Diese Abstraktion erfolgt nicht voraussetzungslos, sondern sie orientiert sich an den ontologischen Grundannahmen, sodass das Besondere dieses Menschen nicht so wäre, wie es ist, würde es nicht vermittelt durch seine Beziehungen zur Welt und zum Menschen zu sich selbst gebracht worden sein. Der ontologische Bezugsrahmen formt insofern den Hintergrund, vor dem das Sein des Menschen stets als ein Sein in Beziehung, in Wechselwirkung zu denken ist und das heißt, erst durch die gegenständlichen wechselseitigen Beziehungen überhaupt die Existenz des menschlichen Seins zu begründen ist (vgl. ebd., 45 ff.). Gleichermaßen bilden die ontologischen Grundlegungen auch die Orientierung für den zweiten Schritt der rehistorisierenden Diagnostik, d. h. das sukzessive Aufsteigen des Abstrakten zum gedanklich Konkreten, der wie folgt zu beschreiben ist: „Der konkrete Gegenstand, der Objekt der wissenschaftlichen Forschung ist, stellt kein isoliertes Ding dar, dessen Wesen sich in einem bestimmten abstrakten Begriff formulieren ließe. Der Gegenstand der Wissenschaft ist ein Ding mit seinen Verbindungen und Beziehungen, und je tiefer wir diese Verbindungen und Beziehungen verstehen, desto reicher wird unser begriffliches Verständnis des Dinges (Vorgangs, Prozesses). Derart stellt die wissenschaftliche Erkenntnis auch einen immer reichere Bezüge aufweisenden Prozess des sukzessiven Aufsteigens zum Konkreten dar, bei dem in gleichem Maße allgemeine wie individuelle Gesetzmäßigkeiten aufgedeckt werden" (Lurija 1984, 611 f.). In dem sukzessiven Aufsteigen des Abstrakten zum gedanklich Konkreten vollzieht sich der Übergang vom Erklären zum Verstehen, der im tätigkeitstheoretischen Verständnis die subjektive Sinnbildung der diagnostizierenden Personen beschreibt (vgl. Leontjew 1982, 144 ff.).

Rehistorisierung stellt insofern ein methodisches Verfahren der Diagnostik dar, in dessen Mittelpunkt das Werden und Gewordensein eines Menschen steht, d.h. die Rekonstruktion seines Soseins. Es orientiert sich unter anderem an der Frage, wie sich das Psychische und die Persönlichkeit eines Menschen im Verlauf seiner Lebensgeschichte in Wechselwirkung seines Verhältnisses zur Welt und zum Menschen herausgebildet haben. Durch welche Bedingungen wurde diese Entwicklung beeinflusst? Mithin geht es um die Klärung der Frage, warum dieser Mensch so geworden ist, wie er geworden ist. Entsprechend sind die diagnostischen Daten und Informationen, die über einen Menschen gesammelt werden, auf seine Lebensgeschichte zu beziehen. Diese methodische Anwendung des Entwicklungsgedankens in der Diagnostik dient der Rekonstruktion, der Rehistorisierung des Lebens und Erlebens eines Menschen und erfüllt für die Pädagogik die Funktion eines Scharniers, d.h. Verknüpfungen mit der gesellschaftlich vermittelten pädagogischen/therapeutischen Praxis herzustellen. Die rehistorisierende Wiedergewinnung der biografischen Dimension eines Menschen wird als Basis für pädagogisch-therapeutische Unterstützung genutzt und ist darauf ausgerichtet, in den Lern- und Lebensfeldern dieses Menschen für ihn die uneingeschränkte, gleichberechtigte und gleichwertige Teilhabe und Teilnahme an einer gemeinsamen und nicht ausgrenzenden und separierenden Kultur zu schaffen (vgl. Jantzen 1996; 2005).

Rehistorisierung in der Diagnostik bedeutet also das Besondere im menschlichen Sein in dem Verhältnis der Menschen untereinander vom Beschreibungswissen zum Erklärungsprinzip so zu entschlüsseln, dass das Besondere dieses Menschen als das Ergebnis seiner Lebensgeschichte unter den ihm gewährten Bedingungen dergestalt verständlich wird, als hätte es auch unsere sein können. Das Erkennen und Anerkennen des Besonderen in dem Allgemeinen der diagnostischen Tätigkeit schließt alle Akteure ein. In dieser subjekt- und entwicklungsbezogenen Diagnostik sind somit auch die diagnostizierenden Personen einbezogen. Der Prozess der Diagnostik selbst schafft eine sozial konstruierte Wirklichkeit eigener Art, die sich rückwirkend auf das Gesamtgeschehen auswirkt und ebenso zu reflektieren ist. Rehistorisierung bedeutet insofern für die professionell tätigen Diagnostizierenden, dass sie, ebenso wie sie die Geschichte eines Menschen rekonstruieren, sich selbst in diesem Geschehen zum Gegenstand machen.

Begriffs- und Gegenstandsgeschichte

Die diagnostische Daten- und Informationsgewinnung erfolgt also nicht voraussetzungslos, sondern stets im Blickwinkel von Theorien, die in diesem Geschehen einen orientierenden Charakter haben. Theorien sind stets im Zusammenhang mit historischen und realen gesellschaftlichen Prozessen zu verstehen (vgl. Horkheimer 1970, 17). „Soweit der Begriff der Theorie jedoch verselbstständigt wird, als ob er etwa aus dem inneren Wesen der Erkenntnis oder sonst wie unhistorisch zu begründen sei, verwandelt er sich in eine verdinglichte, ideologische Kategorie“ (ebd., 17). Die Begriffs- und Gegenstandsgeschichte der rehistorisierenden Diagnostik beinhaltet die Überwindung der verdinglichten, ideologischen Kategorien der Diagnostik. Sie hebt sie quasi in sich auf, wobei der Begriff der „Aufhebung“ im Hegel'schen Sinne zu verstehen ist und eine dreifache Bedeutung hat: beenden, bewahren und auf eine höhere Stufen heben. Um dem Neuen zum Durchbruch zu verhelfen, gilt es, das Alte aufzuheben.

Die Methoden, die für die diagnostischen Daten- und Informationsgewinnung genutzt werden, sind nicht losgelöst von den Theorien zu verstehen. Theorien stellen eine Bedingung für die Herausbildung der Methoden dar, sie ziehen sie sozusagen nach sich. Die Methoden fungieren im Dienste der Theorien, d.h.

die Theorien bedienen sich der Methoden, um zu Erkenntnissen zu kommen. Daher ist die Begriffs- und Gegenstandsgeschichte der rehistorisierenden Diagnostik zugleich eine Geschichte der ihr zugrunde liegenden Theorien, vor deren Hintergrund ihre Begriffe als Werkzeuge der Erkenntnisse für die diagnostische Tätigkeit gebildet werden.

Der Begriff der Rehistorisierung geht ursprünglich auf Franco Basaglia (1974) zurück und steht im Kontext mit den Erfahrungen der italienischen „Demokratischen Psychiatrie". Im Mittelpunkt dieser Überlegungen stand die Rückgewinnung eines nicht verdinglichten Verhältnisses von psychischer Krankheit und dem Phänomen Behinderung. Diese skizzierten Grundgedanken wurden von Wolfgang Jantzen (1996; 2005) aufgenommen und als methodisches Verfahren für die Beantwortung diagnostischer Problem- und Fragestellungen im Sinne einer subjekt- und entwicklungsorientierten Diagnostik weiterentwickelt. Die Wiedergewinnung der eigenen Geschichte als Merkmal der Rehistorisierung und als Aufhebung des Bruchs zwischen Individuum und seiner Geschichte wurde für die diagnostischen Prozesse präzisiert. Um den beeinträchtigten und psychisch kranken Menschen wieder als historisches Subjekt unter konkreten gesellschaftlichen Bedingungen zu begreifen, bedarf es einer Dechiffrierung seiner Realität, die als eine doppelte zu charakterisieren ist (vgl. Basaglia 1974). Einerseits ist dies der soziale Ausschluss und die gesellschaftliche Ächtung und andererseits die psychopathologische Problematik eines Kranken bzw. die organische Beeinträchtigung eines Menschen. Diese doppelte Realität bedarf einer ideologischen und dialektischen Entschlüsselung. Ideologische Entschlüsselung meint, die Person nicht mehr nur unter dem Primat des sogenannten „Defekts" zu betrachten und die dialektische Entschlüsselung verweist darauf, dass der sogenannte Defekt nicht als Ausgangspunkt der Entwicklung eines Menschen, sondern als dessen Resultat gefasst wird.

Für die Begriffs- und Gegenstandsgeschichte ist gleichermaßen auf die Erkenntnisse des kulturhistorischen Ansatzes der Psychologie zu verweisen. Bereits in den 20er- bzw. 30er Jahren des vergangenen Jahrhundert wurde erkannt, dass alle eindeutig psychologischen Besonderheiten eines beeinträchtigten Kindes „ihrer Grundlage nach nicht biologischer, sondern sozialer Natur" (Wygotski 1975, 71) sind. Für das Feld der Pädagogik wurde gefordert, das Problem der beeinträchtigten Kinder als soziales Problem zu erkennen und zu durchdenken, „vor allem weil sich das bisher übersehene soziale Moment, das gewöhnlich als zweitrangig und abgeleitet angesehen worden ist, in Wirklichkeit als primäres Moment, als Hauptmoment erweist" (ebd., 66).

Ebenso ist auf die Theorie von der Entwicklung der höheren psychischen Funktionen einzugehen (vgl. Wygotski 1985), die im Kern besagt, dass sich in allen höheren psychischen Funktionen des Menschen genetisch seine sozialen Beziehungen zur Welt und zum Menschen äußern. Jede psychische Funktion zeigt sich in ihrer Entwicklung zweimal, auf zwei Ebenen, zuerst auf der sozialen und danach auf der psychologischen, zuerst zwischen Menschen als interpsychische Kategorie, dann im Innern eines Menschen als intrapsychische Funktion (vgl. ebd., 328ff.). Insofern durchläuft jede höhere psychische Funktion in ihrer Entwicklung das äußere Stadium, weil sie ursprünglich eine soziale Funktion ist. Die psychische Struktur eines Menschen stellt die Gesamtheit seiner Beziehungen zur Welt und zum Menschen dar, die verinnerlicht wurden und zu Funktionen seiner Persönlichkeit sowie zu Formen ihrer Struktur geworden sind. Der Prozess der Entwicklung der Persönlichkeit eines Menschen äußert sich insofern darin, dass die Persönlichkeit eines Menschen durch das, was sie für andere entäußert, zu dem wird, was sie ist (vgl. ebd., 305).

Ferner ist die Begriffs- und Gegenstandsgeschichte der rehistorisierenden Diagnostik im Zusammenhang mit dem entwickelten Verständnis der die Ganzheit der menschlichen Existenz absichernden biologischen, sozialen und psychischen Ebenen (vgl. Leontjew 1982, 219 ff.) zu betrachten. Die dialektische und ideologische Entschlüsselung des Besonderen im Allgemeinen wird vor dem Hintergrund der biologischen, sozialen und psychischen Wirklichkeit eines Menschen geleistet. Jede Ebene hat ihre eigene Entwicklungsgesetzmäßigkeit, die aber jeweils stets unter Berücksichtigung der anderen Ebenen betrachtet und nie aus dem Gesamt abgespaltet werden kann. Diese drei Ebenen sind nicht einfach übereinander geschachtelt. Sie stehen ebenso nicht einfach nebeneinander und befinden sich nicht bloß in einfacher Wechselwirkung zueinander. Vielmehr wird mit der Abfolge der Ebenen eine Hierarchie zum Ausdruck gebracht. Das allgemeine Prinzip, dem die Beziehungen zwischen den Ebenen folgen, besteht darin: „dass die jeweils höhere Ebene stets die führende bleibt, sie sich aber nur mit Hilfe der tieferliegenden Ebenen realisieren kann und darin von ihnen abhängt" (ebd., 221).

Rehistorisierende Diagnostik hat das Wechselverhältnis der biotischen, psychischen und sozialen Ebene des ganzheitlichen Menschen zum Gegenstand und reduziert diesen nicht auf das Biologische und Psychische. Beispielsweise können Blindheit oder Gehörlosigkeit das Verhältnis zu den Menschen und zur Welt auf spezifische Weise ändern, sodass Problemwirklichkeiten geschaffen werden, innerhalb derer die Dialoge, die Kommunikation und Interaktionen zwischen den Beteiligten nicht mehr gelingen. Unter diesen veränderten sozialen Entwicklungsbedingungen vollzieht sich die Entwicklung des Menschen, die Entwicklung des Psychischen, die sich nach außen u. U. als Behinderung bzw. als psychische Beeinträchtigung äußert. In diesem Verständnis kann das Biologische, d. h. z. B. die hirnorganische Beeinträchtigung eines Menschen mit der Kategorie der Isolation (vgl. Jantzen 1987, 260–348) erfasst werden. Die Beeinträchtigung eines Menschen kann auf das Soziale wirken und beeinflusst in der Folge die Entwicklung und Entfaltung seiner psychischen Strukturen und seiner Persönlichkeit. Damit kennzeichnet nicht die organische Beeinträchtigung eines Menschen seinen Prozess der Behinderung, sondern die durch die Beeinträchtigung radikal veränderte soziale Entwicklungssituation.

Entsprechend gehört zur Begriffs- und Gegenstandsgeschichte der rehistorisierenden Diagnostik die neuropsychologische Syndromanalyse (vgl. Lurija 1992; Jantzen 1990, 186 ff.), die auf der biologischen Ebene den Kern der Beeinträchtigung eines Menschen zu erkennen und erklären vermag. Damit werden die spezifischen Auswirkungen des Syndroms (wie z. B. Blindheit, Gehörlosigkeit, Trisomie 21 usw.) eines Menschen auf sein Verhältnis zur Welt und zum Menschen erklär- und verstehbarer. Neben dieser neuropsychologischen Syndromanalyse braucht es zur Entschlüsselung des Besonderen im Allgemeinen einen Bezugsrahmen aus der Entwicklungspsychologie und Entwicklungspsychopathologie. Die Entwicklungspsychologie und die Entwicklungspsychopathologie sind der Hintergrund, vor dem Erklärungswissen gebildet werden kann, sodass sowohl das Werden des Einzelnen als auch das Besondere der Entwicklung im Kontext seiner Verhältnisse zur Welt und zum Menschen erkennbar werden. Und schließlich ist für die Entschlüsselung der spezifischen Wirkung spezifischer Umwelten eine differenzierte Theorie der sozialen Umwelt und der in ihnen möglichen oder unterbundenen Wechselbeziehungen erforderlich, die einen weiteren Bereich für die Herausbildung von Erklärungswissen darstellt (vgl. Jantzen 2002).

Diese angeführten Zusammenhänge der neuropsychologischen Syndromanalyse, der Entwicklungspsychologie und -psychopathologie sowie eine entwickelte Theorie sozialer Kontexte sind im Zusammenhang der Begriffs- und Gegenstandsgeschichte der rehistorisierenden Diagnostik von großer Relevanz. Sie sind entscheidende Instrumentarien und bilden einen Wissensspeicher, der für die Entwicklung von Erklärungswissen im Hinblick auf die diagnostischen Problem- und Fragestellungen genutzt wird, sodass die beispielsweise zuvor unverständlichen Handlungen eines Menschen als sinnvoll und systemhaft zu erkennen, zu erklären und zu verstehen sind.

Zentrale Probleme

Das zentrale Problem in dem Feld der Diagnostik ist die „Entwirklichung des Menschen zum Naturgegenstand, zum Ding" (vgl. Ongaro Basaglia 1985, 78). Die Macht der Diagnose behauptet sich darin, „in dem sie sich, mittels der Definition der natürlichen Verschiedenheit, selbst zum Maß des Natürlichen aufwirft und damit den Gegensatz, den das Andere darstellt, annulliert" (ebd., 78). Das Besondere eines Menschen wird also nicht in der Wechselwirkung des Einzelnen mit dem Allgemeinen diagnostisch dechiffriert, sondern in den Termini eines sogenannten „Defekts" verdinglicht. Damit wird der Bruch zwischen dem Einzelnen und seiner Geschichte herbeigeführt. Der Verursachungszusammenhang, d. h. das Verhältnis des Einzelnen zum Allgemeinen innerhalb dessen seine Besonderung begründet liegt, wird zum Verschwinden gebracht. Das Phänomen der Besonderung des Einzelnen wird an ihm festgeschrieben und aus der Konstellation gelöst, aus der es hervorgegangen ist. Grundlage dieser diagnostischen Tätigkeit ist die Akzeptanz der „Pseudonatürlichkeit der menschlichen Lebensverhältnisse" (ebd., 11), sodass die Besonderung des Einzelnen unter „Gesichtspunkten des natürlichen Verfalls oder natürlicher Störung" (ebd., 10) in einem sozial konstruierten Prozess der Verdinglichung aufgrund der Entwirklichung überführt wird und entsprechend zu „behandeln" ist. „Alle Verdinglichung ist ein Vergessen" (Horkheimer & Adorno 2004, 244). Die Rehistorisierende Diagnostik wendet sich gegen das Vergessen der Verdinglichung von sozialen Prozessen auf Natur und Schicksal, d. h. „dass die Beziehung zwischen Personen den Charakter einer Dinghaftigkeit" (Lukács 1988, 170) annehmen.

Zentrale Erkenntnisse

„Einem Menschen begegnen heißt, von einem Rätsel wachgehalten zu werden" (Lévinas 1998, 120). Die diagnostische Tätigkeit ist in diesem Verständnis als eine „Enträtselung" im Sinne eines wissenschaftlichen Erkennens zu verstehen, das darin besteht, das Wesen einer Erscheinung im Aufsteigen vom Abstrakten zum gedanklich Konkreten so zu durchdringen, dass es erklär- und verstehbar wird. „Alle Wissenschaft wäre überflüssig, wenn die Erscheinungsformen und das Wesen der Dinge unmittelbar zusammenfielen" (Marx 1970, 825). Bezogen auf die Felder der Diagnostik ist diese Erkenntnis so zu deuten, dass alle Diagnostik überflüssig wäre, wenn die äußere Erscheinung eines Menschen mit seinem inneren Wesen zusammenfallen würde. Das Aufsteigen vom Abstrakten zum Konkreten beginnt gewissermaßen mit der Erkenntnis des Wissens vom Nichtwissen, das die Kenntnisse über einen bestimmten Erkenntnisgegenstand nicht ausreichen, um die diagnostischen Problem- und Fragestellungen zur Lösung zu bringen. Die diagnostische Tätigkeit fußt insofern auf der Einsicht der Erarbeitung von Erklärungswissen, auf dessen Hintergrund es ermöglicht wird, zuvor unverstandene Tätigkeiten und Handlungen eines Menschen als sinnvoll und systemhaft zu identifizieren. In dem damit einhergehenden Prozess des Aufsteigens wird die Vielfalt des Konkreten unter dem Aspekt des Abstrakten im diagnostischen Gegenstandsbereich kognitiv durchdrungen und das Abstrakte seinerseits verändert sich und wird durch das Konkrete inhaltlich verdichtet.

Die diagnostische Tätigkeit basiert insofern auf der Erkenntnis, dass es keine „Pseudonatürlichkeit" der menschlichen Verhältnisse gibt, sondern sie sind stets soziale und historische Verhältnisse. In dieser Denkfigur ist der Andere Grundlage meiner Existenz (vgl. Lévinas 1998), aber der Andere ist stets in bestimmten historischen und sozialen Verhältnissen. Die Wirklichkeit des menschlichen Seins wird ursächlich durch die Möglichkeit der menschlichen Beziehungen bestimmt, d.h. durch das Verhältnis der Menschen untereinander und dieses Verhältnis wiederum unterliegt bestimmten historischen und sozialen Bedingungen.

Das Begreifen der Subjektivität in der rehistorisierenden diagnostischen Tätigkeit erfolgt auf der Grundlage der Erkenntnis der systematischen Vermittlung von der biotischen, psychischen und sozialen Ebene des Menschen in seiner ganzheitlichen Tätigkeit unter den konkret historischen Bedingungen. Eine solche tätigkeitsorientierte Sichtweise erkennt die psychischen Prozesse eines Menschen als Ergebnis der Wechselwirkung zwischen der biotischen und sozialen Ebene des Menschen. Diese relationale Gegenüberstellung von Biologischem und Sozialem ermöglicht also eine tätigkeitsorientierte Interpretation des Psychischen und seiner Entwicklung auf der Basis der Erkenntnis, dass die psychische Entwicklung der Persönlichkeit stets als in der aktiven Wechselwirkung des sich entwickelnden Subjekts der Tätigkeit mit seinen Umweltbedingungen bestimmt.

Auf dieser Grundlage wird der sozialen Konstruktion von Verdinglichung durch das sukzessive Aufsteigen vom Abstrakten zum gedanklich Konkreten diagnostisch begegnet. Denn zwischen den biologischen und sozialen Daten bzw. Informationen einer Person, die diagnostisch erfasst werden, entschlüsselt sich die Besonderheit der Entwicklung des Psychischen dieser Person und seiner Persönlichkeit, die nur in dem Spiegelbild der objektiven und subjektiven Geschichte des Einzelnen, im Spiegel seines Lebens und Erlebens, rehistorisiert werden kann. Es sind die gesellschaftlichen Formen des Lebens, die das Gehirn zwingen, „auf neue Weise zu arbeiten, sie lassen qualitativ neue funktionelle Systeme entstehen" (Lurija 2002, 58).

Die diagnostische Dechiffrierung des Besonderen in dem Verhältnis des Einzelnen zum Allgemeinen bedeutet, dass die erhobenen diagnostischen Daten auf die Geschichte des Subjekts so bezogen werden, dass das Aufsteigen vom Abstrakten zum Konkreten in ein sinn- und systemhaftes Verstehen des Besonderen in dem Anderen transformiert wird. Verstehen ist hier im tätigkeitstheoretischen Kontext so zu fassen, dass die diagnostische Tätigkeit in einen Sinnbildungsprozess mündet, in dem die Einheit von Tätigkeit, Sinn und Bedeutung derart ausgestaltet wird, dass sich die Enträtselung der Bedeutsamkeit (des Besonderen) des Anderen als Sinnkonstruktion entäußert, indem die Geschichte des Anderen als eine besondere Geschichte in dem Verhältnis der Menschen untereinander rekonstruiert wird. Die Erkenntnis der objektiven Bedeutung des Besonderen des Einzelnen im Allgemeinen des menschlich Möglichen ist der rehistorisierende Prozess der Sinnkonstruktion, der Sinnstiftung, des sinnstiftenden Verstehens in der diagnostischen Tätigkeit. Sinnstiftendes Verstehen in der rehistorisierenden diagnostischen Tätigkeit kennzeichnet die Rekonstruktion der Lebensgeschichte eines Menschen, als hätte sie auch unsere sein können. Der Prozess der Rehistorisierung ist daher unabdingbar an die Herstellung einer Situation gebunden, die dies im sozialen Verkehr zwischen Diagnostiker und Diagnostiziertem leistet. Verstehen bedeutet insofern, in der Distanz Nähe sowie in der Nähe Distanz zu halten. Die Ebene des Verstehens ist also durch einen reflexiven Charakter gekennzeichnet, der gleichermaßen die diagnostizierenden Personen einschließt, in dem Wissen, dass durch die Diagnostik eine soziale Konstruktion von Wirklichkeiten eigener Art geschaffen wird, die sich reaktiv auf das gesamte diagnostische Geschehen auswirken. Dabei gilt es ferner zu berücksichtigen, dass es keinen festen Punkt des abschließend Erklärt- und Verstandenhabens gibt. „Es bleibt immer relational, da der oder die Andere unverfügbar bleibt und bleiben muss. Denn jeder Versuch des Verfügens schränkt die Möglichkeit von Erklären und Verstehen massiv ein. Und erst in einem auf Anerkennung fußenden Austausch mit ihm oder ihr kann sich mein Wissen als erklärend und verstehend verifizieren" (Jantzen 2003, 101). Der Akt des Verstehens ist in dem Prozess der Rehistorisierenden Diagnostik so zu denken, dass das Einbüßen der Souveränität Menschlichkeit zur Folge hat. „Nehmen wir jedoch die Sokratische Weisheit ernst, dass die Selbsterkenntnis nie vollständig sein kann, dass sie immer bruchstückhaft ist und dass uns im Großen und Ganzen die Quellen unseres Denkens verborgen bleiben, dann scheinen wir daraus schließen zu müssen, dass die Hinnahme der Begrenzungen, die das Menschliche definieren, Teil jeder Erklärung moralischer Verantwortung sein muss. Leugnen wir unsere Beschränkungen, so verleugnen wir, was an uns menschlich ist" (Butler 2003, 11).

Ausblick

In der Diskussion um die Problematik der Diagnostik in den Feldern der Heil- und Sonderpädagogik sind die Prozesse der Verdinglichung keineswegs überwunden. Insofern leistet die Rehistorisierende Diagnostik einen wichtigen Beitrag zur Überwindung bzw. Aufhebung der normorientierten in einer subjektorientierten Diagnostik (vgl. Lemke & Schuck 2003, 545–576).

Die Verflüssigung der Verdinglichung in dem diagnostischen Geschehen ist insofern zwingend an die Sicherstellung einer diagnostischen Begegnung gebunden, die dies im sozialen Verkehr zwischen Diagnostiker und Diagnostiziertem leistet. Erst diagnostische Standpunkte, „welche den Diagnostiker, der in all den bisher genannten Erzählungen über Diagnostik nur als Invariante, als neutraler Beobachter vorkommt, selbst als wesentliche Bedingung des beobachteten Prozesses mit einführen, beginnen diese Verdinglichung zu verflüssigen" (Jantzen 2002, 73 f.).

Daraus ergibt sich die Notwendigkeit einer fachlichen Qualifikation der diagnostisch handelnden Personen. Um die Lern- und Lebensfelder der Menschen, die beeinträchtigt sind und behindert werden, zu erklären bzw. um verstehende Zugänge überhaupt herstellen zu können, bedarf es einerseits entwicklungspsychologischer, entwicklungspsychopathologischer, neuropsychologischer, neurophysiologischer und sozioökonomischer Einsichten und andererseits der Erkenntnis, dass die sozialen und psychischen Fähigkeiten der Diagnostiker gleichermaßen den Prozess der Rehistorisierung beeinflussen. Denn Erkenntnis ist die „Wiederholung eines Äußeren, Anderen im eigenen Bewusstsein; gleichsam eine Verdoppelung der Sache, dieselbe in zweifacher Weise im Unterschied von sich selbst" (Holz 2003, 14). Das Erkennen der Identität als Identität im Unterschied bedeutet, „dass ich im Anderen mich selbst erkenne und doch es als ein Anderes *an*erkenne" (ebd., 19), und das ist der Kern der Rehistorisierenden Diagnostik.

Literatur

Basaglia, Franco (1974): Was ist Psychiatrie? Frankfurt a. M.

Basaglia, Franco (1980): Die negierte Institution oder die Gemeinschaft der Ausgeschlossenen. Ein Experiment der psychiatrischen Klinik in Görz. Frankfurt a. M.

Butler, Judith (2003): Kritik der ethischen Gewalt. Frankfurt a. M.

Holz, Hans Heinz (2003): Widerspiegelung. Bielefeld

Horkheimer, Max (1970): Traditionelle und kritische Theorie. Frankfurt a. M.

Horkheimer, Max & Adorno, Theodor W. (2004): Dialektik der Aufklärung. Philosophische Fragmente. 15. Aufl., Frankfurt a. M.

Jantzen, Wolfgang (1987): Allgemeine Behindertenpädagogik Bd. I: Sozialwissenschaftliche und psychologische Grundlagen. Weinheim

Jantzen, Wolfgang (1990): Allgemeine Behindertenpädagogik, Bd. II: Neurowissenschaftliche Grundlagen, Diagnostik, Pädagogik, Therapie. Weinheim

Jantzen, Wolfgang (2002): Diagnostik und Rehistorisierung. Probleme und Strategien einer verstehenden Diagnostik. In: Integrative Therapie 28, 3–4, 73–85

Jantzen, Wolfgang (2003): Rehistorisierende Diagnostik: Verstehende Diagnostik braucht Erklärungswissen. In: Ricken, Gabi, Fritz, Annemarie & Hofmann, Christiane (Hrsg.): Diagnose: Sonderpädagogischer Förderbedarf. Lengerich, 83–105

Jantzen, Wolfgang (2005): „Es kommt darauf an, sich zu verändern ...". Zur Methodologie und Praxis rehistorisierender Diagnostik und Intervention. Gießen

Jantzen, Wolfgang & Lanwer-Koppelin, Willehad (Hrsg.) (1996): Diagnostik als Rehistorisierung. Methodologie und Praxis einer verstehenden Diagnostik am Beispiel schwer behinderter Menschen. Berlin

Lemke, Wolfgang & Schuck, Karl Dieter (2003): Symptomatik, Ätiologie und Diagnostik bei Beeinträchtigung der kognitiven Entwicklung. In: Leonhardt, Annette & Wember, Franz, B. (Hrsg.): Grundfragen der Sonderpädagogik. Bildung - Erziehung - Behinderung. Weinheim, 545–576

Leontjew, Alexej N. (1982): Tätigkeit, Bewusstsein, Persönlichkeit. Köln

Lévinas, Emmanuel (1998): Die Spur des Anderen. Untersuchungen zur Phänomenologie und Sozialpsychologie. Freiburg

Lukács, Georg (1988): Geschichte und Klassenbewusstsein. Studien über marxistische Dialektik. Darmstadt

Lurija, Alexander, R. (1984): Reduktionismus in der Psychologie. In: Zeier, Hans (Hrsg.): Lernen und Verhalten. Bd. 1: Lerntheorien. Kindlers „Psychologie des 20. Jahrhunderts". Weinheim, 606–614

Lurija, Alexander, R. (1992): Das Gehirn in Aktion. Einführung in die Neuropsychologie. Reinbek

Lurija, Alexander R. (2002): Zur Stellung der Psychologie unter den Sozial- und Biowissenschaften. In: Jantzen, Wolfgang (Hrsg.): Alexander R. Lurija. Kulturhistorische Humanwissenschaft. Ausgewählte Schriften. Berlin, 48–58

Marx, Karl (1970): Das Kapital. MEW Bd. 25. Berlin

Ongaro Basaglia, Franca (1985): Gesundheit. Krankheit. Das Elend der Medizin. Frankfurt a. M.

Wygotski, Lew (1975): Zu Psychologie und Pädagogik der kindlichen Defektivität. In: Die Sonderschule 20, H. 2. Berlin, 65–72

Wygotski, Lew (1985): Ausgewählte Schriften Bd. I. Köln

Integration und Exklusion

Wolfgang Jantzen

Definitionen

Integration vom lateinischen *integer* (unversehrt, voll, ganz, unbescholten, makellos) bzw. *integrare* (heil, unversehrt machen, wiederherstellen, ergänzen) bedeutet die Wiederherstellung eines Ganzen. In der Soziologie steht Integration für Prozesse der Vermittlung von Individuum und Gesellschaft. Einerseits kann Integration als Einbeziehung von Individuen in ihnen bisher vorenthaltene gesellschaftliche Bereiche von Bildung, Arbeit, Gesundheit, friedlichem Zusammenleben aller betrachtet werden, andererseits als „Normalisierung" von „Randgruppen" durch Prozesse der Unterwerfung und Kontrolle. „Soziale Kontrolle ist ein zentraler Bestandteil aller Prozesse der sozialen Integration" (Korte & Schäfers 2000, 104). Entsprechend existiert Integration in und zwischen unterschiedlichen „sozialen Feldern" (Bourdieu) bzw. gesellschaftlichen Teilsystemen (Luhmann) jeweils in einer differenzierten Machtbalance von Teilhabe und Kontrolle (bis hin zur aktiven Ausgrenzung).

In der Erziehungswissenschaft bezeichnet Integration vorrangig nur den Aspekt der Teilhabe als „gemeinsame Unterrichtung behinderter und nicht behinderter Kinder in allgemeinen Schulen" bzw. als „Auslegung und Konkretisierung von ‚Allgemeinbildung'" (Wocken 2006, 99). Ein umfassender (behinderten-)pädagogischer Begriff hätte auch den gesamten außerschulischen Bereich zu umfassen (vgl. Beck 1994) sowie sich an einem integralen Konzept von Sozialpolitik (Bäcker et al. 1989) zu orientieren.

In jüngster Zeit wurde innerhalb der Pädagogik mit Bezug auf die angloamerikanische Debatte versucht, den Begriff der Integration durch den der Inklusion zu ersetzen (vgl. Liesen & Felder 2004).

Inklusion vom lateinischen *inclusio* (Einschließung, Einsperrung) zielt in der Sozialethik auf die Gleichwertigkeit eines Individuums als Vielfalt in der Differenz. In der soziologischen Systemtheorie ist sie „die Art und Weise, wie soziale Systeme Menschen bezeichnen, die sie in ihren Relevanzraum aufnehmen, ihren Handlungsraum zugleich entfalten und eingrenzen" (Nassehi 2000, 19). In dieser Hinsicht ist sie untrennbar mit Exklusion verbunden.

In der Pädagogik (Kindergarten, Schule) wird Inklusion hingegen als allgemeinpädagogischer Ansatz verstanden, „der auf der Basis von Bürgerrechten argumentiert, sich gegen jede gesellschaftliche Marginalisierung wendet und somit allen Menschen das gleiche volle Recht auf individuelle Entwicklung und soziale Teilhabe ungeachtet ihrer persönlichen Unterstützungsbedürfnisse zugesichert sehen will" (Hinz 2006, 98).

Exklusion vom lateinischen *exclusio* (Ausschließung, Abweichung) ist ein soziologischer Begriff, der im letzten Jahrzehnt an die Stelle des älteren Begriffs *„sozialer Ausschluss"* (Ausgrenzung ebenso wie Abgrenzung) getreten ist. Nach Castel (2000, 20 f.) lassen sich drei Untergruppen unterscheiden: 1. die vollständige Ausgrenzung (z. B. im Genozid), 2. der Aufbau geschlossener Räume, die von der Gemeinschaft abgetrennt sind (Gettos, Leprosorien, „Asyle", Gefängnisse) sowie 3. ein Ausschluss, der die Koexistenz mit der Gemeinschaft ermöglicht, aber bestimmter Rechte und der Beteiligung an bestimmten sozialen Aktivitäten beraubt.

Im Mainstream der behindertenpädagogischen Diskussion kehren diese drei Bereiche von Exklusion wieder in den Debatten um die (neue) „Euthanasie" (Singer-Debatte) bzw. um den Lebenswert von Komapatienten und schwerstbehinderten Menschen, um Normalitätsprinzip und Deinstitutionalisierung bei in Anstalten und in Heimen internierten Personen und um pädagogische Integration und Inklusion in Schule und Kindergarten.

Begriffs- und Gegenstandsgeschichte, zentrale Probleme

Begriffs- und Gegenstandsgeschichte sind aufs Engste mit zentralen Problemen gesellschaftlicher Teilhabe als Geschichte von Armut und Reichtum, Macht und Ohnmacht, Gewalt und Vernichtung, Anerkennung und Missachtung, Widerstand und Befreiung verbunden, die in der Debatte um Integration, Inklusion und Exklusion wiederkehren (→ V Soziale Ungleichheit). Jenseits aller „verbrauchten Visionen" über Integration, die ersichtlich Anlass für die Einführung des Begriffs der Inklusion in die Behindertenpädagogik waren (Liesen & Felder 2004, 24), sowie einer weitgehend fehlenden Diskussion von Exklusion (Dederich 2006) gilt es, einen Begriff von dieser Geschichte zu gewinnen.

Das Staunen, dass bestimmte Dinge im 20. bzw. 21. Jahrhundert noch möglich sind, „steht nicht am Anfang einer Erkenntnis, es sei denn der, dass die Vorstellung von Geschichte, aus der es stammt, nicht zu halten ist", so Walter Benjamin (1965, 84). „Die Tradition der Unterdrückten belehrt uns darüber, dass der Ausnahmezustand, in dem wir leben, die Regel ist. Wir müssen zu einem Begriff der Geschichte kommen, der dem entspricht" (ebd.). Ein solcher Begriff hat vielfältige Ebenen und Vermittlungen, allerdings kann dabei auf eine langjährige sozialwissenschaftliche Diskussion zurückgegriffen werden.

Keineswegs ist es so, dass die der Systemtheorie unverständlichen „schwarzen Löcher der Exklusion" (Stichweh 2005) unerforscht sind. Bourdieus Studien über das „Elend der Welt" (1997) zeigen die Sphären der Verwundbarkeit und Prekarisierung im Sinne von Castels dritten Typus der Exklusion ebenso auf, wie die Studien um die negativen Folgen von Exklusion in pädagogische Sondereinrichtungen. Der Anstalts- und Heimbereich ist vielfältig untersucht und dokumentiert (Castels zweiter Typus der Exklusion) und auch die Vorgänge der Massenvernichtung sind soziologisch keineswegs terra incognita (Bauman 1992). Das Problem liegt eher in den Ordnungsgesichtspunkten für eine Begriffs- und Gegenstandsgeschichte. Ein Ausgehen von der gesellschaftlichen Reproduktion als Reproduktion der Produktionsmittel (einschließlich der lebendigen Arbeitskraft) ebenso wie der Produktionsverhältnisse, verbunden über die je historischen Infrastrukturen, Rechts- und Staatsformen, ideologischen Verhältnisse, wie es die Marx'sche Methodologie inauguriert, erweist sich nach wie vor als brauchbare und sinnvolle Methodologie.

So sind nach Türcke (1996) primäre Prozesse der Ausgrenzung und Integration von sekundären Prozessen zu unterscheiden. Primärer Mechanismus der Ausgrenzung ist der Verkauf der Arbeitskraft als Ware. „Wo Waren verkauft werden, werden andere als unverkäuflich liegengelassen. Der Markt ist der Ort der Selektion oder er ist kein Markt." Entsprechend der primären Ausgrenzung gibt es eine primäre Integration: Ausplünderung der Rohstoffe fremder Länder, Unterdrückung bis hin zur Ermordung ihrer Völker ebenso wie Einbezug der Reproduktion der Arbeitskraft in das in Europa entstehende Sozial- und Wirtschaftssystem. *Primäre Integration* wäre demnach die sozialpolitische Einbeziehung behinderter und kranker Menschen in den Bereich der staatlichen und gesellschaftlichen Gestaltung (deren Adressen sie als Personen im Sinne der Systemtheorie werden), also in den Bereich der politischen Ökonomie in den von Castel aufgezeigten spezifischen Formen der Exklusion. Im Alltagsgeschehen wird diese primäre Integration jedoch als Ausgrenzung erfahren. Türcke nennt sie daher *sekundäre Ausgrenzung*.

Besser wäre es, statt von primärer Ausgrenzung und Integration von *gesellschaft-*

licher Ausgrenzung und Integration (auf der Ebene des Verkaufs der Arbeitskraft als Ware) und statt von sekundärer Ausgrenzung und Integration von *gemeinschaftlicher* (institutioneller) Ausgrenzung und Integration zu sprechen. Die primäre (gesellschaftliche) Integration in Sonderschule und Großanstalt ist es, die als sekundäre, gemeinschaftliche Ausgrenzung erscheint, und nach sekundärer, d. h. gemeinschaftlicher Integration verlangt.

Ein entsprechender Begriffswandel zeigte sich – verbunden mit vielfältigen Praxen – ansatzweise ab Beginn der 1970er Jahre. In der Debatte um Sozialpolitik und Wohlfahrtsstaat erfolgte seitens des Wirtschafts- und Sozialwissenschaftlichen Instituts des DGB (WSI) eine an der Marx'schen Werttheorie ausgerichtete Neuorientierung der Sozialpolitik als auf die Werterhaltung und Reproduktion der Arbeitskraft gerichteter Politik in höchst unterschiedlichen Teilbereichen wie „Einkommen, Beschäftigung, Qualifikation, Gesundheit, Kinder und Familie, Alter, Soziale Dienste" (Bäcker et al. 1989, erstmals 1980). Reproduktionsleistungen werden im Kontext von Verteilungskämpfen um das variable Kapital verstanden, also um jenen Anteil des als Neuwert erwirtschafteten Kapitals, aus dem die Reproduktionskosten der arbeitenden Bevölkerung insgesamt (insbesondere über staatliche Transfers) und nicht nur über die Lohnfonds alleine finanziert werden. Diese Analysen trafen sich mit denen aus der Bildungsökonomie, der Ökonomie des Gesundheitssektors ebenso wie mit historischen systematischen Analysen über die Rolle der Sozialpolitik im 20. Jahrhundert bis hin zu den in dieser Hinsicht als Modernisierung zu begreifenden Vernichtungsaktionen der Nazis (vgl. Aly & Roth 1984 sowie die „Beiträge zur nationalsozialistischen Gesundheits- und Bildungspolitik" und die „Schriften der Hamburger Stiftung für Sozialgeschichte des 20. Jahrhunderts").

Das Verständnis historischer Ereignisse im Bereich von Inklusion und Exklusion erweist sich auf diesem Hintergrund aufs Engste an das jeweils genutzte soziologische Instrumentarium gebunden (vgl. Jantzen 1982). Ein zentrales Problem ist hierbei der im gemeinschaftlichen Handeln z. B. in Pädagogik, Psychiatrie, Sozialpolitik nicht antagonistische Gegensatz von Inklusion und Exklusion, von Hilfe und Gewalt (Jantzen 1993). Wie fügen sich beide Seiten zum Bild des Ganzen, welches das jeweils andere nicht als radikal anders ausschließt? Eine Klärung dieser Problematik wäre nicht nur für die behindertenpädagogische Debatte von höchster Bedeutung, sondern darüber hinaus zentral für ein Neuverständnis von politischem Handeln unter Bedingungen von Globalisierung und Deregulierung des Wohlfahrtsstaats.

Als Diskussion des „Zwischen" (Castel 2000), der Gleichzeitigkeit von Integration und Exklusion, erfolgte sie bereis ansatzweise in der italienischen „Demokratischen Psychiatrie" ab Ende der 1960er Jahre. In Reflexion auf die psychiatrische und politische Praxis der radikalen Deinstitutionalisierung von Psychiatrieinternierten wurde ein umfangreiches sozialwissenschaftliches Instrumentarium zur Analyse des inneren Zusammenhangs von Integration und Ausschluss entwickelt.

Grundthese von Ongaro Basaglia (1985) ist es, dass sich die westliche Kultur auf Ausschluss gründet. Die Ausgliederung jedoch „entwickelt und wandelt sich mit der Fähigkeit des Menschen, die Natur und sich selbst zu beherrschen [...], mit seinen Bedürfnissen, die eigene Identität über den Ausschluss des anderen zu begründen und zu bewahren" (ebd., 73). In Anlehnung an Hegels Analyse des Herr-Knecht-Verhältnisses werden – ausgehend vom Pol gemeinschaftlicher Exklusion und Inklusion – verschiedene logische Schritte unterschieden:

1. Das Überleben des Einzelnen wird durch die *Tötung des anderen* garantiert; der Ausschluss nimmt das Gesicht des Todes an. „Wer ausschließt (tötet) bleibt *integer*, unversehrt; er bleibt lebendig, indem (und weil) er dem anderen den Tod zufügt" (ebd., 74).

Obgleich, nach der Vernichtung von mehreren 100 000 psychisch kranken und behinderten Menschen unter dem Hitlerregime, diese Dimension in den Untergrund gewandert ist, ist sie immer wieder in der Debatte um Bioethik und Eugenik, aber ebenso auch in phantasmatischen Konstruktionen von behinderten Menschen in unserem Denken präsent – unter Einschluss von „Tötungsphantasien" (Niedecken 1998).

Nicht die Verobjektivierung des Anderen, seine Verdinglichung, ist im Hegel'schen Sinne der entscheidende Sündenfall, sondern die Unfähigkeit des erkennenden Subjekts, seine Setzung als subjektive Konstruktion zu identifizieren und erneut in der Vermittlung mit dem Objekt als solche zu denken. Erst hierdurch kann die Subjektivität des Anderen gedacht und damit (sui generis und sodann in ihrer sozialen Vermittlung) anerkannt werden. Integration und Ausschluss in diesem ersten Sinne haben *ein* Subjekt, den Ausschließenden. Was sich im Verlauf der Jahrhunderte ändern wird, „ist einzig das Ausmaß der Entwirklichung des Ausgeschlossenen, das nötig ist, um die Integrität des Ausschließenden zu gewährleisten" (Ongaro Basaglia 1985, 75).

2. Mit der Entwicklung sozialer Gruppierungen wird zum Feind erklärt, wer die Interessen der Gruppe antastet. Durch *Zentrierung sozialer Macht* wird zwar die Subjektivität der übrigen Mitglieder durch Ausschluss von dieser Macht beschnitten. Doch jedem Mitglied als „Knecht" wird die *Integrität in der Gruppe* gesichert, „da und sofern er die Macht anerkennt, die ihn schützt" (ebd., 76). Der ausgeschlossene Diener dient dem Herrn, so wie der Herr dem Diener „dient", indem er „die Gefahren der Verteidigung" auf sich nimmt. Des Dieners „Unfähigkeit, sich zu verteidigen, legt ihn wie tot in die Hände des Herrn. Doch gerade weil er wie tot ist, braucht er den Herrn, um zu leben" (ebd.).

3. Wichtigste soziale Technik des Ausschlusses ist die *Reduktion auf den Körper*, dessen Entwirklichung zum Naturgegenstand. Der Ausgeschlossene wird mit seiner Natur identifiziert, die als von Geburt an oder durch ein späteres Schicksal verfügt wahrgenommen wird (ebd., 78).

4. Eine neue Qualität erhält das Verhältnis von Ausgrenzung und Integration im modernen Staat nach der Französischen Revolution. Einerseits werden die *Menschenrechte* zur Grundlage des Denkens gesellschaftlicher Verfasstheit, andererseits kann Fortschritt vorgeblich nur einem Teil der Menschen zukommen (ebd., 83). Prozesse der Ausbeutung, der Verdinglichung, der Ideologien und Institutionen als in der Welt des *Kapitals* neu strukturierte *gesellschaftliche Verhältnisse* vermitteln Ausgrenzung und Integration.

Institutionelle Räume des Ausschlusses, vor allem jene der Psychiatrie, der Gettos, der Gefängnisse und der Slums (aber im Prinzip alle anderen institutionellen Räume auch; vgl. Basaglia 1973, 122) sind *„Institutionen der Gewalt"*, insofern im „Selbsterhaltungs-Konzept einer Gesellschaft" Ansteckungsherde abgeschirmt und Infektionen neutralisiert werden müssen (Ongaro Basaglia 1985, 90). Institutionen des Ausschlusses kommt die undankbare Aufgabe zu, „denjenigen zu behüten, zu bewachen, zu erziehen und somit zu verteidigen, der unfähig ist, an einem Spiel teilzunehmen, in dem für ihn ohnehin kein Platz frei wäre" (ebd., 90). Aber diese Verteidigung der Integrität und der Gesellschaftsorganisation und des Staats garantiert nicht die *Integrität der Ausgeschlossenen.*

Wie also kann der Kampf um Anerkennung in einem „integralen Staat" (Gramsci) geführt werden, ohne die Ausgegrenzten erneuter Verdinglichung auszusetzen? Dies ist möglich und zugleich unmöglich. Es ist möglich, indem der Konsens des Ausschlusses aufgebrochen und Widersprüche offen gelegt werden; es ist unmöglich, da sich hierüber nicht die Gesellschaft als Ganzes ändert. Doch kann der jeweilige Teilzusammenhang als *Negation der Institution*, als De-Institutionalisierung verändert werden (Basaglia 1973) und hat in dieser Hinsicht politische Auswirkungen und Rückwirkungen.

Ausgehend von Gramscis Analyse der Situation der Intellektuellen (vgl. Buci-Glucksmann 1981), sind diese immer politisch in ihrem Handeln (Basaglia et al. 1980, 11). Sie realisieren und reproduzieren durch ihre Tätigkeit in jeweils gegebenen gesellschaftlichen und institutionellen Abhängigkeiten. Das Verhältnis von Ausschluss und Integration geht durch sie als „*Techniker praktischen Wissens*" hindurch und stellt die zentrale Frage nach ihrer *Verantwortung* als Intellektuelle. Zwar sind sie (als „traditionelle Intellektuelle" oder als „organische Intellektuelle der herrschenden Klasse" im Sinne Gramscis) qua Profession „Befriedungsverbrecher" und „Zustimmungsfunktionäre". Sie sichern durch ihre institutionelle Arbeit die Integration im Ausschluss. Doch können sie anderseits durch Re-Demokratisierung der Institution, Aufhebung der Verdinglichung der Insassen – und dies bedeutet, sich als handelnde Akteure selbst zur Disposition zu stellen – die Rolle der Insassen als Geschichte wieder zugänglich zu machen, wo diese zu Natur und Schicksal geronnen ist.

Es sieht so aus, als könne eine derartige Konzeption (ähnlich Feuser 2006), die sowohl Prozesse der De-Institutionalisierung (so z. B. die sozialpsychiatrische Entwicklung in der Bundesrepublik über den Mannheimer Kreis, die DGSP, die Auflösung von Kloster Blankenburg) als auch der Integration behinderter Menschen direkt oder indirekt deutlich beeinflusst hat (und Gamscis Philosophie in einen weitaus größeren Rahmen von Theorie und Politikentwicklung eingebettet ist) auch vor einigen „Fallstricken" (Castel 2000) der modernen Exklusionsdebatte bewahren.

Zentrale Erkenntnisse und aktueller Forschungsstand

Im Kontext der Resultate der Globalisierung wie Migration, Armut, soziale Deklassierung, der Entwicklung von „Zweidrittel-Gesellschaften" hin zu „20:80-Gesellschaften" (ruhig gestellt durch „*Tittytainment*", Ernährung und Unterhaltung, so der US-Präsidentenberater Brzezinski; Martin & Schumann 1996, 13), der Deregulierung nationaler Volkswirtschaften und dem Entstehen zahlreicher innerer „Spaltungslinien" beginnt eine neue Debatte um den Begriff der Exklusion. Neu ist, dass weltweit ebenso wie national eine „Surplus-Bevölkerung" entsteht, die niemand mehr braucht und deren wohlfahrtsstaatliche Einbindung in den Bereich des Unmöglichen rückt. Sie sind die „*Überflüssigen*" (Bude 1998) bzw. der „Abfall beim Aufbau von Ordnung" (Bauman 2005).

Die Exklusionsdebatte

Luhmanns auf der Basis seiner Eindrücke in den brasilianischen Favelas entwickelter Vorschlag, Exklusion systemtheoretisch als differenzbildendes Grundverhältnis zu denken und als Problem der Reduktion auf den Körper – dies würde Verbindungen zu zahlreichen weiteren sozialwissenschaftlichen Debatten eröffnen –, wird in der *soziologischen Systemtheorie* nicht fortgesetzt (Farzin 2006, 112; Schroer 2001, 35 f.). Sei es, dass Exklusionsbereiche zu „schwarzen Löchern" erklärt werden (Stichweh 2005), sei es, dass Exklusion negiert wird, da sich die „Überflüssigen" selbst nicht als überflüssig sehen (Baecker et al. 1998, 69). Im besten Falle verbleibt eine resignative Sicht, dass die mit gesellschaftlicher Entwicklung anfallende Differenzierung, z. B. im Bereich von Behinderung, letztlich als „katalytisches Dauerproblem" erhalten bleibt, die Exklusionsdrift nicht beseitigt, sondern nur unsichtbar gemacht werden kann (Fuchs 2002). Wenn aber jede „Inklusion als Form" in der „Einheit von Bezeichnung und Unterscheidung" (Farzin 2006, 91 ff.) nur noch zugleich sie selbst und der Einschluss ihres Gegenteils ist, Exklusion nur noch als bestätigende Selbstreferenz des Systems zu verstehen ist, dann verschwindet auch jeder Inhalt zugunsten der reinen Form. Von Macht und Herrschaft ebenso wie von Aneignung und Ausbeutung oder der Differenz von bloßem Leben und politischem Leben ist nicht mehr die Rede. Wie aber ist dann die von der Systemtheorie zu Recht hervorgehobene Einheit von Exklusion und Inklusion in inhaltlicher Hinsicht zu begreifen?

Diese Frage bündelt wesentliche Teile der Exklusionsdebatte in der Zeitschrift „Mittelweg 36". So verweist Schroer (2001) auf ein Spektrum von Exklusionslagen: Auf der einen Seite Zwangsexklusion im Sinne von Castel (2000), auf der anderen Seite Selbstexklusion der Schönen und Reichen in „gated communities".

Castels dritte Gruppe, ausgemacht in prekären Beschäftigungs- und Lebenssituationen, ist einem wahren „Zuwendungsterror" der Behörden ausgesetzt (ebd., 40), eine Zuwendung, die – so Wacquant (2001) – im „Krieg gegen den Wohlfahrtsstaat" in den USA bereits in eine Kriminalisierung der Armut umgeschlagen ist. Neue Kategorien wie „Problemviertel", „Problembewohner" und „Null-Toleranz" entstehen. Dies entspräche Castels Vermutung einer Zunahme der Exklusion des zweiten Typs als „Verbannung in spezielle Räume" (2000, 21).

Auf dem Hintergrund von historischen Bedeutungsmustern wie der von Karl Marx aufgezeigten relativen und absoluten Überbevölkerung, der von Hannah Arendt aufgezeigten Strategie der politischen Herstellung von Überflüssigkeit sowie der Debatte der 1970er Jahre um Marginalität der Entwicklungsländer, die durch Entwicklungen in den Zentren des Kapitalismus entsteht (Dependenztheorie), so Imbusch (2001), kann Lateinamerika als Vorreiter von Problemlagen betrachtet werden. Die Aushöhlung von Bürgerrechten und Demokratie und die Verantwortungslosigkeit der Eliten, werden auch in Europa Einzug halten.

Schließlich kommt in dieser Debatte die subjektive Lage der Exkludierten in den Blick, gekennzeichnet durch innere Zerrissenheit als Folge der Entbehrlichkeit, als entbehrliches Produkt wie Teil der Gesellschaft. Reduziert wie nie zuvor auf die reine Arbeitskraft und zugleich wie nie zu vor außerstande, sie zu Markte zu tragen, erscheint Exklusion subjektiv als mangelnde Zukunftsperspektive (Callies 2004). Dieses zugleich Drinnen und Draußen bedarf ebenso in erhöhtem Maße der Reflexion, wie die neuen sozialen Techniken der Integration, insbesondere über Konsum und Massenmedien, durch die „romantische Erfindung einer auf Emotionen ausgerichteten Individualität" (Schrage 2003, 85).

Ist es diese auf Emotionen ausgerichtete Individualität, welche die romantische Anziehungskraft einer auf ein künftiges goldene Zeitalter von Inklusion gerichteten Debatte ausmacht, in der von sich verstärkenden Prozessen gesellschaftlicher Exklusion nicht mehr die Rede ist und schon gar nicht von Verbannung in spezielle Räume und von physischer Vernichtung? Wie ist zu erklären, dass in der Behindertenpädagogik die Debatten um schulische Integration bzw. Inklusion, um Deinstitutionalisierung und um Bioethik, um „Euthanasie" und den Status von Komapatienten bisher so wenig verbunden sind? Und wie, dass die Exklusionsdebatte in den Sozialwissenschaften bisher weder mit den sozioogischen Erörterungen von Bauman (1992) zu den Bedingungen der Möglichkeit des Holocaust oder mit der durch Agamben initiierten Debatte über das Lager als Paradigma der Moderne zusammengeführt wurde?

Nacktes Leben, politisches Leben und das Lager als Normalfall: Agamben

In seiner Trilogie über den *homo sacer*, der getötet werden, aber heilig ist und nicht geopfert werden kann (I, 2002; II, 2004; III, 2003), untersucht Agamben auf rechtsphilosophischem Hintergrund und in den Traditionen von Foucault und Benjamin das Problem der Exklusion, das sich in der Moderne im widersprüchlichen Status von Menschen- und Bürgerrechten zeigt. „Im System des Nationalstaates erweisen sich die sogenannten heiligen und unveräußerlichen Menschenrechte, sobald sie nicht als Rechte eines Staatsbürgers zu handhaben sind, als bar allen Schutzes und aller Realität" (I, 135). Unabdingbare passive Rechte, „zu deren Wahrung und Entwicklung die Gesellschaft gegründet worden ist", und aktive, „durch die die Gesellschaft sich bildet", verkehren sich. Die Menschenrechte, „humanitär zugestanden, mit dem angeblichen Zweck, nacktes Leben zu repräsentieren und zu schützen" (ebd., 142), bleiben in immer größerem Umfang von den Bürgerrechten abgetrennt und erscheinen – als Gegenstand humanitärer Intervention – immer dann, wenn das Politische versagt. „Der vom Politischen abgetrennte Humanitarismus kann die Absonderung des nackten Lebens [...] lediglich wiederholen" (ebd., 143). Einerseits sind Millionen von Kriegsopfern, Erdbebenopfern, Flüchtlingen Träger von Menschenrechten und damit Adressat von Wohltätigkeitsorganisationen, andererseits ist ihr Bürgerrechtsstatus durch das Versagen der Politik oder die jeweilige Katastrophe völlig außer Kraft gesetzt (ähnlich Zuständen in Heimen, Anstalten und Gefängnissen, aber auch in der Asylpolitik). Das Lager als nómos der Moderne ist der Raum, „der sich öffnet, wenn der Ausnahmezustand zur Regel zu werden beginnt" (ebd., 177).

Die Spur dieser Trennung führt zurück ins Römische Recht, zur Figur des *homo sacer*, und in die Entwicklung der modernen Souveränität, in der nach Carl Schmitt der Souverän derjenige ist, der den Ausnahmezustand verfügen kann. Die Stellung als Souverän ermächtigt ihn, durch das Gesetz außerhalb des Gesetzes zu treten. Dieser Zustand des Einschlusses (in das Gesetz) als Ausschluss (außerhalb, über das Gesetz) findet seine Entsprechung in der Figur des Banns, realisiert im *homo sacer*: Durch das Gesetz außerhalb des Gesetzes gestellt, kann er ungestraft getötet werden. Der Akt der Ausschließung bleibt mit der Norm „in Form der Aufhebung verbunden" (ebd., 27).

Das *nackte Leben*, auf das der Ausgeschlossene reduziert wird, ist jedoch kein Naturzustand, sondern Produkt der „tödlichen Maschine", die entsteht, wenn *potestas* (Normativ-Rechtliches im engeren Sinn) und *auctoritas* (Verfügung über Mittel) zusammenfallen (II, 101 f.). Entsprechend ist die Trennung von *bíos*, Leben im Sinne bürgerlich politischen Lebens, und *zoé*, bloßem Leben, eine gesellschaftliche, biopolitisch hervorgebrachte, die im Raum des Ausnahmezustands agiert.

Hieraus resultiert auch die Begrifflichkeit und Politik des „lebensunwerten Lebens". Die Souveränität des lebenden Menschen über sein Leben trifft unmittelbar mit einer Schwelle zusammen, „jenseits derer das Leben keinen rechtlichen Wert mehr besitzt und daher getötet werden kann, ohne dass ein Mord begangen wird" (I, 148). „Euthanasie", aber auch die Festlegung eines Hirntodkriteriums, entstehen am Kreuzweg zwischen souveräner Entscheidung über das tötbare Leben und Übernahme der Sorge um den biopolitischen Volkskörper.

Der Bruch zwischen Menschenrechten und Bürgerrechten ist bereits im Recht selbst angelegt, im Unterschied der Recht setzenden und der Recht erhaltenden Gewalt, sodass die Norm jederzeit suspendiert werden kann, ohne die Rechtsordnung insgesamt zu vernichten (II, 101), so z. B. im Beschluss des Bundesverfassungsgerichts vom 08. 10. 1997 (1BvR 9/97), das die Integration behinderter Kinder unter ökonomischen Vorbehalt stellt.

Gegenüber dem Ausnahmezustand – d. h. im Namen des Rechts Recht verweigert zu bekommen –, der die Regel ist, fragt Agamben mit Benjamin nach jenem anderen Ausnahmezustand, der dies zu paralysieren vermag. Wie dieser sucht er ihn in der Verbindung von Materialismus und schwacher messianischer Kompetenz, über die wir verfügen, indem wir die Stimmen der Verlierer in der Geschichte gegen die Geschichtsschreibung der Sieger erneut zur Geltung bringen (Benjamin 1965).

Dies diskutiert Agamben in mehrfacher Hinsicht: Unter Aufnahme von Primo Levis

Frage „Ist das ein Mensch?", bezogen auf die auf bloßes Leben reduzierten, nur noch organisch funktionierenden Häftlinge („Muselmann") in den Nazi-KZs, argumentiert er mit diesem, dass dieser gerade deshalb Mensch und als solcher Zeuge ist. Er ist es, weil in ihm die absolute Trennung von Lebewesen und sprechendem Wesen, von Nicht-Mensch und Mensch in Form des *Überlebens* erzeugt wurde (III, 136) und es zwischen Leben und Überleben eine *„untrennbare Teilung"* gibt (ebd., 137).

Dies wird in der säkularisierten Religion des Kapitalismus nicht sichtbar, sondern erst in der Wahrnehmung der Verdammten und Verlorenen. „Die Vorstellung, das Reich sei in der profanen Zeit in zwielichtigen und versteckten Formen gegenwärtig, die Elemente des Endzustandes versteckten sich ausgerechnet in dem, was heute schändlich und lächerlich erscheint, kurz die Schande habe insgeheim mit der Glorie zu tun, ist ein tief messianisches Thema" (Agamben 2005, 28). *Profanierungen* als Erschließung von Handlungsräumen können nur in der *Immanenz* stattfinden. „Was das Verlorene fordert, ist nicht, erinnert oder erfüllt zu werden zu werden, sondern als Vergessenes und Verlorenes in uns – und einzig deswegen – unvergesslich zu bleiben" (ebd., 29).

Dies fordert einen Ausgangspunkt, den Agamben (ähnlich Adorno) als *„Scham, Mensch zu sein"*, bestimmt (2001, 123). Diese Scham durchtrennt jede Verbindung zur politischen Macht, in der ein Mensch lebt. „Sie nährt sein Denken und ist der Beginn einer Revolution und eines Exodus, dessen Ende er kaum erahnen kann" (ebd., 124).

Die Bruchstelle zwischen „Volk" als politischem Körper und „Volk" als nacktem Leben ist Ort eines „unaufhörlichen Bürgerkriegs, der es radikaler teilt als jeder Konflikt, zugleich aber zusammenhält und fester begründet als jede Identität" (I, 188). In diesem „Horizont des Krieges" (Negri 1982) tritt an die Stelle der Staatsbürgerschaft das *refugium*, der Zufluchtsort als notwendiger Ort der wiederherzustellenden Einheit von Menschen- und Bürgerrechten, so Agamben bezogen auf die notwendige und mögliche Situation von Juden und Palästinensern in einem Jerusalem der Zukunft (2001, 28).

Für die Thematik Exklusion und Inklusion wird damit eine Dialektik eröffnet, die beide nicht mehr als abstrakte Gegensätze begreift, sondern als Entwicklungsresultat einer Geschichte von Teilungen und von Kämpfen. Zu dieser Argumentation anschlussfähig sind sowohl Baumans (1995) Begründung *persönlicher* gegenüber *technischer-formaler* Verantwortung als auch unterschiedliche soziologische Diskurse zu Macht und Gewalt, Herrschaft und Unterdrückung. Insofern die Reduktion auf nacktes Leben als Resultat der Souveränität der modernen Nationalstaaten erscheint, unterstreicht Agambens Analyse Luhmanns Vermutung, „dass sich die Exklusions-Inklusions-Unterscheidung womöglich vor die Logik funktionaler Differenzierung zu schieben beginnt" (Schroer 2001, 35).

Emanzipation im Sinne von Inklusion lässt sich nur als Einheit von Integration und Ausschluss denken, wie von der demokratischen Psychiatrie herausgearbeitet, da dies der gemeinsame Grund ihrer Möglichkeit ist. Vorstellungen, die Inklusion ausschließlich dichotomisch zur Gegenwart in eschatologischer Weise denken und postulieren, wären auf diesem Hintergrund als unangemessen zu dechiffrieren. Dichotomische Sichtweise einerseits (im Sinne konkreter Utopie) und Differenzsichtweise eines gemeinsamen Grunds von Exklusion und Inklusion sind unmittelbar aufeinander verwiesen (Laclau 2002).

Eine Perspektive für die weitere Diskussion eröffnet Schäper (2007). Aus Sicht der Lage in den Großeinrichtungen und dem Umgang mit schwerstbehinderten Menschen sowie von Anerkennung als Ausgangspunkt ergeben sich als sozialethische Perspektiven: 1. anhand der Thematisierung von Inklusion die eigene Verstrickung in Exklusion wahrzunehmen; 2. Ideologien zu entlarven, die auf Exklusion bestehen; 3. eine egalitaristische Theoriebildung zu betreiben, die von Anfang an die Frage der Abhängigkeit thematisiert und (4) ein Bewusstsein zu entwickeln, dass wir jeweils *nur* auf dem Weg zur Inklusion sind.

Literatur

Agamben, Giorgio (2001): Mittel ohne Zweck. Freiburg

Agamben, Giorgio (2002): Homo sacer. Frankfurt a. M. (I)

Agamben, Giorgio (2003): Was von Auschwitz bleibt. Frankfurt a. M. (III)

Agamben, Giorgio (2004): Ausnahmezustand. Frankfurt a. M. (II)

Agamben, Giorgio (2005): Profanierungen. Frankfurt a. M.

Aly, Götz & Roth, Karl Heinz (1984): Die restlose Erfassung. Berlin

Bäcker, Gerhard et al. (1989): Sozialpolitik und soziale Lage in der Bundesrepublik Deutschland. Bd. I und II. 2. Aufl., Köln

Baecker, Dirk et al. (1998): „Die Überflüssigen". In: Mittelweg 36. 7, 6, 65–81

Basaglia, Franco (1973): Die negierte Institution. Frankfurt a. M.

Basaglia, Franco et al. (1980): Befriedungsverbrechen. Frankfurt a. M.

Bauman, Zygmunt (1992): Dialektik der Ordnung. Hamburg

Bauman, Zygmunt (1995): Postmoderne Ethik. Hamburg

Bauman, Zygmunt (2005): Verworfenes Leben. Bonn

Beck, Iris (1994): Neuorientierung in der Organisation pädagogisch-sozialer Dienstleistungen für behinderte Menschen. Frankfurt a. M.

Benjamin, Walter (1965): Zur Kritik der Gewalt und andere Aufsätze. Frankfurt a. M.

Bourdieu, Pierre (1997): Das Elend der Welt. Konstanz

Buci-Glucksmann, Christine (1981): Gramsci und der Staat. Köln

Bude, Heinz (1998): Die Überflüssigen als transversale Kategorie. In: Berger, Peter A. & Vester, Michael (Hrsg.): Alte Ungleichheiten/Neue Spaltungen. Köln, 363-382

Callies, Oliver (2004): Konturen sozialer Exklusion. In: Mittelweg 36. 13, 4, 16–35

Castel, Robert (2000): Die Fallstricke des Exklusionsbegriffs. In: Mittelweg 36. 9, 3, 11–25

Dederich, Markus (2006): Exklusion. In: Dederich, Markus et al. (Hrsg.): Inklusion statt Integration? Gießen, 11–27

Farzin, Sina (2006): Inklusion/Exklusion. Bielefeld

Feuser, Georg (2006): Inklusion und Qualitätssicherung. In: Vierteljahresschrift für Heilpädagogik und ihre Nachbargebiete 75, 4, 278–284

Fuchs, Peter (2002): Behinderung und soziale Systeme. In: Das gepfefferte Ferkel – Online-Journal für systemisches Denken und Handeln, http://www.ibs-networld.de/altesferkel/fuchs-behinderungen.shtml (21.06.07)

Hinz, Andreas (2006): Inklusion. In: Antor, Georg & Bleidick, Ulrich (Hrsg.): Handlexikon der Behindertenpädagogik. 2. Aufl., Stuttgart, 97–99

Imbusch, Peter (2001): „Überflüssige". Historische Deutungsmuster und potentielle Universalität eines Begriffs. In: Mittelweg 36. 10, 5, 49–62

Jantzen, Wolfgang (1982): Sozialgeschichte des Behindertenbetreuungswesens. München

Jantzen, Wolfgang (1993): Das Ganze muss verändert werden … Zum Verhältnis von Behinderung, Ethik und Gewalt. Berlin

Korte, Hermann & Schäfers, Bernhard (2000): Einführung in die Hauptbegriffe der Soziologie. Opladen

Laclau, Ernesto (2002): Emanzipation und Differenz. Wien

Liesen, Christian & Felder, Franziska (2004): Bemerkungen zur Inklusionsdebatte. In: Heilpädagogik online 3, 3–29

Martin, Hans-Peter & Schumann, Harald (1996): Die Globalisierungsfalle. Reinbek

Nassehi, Armin (2000): „Exklusion" als soziologischer oder sozialpolitischer Begriff? In: Mittelweg 36, 9, 5, 18–25

Negri, Antonio (1982): Die wilde Anomalie. Spinozas Theorie einer freien Gesellschaft. Berlin

Niedecken, Dietmut (1998): Namenlos. Geistig Behinderte verstehen. 3. Aufl., Neuwied

Ongaro Basaglia, Franca (1985): Gesundheit. Krankheit. Das Elend der Medizin. Frankfurt a. M.

Schäper, Sabine (2007): Von der ‚Integration' zur Exklusion? In: Eckstein, Christiane et al. (Hrsg.): Beteiligung, Inklusion, Integration. Münster, 171–187

Schrage, Dominik (2003): Integration durch Attraktion. In: Mittelweg. 12, 6, 57–85

Schroer, Markus (2001): Die im Dunkeln sieht man doch. Inklusion, Exklusion und die Entdeckung der Überflüssigen. In: Mittelweg 36. 10, 5, 33–36

Stichweh, Rudolf (2005): Inklusion und Exklusion. Bielefeld

Türcke, Christoph (1996): Ausgrenzung. In: Frankfurter Rundschau, 02.11.96, ZB 3

Wacquant, Loïc (2001): Armut als Delikt. Ein Gespräch mit Loïc Wacquant. In: Mittelweg 36. 10, 6, 65–74

Wocken, Hans (2006): Integration. In: Antor, Georg & Bleidick, Ulrich (Hrsg.): Handlexikon der Behindertenpädagogik. 2. Aufl., Stuttgart, 99–102

Die institutionelle Bildung in ihren Entstehungszusammenhängen

Ursula Stinkes

Bildung ist ein relationaler Begriff, d. h., er handelt davon, wie Menschen sich zu bestimmten Zeiten in ihren Verhältnissen selbst zu deuten, zu beschreiben pflegen: in ihrem Verhältnis zu den Verhältnissen, in denen sie leben, zu sich, zu anderen und zur Welt, zu ihrem jetzigen Können und zu dem, was sie erhoffen. Meyer-Drawe spricht daher zu Recht von der Idee der Bildung als einer ‚Lebensführung' (Meyer-Drawe 1998, 127) oder einem Selbstgestaltungsvorgang, in dem sich das Selbst die Vorbilder gibt. Unter diesem Vorzeichen können institutionelle Erziehungs- und Bildungsversuche ab dem 17. und 18. Jahrhundert auch als eine im Kontext von schulischen Institutionen sich inszenierenden Bildung für behinderte Menschen gelesen werden.

Das pädagogische Jahrhundert

Politische, wirtschaftliche und schulische Situation

Die Auswirkungen des Dreißigjährigen Krieges prägten die wirtschaftliche und gesellschaftliche Situation des Landes immer noch, sodass die ökonomischen Verhältnisse für die Bevölkerung teilweise katastrophal waren. Die Ursachen für die Massenverelendung waren vielfältig: Seuchen, chronische Krankheiten, Behinderungen, Kriegsversehrte, eine stagnierende Landwirtschaft und zunehmende Inflation (vgl. Kraus 1987). Durch die Massen von Armen, Kranken, Bettlern und vagabundierenden, plündernden Menschen machten sich Angst und Vorurteile in der Bürger- und Adelsschicht breit. Mit der beginnenden Industrialisierung und der sich entwickelnden Klassengesellschaft implizierte Armut einen Lebensumstand, der jedoch erstmals als veränderbar betrachtet wurde. Es gab bis zu diesem Zeitpunkt kein staatliches Schulsystem, keine Möglichkeit außerhalb von Familien, wo junge Menschen sich Bildung oder eine Arbeitshaltung aneignen konnten. Bildung erhielt erstmals mit der Aufklärung eine sozialpolitische Funktion. So sollten bspw. Bettler in Arbeitshäusern zu beruflicher, d. h. nützlicher Tätigkeit angehalten werden, damit sie ihren eigenen Lebensunterhalt verdienen konnten. Pestalozzi erkannte früh die zerstörerischen Folgen der Industrialisierung, den Niedergang sozialer Ordnungen und das Leid verwahrloster Kinder. Er nahm sich verwaister, verwahrloster und behinderter Kinder an und suchte eine neue Form der Hausgemeinde mit einer neuen Verbindung von gemeinsamem Leben, Erziehung und Unterricht zu schaffen (siehe den Neuhof 1777).

Mit Entstehung des allgemeinen Schulwesens entstand das Sonderschulwesen, wenn man das pädagogische Zeitalter (Aufklärung) dafür datiert, da erst durch die Bedeutungshebung der allgemeinen Schule, den Erziehungsoptimismus und den Fortschrittsglauben der Aufklärungszeit auch Institute/Anstalten ermöglicht wurden. Behinderte Kinder und Jugendliche wurden als „Unterabteilung" der Armen verstanden (Möckel 1988). Dies ist insofern keine Neuerung, sondern eine Fortsetzung der sozialen Trennung und des räumlichen Ausschlusses, denn seit dem Verschwinden der Lepra im 14. Jahrhundert wurden viele der ungenutzten Anstalten zu Armenhäusern und Hospitälern umfunktioniert. Erinnert sei hier an das 1620 gegründete Arbeits-, Werk- und Zuchthaus in

Hamburg, dem 1656 das „Hôpital général" in Paris und weitere Einrichtungen (Salpêtrière) folgten. In Deutschland gab es im 18. Jahrhundert ca. 60 Anstalten mit unterschiedlicher Klientel – Bettler, Wahnsinnige, Taubstumme, Kriminelle, Waisenkinder etc. –, deren Ziel in der ‚Disziplinierung' bestand: Ziel war es einerseits, Armut und Müßiggang zu bekämpfen, andererseits jedoch auch die Bürger vor Aufständen zu schützen. Zunehmend wurde jedoch erkannt, dass die arme Bevölkerung eine wirtschaftliche Ressource darstellt, da sie als Niedriglohnarbeiter genutzt werden konnten. Zuchthäuser leerten sich und die Gruppe der ‚Irren' blieb zurück in einem zwiespältigen Verhältnis von Besserung/Heilung und Bestrafung/Disziplinierung. Ausgangspunkt dieser Umgangsformen war die Sichtweise von Behinderung als eine ‚unwürdige Existenz'. Anstaltsfürsorge hatte eine bürgerlich-christlich-philanthropinische und aufgeklärte Haltung und daher gingen ökonomische Verwertbarkeit, Wertmaßstäbe der Ökonomie des Merkantilismus und des Pietismus in die Erziehungsvorstellungen ein (Moser 1995).

Trotz dieses Befunds gibt es auch eindeutige Belege für den emanzipatorischen Ursprung der älteren Sonderschularten, d. h., ein weltbürgerliches, aufgeklärtes Denken kann auch als Motiv der Erziehungsnotwendigkeit beschrieben werden (Möckel 1988, 13 f.). Die Begründer der Rettungshäuser beispielsweise kämpften gegen Armut und Verwahrlosung. Unterricht war hier ein Mittel der Hilfe, aus Verwahrlosung und Armut zu entkommen; er war nicht etabliert als aufklärerischer Selbstzweck (vgl. Lindmeier & Lindmeier 2002). Die Geschichte der Blinden- und Taubstummenbildung in Deutschland begann im 18. Jahrhundert (erste Blindenanstalt 1806 in Berlin). Man erkannte, dass blinde Menschen doch zur Bildung fähig seien und unterrichtet werden könnten. Betrachtet man die Bemühungen in dieser Zeit um Blinde, so kamen sie in Asylen für Kranke und Gebrechliche unter. Klein (1804) wollte Blinde erziehen, weil er die Auswirkungen der Armut und des Bettelns studiert und auf Abhilfe gesonnen hatte. Seine Zielstellung bestand in einem pragmatischen Erwerbsdenken und in der sozialen Eingliederung Blinder. Auch Diderots ‚Brief über die Blinden' von 1779 stellte die herrschende defizitäre Einstellung gegenüber behinderten Menschen infrage und sprach den Sinnesbeeinträchtigten eine prinzipielle Bildungsfähigkeit zu. Ein pragmatischer und daher entscheidender Anstoß zur Entwicklung des Blindenbildungswesens mag von den Folgen der Napoleonischen Kriege ausgegangen sein, die in Preußen viele erblindete Soldaten hinterließen, sodass besondere Kriegs-Blinden-Unterrichts-Anstalten gegründet wurden, die auch Zivilblinde aufnahmen. Diese Erfahrungen führten zur Gründung der privaten Institute für blinde Kinder und Jugendliche.

Zur Zeit des aufgeklärten Absolutismus verkörperte die „Polizey" die gesamte innere Staatsverwaltung und ihr Gegenstand war nahezu grenzenlos. Wohlfahrt und Sicherheit werden zu einem obrigkeitsstaatlichen Projekt mit dem Ziel einer gemeinschaftlichen Ordnung und umfassenden Reglementierung. Die ökonomischen Schriften des 18. Jahrhunderts über Wirtschafts-, Sozial- und Ordnungspolitik legten die Grundbegriffe dieser Zeit (Glückseligkeit, Dienlichkeit, Brauchbarkeit) utilitaristisch aus, d. h. der Mensch sollte zur gemeinschaftlichen Glückseligkeit ‚brauchbar' gemacht werden. In den philanthropinischen Bildungstheorien dieser Zeit sollten diese Begriffe Einzug halten.

Ideengeschichtliche Situation

Ideengeschichtlich betrachtet ist der Begriff der ‚Bildung' eng mit der Philosophie der Aufklärung und vor allem mit dem deutschen Idealismus verknüpft. Verwiesen sei hier auf Kants berühmtes Diktum von der Aufklärung als einem „Ausgang des Menschen aus seiner selbst verschuldeten Unmündigkeit" (W XI, 53). Die Idee der Aufklärung ist politisch motiviert gewesen, versprach man sich doch von der Autonomie des Subjekts und vor allem von den Möglichkeiten, sich seines Verstands zu bedienen, sein Leben selbstbewusst und frei zu gestalten, eine gesellschaftspolitische wie ökonomische Wende (d. h. Auflösung geburtsständischer Ordnung, Emanzipation des Bürgertums und Industrialisierung). Von den aufgeklärten Hoffnungen sollte eine befreiende Wirkung auf soziale Entwicklungen ausgehen, allerdings blieb die ständische Ordnung der Gesellschaft weitgehend unangetastet. Durch diese Praxis wurde Bildung eine Art Versöhnungsfigur: Sie versprach ein glückseliges Leben, allerdings am ererbten sozialen Ort.

Kant stattete am Anfang der Moderne das Subjekt mit einer Macht aus, die nur gefährdet schien durch die Begierden des Subjekts selbst, d. h. durch die ‚Tyrannei der Sinnlichkeit', die vermeintlich die Vernunft an ihrer vollen Entfaltung hindern würde. Wichtig an diesen Zusammenhängen ist zweierlei: Erziehung wird einerseits als eine disziplinierende Maßnahme zur Zurückdrängung der Tierheit im Menschen verstanden, und zwar durch Zwang, damit der Mensch frei werden könne. Andererseits schleicht sich in die Vorstellung vom Möglichkeitsspielraum einer Pädagogik von Beginn der Aufklärung an die Vorstellung ein, mitbeteiligend bzw. gestaltend an einer humanen und gerechten Gesellschaft wirken zu können – womit sie sich immer wieder überschätzen wird.

Zum ersten Mal in der Geschichte erfährt der Mensch sich als selbsttätiges Wesen, das sich zu sich verhalten muss und die Welt gestalten kann. Dieser Gedanke ist für die Aufklärung zentral, denn der Mensch ist nicht länger nur Objekt anderer Mächte, sondern einer, der die Ordnung der Welt gestaltet. Diese Konstellation stattet das Selbst mit großer Macht aus und steht daher immer in der Versuchung, sich narzisstisch zu verkennen. Damit einher kann also eine Überschätzung des Menschen gehen, nämlich sich als selbstbestimmt denkend und handelnd zu verkennen. War aufgeklärte, moderne Autonomie ein Fanal gegen traditionelle Unfreiheiten, so bedeutete dies für Kant die freie Unterwerfung des reinen Willens unter die eigene Gesetzgebung. Autonomie verstand Kant als *universales Prinzip des reinen Willens* und nicht als Selbstbeschreibung des Menschen. Erst durch sehr unterschiedliche Verkürzungen in den Ausdeutungen des Verständnisses von Autonomie konnte im Laufe der Entwicklungen eine Synonymsetzung von Selbstbestimmung und Autonomie entstehen, welche Selbst- und Fremdbestimmung konfrontativ aufzustellen versucht. Aber diese ‚aufgeklärten' Entwicklungen führten zugleich zu neuen Formen sozialer Ungleichheit, Ausbeutung und Repression (vgl. Baumgart 1990, 209; Moser 1999). Bildung ist eine „gesellschaftliche Macht" (Jeismann 1987, 2), weil sie ein Privileg bleibt, das dazu dient, privilegierte Lebenschancen zu rechtfertigen und zu festigen.

Aus diesen aufklärerischen Grundgedanken rührt der Philanthropinismus her. Von den Philanthropinen Campe, Basedow, Salzmann wurde die Dorfschule als Aufbewahrungsstätte kritisiert, die in der Über- und Unterforderung in der Konsequenz keine Vorbereitung auf das berufliche Leben der Schüler böte. Sie stellten durch die Schilderung der Zustände an den Dorfschulen den Zusammenhang zwischen Bildung und Lebenschancen bzw. zwischen mangelnder Bildung und Armut heraus und forderten kühn die flächendeckende Einrichtung von Schulen auf dem Land, einen an aufklärerischen Prinzipien orientierten Unterricht, eine staatliche Finanzierung des Schulwesens und universitäre Ausbildung der Lehrer. Bildung sollte einen nützlichen Staatsbürger hervorbringen, der die Wohlfahrt des Landes durch sittliche Erziehung, standesgerechte Ausbildung und eine positive Arbeitshaltung garantiert. Der Mensch wurde zugleich als Staatsbürger und als erwerbstätiges Mitglied für das Gemeinwohl verstanden. Das philanthropinistische Subjekt ist weit davon entfernt, Möglichkeiten, die in ihm ruhen, zu entwickeln. Es ging im philanthropinistischen Kampf vielmehr um selbstbeherrschte Individuen, um die Vorstellung von politisch mündigen, disziplinierten, kultivierten und moralisierten, das Leben selbst in die Hand nehmenden Menschen. Gleichzeitig mit dieser Entwicklung empfand der aufsteigende Bürger vor dem Hintergrund der veränderten Verhältnisse jetzt das als fremdbestimmt, was ehedem als naturgegeben hingenommen wurde: ständische Ordnungen, Bindung an religiöse Lehren und Verhaltensgebote.

Die Jahrhunderte der Anthropologie der Bildung

Politische, wirtschaftliche und schulische Situation

Die überkommene Rechtsordnung (Zunftverfassung, Agrarverfassung, Steuer- und Abgabenregelung, Zollgesetzgebung und Auswanderungsbeschränkung) und die Industrialisierung ab Mitte des 19. Jahrhunderts lösten weiter Massenverelendung, Armut, Kinderreichtum der Familien, Wohnungs- und Obdachlosigkeit aus. Wichtig für die spezifische Ordnung des Armenwesens im 19. Jahrhundert ist, dass die in weiten Gebieten Deutschlands zutage tretende Massenverarmung handlungsherausfordernd für unterschiedliche gesellschaftliche Kräfte (Arbeiterbewegung, liberales Bürgertum, Staat und Kirchen) wirken musste. Denn Wirtschaftskrisen führten aufgrund neuer Produktionsmethoden (Übergang von der Hand- zur Maschinenspinnerei) zur Arbeitslosigkeit oder Unterbeschäftigung. Es ist von Bedeutung, dass der Staat die Armen in Gruppen einteilte, insofern sie als unterstützungswürdig galten oder nicht. Entscheidende Kriterien waren die Arbeitsbereitschaft und die Arbeitsmöglichkeit des von Armut betroffenen Menschen. Denn seit der Reformation hatte sich zunehmend eine positive Bewertung der Arbeit und der ‚bürgerlichen Tugenden' durchgesetzt, die sich in Grundsätzen eines geregelten Armenwesens niederschlug. Daher war die Unterstützung darauf gerichtet, den Armen einen Erwerb zu verschaffen und die notwendigen Voraussetzungen dafür herbeizuführen: Bildung der Kinder, Anleitung zur Arbeit oder Arbeitsvermittlung. Dieser Zusammenhang ist wesentlich, denn hieraus erklärt sich u. a. der Ursprung der sogenannten ‚Erziehungsversuche' behinderter Menschen, d. h. die Gründung von Institutionen für ‚Taube, Blinde, Körperbehinderte und Verwahrloste'.

Alle Bildungsvorstellungen für Arme und die Hilfsmaßnahmen, die seit dem beginnenden 19. Jahrhundert für Kranke und Behinderte ergriffen wurden, sind miteinander verwoben und müssen unter mehrfacher Hinsicht betrachtet werden: Entscheidend war die Bekämpfung der ‚unverschuldeten Armut' (Alte, Kranke, körperlich und geistig Behinderte, Blinde und Taube, denn sie alle waren nicht imstande, am Erwerbsleben teilzunehmen). Die meisten Erziehungsanstalten waren Industrieschulen, d. h. Arbeitsanstalt und Schule zugleich. Wichtig in diesem Zusammenhang ist, dass die Erziehungsanstalt nur Schüler aufnahm, die durch die Volksschule gegangen waren. Die Taubstummenschulen und Blindenschulen nahmen Kinder auf, die keine Aussicht hatten, in der Volksschule unterrichtet zu werden.

Im letzten Drittel des 19. Jahrhunderts entwickelte sich die Hilfsschule als Institution, allerdings erhielt sie einen gesetzlichen Status erst im 20. Jahrhundert durch nationalsozialistische Verordnungen (Höck 1979; Ellger-Rüttgardt 1980). Entscheidend trug zur Entstehung und Ausdifferenzierung des Hilfsschulwesens bei, dass die Allgemeinen Schulen „Allgemeine Bestimmungen" (1872) erhielten, wodurch das Phänomen des Schulversagens auftauchte. Das Verbot der Kinderarbeit von 1891, die Abschaffung der Arbeits- und Fabrikschulen (1894) sowie die Einführung der Schulgeldfreiheit (1888) waren Auslöser für einen breiten Ausbau der Hilfsschulen. Ihre Vorläufer, die Armen-, Hilfs- oder Nachhilfeklassen, hatten bereits eine Art ‚Sammelfunktion'. Diese übernahmen nun die Hilfsschulen. Die Hilfsschulen verlagerten sich auf Leistungsprogression, was zur Folge hatte, dass sie die schwächeren Schüler ausgliederte (vgl. Speck 1979), sodass die Kinder (mit geistiger Behinderung) entweder den Anstaltshilfsschulen zugewiesen wurden oder in einer sog. „Sammelklasse" der Hilfsschule Erziehung und Bildung erfuhren.

Auch der Großteil der Körperschädigungen („Verkrüppelungen") bei Kindern und Jugendlichen war im 19. Jahrhundert ein Armutsproblem, da sie vor allem aufgrund prekärer Lebens- und Aufwuchsbedingungen (schwierigste Wohnverhältnisse, Kinderarmut) entstanden. Zwar konnten in den sog. ‚orthopädischen Instituten', die im Deutschen Reich ab den ersten Jahrzehnten des 19. Jahrhunderts entstanden, körperliche „Verkrüppelungen" orthopädisch behandelt werden, aber sie waren großenteils Kindern reicher Eltern vorbehalten. Obzwar in diesen Instituten wegen der meist langen Behandlungsdauer auch Unterricht stattfand, ging es vorrangig um medizinische Behandlungen. Ihr Zweck bestand in der Heilung der Gebrechen, nicht im Unterricht, auch wenn dort Unterricht stattfand. Man kann die orthopädischen Institute daher als Vorläufer von Krankenhausschulen bezeichnen. Neben der 1832/33 in München gegründete „Technischen Industrieanstalt für arme, krüppelhafte Kinder, einer Variante der Industrieschulen" (Möckel 1988, 96) haben sich gegen Ende des 19. Jahrhunderts die sog. konfessionellen Heimschulen – zuerst aufseiten der Diakonie, später auch aufseiten der Caritas – der Erziehung, Bildung und Pflege der schwerer körperbehinderten Kinder angenommen, jedoch solche mit schweren geistigen Einschränkungen (sog. „sieche Krüppel") ausgenommen.

Wurzeln für das soziale Handeln sind in der protestantischen Kirche in der Erweckungsbewegung ebenso zu suchen wie in den Traditionen des älteren Pietismus: Die Rettungshausbewegung und die Gefängnisgesellschaften, die sich der Straffälligenfürsorge widmeten, entwickelten sich aus diesen Zusammenhängen. Die Rettungshäuser können als Beginn moderner Heimerziehung und Jugendfürsorge bezeichnet werden. Daneben entstanden Kinderbewahranstalten, Kleinkinderschulen oder Warteschulen, die als Wurzel der Sozialpädagogik lesbar sind. Rettungshäuser wollten weder Strafvollzugsanstalten noch Korrektionsanstalten sein. Sie nahmen zudem Kinder auf, die nicht verwahrlost waren. Nicht nur die Infrastrukturen der Armenfürsorge entwickeln sich, sondern als Reaktion auf die Arbeiterbewegung entsteht die Arbeitergesetzgebung (gesetzliche Krankenversicherung für die Arbeiter; Unfallversicherung, Invaliditäts- und Alterssicherungsgesetz etc.) (vgl. Sachße & Tennstedt 1980).

Vom Status her als letzte Gruppe der ‚kranken Armen' zählten die geistig und psychisch Behinderten. Da man noch bis in die 1930er Jahre zwischen Versorgungsanstalten für unheilbar Geisteskranke und solchen Personen unterschied, die aus der bürgerlichen Gesellschaft aus polizeilichen Gründen entfernt werden mussten, sowie den Heilanstalten, in denen noch heilbare Kranke aufgenommen werden konnten, wurde der Ausbau von Landeshospitälern vorangetrieben. Diese Anstalten basierten auf humanitär-philantrophischen, medizinischen und armenpolitischen Motiven. Als bildungsfähig wurden diese Menschen nicht verstanden. Die Gründung von Anstalten für Menschen mit geistiger Behinderung war im 19. Jahrhundert beinahe zur Gänze der kirchlichen oder privaten Wohltätigkeit überantwortet, da der Ausbau der Irrenfürsorge eine Priorität erhielt. Séguin, Kern und Saegert waren die Ersten, welche Kinder mit geistiger Behinderung unterrichteten und von ihrer Bildungsfähigkeit ausgingen. Großflächig wird jedoch die Bildungsfähigkeit von Menschen mit geistiger Behinderung geleugnet, da sie als geborene Asoziale bzw. ‚Automaten' verstanden werden.

Alle diese Entwicklungen können wiederum im Zusammenhang mit dem deutlichen Einfluss der Medizin auch kritisch gelesen werden, denn sie gründeten auf Diagnosestellung, auf Objektivierung und Spezialisierung: Mediziner traten in den Anstalten als ‚Experten' für den geistigen oder seelischen Zustand der Menschen auf und übernahmen mit Beginn des 19. Jahrhunderts die Leitungen. Der behinderte Mensch lebte in ‚Einschließungsmilieus‘ (Deleuze 1993). Anstalten erhielten eine Art ‚diagnostizierende Funktion‘, waren Orte der Beobachtung, der Besserung und Disziplinierung, an denen es die verborgene Wahrheit über den Wahnsinn aufzudecken galt. Diese Form der ‚Wahrsprechung‘ über den anderen Menschen orientierte sich daran, dass soziale Problemlagen auf individuelle psychische Probleme oder aber Abweichungen auf biologische Veränderungen hin zurückgeführt wurden (Foucault 1976; Jantzen 1987).

Mit Beginn des 19. Jahrhunderts bildete sich ein (bürgerlicher) Stand heraus, der mit dem Anspruch auftritt, ein ‚allgemeiner Stand‘ zu sein, d.h. die ‚Menschheit‘ in der konkreten Gesellschaft zu repräsentieren. Man legitimierte diesen Anspruch durch Kenntnisse, Einsichten und Bildung. Bildung und Amt, Bildung und Besitz wurden Kriterien des politischen Anspruchs, der wirtschaftliche Macht und gesellschaftlichen Bedeutung – völlig ungeachtet der gesellschaftlichen Spannungen in der Gesellschaft – versprechen sollte. Der gebildete Bürger des 19. Jahrhunderts hatte dominante Positionen inne. Bildung wurde zu einer Voraussetzung und Bedingung wirtschaftlicher und sozialer Verbesserung des Daseins; sie wurde eine Quelle politischen und sozialen Anspruchs ihrer Träger und sie löste den Adel des Blutes ab. Es ist nur konsequent, dass die Reichsverfassung vom 16. April 1871 die allgemeine Schulpflicht als Staatsaufgabe einführte. Es entstand das staatliche Unterrichtswesen, d.h. ein zusammenhängendes System öffentlicher allgemeinbildender und berufsbildender Schulen. Ziel war es, das bereits im 18. Jahrhundert entwickelte Programm der ‚Nationalerziehung‘, in dem Individuum und universale Humanität durch eine an der Antike orientierte ‚allgemeine Menschenbildung‘ zusammengeführt werden sollten, zu vervollkommnen.

Humboldt konzipierte ein einheitliches Unterrichtswesen, das nur drei Stufen vorsah: Elementarschule, Gymnasium, Universität. Real-Anstalten, also Spezialschulen für bestimmte Berufe, sollten erst nach Abschluss einer allgemeinen Bildung einsetzen. Diese Konzeption befreite die Bildungsreformer von der unlösbaren Aufgabe, das Beschäftigungssystem pädagogisch abzubilden, indem sie der Spezialausbildung eine überlegene, weil auf das ‚Wesentliche‘ zielende allgemeine Bildung geben sollte. Sie sicherte vor allem den Bürgerstand ab. Bildung, die gebunden ist an ein Schulsystem, das seinerseits gegliedert ist, verbindet sich mit einem Prüfwesen, das bei Bestehen der Prüfung eine Art von ‚Zugänglichkeit‘ zu bestimmten weiteren Karrierewegen ermöglicht oder verhindert, indem der Einzelne als begabt oder nicht begabt verstanden wird. Diese bürgerliche Verfahrensweise, zu prüfen, zu berechtigen, Bildungszertifikate zu monopolisieren und damit Karrieren vorzubestimmen, macht ‚Bildung‘ nicht unschuldig, sondern zu einem Faktor sozialer Ungleichheit und zu einem Regulator von Sozialchancen.

Ideengeschichtliche Situation

Bildung erscheint gerade im Übergang vom 18. zum 19. Jahrhundert und der Spätaufklärung (vgl. Kersting 1992) insgesamt als in einen umfänglichen Institutionalisierungsprozess für alle eingebunden. Für diese Bedeutungszunahme waren jedoch einerseits aufklärerisch-emanzipatorische wie andererseits disziplinierende und ökonomische Motive wesentlich. Vera Moser (1995) analysiert, wie zur Verwirklichung eines Nützlichkeitsideals Volksgesundheit, eine sich ausbreitende Erblehre und das Paradigma der Selbstverschuldung ineinandergriffen. Wurde den philanthropinischen Erziehungszielen der Vorwurf der ‚Brauchbarkeitsmachung‘ unterstellt, so wohnte dem Neuhumanismus eine intensive Bearbeitung, Disziplinierung des Selbst (Selbststeigerung) inne.

Aber der Bildungsbegriff erhielt im 19. Jahrhundert seine pointierte Gestalt durch den Neuhumanismus. Erziehung sollte demzufolge nicht in den Dienst von Zweck- oder Nützlichkeitserwägungen gestellt werden. Bildung und Erziehung sollten das Edle, das Zweckfreie, das Unverwechselbare im Menschen freisetzen. Bildung wird als ein Selbstgestaltungsvorgang beschreibbar, bei dem sich das Selbst die Vorbilder gibt. Indem Bildung aber solcherart beschrieben wird, wendet sie sich von den Gefahren einer postindustriellen Vernunft ab. Im entbrennenden Streit zwischen Philanthropinismus und Neuhumanismus entgeht dem Neuhumanismus, dass die gegen den Philanthropinismus geäußerte Kritik an der Geschäftsbrauchbarkeit nur irreführend ist, weil Bildung im Neuhumanismus ein Kapital bleibt, das gesellschaftlich profitable soziale Lagen und Plätze vergibt. Humboldts Verständnis von Bildung, das bis heute wirksam ist, kann als eine bildende Wechselwirkung von Mensch und Welt in einer „... von Beginn an im Kontext von Individualität und Idealität gedachten und auf Selbststeigerung hin ausgerichteten Logik beschrieben werden. Aber gerade *diese* Logik, welche mit Bildung zwar Entfaltung und Entwicklung verbindet, erlaubt es fatalerweise nicht, Verfall, Abhängigkeit, Selbstentzogenheit und Sozialität in den Blick kommen zu lassen" (Ricken 2006, 268). Mangel kann nur erscheinen – im Gegensatz zur Aufklärung – als Ausgangspunkt einer wie auch immer steigerbaren Existenzmöglichkeit, als Anreiz für Steigerungsphantasien. Der ‚Preis' der Höherbildung, der Steigerung der Selbstvervollkommnung durch die verblendete Idee einer endlosen Kompetenzerweiterung, durch ungebrochene Autonomie und Selbstbestimmung, besteht in der durchaus nicht harmlosen Abwehr des Mangels, der Fremdheit und der Angewiesenheit als konstitutive Momente menschlicher Existenz.

Das 20. und beginnende 21. Jahrhundert

In der Zeit der Ablösung von der alten Ständeordnung bis hin zur Weimarer Republik (1870–1918) entwickeln sich nicht nur die Infrastrukturen der Armenfürsorge (mit einer Zunahme der Zahl der privaten Wohlfahrtsvereine und Verbände), sondern als Reaktion auf die Arbeiterbewegung entsteht die Arbeitergesetzgebung. Dieser Prozess spielt für das Verständnis von Bildung insofern eine Rolle, als die Bewahrung und Sicherung der Wohlfahrt in die Hand der staatlichen Ordnung und Macht gelegt wird. Aber das 20. Jahrhundert bleibt mit dem Aufkommen und Erstarken des Nationalsozialismus belastet, mit der Schoah an den Juden, behinderten Menschen, dem Mord an Homosexuellen, Sinti, Roma, Gegnern des Nationalsozialismus. Menschen mit geistiger Behinderung wurden als „bildungsunfähig" aus der allgemeinen Schulpflicht entlassen (§ 11 des Reichschulpflichtgesetzes von 1938). Die eugenischen und rassenhygienischen Bestrebungen, die seit Ende des Ersten Weltkriegs offen international und vor allem national diskutiert wurden, endeten mit der systematischen Ermordung von Menschen mit geistiger Behinderung, da das Recht auf Leben und Bildung von staatlicher Seite nicht gegen diese Bestrebungen geschützt wurde (vgl. Klee 1993; Dörner 1984). Das Sonderschulwesen blieb während des Nationalsozialismus zwar erhalten, aber es wurde abgebaut, d. h., die Lehrerverbände wurden aufgelöst und in den Nationalsozialistischen Lehrerbund (NSLB) überführt. Der „Bund Deutscher Taubstummenlehrer", der „Deutsche Blindenlehrerverein" und der „Verband der Hilfsschulen Deutschlands" ließen dies zu bzw. waren davon betroffen.

Die Theorieentwicklung nach 1945 stellte keinen Neubeginn dar, sondern schloss an Ansätze vor 1933 an. Hatte die Bildungsdiskussion in der Weimarer Zeit durch die Geisteswissenschaftliche Pädagogik Impulse erhalten, so wurden diese wieder aufgegriffen, weil sie beanspruchten, von der ‚Erziehungswirklichkeit' der Schüler auszugehen. Neukantianische, wertphilosophische Theorien konturierten sich ebenso wie erziehungskritische Konzepte. Die kritische Wendung der Pädagogik regte einen neuen Bildungsoptimismus an: Antiautoritäre und alternative Bildungsvorstellungen wurden präferiert und institutionelle Reformen sollten eine Demokratisierung der Bildung ermöglichen (Grundschulreform, Orientierungsstufe, reformierte Oberstufe, Reform des Berufsschulwesens, integrierte Gesamtschule etc.). Das Bildungssubjekt Ende der 70er Jahre des 20. Jahrhunderts wurde als autonomes Ich ohne Bevormundung wahrgenommen. Bildung und Erziehung erschienen als Zwangsmaßnahme, ohne Freiheit zu ermöglichen.

Für die Heilpädagogik stellten sich andere Fragen: Nach 1945 waren die Anstalten völlig geleert, das Hilfsschulwesen weitgehend aufgelöst. Die Hilfsschulen blieben weiterhin als Leistungsschule und Schule für Schulversager konzipiert. Auch die aus dem Reichsschulpflichtgesetz (1938) stammende Schulbefreiungsmöglichkeit für ‚Bildungsunfähige' wurde wieder (!) in die Schulgesetze der Länder übernommen und angewendet. Es waren Eltern, die sich zur „Lebenshilfe für das geistig behinderte Kind" organisierten und eine schulische Förderung ihrer Kinder massiv einforderten. 1961 entstanden in Hessen „Sonderklassen für praktisch Bildbare", in Bayern 1965 „Schulen für Geistigbehinderte". Auch private Trägerverbände wurden initiativ und forderten schulische Einrichtungen, später Werkstätten und Kindergärten. In dieser Zeit stieg die Zahl der Schulen, Tagesbildungsstätten und Werkstätten sprunghaft an. Grundlage war das BSHG (1961), welches mit dem Begriff der Eingliederungshilfe eine umfassende Aufgabenstellung markierte. Vor allem durch das Gutachten der Kultusminister-Konferenz zur Ordnung des Sonderschulwesens (1960) wurde eine schulpolitische Wende eingeleitet, die sicherlich zu einem guten Teil den Elterninitiativen (z. B. Lebenshilfe) geschuldet war: Der Staat bekannte sich politisch und moralisch verpflichtend zu behinderten und benachteiligten Menschen. Eine geschichtliche Schuld sollte durch den gesetzlich abgesicherten Bildungsanspruch für alle abgetragen werden. Mit dem Auf- und Ausbau eines differenzierten (Sonder-)Schulsystems gingen in der behindertenpädagogischen Praxis und Theoriebildung eine fachlich-pädagogisch-didaktische sowie normative Diskussion um Werte und Rechte als Ausgangspunkt professionellen Engagements und der Entwicklung spezifischer Förderungsmethoden einher. Sonderschulpraxis konzentrierte sich nach 1945 auf spezifische Behinderungen und – ausgehend von den jeweiligen Schädigungen – auf Möglichkeiten der Behebung, der Minderung oder Kompensation. Im Zuge dieser Spezialisierung standen diagnostische Bestimmungen, Kategorisierungen und Analysen von Behinderungsarten im Vordergrund der Bemühungen. Diese führten zu professionellen Gruppierungen, sonderpädagogischer Fachlichkeit und zur Vorstellung einer ‚Passung' der Hilfestellungen im Sinne einer Kompensation der Schädigung und zu einer Förderungsideologie. Grundlage war auch ein individuumzentriertes und ontologisiertes Verständnis von Behinderung. Demgemäß erschien der behinderte Mensch als minderwertige Normalitätsdublette mit Anspruch auf eine ‚behindertengerechte' Lebenswelt: Es entwickelte sich ein komplettes System der besondernden Unterstützungssysteme von der Frühförderung bis hin zur Werkstatt für Behinderte und dem Wohnheim. Es ist gerade jene zunehmende Entfaltung und Etablierung einer auf Individualität setzenden Behindertenpädagogik, welche mithilfe von Besonderungspraktiken Menschen voneinander trennt, homogenisierte Schülergruppen bildet und damit eine Formation des Sozialen betreibt. Subtile Unterdrückungsverhältnisse werden etabliert, die eine Illusion von Autonomie und Selbstgestaltung behinderter und benachteiligter Menschen produzieren.

Nahm man für den (sinnes-)behinderten Menschen in Anspruch, dass er ein Recht auf besonder(nd)e Lebenswelten haben sollte, und sicherte man ihm diese auch gesetzlich verpflichtend zu, so wurden davon Kinder und Jugendliche in soziokulturellen und sozioökonomisch problematischen Lebenslagen weitgehend ausgenommen. Ihre Lebenswelt und vor allem Lebensperspektiven sind durch die Bedingungen der Armut, des Migrationshintergrunds, der prekären Beschäftigungsverhältnisse der Familienmitglieder und/oder durch deren Arbeitslosigkeit gekennzeichnet. Risiken des wirtschaftlichen Strukturwandels, die Destabilisierung sozialer Beziehungen und der Mangel an Zukunftsperspektiven lassen ihre Versuche, ihr Leben an Mittelstandsidealen auszurichten, zum Scheitern verurteilen. Gewaltbereitschaft oder Resignation sind häufig die Folge. Die Ideale einer aufgeklärt-bürgerlich-emanzipatorischen Bildungsidee (Inklusion, Empowerment, Selbstgestaltung des Lebens) scheitern nicht selten an realen sozialräumlichen Segregationsprozessen.

Seit ca. 1980 haben wiederum Elterninitiativen erste Integrationsklassen gegen Widerstände aus der Bildungspolitik und der Behindertenpädagogik erkämpft. Wesentlich dazu trug die Empfehlung des Deutschen Bildungsrats von 1973 bei. Derzeit gibt es in nahezu allen Bundesländern neben integrativen Formen im Elementarbereich integrative oder kooperative Schulen und Klassen in unterschiedlichen Organisationsformen (Einzelintegration, Integrationsklassen, Integrationsschulen).

Zeitgleich mit der Integrationsbewegung haben sich das Normalisierungsprinzip und die Empowerment-Bewegung innerhalb der Behindertenhilfe als normative ‚Leitideen' durchgesetzt. Folge dieser Entwicklungen waren eine Weiterführung der Entpsychiatrisierung, der Deinstitutionalisierung und der Auf- und Ausbau eines gemeindenahen, integrierten, auf Assistenz und supported living zielenden Lebens, Arbeitens und Wohnens für Menschen mit Behinderungen. Zeitgleich findet ein Umbruch in der Sozialpolitik statt, der einen ökonomisch geschärften Blick auf die sozialen Dienste nach sich zieht. Eine Abkehr vom Sozialstaat bedingt den Aufbau einer aktiveren bürgerschaftlichen Verantwortlichkeit und eine Kultur der Selbstverantwortlichkeit unter dem Signum der Ideen von Selbstverwirklichung, Autonomie und Kompetenzsteigerung. Neue Begrifflichkeiten, gepriesen als Weiterentwicklung des Systems der sozialen Dienste, verbinden sich mit organisationsstrukturellen Veränderungen: Qualitätsstandards, Qualitätssicherung und Qualitätsmanagement. Im schulischen Bereich kommt es unter dem Druck der PISA- und TIMSS-Studien zur Diskussion um die Verbindung von Bildungsstandards und Kompetenzentwicklungen. Schulen selbst sollen ihre Ergebnisqualitäten erhöhen (Schulevaluation). Unter der Hand wandeln sich Institutionen zu ‚Unternehmen' (Deleuze 1993), in denen Freiheit und Herrschaft in der Figur der freiwilligen Selbstkontrolle und der permanenten Weiterbildung auftauchen.

Ausblick

Innerhalb der Behindertenpädagogik verlagerte sich die Diskussion um ‚Bildung' nach 1945 auf leitende Begriffe wie ‚Lernen', ‚Kommunikation', ‚Integration', ‚Entwicklung' oder ‚Förderung'. Die Behindertenpädagogik hat in ihrer Orientierung an dem idealistisch-neuhumanistischen Bildungsbegriff der Pädagogik ein Erbe übernommen, das sie immer wieder in Aporien führt: Die bildende Wechselwirkung von Mensch und Welt in einer von Beginn an im Kontext von Individualität und Idealität gedachten und auf Selbststeigerung hin ausgerichteten Logik verbindet zwar Bildung mit Entfaltung, Entwicklung und vor allem permanenter (Existenz-)Steigerung, aber sie kann gerade durch die Ausblendung der Leiblichkeit menschlicher Existenz *nicht* Verfall, Abhängigkeit, Selbstentzogenheit und Sozialität in den Blick geraten lassen (Ricken 2006; Stinkes 1999).

Durch diese Zentrierung auf das (ideale) Selbst entsteht die Unfähigkeit, mit dem Verhältnis von Bildung und Andersheit oder Dezentrik der Existenz als Fremdheit (Stinkes 1991) und Entzogenheit des Ichs umzugehen. Harmonisierende Figuren dominieren daher die Diskussion um das Bildungssubjekt (Selbstbezüglichkeit), in der die Andersheit/

Fremdheit doch immer wieder nur eine Rückkehr zu sich selbst beinhaltet. Ein weiteres Problemfeld stellen die aus dem idealistisch-neuhumanistischen Kontext übernommenen Paradiesmetaphern der Bildung dar (Bildung als Selbstbestimmung, als Teilhabe an der Gesellschaft etc.), die letztlich nur die Macht der Bildung maskieren. Für die Behindertenpädagogik entstehen Fragen, die das Verhältnis von Bildung, Individuum, Gesellschaft und Machtverhältnissen neu bzw. anders zu stellen und zu beantworten suchen. Denn Menschen dazu zu verhelfen, *auf die Not und Nötigung, das Leben führen zu müssen, Antworten zu finden*, verlangt eine Abkehr von idealistisch-neuhumanistischem wie auch aufklärerischem Optimismus. Eine Behindertenpädagogik, die sich dieser Entillusionierung stellt, müsste damit beginnen, dass sie das Bildungssubjekt entsubjektiviert.

Literatur

Baumgart, Franzjörg: Zwischen Reform und Reaktion. Preußische Schulpolitik 1806–1859. Darmstadt

Deleuze, Gilles (1993): Postskriptum über die Kontrollgesellschaften. In: Deleuze, Gilles: Unterhandlungen 1972–1990. Frankfurt a. M., 254–262

Dörner, Klaus (1984): Bürger und Irre. Zur Sozialgeschichte und Wissenschaftssoziologie der Psychiatrie. 3. Aufl., Frankfurt a. M.

Ellger-Rüttgardt, Sieglind (1980): Der Hilfsschullehrer. Sozialgeschichte einer Lehrergruppe. Weinheim

Foucault, Michel (1976): Überwachen und Strafen. Die Geburt des Gefängnisses. Frankfurt a. M.

Foucault, Michel (1990): Was ist Aufklärung? In: Erdmann, Eva et al.: Ethos der Moderne. Foucaults Kritik der Aufklärung. Frankfurt a. M., 35–45

Höck, Manfred (1979): Die Hilfsschule im Dritten Reich. Berlin

Jantzen, Wolfgang (1987): Allgemeine Behindertenpädagogik. Weinheim

Jeismann, Karl-Ernst (1987): Zur Bedeutung der Bildung im 19. Jahrhundert. In: Jeisman, Karl-Ernst & Lundgreen, Peter (Hrsg.): Handbuch deutscher Bildungsgeschichte. Bd. 3: 1800–1870. Von der Neuordnung Deutschlands bis zur Gründung des Deutschen Reiches. München, 1–21

Jeismann, Karl-Ernst (2000): Geschichte und Bildung. Beiträge zur Geschichtsdidaktik und zur historischen Bildungsforschung. Paderborn

Kant, Immanuel (1968): Werkausgabe in zwölf Bänden. Hrsg. v. Weischedel. Frankfurt a. M.

Kersting, Christa (1992): Die Genese der Pädagogik im 18. Jahrhundert. Campes ‚Allgemeine Revision' im Kontext der neuzeitlichen Wissenschaft. Weinheim

Kersting, Christa (1997): Wissenschaft vom Menschen und Aufklärungspädagogik in Deutschland. In: Hager, F.-P. (Hg.): Bildung, Pädagogik und Wissenschaft in Aufklärungsphilosophie und Aufklärungszeit. Bochum, 77–108

Klee, Ernst (1983): „Euthanasie" im NS-Staat. Die Vernichtung lebensunwerten Lebens. Frankfurt a. M.

Kraus, Antje (1987): Armenwesen, Wohlfahrtspflege, Sozialarbeit. In: Berg, Christa et al. (Hrsg.): Handbuch der deutschen Bildungsgeschichte. München, 317–334

Lindmeier, Bettina & Lindmeier, Christian (2002): Geistigbehindertenpädagogik. Bd. 3 der Studientexte zur Geschichte der Behindertenpädagogik. Weinheim

Meyer-Drawe, Käte (1998): Bildung als Selbstgestaltung. Grenzen und Möglichkeiten einer modernen Idee. In: Fassler, Manfred et al. (Hrsg.]: Bildung – Welt – Verantwortung. Festschrift 50 Jahre ev. Studienwerk Villigst. Gießen, 123–143

Moser, Vera (1995): Die Ordnung des Schicksals. Zur ideengeschichtlichen Tradition der Sonderpädagogik. Butzbach-Griedel

Moser, Vera (1999): Das Verhältnis von Hilfsschul- und Heilpädagogik im frühen 20. Jahrhundert. In: VHN 69, 3, 265–270

Möckel, Andreas (1988): Geschichte der Heilpädagogik. Stuttgart

Möckel, Andreas (1998): Erfolg, Niedergang, Neuanfang – 100 Jahre Verband deutscher Sonderschulen – Fachverband Behindertenpädagogik. München

Ricken, Norbert (2006): Die Ordnung der Bildung. Beiträge zu einer Genealogie der Bildung. Wiesbaden

Sachße, Christoph & Tennstedt, Florian (1986): Soziale Sicherheit und soziale Disziplinierung. Beiträge zu einer historischen Theorie der Sozialpolitik. Frankfurt a. M.

Speck, Otto (1979): Geschichte. In: Handbuch der Sonderpädagogik. Pädagogik der Geistigbehinderten. Berlin, 57–74

Stadler, Hans (2001): Vom „Krüppel" zum Körperbehinderten – Zur Entwicklung der „Krüppelfürsorge" unter dem Einfluss des Christentums. In: Wachtel, Grit & Dietze, Sigrid (Hrsg.): Heil- und Sonderpädagogik – auch im 21. Jahrhundert eine Herausforderung. Weinheim, 64–89

Stinkes, Ursula (1991): Spuren eines Fremden in der Nähe. Würzburg

Stinkes, Ursula (1999): Auf der Suche nach einem veränderten Bildungsbegriff. In: Behinderte in Familie, Schule und Gesellschaft 3, 1999, 73–81

Ethik des pädagogischen Prozesses

Hajo Jakobs

Definitionen

„Die Pädagogik ist die Probe für die Ethik." (Friedrich Schleiermacher)
„Wir sind, was wir sind, durch unser Verhältnis zu anderen." (George H. Mead)
„Individualität ist sowohl Produkt des Drucks, wie das Kraftzentrum, das ihm widersteht." (Theodor W. Adorno)

Die hier vorgestellten Überlegungen bieten keine vollständige pädagogische Ethik, sondern verstehen sich als ein Beitrag zur *Mikrologie pädagogischer Prozesse* und beschränken sich vorrangig auf die Reflexion pädagogischer Handlungen und Haltungen. Es geht weder um normative ‚Groß-Theorie' zwecks Begründung eines allgemeingültigen Moralprinzips oder von Pädagogik überhaupt, noch um eine ‚Sonder- oder Spezialethik' (z. B. in Form von Berufs- oder Wissenschaftsethiken) – auch wenn sie deren Kenntnis und den Rekurs auf diese wie jene – traditionelle ‚Tugendlehren' inbegriffen – immer wieder notwendig voraussetzen (→ II Ethische Grundlagen; vgl. auch Jakobs 1997a; Pieper 2003).

Ausgangspunkte sind implizite moralische Impulse und Intuitionen (Mitleid, Schutz, Fürsorge) wie explizite Normen (Autonomie, Gerechtigkeit, Solidarität), aber auch Widersprüche und Paradoxien auf der Mikro-Ebene des zwischenmenschlichen Umgangs und damit auch sozialer qua pädagogischer Situationen und Prozesse. Pädagogische Situationen, Erfahrungen und Prozesse (die sog. Erziehungswirklichkeit) werden in der erziehungswissenschaftlichen Literatur meist als geschichtliche Objektivation (geisteswissenschaftliche Pädagogik), als empirische Faktizität (empirisch-analytische und kritisch-rationale Erziehungswissenschaft) oder als gesellschaftliche Praxis (Kritische Erziehungswissenschaft, im Anschluss an Habermas) eher makrologisch in Blick genommen (vgl. Blass 1978). Im Unterschied dazu soll hier die Erziehungswirklichkeit als exemplarisch für die prinzipielle „praktische Intersubjektivität" (Joas 1989 nach Mead) des Menschen und ausgehend vom Subjektiv-Situativen, von individuellen Details, Differenzen und Widersprüchen, dem *„Nichtidentischen"* (Adorno 1980), also mikrologisch rekonstruiert werden (zur Mikrologie im Anschluss an Adorno vgl. Jakobs 2004).

Gleichwohl finden sich Analogien und mögliche Anknüpfungspunkte für eine solche kritische Rekonstruktion am ehesten in der geisteswissenschaftlichen Pädagogik, die den „Pädagogischen Bezug" (Nohl), die „pädagogische Atmosphäre" (Bollnow) und „pädagogische Tugenden" (Derbolav) thematisiert, oder in Martin Bubers „Dialogischem Prinzip" sowie in gänzlich anderer Weise in der psychoanalytischen Pädagogik, insbesondere den Überlegungen zu einem „Therapeutischen Milieu" (Bettelheim) – scheinen im aktuellen (behinderten-)pädagogischen Diskurs aber kaum noch Beachtung zu finden. Diese Konzeptionen intendieren die bewusste Gestaltung der alltäglichen Umwelt (räumlich-materiell wie psycho-sozial) und der Interaktion sowie eine reflektierte Haltung, die im Sinne einer subjektiven oder Ideal-Norm die möglichst optimale Entwicklung der zu erziehenden Person in einem emotionalen Klima des Angenommen-Seins bzw. ihre Emanzipation und Selbstachtung als Voraussetzung von Mündigkeit ermöglichen und unterstützen sollen.

Begriffs- und Gegenstandsgeschichte: Annäherungen und Abgrenzungen zum Verhältnis von Pädagogik und Ethik

Doch vorab einige begriffliche Klärungsversuche. Was meint Ethik und/oder Moral? Was ist Erziehung bzw. ein pädagogischer Prozess? Was sind Aufgaben, Möglichkeiten und Grenzen einer pädagogischen Ethik?

In unserem Zusammenhang reicht es zunächst aus, an die Grundfragen der Ethik – Was soll ich tun? (normative oder Pflicht-Ethik in der Tradition Kants), Was ist ein gutes Leben – und wie kann es gelingen bzw. verwirklicht werden? (eudaimonistische Ethik in aristotelischer Tradition) – zu erinnern und sie zu verknüpfen, und *Ethik* ganz einfach als Nachdenken über Moral (bzw. das moralisch richtige oder falsche Handeln) sowie *Moral* als die jeweils kulturell und historisch vorherrschende Lebenspraxis bzw. die Gesamtheit aller im zwischenmenschlichen Raum gegebenen Handlungsorientierungen und ‚Spielregeln' zu verstehen. Diese Reflexion der Lebenspraxis, ihrer Motive, Regeln und Zielsetzungen betrifft gerade auch den Bereich der Erziehung und Bildung, der Lebensbegleitung und Assistenz behinderter Menschen. Auch im pädagogischen Prozess, im Kleinen, Alltäglichen geht es letztlich immer um die Erreichung eines „guten Lebens" nach Maßgabe der Menschenwürde, basaler Bedürfnisse und Rechte des Kindes, des Menschen mit Behinderung usw. Und die offene eudämonistische Perspektive lässt sich zugleich stets auch normativ-ethisch reformulieren: Was kann und muss der Erziehende tun (und was darf er nicht tun), um ein möglichst gutes Leben des zu Erziehenden zu ermöglichen, Lebens- und Entwicklungspotenzialen wie -beeinträchtigungen sowie existentiellen Bedürfnissen nach Schutz und Sicherheit, Versorgung und Pflege, Geborgenheit, Zuwendung und Selbstverwirklichung gerecht zu werden?

Alle *Erziehung* ist *Beziehung*, vollzieht sich in einem pädagogischen Verhältnis – heute freilich sachlich-nüchterner („professionalisierter") und prozesshafter betrachtet als in der geisteswissenschaftlichen Pädagogik (vgl. Giesecke 1997; 2003). Dem pädagogischen Handeln des Erziehenden ist das Lernen (in einem weiteren als rein lerntheoretischen Sinne), dem Sich-Entwickeln des zu Erziehenden komplementär; beide sind interdependent. Allerdings sind pädagogische Verhältnisse nicht ausschließlich nach dem heute zunehmend bröckelnden Modell der Familie zu bilden oder auf die Schule ausgerichtet, nicht notwendig auf die Exklusivität einer Zweier-Beziehung (Mutter-Kind, Lehrer-Schüler) beschränkt und immer in jeweils verschiedene zeitliche, räumlich-materielle und soziale Kontexte (gesellschaftliche und institutionelle Rahmenbedingungen) eingebettet.

Dennoch ist und bleibt die Interaktion zwischen mindestens zwei Personen, die ‚kommunikative Struktur', ein wesentliches Charakteristikum pädagogischen Handelns im Spannungsfeld von Abhängigkeit und Unabhängigkeit, Selbst- und Fremdbestimmung, von Anerkennung und Differenz. Dieses Spannungsfeld steht im Mittelpunkt des vorliegenden Beitrags. Es zwingt aber zu einer Abkehr von der naiv-optimistischen Idealisierung und Therapeutisierung von Kommunikation, wie sie heute auch in der Pädagogik häufig anzutreffen ist und die so tut, als ob individuelle und soziale Probleme schon gelöst seien, wenn man nur so miteinander redet („kommuniziert"), wie die Gesprächsregeln der ‚Humanistischen Psychologie' oder – freilich nicht naiv und auf wesentlich höherem Niveau angesiedelt – des ‚gewaltfreien resp. idealen Diskurses' (Habermas) es vorschreiben. Das würde eine nicht geringere Verdinglichungsgefahr mit sich bringen als bei traditionell-geisteswissenschaftlichen Empfehlungen von Tugenden und Haltungen.

Der Zusammenhang von Angesprochenwerden und Antworten – *Ver-Antwortung* – sowie die alte Gegensatzspannung von „Führen oder Wachsen lassen" (Litt) verweist seit

Locke und Rousseau direkt auf die ethische Dimension der Pädagogik bzw. von Erziehung und Bildung. Die ethische Kategorie der Verantwortung gründet – in der Behindertenpädagogik noch zugespitzt – in der Asymmetrie der pädagogischen Beziehung und verweist zugleich auf den Zusammenhang von *Beziehung* und *Vermittlung* (Lehr-/Lernprozesse, Förderung), nicht nur im Sinne einer Vermittlung von Normen und Werten (Moralerziehung), sondern generell auf die Aufgabe (Pflicht) des Pädagogen, die Potenziale des zu Erziehenden wahrzunehmen, aufzudecken, ihn beständig zu motivieren und zu fördern – zu Verselbstständigung, Selbstbestimmung und Selbstverantwortung (Erziehungsziele).

Im Laufe der *Geschichte* hat es sowohl vonseiten der Philosophie als auch der Pädagogik die verschiedensten Versuche gegeben, die Aufgabe der Erziehung wie das Persönlichkeitsprofil der erziehenden Person zu bestimmen. Wie Annemarie Pieper (2003, 140–150) dargelegt hat, stimmen (fast) alle pädagogisch-ethischen Konzepte – von Sokrates und Platon über Kant, Herbart und Schleiermacher bis zur Geisteswissenschaftlichen Pädagogik (Derbolav) und der Kritischen Erziehungswissenschaft – in zwei Punkten grundsätzlich überein:

1. Die Unverzichtbarkeit ethischer Zielvorgaben für eine Theorie der Erziehung: „Denn letztlich entscheidet das Menschenbild, die normative Vorstellung, was und wie der Mensch sein soll, ... über die Lerninhalte und die Form ihrer Vermittlung. [...] Bleibendes Ziel der Erziehung ist der selbstständige, seiner Freiheit mächtige Mensch, nicht aber ein abgerichtetes, Befehle kritiklos entgegennehmendes und ausführendes Wesen“ (ebd., 149 f.).
2. Diese Zielsetzung bestimmt wesentlich die Funktion des Pädagogen oder der Pädagogin: „den Prozess der sich entwickelnden Freiheit, die Emanzipation des Schülers zu unterstützen, indem er sich zum Instrument dieses Prozesses macht“ und den zu Erziehenden als mündigen, gleichberechtigten Partner antizipiert und motiviert, von sich aus „dieses Ziel unbedingt anzustreben“ (ebd., 150).

Pädagogische Ethik thematisiert alle damit zusammenhängenden Aspekte im pädagogischen Feld bzw. Prozess aus ethischer Perspektive und umfasst den Doppelaspekt der ethischen Vermitteltheit der Pädagogik und der pädagogischen Vermittlung der Ethik: die Erziehungsziele (was man lernen soll) und das erzieherische Handeln (wie man erziehen soll) unterliegen gleichermaßen moralisch-ethischen Kategorien (vgl. Pieper 2003). Nach diesem Verständnis ist Erziehung notwendig, um die ursprüngliche moralische Indifferenz, die egozentrische Orientierung des Individuums auf seine Bedürfnisbefriedigung und den Eigennutz in Richtung einer Respektierung der Bedürfnisse und Interessen anderer zu erweitern und zu überwinden; sie zielt nicht nur auf Freiheit, sondern auch Gleichheit, was angesichts der Verschiedenheit jedoch nicht notwendig und in jedem Fall reziproke Beziehungen (vollständige Gegenseitigkeit) ergibt.

Also, die „erste Frage einer ‚pädagogischen Ethik‘ ist nicht, wie *Moral* vermittelt, sondern wie *Erziehung* gerechtfertigt werden kann“ (Oelkers 1992, 11).

In der Tradition der Geisteswissenschaftlichen Pädagogik wird die *Pädagogische Ethik* verstanden als die „Lehre von den Seins- und Sollensbedingungen des pädagogischen Handelns“ bzw. als eine typische Bereichs- oder „Regionalethik, die aus der Anwendung allgemeiner ethischer Grundsätze auf ein bestimmtes Handlungsfeld, hier auf das der pädagogischen Praxis, erwächst“ (Derbolav 1985, 255) und drei Bestandteile hat:

- Strukturanalyse der Praxis/Grundlegung des Begriffs der *pädagogischen Verantwortung*;
- pädagogische *Tugendlehre* (sachbestimmte Autorität, pädagogischer Eros, pädagogische Gerechtigkeit, pädagogischer Takt, Humor);
- Lehre der Erziehungsmittel und -maßnahmen.

„Der Educand tritt dem Erzieher als Persönlichkeit, nicht als Sache entgegen und muss daher durch die objektivierten Bezüge, d. h. die psycho-soziologischen Mechanismen seines Verhaltens hindurch als Du angesprochen und angenommen werden. Sachen kann man machen, Menschen sind prinzipiell weder mach- noch manipulierbar, man muss sie ihrer Spontaneität entsprechend behandeln, d. h. mit ihnen als Wesen, die nicht reagieren, sondern antworten können, umgehen. Jede Art von Dressur und alle Versuche, den Willen des Educandus, aus welchen Gründen auch immer, zu brechen, ihn bis zur völligen Gefügigkeit zurechtzubiegen oder ihn auch auf viel sanfteren Wegen zu ihm fremden Zielvorstellungen hinzugängeln, widersprechen dem Prinzip der pädagogischen Verantwortung und müssen als pädagogische Todsünde schlechthin angesehen werden" (Derbolav 1985, 256 f.).

Zentrale Probleme

Alle systematische Pädagogik basiert – verkürzt dargestellt – letztlich auf *Aufklärung* und dementsprechend ist in fast allen klassischen Vorstellungen von Ethik letztlich Freiheit (Autonomie) Voraussetzung resp. letzter Grund von Ethik, von moralischem und pädagogischem Handeln. Nur freie Individuen können ethisch relevante Entscheidungen treffen, Verantwortung übernehmen und verantwortlich gemacht (also auch schuldig) werden.

Pädagogische Prozesse stellen als Prozesse der Aufklärung und Emanzipation – von der Heteronomie zur Autonomie (Kant) – dann sowohl biografisch als auch systematisch-bildungstheoretisch eine Erweiterung basalen menschlichen Angesprochen-Werdens und Antwortens dar – von der Mikroebene der Dyade und der Kleingruppe der Familie über die Schule, Peergroup, Alltags- und Lebenswelt bis zur Makroebene von Arbeitswelt, Gesellschaft, Staat/Politik. Sie werden als Prozesse zunehmender Selbstverwirklichung und Selbstformung (als Inbegriff von Bildung) in sozialer Teilhabe und nach Maßgabe einer letztlich stets ambivalent bleibenden Normalität bzw. Realitätsanpassung gedacht. Doch in und mit dieser Erweiterung sind sie zugleich einer einseitigen und kaum problematisierten Engführung/Beschränkung unterworfen.

Die idealistische, im kantischen Freiheitsbegriff kulminierende resp. vom ihm ausgehende Sicht stellt die Behindertenpädagogik – insbesondere bei sog. geistigen und schweren Behinderungen – vor erhebliche Legitimationsprobleme. Und zwar immer dann und insofern die gesellschaftlich normierten Minimalanforderungen für eine ‚normale' autonome Lebensführung auf Dauer weder angeeignet noch vermittelt werden können, das Erziehungsziel (verantwortliche) Mündigkeit nicht erreicht oder gar durch ‚Betreuung' verhindert wird.

Nicht nur die „anfängliche Ungleichheit" oder die Paradoxie, dass Wirkungen und Ergebnisse erzieherischer Prozesse „doch nicht kalkuliert werden" können (Oelkers 1992, 15), sind also das wesentliche Problem, sondern dass es Menschen und pädagogische Verhältnisse/Prozesse gibt, bei denen diese Asymmetrie resp. soziale Abhängigkeit lebenslang bestehen bleibt. Was ist, was tun, wenn ein selbstbestimmtes Leben nicht erreicht wird?

Pädagogische Ethik muss gleichsam viel radikaler und alltäglicher die Desillusionierung durch die *„Dialektik der Aufklärung"* (Horkheimer & Adorno) durchlaufen resp. vollziehen, sich dem Leiden der Subjektwerdung und der Körper, das der Zivilisationsprozess den Subjekten zufügt (Freud; Foucault), wie der Verletzlichkeit und Asymmetrie – als menschliche Verhältnisse grundsätzlich kennzeichnend (Levinas) – stellen. Gebrochen durch die „Dialektik der Aufklärung" lassen die klassischen Fragen der Pädagogik-Geschichte sich nicht mehr eindeutig nach einer Seite beantworten oder auflösen – weder in Richtung Autonomie noch Reziprozität – und eine eindeutige Festschreibung anthropologischer oder ethischer Begründungen der Pädagogik wird aus differenz- resp. kritischtheoretischer Sicht (vgl. Kamper 2004; Jakobs 1997a) ebenso zur Fiktion wie die Feststellung eines vermeintlichen ‚Wesens' des Menschen und allgemeingültiger Erziehungsziele. Das Theorie-Praxis-Problem, die Frage, ob pädagogische Praxis mehr ist als bloßes Anwendungsfeld wissenschaftlicher Erkenntnisse (Technologie), wird damit gewissermaßen zur Nagelprobe.

Eine mikrologische Ethik des pädagogischen Prozesses muss sowohl die Illusionen der pädagogischen Tradition von „zielgerechter Einwirkung" und „natürlicher Entwicklung" (Oelkers 1992, 96) aufgeben, als auch das Ziel der Selbstbestimmung – auch seine Begründungsfunktion für die Menschenwürde – relativieren, doch ohne zugleich die Würde („Selbstzwecklichkeit", Kant) und Gleichwertigkeit der Individuen selbst zu relativieren – also zugleich bescheidener und anspruchsvoller werden.

Es geht um einen *Perspektivwechsel* vom ‚Objekt Mensch' oder der ‚Sache Erziehung' zur Gleichheit in Verschiedenheit im praktisch-intersubjektiven Verhältnis, das die Person nicht zum bloßen ‚Fall' reduziert (‚Fest- und Herstellung' des Menschen, Diagnostik, Manipulation z. B. durch therapeutische oder Fördertechniken) oder menschliche Beziehungen instrumentalisiert. Das pädagogische Verhältnis kehrt sich um, die Gewichte verschieben sich: Es geht um das Angesprochenwerden des Pädagogen und der Pädagogin, das ihn und sie in die Pflicht nimmt, ihn und sie schuldig macht …

Die Tatsache und Notwendigkeit von Erziehung als Reaktion auf die Entwicklungstatsache kann zwar nicht hintergangen werden. Wohl aber können (und müssen) ideale Konstruktionen des pädagogischen Verhältnisses oder Prozesses hinterfragt und auf seine Einflussfaktoren und Rahmenbedingungen wie auf die intersubjektive Praxis zurückgeführt werden. Dabei ist stets von konkreten Situationen, der konkreten Befindlichkeit und den Potenzialen der Beteiligten auszugehen; aber es geht um eine Verzögerungsschleife, in der nicht nur sorgfältige Analysen, sondern auch eine vertiefte Einfühlung in das Gegenüber vor und über jeglichen Aktionismus gestellt werden, ein Abwarten-Können direktem Umsetzen und Anwenden vorgezogen wird. Dieses mikrologische Vorgehen erscheint besonders im behindertenpädagogischen Prozess wichtig, da die behinderten ‚Edukanden' einem oft lebenslangen „Mehr an sozialer Abhängigkeit" (Hahn) unterliegen und die Manipulationsgefahr noch sehr viel größer ist als in der ‚Normal-Erziehung'.

Der pädagogische Prozess lässt sich *praktisch* als Dialektik von *Nähe und Distanz*, von Einflussnahme und Gewähren-Lassen, *theoretisch* als Dialektik von *Differenz und Intersubjektivität* beschreiben, die nicht hintergangen werden können, sondern beständig moralische Intuition und Reflexion, bewussten verantwortlichen Umgang und Entscheidung erfordern, um ein „Miteinander des Verschiedenen" (Adorno) zu ermöglichen.

Problembewältigung – Zentrale Erkenntnisse und Diskussionsstand

Wie lassen sich Differenz und praktische Intersubjektivität in der ethisch-moralischen wie pädagogischen Theorie und Praxis fassen und vermitteln?

„Wenn das Erbe der Aufklärung darin besteht, die menschliche Würde des ‚verallgemeinerten Anderen' zu verteidigen, dann muss die utopische Kritik dieses Erbes uns an die menschliche Besonderheit und die Bedürfnisse des ‚konkreten Anderen' erinnern" (Benhabib 1992, 13).

Die Frage von konkretem und generalisiertem Anderen (Hegel, Mead) wird von Honneth (1994) mit der Unterscheidung aufeinander aufbauender Stufen wechselseitiger *Anerkennung* weiter entfaltet:

1. *Liebe bzw. emotionale Zuwendung* (Ebene der Primärbeziehungen): Diese Form der basalen Annahme und wechselseitigen Bedürfniserfüllung, die besonders von psychoanalytischen Autoren untersucht worden ist, gibt Sicherheit und ermöglicht *Selbstvertrauen* (vgl. Erikson 1977; in pädagogisch-therapeutischem Kontext Bettelheim 1989 u. a.). Zuwendung stellt eine notwendige, aber nicht hinreichende Voraussetzung von Anerkennung und individueller Unabhängigkeit dar. Anerkennung bezeichnet auf der Beziehungsebene „den doppelten Vorgang einer gleichzeitigen Freigabe und emotionalen Bindung" (Honneth 1994, 173).
2. *Recht und kognitive Achtung* (Ebene der Rechtsverhältnisse/Staat): Gleiche Rechtsstellung und ihre Respektierung durch andere ermöglichen die *Selbstachtung* eines Individuums. Gleichberechtigung berücksichtigt aber noch nicht die individuellen Unterschiede, sondern betrifft den ‚verallgemeinerten Anderen' (Mead).
3. *Solidarität und soziale Wertschätzung* des Individuums (Ebene der Wertegemeinschaft): Hier geht es um die individuellen Unterschiede (Fähigkeiten, Kompetenzen und Eigenschaften der Personen) und darum, welcher Stellenwert ihnen innerhalb einer konkreten Gemeinschaft zukommt. Nur auf dieser dritten Stufe sind die volle Anerkennung des Verschiedenen, des ‚konkreten Anderen' (Mead) und damit auch seine *Selbstwertschätzung* zu gewährleisten.

Das Problem der Anerkennung betrifft also die „Formen der praktischen Bestätigung, durch die es [das Subjekt, H. J.] ein normatives Verständnis seiner selbst als eine bestimmte Art von menschlicher Person erwirbt" (ebd., 121), das „praktische Selbstverhältnis des Menschen" (ebd., 122) in der Dimension affektiv-emotionaler *Bedürfnisse* und *Bedürftigkeit,* der kognitiven des *Respekts* und der beide verbindenden *Wertschätzungsdimension.* Werden individuelle Eigenschaften und Lebensformen in der gesellschaftlichen Bewertung als „minderwertig oder mangelhaft herabgestuft, dann nimmt sie den davon betroffenen Subjekten jede Möglichkeit, ihren eigenen Fähigkeiten einen sozialen Wert beizumessen" (ebd., 217). Damit erweist sich die dritte Dimension bezüglich behinderter Menschen in einer Leistungs- und Konkurrenzgesellschaft als die problematischste, weil sie für die wechselseitige Wertschätzung konkreter Individuen (Solidarität) letztlich sozusagen ‚Gegenleistung', volle Reziprozität voraussetzt. Honneth (vgl. ebd., 183 ff.) setzt hier auf

- die gemeinsam geteilte Erfahrung der Bedrohung (Risiko des Verlusts von Kompetenzen oder Eigenschaften);
- ein gemeinsames Konzept eines guten Lebens sowie einen gemeinsam akzeptierten Bewertungsmaßstab für individuelle Eigenschaften und Kompetenzen als Beitrag zum gesellschaftlichen Leben (gemeinsame Werteorientierung).

Alternative – dem Problem der Anerkennung des Verschiedenen auf den Grund gehende – Bestimmungsversuche von Ethik kommen bei Adorno und Levinas sowie in der sog. Postmoderne (Derrida, Foucault, Riceur) in den Blick (→ II Ethische Grundlagen), die implizit oder explizit an Nietzsche anknüpfen und die dominierende Aristoteles-Kant-Hegel-Tradition in Richtung einer *Radikalisierung von Anerkennung und Asymmetrie* zugleich unterlaufen wie erweitern und überschreiten: Der Andere wird nicht vereinnahmt, sondern *als Anderer* und womöglich immer fremd Bleibender wahr- und bedingungslos angenommen. Ihm wird nichts (auch keine Antwort) abverlangt, seine Anerkennung nicht an ‚angemessene' Gegenleistungen, den ‚gerechten Austausch' (Modell der Ökonomie) gebunden.

Mikrologie orientiert sich vorrangig an einer erfahrungsbezogen-mimetischen *Mitleidsethik* in der Tradition von Schopenhauer, Horkheimer & Adorno (vgl. dazu Jakobs 1996; 1997a, b), da weder die rechtliche Gleichstellung von behinderten Menschen noch formal-diskursethische Verfahren zum Schutz ihrer fundamentalen Lebensinteressen ausreichen, ja vielleicht nicht einmal eine *advokatorische Ethik* (Brumlik 1992; zur kritischen Einschätzung besonders in Bezug auf schwerstbehinderte Menschen vgl. z. B. Jakobs 1997a, 228 ff.).

Erziehung oder pädagogische Prozesse sind nicht einfach praktischer Diskurs, pädagogisches Handeln nicht einmal in jedem Falle sprachliches Handeln und die Kommunikation im pädagogischen Prozess nicht von vornherein oder nie symmetrisch, sondern weist ein Gefälle an Kompetenzen, Ausdrucks- und Handlungsmöglichkeiten etc. auf. So ist auch die Unterstellung der ‚Zurechnungsfähigkeit' der zu erziehenden Person – zumal in der Behindertenpädagogik – nicht immer möglich, ja nicht einmal immer im Interesse des Betroffenen. Auch wenn ‚Symmetrie' immer wieder kontrafaktisch zu antizipieren ist und ein anzustrebendes Ziel bleibt. Pädagogisches Handeln muss nicht nur Verständigung und Vermittlung in der Interaktion verbinden, sondern bereits in deren Vorfeld das Fremde, *„Nichtidentische"* (Adorno 1980), z. B. von Behinderung, das verstört und ratlos macht, aushalten und sich seiner Identifizierung und Klassifizierung enthalten, Fürsorge betreiben und Nähe erst herstellen, ohne zu einer Bedrohung zu werden.

Kommunikation wird gerade da zum ethischen Problem, wo sie nicht auf Symmetrie und Reziprozität beruht, sich also in einem vor-intentionalen Vorfeld bewegt. Gerade darin, dass auf Förderung und Kommunikation im engeren Sinne (zunächst) verzichtet wird, werden das Erfahren und Akzeptieren von Andersheit und die Konstitution von Nähe erst möglich und als wichtige Grundlage eines pädagogischen Prozesses freigelegt. Das haben z. B. Kleinbachs (1994) phänomenologische Untersuchungen eindrücklich gezeigt – insbesondere seine Ausführungen über Geduld (ebd., 163–180), die als eine Art philosophisch-resignative Meditation der Begegnung mit dem Anderen einer mikrologischen Haltung nahe kommen.

Ein Zug des Resignativen eignet durchaus auch einer philosophischen Ethik allgemein, da sie „keine Rückendeckung" mehr hat (Schulz 1980, 633), und die Vergeblichkeit, ja Unmöglichkeit moralischen Verhaltens angesichts der Negativität der Welt wird gerade in kritisch-theoretischer Reflexion deutlich: „Es gibt kein richtiges Leben im falschen" (Adorno 2001, 42). Solange ungerechte Verhältnisse bestehen und die Bedingungen für eine unmittelbare Erfahrung von Mit-Menschlichkeit nicht gegeben sind, bleibt Moral etwas Äußerliches (‚Falsches'), an „äußerliche moralische Ordnung" gebunden (Mead 1987, 369). Gerade im Blick auf pädagogisches Handeln lassen sich die *Grenzen von Ethik* sogar noch lapidarer auf den Punkt bringen: „Die Ethik ist nicht die Praxis, deren Theorie sie ist" (Pieper 2003, 181). Durch Ethik wird man nicht besonders moralisch oder tugendhaft – darin sind sich alle Moralphilosophen von Schopenhauer bis Habermas einig.

Für die Behindertenpädagogik heißt das konkret, dass die theoretisch-reflexive Durchdringung der Situation behinderter Menschen oder der pädagogischen Aufgabenstellung die moralische Entscheidung für einen je bestimmten Menschen nicht ersetzen und auch den ‚richtigen' pädagogischen Umgang mit ihm nicht garantieren kann.

Normativer Impuls aus kritisch-theoretischer Sicht resp. von Mikrologie ist – trotz oder gerade wegen ihrer notwendigen scharfen Gesellschafts- und Vernunftkritik – das Mitleid mit jeglicher Kreatur; insofern ist sie niemals resignativ. Auf diesen freilich ambivalenten Impuls bleibt auch eine (behinderten-)pädagogische Ethik auf dem Weg zur Solidarität angewiesen. Jedoch gilt es gerade im behindertenpädagogischen Kontext eine Gefahr im Auge zu behalten: Eine ‚Negativ-Verklärung' von Behinderung als Leid, die die Betroffenen durch eine Gleichsetzung mit ihrer sog. Behinderung aus sozialen (und pädagogischen) Interaktionsprozessen als Fremde auszuschließen droht, muss vermieden werden. Behinderung bedeutet zwar ein *Nicht-Identisch-Sein-Können* mit sich und der Mitwelt und insofern immer *soziales Leid*, Leiden am Sozialen durch ‚Nicht-Dazugehören' oder

Bedrohung durch Ausschluss (Exklusion), darf aber nicht per se mit persönlichem oder gar körperlichem Leiden gleichgesetzt werden. Leiden ist dialektisch, und es wird zum Index negativer Dialektik, gerade dann, wenn die Unternehmungen zur ‚Leidvermeidung' misslingen und in neues Leid umschlagen, wie es am Beispiel von Internierung, Zwangstherapien bis zur Euthanasie deutlich wird.

Jegliche Diskriminierung und Stigmatisierung – auch bei Schwächen und Fehlleistungen der zu Erziehenden – ist zu vermeiden. Eine entsprechende *„antistigmatische Haltung"* (R. Wurr, persönl. Mitteilung) schafft quasi eine ‚andere' selbstverständliche ‚Normalität' der Interaktion. Sie ist durch den unbedingten Respekt vor der Menschlichkeit des Anderen, Achtsamkeit, gesteigerte Empathie und vielleicht Einsicht in Leid, die sich nicht in gedachtem oder gefühltem ‚Mitleiden' (bloße Betroffenheit) erschöpft, gekennzeichnet. Eine solche Haltung hilft, Zugang zu denjenigen zu finden, ja ihr Vertrauen zu gewinnen, die von der Erfahrung der Nicht-Akzeptanz geprägt sind und mit dieser Belastung, einem Vorbehalt, in den pädagogischen Prozess eintreten. Dabei können eigene einschlägige – mehr oder minder traumatische – Erfahrungen des Ausgeschlossen- und Stigmatisiert-Werdens oder Erleidens von ‚Ungerechtigkeit' (das ungeliebte Kind, der schlechte Schüler etc. sind vielleicht ‚archetypische' Figuren einer solchen pädagogischen Mitgift) eine günstige Voraussetzung für den Erziehenden sein, da sie sozusagen eine ‚subversiv-subkulturelle' Solidarität erleichtern.

Resümee und Ausblick

Eine Ethik des pädagogischen Prozesses kann idealtypisch als die Entwicklung vom Schutz- und Mitleidsimpuls über Liebe und Fürsorge zu Anerkennung und solidarischem Handeln in einer gemeinsamen Lebenswelt (als spezifische ethisch-moralische Erscheinungsformen praktischer Intersubjektivität aufgrund der Differenz der Individuen) gedacht werden. Das heißt, sie muss einerseits weitgehend auf ‚ungesicherte' moralische Intuitionen und Haltungen, die sehr persönlichen Voraussetzungen des Pädagogen, bauen, andererseits skeptisch-kritisch gegen gesellschaftliche Normvorgaben und Normierungen des Menschen (‚Menschenbilder') und ihre möglichen Konsequenzen, aber auch gegenüber ethischen Begründungstheorien bleiben, will sie größtmögliche moralische Anwaltschaft von ‚extremer' Andersheit und Verschiedenheit gewährleisten.

Solche Anwaltschaft oder Anerkennung setzt auf die „Selbstzwecklichkeit des Menschen" (Kant) diesseits von Autonomie und Reziprozität sowie eine antistigmatische Haltung, Achtsamkeit und ein mimetisches In-Beziehung-Treten voraus, um einen pädagogischen Prozess, ein pädagogisches Verhältnis zuallererst zu ermöglichen, in dem extreme Verletzlichkeit, radikale Asymmetrie und auch das Scheitern von Erziehung ausgehalten werden können. Dies aber im Einzelnen theoretisch zu definieren und berufsethisch zu kanonisieren erscheint uns nicht möglich.

Eine Ethik des (behinderten-)pädagogischen Prozesses kann aber durchaus auch auf Kants *Kategorischen Imperativ* („Handle so, dass die Maxime deines Willens jederzeit zugleich als Prinzip einer allgemeinen Gesetzgebung gelten könne", KWA VII, 140) zurückgreifen – zumal in seiner handfest-volkstümlichen bzw. ‚bescheidenen' (negativen) und als *‚Goldene Regel'* bekannten Fassung: „Was du nicht willst, das man dir tu, das füg auch keinem andern zu!" Und sollte oder wollte man für Behindertenpädagogik positiv ein Moralprinzip im Sinne normativer Ethik zugrunde legen oder aufstellen, könnte das mit einer kritischen Reformulierung des Kant'schen Mottos geschehen, dass der Mensch erst durch Erziehung zum Menschen werde (vgl. KWA XII, 697 ff.). Diese Aussage kann vom Risiko zur Chance werden, wenn sie als pädagogisch-ethische ‚Bringschuld', als Verpflichtung der Gattung Mensch, der Gesellschaft wie des Einzelnen, verstanden und immer wieder aufs Neue im pädagogischen Prozess, also mikrologisch, umgesetzt und zugleich in Richtung auf mögliche Selbstbestimmung ‚verflüssigt' wird.

So bleibt als Quintessenz einer kritisch-pädagogischen Ethikreflexion, dass aus der Erkenntnis der nicht hintergehbaren Intersubjektivität sowie der Differenz (Asymmetrie) menschlichen Lebens (schon rein formal) zugleich die Verantwortung (und immer auch Selbstverantwortung) für die Erziehung und Bildung, das ‚Menschwerden' aller von Menschen Geborener in der Dialektik von Bergung und Freisetzung folgt, seien sie behindert oder nicht.

Ausgangspunkt und nicht stillzustellender Antrieb jeglicher Ethik bleibt die Differenz – im zweifachen Sinne als Verschiedenheit der Individuen und als der (nicht aufhebbare) Widerspruch zwischen der Utopie einer gerechten und solidarischen Gesellschaft und der ihr widersprechenden Realität bzw. dem Glücksanspruch des Einzelnen versus der Realität seiner verletzlichen und ‚beschädigten Existenz'. Dieser dauernde ‚Stein des Anstoßes' zeigt sich im Gefälle zwischen Starken und Schwachen, Privilegierten und Benachteiligten, sog. Behinderten und Nicht-Behinderten etc. – sei es auf der Makro-Ebene der sozioökonomischen Strukturen und als gesellschaftspolitisches Problem (Diskriminierung, Exklusion) oder sei es in der Mikro-Struktur der Erziehung (Generationengefälle, Asymmetrie des pädagogischen Verhältnisses, soziale Abhängigkeit, Stigmatisierung, Exklusion).

In der Pädagogik, im pädagogischen Prozess muss Ethik mikrologisch werden – oder sie ‚wird' überhaupt nicht …

Literatur

Adorno, Theodor W. (2001): Minima moralia. Frankfurt a. M.

Adorno, Theodor W. (1980): Negative Dialektik. Frankfurt a. M.

Benhabib, Seyla (1992): Kritik, Norm und Utopie. Frankfurt a. M.

Bettelheim, Bruno (1989): Der Weg aus dem Labyrinth. München

Blass, Josef L. (1978): Modelle pädagogischer Theoriebildung. 2 Bde. Stuttgart

Bollnow, Otto F. (2001): Die pädagogische Atmosphäre. Essen

Brumlik, Micha (1992): Advokatorische Ethik. Bielefeld

Buber (1979): Das dialogische Prinzip. Heidelberg

Derbolav, Josef (1985): Thesen zu einer pädagogischen Ethik. In: Pädagogische Rundschau 39, 3, 255–274

Giesecke, Hermann (1997): Die pädagogische Beziehung. München

Giesecke, Hermann (2003): Pädagogik als Beruf. München

Habermas, Jürgen (1988): Moralbewusstsein und kommunikatives Handeln. Frankfurt a. M.

Hahn, Martin (1981): Behinderung als soziale Abhängigkeit. München

Honneth, Axel (1994): Kampf um Anerkennung. Zur moralischen Grammatik sozialer Konflikte. Frankfurt a. M.

Horkheimer, Max & Adorno, Theodor W. (1986): Dialektik der Aufklärung. Frankfurt a. M.

Jakobs, Hajo (1996): Differenz – Mikrologie – Mitleid: Perspektiven (Elemente) einer anthropologiekritischen Heilpädagogik. In: Opp, G. et al. (Hrsg.): Heilpädagogik in der Wendezeit. Brüche – Kontinuitäten – Perspektiven. Luzern, 175–183

Jakobs, Hajo (1997a): Heilpädagogik zwischen Anthropologie und Ethik. Eine Grundlagenreflexion aus kritisch-theoretischer Sicht. Bern

Jakobs, Hajo (1997b): Vom Mitleid zur Solidarität? Kritische Anmerkungen zu einer Berufsethik der Heilpädagogik. In: Fachzeitschrift Heim 68, 6, 396–401

Jakobs, Hajo (2004): Mikrologische Heilpädagogik – Heilpädagogische Mikrologie? In: Greving, Heinrich et al. (Hrsg.): Zeichen und Gesten – Heilpädagogik als Kulturthema. Gießen, 29–47

Joas, Hans (1989): Praktische Intersubjektivität. Frankfurt a. M.

Kamper, Dietmar (2004): Anthropologie, pädagogische. In: Lenzen, D. (Hrsg.): Pädagogische Grundbegriffe. Bd. 1. Reinbek, 82–88

Kant, Immanuel: Werkausgabe KWA Bd. VII und XII. Frankfurt a. M.

Kleinbach, Karlheinz (1994): Zur ethischen Begründung einer Praxis der Geistigbehindertenpädagogik. Bad Heilbrunn

Levinas, Emmanuel (1999): Die Spur des Anderen. Freiburg

Mead, George H. (1987): Gesammelte Aufsätze. Frankfurt a. M.
Mead, George H. (1993): Geist, Identität und Gesellschaft. Frankfurt a. M.
Nohl, Herman (2002): Die pädagogische Bewegung in Deutschland und ihre Theorie. Frankfurt a. M.
Oelkers, Jürgen (1992): Pädagogische Ethik. Weinheim
Pieper, Annemarie (2003): Einführung in die Ethik. Tübingen
Schulz, Walter (1980): Philosophie in der veränderten Welt. Pfullingen

Kooperation und kooperatives Lernen unter erschwerten Bedingungen inklusiven Unterrichts

Rainer Benkmann

Wettbewerb und Konkurrenz werden oft als unhinterfragte Grundlagen des gesellschaftlichen und wirtschaftlichen Lebens, quasi als anthropologische Merkmale unseres Handelns angehen. Schon bei sehr jungen Kindern, wird behauptet, sei das beobachtbar. Übersehen wird, dass die Reproduktion unserer Gattung von der kooperativen Gestaltung sozialer Beziehungen abhängig ist. Einfachste Alltagsabläufe brechen ab, wenn keine kooperativen Prozesse stattfinden. Menschen sind auf Kooperation angelegt und angewiesen. Ohne sie kann „menschliche Existenz nicht realisiert werden" (Feuser 1995, 183). Ein Mindestmaß an Kooperation zwischen Mutter und Embryo, zwischen Individuen bis hin zur Kooperation zwischen Nationen ist für das Zusammenleben grundlegend.

Begriff

Unser theoretischer Ansatz, eine Version des sozialen Konstruktivismus, versteht unter Kooperation einen Interaktionsprozess, in dem wechselseitige Hilfe mindestens zweier Personen darauf zielt, etwas Erwünschtes zu erreichen. Personen investieren etwas und profitieren davon. Sind die Kosten höher als der Nutzen, spricht man von Uneigennützigkeit (Altruismus). Reine Uneigennützigkeit von Hilfe wird allerdings oft bestritten, denn es lassen sich immer wieder eigene Vorteile „altruistischer" Handlungen ausmachen. Insofern wird der anspruchslosere Begriff des prosozialen Verhaltens vorgezogen, um Hilfe zu kennzeichnen, die dem Anderen zwar einen Gewinn verschafft, aber dabei keinen Eigennutz bestreitet.

Kooperation setzt eine Beziehung interagierender Partner voraus. Manche [→ soziale Beziehung] enthält nur eine Interaktionsqualität, etwa die Verkäufer-Kunden-Beziehung. Andere Beziehungen enthalten viele Qualitäten, etwa lang dauernde Freundschafts- und Ehebeziehungen. Sie haben eine gemeinsame Geschichte, sind mit sehr unterschiedlichen sozial-emotionalen Erfahrungen verbunden und generieren zukünftige Erwartungen. Freunde zum Beispiel sind von der Zuverlässigkeit und der Aufrichtigkeit des Anderen überzeugt. Sie fühlen sich ihm und seinem Wohl verpflichtet (Bierhoff & Montada 1988; Hinde & Groebel 1991).

Werden in der Lehr-/Lernforschung und in der Schulpraxis Kooperation thematisiert, so ist Verschiedenes gemeint: Oft wird darunter kooperatives Lernen von Schulkindern in kleinen Gruppen verstanden. Während im deutschsprachigen Raum von Gruppenarbeit gesprochen wird, spricht man im anglo-amerikanischen Raum von Cooperative Learning. Die Kinder sollen dabei aktiv und selbstständig handeln und sich wechselseitig helfen. Lehrkräfte treten bei der Gruppenarbeit in den Hintergrund. Sie begleiten und steuern indirekt den Lernprozess.

Weiterhin kann sich Kooperation auf die Zusammenarbeit zwischen Lehrkraft und Schülern, auf die Kooperation im Kollegium, im Zwei-Pädagogen-System oder zwischen Schule und außerschulischen Institutionen beziehen. Im Folgenden geht es um das kooperative Lernen bzw. Cooperative Learning bei Kindern, um Formen der Partnerarbeit bzw. des Peer Tutoring und der Peer Collaboration im Blick auf inklusiven Unterricht. Gradmesser für Inklusion durch Kooperation „wäre dann die Situation der jeweils

Schwächsten" (Jantzen, zit. nach Siepmann 2002, 35).

Bei den üblichen Formen der Partner- und Gruppenarbeit bleibt oft ein Aspekt unberücksichtigt: die sozialen Beziehungen. Und dies, obwohl Belege für die Hypothese vorliegen, dass Sympathiebeziehungen zwischen Kindern für eine produktive Zusammenarbeit wichtig sind. Gute Freunde zum Beispiel bringen Gruppenarbeit auch beim Auftreten von Widrigkeiten zu einem akzeptablen Abschluss, während Nicht-Freunde solche Prozesse vorzeitig abbrechen oder unproduktive Streitereien austragen (Krappmann & Oswald 1995, 147 f.). Unser Verständnis von Kooperation enthält als wesentliches Merkmal den Beziehungsaspekt.

Theoretische Perspektiven

Trotz uneinheitlicher Befundlage zu den Effekten kooperativen Lernens ist man sich in Folgendem einig: Wenn Kinder zusammenarbeiten, machen sie mehr kognitive, soziale und moralische Entwicklungsfortschritte, als wenn sie für sich arbeiten (z. B. Renkl & Mandl 1995, 292). Erfolgreiches Kooperieren ist zudem vom Lehrarrangement abhängig.

Vier Perspektiven erklären positive Effekte kooperativen Lernens (angelehnt an Slavin 1993, 151 ff.; 1996, 27 ff.):

Motivationale Perspektive: Motivation zu Kooperation und Hilfe in der Gruppenarbeit werden durch den Einsatz externer Einflussgrößen (Reize, Kontingenzen) hervorgerufen und aufrechterhalten, oft in Form von in Aussicht gestellter Gruppenbelohnung. Dies lässt die Tradition behavioraler Lerntheorien erkennen, aus denen entsprechende Ansätze und Methoden in der Sonderpädagogik hervorgegangen sind, die einen hohen Stellenwert für professionelles Handeln haben (z. B. Borchert 2000, 146 ff.).

Externe Anreize erwiesen sich bei Gruppenarbeit, die auf den höchsten Lernzuwachs aller Kinder zielten, als wirksam. Gute Schüler werden herausgefordert, schwächeren Schülern zu helfen, weil auch die Schwachen die bestmöglichen Lernfortschritte erreichen sollen. Dies wird durch Testung individueller Lernfortschritte festgestellt. Das Testergebnis bestimmt, welche Gruppe zum Beispiel die begehrte Auszeichnung erhält. Leistungsverbesserungen der Schwachen erhöhten zugleich ihr soziales Ansehen und förderten eine stärkere Leistungsorientierung. Besonders geeignet erwies sich dieses Konzept für einen inklusiven Unterricht mit lernschwachen Kindern wie Slavins Arbeiten (1995) zeigen. Forschungen von Johnson & Johnson (1994) bestätigen die Wirkungen dieser kooperativen Lernform.

Entwicklungsorientierte Perspektive: Interaktionen der Gleichaltrigen sind nach Jean Piaget (1972; 1973) das Medium, in dem kognitive, soziale und moralische Kompetenzen von Kindern mit etwa gleichem Rang und vergleichbarem Entwicklungsniveau erworben werden. Damon & Phelps (1989a, 13) beschreiben solche Interaktionen als Peer Collaboration, die prinzipiell ein hohes Maß an Gleichheit und Reziprozität haben. Diese strukturellen Merkmale der Interaktion fordern die Kinder zu entdeckendem Lernen an einem gemeinsamen Gegenstand heraus. Das unterscheidet Peer Collaboration von anderen Formen kooperativen Lernens. Viele Untersuchungen in der Nachfolge Piagets belegen positive Effekte der Förderung bereichsübergreifender und bereichsspezifischer Kompetenzen. Lev Vygotskys (1978) Konzept der „Zone nächstfolgender Entwicklung" betont weiter, dass die Kooperation mit dem etwas fähigeren Kind entwicklungsförderlich sei.

Im Unterschied zur motivationalen Perspektive wird der Einsatz „extrinsischer Anreize als Element der Gruppensituation" (Damon 1984) abgelehnt. Belohnungssysteme und Kontingenzmanagement sind nicht vereinbar mit den Grundannahmen des Konstruktivismus, der die Entwicklungsperspektive begründet. So wird in einer Version des sozialen

Konstruktivismus der Lerner als aktiver Konstrukteur seiner Entwicklung gesehen. Das Kind ist weder Anreizen passiv ausgeliefert, noch lernt es, um Belohnungen zu erhalten. Wenn doch, wird der Aufbau gemeinsamen Wissens und geteilter Normen behindert. Im Sinne früher Arbeiten Jean Piagets kommt es dagegen darauf an, durch kooperative Konfliktaustragungen ein kognitives Ungleichgewicht im Individuum zu erzeugen (Perturbationen) und durch Aushandlung wieder ins Gleichgewicht zu bringen.

Elaborationsorientierte Perspektive: Diese steht der entwicklungsorientierten Perspektive nahe. Sie beruht auf Erkenntnissen kognitionspsychologischer Modelle der Informationsverarbeitung, die Lernen als einen Prozess der Restrukturierung vorhandener Wissensstrukturen verstehen, in dem neue mit bereits vorhandenen Informationen verknüpft werden. Lernen ist umso effektiver, je vielfältiger die Anknüpfungspunkte zwischen neuem und bekanntem Wissen sind.

Kinder sollen beim Kooperieren den neuen Lernstoff mit ihrem Vorwissen verbinden, um ihn gründlich weiterzuverarbeiten (elaborieren). Indem sie aufgefordert werden, ihre Vorstellungen zum neuen Wissen darzulegen und die Anderen möglichst viel Zweifel und Kritik äußern, können weitere Aushandlungen zur Restrukturierung des Wissens führen. Diese Prozesse entstehen aber nicht von selbst, sondern setzen voraus, dass Lehrkräfte Situationen vorstrukturieren. Inhalte sind aufzubereiten und Schülern sind Rollen und Aufgaben zuzuweisen, damit Kooperation stimuliert wird. Diese Lernform spielt in vielen tutoriellen und kooperativen Arrangements eine Rolle (Brown & Palincsar 1989; Webb & Palincsar 1996).

Perspektive der sozialen Kohäsion: Auch dieser Ansatz lehnt es ab, Motivation und Hilfe durch Belohnungssysteme anzuregen. Dagegen wird betont, Kinder würden schon deshalb kooperieren, weil sie sich zusammengehörig fühlen, ihnen die Gruppenmitglieder etwas bedeuten und die Gruppe für sie selbst wichtig ist. Nicht die individuellen Beiträge für das Gruppenresultat und die ausstehende Belohnung stehen im Vordergrund sondern die kooperativen Lernprozesse, die in sich selbst befriedigend sind (Slavin 1993, 155 f.).

Fazit: Selbst wenn die theoretischen Perspektiven in manchen Aspekten nicht übereinstimmen, so haben sie doch Mehreres gemeinsam. Wichtig ist, die Auswahl des kooperativen Verfahrens, auf welcher Perspektive es auch gründet, von der Zusammensetzung der Gruppe abhängig zu machen. Damit wird der für das Zustandekommen guter Kooperation wichtige Beziehungsaspekt berücksichtigt. Gruppenarbeit verläuft umso effektiver, je besser die sozialen Beziehungen der Kinder untereinander sind.

Schließlich ist die Auswahl einer Gruppenaufgabe wichtig. Die Lösung der Aufgabe soll tatsächlich nur durch Kooperation möglich sein. Das trifft zu, wenn ein Kind spezifische Fertigkeiten und Materialien hat, die die Mitschüler nicht besitzen, aber auf die sie angewiesen sind, um die gemeinsame Aufgabe zu bewältigen. Manche Aufgaben eignen sich dafür nicht, andere müssen entsprechend didaktisch aufbereitet werden. Insofern kommt der Lehrkraft besondere Bedeutung zu, wenn erfolgreich kooperiert werden soll.

Kooperatives Lernen

Während kooperative Lernmethoden in den USA im Methodenrepertoire der Lehrkräfte fest verankert sind (Slavin 1997), wird über Kooperation hierzulande viel geredet, entsprechende Verfahren werden aber selten im Unterricht eingesetzt (Heckt 2006).

Abbildung 1 gibt einen Überblick über kooperative Methoden in Anlehnung an die theoretischen Perspektiven.

Die dunkel unterlegten Zellen weisen darauf hin, auf welcher theoretischen Perspektive die kooperativen Methoden gründen. Da das Gruppenpuzzle der Gruppenrallye ähnelt und

Methoden	Gruppen-recherche	Skript-kooperation	Gruppen-rallye	Gruppen-puzzle	Reziprokes Lehren
Theoretische Perspektiven					
Entwicklung					
Kognitive Elaboration					
Motivation				*	
Soziale Kohäsion					

* nur JIGSAW II

Abb. 1: Kooperative Methoden (Quelle: Hasselhorn & Gold 2006, 292)

auch in deutschen Grund- und Sonderschulen erprobt wurde (Borsch et al. 2002; Souvignier 1999), gehen wir exemplarisch auf dieses Verfahren ein.

Gruppenpuzzle

Die wegweisenden Arbeiten zum kooperativen Lernen mit dem Ziel, schwächere Schüler und Schülerinnen zu inkludieren, stammen von Slavin und Johnson & Johnson. Slavin entwickelte das ursprünglich auf die Perspektive der sozialen Kohäsion gegründete Gruppenpuzzle JIGSAW weiter, indem er dessen theoretische Grundlage um die motivationale Perspektive erweiterte. JIGSAW II sieht nun den Einsatz von Belohnungen für die Gruppe mit dem größten Leistungserfolg vor.

Die Durchführung des Gruppenpuzzles hat vier Phasen mit zeitlich engen Grenzen. In der Einführungsphase führt die Lehrkraft das Thema ein und teilt die Klasse in leistungsheterogene Stammgruppen von vier bis fünf Mitgliedern. Jeder Schüler wählt ein Teilgebiet des Themas mit unterschiedlichem Schwierigkeitsgrad aus, das er im Unterricht oder zu Hause durcharbeitet. In der zweiten Phase, der Erarbeitungsphase, finden sich die Kinder der verschiedenen Stammgruppen, die dasselbe Gebiet bearbeitet haben, zu einer Expertengruppe zusammen und tauschen sich darüber aus. Die Vermittlungsphase sieht den Bericht der Experten vor ihrer Stammgruppe und die Klärung von Fragen vor. Indem das Wissen über die Teilgebiete wie bei einem Puzzle zusammengesetzt wird, verschafft sich die Stammgruppe ein Gesamtbild über das Thema. Danach wird jeder Schüler getestet. In Phase IV, Integration und Evaluation, diskutieren die Gruppenmitglieder über die Zusammenarbeit unter Einbeziehung der Testergebnisse zu den individuellen Lernfortschritten eines jeden Schülers. Nun werden Rangplätze für den Erfolg der Gruppen ermittelt. Da jeder Schüler als Experte Informationen zum Gesamtthema beisteuert und individuelle Leistungstests absolviert, werden im Gruppenpuzzle zwei wichtige Prinzipien der motivationalen Perspektive berücksichtigt: Positive Interdependenz der Lernenden und individuelle Verantwortlichkeit (Wellenreuther 2004, 384 ff.).

Abgesehen davon, dass die zeitlichen Grenzen einzelner Phasen sehr eng gesetzt sind, stellt sich im Blick auf Kinder mit Lernbeeinträchtigungen die Frage, inwieweit die mit der Übernahme der Expertenrolle verbundenen Anforderungen erfüllt werden können. Dies setzt ein Interesse an schulischen Inhalten, Motivation und Eigenständigkeit zum Lernen und nicht zuletzt bereichsspezifisches

Vorwissen und erfolgreiche Lernstrategien voraus. Zudem erfordert die Expertenrolle pädagogisch-didaktische und soziale Kompetenzen und Fertigkeiten, wenn das individuell erarbeitete Wissen der Stammgruppe vermittelt werden soll. Im Hinblick auf die Bewältigung beider Anforderungen zeigen sich bei lernschwachen Kindern erhebliche Defizite (Klauer & Lauth 1997; Gasteiger-Klicpera et al. 2001). Wahrscheinlich sind aber auch andere Kinder diesen Anforderungen nicht gewachsen.

Erscheint damit der Einsatz des Gruppenpuzzles ungeeignet? Sicherlich nicht. Es ist aber zu betonen, dass die Kinder mit zusätzlichem Förderbedarf im Lernen und Verhalten nicht automatisch über die notwendigen Voraussetzungen für erfolgreiches individuelles und kooperatives Lernen verfügen. Diese Fähigkeiten müssen erst systematisch entwickelt werden, indem Lehrkräfte den inklusiven Unterricht dahingehend gestalten. Die Durchführung eines guten direkten Unterrichts (direkte Instruktion) ist hierfür angezeigt. Er ist anderen Unterrichtsformen bei der Förderung schwacher und jüngerer Kinder überlegen, wie viele Untersuchungen (sonder-)pädagogischer Psychologie zeigen (Helmke 2004, 65 ff.; Hartke 2000, 364 ff.). Zusätzlich sind Programme hilfreich, die den Erwerb sozialer, kooperativer und kommunikativer Fertigkeiten für kontroverse Auseinandersetzungen fördern (Johnson & Johnson 1994). Nicht zuletzt lässt sich das weiter unten präsentierte Konzept des Peer Tutoring als Vorübung für kooperatives Lernen, aber auch als eigenständiges Verfahren einsetzen.

Wirksamkeit kooperativer Methoden

In einer Metaanalyse prüft Slavin (1996, 53 ff.) die Wirksamkeit kooperativer Methoden hinsichtlich schulischer Leistungen. Darunter sind auch das Gruppenpuzzle und die Gruppenrallye. Insgesamt 26 Untersuchungen werden zur Frage der Effektstärke für die Gruppenrallye einbezogen, acht für das Gruppenpuzzle. In den Studien befanden sich auch Schüler und Schülerinnen mit Lernbeeinträchtigungen in integrativen Settings. Bei der Gruppenrallye wird von einer Effektstärke von .32, beim Gruppenpuzzle von .12 berichtet. Die Effektstärke gibt an, um welchen Teil einer Standardabweichung die Ergebnisse von Schülern unter kooperativen Bedingungen besser als unter herkömmlichen Bedingungen ausfallen. Die Effektstärke .32 bedeutet: Schüler, die an der Gruppenrallye teilnahmen, erreichten um ein Drittel Standardabweichung bessere Ergebnisse als Schüler im herkömmlichen Unterricht – ein Hinweis auf eine moderate Überlegenheit des Verfahrens. Das Gruppenpuzzle mit der Effektstärke von .12 überzeugte nicht.

Johnson et al. (2000) vergleichen in einer auf 158 Studien basierenden Metaanalyse Effektstärken von Studien zur Wirksamkeit kooperativer Methoden mit Effektstärken von Studien, in denen Leistungen in konkurrierenden und individuellen Settings erbracht wurden. Abhängige Variable ist die Schülerleistung. Unter den kooperativen Methoden befanden sich die Gruppenrecherche (Group Investigation), die Gruppenrallye (STAD) und das Gruppenpuzzle (JIGSAW).

Tab. 1: Auszug aus „Meta-Analysis Results for Cooperative Learning Methods" (Quelle: Johnson et al. 2000, Table 3)

	Group Investigation (Gruppenrecherche)	Jigsaw (Gruppenpuzzle)	STAD (Gruppenrallye)
Cooperation vs. Competition	0.37	0.29	0.51
Cooperation vs. Individualistic	0.62	0.13	0.29

Mit der Effektstärke von .62 zeigt sich eine deutliche Überlegenheit der Gruppenrecherche gegenüber individuellen, mit .37 eine moderate Überlegenheit gegenüber konkurrierenden Settings. Das Gruppenpuzzle ist mit .29 konkurrierenden Settings noch moderat überlegen, individuellen Settings nicht (.13). Schließlich ist die Gruppenrallye konkurrierenden Settings deutlich überlegen (.51), individuellen noch moderat (.29).

Fazit der Metaanalyse: Unter Einbeziehung weiterer Untersuchungen zu kooperativen Lernmethoden – bekannte und erprobte Programme sind zum Beispiel TAI (Team Assisted Individualization) und CIRC (Cooperative Integrated Reading and Composition) – zeigen sich deutliche Vorteile für den Einsatz kooperativer Methoden, um Schülerleistungen zu verbessern.

Effekte des Gruppenpuzzles im Sachunterricht dritter und vierter Grundschulklassen im Rhein-Main-Gebiet verglichen Borsch et al. (2002) mit Effekten traditionellen Unterrichts. Kooperativ unterrichtete Kinder erwarben deutlich mehr deklaratives Wissen. Der Leistungsvorteil konnte auch noch nach vier Monaten festgestellt werden. Bemerkenswert ist, dass alle Schüler, also auch diejenigen mit geringem bereichsspezifischen Vorwissen, größere Lernerfolge hatten. Geringes Vorwissen ist auch für Kinder mit Lernbeeinträchtigungen charakteristisch. Allerdings könnte der Erfolg der Schwachen auch durch einen Deckeneffekt des Vorwissens der durchschnittlichen und guten Gruppen zustande gekommen sein (ebd., 181).

In vier Klassen von Sonderschulen (Lernbehinderte/Erziehungshilfe) in Nordrhein-Westfalen nahmen Jugendliche (n = 35, Alter: 15,1) an einem Gruppenpuzzle im Biologieunterricht teil (Souvignier 1999). Kontrollgruppen bildeten Schüler in traditionellem Unterricht. Drei Unterschiedshypothesen zu Effekten von Gruppenpuzzle und traditionellem Unterricht wurden mithilfe standardisierter Beobachtung und lehrzielorientierter Tests geprüft: Verhalten sich die Schüler aufmerksamer bzw. länger aktiv „on-task“? Verbessert sich das Unterrichtsklima? Verschlechterten sich nicht die Lernleistungen? Die Hypothesen wurden bestätigt. Der Einsatz des Gruppenpuzzles erhöhte das Aufmerksamkeitsverhalten, vor allem die aktive Lernzeitnutzung und förderte Hilfe und Zusammenarbeit der Jugendlichen untereinander. Das trug zur Verbesserung des Unterrichtsklimas bei und die Lernleistungen verschlechterten sich nicht. Einige Lehrkräfte waren überrascht, dass die Jugendlichen durch die kooperativen Anforderungen im Gruppenpuzzle nicht überfordert waren (ebd., 24).

Peer Tutoring

Unter Peer Tutoring wird meist eine kooperative Lernform verstanden, die einem älteren oder etwas weiter entwickelten Kind die Lehrerrolle (Tutor) und einem anderen die Schülerrolle (Tutee) zuweist. Von Anbeginn schulischer Integration galt Peer Tutoring in den USA als die erfolgversprechende Methode, Schüler und Schülerinnen mit zusätzlichem Förderbedarf im Lernen und Verhalten in den allgemeinen Unterricht zu integrieren.

Formen des Peer Tutoring im inklusiven Unterricht sind: a) Nichtbehinderte Kinder übernehmen die Tutorenrolle, behinderte die Tuteerolle; b) behinderte Schüler und Schülerinnen unterrichten nichtbehinderte jüngere Kinder; c) Reziprokes Peer Tutoring und d) Peer Tutoring als klassenweites Verfahren (Classwide Peer Tutoring). Der Einsatz der Verfahren wurde vor allem im Primarstufenbereich zur Übung und Festigung von Kulturtechniken und Wissen erprobt. Systematische Anleitung der Tutoren und Begleitung der Interaktionsprozesse durch Lehrkräfte sind entscheidend für ihre Wirksamkeit (Benkmann 1998, 156 ff.).

Die übliche Interaktionsstruktur des Peer Tutoring ist asymmetrisch und vergleichbar mit der Struktur des traditionellen Unterrichts: Zunächst wird ein Impuls gegeben, meist durch eine Frage des Tutors. Der Tutee reagiert auf die Frage. Danach meldet der Tutor zurück, was er von der Reaktion des Tutees hält. Sofern symmetrische und kollaborative Elemente integriert werden, erweitert sich die dreischrittige Struktur um zwei weitere Handlungen: Der Tutor korrigiert die Reaktion des Tutees und bewertet sie. Ruft diese Korrektur eine Aushandlung mit dem Tutee hervor, entsteht Collaboration (Person & Graesser 1999). Durch die beiden letzten Handlungsschritte gehen die asymmetrischen in symmetrische und wechselseitige Aushandlungen über.

Tutorielles Lernen erscheint für Kinder mit zusätzlichem Förderbedarf empfehlenswert, um sie auf kooperative Lernsituationen vorzubereiten. Die Rolle des Tutors stellt nicht so komplexe Anforderungen wie die Expertenrolle im Gruppenpuzzle (vgl. oben). Wiederholt wird deutlich, wie wichtig die Kompetenz der Lehrkraft auch bei Peer Tutoring ist. Sie muss Kinder auf ihre Lehrfunktionen vorbereiten, wenn sie zum späteren Zeitpunkt kooperieren sollen.

Wirksamkeit

Peer Tutoring hat sich bereits in den ersten Klassenstufen integrativer Schulen für die Förderung leistungsschwacher und behinderter Kinder bewährt (Benkmann 1998, 156 ff.). Effektstärken weisen auf teils starke pädagogische Wirkungen hin (Fuchs et al. 1997, 179). Basis der Metaanalysen waren meist Untersuchungen, in denen nichtbehinderte Kinder die Tutorenrolle, behinderte die Tuteerolle übernahmen. Allerdings erwies sich auch der Einsatz älterer behinderter Tutoren als effektiv. Bemerkenswerte Ergebnisse wurden in Studien erzielt, in denen Jugendliche mit Lern- und geistigen Behinderungen nichtbehinderte jüngere Kinder unterrichteten. Die Einstellung der Jugendlichen zur Schule und ihr Selbstbewusstsein verbesserten sich auffällig. Interaktionen mit Nichtbehinderten verliefen positiver und die Jugendlichen wurden langfristig besser akzeptiert (Top 1984; Osguthorpe & Scruggs 1986).

Um Nachteile der asymmetrischen Struktur des Peer Tutoring zu vermeiden, etwa den Aufbau tutorieller Dominanz, wird in den letzten Jahren verstärkt Reziprokes Peer Tutoring evaluiert. Der Rollenwechsel von Tutor und Tutee soll zu einem Lernprozess mit mehr Symmetrie, Wechselseitigkeit und gemeinsamem Wissen beitragen. Befunde sind noch rar. Ein Vergleich zur Wirksamkeit von Reziprokem Peer Tutoring vierzehnjähriger Schüler beim Aufsatzschreiben zeigt, dass sie der Gruppe mit festgelegtem Tutoring überlegen waren, in der Re-Testsituation aber nicht (Duran & Monereo 2005). Der Einsatz dieses Verfahrens erscheint besonders geeignet, bevor Peer Collaboration in Schulklassen eingeführt wird.

Klassenweit organisiertes Peer Tutoring (CWPT) wurde entwickelt, um Schulleistungen von Kindern mit zusätzlichem Förderbedarf zu verbessern (Delquadri et al. 1986). Die Klasse wird in zwei konkurrierende Teams aufgeteilt, in denen Paare gebildet werden. Punktesysteme kommen zum Einsatz, um Leistungen zu belohnen. Forschungen zeigen, dass sich durch den Einsatz von CWPT Kenntnisse in Mathematik, im Schriftspracherwerb und Vokabellernen bei Primarstufenschülern aus schwierigen Milieus erweitern (Hughes & Fredrick 2006).

Wird Partnerlernen in separaten Einrichtungen durchgeführt, zeigen sich ebenfalls positive Befunde: Bei 75 Drittklässlern einer Schule für Lernbehinderte wurden Wirkungen auf die Anzahl und Qualität der Kommunikations- und Interaktionsakte zwischen Lehrkräften und Kindern, den Peers untereinander sowie auf Mathematikleistungen untersucht. In Kontrollgruppen dominierte Frontalunterricht. Die Kommunikationsakte lagen beim Partnerlernen doppelt so hoch. Sozialer Status der Kinder und die Qualität ihrer Beziehungen verbesserten sich. Entgegen der Annahme der Lehrkräfte verschlechterten sich auch nicht die Leistungen (Grüning & Wachtel 1993a; 1993b).

Angesichts der umfangreichen Forschung zur Leistungssteigerung durch Peer Tutoring sollten andere Effekte für behinderte Kinder nicht vergessen werden. Ihr Einsatz als Tutor stärkte zum Beispiel ihr Selbstbewusstsein und ihre positive Einstellung zur Schule.

Peer Collaboration

Ausgangspunkt der Forschungen stellte Piagets frühe Hypothese dar, dass Peerinteraktionen förderliche Einflüsse auf die Moral-, Sozial- und Denkentwicklung des Kindes haben. Dieser Hypothese folgten mikrogenetische Analysen von Interaktionsprozessen nichtbehinderter Kinder. Eine Fülle von Arbeiten zu Aspekten sozialer und moralischer Entwicklung zeigt, wie kontinuierliche Interaktionen mit Gleichaltrigen die Fähigkeit zu sozialem Perspektivenwechsel und den Aufbau sozial-kognitiver Begriffe und soziales Verhalten förderte. Moraldiskussionen unter Kindern trugen zu einem besseren Urteilsvermögen bei als Diskussionen zwischen Kindern und Erwachsenen. Vor allem Freunde erzielten positivere Ergebnisse beim Austausch von Einfällen und der Suche nach gemeinsamen Lösungen als Nicht-Freunde (Krappmann 1994; Hartup & Laursen 1999).

Nicht so eindeutig sind die Befunde zum Einfluss von Peer Collaboration auf den kognitiven Entwicklungsfortschritt. Vorteile konnten zwar bei der Aneignung mathematischer und anderer bereichsspezifischer Fähigkeiten festgestellt werden (Damon & Phelps 1989b; Webb 1989; Rogoff 1998). Oft handelte es sich dabei aber um Effekte, die sich im Labor und nicht unter natürlichen Bedingungen einstellten. Azmitia und Kollegen beobachteten zum Beispiel im Klassenraum zahlreiche „Machtkämpfe“ und Abbrüche in der Zusammenarbeit bei Kindern und Jugendlichen, die vorher im Labor sehr gut miteinander kooperiert hatten (1996, 148). Krappmann weist auf Elemente des natürlichen Dialogs unter Gleichaltrigen hin, und zwar Entgleisungen und Ausläppern (Lothar Krappmann 2006, 227). Bei Kinderfreundschaften ist bisher nicht hinreichend geklärt, welche Art von Aufgabenstellung und welche Qualitäten der Beziehung Effekte moderieren (Azmitia 1996, 150 ff., Hartup & Laursen 1999, 29). Hinweise gibt es sowohl für leistungssteigernde als auch leistungsmindernde Auswirkungen von Kinderfreundschaften (von Salisch 2000).

Ausblick

Weitere Forschungen zu Kinderfreundschaften und zu ihrem Einfluss auf kognitive Entwicklungsimpulse sind nötig. Auch wissen wir kaum etwas über förderliche und behindernde Wirkungen von Aushandlungen zwischen Schülern mit und ohne Lernbeeinträchtigungen auf die Entwicklung aller Kinder im inklusiven Unterricht. Gründe für diese Forschungslücke liegen vermutlich darin, dass diese Kinder oft abgelehnt und isoliert waren und keine engen Freundschaften mit Nichtbehinderten hatten (Benkmann 2007). Auch die Bedeutung der Interaktion von Gleichaltrigen zu untersuchen, erschien wenig ergiebig, weil lernbehinderte Kinder vom Entwicklungsstand ihrer Peers abweichen, das heißt, sie entsprechen eher dem Entwicklungsniveau jüngerer Kinder oder sind in verschiedenen Bereichen uneinheitlich entwickelt. Der Einsatz der kooperativen Lernformen, des Peer Tutorings und der Peer Collaboration im inklusiven Unterricht sollte gezielt daraufhin erforscht werden, welche pädagogischen und didaktisch-methodischen Bedingungen engere Beziehungen von Kindern zwischen zusätzlichen Förderbedarf anregen.

Literatur

Azmitia, Margarita (1996): Peer interactive minds: Developmental, theoretical, and methodological issues. In: Baltes, Paul B. & Staudinger, Ursula (Hrsg.): Interactive minds. Life-span perspectives on the social foundation of cognition. Cambridge, 133–162

Benkmann, Rainer (1998): Entwicklungspädagogik und Kooperation. Sozial-konstruktivistische Perspektiven der Förderung von Kindern mit gravierenden Lernschwierigkeiten in der allgemeinen Schule. Weinheim

Benkmann, Rainer (2007): Are the social relationships in inclusion classes a developmental resource or risk for learning disabled children? A review of the literature. In: Herz, Birgit & Kuorelahti, Matti (Hrsg.): Cross-categorical special education needs in Finland and Germany. Münster, 39–62

Bierhoff, Hans Werner & Montada, Leo (Hrsg.) (1988): Altruismus. Bedingungen der Hilfsbereitschaft. Göttingen

Borchert, Johann (2000): Verhaltenstheoretische Ansätze. In: Borchert, Johann (Hrsg.): Handbuch der Sonderpädagogischen Psychologie. Göttingen, 146–158

Borsch, Frank et al. (2002): Kooperatives Lernen in Grundschulen: Leistungssteigerung durch den Einsatz des Gruppenpuzzles im Sachunterricht. In: Psychologie in Erziehung und Unterricht 49, 172–183

Brown, Ann L. & Palincsar, Annemarie S. (1989): Guided, cooperative learning and individual knowledge acquisition. In: Resnick, Lauren B. (Hrsg.): Knowing, learning and instruction. Essays in honor of Robert Glaser. Hillsdale, N. Y., 393–451

Damon, William (1984): Peer education: The untapped potential. In: Journal of Applied Developmental Psychology 5, 331–343

Damon, William & Phelps, Erin (1989a): Critical distinctions among three approaches to peer education. In: International Journal of Educational Research 13, 9–19

Damon, William & Phelps, Erin (1989b): Problem solving with equals: Peer collaboration as a context for learning mathematics and spatial concepts. In: Journal of Educational Psychology 81, 639–646

Delquadri, Joe et al. (1986): Classwide Peer Tutoring. In: Exceptional Children 52, 535–542

Duran, David & Monereo, Carles (2005): Styles and sequences of cooperative interaction in fixed and reciprocal peer tutoring. In: Learning and Instruction 15, 179–199

Feuser, Georg (1995): Behinderte Kinder und Jugendliche zwischen Integration und Aussonderung. Darmstadt

Fuchs, Douglas et al. (1997): Peer-assisted learning strategies: Making classrooms more responsive to diversity. American Educational Research Journal 34, 174–206

Gasteiger-Klicpera, Barbara et al. (2001): Soziale Anpassungsschwierigkeiten bei lernbehinderten Schülern und Schülern mit speziellen Lernbeeinträchtigungen – Eine Literaturübersicht: I. Der Beitrag sozial-kognitiver und kommunikativer Kompetenzen. In: Heilpädagogische Forschung, 27, 72–87

Grüning, Eberhard & Wachtel, Grit (1993a): Kommunikation und Interaktion von Schülern mit Lernbehinderungen in kooperativer Lerntätigkeit. Ergebnisse einer empirischen Studie in der Klasse 3. In: Vierteljahreszeitschrift für Heilpädagogik und ihre Nachbargebiete 62, 201–213

Grüning, Eberhard & Wachtel, Grit (1993b): Kooperative Lerntätigkeit mit lernbehinderten Schülern. In: Siepmann, Gerda (Hrsg.): Lernbehinderung. Berlin, 107–151

Hartke, Bodo (2000): Unterrichtsformen. In: Borchert, Johann (Hrsg.): Handbuch der Sonderpädagogischen Psychologie. Göttingen, 364–380

Hartup, Willard W. & Laursen, Brett (1999): Relationships as developmental contexts: Retrospective themes and contemporary issues. In: Collins, W. Andrew & Laursen, Brett (Hrsg.): Relationships as developmental contexts. Mahwah, NJ, 13–35

Hasselhorn, Marcus & Gold, Andreas (2006): Pädagogische Psychologie. Erfolgreiches Lernen und Lehren. Stuttgart

Heckt, Dietlinde Hedwig (2006): Vorwort. In: Green, Norm & Green, Kathy: Kooperatives Lernen im Klassenraum und im Kollegium. Das Trainingsbuch. 2. Aufl., Velber, X–XX

Helmke, Andreas (2004): Unterrichtsqualität – erfassen, bewerten, verbessern. 3. Aufl., Seelze

Hinde, Robert A. & Groebel, Jo (Hrsg.) (1991): Cooperation and prosocial behavior. Cambridge

Hughes, Trudie A. & Fredrick, Laura D. (2006): Teaching vocabulary with students with Learning Disabilities using Classwide Peer Tutoring and constant time delay. In: Journal of Behavioral Education 15, 1–23

Johnson, David W. & Johnson, Roger T. (1994): Learning together and alone: Cooperative, competitive, and individualistic learning. Boston

Johnson, David W. et al. (2000): Cooperative learning methods: A meta-analysis. Internet: http://www.co-operation.org/pages/cl-methods.html (21. 03. 2007)

Klauer, Karl Josef & Lauth, Gerhard W. (1997): Lernbehinderungen und Leistungsschwierigkeiten bei Schülern. In: Weinert, Franz E. (Hrsg.): Enzyklopädie der Psychologie, Pädagogische Psychologie. Band 3: Psychologie des Unterrichts und der Schule. Göttingen, 701–738

Krappmann, Lothar (1994): Sozialisation und Entwicklung in der Sozialwelt gleichaltriger Kinder. In: Schneewind, Klaus A. (Hrsg.): Enzyklopädie – Pädagogische Psychologie. Band 1: Psychologie der Erziehung und Sozialisation. Göttingen, 495–524

Krappmann, Lothar (2006): Kindheit ohne Freundschaft? – Neue Aufgaben für die Schule. In: Opp, Günter et al. (2006) (Hrsg.): Kindern gerecht werden. Kontroverse Perspektiven auf Lernen in der Kindheit. Bad Heilbrunn, 221–233

Krappmann, Lothar & Oswald, Hans (1995): Alltag der Schulkinder. Beobachtungen und Analysen von Interaktionen und Sozialbeziehungen. Weinheim

Osguthorpe, Russell T. & Scruggs, Thomas E. (1986): Special Education students as tutors: A review and analysis. In: Remedial and Special Education 7, 15–26

Person, Natalie K. & Graesser, Arthur G. (1999): Evolution of discourse during cross-aging tutoring. In: O'Donnell, Angela M. & King, Alison (Hrsg.): Cognitive perspectives on peer learning. New Jersey

Piaget, Jean (1972, zuerst 1926): Sprechen und Denken des Kindes. Düsseldorf

Piaget, Jean (1973, zuerst 1932): Das moralische Urteil beim Kinde. Frankfurt a. M.

Renkl, Alexander & Mandl, Heinz (1995): Kooperatives Lernen: Die Frage nach dem Notwendigen und dem Ersetzbaren. In: Unterrichtswissenschaft 23, 292–300

Rogoff, Barbara (1998): Cognition as collaborative process. In: Damon, William (Hrsg.): Handbook of Child Psychology. Vol. 2. New York, 679–744

Salisch, Maria von (2000): Zum Einfluss von Gleichaltrigen (Peers) und Freunden auf die Persönlichkeitsentwicklung. In: Amelang, Manfred (Hrsg.): Enzyklopädie der Psychologie, Differenzielle Psychologie. Band 4: Determinanten individueller Differenzen. Göttingen, 345–405

Siepmann, Gerda (2002): Vom Lernen im Gleichschritt zum kooperativen Unterricht – Aspekte zur Weiterentwicklung einer Didaktik der Förderung bei Lernschwierigkeiten. In: Die neue Sonderschule 47, 27–37

Slavin, Robert E. (1993): Kooperatives Lernen und Leistung: Eine empirisch fundierte Theorie. In: Huber, Günter L. (Hrsg.): Neue Perspektiven der Kooperation. Baltmannsweiler, 151–170

Slavin, Robert E. (1995): Cooperative Learning: Theory, research, and practice. Boston

Slavin, Robert E. (1996): Education for all. Lisse

Slavin, Robert E. (1997): Research on cooperative learning and achievement: A quarter century of research. Vortrag auf der 6. Tagung der Fachgruppe für Pädagogische Psychologie, Frankfurt a. M.

Souvignier, Elmar (1999): Kooperatives Lernen in Sonderschulen für Lernbehinderte und Erziehungsschwierige. In: Sonderpädagogik 29, 14–25

Top, B. L. (1984): Handicapped children as tutors: The effects of cross-age, reverse-role tutoring on self-esteem and reading achievement. Doctoral Dissertation. Brigham Young University, Provo, Utah

Vygotsky, Lev S. (1978): Mind in society: The development of higher psychological processes. Cambridge

Webb, Noreen M. (Hrsg.) (1989): Peer interaction, problem-solving, and cognition: Multidisciplinary perspectives. In: International Journal of Educational Research 13, 1–119

Webb, Noreen M. & Palinscar, Annemarie S. (1996): Group processes in the classroom. In: Berliner, David C. & Calfee, Robert C. (Hrsg.): Handbook of Educational Psychology. New York, 841–873

Wellenreuther, Martin (2004): Lehren und Lernen – aber wie? Empirisch-experimentelle Forschungen zum Lehren und Lernen im Unterricht. Hohengehren

Risiko und Resilienz

Michael Fingerle

Definition

Risiko und Risikofaktor

Die Begriffe „Risiko“ und „Resilienz“ sowie die Erkenntnisse über ihr Zusammenspiel entstammen ursprünglich der Entwicklungspsychologie und Entwicklungspsychopathologie (vgl. Göppel 1997). Unter „Risiko“ versteht man die Wahrscheinlichkeit für das Auftreten eines Problems oder eines anderweitig negativ bewerteten Zustands, beispielsweise das Auftreten von Verhaltens- oder Schulleistungsproblemen. Ein Risikofaktor ist dementsprechend ein Merkmal (einer Person oder seiner Umwelt), das die Wahrscheinlichkeit für das Auftreten solcher Problemlagen erhöht. Es handelt sich also um ein Begriffsverständnis, wie es aus der Statistik bzw. der Wahrscheinlichkeitstheorie (Probabilistik) geläufig ist. Diesem in der Entwicklungspsychologie und Entwicklungspsychopathologie verbreiteten probabilistischen Verständnis zufolge (z. B. Cicchetti 1999) ist es zunächst nicht notwendig, die genauen kausalen Zusammenhänge zu kennen, die im Einzelfall dazu führen, dass sich aufgrund des Vorliegens eines Risikofaktors eine Problemlage entwickelt. Um einen Risikofaktor zuverlässig identifizieren zu können, genügt es, den statistischen Zusammenhang zwischen dem Vorliegen des Risikofaktors und dem Auftreten des negativen Zustands empirisch nachzuweisen. Das Vorliegen lediglich probabilistischer Zusammenhänge (bzw. ihrer statistischer Schätzungen) ist keineswegs als „Beweis“ dafür zu werten, dass es keine kausalen Zusammenhänge gäbe. Probabilistische Modelle verzichten aber auf die Annahme, dass es für ein bestimmtes Problem eine einzige, exklusive Ursache und somit einen einzigen, deterministischen Entwicklungspfad gäbe. Stattdessen wird davon ausgegangen, dass einzelne Risikofaktoren nur Teile eines komplexeren Bedingungsgefüges sind, in das viele personelle und situative Merkmale eingehen und miteinander in kausale Wechselwirkungen treten können. Selbst wenn die Wirkungsweise einzelner Faktoren bekannt ist (was allerdings nicht immer der Fall ist), können derartige Systeme in aller Regel nicht zur Gänze erfasst werden und sind auch zu dynamisch, als dass man ihre weitere Entwicklung eindeutig prognostizieren könnte. Dies hat zur Folge, dass trotz des eigentlichen Vorliegens kausaler Zusammenhänge für einen einzelnen Faktor eben nur die Wahrscheinlichkeit angegeben werden kann, mit der er zur letztendlichen Entstehung eines negativen Entwicklungsergebnisses beiträgt, zumal auch noch Messfehler in Rechnung zu stellen sind, welche die Genauigkeit der empirischen Wahrscheinlichkeitsschätzung beeinträchtigen. Nichtsdestoweniger besitzen die Kenntnis von Risikofaktoren und die Analyse ihrer Wirkungen große Bedeutung für die Planung pädagogischer Förderung, da diese Informationen erlauben, das pädagogische Vorgehen zu fokussieren – auch wenn sie die mit pädagogischem Handeln einhergehenden Ungewissheiten nicht gänzlich beseitigen können und es nicht obsolet machen, die Entwicklungsprozesse weiter zu beobachten und zu begleiten.

Der probabilistischen Natur von Risikofaktoren und der Komplexität der zugrundeliegenden Bedingungsgefüge entspricht auch, dass es nahezu keine „absoluten“ Risikofaktoren mit hundertprozentiger Wirksamkeit gibt. Zudem haben Risikofaktoren häufig erst dann langfristige negative Auswirkungen auf die Entwicklung, wenn sie über einen längeren Zeitraum und in Kombination auftreten, sodass sich ihre Wirkungen gegenseitig verstärken – man spricht hier von einem kumulativen Effekt. Einen speziellen Typ eines Risikofaktors, der für die hier zu besprechenden Zusammenhänge von Bedeutung ist, stellt die sog. Vulnerabilität (dt.: Verletzlichkeit) dar. Hierunter versteht man eine Eigenschaft einer Person, die dazu führt, dass sie Belastungen schlechter als andere Personen verarbeiten kann. Beim Begriff der Vulnerabilität (vgl. Fingerle 2000) handelt es sich um ein psychologisches Konstrukt, das dazu entwickelt wurde, im Rahmen von Diathese-Stress-Modellen erklären zu können, warum bei machen Menschen psychische Störungen durch Ereignisse ausgelöst werden können, die zwar von den meisten Menschen als belastend erlebt werden, die von ihnen aber ohne schwerwiegende Folgen verarbeitet werden können, wie etwa der Übergang ins Berufsleben. Liegt eine individuelle Vulnerabilität vor, so steigt das mit einem Risikofaktor verbundene Risiko für psychische Erkrankungen individuell stark an, wenngleich es für die Gesamtbevölkerung relativ gering sein kann. Obwohl es sich also bei Vulnerabilitäten immer um personale Risikofaktoren handelt, wird in der Literatur nicht immer von Vulnerabilität gesprochen, wenn von personalen Risikofaktoren die Rede ist.

Resilienz und Schutzfaktoren

Während der Begriff des Risikofaktors verhältnismäßig einfach und leicht nachvollziehbar definiert werden kann, besteht hinsichtlich der Bedeutung des Resilienzbegriffs eine gewisse Uneinheitlichkeit der Auffassungen, die auch unter Experten Verwirrung stiften kann (vgl. Levold 2008). Mit dem Begriff der Resilienz wird zunächst das *Phänomen* bezeichnet, dass es Kinder und Jugendliche gibt, die sich trotz des Vorliegens mehrerer Risikofaktoren positiv entwickeln, d.h. bei ihnen entstehen keine gravierenden psychischen Beeinträchtigungen oder andere negative Entwicklungsergebnisse (wie z.B. Schulabbruch oder Delinquenz). In diesem Sinne stellt der Resilienzbegriff das Gegenteil der mit dem Risikobegriff implizierten negativen Entwicklungsergebnisse dar, denn er bezieht sich auf diejenigen Individuen, für die das erwartete negative Entwicklungsergebnis nicht eintraf, obwohl die Risikofaktoren auch bei ihnen vorlagen. Das gleichzeitige Vorliegen der Kombination aus Risikofaktor und positivem Entwicklungsergebnis ist hierbei entscheidend, es existiert jedoch in der Literatur keine feste Regel für die genaue Anzahl oder Qualität der Risikofaktoren, ebenso wenig werden für die von der Definition verlangten positiven Entwicklungsergebnisse klare Kriterien vorgegeben. In der neueren Literatur wird zudem darauf verwiesen, dass Resilienz kein stabiler Zustand sein muss, sondern zeitlich begrenzt sein kann (vgl. von Hagen & Röper 2007).

Menschen, die diesen Resilienzkriterien genügen, wird zumeist gleichzeitig eine hohe psychische Widerstandsfähigkeit gegenüber psychosozialen Risikofaktoren zugeschrieben, die ebenfalls als Resilienz bezeichnet wird. Hierbei wird vom beobachteten Phänomen auf eine zugrunde liegende – hypothetische – Persönlichkeitseigenschaft zurückgeschlossen. In diesem Sinne versteht man unter Resilienz eine Art psychischer Elastizität, die Fähigkeit, nach traumatischen Erfahrungen die seelische Balance wiederherstellen zu können, oder sie trotz chronischer Belastungen entwickeln und aufrechterhalten zu können. So verstanden, ließe sich Resilienz somit auch als das Gegenteil der Vulnerabilität auffassen. Statt einer dispositionellen „Verletzlichkeit" gegenüber Belastungen handelt es sich bei der Resilienz in diesem Begriffsverständnis um eine dispositionelle „Unverletzlichkeit".

Der Resilienzbegriff wird also sowohl für das Vorliegen einer beobachtbaren Kombination aus Hochrisikobelastung und positiven Entwicklungsergebnissen als auch zur Bezeichnung einer daraus abgeleiteten, hypothetischen Fähigkeit verwendet, ohne dass dieser Unterschied immer deutlich wird. Hinzu kommt, dass in neueren Publikationen nicht nur im Falle von Individuen von Resilienz gesprochen wird, sondern auch im Falle sozialer Systeme wie Familien oder größerer sozialer Einheiten wie Nachbarschaften und Gemeinden.

Obwohl Risiko und Resilienz in der Literatur oft einander gegenübergestellt werden, ist das unmittelbare Komplement zum Risikofaktor aber eigentlich nicht die Resilienz, sondern der sog. „Schutzfaktor“, der auch als protektiver Faktor bezeichnet wird. Während ein Risikofaktor das Risiko für das Auftreten einer Störung erhöht, senkt ein Schutzfaktor dieses Risiko. Auch Schutzfaktoren stellen probabilistische Konzepte dar und es kann sich dabei um Merkmale einer Person (personale Schutzfaktoren) oder ihrer Lebensumwelt (soziale Schutzfaktoren) handeln.

Ebenso wie beim Resilienzbegriff selbst liegt auch beim Begriff des Schutzfaktors ein nicht selten verwirrender Sprachgebrauch vor. Besonders bedeutsam ist jedoch vor allem die Unterscheidung zwischen der *additiv-kompensatorischen* und der *moderierenden* Wirkung eines Schutzfaktors. Dieser Unterscheidung liegen verschiedene Formen der statistischen Modellierung zugrunde. Im ersten Fall fungieren Risiko- und Schutzfaktoren als einzelne, unabhängige Variablen eines additiven Gesamtmodells für das Entwicklungsergebnis. Gegen diese Modellierung kann kritisch eingewandt werden, dass hierbei oft nicht streng zwischen Risiko- und Schutzfaktoren im Sinne voneinander unabhängiger Variablen unterschieden wird. Ein Schutzfaktor (z. B. eine emotional stabile Familiensituation) wird etwa häufig als Gegenpol eines Risikofaktors (z. B. einer zerrütteten Familiensituation) aufgefasst – es handelt sich dann aber eigentlich nicht um eine andere Variable, sondern lediglich um eine andere Ausprägung derselben Variablen. Dies führt aber bei additiven Modellen dazu, dass dann „resiliente“ Personen, die über viele Schutzfaktoren verfügen, auch einfach als Personen beschrieben werden können, die eigentlich nur weniger Risikofaktoren ausgesetzt sind als andere Angehörige derselben Hochrisikogruppe. Unter dieser Definition eines Schutzfaktors wäre Resilienz also nicht eindeutig auf eine spezielle latente Persönlichkeitseigenschaft zurückführbar, sondern würde zunächst einmal lediglich aus einer niedrigeren Nettorisikobelastung – d. h. einem Mehr an Ressourcen – resultieren.

Dieses Problem lässt sich vermeiden, wenn man das Konzept des Schutzfaktors strenger definiert und verlangt, dass nur dann von einem Schutzfaktor gesprochen werden darf, wenn ein sog. *moderierender* Effekt beobachtet werden kann.

Ein moderierender Effekt liegt vor, wenn ein Schutzfaktor den statistischen Zusammenhang zwischen einem Risikofaktor und einem negativen Entwicklungsergebnis herabsetzt oder aufhebt. Betrachtet man eine Stichprobe von Individuen, die über den Risikofaktor, aber nicht über den Schutzfaktor verfügt, so besteht ein gewisser Zusammenhang zwischen dem Risikofaktor und dem negativen Entwicklungsergebnis. In einer Stichprobe, die sowohl über den Risikofaktor als auch über den Schutzfaktor verfügt, würde man hingegen einen deutlich niedrigeren oder sogar überhaupt keinen Zusammenhang zwischen Risikofaktor und negativem Entwicklungsergebnis beobachten können. Dieser Effekt kann auch so verstanden werden, dass ein Schutzfaktor nur eine Wirkung zeigen sollte, wenn ein Risikofaktor vorliegt, aber (nahezu) wirkungslos bleiben sollte, wenn kein Risikofaktor vorliegt.

Auf die mit dieser Unterscheidung einhergehenden Probleme für die Befundlage der Resilienzforschung wird weiter unten näher eingegangen werden.

Begriffs- und Gegenstandsgeschichte

Schon in den 60er- und 70er Jahren des 20. Jahrhunderts zeigte sich in Langzeitstudien, die sich mit den langfristigen Auswirkungen von Entwicklungsrisiken oder der langfristigen Persönlichkeitsentwicklung befassten, dass es Kinder und Jugendliche gibt, die sich in gewisser Weise erwartungswidrig verhielten (vgl. Göppel 1997). Es handelte sich dabei um Menschen, die unter Bedingungen aufwuchsen, von denen die Forschung aufgrund von Erfahrungen, die zuvor anhand klinischer Stichproben gesammelt worden waren, annahm, dass sie psychische Störungen hervorrufen würden. Wider Erwarten entwickelten diese Kinder jedoch trotz der Gegenwart von pathogenen Faktoren in ihrem weiteren Leben keine psychischen Störungen. Die durch die Entdeckung dieser Personen ausgelöste Irritation der Psychopathologieforschung trug nicht unwesentlich zur Entwicklung von Bewältigungstheorien (Coping) und des Konzepts der lebenslangen Entwicklung (life-span development) bei. Der Leiter einer dieser Studien, James E. Anthony, bezeichnete solche Kinder schon in den 70er Jahren des 20. Jahrhunderts in einer Publikation als „unverwundbar" (engl.: *invincible*) (Anthony & Cohler 1987; Anthony 1974). Die bekannteste Studie, in der diese psychisch offenbar sehr widerstandsfähige Personengruppe gefunden wurde, war allerdings die Kauai-Studie von Werner und Smith (Werner 2007; Werner & Smith 1989). In dieser Studie, in der die Entwicklung der gesamten Geburtskohorte des Jahrgangs 1955 auf der zu Hawaii gehörenden Insel Kauai über einen Zeitraum von insgesamt 40 Jahren dokumentiert wurde, wuchs ungefähr ein Drittel der untersuchten Kinder unter Bedingungen heran, die als hohes Entwicklungsrisiko eingestuft wurden. Rund 30 % der Kinder aus dieser Hochrisikogruppe zeigten jedoch in der späten Kindheit und im Jugendalter keine Verhaltensauffälligkeiten und entwickelten sich später zumeist zu psychisch gut angepassten und erfolgreichen Erwachsenen. Werner und Smith identifizierten eine Reihe von Merkmalen, in denen sich diese Kinder von den weniger erfolgreichen Mitgliedern der Hochrisikogruppe unterschieden. Die Befunde von Werner und Smith konnten in weiteren, internationalen Längsschnittstudien repliziert werden. Da von diesen Kindern Risiken geradezu abzuprallen schienen, wurde in der englischen Fachliteratur zu ihrer Charakterisierung der Begriff „*resilient*" verwendet, der sich als „unverwüstlich", aber auch als „federnd, elastisch" übersetzen lässt. Das zugehörige Substantiv „*resiliency*" wurde zur Bezeichnung einer hypothetischen Persönlichkeitseigenschaft verwendet, von dem man annahm, dass es dem entdeckten Phänomen zugrunde läge (vgl. auch Grossmann & Grossmann 2007). In den Publikationen einer deutschen Forschergruppe wurden die englischen Begriffe in der Folge zu „resilient" bzw. zu „Resilienz" eingedeutscht.

Ein den Konzepten von Schutzfaktoren und Resilienz inhaltlich stark verwandtes Konzept ist das salutogenetische Modell von Aaron Antonovsky (1987). Der Begriff der Salutogenese, der sich etwa als „Entwicklung der Gesundheit" übersetzen ließe, hat jedoch in der einschlägigen Forschung keine so starke Resonanz gefunden wie der Resilienzbegriff (resp. der Begriff der Schutzfaktoren) und es liegen für die zentralen Konstrukte von Antonovskys Modell auch vergleichsweise weniger empirische Befunde vor.

Während die psychologische Resilienzforschung ihren Höhepunkt in den 80er Jahren des 20. Jahrhunderts erlebte, erfolgte in der deutschsprachigen Pädagogik eine breitere Rezeption dieser Forschungsergebnisse erst in den 90er Jahren. Mit der Ablösung einer primär defizitorientierten sonderpädagogischen Förderung und Diagnostik durch eine Stärken- oder Ressourcenorientierung entstand in der Sonderpädagogik seit den 80er Jahren des letzten Jahrhunderts zunehmend der Bedarf nach einer Bezugstheorie für die Diagnostik und Förderung von Ressourcen. Die Ergebnisse der Resilienzstudien boten sich hierzu aus offenkundigen Gründen an, wiesen sie doch nach, dass Benachteiligung und Entwicklungsbelastungen kein lebenslanges Schicksal zu sein brauchen und dass auch benachteiligte Kinder über Stärken verfügen, die es zu identifizieren und zu fördern gilt.

Ab der zweiten Hälfte der 90er Jahre des 20. Jahrhunderts ist daher im deutschsprachigen Raum eine Zunahme pädagogischer Publikationen zum Thema Resilienz zu verzeichnen (z. B. Wustmann 2004; Fingerle et al. 1997; Göppel 1997). In den letzten Jahren ist dieser Trend insbesondere im Bereich der Frühpädagogik zu verzeichnen. Dies dürfte nichts zuletzt mit der Einsicht zusammenhängen, dass pädagogisch-psychologische Programme zum Aufbau personaler Ressourcen vermutlich umso effektiver sein dürften, je früher die Förderung einsetzt (Fingerle 2007b).

Zentrale Probleme

Trotz jahrzehntelanger Forschung besteht nach wie vor eine Reihe von Problemen, die hauptsächlich die Definition und Wirkungsweise protektiver Faktoren betreffen. Es zeigte sich, dass für die in den Studien identifizierten Schutzfaktoren keine überzeugenden empirischen Belege hinsichtlich des Vorliegens der von der strengen Schutzfaktor-Definition verlangten Moderatoreffekte gefunden werden konnten. Wie weiter oben beschrieben, sollte ein Schutzfaktor idealerweise nur in Gegenwart eines Risikofaktors wirken und ansonsten keine bedeutsame Wirkung zeigen. Für die in den Resilienzstudien identifizierten Schutzfaktoren liegen diesbezüglich jedoch unklare und zum Teil widersprüchliche Ergebnisse vor. Zum einen wurden Moderatoreffekte nur in Studien mit kleinen Stichproben gefunden, die sich schwer generalisieren lassen. Zum anderen scheint es von der Art der gewählten Messinstrumente abzuhängen, ob ein Moderatoreffekt gefunden wird oder nicht.

Hinzu kommt, dass sowohl für Risiko- als auch für Schutzfaktoren die Phänomene der Multifinalität und Äquifinalität zu gelten scheinen. Äquifinalität bedeutet, dass ein bestimmtes Entwicklungsergebnis von mehreren unterschiedlichen Faktoren verursacht werden kann, während Multifinalität vorliegt, wenn ein bestimmter Faktor mit mehreren unterschiedlichen Entwicklungsergebnissen in Zusammenhang steht. Beide Phänomene führen dazu, dass Risiko- und Schutzfaktoren zwar durchaus entwicklungsbezogene Effekte haben, dies jedoch zumeist nicht in einer *spezifischen* Weise zu tun scheinen.

Darüber hinaus gibt es empirische Belege dafür, dass zumindest einige Schutzfaktoren nicht ausschließlich protektiv oder kompensatorisch wirken. So stellt beispielsweise ein positives Selbstkonzept bzw. ein hohes Selbstwertgefühl einen Faktor dar, dessen kompensatorische Wirkung in vielen Studien nachgewiesen werden konnte. Als resilient identifizierte Jugendliche aus Hochrisikogruppen haben im Durchschnitt ein positiveres Selbstkonzept als Jugendliche, die in vergleichbaren Umständen aufwachsen, jedoch Verhaltensstörungen entwickeln. Ein positives Selbstkonzept wird daher in der einschlägigen Literatur in der Regel als personale Ressource bzw. als Schutzfaktor bezeichnet. Untersuchungen mit aggressiven Jugendlichen konnten jedoch nachweisen, dass das Selbstkonzept solcher Jugendlicher keineswegs generell negativer ausgeprägt ist als das Selbstkonzept nicht-aggressiver Jugendlicher. Im Gegenteil, aggressive Jugendliche haben häufig ein deutlich höheres Selbstwertgefühl als nicht-auffällige Probanden und neigen stärker dazu, ihr sehr hohes Selbstwertgefühl aggressiv zu verteidigen. Offenbar kann eine positive Wertschätzung der eigenen Person zwar einerseits helfen, negative Erfahrungen zu bewältigen, in sehr hoher Ausprägung jedoch andererseits mit der Entwicklung von Selbstwerterhaltungsstrategien einhergehen, die nicht mehr adaptiv, sondern hochproblematisch sind. Schutzfaktoren können also unter bestimmten Bedingungen in ihr Gegenteil umschlagen und zu Risikofaktoren werden. Dieses Phänomen, das auch für einige andere Schutzfaktoren nachgewiesen werden konnte, wird als Ambiguität bezeichnet.

Schließlich zeigte sich auch, dass Resilienz keine stabile Persönlichkeitseigenschaft zu sein scheint. In den einschlägigen Studien wurden sowohl der Resilienzstatus einer Person als auch Art und Ausmaß der Schutzfaktoren in aller Regel retrospektiv bestimmt. Das bedeutet, dass man etwa nach zehn Jahren unter allen Kindern in der Stichprobe, die unter einer bestimmten Anzahl von Risikofaktoren aufwuchsen, jene Kinder identifizierte, die keine psychischen Probleme entwickelt hatten und ihre Merkmale anschließend mit denjenigen Jugendlichen verglich, die unter den gleichen Lebensbedingungen nach zehn Jahren Verhaltensprobleme zeigten. Es zeigte sich dabei, dass sich Gruppen resilienter Personen auch über sehr viel längere Zeiträume hinweg identifizieren lassen – in der Kauai-Studie von Werner und Smith (Werner 2007; Werner & Smith 1989) zum Beispiel über einen Zeitraum von 40 Jahren. Dabei wurde jedoch auch deutlich, dass nicht alle Probanden, die zu einem frühen Zeitpunkt als resilient eingestuft worden waren, ihr ganzes Leben lang resilient blieben. Die Resilienz konnte zu einem späteren Zeitpunkt verschwinden und umgekehrt konnten Probanden, die zu einem frühen Zeitpunkt nicht resilient waren, es später werden. Nicht zuletzt ist die Prognosekraft von Schutzfaktoren auch nicht so hoch, wie man es bei einem stabilen Persönlichkeitsmerkmal erwarten würde. Versucht man, resiliente Personen nicht retrospektiv, sondern prospektiv zu identifizieren, indem man zu Beginn der Studie diejenigen Hochrisiko-Kinder bestimmt, die über Schutzfaktoren verfügen, so ist die Wahrscheinlichkeit dafür, eben jene Kinder identifiziert zu haben, die sich später als resilient herausstellen, nicht zufriedenstellend hoch (vgl. Lösel & Bender 2007; Wustmann 2004)

Zentrale Erkenntnisse

Trotz all der nach wie vor bestehenden Probleme, die mit der Identifikation von protektiven Faktoren nach strengen Definitionskriterien einhergehen, kann man einige zentrale Erkenntnisse konstatieren. Zum einen kann es als empirisch gut belegt gelten, dass es das Phänomen der Resilienz gibt. Es existieren nachweislich Personen, die hochgradig belastende Lebensumstände und Erlebnisse in funktionaler Weise bewältigen können. Zum anderen ist belegt, dass ihnen dies gelingt, da sie über bestimmte psychische und soziale Ressourcen verfügen. Sowohl in der Kauai-Studie als auch in unabhängigen Nachfolgestudien wurden in weitgehender Übereinstimmung eine Reihe solcher Ressourcen identifiziert (vgl. Bender & Lösel 1998; Werner 2007). Zu den sogenannten personalen Ressourcen, die bei Kindern im Grundschulalter zu finden sind, zählt man vor allem:

- Kommunikations- und Problemlösefähigkeiten,
- die effektive Nutzung von eigenen Talenten und Interessen,
- die Fähigkeit, zielgerichtet zu planen und zu handeln,
- eine flexible Form der Stressbewältigung,
- Selbstvertrauen,
- Intelligenz.

Als soziale Ressourcen bezeichnet man bestimmte Eigenschaften der Familien und sozialen Strukturen, in denen Kinder heranwachsen. Hierzu zählen in erster Linie:

- die enge Bindung an eine stabile und verlässliche Bezugsperson,
- klare Strukturen und Regeln innerhalb der Familie,
- gleichzeitig verfügbare emotionale Unterstützung,
- das Vorhandensein positiver Rollenvorbilder für konstruktives Bewältigungsverhalten.

Des Weiteren besteht weitgehend Einigkeit darüber, dass diese psychischen und sozialen Ressourcen die Auftretenswahrscheinlichkeit positiver Entwicklungen erhöhen und so auch an der Entstehung von Resilienz beteiligt sein können. Resilienz wird hierbei aber nicht als Persönlichkeitsmerkmal, sondern als dynamischer Zustand angesehen, der im Laufe des Lebens temporären und situativen Schwankungen unterworfen sein kann (vgl. von Hagen & Röper 2007; Wustmann 2004). Inwieweit die identifizierten Ressourcen tatsächlich auch im engeren Sinne als Schutzfaktoren angesehen werden können, ist jedoch weiterhin strittig.

Aktueller Forschungsstand

Insgesamt ist in der neueren psychologischen Forschung eine kritische Einstellung zum Resilienzbegriff zu konstatieren. Dies hängt zum einen mit den weiter oben bereits beschriebenen, methodologischen Problemen zusammen, zum größten Teil aber wohl mit der unkritischen Rezeption der Resilienzstudien in der breiteren Öffentlichkeit sowie in Teilen der professionellen Öffentlichkeit (vgl. Werner 2000). Stattdessen wird in der Forschung vermehrt mit Begriffen wie „Adaptivität" oder „Anpassung" operiert (Grossmann & Grossmann 2007). An dieser Stelle kann nur angemerkt werden, dass eine solche Begriffsverschiebung zwar die unsachliche Rezeption zu vermeiden hilft, jedoch nicht dazu imstande ist, auch die konzeptionellen Probleme zu lösen.

Da die Wirkungen der oben beschriebenen Schutzfaktoren grundsätzlich bereits gut belegt sind, konzentrieren sich neuere Forschungen auf die Desiderate der „klassischen" Studien. Dies betrifft Fragen der Genetik und Neurobiologie (vgl. Holtmann & Laucht 2007), nicht zuletzt aber auch qualitative Rekonstruktionen von Resilienzprozessen (z. B. Denz-Penhey & Murdoch 2008; Seltrecht 2006) und die Untersuchung der Rolle sozialer Faktoren. Darüber hinaus ist eine Ausweitung des Resilienzkonzepts auf andere Lebensbereiche und Personengruppen zu beobachten (z. B. McGee 2006).

Ein von der Forschung bislang vernachlässigtes Gebiet stellt die protektive Rolle von Personen und Faktoren aus dem sozialen Nahbereich dar, die nicht zur Familie zu zählen sind (vgl. Wolkow & Ferguson 2001). Dies betrifft etwa die Rolle von Mentoren in den Biografien erfolgreicher Jugendlicher aus Hochrisikomilieus (Zimmerman et al. 2002) oder die Verfügbarkeit kommunaler Unterstützungssysteme (Kiel et al. 2007).

Ausblick

In der Forschung wurde zunehmend deutlich, dass Resilienz weder ein leicht zu bestimmendes, noch ein mit einfachen Modellen zu erklärendes Phänomen darstellt. Seit einigen Jahren wird daher versucht, Risiko und Resilienz im Rahmen umfassenderer Ansätze zu konzeptualisieren, in denen die Entwicklung von Verhaltensproblemen und erfolgreiche Entwicklungspfade simultan betrachtet werden. Dieses Paradigma, das den Arbeitsgebieten der klinischen Entwicklungspsychologie bzw. der Entwicklungspsychopathologie zugrunde liegt, hat allerdings bis dato noch keine Modelle entwickeln können, die das komplexe Zusammenspiel von Risiken und Ressourcen generell beschreiben und erklären.

Nichtsdestoweniger erlauben es die bisherigen Erkenntnisse, die Notwendigkeit von Präventions- und Interventionsprogrammen zur Stärkung personaler und sozialer Ressourcen von Kindern und Jugendlichen, aber insbesondere auch ihrer Eltern zu betonen. Wenn auch die vorliegenden Erkenntnisse und Modelle es nicht gestatten, Menschen zu einem bestimmten Zeitpunkt ihres Lebens mit Ressourcen auszustatten, die sie dann das ganze weitere Leben über vor Entwicklungsrisiken schützen können, so erhöhen ressourcenorientierte Prävention und Intervention zweifellos dennoch die Wahrscheinlichkeit dafür, belastende Lebensumstände bewältigen zu können. Die zunehmend größere Zahl von Studien zu Präventionsprogrammen und deren zunehmende Verbreitung im Bereich der schulischen und außerschulischen Hilfesysteme spiegeln diese Einsicht wider, da sie nicht zuletzt durch die Ergebnisse der Resilienzforschung motiviert sind. Die dynamische Natur und die Ambiguität von Resilienzprozessen machen es allerdings nötig, die durch Präventionsprogramme angestoßenen Erwerbsprozesse von Ressourcen und deren Anwendung zu begleiten, um erwartungswidrige, negative Entwicklungen rechtzeitig erkennen zu können. Es entspricht offenkundig nicht der Natur dieser Prozesse, dass es genügt, Menschen zu einem bestimmten Zeitpunkt mit Ressourcen auszustatten, um quasi automatisch negative Entwicklungen zu vermeiden. Die größte Herausforderung liegt daher wohl nicht nur in neuen Programmen, die auf einem besseren Verständnis von Resilienzprozessen aufbauen, sondern auch auf dem Aufbau flexibler und vernetzter Hilfesysteme.

Literatur

Anthony, Elwyn James (1974): A risk-vulnerability intervention model for children of psychotic parents. In: Anthony, Elwyn James & Koupernik, Cyrille (Hrsg.): The child in his family: Children at psychiatric risk. New York, 99–121

Anthony, Elwyn James & Cohler, Benjamin J. (Hrsg.) (1987): The invulnerable child. New York

Antonovsky, Aaron (1987): Unraveling the mystery of health: How people manage stress and stay well. San Francisco

Bender, Doris & Lösel, Friedrich (1998): Protektive Faktoren der psychisch gesunden Entwicklung junger Menschen. In: Margraf, Jürgen et al. (Hrsg.): Gesundheits- oder Krankheitstheorie? Saluto- versus pathogentische Ansätze im Gesundheitswesen. Berlin, 119–145

Cicchetti, Dante (1999):. Entwicklungspsychopathologie: Historische Grundlagen, konzeptuelle und methodische Fragen, Implikationen für Prävention und Intervention. In: Oerter, Rolf et al. (Hrsg.): Klinische Entwicklungspsychologie. Weinheim, 11–44

Denz-Penhey, Harriet & Murdoch, John C. (2008): Personal resiliency: serious diagnosis and prognosis with unexpected quality outcomes. In: Qualitative Health Research 18, 391–404

Fingerle, Michael (2000): Vulnerabilität. In: Borchert, Jochen (Hrsg.): Handbuch der Sonderpädagogischen Psychologie. Göttingen, 287–293

Fingerle, Michael (2007): Der „riskante" Begriff der Resilienz. In: Opp, Günter & Fingerle, Michael (Hrsg.): Was Kinder stärkt. München, 299–310

Fingerle, Michael et al. (1997): Emotionale Regulationsmechanismen, Bindungsmodelle und die Widerstandsfähigkeit gegenüber ungünstigen Entwicklungsbedingungen – Offene Fragen der Resilienzforschung. In: Sonderpädagogik 27, 202–211

Göppel, Rolf (1997): Ursprünge der seelischen Gesundheit. Risiko- und Schutzfaktoren in der kindlichen Entwicklung. Würzburg

Grossmann, Klaus E. & Grossmann, Karin (2007): „Resilienz" – Skeptische Anmerkungen zu einem Begriff. In: Fooken, Insa & Zinnecker, Jürgen (Hrsg.): Trauma und Resilienz. Chancen und Risiken lebensgeschichtlicher Bewältigung von belasteten Kindheiten. Weinheim, 29–38

Hagen, Christine von & Röper, Gisela (2007): Resilienz und Ressourcenorientierung – Eine Bestandsaufnahme. In: Fooken, Insa & Zinnecker, Jürgen (Hrsg.): Trauma und Resilienz. Chancen und Risiken lebensgeschichtlicher Bewältigung von belasteten Kindheiten. Weinheim, 15–28

Holtmann, Martin & Laucht, Manfred (2007): Biologische Aspekte der Resilienz. In: Opp, Günter & Fingerle, Michael (Hrsg.): Was Kinder stärkt. Erziehung zwischen Risiko und Resilienz. München, 32–44

Kiehl, Ermalynn M. et al. (2007): Adaptation and resiliency in Swedish families. In: Scandinavian Journal of Caring Science 21, 329–337

Levold, Tom (2008): Metapher der Resilienz. In: Welter-Endelin, Rosmarie & Hildenbrand, Bruno (Hrsg.): Resilienz – Gedeihen trotz widriger Umstände. Heidelberg, 230–254

Lösel, Friedrich & Bender, Doris (2007): Von generellen Schutzfaktoren zu spezifischen protektiven Prozessen: Konzeptuelle Grundlagen und Ergebnisse der Resilienzforschung. In: Opp, Günter & Fingerle, Michael (Hrsg.): Was Kinder stärkt. Erziehung zwischen Risiko und Resilienz. München, 57–78

McGee, Eileen M. (2006): The healing circle: resiliency in nurses. In: Issues in Mental Health Nursing 27, 43–57

Seltrecht, Astrid (2006): Lehrmeister Krankheit? Eine biographieanalytische Studie über Lernprozesse von Frauen mit Brustkrebs. Opladen

Werner, Emmy E. (2007): Entwicklung zwischen Risiko und Resilienz. In: Opp, Günter & Fingerle, Michael (Hrsg.): Was Kinder stärkt. Erziehung zwischen Risiko und Resilienz. München, 20–31

Werner, Emmy E. & Smith, Ruth S. (1989): Vulnerable but invincible: A longitudinal study of resilient children and youth. New York

Wolkow, Katherine E. & Ferguson, H. Bruce (2001): Community factors in the development of resiliency: considerations and future directions. In: Community Mental Health Journal 37, 489–498

Wustmann, Corina (2004): Resilienz. Widerstandsfähigkeit von Kindern in Tageseinrichtungen fördern. Weinheim

Zimmerman, Marc A. et al. (2002): Natural mentors and adolescent resiliency: A study with urban youth. In: American Journal of Community Psychology 30, 221–243

Identität und Interaktion

Ditmar Schmetz

Identitäts- und Interaktionsverständnis

Identität und ihr jeweiliges interaktives Umfeld im Leben eines Menschen stehen in einem wechselseitigen Annäherungs- und Beziehungsprozess, aber möglicherweise auch in einem Verhältnis von Trennung und Distanz. In historischer Betrachtung überwiegt im westlichen Kulturkreis zunächst jener Aspekt der Fremdbestimmung und Unterdrückung von Individualität und Identität. Bereits Sokrates zahlte, da er sich in seiner Identitätsdarstellung dem Verbot widersetzte, das Erkennen zu erkennen, mit dem Giftbecher. Hinsichtlich der Entdeckung und Behauptung von Individualität und Identität haben Gelenkstellen wie Martin Luthers Erkenntnis von der Gewissensfreiheit eines Christenmenschen, das Aufkommen des Individualismus in der Renaissance sowie die Befreiung des Menschen aus geistiger Unmündigkeit im Zeitalter der Aufklärung wegweisende Spuren hinterlassen. Das psychoanalytische Denken Sigmund Freuds hat im letzten Jahrhundert die Auseinandersetzung um die Identitätsproblematik in sehr viel differenzierterer Weise als zuvor zur Darstellung gebracht. Im 19. und 20. Jahrhundert haben unterschiedliche Zugangsweisen zur Identitäts- und Interaktionsproblematik z. B. aus soziologischer, psychologischer, philosophischer, theologischer oder anthropologischer Sicht erkennen lassen, dass es hierzu zahlreiche Erklärungsmöglichkeiten und vielfältige Facetten je nach theoretischer Ausgangsposition gibt (→ II Identität; → IX Körper, Selbst, Identität). So zeichnet sich Eriksons Entwicklungsmodell der Identität (1973) in Abhebung von den meisten anderen Theorien u. a. dadurch aus, dass er nicht nur das Erstreben jeweiliger Kompetenzen in jeder Lebensphase beschreibt, sondern auch die jeweilige polare Fehlhaltung dazu formuliert und verständlich macht, dass diese Polaritäten nicht nur in einer Phase, sondern das ganze Leben hindurch in ihrer negativen oder positiven Ausformung aktuell bleiben (Krappmann 1997, 70). Eriksons genetischer Theorieansatz stellt die einzelnen psychosozialen Modalitäten in das jeweilige Beziehungsgeflecht des heranwachsenden Menschen und ist in seinen grundlegenden Aussagen ungebrochen auch für die Postmoderne und für die Zeit danach interessant und richtungweisend. Die Aspekte Identität versus Identitätsdiffusion erhalten bei Erikson eine zentrale Stellung in der Adoleszenz des Heranwachsenden. Sie kumulieren die Erfahrungen der zuvor durchlaufenen Entwicklungsstufen und kristallisieren sich bei erfolgreicher Bewältigung zu einer Ich-Identität, die zugleich wegweisend Kräfte zur erfolgreichen Identifikation mit den Entwicklungsstufen des Erwachsenenalters freilegt. Die Herausbildung von Ich-Identität ist für Erikson auch entscheidend davon abhängig, welche sozialen Rollen die Umwelt den Jugendlichen bereitstellt. Nach Erikson bilden sowohl Identitätsdiffusion als auch Identitätserstarrung Erschwerungen, die eine erfolgreiche Identitätsbildung bei Jugendlichen verhindern können.

Unter Einbeziehung humanistischer und interaktionistischer Grundgedanken fassen Bürgermann & Reinert (1984) ihr integratives Identitätskonzept mit den Merkmalen Identität als „Ich zu mir selbst", „Ich zu den anderen" und als „Ich zur Welt". Nach Rogers (1979) sieht man in der Leib-Seele-Geist-Identität die Grundlage für den Prozess der Selbstverwirklichung. Im Sinne existenzphilosophischer Grundhaltung Kierkegaards soll das Begreifen individueller Selbstgestaltungskräfte als positive menschliche Potenziale dem Individuum zur Einsicht zu verhelfen, „das Selbst zu sein, das man selber ist". Eine Selbstidentität dieser Art ist beim heranwachsenden Menschen darauf angewiesen, dass gesendete Signale und Begegnungen im interaktiven Umfeld identitätsfördernd spiegeln. Nach Rogers sind es insbesondere die zwischenmenschlichen Beziehungskompetenzen wie Wertschätzung, Annahme, Echtheit (Kongruenz), emotionale Mitteilung, die im pädagogischen Handlungsfeld einen unverzerrten Blick und das Gefühl der Selbstidentität zur Geltung kommen lassen. „Signifikantes" Lernen (Rogers), d. h. sinnvolles Lernen, ist insbesondere bei einer Gleichzeitigkeit von Wissenserweiterung, Selbst- und Gruppenerfahrung identitätsfördernd. In diesem Kontext wird ganzheitliche Wahrnehmung als Bewusstheit („awareness") von sich selbst und von anderen unter Einbeziehung möglichst vieler Sinneserfahrungen wie Sprechen, Sehen, Hören, Zuhören in identitätsunterstützender Weise erlebt.

Der Identitäts- und Interaktionsaspekt stehen zentral – in Weiterführung des Gedankenguts von George Herbert Mead (1934; 1968) – in der Theorie des Symbolischen Interaktionismus und dessen Weiterentwicklung (Krappmann 1978; 1997, 79 ff.). Mead hatte bereits in seinem Identitätsverständnis hervorgehoben, dass man Identität nur in Interaktion mit den Anderen erfahren, sich praktisch nur mit den Augen des Anderen wahrnehmen kann. Dieses gilt gleichermaßen für die Erziehung wie für die Sozialisation und Personalisation. Die Reaktionen der Anderen spiegeln den Kindern und Jugendlichen wider, ob ihr Verhalten erwünscht oder unerwünscht ist. In einem Interaktionsfeld, das der Erziehung förderlich ist, erhält das Individuum die Chance, sich mit vermuteten Beurteilungen bei Anderen auseinanderzusetzen und Interaktionen mit sich selbst einzugehen und so seine Handlungsmuster zu formulieren. Das Kind und der Jugendliche sind geradezu auf den Spiegel Anderer angewiesen, um ihr Selbstbild zu strukturieren und um die Fähigkeit zu erwerben, zwischen von außen herangetragenen und ich-identischen Erwartungen zu balancieren. Für die Fähigkeit der Balance zwischen sozialer und persönlicher Identität verweist Krappmann (1978) auf vier Grundqualifikationen des Rollenhandelns. Das Individuum soll in die Lage versetzt und befähigt werden, sich gegenüber angetragenen Rollen und Normen der Anderen reflektierend zu verhalten (Rollendistanz), sich gegenüber mehrdeutigen Handlungserwartungen und gegenüber ambivalenten Bedürfnissen in Interaktionssituationen abwartend zu verhalten und diese auszuhalten (Ambiguitätstoleranz), einfühlendes Verstehen in die eigene und die Rolle des Interaktionspartners an den Tag zu legen (Empathie), und die eigene Identität Anderen in angemessener Form mitzuteilen (Identitätsdarstellung). Im Einzelnen ist damit das Rollen- und Sprachhandeln in der Interaktion zwischen zwei Personen dadurch kenntlich gemacht, dass der Einzelne sich zunächst einem Interaktionspartner und bestimmten Erwartungen gegenübergestellt erlebt. Er prüft und erlebt die Rolle, die er dem Interaktionspartner gegenüber einnehmen will. Zumeist sind in dieser Phase die Rollenerwartungen noch inkonsistent. Nach Festlegung auf den Interaktionspartner jedoch übernimmt der Einzelne die „Rolle des Anderen". Bei fortlaufender Interaktion distanziert sich zunächst der Einzelne von den angesonnenen Erwartungen und überprüft, ob Abweichungen von den eigenen Einstellungen vorliegen und formuliert schließlich die eigene Rolle – nicht selten in der Form eines Kompromisses. Ein Interaktionsverlauf dieser Art ist jedoch nur möglich, wenn der andere Interaktionspartner auf dieses Rollenhandeln eingeht. Eine herrschaftsfreie Interaktion kommt erst dann zustande, wenn beide Interaktionspartner bereit sind, ihre Identität vorbehaltlos gegenseitig zu akzeptieren.

Von entscheidender Bedeutung innerhalb der Interaktionsgestaltung ist die Kommunikation, die in verbaler und nonverbaler Form zur Darstellung gelangt. Identitätserwerb und Identitätsgestaltung sind also in der Interaktion auf das Rollen- und Sprachhandeln angewiesen, um sich dem anderen gegenüber auch verständlich und berechenbar zu verhalten. Über diesen Weg können Kinder und Jugendliche ihre soziale Interaktion gegenüber ihren Eltern, in ihrer Peergroup, im schulischen und beruflichen Kontext gestalten. Identitätsaufbau und -gestaltung im Rollen- und Sprachhandeln auf theoretischer Grundlage des Symbolischen Interaktionismus erweist sich damit als eine Konzeption, die einen hohen Stellenwert für die Erziehungs- wie Sozialisationsarbeit im schulischen wie außerschulischen Handlungsfeld besitzt.

Die wissenschaftliche Auseinandersetzung mit Identitätsbildungsprozessen hat in den letzten Jahrzehnten eine stetige Ausdifferenzierung erfahren (vgl. u.a. Frey & Haußer 1987; Baacke 1991; Tillmann 1993). Der Zusammenhang zwischen Individuum und Gesellschaft mit Auswirkungen für die interaktive Identitätsgestaltung werden stärker bei Goffman (1974), Döbert & Nunner-Winkler (1975) und Habermas (1976) gewichtet. Die Identitätsforschung hat sich kritischen Fragen nach ihrer Brauchbarkeit für pädagogisches Handeln zu stellen (Schweitzer 1995). So fasst Keupp (1988; 2002) Identität als subjektiven Konstruktionsprozess, der die Annäherung von innerer und äußerer Welt umfasst. Aufgrund von Identitätsstudien bei Jugendlichen in Ost- und Westdeutschland spricht er von Identitätsbausteinen, die sich auf soziale Beziehungen, kulturspezifische Wertvorstellungen, Arbeit, Liebe beziehen. Identitätsbildung in der Spätmoderne beinhaltet zugleich eine aktive Leistung des Individuums, das die einzelnen Identitätsbausteine zu einem Patchwork im Sinne einer passförmigen Identitätskonstruktion verknüpft, sodass es handlungsfähig wird.

Identitätstheoretische Ansätze aus feministischer Sicht (Stahr 1990) heben im Kontext gesellschaftlicher Entwicklung hervor, dass Frauen sich nicht nur in der Opferrolle gesellschaftlicher Verhältnisse und ihrer Umgebung befinden, sondern im Sinne der Subjektbeziehungstheorie auch über Möglichkeiten verfügen, eigenaktiv Rollenzwänge und Verhaltenserwartungen zu überwinden. Zu einem sehr ausgewogenen Identitätsverständnis bezogen auf das männliche wie weibliche Geschlecht gelangt Kampshoff (1996), indem sie in Anlehnung an Petzold (1984) und Stahr (1989) Identifikation und Identifizierung als dialektischen Prozess begreift. Dieser findet seinen Ausdruck in der interdependenten Verflochtenheit der Bereiche Körperlichkeit, Werte und Moral, materielle Bedingungen, Umgang mit Macht und Herrschaft, Arbeit und Leistung und soziales Netzwerk im Rahmen von Identitätsbildung (Stahr 1989; Kampshoff 1996, 66).

Zahlreiche Entwicklungspsychologen verwenden anstelle des Begriffs der Identität den des Selbstkonzepts. Sie verstehen Selbstkonzepte als multidimensionale Konstrukte, die in ihren materialen, sozialen und geistigen Bezügen ein System von Einstellungen gegenüber der eigenen Person bewirken. Tausch & Tausch (1979) sehen für eine positive Gestaltung des Selbstkonzepts die Entwicklung von Selbstachtung und damit verbunden von Selbstwertgefühl im Menschen als zentral an. Personen mit einem positiven Selbstwertkonzept sind in der Motivation ihres Handelns in der Regel erfolgszuversichtlicher als Menschen mit einem negativen Selbstkonzept, denen eine Misserfolgserwartung zumeist zueigen ist. Somit fällt dem Erziehungsprozess in Schule und Elternhaus ein hoher Stellenwert bezüglich der Ausbildung eines positiven Selbstkonzepts zu.

Identitäts- und Interaktionserschwerungen

Insbesondere bei Schülerinnen und Schülern im Förderschwerpunkt Lernen führen Misserfolgserlebnisse im Lernen häufig zu einem negativen Selbstwertgefühl, das sich z.B. nach Betz und Breuninger (1987) im Sinne eines „Teufelskreises“ stetig verstärkt und die Misserfolgsängstlichkeit erhöht. In diesem „Teufelskreis“ bedingen sich selbstbezogene wie außenweltbezogene Faktoren des Lernens wechselseitig und müssen in ihrem Wirkungsgefüge als Voraussetzung für eine erfolgreiche Förderung durchbrochen werden. Für diesen Interaktionsprozess ist zu bedenken, dass der heranwachsende Mensch auf den Spiegel Anderer angewiesen ist, um sein Selbstbild positiv zu strukturieren. Über positive Signale seines Gegenübers vermag er seine Fähigkeit zum Aufbau einer balancierenden Identität zwischen von außen herangetragenen und ichidentischen Erwartungen zu verbessern.

Der aus der Soziologie stammende Begriff Stigmatisierung (Goffman) steht für jenen Vorgang einer Diskreditierung, dem Menschen mit Behinderungen häufig ausgeliefert sind. Menschen mit einem Handicap wird so von der stigmatisierenden Gesellschaft die vollständige Akzeptanz in Abhebung von der Vorstellung einer Normalität verweigert. Im Prozess der Stigmatisierung qualifizieren die Stigmatisierenden „Behinderte" als abnormal. Zumeist erfolgt diese Diskreditierung in der Weise, dass sie an einer Eigenschaft der betroffenen Person festgemacht wird und in typisierender Form für die Gesamtheit der Persönlichkeit Gültigkeit erlangt. Menschen mit einem Handicap können z. B. diesen Stigmatisierungsvorgang in der Form erfahren, dass sie von Anderen nicht beachtet, abgewertet, beschimpft, ausgeschlossen werden. Stigmatisierungsvorgänge dieser Art können für den Aufbau einer positiven Identität bei heranwachsenden Menschen eine schwere Belastung darstellen.

Goffman (1974) unterscheidet zwischen verschiedenen Stigmatypen. Zu den schwerwiegenden zählen z. B. Gesichtsentstellungen, Körperbehinderungen. Stigmatisierungstendenzen sind in unserer Gesellschaft ebenso Randgruppen ausgeliefert wie Drogensüchtige, Homosexuelle, Prostituierte, Obdachlose, Ausländer, Straftäter usw. Bereits im kommunikativen Bereich beginnt die „Beschädigung". „Behinderter", „Spasti", „Krüppel", „Neger", „Zigeuner" usw. belasten die Identität eines Betroffenen in ihren personalen und sozialen Anteilen und sind seitens der Vorurteilsforschung als Merkmale sozialer Randständigkeit hinterfragt. Stigmata als Ergebnis gesellschaftlicher Definitionsprozesse werden innerhalb der Devianzforschung folgerichtig als „Etikett" charakterisiert. Der Etikettierungsansatz („labeling approach") geht der Frage nach, wie die Macht zustande kommt, die innerhalb der Gesellschaft Stigmatisierungen über Zuschreibungsprozesse durchsetzt und so Herrschafts- und Produktionsstrukturen zu sichern vermag. Die Kritik gegenüber den Theorien des „labeling approach" wendet sich vor allem gegen eine zu einseitige soziologische Ausrichtung hinsichtlich der Analyse gesellschaftlicher Institutionen, wenn gleichzeitig die Auseinandersetzung mit den subjektiven Potenzialen stigmatisierter Menschen vernachlässigt wird. In pädagogischer Hinsicht ist dies ein wichtiger Aspekt bei der Identitätsförderung stigmatisierter Menschen.

Der Stigma-Effekt stellt einen wesentlichen Problembereich im Rahmen der Identitätserschwerungen für Kinder und Jugendliche im Förderschwerpunkt Lernen dar. Das Stigma „Dummheit", mit dem nach der Vorurteilsforschung Hilfsschüler, lernbehinderte Schüler, Sonderschüler in unserer Gesellschaft häufig belastet werden, führt aufgrund des negativen Spiegelungsprozesses oft zu einem negativen Selbstwertkonzept. Eine stetige Rückspiegelung des Versagens lässt schließlich Kinder und Jugendliche selbst daran glauben, Versager zu sein. „Erlernte Hilflosigkeit" (Seligman 1992) resultiert aus dem Glauben an subjektive Unfähigkeit und manifestiert sich in Verhaltensweisen, schließlich Lernanstrengungen zu vermeiden. Die Motivationsforschung hat belegt, dass diese Schülerinnen und Schüler in ihrem Lern- und Leistungsverhalten die Erarbeitung schwieriger Aufgaben meiden, Lernerfolge auf den Zufall zurückführen und eine unrealistische Leistungseinschätzung an den Tag legen (Heckhausen 1989; Geppert 1997).

Der Aspekt Identitäts- und Interaktionserschwerungen zeichnet insbesondere bei jenen Menschen Verletzungen und Spuren, die mit

Behinderungen ihres Körpers in ihrem interaktiven Umfeld ihr Leben gestalten müssen. Speziell Frauen mit Körperbehinderungen haben häufig in ihrem interaktiven Umfeld in besonderer Weise mit Vorurteilen zu tun, die sich in traditionellen Stereotypen wie „hilfsbedürftig“, „geschlechtliches Neutrum“, „bemitleidenswert“ bis hin zu „lebensunwert“ niederschlagen können (Albrecht et al. 1995, 129). „Krüppelfrauen“ im Rollstuhl werden zumeist als behinderte Person im Rollstuhl und nicht als Frau wahrgenommen. Eine Fotoausstellung mit ästhetisch ansprechenden Aktaufnahmen von behinderten Frauen im Rollstuhl ließ an den Reaktionen insbesondere vieler Zuschauer erkennen, dass dies nicht die gesellschaftliche Norm sei, in der sich eine behinderte Frau zur Darstellung bringt. Die Verbindung von Schönheit und Erotik war in den Augen dieser Zuschauer auf einer Ebene angesiedelt, die Behinderung ausschloss. Im Identitätserleben der Frauen mit Behinderungen selbst wurde allmählich deutlich, wie sehr sie in ihrem Selbstbild Vorurteile dieser Art für sich bereits verinnerlicht hatten. Zugleich erkannten sie ihre Chance, sich von diesen negativen stereotypen Einstellungen und Vorurteilen zu befreien und ein neues Selbstbewusstsein an den Tag zu legen (Albrecht et al. 1995). Durch das interaktive Umfeld bedingte Identitätserschwerungen lassen sich ebenso deutlich bei Männern und Frauen mit einer geistigen Behinderung erkennen. Durch das Angewiesensein auf stetige Hilfe im Rahmen der Lebensgestaltung und durch das Außerachtlassen von Chancen und Möglichkeiten der Selbstbestimmung auch bei diesen Menschen mit weitreichenden Behinderungen ist das Identitätsempfinden auf die Akzeptanz einer passiven Lebensrolle durch stetige Betreuung gerichtet. Insbesondere eine weitreichende Kluft zwischen somatischer und mentaler Entwicklung bei einem Menschen mit einem schweren Handicap lässt Grenzen in der Identitätsfindung und in der Identitätsäußerung deutlich werden. Speziell bei Menschen mit einem mentalen Handicap wird die Verantwortlichkeit von Erzieherinnen und Erziehern und vom betreuenden Personal bezüglich der zu vermittelnden Hilfen im Rahmen der Identitätsgestaltung deutlich. Identitätserschwerungen und Identitätsbrüche infolge von Behinderungen sind aber nicht nur unter dem Aspekt individueller Hilfen zu sehen, sondern auch aus der Perspektive einer möglichen eigenständigen Auseinandersetzung und Aufarbeitung zu erörtern.

Identitäts- und Interaktionsförderung

Die Bereiche Identität und Interaktion lassen in ihren Gestaltungs- und Fördermöglichkeiten eine individuelle und eine gesellschaftliche Dimension erkennen. Beide Ebenen beeinflussen sich gegenseitig. So ist bereits das in der Gesellschaft vorherrschende Verständnis von Behinderung maßgeblich daran beteiligt, ob positive oder negative Impulse für den Identitätsaufbau sowie für die Identitätsgestaltung eines Menschen mit einem Handicap Einfluss gewinnen. Monokausale Erklärungsansätze zur Entstehung eines Handicaps sind in ihrer defizitären Gerichtetheit und in ihrer benachteiligenden Einstufung von Behinderung nicht mit einem Identitätsverständnis zu vereinbaren, das mit Selbstbestimmung und eigenständiger Teilhabe am Leben der Gesellschaft korreliert. Die Theorie des symbolischen Interaktionismus begründet bereits ein interaktionspädagogisches Denken, das im Sinne einer positiven Identitätsvorstellung die Interaktions- und Kommunikationsgestaltung verändert. Im Mittelpunkt steht nicht mehr das Interesse an dem Verhalten der Schülerin oder des Schülers und an den dieses Verhalten verursachenden Faktoren, wie es die traditionelle Sonderpädagogik aufgrund des Einflusses von Medizin, Psychologie und Sozialwissenschaft bisher betont hat. An zentraler Stelle stehen vielmehr die Bedeutungen, die die Dinge für den Lernenden haben. „Dinge“ umfasst alles, was der Mensch in seiner Welt wahrzunehmen imstande ist: psychische Gegenstände, andere Menschen, Kategorien von Menschen, Institutionen, Leitideale usw. (vgl. Blumer 1973, 83). Förderung und Erziehung bei Menschen mit Behinderungen erhalten unter dieser veränderten Gewichtung eine neue Qualität, die in vielen Dingen dem reformpädagogischen und gestaltpädagogischen Denken entspricht. Dieses fasst die Wahrnehmung von Welt und die Bedeutungszuschreibung des Kindes als interaktiven Prozess des Verstehens. Diese Sichtweise ist vorrangig für die Identitätsförderung und rangiert vor der Beantwortung von Fragen bezüglich des Behindertseins.

Die Aussage des Symbolischen Interaktionismus, dass Menschen aufgrund von Bedeutungen handeln, die wahrgenommene Dinge für sie haben, gilt für behinderte wie nichtbehinderte Menschen gleichermaßen. Für Eltern, Pädagogen und betreuendes Personal bedeutet dies, die unterschiedlichen Symbolbedeutungen bei den Lernenden zu erkennen und in ihrer individuellen Bedeutung zu entschlüsseln und als individuelle Botschaft einer gleichwertigen Person anzuerkennen. Aus dieser Position heraus lässt sich das Anderssein aufgrund von Behinderung als Akzeptanz des Andersseins und als Gleichwertigkeit in der Verschiedenheit fassen. Menschen sind in ihrer natürlichen und gesellschaftlichen Verfassung durchgängig verschieden. Die Voraussetzung der Verschiedenheit sichert erst die Gleichheitsforderung für behinderte und nichtbehinderte Menschen. Diese hat nicht das Ziel des „Gleichmachens“, sondern das der Entfaltung in der Verschiedenheit. Somit entspricht diese interaktionspädagogische Sichtweise dem Anliegen des integrativen Paradigmas (Prengel 1990, 274 ff.) und dem ökosystemischen Behindertenverständnis seitens der WHO, die als entscheidende Größe die Ebene der Partizipation betont. Erziehung und Förderung aus dieser interaktionspädagogischen Perspektive bei Menschen mit einem Handicap zielen vorrangig auf die Vermittlung von Identitätshilfen. Zwischenmenschliche und auf die dingliche Umwelt bezogene Interaktionen gehen unmittelbar aus der Identitätsdarstellung des Einzelnen hervor bzw. sind wechselseitig aufeinander bezogen. Identitätsfindung, -veränderung, -darstellung und -bewahrung werden somit zu zentralen Aufgabenbereichen im interaktionspädagogischen Handlungsfeld. Diese Aufgabenbereiche sind dem Individuum im Rahmen von Autonomieentwicklung nicht nur während der Schulzeit, sondern ebenso vorher und nachher bis zu seinem Lebensende permanent zur Auseinandersetzung, Bewältigung und Bewahrung aufgegeben. Behinderte wie nichtbehinderte Menschen sind lebenslang auf Identitätshilfen angewiesen. Eine Gesellschaft und eine Schule, die Aufgaben und Sinnfragen menschlichen Lebens dieser Art aus dem Auge verlieren, sind Ausdruck höchster Inhumanität. Gesellschaft und Schule der Postmoderne sind von diesem Anspruch ausgehend zu messen und zu bewerten.

Für die Interaktionsgestaltung zwischen den Menschen ist das soziale und emotionale Verhalten bedeutsam, um Identität im positiven Sinne zur Darstellung bringen zu können. Vor allem die intrapsychischen und interpersonalen Fähigkeiten (Gardner 1983) sind Ausdruck jener personalen Intelligenz, die für die Alltagsbewältigung von außerordentlicher Wichtigkeit ist. Die interpersonale Fähigkeit ist jene Eigenschaft, über die jeder in seiner beruflichen wie privaten Rolle verfügen sollte, um mit anderen unter Einbringung seiner Identität kooperativ zu arbeiten und zu leben. Ebenso zählt die intrapsychische Fähigkeit zu den unentbehrlichen Voraussetzungen, um einen Zugang zu den eigenen Gefühlen zu gewinnen und sich zum Selbstschutz von ihnen leiten zu lassen. Somit zählt das soziale und emotionale Lernen (Goleman 1996) zu jenen zentralen interaktionspädagogischen Anliegen, die der Förderung der emotionalen Intelligenz und damit dem Aufbau eines positiven Selbstkonzepts dienlich sind. Das ABC des emotionalen Lernens ist für das Rollen- und Sprachhandeln ein unentbehrlicher Lern- und Wissensbestandteil eines jeden Menschen, um die Interaktionsabläufe im täglichen Leben gewinnbringend für die Identitätsdarstellung zu gestalten.

Für eine erfolgreiche und nicht stigmatisierende Interaktionsgestaltung ist neben dem Rollenhandeln in gleicher Weise das Sprachhandeln von Bedeutung. Nach Schulz von Thun (1981) ist der kommunikative Anteil einer Interaktion durch einen Sachaspekt, Beziehungsaspekt, Selbstoffenbarungsaspekt und Appellaspekt bezogen auf die Nachricht zwischen Sender und Empfänger gekennzeichnet. Der bewusste Umgang mit diesen vier Dimensionen des Sprachhandelns ermöglicht es, Kommunikationserschwerungen zu erkennen und im Rollen- und Sprachhandeln gegenseitige Akzeptanz zu verbessern. Nach Luhmann (1984, 57) bildet Kommunikation das zentrale sinn- und bedeutungstragende Moment eines Systems. Luhmann spricht nicht mehr von Person und Identität, sondern vom psychischen Bewusstsein. Innerhalb systemtheoretischen Denkens erübrigt sich für Luhmann ein „Subjektbegriff“. Für ihn funktionieren „Systeme“ nicht ohne Personen (Werner 2003, 183), jedoch wird dieses ersetzt durch die Kategorie des Beobachtens. Kommunikation umfasst nach Luhmann einen dreistelligen Selektionsprozess bestehend aus den Bestandteilen Information, Mitteilung und Verstehen. Kommunikation kommt erst dann zustande, wenn der Akt des Verstehens realisiert wird. Im Anschluss daran entsteht die Selektion, die Annahme oder die Ablehnung, die als Anschlussakte interpretiert werden. Unentbehrlich in dem Luhmann'schen Kommunikationsverständnis ist die Anschlusshandlung. Dies gilt auch für die Kommunikationsgestaltung bei Menschen mit einem schweren Handicap, die in der verbalen Kommunikation weitreichende Einschränkungen hinnehmen müssen und für Mitteilungen auf die nonverbale oder leibliche Kommunikation angewiesen sind.

Im Rahmen alltäglicher Identitätsarbeit entwickeln Straus & Höfer (1997, 270 ff.) ein Modell, das auf der strukturellen Ebene subjektive Selbstthematisierungen, Identitätsperspektiven, Teilidentitäten, Identitätskerne zur Geltung kommen lässt. Innerhalb subjektiver Selbstthematisierungen spielen die kognitive, die produktorientierte, die soziale und emotionale Selbstwahrnehmung eine zentrale Rolle. Die perspektivischen Identitätsbündelungen beziehen Lebenswelt, biografische Aspekte, das soziale, gesellschaftliche Umfeld sowie subjektive Entscheidungen ein. Weiterhin wird eine geschlechtsspezifische Differenzierung innerhalb der Identitätsperspektiven zugrunde gelegt. Teilidentitäten als Ergebnis der perspektivischen Identitätsarbeit verdeutlichen Identitätsstatus und Identitätsstrategien im Alltagshandeln. Die Frage nach dem Identitätskern im Sinne von Metaidentität verweist schließlich auf den zentralen Stellenwert dieses Aspekts innerhalb der Identitätsdiskussion. Strukturelle Grundlagen dieser Art für die alltägliche Identitätsarbeit erweisen sich für die besonderen Belange von Erschwerungen bei Menschen mit einem Handicap als notwendig und hilfreich, um im interaktionalen Austausch mit anderen auch bei möglichen Konflikten Regulationsstrategien zu erfahren und zu erproben, die die Identitätsdarstellung auch unter erschwerten Bedingungen ermöglichen.

Die Identitätsentwicklung im interaktiven Umfeld ist bei behinderten wie nicht behinderten Menschen gleichermaßen eng mit der Autonomieentwicklung des Einzelnen verbunden. Grundlage bildet das von Erikson formulierte Urvertrauen. Der von ihm entwickelte Begriff der Autonomie ist in seiner Gestaltung darauf angewiesen, im Sozialisierungsprozess des heranwachsenden Menschen integriert zu sein, um Identität als Ich-Vollzug entfalten zu können. Die Autonomie- und damit die Identitätsgestaltung im positiven Sinne werden bereits in den ersten Lernerfahrungen des Kindes wegweisend ausgerichtet, wenn es lernen darf, seine Bedürfnisse und Reaktionen für die Entwicklung seines Selbst in Anspruch zu nehmen. Läuft aber die Lernerfahrung des Kindes darauf hinaus, „dass nichts zu lernen ist“, erfolgt die Weichenstellung für eine Fehlentwicklung der Autonomie, da eigene Bedürfnisse als etwas nicht Erlaubtes erfahren werden (Gruen 2004, 20). Dem Kind wird in diesem Fall die Möglichkeit entzogen, für eigene Bedürfnisse und Handlungsmotive sensibilisiert zu werden. Interaktionsmuster dieser Art werden häufig über nicht hinterfragte Erziehungspraktiken von Generation zu Generation „vererbt", ohne infrage gestellt zu werden. Die Ausblendung des Selbst wird zugleich von einer Gesellschaft begünstigt, in der Autonomie durch Ersatzbefriedigungen im Streben nach Gewinnmaximierung und Konsum ersetzt wird, in der zum Leben dazu gehörende Identitätserfahrungen wie Schmerz, Trauer und Leid ausgeblendet werden.

Die existentielle Frage, die in der Suche nach Selbstfindung und Identitätsgestaltung für jeden Menschen enthalten ist, wird besonders augenscheinlich in den Darstellungen von Selbstporträts in der Kunst – z. B. bei Rembrandt, van Gogh, Gauguin, Corinth, Cézanne, Munch, Beckmann, Picasso. Dürer war einer der ersten Maler, der sich dazu angetrieben fühlte, sich in diesem Genre immer wieder selbst darzustellen (Berger 2000, 15 ff.). Die Suche nach sich selbst, die existentielle Frage – wer bin ich? – stellt sich nicht nur für den Künstler beim Erschaffen seines Bildnisses. Sein Blick wie sein An-Blick überleben ihn und befragen viele Betrachter nach ihm. Dieser interaktionale Prozess lässt Anliegen und Bedeutung der Identitätsfrage immer wieder in einem neuen Blick erscheinen.

Literatur

Albrecht, Anette et al. (1995): Geschlecht: behindert. Merkmal: Frau. In: Zeitschrift für Heilpädagogik, 129–131

Baacke, Dieter (1991): Die 13- bis 18-Jährigen. Einführung in die Probleme des Jugendalters. Weinheim

Berger, John (2000): Das Kunstwerk. Berlin

Betz, Dieter & Breuninger, Helga (1987): Teufelskreis Lernstörungen. 3. Aufl., Weinheim

Blumer, Herbert (1973): Der methodologische Standort des symbolischen Interaktionismus. In: Arbeitsgruppe Bielefelder Soziologen (Hrsg.): Alltagswissen, Interaktion und gesellschaftliche Wirklichkeit. Reinbek, 80–146

Bürgermann, Sabine & Reinert, Gerd-Bodo (1984): Einführung in die pädagogische Therapie. Düsseldorf

Döbert, Rainer & Nunner-Winkler, Gertrud (1975): Adoleszenzkrise und Identitätsbildung. Frankfurt a. M.

Erikson, Erik H. (1973): Identität und Lebenszyklus. Frankfurt a. M.

Frey, Hans-Peter & Haußer, Karl (Hrsg.) (1987): Identität. Entwicklungen psychologischer und soziologischer Forschung. Stuttgart

Gardner, Howard (1983): Frames of Mind: The Theory of Multiple Intelligences. New York

Geppert, Ulrich (1997): Entwicklung lern- und leistungsbezogener Motive und Einstellungen. In: Weinert, Franz E. & Helmke, Andreas (Hrsg.): Entwicklung im Grundschulalter. Weinheim, 54–58

Goffman, Erving (1974): Stigma. Über Techniken der Bewältigung beschädigter Identität. Frankfurt a. M.

Goleman, Daniel (1996): Emotionale Intelligenz. München/Wien

Gruen, Arno (1986): Der Verrat am Selbst. München

Habermas, Jürgen (1976): Zur Rekonstruktion des Historischen Materialismus. Frankfurt a. M.

Heckhausen, Heinz (1989): Motivation und Handeln. Berlin

Kampshoff, Marita (1996): Jugend-Schule-Identität. Bielefeld

Keupp, Heiner et al. (2002): Identitätskonstruktionen. 2. Aufl., Reinbek

Krappmann, Lothar (1978): Soziologische Dimensionen der Identität. 5. Aufl., Stuttgart

Krappmann, Lothar (1997): Die Identitätsproblematik nach Erikson aus einer interaktionistischen Sicht. In: Keupp, Heiner & Höfer, Renate (Hrsg.): Identitätsarbeit heute. Frankfurt a. M., 66–92

Luhmann, Niklas (1984): Soziale Systeme. Frankfurt a. M.

Mead, George Herbert (1968): Geist, Identität und Gesellschaft. Frankfurt a. M. (Erstveröffentlichung: Chicago 1934)

Petzold, Hilarion (1984): Vorüberlegungen und Konzepte zu einer integrativen Persönlichkeitstheorie. In: Integrative Therapie und Pädagogik, 73–115

Prengel, Annedore (1990): Integration als pädagogisches Paradigma? In: Deppe-Wolfinger, Helga et al.: Integrative Pädagogik in der Grundschule. Weinheim

Rogers, Carl (1979): Lernen in Freiheit. 3. Aufl., München

Schulz von Thun, Friedemann (1981): Miteinander reden. Bd. 1 und 2. Reinbek

Schweitzer, Friedrich (1995): Identität und Erziehung. Weinheim

Seligmann, Martin (1992): Erlernte Hilflosigkeit. 4. Aufl., Weinheim

Stahr, Ingeborg (1989): Zur personalen und kollektiven Identität von Frauen. In: Weibliche Identität. Bielefeld, 13–24

Stahr, Ingeborg (1990): Geschlechterdualismus – Oder: Zur Entwicklung ‚weiblicher Identität'. In: Schlüter, Anne & Stahr, Ingeborg (Hrsg.): Wohin geht die Frauenforschung. Köln, 47–66

Straus, Florian & Höfer, Renate (1997): Entwicklungslinien alltäglicher Identitätsarbeit. In: Keupp, Heiner & Höfer, Renate (Hrsg.): Identitätsarbeit heute. Frankfurt a. M., 120–134

Tausch, Reinhard & Tausch, Anne-Marie (1979): Erziehungspsychologie. 9. Aufl., Göttingen

Tillmann, Klaus-Jürgen (1993): Sozialisationstheorien. Überarb. Neuaufl., Reinbek

Werner, Birgit: Sinn verstehen als didaktische und diagnostische Kategorie im Unterricht mit lernschwachen Schülern – Konsequenzen des Luhmann'schen Kommunikationsmodells. In: Gehrmann, Petra & Hüwe, Birgit (Hrsg.) (2003): Kinder und Jugendliche in erschwerten Lernsituationen. Stuttgart, 183–196

Teil III

Bildung, Behinderung und soziale Ungleichheit

Katja Koch

Problemaufriss

Die Thematik „Bildung, Behinderung und soziale Ungleichheit“ verweist auf drei zentrale Problemfelder, die sich im Wesentlichen durch folgende Tatsachen kennzeichnen lassen:

- Eine der wichtigsten Funktionen, die das Bildungssystem in modernen Leistungsgesellschaften hat, ist die Statuszuweisung (Allokationsfunktion). Der Zugang zu unterschiedlichen sozialen Positionen inklusive ihrer Privilegien und Benachteiligungen ist eng an das Bildungsniveau gekoppelt (Geißler 2006) – Bildung ist somit eine zentrale Ressource für Lebenschancen (Bourdieu 1982).
- Auf der anderen Seite sind es gerade die unterschiedlichen sozioökonomischen und soziokulturellen Voraussetzungen, die wesentlich über die Leistungen von Kindern und damit über die zukünftige Statusverteilung entscheiden. Die Bildungslaufbahn eines Kindes steht in engem Zusammenhang mit seiner sozialstrukturellen Position (bzw. mit der seiner Familie).
- Behinderungen treten in der Gesellschaft nicht entsprechend der sozialstrukturellen Untergliederung der Gesamtbevölkerung auf, sondern sie kumulieren in unteren Sozialschichten.

Zum einen zeigt sich ein enger, interdependenter Zusammenhang zwischen Bildung und sozialer Ungleichheit. Zum anderen zeigt sich ein ebensolcher Zusammenhang zwischen Behinderung und sozialem Status.

Soziale Ungleichheit und Sozialstruktur

Soziale Ungleichheit bezeichnet im weitesten Sinne das Phänomen, dass aus der Position von Menschen in gesellschaftlichen Beziehungsgefügen vorteilhafte bzw. nachteilige Lebensbedingungen resultieren (vgl. Korte & Schäfers 1993, 147).

Die Aufmerksamkeit der Ungleichheitsforschung gilt den typischen, ungleichen Lebensbedingungen von Gruppen innerhalb der Gesellschaft.

Soziale Ungleichheit liegt dort vor, wo „die Möglichkeiten des Zugangs zu allgemein verfügbaren und erstrebenswerten sozialen Gütern und/oder zu sozialen Positionen, die mit ungleichen Macht- und/oder Interaktionsmöglichkeiten ausgestattet sind, dauerhafte Einschränkungen erfahren und dadurch die Lebenschancen der betroffenen Individuen, Gruppen oder Gesellschaften beeinträchtigt bzw. begünstigt werden“ (Kreckel 1992, 17).

Nicht alle sozialen und individuellen Differenzierungen unter Menschen sind Tatbestände sozialer Ungleichheit, sondern nur diejenigen sozialen Merkmale, die individuell erstrebenswert sind, weil sie gesellschaftlich hoch eingeschätzt oder bewertet werden (meist im Sinne von besser oder schlechter, höher oder tiefer gestellt). Als eines dieser „wertvollen Güter“ (Hradil 2005) unser Gesellschaft gilt die Bildung, da mit ihr vielfältigste Chancen zur individuellen und gesellschaftlichen Lebensgestaltung verbunden sind (z. B. ein Beruf mit hohem Einkommen oder hohem sozialen Prestige). Der Begriff soziale Ungleichheit bezeichnet somit die gesellschaftlich hervorgebrachten Lebens- bzw. Handlungsbedingungen von Menschen, die in ihrer Gesamtheit die Lebens- und Handlungschancen des Einzelnen in der Gesellschaft bestimmen (Hradil 1987, 144). [→ VI Gesellschaftsentwicklung und soziale Gerechtigkeit]

Betrachtung sowie Abbildung sozialer Ungleichheit erfolgen unter soziologischer Perspektive mittels sogenannter Sozialstrukturmodelle. Unter dem Aspekt bildungsspezifischer Ungleichheit ergibt sich für die Gesellschaft die Struktur einer vertikalen Abstufung. Modelle, die eine solche hierarchisch gegliederte Gesellschaft beschreiben, werden als Schichtmodelle bezeichnet. Sozialschichten beschreiben also Bevölkerungsgruppen, deren Mitglieder bestimmte gemeinsame Merkmale besitzen. In diesen Merkmalen unterscheiden sie sich in einer als hierarchisches Gefüge vorgestellten Sozialstruktur von anderen Bevölkerungsgruppen.

Forschungsstand

Insbesondere durch die Ergebnisse der PISA-Studie (2001) wurde offensichtlich, dass trotz der Bildungsexpansion der 1960er Jahre soziale Lebensverhältnisse mit Bildungsaspirationen, Bildungsbeteiligung, Bildungsabschlüssen, Lebensplänen und Lebenschancen kovariieren (vgl. Baumert & Schümer 2001, 338). Daraus ergibt sich ein enger Zusammenhang zwischen sozialem Status und Bildungsabschluss. Dieser illustriert sich durch die nicht entsprechend der sozialstrukturellen Untergliederung der Gesamtbevölkerung verteilten Bildungsabschlüsse.

Aus der sozialen Herkunft resultieren also nach wie vor Nachteile, die durch das Schulsystem nur zum Teil ausgeglichen werden. Sie beeinflusst Bildungskarrieren – entweder unabhängig von der Leistung oder dadurch, dass Leistungen mit Lebensbedingungen zusammenhängen (Geißler 2006, 273).

Aus dieser engen Verknüpfung von Bildung und sozialer Herkunft ergibt sich die Relevanz der Thematik Bildung und soziale Ungleichheit für die Heil- und Sonderpädagogik. Zahlreiche Untersuchungsbefunde weisen auf den geringen sozioökonomischen Status der Herkunftsfamilien von Behinderten sowie auf eine deutliche Überrepräsentation von Behinderungen in unteren Sozialschichten hin. Insbesondere betrifft dies die Gruppe der Schüler an Schulen für Lernbehinderte.

So wurde bereits in den späten 1960er und frühen 1970er Jahren festgestellt, dass etwa 90 % der Schüler von Schulen für Lernbehinderte der „Unterschicht" angehören (Begemann 1968; Ferdinand & Uhr 1973). Des Weiteren weist Koch nach, dass etwa 90 % der Herkunftsfamilien Lernbehinderter unter Armutsbedingungen (Niedrigeinkommensbereich bis 75 % des Nettoäquivalenzeinkommens) leben (2004). [→ VII Lernbehinderung und Schulversagen] Gleichwohl bei dieser Gruppe am stärksten ausgeprägt, sind solcherart Zusammenhänge auch für andere Behinderungsgruppen bekannt (für Körper- und geistige Behinderungen siehe Weiß 1985; für Hör- und Sehschädigungen siehe Thimm & Funke 1977).

Diese schichtabhängigen Auftretenshäufigkeiten implizieren die Frage nach der Rolle sozialer Faktoren bei der Genese von Behinderung. Für Entstehung von Lernbehinderung spielen soziale Verursachungsfaktoren eine wichtige Rolle. Der empirisch nachweisbare Zusammenhang von Sozialschicht und Schulerfolg bzw. dem Entstehen einer Lernbehinderung ist allerdings lediglich korrelativ. Soziale Lebensbedingungen, auch im Sinne von Armut, stehen nicht in kausalem Zusammenhang mit der Persönlichkeitsentwicklung von Kindern und ihrer Bildungsgenese. Insbesondere die Familie und die von ihr bereitgestellten Sozialisationsbedingungen erweisen sich als wichtige moderierende Variable. Aus ungünstigen Sozialisationsbedingungen können jedoch „sozialisationsbedingte Behinderungsgenesen aufgrund erheblicher soziokultureller Benachteiligungen" resultieren. Kein Zweifel besteht darin, dass Deprivationen die Entwicklung, die Lernmöglichkeiten und die Bildungschancen von Kindern beeinflussen, und dass Armut als Begleitumstand des Aufwachsens verheerende Folgen haben kann (Merten 2003, 139). [→ VII Behinderung und Armut]

Belegt wird dies auch an den Forschungsergebnissen zur Schulleistungsprognose. Die soziale Lage eines Kindes erweist sich hier nicht als direkter Prädiktor, sondern als wichtige Bedingungsvariable (Heller 1998), die sich auf die Persönlichkeit des Kindes auswirkt (Helmke & Weinert 1997).

Die Kumulation somatischer oder (neuro-) physiologischer Schädigungen in unteren Statuslagen resultiert aus komplexen Kumulations- und Interaktionsprozessen zwischen sozialer und somatischer Ebene. So können sozialisationsspezifische Akzentuierungen zu einer Verschärfung der Folgen vorliegender organischer Schädigungen führen. Diese wiederum sind in ihrer Auftretenshäufigkeit von sozialen Faktoren mitbestimmt (Weiß 1985, 46).

Diese Ergebnisse verweisen auf die Notwendigkeit der Erweiterung der sozialstrukturellen auf eine sozialisationstheoretische Perspektive. Sie thematisiert, wie sich ein Individuum unter bestimmten sozialen, ökologischen und ökonomischen Lebensbedingungen entwickelt, wie sich die Persönlichkeitsentwicklung in Auseinandersetzung mit der vorgegebenen materiellen, sozialen und kulturellen Umwelt vollzieht. Hierbei gilt die Sozialisation innerhalb der Familie als oberster Sozialisationsinstanz als ein vermittelnder Faktor zwischen den sozialen Bedingungen der Familie und der Entwicklung des Individuums. Wie durch ein Prisma ihrer Erfahrungen brechen Eltern soziale und materiale Umwelt und stellen ihren Kindern damit einen Rahmen bereit, in dem sich deren Persönlichkeitsentwicklung vollzieht. Sozialisation kondensiert zum Beispiel in Erziehungszielen und -stilen, in Maß und Qualität der Eltern-Kind-Aktivitäten, im Bildungsklima, im sozialen Netzwerk der Familien. Diese Sozialisationsprozesse beeinflussen die Persönlichkeitsentwicklung entscheidend positiv oder negativ, wobei sich das Individuum selbst aktiv und produktiv mit seiner Umwelt auseinandersetzt. Eine Schlüsselrolle für die Qualität der Sozialisationsprozesse kommt den sozialen Bedingungen zu, indem sich ungünstige Sozialisationsbedingungen in den unteren Schichten bzw. Soziallagen bündeln. [→ V Sozialisation, Biografie, Lebenslauf]

„Mit abnehmender Stellung einer Familie im System gesellschaftlicher Ungleichheit ist diese in ihrer Wirkung sich kumulativ verstärkenden ökonomischen, sozialen und kulturellen Benachteiligungen und Belastungen ausgesetzt, die die sozialisatorischen Prozesse auf der Familienebene derart strukturieren, dass eine optimale Entwicklung solcher kognitiver, motivationaler und sprachlicher Kompetenzen der Kinder zunehmend unwahrscheinlicher wird, die für den Schulerfolg besondere Bedeutung haben" (Steinkamp 1991, 251).

Zusammengefasst stellt sich der Forschungsstand also folgendermaßen dar: Bildungswege sind wesentlich durch die soziale Lage eines Kindes und seiner Familie mitbestimmt. Dies resultiert aus dem Zusammenhang zwischen Sozialschicht, Sozialisation und Persönlichkeitsentwicklung. Nicht die Zugehörigkeit zu einer Sozialschicht als solche entscheidet über den Bildungsweg, sondern die zur Verfügung stehenden Ressourcen und ihre Nutzung. Diese Ressourcen allerdings sind wieder schichtspezifisch verteilt. Dabei erweist sich die Familie mit den durch sie konstituierten Sozialisationsbedingungen als wichtige moderierende Variable.

Fazit

Die sozialstrukturelle Perspektive auf die Thematik Bildung und Behinderung besitzt einerseits sozial- und bildungspolitische, andererseits auch pädagogische Relevanz. Sie kann Hinweise über Ausstattungen mit materiellen, sozialen und kulturellen Ressourcen geben und damit mögliche Benachteiligungen aufzeigen.

Eine Erweiterung durch eine sozialisationstheoretische Perspektive lenkt den Blick auf die Persönlichkeit eines Kindes als Ergebnis spezifischer Aneignungs- und Verarbeitungsprozesse mit einer sozialen Lebens- und Bildungsgeschichte. Solcherart Informationen bilden die Grundlage für pädagogische Interventionen und geeignete individuelle Hilfs- und Unterstützungsangebote.

Indem Nachteile, die aus der sozialen Herkunft resultieren, durch das Schulsystem nur zum Teil ausgeglichen werden, bleiben Ungleichheitsforschung sowie die Frage nach der sozialen Reproduktion von Behinderungen gewichtige Themen für die Pädagogik.

Literatur

Baumert, Jürgen & Schümer, Gundel (2001): Familiäre Lebensverhältnisse, Bildungsbeteiligung und Kompetenzerwerb. In: Deutsches PISA-Konsortium (Hrsg.): PISA 2000. Basiskompetenzen von Schülerinnen und Schülern im internationalen Vergleich. Opladen, 323–410

Begemann, Ernst (1968): Die Bildungsfähigkeit der Hilfsschüler. Berlin-Charlottenburg

Bourdieu, Pierre (1982): Die feinen Unterschiede. Kritik der gesellschaftlichen Urteilskraft. Frankfurt a. M. [Original: La distinction. Critique sociale du jugement. Paris 1979]

Ferdinand, W. & Uhr, R. (1973): Sind Arbeiterkinder dümmer – oder letztlich nur die Dummen? In: Die Grundschule 4, 237–239

Fuchs, Werner (1977) (Hrsg.): Lexikon zur Soziologie. Opladen

Geißler, Rainer (2006): Die Sozialstruktur Deutschlands. Die gesellschaftliche Entwicklung vor und nach der Vereinigung. 4., grundlegend überarb. Aufl., Wiesbaden

Heller, Kurt A. (1998): Schulleistungsprognosen. In: Oerter, Rolf & Montada, Leo (Hrsg.): Entwicklungspsychologie. Weinheim, 983–989

Helmke, Andreas & Weinert, Franz E. (1997): Bedingungsfaktoren schulischer Leistungen. In: Weinert, Franz E. (Hrsg.): Psychologie des Unterrichts und der Schule. Enzyklopädie der Psychologie. Serie I Pädagogische Psychologie, Band 3. Göttingen

Hiller, Gotthilf G. (1991): Ausbruch aus dem Bildungskeller – Pädagogische Provokationen. Langenau-Ulm

Hradil, Stefan (1987): Sozialstruktur in einer fortgeschrittenen Gesellschaft: Von Klassen und Lagen zu Schichten und Milieus. Opladen

Hradil, Stefan & Schiener, Jürgen (2005): Soziale Ungleichheit in Deutschland. Nachdruck der 8. Aufl., Opladen

Koch, Katja (2004): Die soziale Lage der Familien von Förderschülern – Ergebnisse einer empirischen Studie – Teil I. Sonderpädagogische Förderung. Integration und pädagogische Rehabilitation 49 (2) 181–200

Korte, Hermann & Schäfers, Bernhard (1993) (Hrsg.): Einführung in Hauptbegriffe der Soziologie. Opladen

Kreckel, Reinhard (1992): Politische Soziologie der sozialen Ungleichheit. Frankfurt a. M.

Merten, Roland (2003): Psychosoziale Folgen von Armut im Kindes- und Jugendalter. In: Butterwegge, Christoph & Klundt, Michael (Hrsg): Kinderarmut und Generationengerechtigkeit. Familien und Sozialpolitik im demografischen Wandel. 2. Aufl., Opladen, 137–151

Steinkamp, Günther (1991): Sozialstruktur und Sozialisation. In: Hurrelmann, Klaus & Ulich Dieter (Hrsg.): Neues Handbuch der Sozialisationsforschung. Weinheim, 151–177

Thimm, Walter & Funke, Edmund H. (1977): Soziologische Aspekte der Lernbehinderung. In: Kanter, Gustav & Speck, Otto (Hrsg.): Handbuch der Sonderpädagogik, 4. Berlin, 581–611

Weiß, Hans (1985): Behinderung und soziale Herkunft. In: VHN 54, 1, 32–54

Migration und Bildung

Wolfgang Nieke

Migration: die Wanderung über Grenzen hinweg

Migration ist die Fachbezeichnung für eine Ortsveränderung von Objekten und wird in dieser Bedeutung nicht nur in den Sozialwissenschaften, sondern auch in technischen Disziplinen verwendet. Auf Menschen bezogen, bezeichnet Migration eine Wanderung über Grenzen hinweg. Diese Grenzen markieren dabei nicht nur politische Territorien, sondern vor allem Sprach- und Kulturgrenzen. Wenn Kultur als die Gesamtheit der Deutungsmuster einer sozialen Einheit, einer Lebenswelt verstanden wird (Nieke 2000, 50), dann kann auch eine Wanderung innerhalb staatlicher Grenzen zu einem Verlassen einer vertrauten Umgebung, einer Heimat werden, weshalb bei der sogenannten Binnenmigration vergleichbare Anpassungsaufgaben entstehen können wie bei einer Wanderung über Staatsgrenzen hinweg.

Bei jeder Migration in diesem Sinne entstehen Verluste an elementarer Lebenskompetenz: Die bisher gültigen Orientierungsmuster räumlicher und kultureller Art gelten in der neuen Umgebung nicht mehr oder nur teilweise, die bisherige Sprachkompetenz kann nicht mehr zur Verständigung eingesetzt werden. Migranten erleben sich als mental amputiert und behindert.

Die deutsche Sprache bewahrt dieses elementare Verlusterleben noch in dem Wort *Elend* auf, das etymologisch auf *alja landja* zurückgeführt wird: sich in einem *anderen Land* befinden.

Dieses Verlusterleben gestaltet sich verschieden aus, in Abhängigkeit von den Motiven der Auswanderung. Die Migrationssoziologie differenziert hier in einer distanzierenden Sicht von außen in Push- und Pull-Faktoren (Treibel 2003); zum Verständnis der Anpassungsprobleme von Migranten in der neuen Lebenswelt ist jedoch die Kenntnis der inneren Beweggründe hilfreicher. So gestalten Migranten ihre Anpassung zielstrebiger und effektiver, wenn sie sich selbst für den Wanderungsprozess verantwortlich sehen und eine dauerhafte Integration etwa als Einwanderer anstreben und von der Aufnahmegesellschaft angeboten bekommen. Das kann die sehr unterschiedlichen Integrationserfolge bei verschiedenen Migrantengruppen genauer erklären als Push-Faktoren wie Armut im Herkunftsland oder Pull-Faktoren wie freie Arbeitsplätze im Einwanderungsland.

Die Einwanderung nach Deutschland ab 1955 ist in verschiedenen Stadien und mit unterschiedlichen Aufgaben für das Bildungssystem erfolgt. [→ Interkulturelle Bildung] In der Folge haben die Kinder und Jugendlichen in Deutschland zu über 20 % einen Migrationshintergrund.

Die jeweilige Positionierung der Migranten in der Gesellschaft drückt sich im Wechsel der Bezeichnung für sie aus: von *Ausländer* über *ausländischer Arbeitnehmer, Asylant* (in herabsetzender Absicht für Asylerschleicher), *Asylbewerber, Flüchtling, Migrant* bis hin zu *Mensch mit Migrationshintergrund*. In dieser aktuell verwendeten Bezeichnung soll sich ausdrücken, dass ein Mensch unabhängig von seinem Status als Ausländer oder Inländer und abweichend vom vordergründigen Eindruck einer gelungenen Assimilation in seiner Identität und in seinem Kompetenzaufbau Elemente seiner Migrationsbiografie aufbewahrt, die ihn von den Einheimischen unterscheidet, was für Bildungsaufgaben Vorteile und Nachteile mit sich bringen kann. In dieser Bezeichnung wird auch der Befund angesprochen, dass die zunächst erwartete Assimilation der Zuwanderer in der zweiten und spätestens dritten Generation weltweit nicht eingetreten ist, sondern dass sich der Migrationshintergrund offenbar generationenübergreifend unter bestimmten Bedingungen langfristig auswirken kann.

Für Deutschland kommt im Vergleich zu den anderen Aufnahmeländern die Sondergruppe der Aussiedler hinzu, die zwar sofort deutsche Staatsbürger werden, die aber mit den gleichen Problemen des Kompetenzverlusts als Folge der Wanderung über eine Sprach- und auch Kulturgrenze zu kämpfen haben wie die übrigen Migranten.

Die Bildung von Migranten: von der Ausländerpädagogik zur Anerkennung von Diversität und zurück zu einem Neo-Assimilationismus

Die Institutionen der Bildung haben sich lange Zeit nicht um die Migranten als eine besonders zu beachtende und zu behandelnde Gruppe gekümmert. Das lag zum einen an einer spezifischen Nationalitätsorientierung der Bildungseinrichtungen (vgl. Krüger-Potratz 1994) und zum anderen an einer universalistischen Personorientierung der pädagogischen Konzepte aus den Gedankengebäuden der philosophischen Aufklärungszeit, in denen die Schüler nur als bildungsbedürftige Einzelwesen vorkamen, deren besondere Lebensbedingungen für den schulischen Lehrprozess unerheblich schienen.

In der Konzeptentwicklung für eine spezifische Bildung von Migranten zeichnen sich fünf Stadien ab:

1. *Ausländerpädagogik*: eine Förderung im Deutschen als Fremdsprache mit dem Ziel des Erhalts der Rückkehrfähigkeit; denn die zugewanderten Kinder ausländischer Arbeitnehmer sollten mit ihren Eltern nach den Vorstellungen eines Rotationsprinzips nach einiger Zeit in ihre Herkunftsländer zurückkehren, spätestens, wenn sie auf dem Arbeitsmarkt nicht mehr benötigt würden.
2. *Förderpädagogik*: Schüler mit Migrationshintergrund werden als benachteiligt, faktisch zumeist als sprachlich behindert angesehen, sodass sie entsprechend besonders gefördert werden sollen. Die Konzepte lehnen sich an solche der älteren Sonderpädagogik an.
3. *Interkulturelle Pädagogik/multikulturelle Erziehung*: als Antwort auf die Zielsetzung, eine multikulturelle Gesellschaft als dauerhaft anzuerkennen und damit die Gleichwertigkeit der Zuwandererkulturen im Bildungssystem zu begründen (Nieke 2000).
4. *Anerkennung von Diversität*: die Besonderheit der Migrationsexistenz wird in den Kontext der Anerkennung von Verschiedenheit bei Gleichwertigkeit gestellt, vor allem in die Diskurse zur Anerkennung der Geschlechter und der Behinderten (Prengel 1993).
5. *Neo-Assimilationismus*: In Reaktion auf die Gewaltbedrohung durch den Islamismus wird das Projekt der multikulturellen Gesellschaft aufgekündigt und einer forcierten Integration mit Akkulturationsnötigung das Wort geredet (vgl. dazu Otto & Schrödter 2006; Nieke 2006). Damit kehrt die Ausländer- bzw. Integrations-Politik und Bildungspolitik zu einer Konzeption zurück, die in ihren Grundlinien und Konsequenzen für die Betroffenen bereits vor 1980 vertreten wurde.

Macht Migration krank und verhaltensauffällig?

Vermutlich im Blick auf die bei Migranten oft anzutreffenden Symptome von Heimweh und Dauerstress durch den Kompetenzverlust beim Wandern über eine Sprach- und Kulturgrenze hinweg stand von Anfang an in der Migrationsforschung die Frage im Vordergrund, ob die Migration psychisch krank mache. Diese Frage wird von der interkulturellen Sozialpsychiatrie inzwischen verneint. Die wenigen epidemiologischen Studien weisen sogar eine geringere Prävalenz der Migranten für psychische Erkrankungen im Vergleich zu den Einheimischen aus, was mit einer spezifischen Selektion im Entscheidungsprozess für eine Auswanderung begründet wird: Es wandern eher psychisch robuste Persönlichkeiten aus.

Im deutschen Schulsystem sind bestimmte Gruppen von Migranten seit langem in einigen Sonderschulen überrepräsentiert. Das trifft für die Bereiche Lernbeeinträchtigen und Verhaltensauffälligkeiten zu (Kornmann 2006). Dieser Befund erklärt sich teilweise mit der Überweisungspraxis der Grundschulen, deren Personal sich mit verdeckten Schwierigkeiten beim Kompetenzaufbau im Deutschen als Zweitsprache sowie mit teilweise kulturell codierten Disziplinproblemen der Schüler mit Migrationshintergrund schwer tut. Hier besteht unter Sonderpädagogen und Spezialisten der Migrantenpädagogik die übereinstimmende Auffassung, dass eine Sonderschulüberweisung nicht die angemessene Reaktion sei, sondern dass diesen migrationsbedingten Anpassungsschwierigkeiten in der allgemeinen Schule durch geeignete Maßnahmen begegnet werden könne und solle.

Neben diesen Problemen bleiben jedoch noch Sonderprobleme, die teilweise nicht leicht erklärt werden können: So ist lange Zeit aufgefallen, dass Schüler aus Süditalien in besonderer Weise Lernprobleme haben und deshalb in Sonderschulen überrepräsentiert sind. Ein erster Zugang zu diesem Problem ergab sich durch den Blick auf die migrationsbedingten Lebensumstände: Diese italienischen Familien nutzten die von Anfang an für sie geltende Freizügigkeit (Italien war zunächst das einzige Entsendeland für Arbeitnehmer, das Mitglied der Europäischen Gemeinschaft war, sodass diese Freizügigkeit galt), um den Wohnsitz der Familie zwischen Italien und Deutschland frei zu wählen. Viele Familien haben ihre schulpflichtigen Kinder mehrfach zwischen italienischen und deutschen Schulen hin und her bewegt, und das hat zu nicht aufholbaren Leistungsrückständen geführt, deren Ursache für die Lehrer zunächst verborgen blieb und in der Migrationsforschung dann als Pendelmigration (erstmals wohl für Italien; vgl. Mauta & Virzi-Aksoy 1986) untersucht worden ist. Auch hier ist festzustellen, dass die Sonderschule der falsche Ort für die Bearbeitung dieser Problematik ist.

Derzeit offen ist die Frage, wie die oft konstatierten manifesten Verhaltensauffälligkeiten von Schülern mit türkischer sowie mit arabischer Herkunft und von Aussiedlern aus Kasachstan und Sibirien angemessen erklärt werden können und ob für diese Problembelastung die Sonderschule für Erziehungshilfe (Förderschule Schwerpunkt Emotionale und Soziale Entwicklung) der angemessene Ort im Bildungssystem ist. Selbstverständlich findet sich die Problembelastung nicht bei allen Schülern aus diesen Gruppen, sondern lediglich bei einer kleinen Gruppe, aber im Durchschnitt etwas häufiger als bei den Vergleichsgruppen. Mit Ausnahme dieser drei Gruppen unterscheiden sich die übrigen Migrantengruppen nicht wesentlich von den vergleichbaren einheimischen Schülern.

Akkulturation oder Mehrsprachigkeit?

Seit Beginn der als Anwerbung von Arbeitskräften gestalteten Einwanderung auf Zeit wurde in Deutschland im Bildungssystem Wert auf die Erhaltung der Erstsprache der Migranten gelegt, um ihnen eine Rückkehrfähigkeit nach einem als vorübergehend konzipierten Aufenthalt zu ermöglichen. Tatsächlich sind von den eingewanderten Familien weitaus die meisten wieder zurückgekehrt. Die heute in Deutschland lebenden Kinder und Jugendlichen mit Migrationshintergrund sind jedoch mehrheitlich hier geboren, und ihre Familien leben schon lange in Deutschland (vgl. dazu im Einzelnen den Migrationsbericht 2005).

Im Zuge der Anerkennung der Gleichwertigkeit der Kulturen ab etwa 1980 politisch verdichtet in der Formel von der Anerkennung einer multikulturell werdenden Gesellschaft in Deutschland, wurde auch der Eigenwert von voll entwickelter Zweisprachigkeit als kulturell wertvoll propagiert, und die pädagogischen Konzepte wandelten sich von separat erteiltem muttersprachlichen Unterricht für „Ausländerkinder“ hin zu Anregungen und Unterstützungen von Bilingualität und Mehrsprachigkeit, und dies nicht nur für die Schüler mit Migrationshintergrund, sondern auch für die Einheimischen (Gogolin et al. 2005).

Die Beobachtung einer doppelten Halbsprachigkeit beim unkoordinierten Spracherwerb des Deutschen als Zweitsprache bei weiterhin oral tradierter Erstsprache in Familie und Peergroup führte zu dem Konzept eines kontrastiven Ansatzes für den Spracherwerb: Die Schüler mit einer anderen Erstsprache als Deutsch sollten zunächst in dieser Sprache gefördert und alphabetisiert werden, und erst wenn dieser Spracherwerb stabil abgeschlossen war, sollte durch Kontrastierungen der Erwerb des Deutschen, der bereits ungesteuert als Zweitsprache im Alltag und auch in der Schule geschah, durch Aufbau von Metakognitionen in verkürzter Zeit und Form zu einem Niveau geführt werden, der dem der Erstsprache entspricht, sodass auf diese Weise effektiver eine volle Zweisprachigkeit erreicht werden kann als bei ungesteuertem Erwerb zweier Sprachen parallel, wofür im Durchschnitt acht bis zehn Jahre Lernzeit erforderlich sind. Die Realisierung einer kontrastiven Didaktik für den Zweitspracherwerb erfordert vom Lehrpersonal Grundkenntnisse der Erstsprache in struktureller Form; eine umfassende Sprachkompetenz in der Erstsprache ist dafür nicht notwendig. Solche kontrastiven Ansätze lassen sich dort realisieren, wo viele Schüler mit einigen wenigen Erstsprachen zu unterrichten sind; sie sind schwierig oder gar nicht in Schulen und Klassen mit einer sehr großen Sprachenvielfalt zu realisieren, wie sie derzeit in vielen deutschen Schulen anzutreffen ist.

Strukturelle Diskriminierung von Migranten

Von struktureller Diskriminierung einer Person oder Personengruppe wird gesprochen, wenn sie im Vergleich zu anderen Personen in gleicher Lebenslage in einem System benachteiligt werden, ohne dass es dazu einer aktiven Diskriminierung durch handelnde Personen bedarf, im Bildungssystem also durch eine aktive Diskriminierung durch das Lehrpersonal. Eine solche strukturelle Diskriminierung zeigt sich also nicht in der lebensgeschichtlichen Erfahrung eines Betroffenen, sondern nur in statistischen Vergleichen, etwa von Schulabschlüssen oder erfolgreichen Übergängen ins Erwerbsleben. Neben einer solchen strukturellen Diskriminierung gibt es selbstverständlich die Erfahrungen einer alltäglichen Diskriminierung, meist auf der Grundlage rassistischer Stereotype. [→ VI Randständigkeit im kommunalen Raum: Migration und Armut]

Um eine strukturelle Diskriminierung von Schülern mit Migrationshintergrund (Gomolla & Radtke 2002; Gomolla 2005; Klemm 2004; Konsortium Bildungsberichterstattung 2006) zu ermitteln, sind sie mit Einheimischen aus derselben Sozialschicht und demselben Bildungsmilieu zu vergleichen. Manchmal angestellte einfache Vergleiche zwischen Migranten und Einheimischen sind methodisch fragwürdig, weil sie die zentralen Variablen zur Erklärung der Diskriminierung ausblenden: auch Einheimische aus der Unterschicht und aus bildungsfernen Milieus unterliegen im deutschen Schulsystem einer strukturellen Diskriminierung.

In internationalen Schulleistungsstudien, etwa PISA, zeigt sich, dass Schüler mit Migrationshintergrund in Deutschland weniger leistungsfähig sind als in anderen Staaten. Dieser Befund verweist auf Mängel im deutschen Schulsystem im Bereich einer spezifischen Förderung von Schülern mit Migrationshintergrund. Es muss jedoch im Einzelvergleich beachtet werden, dass in manchen Vergleichsstaaten nicht mehr alle Fünfzehnjährigen in die Schule gehen, weil es keine effektiv durchgesetzte Schulpflicht gibt, sodass ein großer Teil der Schüler mit Migrationshintergrund dort bereits keine Schule mehr besucht. Des Weiteren gibt es große Unterschiede zwischen den Migrantengruppen, die in den verglichenen Ländern sprachlich und kulturell sehr different sind.

In Deutschland zeigen sich auffällige Leistungsdefizite bei Schülern mit türkischer, arabischer und russischer Erstsprache (Aussiedler), also keineswegs bei allen Schülern mit Migrationshintergrund in gleicher Weise. Der Migrationshintergrund als solcher erklärt also noch nicht genug; hier muss weiter differenziert werden, aber solche genaueren Studien stehen derzeit noch aus.

Als Reaktion auf die erlebte strukturelle Diskriminierung vor allem in den weiterführenden Schulen gründen zunehmend Eltern aus einer größer werdenden Schicht von wirtschaftlich erfolgreichen Migrantengruppen Privatschulen für ihre Kinder. Dort wird vollständig nach den Lehrplänen und Richtlinien der staatlichen Schulen unterrichtet, verbunden mit Förderangeboten, um die von den Eltern bereits erreichte ökonomische Integration durch erfolgreiche höhere Bildungsabschlüsse als Voraussetzung für einen weiteren sozialen Aufstieg zu vertiefen. Diese Schulgründungen stehen in einem derzeit stärker werdenden allgemeinen Trend zu Privatschulen, die von Eltern aus dem Motiv heraus bevorzugt werden, dass in ihnen eine bildungsmilieuspezifische Homogenisierung der Schülerschaft erreicht werden kann. Davon erwarten die Eltern nicht nur eine optimale Förderung ihrer Kinder, sondern auch ein von Dauerstress und Gewalt unbelastetes Zusammenleben der Schüler.

Ausblick

Das Thema der Förderung von Migranten wird voraussichtlich für das Bildungssystem in Deutschland dauerhaft bleiben, weil eine kontrollierte kontinuierliche Zuwanderung angestrebt wird, um damit den Rückgang der einheimischen Bevölkerung durch den Sterbeüberschuss zu kompensieren. Eine Schrumpfung der Wohnbevölkerung würde reduktive Anpassungen des Wirtschaftssystems und der staatlich verantworteten Infrastruktur erforderlich machen, die negativ bewertet werden. Diese Förderung wird als Integrationshilfe für die Zuwanderer ausgestattet und ist faktisch mit einer Assimilationserwartung verknüpft.

Die Umbenennung des bisherigen Arbeitsschwerpunkts „interkulturelles Lernen" in „interethnisches Zusammenleben" am Deutschen Jugendinstitut zeigt an, dass mit der Fokussierung auf Ethnie als zentraler Kategorie statt Kultur das bisher kaum thematisierte Merkmal der Rasse hinzugenommen wird. Damit wird auf den stark zunehmenden Alltagsrassismus in Deutschland reagiert: Migranten werden dann besonders oft diskriminiert, wenn sie sich äußerlich von den Einheimischen unterscheiden. Dem entspricht im internationalen Kontext eine Überführung von interkultureller und multikultureller Erziehung und Bildung in einen reflektierten Umgang mit Vielfalt und Differenz (*diversity;* vgl. etwa Stables 2003; Banks 2004), was die Besonderheiten der Migranten in den übergreifenden Kontext von anderen Minderheiten wie Behinderten und Menschen mit anderen sexuellen Orientierungen, aber auch in den Kontext der Geschlechtersensitivität stellt. [→ II Vielfalt] Diese Vielfalt soll nicht als bedrohlich, sondern als bereichernd wahrgenommen und bewertet werden. Die Anerkennung von Diversität ist somit eine zeitgemäße Ausgestaltung des schon länger verfolgten Bemühens einer Ausbildung von Toleranz im Kontext einer sich weltanschaulich pluralistisch verstehenden Gesellschaft, die zunehmend zur Weltgesellschaft wird. Der hier verwendete Begriff der Diversität ist gegenstandsbeschreibend und zukunftsorientierend, anders als der von manchen Autorinnen verwendete der Heterogenität (etwa Gogolin & Krüger-Potratz 2006), der semantisch stärker auf eine verschiedenartige Herkunft und weniger auf die als gleichwertig anzuerkennende Vielfalt verweist.

Für die Einheimischen wird interkulturelle Erziehung und Bildung, die zunächst quasi immigrationsorientiert das vernünftige Zusammenleben von kultureller Mehrheit mit kulturellen Minderheiten zum Ziel hatte, zunehmend in eine emigrationsorientierte Qualifizierung überführt. Dabei soll eine interkulturelle Kompetenz aufgebaut werden, die ein problemloses Auswandern auf Zeit oder auf Dauer für Erwerbstätigkeiten im Ausland ermöglicht und die weitaus mehr und anderes ist als nur Sprachkompetenz in der Weltverkehrssprache Englisch. Auf verschiedenen Niveaus wird ein schnelles und missverständnisarmes Zurechtfinden in kulturell und sprachlich unvertrauten Umwelten angestrebt. Auch wenn dies grundsätzlich für alle Ausbildungsstufen propagiert wird, so wird doch im Blick auf die kognitiven und vor allem metakognitiven Anforderungen schnell deutlich, dass sich das faktisch an den leistungsfähigeren Teil der Nachwachsenden richtet. So kann die Gefahr nicht von der Hand gewiesen werden, dass damit die schon bestehende Spaltung der Gesellschaft in einen leistungsfähigen und einen weniger leistungsfähigeren Teil weiter bestärkt werden wird. Dabei bleibt ungeklärt, auf welche Weise der weniger leistungsfähigere Teil in die sich entgrenzende Weltgesellschaft integriert werden kann und soll.

Bisherige Studien legen nahe, dass die Überweisung von Schülern mit Migrationshintergrund auf weiterführende Schulen, aber auch auf Sonder- oder Förderschulen oft nicht in erster Linie aufgrund ihrer nicht zureichenden kognitiven Leistungsfähigkeit stattfinden. Die geltend gemachten oder unterschwellig wirkenden Gründe für diese Entscheidungen, die als institutionelle Diskriminierung interpretiert werden, sind jedoch noch nicht hinreichend aufgehellt, sodass hier weiterer Forschungsbedarf angezeigt ist.

Literatur

Banks, James A. (2004): Teaching for social justice, diversity and citizenship in a global world. In: Educational forum 4, 296–305

Gogolin, Ingrid et al. (Hrsg.) (2005): Migration und sprachliche Bildung. Münster

Gogolin, Ingrid & Krüger-Potratz, Marianne (2006): Einführung in die Interkulturelle Pädagogik. Opladen

Gomolla, Mechthild (2005): Schulentwicklung in der Einwanderungsgesellschaft. Strategien gegen institutionelle Diskriminierung in England, Deutschland und der Schweiz. Münster

Gomolla, Mechthild & Radtke, Frank-Olaf (2002): Institutionelle Diskriminierung. Die Herstellung ethnischer Differenz in der Schule. Opladen

Kornmann, Reimer (2006): Die Überrepräsentation ausländischer Kinder in den Sonderschulen mit dem Schwerpunkt Lernen. In: Auernheimer, Georg (Hrsg.): Schieflagen im Bildungssystem. 2. überarb. Aufl., Wiesbaden, 71–85

Klemm, Klaus (2004): Schülerinnen und Schüler mit Migrationshintergrund im Spiegel der neueren Schulleistungsuntersuchungen. In: Karakasoglu, Yasemin & Lüddecke, Julian (Hrsg.): Migrationsforschung und Interkulturelle Pädagogik. Münster, 205–214

Konsortium Bildungsberichterstattung (2006): Bildung in Deutschland. Ein indikatorgestützter Bericht mit einer Analyse zu Bildung und Migration. Bielefeld

Krüger-Potratz, Marianne (1994): „Dem Volke eine andere Muttersprache geben" – Zur pädagogischen Diskussion über Zwei- und Mehrsprachigkeit in der Geschichte der Volksschule. In: Zeitschrift für Pädagogik 1, 81–96

Luchtenberg, Sigrid (1995): Interkulturelle sprachliche Bildung. Zur Bedeutung von Zwei- und Mehrsprachigkeit für Schule und Unterricht. Münster

Lutz, Helma & Wenning, Norbert (Hrsg.) (2001): Unterschiedlich verschieden. Differenz in der Erziehungswissenschaft. Opladen

Mauta, Pasqualino & Virzi-Aksoy, Patricia (1986): Schule und Ausbildung in Italien. Ministerium für Kultus und Sport, Materialien zur Förderung ausländischer Kinder und Jugendlicher an allgemeinbildenden und beruflichen Schulen, B. 14. Stuttgart

Nieke, Wolfgang (2000): Interkulturelle Erziehung und Bildung. Wertorientierungen im Alltag. 2. überarb. und ergänzte Aufl., Opladen

Nieke, Wolfgang (2006): Anerkennung von Diversität als Alternative zwischen Multikulturalismus und Neo-Assimilationismus? In: Otto, Hans-Uwe & Schrödter, Mark (Hrsg.): Soziale Arbeit in der Migrationsgesellschaft: Multikulturalismus – Neo-As-

similation – Transnationalität. In: Sonderheft 8 der neuen praxis – Zeitschrift für Sozialarbeit, Sozialpädagogik und Sozialpolitik, 40–48
Otto, Hans-Uwe & Schrödter, Mark (Hrsg.) (2006): Soziale Arbeit in der Migrationsgesellschaft: Multikulturalismus – Neo-Assimilation – Transnationalität. In: Sonderheft 8 der neuen praxis – Zeitschrift für Sozialarbeit, Sozialpädagogik und Sozialpolitik
Prengel, Annedore (1993): Pädagogik der Vielfalt. Verschiedenheit und Gleichberechtigung in Interkultureller, Feministischer und Integrativer Pädagogik. Opladen
Stables, Andrew (2003): Education for diversity. Making differences. Aldershot
Treibel, Annette (2003): Migration in modernen Gesellschaften. Soziale Folgen von Einwanderung, Gastarbeit und Flucht. 3. Aufl., Weinheim

Gender und Bildung

Astrid Kaiser

Definition, Begriffs- und Gegenstandsgeschichte

Die Geschlechterdimension ist eine wesentliche gesellschaftliche Heterogenitätsdimension, die auch in Schulen und im gesamten Bildungssystem Auswirkungen hat. Das spezifische Geschlechterverhältnis in Bildungsinstitutionen ist ein Ausdruck des gesellschaftlich dominanten Geschlechterverhältnisses mit männlicher hegemonialer Herrschaft in gesellschaftlichen Hierarchien und Zuweisung von sozialer und sprachlicher Kompetenz an das weibliche Geschlecht. Diese Zuweisung von bestimmten Fähigkeits- und Verhaltensmustern führt dazu, dass Mädchen als stärker angepasst in der gesellschaftlichen Institution Schule wirken, während Jungen als diejenigen gelten, denen stärker abweichendes Verhalten zugesprochen wird.

Dem entspricht die stark divergierende Geschlechterverteilung an Förderschulen. Besonders an Förderschulen mit dem Schwerpunkt Emotionale und Soziale Entwicklung dominieren Jungen, aber auch in den Förderschulen mit dem Schwerpunkt Lernen sind sie überproportional vertreten. Beim Wiederholen von Klassen überwiegen Jungen in allen Schulstufen, besonders zur Zeit der Adoleszenz und in der Grundschule.

In der Schule werden die Geschlechterleitbilder über allgemeine symbolische Präsentationen und der Habitus in performativen Prozessen vermittelt. Diese Prozesse sind interaktiv. Ihr reproduktiver Charakter wird unter der Kategorie „doing gender“ ausgedrückt. Die Reproduktion tradierter Modelle der zweigeschlechtlichen Definition wird implizit durch den „heimlichen Lehrplan“, aber auch konkret über Lernmaterialien und Schulbücher, in denen auch heute noch tradierte Konzepte männlicher und weiblicher Lebensplanung zu identifizieren sind, transportiert. Modelle partnerschaftlicher Arbeitsteilung beider Geschlechter, weiblicher beruflicher Karrierebiografien oder veränderter Muster von Männlichkeit sind in schulischen Medien selten zu finden.

Diese strukturellen Merkmale reproduzieren Geschlechterdifferenzen als sozio-kulturell bedingte spezifische Ausprägungen bei den Persönlichkeitsmerkmalen von Menschen beider Geschlechter. Empirisch lassen sich diese in frühester Kindheit nicht nachweisen, sie sind in gesellschaftlich konnotierten

Kontexten (Interessen, Berufswahl) deutlicher ausgeprägt als in allgemeinen Persönlichkeitsdimensionen (Wortschatz, Abstraktionsvermögen). Die neuere Konstruktivismusdebatte hat besonders darauf aufmerksam gemacht, dass Geschlechterdifferenzen in der Wahrnehmung und Erwartung der Betrachtenden erst dieselben besonders hervorzubringen vermögen. Damit tragen unter den Bedingungen zweigeschlechtlich definierter Gesellschaftsstrukturen alle beteiligten Menschen (auch die Kinder selbst) zur Geschlechterkonstruktion bei und verursachen dadurch empirisch feststellbare Geschlechterdifferenzen wie Interessen, Vorstellungen von der Arbeitswelt, Werbung und Konsum (Kaiser 1996; 2003).

Die Geschlechterdimension ist erst sehr spät in erziehungswissenschaftliches Denken eingedrungen. [→ II Geschlecht] Die auf den Gegenstand Schule bezogene erziehungswissenschaftliche Geschlechterforschung bildete sich Mitte der 80er Jahre des 20. Jahrhunderts allmählich heraus. Allerdings kann man auch hier auf eine zumindest 15-jährige Vorgeschichte des Aufkeimens dieser Fragestellungen zurückblicken. Zunächst war in der Studentenbewegung Ende der 1960er Jahre der Begriff Emanzipation hoch im Kurs. Simone de Beauvoirs „Das andere Geschlecht“ galt als Kultbuch. Der schulische Bezug wurde damals jedoch noch nicht explizit gezogen. Lediglich auf vorschulische Erziehung bezogen sich mit der Gründungswelle von antiautoritären Kinderläden die ersten Versuche eines Theorie-Praxis-Transfers und einer rudimentären Betrachtung der Geschlechterfrage auf der Grundlage von Freuds Triebtheorie. Doch allmählich wurde der allgemeine Emanzipationsanspruch auch auf konkrete schulische Fragen transferiert. Insbesondere im Bereich der Schulbuch- und Lesebuchkritik (Fichera 1996) waren bereits Ende der 1960er/Anfang der 1970er Jahre erste Veröffentlichungen zu finden.

Im etablierten Wissenschaftsbereich hatte die Geschlechterdebatte um 1980 noch keinen Ort und auch keine Stellenrepräsentation. Allerdings wurde bereits 1978 an der Universität in Bielefeld die IFF, Interdisziplinäre Frauenforschung, gegründet, dort allerdings war nur ein bestimmtes Spektrum akademischer Fächer vertreten wie Soziologie, Sozialpsychologie, Germanistik und Pädagogik. Weitgehend Frauen aus dem akademischen Mittelbau, engagierte Lehrerinnen, Feministinnen an den Hochschulen aus verschiedenen Kontexten und Frauen aus der autonomen Frauenbewegung gaben den Anstoß für die Übertragung dieser Debatte auf schulische Fragen. Die Diskurse zwischen Genderpädagogik und etablierter Erziehungswissenschaft liefen aber noch weitgehend separat. Erst durch die von autonomen Frauenkreisen initiierten Sommeruniversitäten und die sich autonom verstehende Frauen-und-Schule-Bewegung (vgl. http://www.frauen-und-schule.de/) wurde diese Debatte fokussiert als Koedukationsdebatte (Kreienbaum & Urbaniak 2006) stärker auch in den etablierten universitären Institutionen aufgegriffen (vgl. Faulstich-Wieland 1995).

Aus diesen ersten Ansätzen bildete sich in der DGfE (Deutsche Gesellschaft für Erziehungswissenschaft) ab 1984 eine eigene Arbeitsgruppe bzw. Sektion, anfangs unter dem Namen Frauenforschung, gegenwärtig unter dem Namen Frauen- und Geschlechterforschung.

In der Sonderpädagogik ist die explizite Auseinandersetzung mit der Geschlechterfrage noch zeitlich verzögert erfolgt. Seit 1996 wird dieser Schwerpunkt an einer deutschen Universität, der Universität Dortmund, durch eine Professur für Frauenforschung in der Behindertenpädagogik durch Ulrike Schildmann vertreten. Sie hat in diesem Jahr durch eine Monografie das Verhältnis von Gender und Integrationspädagogik ausgeleuchtet (Schildmann 1996). Erst 1997 fand in Hamburg die erste Fachtagung „Geschlechterdifferenz in der Sonderpädagogik“ statt. Die Organisatorin, Birgit Warzecha, führte in einer Presseankündigung aus: „Obwohl sich Frauen- und Geschlechterforschung in der Erziehungswissenschaft etabliert hat, ist in der Sonderpädagogik in Forschung und Lehre die Kategorie ‚Geschlecht‘ noch weitestgehend marginalisiert. Die Fachtagung will sowohl auf Forschungslücken aufmerksam machen als auch erste Ansätze einer wissenschaftstheoretischen Verknüpfung von Frauen-/Geschlechterforschung und Sonderpädagogik vorstellen." Im selben Jahr erschien der Tagungsband als erstes Buch zum Verhältnis Sonderpädagogik und Gender (Warzecha 1997). In Dortmund wurde als einziger deutscher Universität gezielt Forschung im Schnittfeld von Behindertenpädagogik und Gender angesiedelt. Bislang hat sich dieser Forschungsschwerpunkt aber nicht an anderen Universitäten etabliert, obgleich gerade aus dem Geschlechterverhältnis der Kinder an Sonderschulen deutlich ersichtlich ist, dass die Zuweisung von Schülerinnen und Schülern zu Sonderschulen eindeutig mit dem Geschlecht korreliert.

Zentrale Erkenntnisse, Forschungsstand

Ergebnisse der geschlechtsbezogenen Forschung zu Aspekten von Sprache, Interaktion, Schulleistung, Fachmotivation, einzelnen Unterrichtsfächern, naturwissenschaftlicher und sozialer Kompetenz (vgl. Kaiser et al. 2003) zeigen, dass die Geschlechterdimension auch in Schulfächern und dem gesamten schulischen Kontext virulent ist. Summarisch hat die Genderforschung deutlich gemacht, dass trotz des Gleichberechtigungspostulats immer noch erhebliche Geschlechterdifferenzen in Schulen beobachtbar sind. Die Zukunftsvorstellungen von Mädchen und Jungen im Grundschulalter (Kaiser 2003) klaffen gravierend auseinander. Immer noch sind die Mädchen – trotz insgesamt besserer Schulleistungsergebnisse – in den mathematisch-naturwissenschaftlichen Inhalten weniger erfolgreich als die Jungen (Kessels 2002).

In den Schulbüchern und Unterrichtsmaterialien sind trotz staatlicher Schulbuchrichtlinien immer noch deutliche Orientierungen an Modellen tradierter weiblicher und männlicher Lebensplanung zu verzeichnen (Fichera 1996). Die Geschlechterhierarchie wird dadurch reproduziert. Die Interaktionen im Unterricht zwischen Lehrpersonen und Kindern verlaufen nach internationalen Untersuchungen zuungunsten der Mädchen. Zwei Drittel aller Interaktionen im Unterricht erfolgen bezogen auf Jungen (Enders-Dragässer & Fuchs 1989). „In einer Untersuchung zu Verhaltensauffälligkeiten in über 100 Hamburger Grundschulklassen tritt die Problematik defizitären Jungenverhaltens besonders deutlich hervor. Die Studie belegt, dass [...] im Schnitt 82 % der beobachteten Auffälligkeiten auf Jungen und nur 17,5 % auf Mädchen entfallen" (Thies & Röhner 2000, 36).

Mädchen und Jungen neigen schon im Grundschulalter dazu, sich voneinander abzugrenzen und separate soziale Räume zu bevorzugen (Petillon 1993). Dies wurde durch einen Vergleich von Soziogrammen deutlich, dass es in einem dreijährigen Schulversuch nicht möglich war, die soziale Wahl von Kindern über die homogene Geschlechtergruppierung hinaus zu beeinflussen (Kaiser et al. 2002). Denn bei „der Auswertung der Soziogramme der drei Schulversuchsjahre zeigte sich eine eindeutige Dominanz der gleichgeschlechtlichen Freundschafts- und Spielgruppen, die sich auch innerhalb der ersten zwei Jahre nicht wesentlich veränderte, im dritten Schulversuchsjahr jedoch nochmals zuspitzte" (ebd., 90).

Diese soziale Separierung und Polarisierung setzt sich auch im Fachunterricht fort, wie Prechtl (2006) zum naturwissenschaftlichen Lernen am Beispiel des Fachs Chemie zeigt. Prechtl hat Schülerinnen und Schüler im Anschluss an real durchgeführte chemische Experimente Bildgeschichten zum Thema Experimentieren in der Chemie zeichnen lassen und dies mit zusätzlichen Interviews begleitet. Viele dieser Bildgeschichten zeigen, dass die Jungen als die Ausführenden bei chemischen Experimenten gesehen werden, während die Mädchen beobachtend dabei stehen und Sicherheitshinweise geben.

In der didaktischen Planung wird weitgehend geschlechtsneutral verfahren und wenig Reflexion auf die Geschlechterverhältnisse in der Klasse verwendet. Doch die Kinder selber bauen deutliche Differenzen auf. Sie wollen bevorzugt mit Kindern des eigenen Geschlechts zusammen sitzen und spielen. Dies ist schon im Vorschulalter drastisch zu beobachten. Kinder unterscheiden von sich aus deutlicher nach Geschlecht als die Erziehenden und sagen auch klar, was sie unter geschlechtstypischem Muster verstehen (Röhner 1996). Von den subjektiven Orientierungen kann gesagt werden, dass Kinder schon im Grundschulalter eher an Abgrenzung voneinander orientiert sind.

Die Attribuierung ist bei den Geschlechtern in unterschiedliche Muster eingebettet (Rustemeyer 1999). Das heißt, auch und gerade in Naturwissenschaften und Mathematik findet eine subjektive Selbstzensur statt, die Mädchen beim Aufbau von Interessen bremst.

Boys' education als schulpädagogische Aufgabe findet bislang im internationalen Kontext weniger Beachtung, auch wenn die Männlichkeitsforschung (Connell 2000; Pech 2001) international deutlich zunimmt.

Die neuere theoretische Debatte der Geschlechterforschung befasst sich unter dem Etikett „doing gender" (Michalek 2004; Prechtl 2006) mit der Frage, wie die Geschlechterdifferenzen durch die Menschen selbst hergestellt werden. Für die Grundschule hat Charlotte Röhner diesen Prozess der Herstellung von Geschlechterdifferenzen durch die Jungen und Mädchen hingewiesen (Röhner 1996). Allerdings entstehen derartige Selbstsozialisationsprozesse nicht ohne strukturelle Normen und Erfahrungen im gesellschaftlichen Umfeld. Insofern ist die Geschlechterkonstruktion nicht ein rein subjektiver Akt, sondern in Wechselwirkungsbeziehungen zur zweigeschlechtlich polar strukturierten Umwelt eingebunden.

Ausblick

Die Perspektive der Genderpädagogik ist, dass weder Jungen noch Mädchen in ihrer Entwicklung durch starre Geschlechterstereotypen eingeschränkt werden. Sigrid Metz-Göckel (1988) formuliert dies mit dem Begriff der „Geschlechtspotenziale", mit dem sie ausdrückt, dass die Menschen beider Geschlechter verschiedene Möglichkeiten haben, breitere Fähigkeiten zu entwickeln als die engen Stereotypgrenzen vorschreiben. So werden beide Geschlechter nicht auf die jeweilig defizitären Rollen festgeschrieben.

Entwicklung gelingt umso besser, je aktiver die Lernenden selbst an diesem Prozess beteiligt sind. Eine Geschlechterpädagogik, die nur von außen an die Kinder pädagogische Maßstäbe anlegt, kann keine nachhaltigen Wirkungen haben. Es gilt in der Praxis, die Kinder in ihrer Vielfalt zu akzeptieren, wie sie sich als Junge oder Mädchen verstehen. Aber es ist sinnvoll, schon früh in der Grundschule vielfältige Möglichkeiten der Erweiterung der persönlichen Entfaltung für beide Geschlechter anzubieten.

Insbesondere die Jungenpädagogik gilt es unter der Perspektive Behindertenpädagogik zu entwickeln. Die Forschungsergebnisse Pechs (2002) zeigen, dass es bei der Jungenpädagogik nicht um simple pädagogische Input-Output-Ansätze gehen kann. Eine bloße Korrektur von Defiziten greift zu kurz und übersieht den Kontext der Persönlichkeitsentwicklung in einem komplexen Umfeld.

Für eine nachhaltige pädagogische Arbeit mit Jungen genügt es deshalb nicht, einzelne Unterrichtsbausteine einzufügen. Vielmehr ist eine persönliche (sozial-)pädagogische Begleitung über den gesamten Schulverlauf erforderlich. Jungen muss die Gelegenheit zu identitätsförderlichen Erfahrungen auch außerhalb der Peergroup gegeben werden. Es gilt also für Jungen eine Pädagogik zu entwickeln, die an vorhandene Widersprüche und Entwicklungsansätze anknüpft.

Literatur

Beauvoir, Simone de (1968): Das andere Geschlecht. Frankfurt a. M.

Connell, Robert W. (2000): Der gemachte Mann. Opladen

Enders-Dragässer, Uta & Fuchs, Claudia (1989): Interaktionen der Geschlechter. München

Faulstich-Wieland, Hannelore (1995): Geschlecht und Erziehung. Grundlagen des pädagogischen Umgangs mit Mädchen und Jungen. Darmstadt

Fichera, Ulrike (1996): Die Schulbuchdiskussion in der BRD – Beiträge zur Neugestaltung des Geschlechterverhältnisses. Frankfurt a. M.

Kaiser, Astrid (1996): Lernvoraussetzungen von Mädchen und Jungen für sozialwissenschaftlichen Sachunterricht. 2. Aufl., Oldenburg

Kaiser, Astrid (2003): Zukunftsbilder von Kindern der Welt. Baltmannsweiler

Kaiser, Astrid et al. (2002): Soziale Integration in einer jungen- und mädchengerechten Grundschule. Abschlussbericht zum niedersächsischen Schulversuch. Münster

Kaiser, Astrid et al. (2003): Projekt geschlechtergerechte Grundschule. Opladen

Kessels, Ursula (2002): Undoing Gender in der Schule. Weinheim

Kreienbaum Maria Anna & Urbaniak, Tamina (2006): Jungen und Mädchen in der Schule. Konzepte der Koedukation. Berlin

Metz-Göckel, Sigrid (1988): Geschlechterverhältnisse, Geschlechtersozialisation und Geschlechtsidentität. In: Zeitschrift für Sozialisationsforschung und Erziehungssoziologie 8 (2) 85–97

Michalek, Ruth (2004): Jungen sprechen über Schule. Analyse von Interaktionsstrukturen und doing-gender-Prozessen in Gruppendiskussionen mit Grundschülern. In: Kuhn, Hans-Werner (Hrsg.): Studieren und Forschen. Qualitative Methoden in der Lehrerbildung. Herbolzheim

Pech, Detlef (2001): Merkst du was? Praktische Möglichkeiten der Jungenarbeit in der Grundschule. In: Kaiser, Astrid (Hrsg.): Praxisbuch Mädchen- und Jungenstunden. Baltmannsweiler, 200–223

Pech, Detlef (2002): Neue Männer und Gewalt. Opladen

Prechtl, Markus (2006): Doing Gender im Chemieunterricht. Diss. Univ. Köln

Röhner, Charlotte (1996): Mädchen und Jungen im offenen Unterricht. In: Hempel, Marlies (Hrsg.): Grundschulreform und Koedukation. Beiträge zum Zusammenhang von Grundschulforschung, Frauenforschung und Geschlechtersozialisation. Weinheim, 107–124

Rustemeyer, Ruth (1999): Geschlechtstypische Erwartungen zukünftiger Lehrkräfte bezüglich des Unterrichtsfaches Mathematik und korrespondierende (Selbst-)Einschätzung von Schülerinnen und Schüler. In: Psychologie in Erziehung und Unterricht 46, 187–200

Schildmann, Ulrike (1996): Integrationspädagogik und Geschlecht. Theoretische Grundlegung und Ergebnisse der Forschung. Opladen

Thies, Wiltraud & Röhner, Charlotte (2000): Erziehungsziel Geschlechterdemokratie. Weinheim

Warzecha, Birgit (1997): Geschlechterdifferenz in der Sonderpädagogik. Forschung – Praxis – Perspektiven. Münster

Stigmatisierung/Etikettierung

Jürgen Hohmeier

Stigmatisierung bezeichnet einen spezifisch negativen Umgang der Gesellschaft oder gesellschaftlicher Mehrheiten mit bestimmten Personengruppen. Etikettierung stellt in Stigmatisierungsprozessen einen zentralen Handlungsaspekt dar, sodass deren wissenschaftliche Behandlung auch „Etikettierungsansatz“ genannt wurde. Nachdem der Stigmabegriff in anderer Bedeutung seit langem in der Theologie und Medizin bekannt war, wurde er in Deutschland in den 1970er und 1980er Jahren im Kontext des Symbolischen Interaktionismus aus den USA übernommen und fand schnell in den Sozial- und Erziehungswissenschaften eine Verbreitung in der Analyse gesellschaftlicher Exklusionsprozesse. Wie nur wenige soziologische Begriffe sind „Stigma“ und „Stigmatisierung“ in der Folgezeit in den allgemeinen Sprachgebrauch aufgenommen worden. In der Soziologie wurde das „interaktionistische Paradigma“ seitdem weitgehend vom Konstruktivismus abgelöst, womit freilich die gesellschaftskritische Dimension, die im Stigmabegriff enthalten war, weitgehend verloren ging.

Der Begriff „Stigma“ bezeichnet eine i. d. R. negative Einstellung („Vorurteil“) gegenüber bestimmten Personen, die diesen von der Gesellschaft nicht geschätzte Eigenschaften zuschreibt. Für Stigmata ist charakteristisch, dass über ein Merkmal hinaus, das zunächst im Mittelpunkt der Aufmerksamkeit stand, beim Merkmalsträger weitere, ebenfalls ungünstige Eigenschaften vermutet werden („Halo-Effekt“). Wie bei Einstellungen auch sonst hat ein Stigma eine kognitive, d. h. die Merkmale einer Person bezeichnende, eine affektive, d. h. Gefühle ihr gegenüber ausdrückende, und konative, d. h. den Umgang mit ihr vorschreibende, Dimension. Typisch für Stigmata ist die starke affektive Geladenheit, aus der v. a. ihre Verbreitung und Durchsetzungsfähigkeit resultiert. [→ II Stigma/Vorurteil]

Der Begriff „Stigmatisierung“ steht für soziale Prozesse, in denen die „Zuschreibung“ eines Stigmas erfolgt. Stigmatisierung ist ein verbales oder nonverbales Verhalten, das aufgrund eines zu eigen gemachten Stigmas einer Personengruppe entgegengebracht wird und für deren Identität und Lebenslage beträchtliche Auswirkungen haben kann. Die Differenz zu angrenzenden Begriffen wie „Diskriminierung“ und „Ausgrenzung“ besteht darin, dass der Stigmatisierungsbegriff erstens stärker und konkreter Verhalten in sozialen Situationen fokussiert, zweitens die Folgen von Stigmatisierungen anschaulicher mit Identitätsbildung und Selbstkonzept verknüpft und drittens – in kritischer Absicht – die Akteure von Stigmatisierungen in sozialen Interaktionen und insbesondere im Handeln von Organisationen („Kontrollinstanzen“) aufzeigt.

Da Stigmatisierungen typischerweise an sichtbaren oder unsichtbaren Merkmalen anknüpfen, mit denen Personen von gesellschaftlichen Mehrheiten bzw. vom „Kern“ der Gesellschaft abweichen, ist prinzipiell jede Gruppe der Gefahr einer Stigmatisierung ausgesetzt, in deren Verhalten, Aussehen oder Lebenslage eine solche „Abweichung“ vorliegt. Gefährdet sind insbesondere Personen, deren Verhalten gesellschaftlicher Sanktionierung unterliegt und die nur über geringen gesellschaftlichen Einfluss verfügen. Die Abwehr einer drohenden Stigmatisierung hängt umgekehrt von der Ausstattung mit Macht oder der Möglichkeit und Kompetenz ab, die Öffentlichkeit von der Ungerechtigkeit eines Stigmas zu überzeugen. Stigmatisierte Gruppen hat es zu jeder Zeit gegeben und gibt es in jeder Gesellschaft, wobei die „Stärke“ der Stigmatisierung von zentralen gesellschaftlichen Werten wie „Leistung“ oder „angemessenes Verhalten“ abhängt. Es gibt Beispiele für die Auflösung eines Stigmas (z. B. das des „unehelichen Kindes“) und für das Entstehen neuer Stigmata (z. B. „Islamisten“). Einigen Stigmatisierten werden neben negativen Eigenschaften auch das eine oder andere positive Merkmal zugeschrieben (z. B. die „Männlichkeit“ des Kriminellen oder die „Intuitionsgabe“ Blinder). Es kann davon ausgegangen werden, dass trotz seiner beträchtlichen interkulturellen Variabilität Menschen mit Behinderungen in (fast) jeder Gesellschaft einer mehr oder weniger ausgeprägten Stigmatisierung unterliegen, die neben der Sichtbarkeit der Behinderung und deren funktionalen Auswirkungen von der Organisations- und Politikfähigkeit einer Gruppe abhängig ist. Nach wie vor am eindeutigsten stigmatisiert sind Menschen mit geistiger und psychischer Behinderung. [→ II Behinderung/Institution] Der Grund hierfür dürfte v. a. darin zu suchen sein, dass sie am eindeutigsten als Bedrohung für alltägliche soziale Interaktionen sowie als am weitesten von kulturellen Leistungsnormen abweichend empfunden werden. Ob sich die Einstellungen gegenüber Menschen mit Behinderungen allgemein oder gegenüber den beiden genannten Gruppen in den letzten Jahrzehnten im Zuge der objektiv verbesserten Versorgung verändert haben, ist angesichts widersprüchlicher Indikatoren nicht eindeutig zu sagen.

In der Auseinandersetzung mit einem rein biologisch-medizinischen Begriff von Behinderung hat v.a. Walter Thimm das Stigmakonzept als „Paradigma-Alternative" (1975) in die Behindertenpädagogik eingeführt. Er folgte dabei stringent der interaktionistischen Sichtweise, wenn er Behinderung nicht mehr auf in der Person liegende Ursachen zurückführte, sondern als Produkt sozialer Interaktionen ansah. Daraus ergab sich für ihn die zentrale Frage: „Wie werden bestimmte Merkmale (Verhaltensweisen) dafür ausgewählt, als Behinderung definiert zu werden?" (1975, 155). Seine Antwort: „Behinderung entsteht aus definierenden Aktivitäten von interagierenden Personen in sozialen Situationen (Alltagssituationen, …, Interaktion in Organisationen)" (154).

Wie in Interaktionen ein Stigma entsteht und in einer Gesellschaft Geltung erlangt, ist nach wie vor wenig geklärt. Eine Voraussetzung für die Durchsetzung von Stigmata liegt bereits in ihrer formalen Struktur, insofern von bestimmten beobachtbaren oder angenommenen Merkmalen auf die gesamte Person rekurriert wird und dabei Emotionen projiziert werden. Auch die Tendenz zur Generalisierung trägt zu der hohen Wirksamkeit von Stigmatisierungen bei. Weiterhin erscheinen Stigmatisierungen leichter durchsetzbar, wenn auf den Verstoß gegen eine allgemeingültige Norm verwiesen werden kann. Eine solche Norm ist auch körperliche und geistige „Funktionstüchtigkeit" und „Unversehrtheit". Freilich lösen Normbrüche und Devianz nicht automatisch Stigmatisierungen aus. Von entscheidender Bedeutung ist, über welche Macht Stigmatisierer und (potenziell) Stigmatisierte verfügen. In hoch durchrationalisierten Gesellschaften spielt auch das Eingreifen von formalen Organisationen (wie Polizei, Justiz, Psychiatrie) eine große Rolle für die Durchsetzung und Verbreitung von Stigmata. Insgesamt sind diese damit einerseits mit dem kulturellen Wertesystem und andererseits mit der Sozialstruktur eng verknüpft. So ist anzunehmen, dass Stigmatisierungen besonders ausgeprägt in Gesellschaften auftreten, in denen es das Prinzip der individuellen Leistung in der Zuweisung von sozialem Status gibt oder aber starke Spannungen zwischen gesellschaftlichen Gruppen vorhanden sind. Auch das in der anthropologischen Grundausstattung des Menschen liegende Bedürfnis nach Unterscheidung und Besonderung mag eine Bedingung für Stigmatisierungen sein.

Die Folgen von Stigmatisierungen sind von Anfang an intensiv im Fokus der wissenschaftlichen Beschäftigung gewesen. Sie wurden sowohl bei den Stigmatisierern – hier insbesondere in der Einengung der Wahrnehmung und der Verstärkung der „autoritären Persönlichkeit" (Adorno) – als auch (natürlich) bei den Stigmatisierten untersucht. Die Folgen für die von Stigmatisierung Betroffenen sind auf drei Ebenen zu bestimmen: erstens auf der Ebene der Teilhabe des Individuums an der Gesellschaft, zweitens der Ebene der Interaktionen „Normaler" mit Stigmatisierten und drittens auf der der Identitätsbildung. Das zentrale Problem von Stigmatisierten auf allen drei Ebenen ist das der Anerkennung und Wertschätzung als vollwertiges Gesellschaftsmitglied. [→ II Ethische Grundlagen der Behindertenpädagogik: Konstitution und Systematik]

Hier kann lediglich auf die dritte Ebene der Folgen von Stigmatisierungen, ihr Einfluss auf die Identität des Individuums, eingegangen werden. [→ II Identität] Diese fand von Anfang an die besondere Aufmerksamkeit des Stigmatisierungsansatzes. Diese Folgen wurden verschiedentlich – und hier besonders plausibel – am Beispiel von Menschen mit Behinderungen beschrieben. Identität wird v.a. in Sozialisationsprozessen vermittelt (vgl. Hohmeier 1975, 15–20). Die Sozialisation „zum Behinderten" beginnt in der frühen Kindheit, insofern hier die Bedeutung sozialer Merkmale und die Definitionen von

Devianz gelernt werden. Aufgrund dieser Sozialisation haben Stigmatisierte eine „intime Gewissheit“ (Goffman) davon, was andere als ihren Makel ansehen. Danach bildet sich Identität v. a. in Interaktionen mit Nichtstigmatisierten und ebenfalls Stigmatisierten heraus. Und zwar einmal durch die Vorstellungen und Erwartungen, die in soziale Situationen eingebracht werden, und zum anderen durch die in solchen Interaktionen gemeinhin enthaltenen Elemente der Spannung und Unsicherheit. Ferner wird Identität – dies trifft für Menschen mit Behinderungen in besonderem Maße zu – als Klient einer Organisation gelernt und gefestigt. Hier geschieht die Sozialisation v. a. durch die von der Organisation konstruierte soziale Identität (z. B. als „Gehörloser“) sowie durch die Alltagsroutine in sozialen Einrichtungen, denen sich jemand als „Klient“ anpassen muss. In dem Hinweis auf bestimmte latente Funktionen von Bildungs- und Hilfeeinrichtungen ist vielleicht der für die Folgezeit wichtigste kritische Impuls des „Etikettierungsansatzes“ zu sehen, auch wenn die „Stigma-Identitäts-These“ in der häufig angenommenen Generalität und Absolutheit empirisch nicht zu verifizieren war (Cloerkes 2000).

Die Stigmatisierungsfolgen werfen die Frage nach Möglichkeiten und Verfahren von Entstigmatisierungen auf. Leider wurde dieser (wichtige) Aspekt bislang wenig bearbeitet. Hier kann lediglich auf Entstigmatisierung als geplantes politisches und staatliches Handeln eingegangen werden. Zunächst ist aber darauf hinzuweisen, dass Stigmatisierte selbst durch geeignete „Identitätsstrategien“, insbesondere wenn diese organisiert und auf die politische Ebene transportiert werden, einen Beitrag zur Entstigmatisierung leisten können (vgl. für Behinderte: Cloerkes 2001, 158 ff.). Entstigmatisierung wurde v. a. auf drei Wegen versucht: erstens durch Maßnahmen der Existenzsicherung und wirtschaftlichen Besserstellung (Beispiel: außerehelich geborene Kinder), zweitens durch Veränderung vorhandener Gesetze im Sinne der Entkriminalisierung eines Verhaltens (Beispiel: Homosexualität unter Erwachsenen), drittens durch Herstellung von institutionellen Kontaktmöglichkeiten mit dem Ziel des Kennenlernens und des Abbaus von Ängsten und Vorurteilen (Beispiel: „Gemeinsamer Unterricht“). Für alle Verfahren gibt es Beispiele sowohl des Gelingens als auch des Misslingens. Eine wesentliche Bedingung für den Erfolg dürfte ein allgemeiner Einstellungswandel gegenüber einer bestimmten Personengruppe sein. Die Ergebnisse einer weiteren Möglichkeit der Entstigmatisierung, die rechtliche Sanktionierung stigmatisierenden Verhaltens, müssen als recht ambivalent eingeschätzt werden (vgl. Lautmann 1975). In jedem Fall stellen Versuche der Entstigmatisierung schwierige, voraussetzungsvolle und langwierige Prozesse dar.

Wenn abschließend im Rückblick auf den Stigmatisierungsansatz eine Bewertung versucht wird, so ist zunächst auf seine Verdienste hinzuweisen. Diese liegen darin, dass dem bis in die 1970er Jahre dominierenden „ätiologischen Paradigma“ – in der Soziologie vertreten v. a. durch den Strukturfunktionalismus, in der Behindertenpädagogik durch eine einseitig biologisch-medizinische Sichtweise von Behinderung – eine konkurrierende Perspektive gegenübergestellt wurde, die in Theorie und Praxis zu neuen Fragestellungen, Sensibilisierungen und der Aufdeckung latenter Funktionen führte. Der Stigmatisierungsansatz gehört damit in den Kontext der „Aufklärungssoziologie“ (Luhmann) der 1970er und 1980er Jahre und der damit verbundenen Politisierung von Soziologie und Erziehungswissenschaft. Er hat ohne Zweifel zu paradigmatischen Veränderungen und der Humanisierung z. B. der Behindertenhilfe beigetragen. Nach wie vor dürfte er für die Analyse sowohl gesellschaftlicher Exklusions- als auch individueller Entwicklungsprozesse und ihrer sozialen Determinanten eine wichtige Perspektive darstellen. [→ Integration und Exklusion].

Aus heutiger Sicht sind an ihm – und dies wiederum mit Blick auf die Behindertenpädagogik – v. a. vier Kritikpunkte zu nennen: Erstens: Infolge mangelnder theoretischer Stringenz ging, gewissermaßen unter der Hand, die Distanz zum „ätiologischen Paradigma" häufiger verloren, indem Stigmatisierungen selbst als Kausalfaktoren betrachtet wurden. Zweitens: Aufgrund v.a. dieser Tendenz fanden die Potenziale des Individuums in der Vermeidung „beschädigter Identität" (Goffman) sowie im Widerstand gegen Stigmatisierung keine ausreichende Berücksichtigung. Drittens: Der Blick auf die Sozialisation z.B. von Menschen mit Behinderungen und ihre (subjektive und objektive) Lebenslage war weithin zu generalisierend, insofern wichtige Variablen wie die Visibilität und die Auswirkungen von Behinderungen oder die Erreichbarkeit sozialer Status unzulässig vernachlässigt wurden. Viertens: Der Umgang sowohl mit der gesellschaftlichen als auch der individuellen Ebene geriet häufig zu reduktionistisch. Ersteres zeigte sich darin, dass strukturelle Determinanten von Stigmatisierungen (Wirtschaft, Interessenlagen, Politik) zu stark ausgeblendet oder zu ungenau behandelt wurden. Für die Ebene des Individuums ist die Tendenz festzustellen, genuine Ausprägungen und Auswirkungen z.B. von Behinderungen zu wenig zu berücksichtigen.

Literatur

Cloerkes, Günther (2000): Die Stigma-Identitäts-These. In: Gemeinsam leben 8, 104–111

Cloerkes, Günther (2001): Soziologie der Behinderten. Eine Einführung. 2. Aufl., Heidelberg

Hohmeier, Jürgen (1975): Stigmatisierung als sozialer Definitionsprozess. In: Brusten, Manfred & Hohmeier, Jürgen (Hrsg.): Stigmatisierung. Zur Produktion gesellschaftlicher Randgruppen. 2. Bd. Neuwied/Darmstadt, 5–24

Lautmann, Rüdiger (1975): Staatliche Gesetze als Mittel der Entstigmatisierung. In: Brusten, Manfred & Hohmeier, Jürgen (1975): Stigmatisierung. Zur Produktion gesellschaftlicher Randgruppen. 2. Bd. Neuwied/Darmstadt, 173–189

Thimm, Walter (1975): Behinderung als Stigma – Überlegungen zu einer Paradigma-Alternative. In: Sonderpädagogik 5, 149–157

Begründung von Erziehungs- und Bildungszielen

Barbara Koch-Priewe

Definition, Begriffs- und Gegenstandsgeschichte

Die Frage nach möglichen Begründungen für Erziehungs- und Bildungsziele [→ Bildung und Erziehung; Erziehung des Menschen als Identitäts- und Persönlichkeitsentwicklung], verweist auf unterschiedliche Ebenen didaktischer Theoriebildung: Didaktik (griechisch: Didaskaliai als Lehre, Unterricht) kann als eine Theorie der Auswahl und Begründung der Ziele von Erziehung und Bildung (normative Fragen hinsichtlich gesellschaftlicher Ziel- und Wertvorstellungen) verstanden werden; sie kann aber auch als Prozesstheorie (Theorie des Lehrplans) oder als Handlungstheorie (operative Ebene des Unterrichtens) betrachtet werden. Seit der Antike ist die Frage nach der Gestaltung von Erziehungs- und Bildungsprozessen immer mit der Frage nach der Legitimität von Begründungen verbunden. Je nach philosophischer Tradition wird hier – in unterschiedlichen Akzentuierungen – das Verhältnis des Menschen zur Natur, zu göttlichen Instanzen, zum Staat (auch zur Wirtschaft) und zu sich selbst hervorgehoben (vgl. Benner & Brüggen 2004). Die „septem artes liberales" der Sophisten stellen einen der ersten Lehrpläne dar und lassen die zeitgenössischen Begründungen erkennen, in denen Rhetorik (zusätzlich zu Grammatik, Dialektik, Geometrie, Arithmetik, Astronomie, Musik) eine hohe Bedeutung hatte (Dörpinghaus et al. 2004, 570). Schon bei Platon und Sokrates wird explizit die auf Normatives zielende Frage nach Tugend und Fähigkeit zur Teilhabe am politischen Leben mit der Frage nach deren Lehrbarkeit verknüpft.

Nicht nur im christlich geprägten Mittelalter (Thomas von Aquin) überwiegen die religiösen Begründungen für die Auswahl von Bildungs- und Erziehungszielen. Auch Vertreter des Humanismus wie Erasmus von Rotterdam (1466/69–1536) begründen ihre entsprechenden Vorstellungen v.a. mit der Absicht, den religiösen Glauben von der Orientierung an Dogmen zu befreien und sich in seinem Verhältnis zu Gott, Kirche und zu sich selbst vom eigenen Verstand leiten zu lassen. Auch in der „großen Didaktik" von Comenius wird die Trias seiner Erziehungs- und Bildungsziele durch Rekurs auf Theologie abgeleitet (gelehrte Bildung: eruditio; Sittlichkeit: virtus und Frömmigkeit: religio): Geprägt durch das Zeitalter der kirchlichen Auseinandersetzungen und Kriege erfahren die von ihm formulierten Bildungs- und Erziehungsziele ihre Legitimation v.a. dadurch, dass alle Menschen befähigt werden sollen, ohne (religiösen) Streit miteinander zu leben. Auch Wilhelm von Humboldt (1767–1835), Vertreter des Humanismus im Zeitalter der „Aufklärung", begründet noch seine weitreichenden Vorstellungen zur allseitigen Persönlichkeitsentwicklung aller Menschen nicht durch später zu erringende Leistungen, sondern mit der breiten Entfaltung ihrer inneren, gottgegebenen Kräfte: Nur wenn ihnen dies gelingt, sind die Menschen – durch die Verknüpfung ihrer Ichs mit der Welt – die Vollender der göttlichen Schöpfung.

Die Begründungen, die im Mittelalter auf klerikale Bildung zielten (v.a. Kompetenzen für Übersetzungen und Textauslegungen der Bibel), werden durch Ideale einer höfischen Erziehung und Bildung ergänzt, die auf ästhetisches Empfinden orientierte und sowohl Fremdsprachenkenntnisse und das Beherrschen des Kriegshandwerks als auch Verwaltungsaufgaben ermöglichen soll. Als gegen Ende des Mittelalters die Städte erstarken (ab dem 13. Jahrhundert), entsteht mit dem Bürgertum eine zusätzliche Adressatengruppe: Die nachwachsende Generation muss auf ihre beruflichen Aufgaben in der Stadt vorbereiten werden. Die dann im 17. Jahrhundert auf breiter Ebene neu gegründeten Stadt- oder Ratsschulen sind relativ unabhängig von kirchlichen Institutionen und orientierten auf Realienwissen. Diesem Bedürfnis der Städter nach angemessenen Schulen wird ab 1747 durch die Einführung von (zuerst ökonomisch-mathematisch orientierten) „Realschulen" (eher Realgymnasien) entsprochen. Sie dienen der Ausbildung des staatlichen bzw. städtischen akademischen Verwaltungspersonals, der Beamten, Zöllner etc. (zu den Inhalten siehe Dörpinghaus et al. 2004, 586 f.). Für diese Gruppierung wird keine „schöpfungstheologische Begründung des Lehrplans" notwendig; utilitaristische Vorstellungen dominieren. „Der Grad der geforderten Kenntnisse bemisst sich hauptsächlich durch die Anbindbarkeit an die Lebenswelt der Schüler" (ebd., 585).

Im 18. Jahrhundert wird zwar in Erziehungs- und Bildungstheorien auch noch mit religiösen Idealen argumentiert, die Lehrplanentscheidungen tragen jedoch den Prinzipien der Säkularisierung Rechnung. Das Zeitalter der Aufklärung betont Vernunft und Wissenschaftlichkeit des Denkens. Es „[…] wird die äußere und politische und die innere sittliche Freiheit zum Zentrum einer veränderten Sicht auf den Menschen, dessen Welt eine menschliche wird" (ebd., 589). Für die Philantropisten stellen die Prinzipien Gemeinnützigkeit und individuelles Glück die normativen Maßstäbe dar, aus denen Begründungen für Bildungs- und Erziehungsziele abgeleitet werden. Aus der Orientierung auf Menschenbildung folgt außerdem auch ein Lehrplan für die Landbevölkerung, die auf Natur- und Vernunftbildung ausgerichtet war. Die Lehrplanentscheidungen für das Höhere Schulwesen des 19. Jahrhunderts legitimieren sich durch Rekurs auf neuhumanistische Ideale, in denen das Klassische, der neu interpretierte antike Humanismus, zur Leitlinie wird. Alte Sprachen werden nun nicht mehr wegen der Bibellektüre und -auslegung wichtig, sondern sie sollen den Zugang zu Inhalten der antiken politischen und philosophischen Kultur ermöglichen sowie durch ästhetische Aspekte der Sprachproduktion und -rezeption die formale Bildung unterstützen. Neben den humanistischen Gymnasien etablieren sich andere, auf moderne Berufe bezogene Zugänge zum Hochschulstudium, die u. a. den Namen Realgymnasium tragen und Schwerpunkte in Naturwissenschaften und neueren Sprachen setzen.

Im 19. Jahrhundert werden Lehrplanentscheidungen für das Niedere Schulwesen unterschiedlich legitimiert: Auch hier soll anfänglich allgemeine Menschenbildung im Sinne der Aufklärung realisiert werden. Später wird in Volksschulen ein äußerst reduziertes Angebot an Inhalten präsentiert, in dem Religion (Katechismusarbeit) einen enormen Stellenwert besitzt. Gegen Ende des 19. Jahrhunderts erfolgt eine Kehrtwendung und Schwerpunkt wird die sittliche Charakterbildung sowie die Förderung allseitigen Interesses (Einflüsse der Herbartianer). In dieser Zeit entstehen v. a. in den Städten zusätzlich sogenannte Mittelschulen, in denen sich einige der bis dahin existierenden unterschiedlichen schulischen Angebote (Stadtschulen, Bürgerschulen u. a. m.) vereinigen, die keinen Zugang zur Hochschule ermöglichen. Preußen definiert 1927 den Abschluss der „Mittleren Reife“. Es geht um „erweiterte Grundbildung“ und Vorbereitung auf „gehobene praktische Berufe“. Später werden diese Schulen meist in „Realschulen“ umbenannt (Hamburger Abkommen der KMK 1964). Im Nachhinein werden Begründungen für die dort zu realisierenden Bildungs- und Erziehungsziele konstruiert, die sich auf drei vermeintlich differente Begabungsprofile stützen (theoretische, praktische und theoretisch-praktische Begabung; vgl. Wollenweber 1997) und die insgesamt die Dreigliedrigkeit des deutschen Schulsystems legitimieren sollen.

Zentrale Erkenntnisse, Forschungsstand

In der Nachkriegszeit hat es immer wieder Bemühungen gegeben, Theorien für Schule und Unterricht zu entwerfen, die es ermöglichen sollten, die Frage des Normativen in den Begründungen für Bildungs- und Erziehungsprozesse auszuklammern. Ein Beispiel dafür sind die Vertreter der Berliner Didaktik (Heimann et al. 1965), die im Sinne positivistischer Traditionen versuchten, aus einer (vermeintlich) wertfreien Analyse des Unterrichtsgeschehens Planungsprinzipien für erfolgreichen Unterricht abzuleiten. Ein ähnliches Vorgehen, das ebenfalls einen Bildungsbegriff ablehnt, findet man in Didaktiken, die sich eng an psychologisch (Aebli 1985; Möller 1973) oder kybernetisch fundierte Theorien des Lernens (von Cube 1965) anlehnen. Modernisierte Varianten einer lernpsychologischen Didaktik werden u. a. von Straka & Macke (2002) vorgestellt. Normative Zielvorstellungen ergäben sich aufgrund ihrer empirischen Untersuchungen zum „Wie“ des Lernens. Aus dem Lernenden soll ein „[…] möglichst autonom und professionell Handelnder“ werden (ebd., 221), der dies auch in der Berufs- und Arbeitswelt realisiert und zu lebenslangem Lernen in der Lage ist. Die Antwort auf die Frage, wieso diese Formulierung ein Resultat der technologischen Analyse von Lernprozessen ist, bleiben die Autoren schuldig.

Ein anderer Ansatz, mit dem versucht wurde, die Vorwissenschaftlichkeit in den normativen Begründungen für Bildungs- und Erziehungsziele möglichst zu minimieren, rekurrierte eher auf soziologische Fragestellungen, Theoriebestände und Methoden. Robinsohn (1967) forderte dazu auf, die zukünftigen Lebenssituationen wissenschaftlich zu untersuchen, auf die schulisches Lernen vorbereiten solle, und aus ihnen diejenigen Qualifikationen zu bestimmen, die sich für eine Bewältigung dieser Situationen als angemessen erweisen würden. So würden Bildungs- und Erziehungsziele rational, objektiv und wissenschaftlich begründet werden können. Diese Impulse mündeten in die Phase der „Curriculumforschung", die v.a. in den 1970er Jahren vielfältige Lehrplanrevisionen anregte. Im Robinsohn'schen Curriculumprogramm wiederholte sich dennoch das Wertungsdilemma, da in der Frage der Deutung von antizipierten gesellschaftlichen Entwicklungsprozessen auch unter den hinzugezogenen wissenschaftlichen Experten kein Konsens zu erzielen war. Robinsohn übertrug „[...] die Entscheidung der summierten wissenschaftlichen Kompetenz, ohne dass eine substanzielle Lösung im Sinne einer tragfähigen gesellschafts-, erziehungs- und bildungstheoretischen Orientierung erkennbar wurde" (Kremer 2001, 76). Diese Curriculumdiskussion mündete in eine zweite Phase, in der nun an der Erstellung „offener Curricula" nicht nur Lehrerinnen und Lehrer in der Praxis, sondern auch Schülerinnen und Schüler und z.T. Eltern beteiligt waren. Die Expertenorientierung bei der Frage nach der Auswahl von Bildungs- und Erziehungszielen wich einer partizipativ-demokratischen Lösung.

Mit der Erneuerung der bildungstheoretischen durch die kritisch-konstruktive Didaktik versuchte Klafki 1985 das Anliegen von Robinsohn nach wissenschaftlicher Begründung der Inhalte und Qualifikationen aufzugreifen, aber die Entscheidung über Bildungs- und Erziehungsziele nicht den Ergebnissen von Konsensprozessen der einzelfachlichen Experten zu überlassen. Auch vollständige Überantwortung dieser Entscheidungen an einzelne Gruppierungen, die mehr oder wenig zufällig gemeinsam an „offenen Curricula" arbeiten, löst nach Auffassung von Klafki das Begründungsproblem einer Gesellschaft nicht. Klafki fordert die Erziehungswissenschaft und vor allem Lehrkräfte auf, sich in Selbstorganisation (z.B. durch basisorientierte Zusammenschlüsse auf Länderebene) und kritisch mit den existierenden empirischen Analysen gesellschaftlicher, naturwissenschaftlicher, ökonomischer und ökologischer Entwicklungen zu beschäftigen und daraus „epochaltypische Schlüsselprobleme" der Menschheit zu formulieren, auf deren Bewältigung die pädagogischen Institutionen die heranwachsende Generation vorbereiten solle. Aus ihnen lassen sich inhaltliche und formale Bildungsziele, aber auch Kriterien für Erziehungsprozesse ableiten. Für die letzten beiden Jahrzehnte des 20. Jahrhunderts hat Klafki selbst eine – immer wieder zu ergänzende – Sammlung derartiger Probleme vorgelegt (vgl. Kaiser 2004), in der Hoffnung, dass seine Impulse nicht nur Lehrkräfte in Deutschland, sondern weltweit zu ähnlichem Vorgehen bei der Bestimmung von Bildungs- und Erziehungszielen anleiten würden.

Im Allgemeinbildungskonzept von Klafki zeigt sich der Versuch, die Entscheidung über normative Fragen, denen sich Pädagogen stellen müssen, einerseits an die Ergebnisse wissenschaftlicher Analysen zu binden; andererseits sollen diese Analysen selbst wiederum vom erzieherischen Personal kritisch reflektiert werden; und drittens sollen Entscheidungen nicht in unüberschaubaren Subgruppen, sondern übergreifend, jedoch in möglichst demokratischen Prozessen von denjenigen getroffen werden, die selbst für die Gestaltung von Erziehungs- und Bildungsprozessen verantwortlich sind. Das Prinzip der relativen Autonomie der Pädagogik tritt hier in einem modernen Verständnis auf: Pädagogen wird zugetraut, aber auch zugemutet, die fachwissenschaftlichen Ergebnisse anderer Disziplinen zu beurteilen, zu hinterfragen und die Ergebnisse dieser Reflexionen selbstständig in Bildungs- und Erziehungsziele zu transformieren. Diese Zuschreibung korrespondiert mit der Grundannahme der von Klafki entworfenen kritisch-konstruktiven Erziehungswissenschaft, in der die Fähigkeit zu Selbst- und Mitbestimmung und Solidarität als Leitbegriffe von Allgemeinbildung verstanden werden und nicht nur für Schülerinnen und Schüler, sondern auch für Lehrerinnen und Lehrer Geltung besitzen. In die Diskussion um Standards und Kompetenzen für Lehrkräfte hat interessanterweise Plöger (2006) den Begriff der „lehrplantheoretischen Kompetenz" eingebracht; er erläutert acht Teilfähigkeiten, in denen die Befähigung zur Legitimation von Bildungs- und Erziehungsentscheidungen eine zentrale Rolle spielt.

Ausblick

Für Weiterentwicklung der Allgemeinen Didaktik als auch für die Lehrerbildung ist entscheidend, wie sie die auf Normatives hindeutende Frage nach der wissenschaftlich begründeten Auswahl von Erziehungs- und Bildungszielen beantworten. Es ergibt sich zwingend, dass die Erziehungswissenschaft auf interdisziplinäre Kooperation mit den theoretisch und empirisch ausgerichteten Fächern Politik, Geschichte, Soziologie u.a. angewiesen ist, die ihrerseits interdisziplinäre Bezüge zu den Naturwissenschaften herstellen müssen: Die Frage nach Orientierungen für die Gestaltung von Entwicklungsprozessen, nach allgemeinen Idealen der Förderung von Kindern und Jugendlichen, kann nicht diesen Fächern überlassen werden, sondern deren Forschungsansätze und Ergebnisse brauchen eine eigenständige kritische Reflexion und Integration durch Bildungstheorie und Allgemeine Didaktik. Diesen Weg hat die kritisch-konstruktive Erziehungswissenschaft mit dem o.g. Schlüsselproblemkonzept beschritten. Da hier natürlich gesellschaftliche Kontroversen vorliegen, können Pädagogen von der Legitimationsfrage nicht befreit werden. Leider erlauben es heute viele Studienordnungen, dass Lehramtsstudierende bzw. Studierende der Pädagogik hier selbst keinen eigenen, geschweige denn einen kritischen Zugang zu den berufswissenschaftlich wichtigen Fächern wie Politik, Geschichte, Soziologie, Philosophie etc. gewinnen können. Einen selbstständigen *und* empirisch-wissenschaftlichen Zugang zu normativen Fragen erhalten sie häufig genug nicht. Um Bildungs- und Erziehungsziele auch unter Berufung auf wissenschaftliche Diskurse begründen zu können, ist daher für angehende Lehrerinnen und Lehrer neben der Auseinandersetzung mit bildungstheoretischen Argumenten ein gesellschaftswissenschaftliches Studium nach wie vor notwendig.

Literatur

Aebli, Hans (1985): Zwölf Grundformen des Lehrens. Eine allgemeine Didaktik auf psychologischer Grundlage. 2. Aufl., Stuttgart

Benner, Dietrich & Brüggen, Friedhelm (2004): Bildsamkeit/Bildung. In: Benner, Dietrich & Oelkers, Jürgen (Hrsg.): Historisches Wörterbuch der Pädagogik. Weinheim, 174–215

Cube, Felix von (1965): Kybernetische Grundlagen des Lehrens und Lernens. Stuttgart

Dörpinghaus, Andreas et al. (2004): Lehrplan. In: Benner, Dietrich & Oelkers, Jürgen. (Hrsg.): Historisches Wörterbuch der Pädagogik. Weinheim, 565–602

Heimann, Paul et al. (1965): Unterricht. Analyse. Planung. Braunschweig

Kaiser, Astrid (2004): Schlüsselprobleme und umfassende Allgemeinbildung. In: Kaiser, A. & Pech, Detlef (Hrsg.): Die Welt als Ausgangspunkt des Sachunterrichts. Baltmannsweiler, 70–80

Klafki, Wolfgang (1985): Neue Studien zu Bildungstheorie und Didaktik. Weinheim

Kremer, Armin (2001): Didaktik. In: Bernhard, Armin & Rothermel, Lutz (Hrsg.): Handbuch Kritische Pädagogik. 2. Aufl., Weinheim, 74–84

Möller, Christine (1973): Technik der Lernplanung. 3. Aufl., Weinheim

Oelkers, Jürgen (2004): Erziehung. In: Benner, Dietrich & Oelkers, Jürgen (Hrsg.): Historisches Wörterbuch der Pädagogik. Weinheim, 303–340

Robinsohn, Saul B. (1967): Bildungsreform als Revision des Curriculums. Neuwied

Straka, Gerhard A. & Macke, Gerd (2002): Lern-Lehr-Theoretische Didaktik. Münster

Wollenweber, Horst (1997): Die Realschule in Geschichte und Gegenwart. Köln

Emotionale Erziehung

Birgit Herz

Definition, Begriff und Gegenstand

Emotionale Kompetenz ist die Voraussetzung, um ein Netz verlässlicher und sensibler zwischenmenschlicher Beziehungen aufzubauen, das für eine respektvolle und zugleich stimulierende Erziehung der nächsten Generation wichtig ist (von Salisch 2002). Die Bedeutung der emotionalen Erziehung – Rolf Göppel spricht von „Bildung der Gefühle" (2003a; 2003b) – findet sich bereits bei Johann Heinrich Pestalozzi in seinen Stanser-Briefen über die „Herzensbildung" (1799), und auch bei Vincenz Eduard Milde, der in seinem Lehrbuch der Allgemeinen Erziehungskunde 1811 erste Überlegungen zu einer Erziehungskunde der Gefühle entwickelte. Im 20. Jahrhundert thematisierte insbesondere die Psychoanalytische Pädagogik die Bedeutung emotionaler Konflikte in der Erziehung (Göppel 2003, 26 f.). „Sigmund Freud war von allen unseren Denkern sicherlich derjenige, der die Gefühle am meisten ernst genommen hat" (Bundschuh 2003, 48). In den darauffolgenden zeitgeschichtlichen Epochen waren die Perspektiven auf emotionale Erziehung stark von den jeweils dominanten wissenschaftstheoretischen und gesellschaftspolitischen Positionen des allgemeinen Erziehungsverständnisses beeinflusst. Im Zuge der antiautoritären Erziehung sollte die kindliche Entwicklung sich frei von Entfremdung und den spezifischen Zwängen im Kapitalismus entfalten können. In der folgenden wertekonservativen Phase wurde eine normative und an moralische Grundwerte gebundene Erziehung postuliert. Heute sprechen wir in der Erziehung von einem Wertepluralismus mit normativ disparaten Lebenswelten. Die Relevanz emotionaler Erziehung mit dem Ziel der Stärkung der emotionalen Kompetenz begründet sich einerseits aus dem Wandel der Erziehungsziele, andererseits aufgrund einer starken Zunahme von Kindern und Jugendlichen mit Beeinträchtigungen im emotionalen Verhalten (Willmann 2005). Emotionale Erziehung ist für die Persönlichkeitsentwicklung sowie die soziale, kognitive und moralische Entwicklung notwendig. Die Komplexität von Emotionen untersuchen verschiedene Emotionstheorien, etwa der evolutionstheoretische Ansatz (Darwin), der erlebnisphänomenologische Ansatz (Rogers) oder der materialistische Ansatz (Jantzen). Generell kann in die sog. Basisemotionen, wie Freude, Ärger, Traurigkeit, Angst, Überraschung, und die sog. sekundären Emotionen, wie Stolz, Scham, Schuldgefühle, Neid, Verlegenheit, differenziert werden.

Die emotionale Entwicklung im Vor- und Grundschulalter

Die emotionalen Erfahrungen in den ersten beiden Lebensjahren sind für die weitere Entwicklung und Regulierung von Emotionen entscheidend [→ X Emotionen und Persönlichkeit]. Die Entfaltung des Emotionsausdrucks und des Emotionswissens ist eng mit der sprachlichen und kognitiven Entwicklung verknüpft. Im ersten und zweiten Lebensjahr können Kinder den nonverbalen Emotionsausdruck aufgrund ihrer emotionalen Erfahrungen differenzieren. Im Vorschulalter entwickeln sich der Emotionswortschatz, prosoziales Verhalten und Empathie sowie die Maskierung von Gefühlsausdrücken, um sich selbst oder andere, zum Beispiel bei Bloßstellungen, zu schützen (Wertfein 2006, 38 f.). In dieser Phase erwerben Kinder ein differenziertes Emotionswissen über Ursachen, Konsequenzen, zweideutige Situationen und das emotionale Erleben anderer sowie Empathie; sie sind unabhängig von der eigenen Gefühlslage und zur Perspektivenübernahme fähig. Ein Verständnis für ambivalente Gefühle entwickelt sich etwa mit zehn Jahren (ebd., 59). Die Regulation von Emotionen erfolgt sowohl internal - als Selbstregulation der eigenen Emotionen - als auch external - als Wissen über und Anwendung von sozialen Darbietungsregeln in sozialen Kontexten. Emotionale Kompetenz ist stets auch soziale Kompetenz, da Emotionen erst in Verbindung mit sozialen Kontexten eine entsprechende Regulation erforderlich machen. Zur sozioemotionalen Kompetenz zählen nach Wertfein „... selbstbezogene Fertigkeiten, wie verbaler und nonverbaler Ausdruck der eigenen Emotionen, das Wissen über eigene Emotionen, die *internale Emotionsregulation* in einer der Situation angemessenen Selbstregulation und anderenbezogene Fertigkeiten, wie die Identifikation des Emotionsausdruckes anderer, das Verständnis und Empathie für andere, *externale Emotionsregulation*“ (ebd., 32 f.). In der Entwicklung der sozioemotionalen Kompetenz zeigen sich deutliche Unterschiede im Hinblick auf die Geschlechterdifferenz. Die geschlechterspezifische Sozialisation und die damit verbundenen Rollenerwartungen an Jungen und Mädchen zeigen sich bspw. darin, dass Jungen häufiger intrapsychische Strategien zur Bewältigung von Angst und Trauer nutzen, Mädchen hingegen interpsychische bzw. prosoziale Copingstrategien. „In Bezug auf Ärger- und Trauersituationen zeigen sich in verschiedenen Studien deutliche sozialisationsbedingte Geschlechterunterschiede im Hinblick auf den Emotionsausdruck: Jungen zeigen mehr Ärger bzw. Enttäuschungen und weniger Trauer als Mädchen, während Mädchen Trauer eher mitteilen und ihren Ärgerausdruck deutlich kontrollieren“ (ebd., 72). Die Entwicklung und Festigung dieser sozioemotionalen Kompetenz, das emotionale Erleben und das Ausdrucksverhalten der Kinder in Richtung sozialangemessener und kulturspezifischer Formen sind entscheidend von den Eltern bzw. den primären Bezugspersonen abhängig (vgl. Ulich & Mayring 2003). Emotionen sind Botschaften über Beziehungen, die ein Subjekt zu sich und zu anderen Menschen und/oder Dingen unterhält, d. h. die emotionale Wahrnehmung ist zugleich Wahrnehmung einer Beziehungsqualität (Schäfer 2003, 77). Die Bindungsqualität ist ein sicherer Prädiktor für sozioemotionale Kompetenz, da die verschiedenen Bindungsverhaltenssysteme mit spezifischen Mustern der Emotionsregulation in Zusammenhang stehen (Grossmann 2003, 135). [→ II Bindung] Die Mannheimer Risikokinderstudie belegt, dass benachteiligende familiäre Lebensverhältnisse die kognitive und sozial-emotionale Entwicklung beeinträchtigen (Laucht et al. 2000; 2002). Insbesondere Kinder mit traumatisierenden biografischen Lebenserfahrungen und damit einhergehenden unsicheren Bindungsverhaltenssystemen haben ein erhebliches Risiko, dass ihnen eine Lernbehinderung oder eine Verhaltensstörung attestiert wird. Empirische Studien konnten zeigen, dass die Qualität der Mutter-Kind-Beziehung und damit der Grad der Bindungssicherheit die Qualität der Lehrer-Schüler-Beziehung beeinflusst, die wiederum für die schulischen Erfahrungen der Kinder von Bedeutung ist (Schleiffer 2005). Der stärkste Prädiktor für unsichere Bindungen, insbesondere die unsicher-desorganisierte Bindung, ist jede Form von Gewalterfahrung. Da in Deutschland zehn bis fünfzehn Prozent der Mädchen und knapp sechs Prozent der Jungen sexuell missbraucht werden und zudem knapp fünf Prozent der Kinder schwere körperliche Misshandlung erleiden (Bauer 2006, 191), stellt sich die Frage nach der emotionalen Erziehung und der Entwicklung sozioemotionaler Kompetenz mit einer ausgesprochenen Dringlichkeit. [→ X Traumatisierung]

Erziehung

Zwei zentrale Erziehungsinstitutionen verantworten maßgeblich die Persönlichkeitsentwicklung von Kindern und Jugendlichen:

Familie und Schule als soziale Gebilde vermitteln die soziokulturellen Normen und die moralischen Werte der Gesellschaft. Die in der Familie erfahrenen Interaktionsformen sind ausschlaggebend und von weitreichender Bedeutung für die Entwicklungsprozesse von Kindern und Jugendlichen. Die Schule ist jene Institution der Gesellschaft, in der durch planmäßiges Unterrichten das Lernen organisiert wird, um eine systematische Ordnung und Erweiterung von Lernprozessen zu ermöglichen sowie die Entwicklung der Kultur und der Mündigkeit des Einzelnen sicherzustellen (Gerspach 2000, 12 f.). Weitere erzieherische Einflüsse ergeben sich durch die Peerkultur und die Mediatisierung der Alltagswelt. Soziale und kulturelle Faktoren sind ebenfalls wichtige erzieherische Begleiter. Allgemeine konsensuale Erziehungsziele sind Mündigkeit, Emanzipation, Achtung der Menschenwürde, Eigenrecht der Natur, Sozialpflichtigkeit und Toleranz. Ein komplexes Verständnis von Emotionen wie Schuld, Scham und Stolz entwickelt sich erst auf der Grundlage und durch die Vermittlung normativer Maßstäbe. Deren weltanschauliche und moralische Geschlossenheit diversifiziert sich zunehmend (Speck 1994). Die moralische Entwicklung, d. h. die Internalisierung und Verinnerlichung moralischer Normen ist und bleibt Aufgabe erzieherischer Institutionen. Moralische Gefühle sind nach Agnes Heller Orientierungsgefühle; mit ihrer Hilfe orientieren wir uns an dem, was unsere Umgebung oder wir selbst für gut und böse halten, bewerten dementsprechend die jeweilige Situation und motivieren uns zu Handlungen, die mit unseren moralischen Gewohnheiten im Einklang stehen (Schmid Noerr 2003, 40).

Jean Piaget zählt zu den ersten Psychologen, deren Theorie relevant für die Forschung über Moralentwicklung war (1972). Lawrence Kohlberg modifizierte und erweiterte Piagets Arbeiten und nutzte moralische Dilemmatageschichten zur Moralerziehung (1996). Sein Modell der Gerechtigkeitserziehung erweiterte Carol Gilligan um das Konzept der Fürsorge (1982). Monika Keller schreibt: „Gilligan stellt dem von Kohlberg favorisierten Prinzip der Gerechtigkeit das moralische Prinzip der Fürsorge zur Seite, das sie zunächst als spezifisch ‚weibliches Prinzip' gegenüber dem ‚männlichen Prinzip' der Gerechtigkeit bestimmte" (2005, 153). Damit wird die Relevanz von Emotionen für die Moralentwicklung stärker gewichtet. „Eine moralische Person zeichnet sich durch zwei Bedingungen aus: Sie hat eine Disposition bzw. ein Motiv, in ihrem Handeln auf andere Rücksicht zu nehmen, und eine Disposition, bestimmte moralische Gefühle zu empfinden: Schuld- und Schamgefühle im Falle der Verletzung interpersonaler Verpflichtungen sowie positive Gefühle, wie zum Beispiel Stolz oder Selbstachtung im Falle der Überwindung egoistischer Neigungen" (2005, 154). Entscheidend für moralische Sensibilität sind soziale Beziehungen, vor allem aber die frühen Eltern-Kind-Beziehungen. Insofern im Prozess der Erziehung die sozioemotionale und moralische Erziehung zusammengehen, da der Erzieher – ob bewusst gewollt oder unbewusst ungewollt – seine wertende, normative Haltung transportiert, ist die intentionale und funktionale Erziehung in der Familie entscheidend für förderliche Entwicklungsprozesse. Denn nur über eine emotionale Bindung an die Repräsentanten von Normen und Werte erfolgt eine Identifikation mit ihnen und den von ihnen repräsentierten Vorstellungen. In diesem dynamischen Feld entsteht die historisch-gesellschaftlich vermittelte Emotionsregulation von Kindern und Jugendlichen. Hieraus ergibt sich, dass Heranwachsende, die aufgrund von Beeinträchtigungen in ihrer sozioemotionalen Kompetenz auch Beeinträchtigungen in der moralischen Kompetenz aufweisen. Wenn kleine Kinder weder Anerkennung, Wertschätzung, Achtung, noch Respekt, Toleranz und Fürsorge erfahren durften, und stattdessen Missachtung, Kränkung, Demütigung, Entwertung und Erniedrigung die Biografie bestimmten, dann beeinflusst dies maßgeblich das emotionale Selbst- und Fremderleben samt seiner Interaktionen und Verhaltensweisen. Kinder, die häufig und intensiv negative Emotionen erleben, zeigen Schwierigkeiten bei der Interpretation sozialer Situationen und verfügen über geringes prosoziales Verhalten. Diese negative Emotionalität ist ein Risikofaktor für die Entwicklung internalisierter und externalisierter Verhaltensstörungen (Wertfein 2006, 190 f.). [→ X Herausforderndes Verhalten]

Sozioemotionale Erziehung

Sozioemotionale Erziehung in der Familie kann günstig durch gezielte Eltern-Kind-Programme beeinflusst werden. Insbesondere für Kinder aus Risikofamilien, die weniger sichere Bindungen zu ihren primären Bezugspersonen entwickeln können, stellen solche Programme eine Chance zur Stärkung positiver Emotionen und zur Förderung der Emotionsregulation dar. So bietet der deutsche Kinderschutzbund bspw. das Programm „Starke Eltern – starke Kinder" an. In der Frühförderung, vor allem bei Familien mit Säuglingen und Kleinkindern, zeigen die aus den Vereinigten Staaten von Amerika adaptierten Elternprogramme „triple P" (Positive Parenting Program) und STEP (Systematic Training for Effective Parenting) gute Resultate bei der emotionalen Stabilisierung von Eltern bzw. primären Bezugspersonen. Auch das aus Holland implementierte Programm OBSTAPJE (Schritt für Schritt), ein ausgesprochen niedrigschwelliges Angebot, ist ein erfolgversprechender Ansatz zur emotionalen Unterstützung der Eltern. Die Bindungsnöte und -bedürfnisse der Kinder verweisen nämlich immer auch auf Bindungsschwierigkeiten der Eltern. So wirkt sich die emotionale Begleitung der Eltern direkt auf die sozioemotionale Kompetenz der Kinder aus. In der außerfamiliären Erziehung, z. B. im Kindergarten, brauchen Kinder ein basales Gefühl der Sicherheit und der Geborgenheit, gerade wenn sie in ihren Familien zu wenige tragfähige Beziehungen erlebt haben. Der gesellschaftliche Auftrag der Schule, Normen und Werte zu vermitteln, führt zu Konflikten und Krisen bei solchen Schülerinnen und Schüler, deren sozioemotionale Kompetenz und emotionale Regulation aufgrund biografischer Verletzungen und damit einhergehenden unsicheren Bindungsverhaltenssystemen den Verhaltens-, Lern- und Leistungsnormen nicht entspricht. Da die emotionale Entwicklung im Kontext von Beziehungen stattfindet, wird Beziehungsarbeit zur prioritären Erziehungs- und Bildungsarbeit. Professionelle in Erziehungs- und Bildungseinrichtungen müssen eine Haltefunktion (Winnicott) stellvertretend übernehmen, die einen sorgsamen Umgang vor allem mit negativen Emotionen erlaubt (Grossmann 2003, 138; Leuzinger-Bohleber 2006, 24 f.). Gerade der kompetente Umgang mit Ängsten und Stress kann entscheidend dazu beitragen, kognitive, emotionale, vegetative und muskuläre Überforderungsreaktionen zu reduzieren. Sensorische, somatische und motorische positive Erfahrungen unterstützen hierbei die Emotionsregulation. Die sozioemotionale und moralische Erziehung beinhaltet dann auch das sensible Aushandeln von Grenzen. So werden Grenzziehungen zu Aushandlungen in einem wechselseitigen Prozess zwischen Erziehenden und Erzogenem. Dazu zählen u. a. Orientierung anbieten, Auseinandersetzungen ermöglichen, soziale und emotionale Anerkennung, Vorbild sein, Einbindung in Entscheidungen. Der Erziehungsauftrag öffentlicher Institutionen, insbesondere im Feld der sozioemotionalen Erziehung, ist sehr komplex, denn erzieherisches Handeln hat es nie abstrakt mit Kindern und Jugendlichen zu tun, sondern ist, bezogen auf den konkreten Alltag, mit dem biografischen Geworden-Sein in einem lebensweltlichen Kontext konfrontiert (Gerspach 2000, 57 f.). Kindergarten und Schule können ein sicherer Ort sein, an dem Heranwachsende in der professionellen Bindungsbeziehung zu Erzieherinnen und Lehrerinnen neue bindungskorrigierende Erfahrungen machen können, wenn sie emotional „gehalten" werden. Solche intensiven emotionalen Prozesse erfordern jedoch eine pädagogische Kultur kollegialer Achtung und Bereitstellung ausreichender personeller und materieller Ressourcen. Ebenso wie in Familien mit Multiproblemkonstellationen – wie sozioökonomische Benachteiligung, intergenerative Vernachlässigungs- und Gewalterfahrungen, Sucht u. Ä. – die kindliche Förderung der sozioemotionalen Kompetenz und der Emotionsregulation immer gefährdet ist, trägt eine Klassengröße über 25 Schüler in der Grundschule wenig zur emotionalen und moralischen Erziehung bei. Gerade aber die Kinder, die mit einem „ungestillten Beziehungshunger" beschult werden, verfügen nicht über die Verhaltensskills, die von ihnen geforderten institutionellen Anpassungsleistungen zu erbringen: sie stören und werden schnell zu „Störern" – mit dem entsprechenden Etikettierungsjargon. Die „Bildung der Gefühle" braucht zudem Zeit, Nachdenklichkeit, kritische Aufmerksamkeit und professionelle Selbstreflexion. Die derzeit einseitig auf Leistung hin orientierte Schulbildung wird den Erfordernissen der sozioemotionalen und damit moralischen Erziehung nicht gerecht.

Literatur

Bauer, Joachim (2006): Das Gedächtnis des Körpers. 7. Aufl., Zürich

Bundschuh, Konrad (2003): Emotionalität, Lernen und Verhalten. Bad Heilbrunn

Gerspach, Manfred (2000): Einführung in pädagogisches Denken und Handeln. Stuttgart

Gilligan, Carol (1982): In a different voice. Cambridge

Göppel, Rolf (2003): Bildung der Gefühle? Aktuelle, historische und systematische Aspekte. In: Gogolin, Ingrid & Tippelt, Rudolf (Hrsg.): Innovation durch Bildung. Opladen, 247–262

Göppel, Rolf (2003): Die Kultur der Affekte als das eigentlich schwerste Bildungsziel – Möglichkeiten, Probleme und Grenzen einer „Bildung der Gefühle". In: Dörr, Magret & Göppel, Rolf (Hrsg.): Bildung der Gefühle. Gießen, 15–39

Grossmann, Klaus E. (2003): Die Bedeutung der ersten Lebensjahre für die Organisation der Gefühle. In: Dörr, Magret & Göppel, Rolf (Hrsg.): Bildung der Gefühle. Gießen, 123–145

Harris, Paul L. (2005): Children and Emotion. 7. Aufl., Kundli

Keller, Monika (2005): Moralentwicklung und moralische Sozialisation. In: Horster, Detlef & Oelkers, Jürgen (Hrsg.): Pädagogik und Ethik. Wiesbaden, 149–172

Kohlberg, Lawrence (1996): Die Psychologie der Moralentwicklung. Frankfurt a. M.

Laucht, Manfred et al. (2000): Entwicklung von Risikokindern im Schulalter: Die langfristigen Folgen frühkindlicher Belastungen. In: Zeitschrift für Entwicklungspsychologie und Pädagogische Psychologie 32, 2, 59–69

Laucht, Manfred et al. (2002): Motorische, kognitive und sozial-emotionale Entwicklung von 11-Jährigen mit frühkindlichen Risikobelastungen: späte Folgen. In: Zeitschrift für Kinder- und Jugendpsychiatrie und Psychotherapie 30, 5–19

Leuzinger-Bohleber, Marianne et al. (2006): Die Frankfurter Präventionsstudie. Zur psychischen und psychosozialen Integration von verhaltensauffälligen Kindern. In: Leuzinger-Bohleber, Marianne, Brandl, Y. & Hüther, Gerald (Hrsg.): ADHS-Frühprävention statt Medikalisierung. Theorie, Forschung, Kontroversen. Göttingen, 238–269

Piaget, Jean (1972): Das moralische Urteil beim Kind. Frankfurt a. M.

Pestalozzi, Johann H. (1932): Wie Gertrud ihre Kinder lehrt, ein Versuch, den Müttern Anleitung zu geben, „ihre Kinder selbst zu unterrichten". In: Pestalozzi, Johann H.: Sämtliche Werke, Bd. 13. Berlin

Salisch, Maria v. (Hrsg.) (2002): Emotionale Kompetenzen entwickeln. Grundlagen in Kindheit und Jugend. Stuttgart

Schäfer, Gerd E. (2003): Die Bedeutung emotionaler und kognitiver Dimensionen bei frühkindlichen Bildungsprozessen. In: Dörr, Magret & Göppel, Rolf (Hrsg.) (Hrsg.): Bildung der Gefühle. Gießen, 77–90

Schmid Noerr, Gunzelin (2003): Moralische und unmoralische Gefühle. In: Dörr, Magret & Göppel, Rolf (Hrsg.) (Hrsg.): Bildung der Gefühle. Gießen, 40–76

Schleiffer, Roland (2005): Bindung und Lernen. In: Ellinger, Stephan & Wittrock, Manfred (Hrsg.): Sonderpädagogik in der Regelschule. Stuttgart, 159–178

Ulich, Dieter & Mayring, Philipp (2003): Psychologie der Emotionen. 2. Aufl., Stuttgart

Wertfein, Monika (2006): Emotionale Entwicklung im Vor- und Grundschulalter im Spiegel der Eltern-Kind-Interaktion. München

Willmann, Marc (2005): Schulen für Erziehungshilfe-Survey. In: Zeitschrift für Heilpädagogik 56, 442–455

Selbstbestimmung und Selbstvertretung

Georg Theunissen

Selbstbestimmung: Definition, Begriffs- und Gegenstandsgeschichte

Es ist das Verdienst von Empowerment-Bewegungen behinderter Menschen und ihren Angehörigen, dass in den letzten Jahren auf dem Gebiet der Behindertenarbeit (Heil- und Sonderpädagogik) ein Wechsel von der „paternalistisch-fürsorglichen Betreuung" zur Stärkung der Rolle Betroffener durch Regiekompetenz (Zuständigkeit für Belange des eigenen Lebens), Selbstbestimmung und Selbstvertretung eingeleitet wurde (dazu Theunissen 2007). Dieser Prozess ist weltweit zu beobachten, was an der Ottawa-Charta (1986) und Jakarta Declaration (1997) der Weltgesundheitsorganisation (WHO) unschwer zu erkennen ist.

Erklärtes Ziel der WHO ist es, allen Menschen mit oder ohne Behinderung ein menschenwürdiges, sinnerfülltes Leben zu ermöglichen, das als ein selbstbestimmtes, in Eigenverantwortung und Eigenregie des Subjekts gestelltes Leben verstanden wird.

Mit dem Begriff des „Selbst" verbindet sich eine moderne Vorstellung der Identität und des Subjekts. Der Wortteil „Bestimmung" kann im Sinne von Erkennen gelesen werden, zugleich bedeutet er aber auch, Macht über etwas haben. Selbstbestimmung verweist also von der Wortgeschichte her „auf ein einzelnes Wesen, das sich erkennt, indem es sich definiert und zugleich Macht über sich ausübt" (Waldschmidt 2003, 14). [→ II Selbstbestimmung/Autonomie]

Diese Begriffsbestimmung führt uns in die Zeit der Aufklärung. Bekanntlich betrachtet Kant den Menschen als ein zur Selbstbestimmung (Autonomie) fähiges Wesen. Selbstbestimmung wird dabei aber nicht nur als soziale Unabhängigkeit, sondern vor allem als Unabhängigkeit von der Sinnenwelt (von Bedürfnissen, Emotionen usw.) gedeutet. Dies begründet Kant mit der praktischen Vernunft, mittels derer ein Mensch in der Lage sei, auch unangenehme Sinneseindrücke (z. B. organische Krankheiten oder psychische Störungen, Stress) zu überstehen, für sich erträglich zu machen.

Schwierigkeiten ergeben sich, wenn Personen eine verminderte Einsicht nachgesagt und die praktische Vernunft abgesprochen wird, zum Beispiel nicht wenigen Menschen mit Lernschwierigkeiten (geistiger Behinderung), aber auch Personen mit Demenzen oder anderen schweren psychischen Störungen (Schizophrenie). Diese Problematik (dazu Speck 2001, 25) legt den Schluss nahe, die philosophische Begriffsbestimmung nach Kant zu verwerfen.

Nun gibt es noch andere Modelle und Möglichkeiten, den Selbstbestimmungsgedanken zu erschließen. So bildet zum Beispiel eine normative, rechtlich kodifizierte Argumentationslinie den fühlbaren Hintergrund der beiden WHO-Deklarationen wie auch des kürzlich verabschiedeten ICF-Systems der WHO, das sich einem neuen Verständnis von Behinderung verschrieben hat und sich vom Recht auf Selbstbestimmung aller Menschen mit Behinderungen leiten lässt. [→ VI ICF] Als grundlegend dafür werden die allgemeinen Menschenrechte angesehen, auf die sich Menschen mit Behinderungen berufen, wenn sie als „Experten in eigener Sache" eigene, selbstverantwortliche Entscheidungs- und Regiekompetenzen einfordern.

Aber auch diese zweite Orientierungsgrundlage kommt ohne Einsichten, ohne die Bindung von Selbstbestimmung an die praktische Vernunft, nicht aus. Um dennoch Ausgrenzungen zu vermeiden, schlägt Speck

(2001, 25) vor, von der Unbestimmtheit des Selbstbestimmungsbegriffs auszugehen: So sei zum Beispiel nicht vollständig definierbar, was Selbstbestimmung im Lichte einer Handlungsautonomie (selbstständiges Handeln) und einer Bewusstseinsautonomie (Einsicht) heißen soll. „Die Erfahrung lehrt uns, dass beide Realitäten bei mental Behinderten zweifelsfrei beobachtet werden können" (ebd., 25) – sei es nur rudimentär, im Gefühlsausdruck oder auf der Ebene der „Leiblichkeit" wahrnehmbar. Da „Selbststeuerung als Funktion eines sich selbst organisierenden Organismus immer gegeben ist" (ebd., 25), muss die Selbstbestimmungsfähigkeit grundsätzlich angenommen werden.

Von dieser Argumentation aus ist der Schritt nicht weit, im Sinne der WHO-Deklarationen ihre Förderung zum Grundsatz pädagogischer Konzepte zu erheben. Damit betreten wir das Feld der Pädagogik, die in den letzten Jahren prominente zielgruppenbezogene Ansätze hervorgebracht hat. Das betrifft vor allem den in der US-amerikanischen Behindertenarbeit (special education) weit verbreiteten und hoch geschätzten Entwurf von Wehmeyer und Kollegen (1992; 1999), der die Selbstbestimmung mit Einstellungen und Fähigkeiten in Verbindung bringt, „die für ein Individuum nötig sind, um als erster Experte [primary causal agent] das eigene Leben zu gestalten und eine Auswahl von Dingen sowie Entscheidungen frei von ungebetenen, externen Einflüssen" zu treffen (Wehmeyer 1992, 305). Selbstbestimmung gilt hierbei als ein Entwicklungsprozess, der das ganze Leben anhält und sich auf Handlungen bezieht, die durch spezifische Charakteristika gekennzeichnet werden können, so zum Beispiel durch „freies", autonomes Entscheiden und Handeln der Person, durch eine Selbstaktualisierung in Form eines bewussten Rückgriffs auf eigene Stärken, durch die Möglichkeit, sich selbst Ziele zu setzen und danach zu handeln, durch ein „selbstgeregeltes" bzw. selbstkontrolliertes Verhalten, durch die Überzeugung, über wichtige Lebensumstände Kontrolle zu haben oder durch eine auf Selbst-Erkenntnis aufbauende Lebensverwirklichung nach eigenen Vorstellungen.

Zentrale Erkenntnisse, Forschungsstand

Dieses Konzept birgt allerdings die Gefahr, die Idee des freien, unabhängigen Individuums absolut zu setzen, das Selbst als eine „egobezogene Größe" zu erhöhen und die Konstituierung des Selbst als und im Prozess der Auseinandersetzung mit Anderen und der Umwelt weithin auszublenden. Käme es zu einer solchen Entwicklung, hätten wir es mit einer Förderung von Selbstbestimmung zu tun, die in einem Gewande einer reinen Selbstbezüglichkeit (grenzenloser Individualismus) keine ethischen Implikationen (Personen mit moralischer Tiefe) mehr erkennen ließe.

Genau an dieser Stelle setzt das von uns vertretene Empowerment-Konzept an, das diese Widersprüchlichkeiten aufgreift und ein Programm formuliert, welches das Soziale, die Du-Bezogenheit und Gesellschaftlichkeit des Individuums nicht aus dem Blick verliert (dazu Theunissen 2000; 2007).

Wie sich Selbstbestimmung entfaltet und artikuliert, ergibt sich aus dem Zusammenspiel individueller und sozialer Faktoren, was sich am Identitäts- oder Selbstkonzept verdeutlichen lässt: Jedes Individuum will im Rahmen sozialer Kommunikation sein Selbst (Identität) einbringen und darstellen (Goffman 1967). [→ II Identität] Dieses gilt sowohl für das personale Selbst als einzigartige Kombination von biografischen Daten, Körpermerkmalen und subjektiven Momenten (Bedürfnissen) als auch für das soziale Selbst, das als antizipiertes und wahrgenommenes Bild der eigenen Person in den Augen Anderer aufgrund von Zuschreibungen und sozialen Erwartungen zustande kommt und das Individuum zur Rollenübernahme und zu einem „sozial angepassten" Rollenspiel verpflichtet. Als Selbst-Konzept (Ich-Identität) erscheint sodann die ständig zu erbringende Leistung, beide Momente ins Verhältnis zu setzen und zu balancieren. Dieser Balanceakt bewirkt zugleich psychisches Wohlbefinden und hat für die seelische Gesundheit des Einzelnen konstitutive Bedeutung.

Der Grad der Selbstbestimmung ist nach diesem Modell dann am größten, wenn sich das Individuum weder einem „inneren Zwang“ (überhöhte personale Selbst-Ansprüche; rücksichtslose Bedürfnisdurchsetzung; zwanghafte Triebhaftigkeit) ergibt, noch durch ein starres, von außen aufoktroyiertes, entwicklungshemmendes Normengefüge festlegen und bestimmen lässt. Dazu, wie überhaupt zur Entwicklung von Selbstbestimmung, bedarf es einer „haltgebenden“ Lebenswelt, die es versteht, Autonomieprozesse zu erkennen, wertzuschätzen und zu unterstützen, ohne dabei eine „moralische Erziehung“ zu vernachlässigen: Denn Selbstbestimmung im Sinne von Empowerment ist „weder ein naturhafter Mechanismus […], den man sich selbst überlassen könnte, noch ein Freibrief für subjektive Willkür […]. Zur Selbstbestimmung gehören demnach auch die Selbstbeherrschung, das Erlernen von Rücksicht gegenüber Anderen und das Einhalten gemeinsam vereinbarter Regeln. […] Regeln, wie ‚Verletze niemanden!‘ müssen reale Gültigkeit haben“ (Speck 2001, 25).

Selbstvertretung: Definition, Begriffs- und Gegenstandsgeschichte

Dieses Modell, das Selbstbestimmung als eine soziale Kategorie begreift, hat nicht nur für individuelle Lernprozesse eine heuristische Funktion, sondern zugleich auch konstitutive Bedeutung für die Selbstvertretung Betroffener durch Gruppen mit gleichgelagerten Interessen. Diesbezüglich sind seit nunmehr etwa 30 Jahren in einigen hoch entwickelten Ländern (Nordamerika, Nordeuropa) und inzwischen ebenso weltweit Empowerment-Bewegungen zu verzeichnen (Theunissen 2007), repräsentiert durch Menschen mit Körper- oder Sinnesbehinderungen (z. B. independent living movement) und Menschen mit intellektuellen Behinderungen (z. B. self-advocacy movement; People First-Gruppen). [→ II Behindertenbewegung]

Eine allgemeine Begriffsbestimmung von Selbstvertretung (self-advocacy) gibt es nicht, wohl aber wird die folgende Definition einer nordamerikanischen People-First-Konferenz aus dem Jahre 1991 sehr häufig zitiert: „Self-Advocacy handelt von unabhängigen Gruppen behinderter Menschen, die sich gemeinsam für Gerechtigkeit einsetzen, indem sie einander helfen, ihr Leben zu führen und gegen Diskriminierung zu kämpfen. Uns wird gezeigt, wie Entscheidungen, die unser Leben betreffen, zu fällen sind, damit wir unabhängiger sein können. Wir werden über unsere Rechte informiert, aber während wir unsere Rechte kennenlernen, lernen wir auch etwas über unsere Pflichten. Die Art und Weise, in der wir lernen, für uns selbst zu sprechen, ist die gegenseitige Unterstützung und die gegenseitige Hilfe beim Erwerb von Selbstvertrauen auszusprechen, an was wir glauben“ (Dybwad 1996, 2).

Zentrale Erkenntnisse, Forschungsstand

Diesen Worten ist zu entnehmen, dass sich Menschen mit intellektuellen Behinderungen über ein gewisses Maß an Unterstützung durch Professionelle und über die Notwendigkeit spezieller Schulungen bzw. der Aneignung von Selbstvertretungs- und Selbsthilfefähigkeiten weithin bewusst sind. Fachliche Unterstützung durch nichtbehinderte Professionelle wird hingegen von Menschen mit Körper- und Sinnesbehinderungen abgelehnt. Als Experten in eigener Sache schreiben sie sich fachliche Kompetenzen (Zuständigkeiten) zu (z. B.

Wohnkompetenz, Finanzkompetenz, Organisationskompetenz, Anleitungskompetenz, Arbeitgeberfunktion usw.) und favorisieren das Modell einer „Persönlichen Assistenz", wenn es um Hilfen bei den Aktivitäten des alltäglichen Lebens (Pflege, Haushaltsführung etc.) geht. Dabei bleibt die Definitionsmacht jedoch ausschließlich in ihrer Kompetenz (Steiner 2002).

Die Erfahrung, dass sich dieses Modell nicht vorbehaltlos auf Menschen mit intellektueller Behinderung übertragen lässt (Theunissen 2007), darf freilich nicht dazu führen, diesem Personenkreis die „Zuständigkeit für das eigene Leben" (Steiner) abzusprechen. Vielmehr gilt es darüber nachzudenken, wie die Betroffenen zu größtmöglicher Regiekompetenz, Selbstvertretung und Selbsthilfe befähigt werden können. Dabei geht es nicht nur um Fragen geeigneter Curricula, sondern ebenso um Fragen nach der Rolle der Unterstützer (Assistenten). Ihre Aufgabe sollte darin bestehen, als Ressourceninformant zu fungieren und Menschen mit intellektueller Behinderung zu einem kollektiven Zusammenschluss anzuregen sowie in ihrem Selbstorganisations- und Emanzipationsprozess zu unterstützen und zu ermutigen, nicht aber eine Gruppe zu leiten. Nicht selten hat ein Unterstützer zunächst starken Einfluss, weshalb es wichtig ist, diese persönliche Macht selbstkritisch zu reflektieren und sich so einzubringen, dass assistierende Hilfen auf Dauer überflüssig werden können. Auch wenn dieses Ziel nicht immer erreicht werden kann, darf es im Sinne von Empowerment niemals aus dem Blick geraten. Das gilt ebenso für die Förderung von Peer-Rollen, sodass Betroffene in Gruppensprecherfunktionen oder Führungspositionen vorbildliche Modelle für andere Personen sein können, die für sich noch nicht entsprechende Aufgaben in Selbstvertretungsgruppen (dazu zählen z. B. auch Schülerräte) erschlossen haben (Wehmeyer & Berkobien 1996, 249). Von Beginn an ist es wichtig, die einzelnen Gruppenmitglieder darin zu unterstützen, verantwortliche Aufgaben, die zum Funktionieren einer Selbstvertretung notwendig sind, selbst zu übernehmen (ebd., 254 f.).

Zur Förderung von Selbstvertretung gibt es mittlerweile wegweisende Konzepte (dazu Theunissen 2007), denen vier zentrale handlungsbestimmende Leitprinzipien zugrunde liegen:

- Gewinnung eines kritischen (Kontroll-)Bewusstseins der eigenen sozialen und politischen Situation;
- (Wieder-)Gewinnung eines Vertrauens in eigene Stärken und Potenziale und Überwindung eines defizitären Selbstbilds als Resultat sozialer Zuschreibung;
- Ermutigung zur Organisation von Selbstvertretungsgruppen oder Mitarbeit in Gruppen wie People First;
- Aneignung sozialer Handlungskompetenzen (social skills training; choice- and decision-making);
- Praxisbegleitende Unterstützung und Reflexion der Unterstützer-Rolle.

Insgesamt kommen hierbei vier Handlungsebenen von Empowerment zum Tragen: Auf der *individuellen Ebene* bedeutet Selbstvertretung, seinen eigenen Willen zu bekunden und entsprechend zu handeln, sich gegen Missachtung und Diskriminierung zu wehren, Entscheidungen zu treffen sowie Fähigkeiten zur Selbstbestimmung zu erwerben. Auf der *kollektiven Ebene* geht es um gegenseitige Unterstützung, praktische Hilfe wie auch Freundschaften und auf der *institutionellen* und *sozialpolitischen Ebene* um Verbreitung der Selbstvertretungsidee, um politische Mitsprache (policy making), Selbsthilfe-Praxis, Eintreten für Veränderungen und ein gemeinsames Durchsetzen von Rechten und Interessen in gesellschaftlichen Bezugsfeldern (Miller & Keys 1996, 710 f.).

Ausblick

Die vorausgegangenen Ausführungen lassen unschwer erkennen, dass heutzutage Konzepte der Heilpädagogik oder Behindertenhilfe als anachronistisch betrachtet werden können, die die „Stimme der Betroffenen“ ignorieren. Darauf hat inzwischen auch die hiesige Politik reagiert, indem sie zum Beispiel mit dem Sozialgesetzbuch IX sowie der geplanten Einführung des sogenannten Persönlichen Budgets Menschen mit Behinderungen Selbstbestimmungs- und Mitsprachemöglichkeiten eröffnet und sie in der Rolle als Konsumenten oder Nutzer von Dienstleistungen stärkt. [→ VI Persönliches Budget] Zu hoffen bleibt, dass diese rechtliche kodifizierte Wegbereitung nicht nur eine Option bleibt, sondern tatsächlich auch auf handlungspraktischer Ebene zum Tragen kommt und mit Leben gefüllt wird.

Literatur

Dybwad, Gunnar (1996): Setting the Stage Historically. In: Dybwad, Gunnar & Bersani, Hank (Hrsg.): New Voices. Self-Advocacy by People with Disabilities. Cambridge, 1–17

Goffman, Erving (1967): Stigma. Frankfurt a. M.

Jakarta Declaration on Health Promotion in the 21st Century (1997) Weltgesundheitsorganisation. In: Paulus, Peter & Deter, Detlev (Hrsg.) (1998): Gesundheitsförderung zwischen Selbstverwirklichung und Empowerment. Köln, 173–178

Kant, Immanuel (2003): Kritik der praktischen Vernunft. Hamburg

Ottawa-Charta (1986) Weltgesundheitsorganisation. In: Paulus, Peter & Deter, Detlev (Hrsg.) (1998): Gesundheitsförderung zwischen Selbstverwirklichung und Empowerment. (Hrsg.) (1998): Gesundheitsförderung zwischen Selbstverwirklichung und Empowerment. Köln, 167–172

Paulus, Peter & Deter, Detlev (Hrsg.) (1998): Gesundheitsförderung zwischen Selbstverwirklichung und Empowerment. Köln

Miller, Alison & Keys Christopher (1996): Awareness, Action, and Collaboration: How the Self-Advocacy Movement is Empowering for Persons With Developmental Disabilities. In: Mental Retardation, 5, 312–319

Speck, Otto (2001): Autonomie und Gemeinsinn. In: Theunissen, G. (Hrsg.): Verhaltensauffälligkeiten – Ausdruck von Selbstbestimmung? Bad Heilbrunn, 15–38

Steiner, Gusti (2002): Selbstbestimmt Leben und Assistenz. In: Lenz, Alfred & Stark, Wolfgang (Hrsg.): Empowerment. Tübingen, 155–172

Theunissen, G. (2000): Wege aus der Hospitalisierung. Empowerment in der Arbeit mit schwerstbehinderten Menschen. 2. Aufl. der Neuausgabe, Bonn

Theunissen, Georg (2007): Empowerment behinderter Menschen. Inklusion – Bildung – Heilpädagogik – Soziale Arbeit. Freiburg

Waldschmidt, Anne (2003): Selbstbestimmung als behindertenpolitisches Paradigma – Perspektiven der Disability Studies. In: Aus Politik und Zeitgeschichte, 8

Wehmeyer, Michael L. (1992): Self-Determination and the Education of Students with Mental Retardation. In: Education and Training in Mental Retardation 27, 302–314

Wehmeyer, Michael L. et al. (1999): Teaching Self-Determination to Students with Disabilities. 2. Aufl., Baltimore

Wehmeyer, Michael L. & Berkobien, Richard (1996): The Legacy of Self-Advocacy. In: Dybwad, Gunnar & Bersani, Hank (Hrsg.): New Voices. Self-Advocacy by People with Disabilities. Cambridge, 245–258

Entwicklung sozialer Kompetenz

Friedrich Linderkamp

Begriffsbestimmung

Soziale Kompetenz lässt sich an gelungener sozialer Interaktion erkennen. Dies setzt voraus, dass die interagierenden Personen in der Lage sind, Situationen befriedigend gestalten zu können.

Gemäß dem lerntheoretischen Ansatz ist hierfür ein differenziertes Set sozialer Fertigkeiten erforderlich. Vielfältige empirische Untersuchungen in diesem Feld konnten verschiedene Faktoren sozialer Kompetenz identifizieren, denen eine Reihe sozialer Fertigkeiten zugeordnet werden konnten. Hierzu zählen z. B.

- *Umgang mit eigenen Gefühlen*: eigene Gefühle wahrnehmen und zeigen, Schwächen eingestehen, sich entschuldigen.
- *Gefühlen anderer Aufmerksamkeit schenken*: Aufmerksamkeit für soziale Hinweisreize, Fähigkeit zur Empathie und Perspektivübernahme.
- *Initiative ergreifen*: gewünschte Kontakte herstellen, gewünschte Kontakte beenden, um Gefallen bitten, jemanden höflich unterbrechen.
- *Nein sagen*: unerwünschte Kontakte beenden, sich beschweren, Versuchungen zurückweisen, Widerspruch äußern.
- *Soziale Regeln befolgen*: auf Schwächere Rücksicht nehmen, Teilen materieller Güter.
- *Probleme lösen*: sich zurücknehmen (Impulsivität kontrollieren), Für und Wider abwägen, Kompromisse akzeptieren, konstruktiv streiten (vgl. Linderkamp 2008).

Caldarella & Merell (1997) fanden im Rahmen ihrer Metaanalyse fünf Merkmalskategorien sozialer Kompetenz:

- *Fähigkeiten zur Bildung positiver Gleichaltrigenbeziehungen* (Peer Relations; z. B. Unterstützung anbieten).
- *Kompetenzen des Selbstmanagements* (Self Management; Konflikte und Ärger kontrollieren).
- *Akademische Kompetenzen* (Academic; z. B. Instruktionsverständnis).
- *Kooperative Kompetenzen* (Compliance; z. B. konstruktiv streiten, soziale Regeln einhalten).
- *Durchsetzungsfähigkeiten* (Assertion; z. B. gezielte Kontaktaufnahme).

Soziale Fertigkeiten setzen Kompetenzen aus anderen Entwicklungsbereichen (Motorik, Sprache) voraus und kommen dann zum Tragen, wenn sie in den entsprechenden Lebenskontexten der Kinder Anwendung finden können. [→ VI Kompetenz] Dies ist dann gegeben, wenn die Akzeptanz durch Gleichaltrige vorliegt und wenn sie mit einer ausreichenden schulischen Leistungsfähigkeit einhergehen (vgl. Gresham & Reschley, 1987). Zudem ist ein stabiles moralisches Wertesystem Voraussetzung und Motiv für soziales Handeln.

Ab den 1970er Jahren nahmen die empirischen Erkenntnisse über verhaltensorganisierende Prozesse der Informationsverarbeitung zu. Dodge (1986) führt folgende Komponenten an, die der Organisation und Steuerung sozialen Handelns zugrunde liegen:

1. *Impulskontrolle und Aufmerksamkeitslenkung in sozialen Situationen* (hierzu gehört auch die gezielte Aufnahme sozialer Hinweisreize).
2. *Entschlüsseln sozialer Hinweisreize* (entspricht der Enkodierung bzw. Interpretation wahrgenommener sozialer Reize.
3. *Entwickeln von Verhaltensalternativen* (einschließlich des Abwägens hinsichtlich einer adäquaten Form der Reaktion).

4. *Reaktionsentscheidung* (für eine konkrete konstruktive oder auch destruktive Reaktionsweise).
5. *Reaktionsausführung* (mit anschließender Bewertung der entstandenen Situation und folgender erneuter Aufnahme sozialer Hinweisreize).

Ergänzend wird dem Aspekt der *Emotionsregulation* aktuell immer mehr Bedeutung beigemessen. Dabei werden adaptive von maladaptiven Strategien unterschieden. So lassen sich Gefühle der Angst, Trauer und Wut gut mittels problemorientiertem Handeln, Zerstreuung oder Umbewerten regulieren. Aufgeben, aggressives Verhalten, Rückzug, Selbstabwertung stellen demgegenüber maladaptive Strategien dar. Seit Kurzem werden diagnostische Verfahren entwickelt, welche die Erstellung von entsprechenden Kompetenzprofilen ermöglichen (z. B. Grob & Smolenski 2005).

Wie einige Studien belegen, stellt die Kompetenz zur gelungenen emotionalen Regulation offenbar eine notwendige Voraussetzung für die Entwicklung sozialer Kompetenz dar (z. B. Denham et al. 2001).

Modelle

Die Entwicklung sozialer Kompetenz wird in unterschiedlichen theoretischen Kontexten divergent beschrieben. So etwa im Rahmen struktureller Entwicklungstheorien (z. B. Piaget 1954), mit der Annahme einer relativen Passivität der Umwelt gegenüber einer relativ aktiven Person mit sich entfaltenden Verarbeitungsstrukturen oder gemäß funktionellen Ansätzen wie der Lerntheorie, die eine Passivität der Person und ein aktives Umweltgeschehen postuliert. Die Fortentwicklung der Lerntheorie durch Bandura (1979), der in seine soziale Lerntheorie zentrale kognitive Verarbeitungsmechanismen als unabhängige, das Verhalten steuernde Variablen integrierte, führte zur Konzipierung interaktionistischer Entwicklungsmodelle (Sameroff 1975), welche einen Zwischenschritt zur Etablierung multimodaler Entwicklungsmodelle darstellte.

Aktuelle multimodale Entwicklungsmodelle beschreiben das Entwicklungsgeschehen bei Kindern in empirisch überprüfbaren transaktionalen Organisationsprozessen, indem der Entwicklungsverlauf eines Kindes nicht als Abfolge linearer Kausalketten, sondern als zyklisches Geschehen in Form einer kontinuierlichen reziproken Wechselwirkung zwischen aktivem Individuum und aktiver Umwelt beschrieben wird. Dabei erfolgen stetige qualitative Reorganisationen innerhalb und zwischen verhaltensbezogenen und biologischen Systemen.

Die Beurteilung kindlichen Verhaltens als (Zwischen-)Ergebnis transaktionaler Prozesse berücksichtigt stets die Entwicklungsdimension eines aktuellen Verhaltens, das auf unterschiedlichen Wegen zustande gekommen sein kann und zwar im Zuge kontinuierlicher positiver Anpassung mit entwicklungsadäquatem Ausgang oder über kontinuierliche Fehlanpassung mit dem Ergebnis abweichenden Verhaltens. Weiterhin ist eine anfängliche Fehlanpassung mit späterer Korrektur sowie anfänglich positive Entwicklung mit späterer negativer Abweichung denkbar (Sroufe 1997).

Forschungsstand

Die Entwicklung sozialer Kompetenz vollzieht sich über ein transaktionales Zusammenwirken von biologischen und psychosozialen Faktoren. So ist es für die Entwicklung sozialer Kompetenz günstig, wenn das Kind über eine gute Intelligenz und über ein positives Temperament (soziale Responsivität) verfügt. Darüber hinaus nehmen ein aktives Bewältigungs- und positives Sozialverhalten sowie ein gutes Selbstwertgefühl und eine hohe Selbstwirksamkeitsüberzeugung einen hohen Stellenwert ein (*kindbezogene Schutzfaktoren;* Scheithauer et al. 2000).

Auch Einflussgrößen des sozialen Umfelds des Kindes wirken in hohem Maße günstig auf die sozial-emotionale Entwicklung von Kindern insgesamt (*umgebungsbezogene Schutzfaktoren*). Hierzu zählen zum einen elementare Aspekte (*distale Wirkfaktoren*) wie ausreichendes Familieneinkommen, höheres Bildungsniveau und ein tragfähiges soziales Netzwerk. Im engeren, unmittelbaren Beziehungskontext bzw. Interaktionsgeschehen wirken *proximale* Wirkfaktoren. Hier ist es bedeutsam, auf stabile emotionale Beziehungen zurückgreifen zu können, die zum familiären Zusammenhalt beitragen sowie positive Freundschaftsbeziehungen ermöglichen. Bezugspersonen mit positivem Bewältigungsverhalten stellen günstige Modelle für das Kind dar; eine positive, unterstützende Situation in der Schule hat ebenfalls nachweislich protektive Wirkung (vgl. Laucht et al. 1998; Scheithauer et al. 2000; Heinrichs et al. 2002).

Diesen günstigen, protektiven Faktoren der sozial-emotionalen Entwicklung stehen biologische und psychosoziale Risiken gegenüber, die ungünstig wirken. [→ Risiko und Resilienz]

Dabei nehmen gemäß den Ergebnissen einer prospektiven Längsschnittstudie von Laucht, Esser & Schmidt (1998) mit 350 Kindern aus Risikoschwangerschaften *biologische Risiken* wie sehr niedriges Geburtsgewicht, Schwangerschaftstoxikosen, perinataler Sauerstoffmangel allerdings eher wenig Einfluss auf die sozial-emotionale Entwicklung von Kindern.

Eindeutige Befunde zum Einfluss biologischer Aspekte ergeben sich immer nur dann, wenn die in den Studien zugrunde liegenden Stichproben von Kindern mit explizit antisozialen bzw. schweren Verhaltensstörungen gebildet werden und eine Verschränkung mit psychosozialen Risiken vorliegt.

So stellte in einer großen Längsschnittstudie mit 672 Kindern (Day et al. 2000) mütterlicher Tabakkonsum zwar einen signifikanten Prädiktor bezüglich einer gestörten sozial-emotionalen Entwicklung dar, allerdings vor dem Hintergrund genereller Reifeverzögerungen. Ergänzend war der familiäre Hintergrund der stark rauchenden Mütter durch geringeres Bildungsniveau, geringes Familieneinkommen und durch vielfältigere sowie schwerere Formen des Alkohol- und Drogenmissbrauchs gekennzeichnet.

Zu ähnlichen Ergebnissen kommt eine prospektive Längsschnittstudie von O'Callaghan et al. (1997), die auf einer Ausgangsstichprobe von 7357 schwangeren Frauen basiert. In dieser Untersuchung stand der Zigarettenkonsum der Mütter in signifikantem Zusammenhang mit schweren Verhaltensstörungen, inklusive aggressivem Verhalten gegen andere, Zerstören von Gegenständen, Lügen etc. Und auch hier manifestierten sich die Problematiken in schwierigen familiären Lebenszusammenhängen (frühe Schwangerschaft, geringes Bildungsniveau, geringes Familieneinkommen).

Insgesamt sind *psychosoziale Risiken* für die sozial-emotionale Entwicklung wesentlich bedeutsamer. Ihr Einfluss nimmt mit zunehmendem Alter zu. Dies ist ein wesentliches Ergebnis der Rostocker Längsschnittstudie von Meyer-Probst & Reis (1999), die mit einer Neugeborenenerhebung von 1000 Kindern begann. Je weniger die Familie Bindung und Unterstützung vermittelte, desto eher schätzten sich 14-Jährige selbst sowohl emotional verunsichert als auch nervös erregbarer und aggressiver ein. Das Mütterurteil bestätigte diese Selbsteinschätzungen. Die Autoren konnten auf dieser Grundlage mittels Faktorenanalyse den für die sozial-emotionale Entwicklung entscheidenden Faktor „Familienklima" bestimmen, der die Persönlichkeitsentwicklung der Kinder besonders beeinflusste und zwar bereits mit zwei Jahren und bis zum 25. Lebensjahr.

Laucht et al. (1998) konnten ebenfalls zeigen, dass vor allem gesellschaftliche Risikofaktoren und familiäre Risiken die Entstehung sozial-emotionaler Entwicklungsauffälligkeiten erklären.

Hierzu zählen ein gesellschaftlich problematischer Lebenskontext in Form eines niedrigen sozioökonomischen Status (schwaches

Bildungs- und Ausbildungsniveau, Arbeitslosigkeit, geringes Familieneinkommen) sowie Drogen- und Alkoholmissbrauch, chronische eheliche Unzufriedenheit, geringer familiärer Zusammenhalt, wenige gemeinsame Familienaktivitäten und eine erhöhte Rate familiärer Konflikte (vgl. auch Capaldi et al. 2002; Connor 2002).

Förderung sozialer Kompetenz

Beeinträchtigungen bei der Entwicklung sozialer Kompetenz führen zu Verhaltensauffälligkeiten bzw. -störungen, die eine große Vielfalt unter- und überkontrollierter Verhaltensweisen umfassen. Bei den sogenannten externalisierenden Verhaltensstörungen lassen sich im Wesentlichen die Aufmerksamkeitsdefizit-/Hyperaktivitätsstörung, die Störung mit oppositionellem Trotzverhalten und die Störung des Sozialverhaltens differentialdiagnostisch voneinander abgrenzen. Zu den internalisierenden Störungen zählen v.a. Kindheitsängste sowie Depression.

Häufig – und insbesondere im Schulkontext – sind Kinder jedoch in der Weise auffällig, dass sie keine „kompletten" Störungsbilder aufweisen, sondern verschiedene Symptome in Form impulsiv-aggressiven oder oppositionellen Verhaltens aufweisen und ergänzend depressive Verarbeitungsmuster und Selbstwertprobleme beobachtbar sind. Insofern machen sich Beeinträchtigungen der sozialen Kompetenz störungsübergreifend am spezifischen individuellen Problemverhalten fest und zwar, wenn unangemessene (offensiv-aggressive oder auch defensiv-vermeidende) Verhaltensweisen im Vergleich zu Kindern und Jugendlichen gleichen Entwicklungsstands in deutlich übermäßiger Ausprägung zu beobachten sind.

Therapeutisch wird bei all diesen Störungen in erster Linie angestrebt, die nur unzureichend ausgebildeten sozialen und kognitiven Fertigkeiten aufzubauen und zwar am wirksamsten mittels kognitiv-behavioraler Trainings.

Hierzu zählen *Trainings zur Vermittlung sozialer Fertigkeiten*, die hauptsächlich auf Verstärkungsprinzipien und Modell-Lernen zurückgreifen. *Problemlöse- und Selbstkontrolltrainings* schließen auch interne Prozesse der Informationsverarbeitung und Verhaltensplanung ein. Bei den Trainings kommen auch Selbstinstruktionstechniken zum Einsatz sowie Übungen zur Perspektivübernahme.

Soziale Kompetenztrainings werden multimodal konzipiert, d.h. sie nutzen sowohl kind- als auch familien- und schulzentrierte Interventionszugänge.

Die Effizienz kognitiv-behavioraler Trainings ist empirisch gut belegt (vgl. Kazdin 1997). Die Ergebnisse aus Längsschnitt- und Wirksamkeitsstudien ermutigen dazu, soziale Kompetenztrainings bereits früh präventiv einzusetzen.

Literatur

Bandura, Albert (1979): Sozial-kognitive Lerntheorie. Stuttgart

Caldarella, Paul & Merrell, Kenneth W. (1997): Common dimensions of social skills of children and adolescents: A taxonomy of positive behaviour. In: School Psychology Review 26, 2, 264–278

Capaldi, Deborah M. et al. (2002): Contextual risk across the early life span and association with antisocial behavior. In: Reid, John B. et al. (Hrsg.): Antisocial behavior in children and adolescents: A developmental analysis and model for intervention. Washington, DC, 123–146.

Connor, Daniel F. (2002): Aggression and antisocial behavior in children and adolescents. New York

Day, Nancy L. et al. (2000): Effects of prenatal tobacco exposure on preschoolers' behavior. In: Journal of Developmental and Behavioral Pediatrics 21, 180–188

Denham, Susanne et al. (2001): Preschoolers at play: Co-socializers of emotional and social competence. In: International Journal of Behavior Development 25, 4, 290–301

Dodge, Kenneth A. (1986): A social information processing model of social competence in children. In: Marion Perlmutter (Hrsg.): Minnesota Symposia on Child Psychology Vol. 18: Cognitive perspec-

tives on children's social and behavioral development. Hildsdale, 77–125
Gresham, Frank M. & Reschly, Dan J. (1987): Dimensions of social competence: Method factors in the assessment of adaptive behavior, social skills, and peer acceptance. In: Journal of School Psychology 25, 367–381
Grob, Alexander & Smolenski, Carola (2005): Fragebogen zur Erhebung der Emotionsregulation bei Kindern und Jugendlichen (FEEL-KJ). Bern
Heinrichs, Nina et al. (2002): Prävention von Verhaltensauffälligkeiten bei Kindern. In: Psychologische Rundschau 53, 170–183
Kazdin, Alan E. (1997): Practitioner Review: Psychosocial Treatments for Conduct Disorder in Children. In: Journal of Child Psychology & Psychiatry 38, 2, 161–178
Laucht, Manfred, Esser, Günter & Schmidt, Martin H. (1998): Risiko- und Schutzfaktoren der frühkindlichen Entwicklung: Empirische Befunde. In: Zeitschrift für Kinder- und Jugendpsychiatrie 26, 6–20
Linderkamp, Friedrich (2008): Soziale Kompetenz. In: Lauth, Gerhard et al. (Hrsg.): Verhaltenstherapie mit Kindern und Jugendlichen. 2. Aufl., Weinheim
Meyer-Probst, Bernhard & Reis, Olaf (1999): Von der Geburt bis 25: Rostocker Längsschnittstudie (ROLS). In: Kindheit und Entwicklung 8, 1, 59–68
O'Callaghan, Michael J. et al. (1997): Obstetric and perinatal factors as predictors of child behavior at 5 years. In: Journal of Paediatrics and Child Health 33, 497–503
Piaget, Jean (1954): Das moralische Urteil beim Kinde. Zürich
Sameroff, Arnold J. (1975): Transactional models in early and social relations. In: Human Development 18, 65–79
Scheithauer, Herbert et al. (2000): Biopsychosoziale Risiken in der frühkindlichen Entwicklung: Das Risiko- und Schutzfaktorenkonzept aus entwicklungspsychopathologischer Sicht. In: Petermann, Franz et al. (Hrsg.): Risiken in der Frühkindlichen Entwicklung. Göttingen, 65–97
Sroufe, L. Alan (1997): Psychopathology as an outcome of development. In: Development and Psychpathology 9, 251–268

Mobilitätsbildung

Philipp Spitta

Definition

Der Begriff der „Mobilitätsbildung" ist in schulischen und außerschulischen Kontexten relativ unbekannt. Viel eher ist dieses Themenfeld unter der Bezeichnung der „Verkehrserziehung" oder in Lehrplänen auch als „Verkehrs- und Mobilitätserziehung" zu finden. Mit der Betonung des Bildungsaspekts beim Mobilitätslernen verbinden sich ein erweiterter Anspruch und eine thematische Neuausrichtung der schulischen Verkehrserziehung. Während der Fokus der schulischen Verkehrserziehung stärker auf dem Aspekt der Sicherheitserziehung lag, umfasst die Mobilitätsbildung zusätzlich Aspekte der Umweltbildung, der Bildung für eine nachhaltige Entwicklung, der Gesundheitserziehung, der Partizipation sowie des politischen und sozialen Lernens und bezieht neben allen Schulstufen auch außerschulische Bereiche und alle Altersphasen ein.

Mit Mobilität ist hier, in Abgrenzung zu den sozialen Aspekten von Mobilität, die räumliche Beweglichkeit von Personen gemeint. [→ V Mobilität] Durch alters-, gesundheits- oder ökonomisch bedingte Faktoren können Mobilitätsmöglichkeiten von Menschen eingeschränkt sein. Menschen mit körperlicher oder geistiger Behinderung werden häufig als „mobilitätsbehindert" etikettiert. Die eingeschränkte Verkehrsteilnahme von Menschen mit Behinderung wird somit einseitig den personalen Bedingungen dieser Gruppe zugeschrieben. Tatsächlich tragen aber auch in bedeutendem Maß das System des Verkehrs, die Gestaltung der Verkehrswege und -mittel sowie das Verhalten anderer Verkehrsteilnehmer dazu bei, dass sich viele nicht gleichermaßen sicher und frei im öffentlichen Raum bewegen können. Vom (motorisierten) Straßenverkehr werden nicht nur Menschen mit Behinderungen in ihrer Bewegungsfreiheit eingeschränkt, sondern beispielsweise auch Kinder, ältere Menschen und vielerorts auch ganz allgemein Fußgänger oder Radfahrer.

Um eine Normalisierung des Lebens, um Integration und selbstbestimmtes Leben für Behinderte zu erreichen, ist eine, wenn möglich, selbstständige Teilnahme am Straßenverkehr eine wichtige Voraussetzung (vgl. Stöppler 2002, 15).

Neben einer Befähigung der Verkehrsteilnehmer zu sicherem Verhalten – eines der Hauptziele der schulischen Verkehrserziehung – müsste die Gestaltung des Straßenverkehrs so verändert werden, dass möglichst alle Menschen weitgehend selbstständig mobil sein können. Dies einzubeziehen ist Anliegen der Mobilitätsbildung. In Deutschland ist durch die Norm DIN 18 030 eine barrierefreie Gestaltung von Straßenverkehrsanlagen und öffentlichen Gebäuden vorgeschrieben. De facto sind diese Richtlinien allerdings vielerorts nicht oder nur unzulänglich umgesetzt. Hinzu kommt, dass durch parkende oder schnell fahrende Pkw sowie durch das nicht regelgerechte Verhalten vieler Verkehrsteilnehmer zusätzliche Einschränkungen und Gefahren entstehen und somit eine barrierefreie Bewegung im öffentlichen Raum für schwächere Gruppen erheblich erschwert ist.

Begriffs- und Gegenstandsgeschichte

Ursprünglich war die Verkehrserziehung nicht in erster Linie ein Bildungsanliegen der Schule, sondern ein von der Gesellschaft geforderter Beitrag zur Unfallprävention im Straßenverkehr. Schon mit dem Aufkommen der ersten Automobile kam es zu Konflikten zwischen Autofahrern und Fußgängern. Es wurde eine Erziehung der nicht motorisierten Verkehrsteilnehmer eingefordert und diese in den folgenden Jahrzehnten institutionell in der Schule verankert. Während der nationalsozialistischen Herrschaft, aber auch in den ersten Jahrzehnten der Bundesrepublik wurde im Verkehrsunterricht vor allem auf das Lernen von Regeln und ein nicht reflektiertes Einordnen unter die Vorschriften abgehoben (Spitta 2005, 11).

Mit dem Wirtschaftsaufschwung der 1950er Jahre wuchs auch der motorisierte Individualverkehr, dies führte zu höheren Unfallraten. In der Verkehrserziehung versuchte man durch eine Charaktererziehung die Voraussetzung für eine unfallfreiere Verkehrsteilnahme herzustellen. Mit den 1960er Jahren geriet diese affirmative Verkehrserziehung zunehmend in die Kritik. In der Folge wurde 1972 durch die Kultusministerkonferenz (KMK 1973) eine Empfehlung für die Verkehrserziehung herausgegeben, in welcher der Straßenverkehr unter systemischen Aspekten betrachtet wurde und daher die Sozialerziehung der Verkehrsteilnehmer/-innen einen neuen Stellenwert bekam. Ziel war es unter anderem, sich für eine Humanisierung des Verkehrs einzusetzen.

Trotz neuer Ansätze wurde in der Praxis häufig die alte regel- und trainingsorientierte Verkehrserziehung beibehalten. In Kooperation mit außerschulischen Partnern wie der Polizei oder der Verkehrswacht etablierten sich als bis heute gültiges Grundmuster in der schulischen Verkehrserziehung das Schulwegtraining am Schulanfang und die Radfahrausbildung in der 4. Klasse. In der Sekundarstufe fand Verkehrserziehung entweder in Form von Mofakursen oder aber in vielen Fällen gar nicht statt. In der Tendenz ist dies bis heute so geblieben.

In den Sonder- bzw. Förderschulen nahm die Verkehrserziehung insgesamt keine zentrale Stellung ein. Dies spiegelt sich vor allem in der geringen Anzahl von Veröffentlichungen wider. In der KMK-Empfehlung von 1994 finden sich für alle anderen Schulstufen Hinweise zu Inhalten und Methoden der Verkehrserziehung, während nur der sonderpädagogische Bereich bezeichnenderweise unerwähnt bleibt (KMK 1994).

Mit der Empfehlung von 1994 reagierte die KMK vor allem auf die Debatte der Umweltbelastungen durch den Straßenverkehr und die Einseitigkeit der bisherigen Konzepte. Neben der Sicherheitserziehung standen nun gleichberechtigt die Bereiche der Sozial-, Umwelt- und Gesundheitserziehung als Themenfelder fest. Verkehrserziehung wurde als Querschnittsaufgabe mit einer verbindlichen Stundenzahl von zehn bis 20 Stunden je nach Schuljahr vorgeschrieben. Aber auch diese neue Orientierung ließ kritische Stimmen nicht verstummen. So wurde ein geringer Erfolg des alleinigen Regellernens konstatiert und festgestellt, dass die Verkehrserziehung in allen Phasen der Lehrerausbildung kaum eine Rolle spiele und zudem wissenschaftlich an den Hochschulen nicht verankert sei. Außerdem wurde immer wieder der Einfluss der außerschulischen Partner kritisiert, deren Material durch die finanzielle Unterstützung der Sponsoren aus der Automobil- und Mineralölindustrie nicht neutral sei, sondern eine Erziehung zur Motorisierung fördere (vgl. Spitta 2005, 14).

In neueren Veröffentlichungen, die in der Folge der KMK-Empfehlung von 1994 entstanden, wurde, um die gewandelte Akzentuierung der Inhalte deutlich zu machen, nicht nur von Verkehrs-, sondern von der Mobilitätserziehung oder Mobilitätsbildung gesprochen (von Reeken 1998; Siller 2003; Limbourg 2003; Spitta 2005). Hierbei wurden enge Beziehungen zum Konzept der Bildung für nachhaltige Entwicklung gesehen (de Haan & Harenberg 1998). Neben den klassischen Themen des Schulwegtrainings und der Radfahrausbildung kamen unter anderem die praktische Auseinandersetzung mit Bus und Bahn, Stadtteilerkundungen, Planungsbeteiligung von Kindern, Aktionen zur Verkehrsberuhigung und vieles mehr hinzu (vgl. Spitta 2005).

Zentrale Erkenntnisse, Forschungsstand

Im Bereich der Sonderpädagogik wurde die Erweiterung der Verkehrserziehung zur Mobilitätsbildung nicht gleichermaßen mit vollzogen. Ein deutlicher Schwerpunkt der wenigen für diesen Bereich vorliegenden Konzepte liegt im Verhaltenstraining und der Wahrnehmungsschulung.

In der allgemeinen pädagogischen Fachdiskussion wie auch innerhalb der Behindertenpädagogik findet die Verkehrserziehung wenig Beachtung. Zusätzlich kann konstatiert werden, dass innerhalb der verkehrspädagogischen Fachdiskussion Menschen mit Behinderung weitgehend unberücksichtigt bleiben. Die geringe Thematisierung von Verkehrsthemen in der Behindertenpädagogik verwundert insofern, als dass gerade durch eine verstärkte Teilnahme am Straßenverkehr und damit am öffentlichen Leben grundlegende Leitlinien der Behindertenpädagogik erreicht werden. Die Kompetenz, sich sicher als Fußgänger oder als Benutzer von Bus und Bahn im Verkehr fortzubewegen, ermöglicht Teilhabe am öffentlichen Leben, soziale Kontakte, Konsum und Partizipation, ist also ein wichtiger Schlüssel für ein weitgehend selbstbestimmtes Leben und Integration (Stöppler 2002). [→ II Isolation und Partizipation]

Die Realität für Menschen mit Behinderungen sieht in der Regel anders aus. Anstatt mit zunehmendem Alter mobiler zu sein, werden durch organisatorische Zwänge, etwa durch den Transport mit Fahrdiensten in weit entfernte Werkstätten und Schulen, viele Menschen mit Behinderung einer eigenständigen Auseinandersetzung mit Verkehrsräumen entbunden und gleichzeitig der öffentlichen Wahrnehmung entzogen. Auch wenn für einige Menschen mit Behinderung eine Begleitung oder ein Fahrdienst unerlässlich ist, so könnte doch für andere die Teilnahme am Verkehr zu größerer Selbstständigkeit führen. Dies korrespondiert mit dem Ziel der Behindertenbewegung „Interessenvertretung Selbstbestimmt Leben“, die eine „Kontrolle über das eigene Leben, die auf der Wahl von akzeptablen Möglichkeiten basiert“, als erstrebenswert einfordert (vgl. ISL 2001). Um Fremdkontrolle und Begleitung zu minimieren und eine eigenständige Verkehrsteilnahme zu erleichtern, wäre ein Verzicht auf Spezialschulen, zugunsten einer wohnortnahen Inklusion, wie beispielsweise in den skandinavischen Ländern praktiziert, politisch notwendig.

Zahlreiche Studien zu verschiedenen Kompetenzbereichen behinderter Menschen (Kognition, Motorik, Wahrnehmung, Konzentration usw.) lassen Rückschlüsse auf das Verhalten und die Fähigkeiten bei der Verkehrsteilnahme zu (vgl. Stöppler 2002, Kap. 5). Folgende Arbeiten und curriculare Entwürfe beziehen sich direkt auf den Themenbereich Mobilität:

- Pohl legte erstmals 1976 ein Curriculum für die Verkehrserziehung an Sonderschulen vor. Die Ziele der Verkehrserziehung setzte er mit den damaligen Leitzielen der Sonderschule der Lebensertüchtigung und -erfülltheit in Verbindung (Pohl 1981). Eine wissenschaftliche Evaluation dieser Praxisvorschläge erfolgte nicht.
- Geiler (1981) entwickelte für die Förderung von geistig behinderten Kindern ein Programm mit Schwerpunkten u. a. in der Wahrnehmungsförderung, Verbesserung der Reaktionsleistungen und der Grobmotorik. Das Programm wurde in Jugendverkehrsschulen durchgeführt und konnte in Teilbereichen Erfolge beim verkehrssicheren Verhalten aufweisen (ebd., 37).
- Hielscher (1990) legte ein Handbuch für die „Verkehrserziehung bei Menschen mit Behinderung“ vor, in dem für zehn verschiedene Behinderungsarten zahlreiche Praxisanregungen gegeben wurden.
- Walburg untersuchte 1997 die Verkehrskompetenz von Sonderschülern und stellte fest, dass zwar 34 % der Untersuchten motorisch in der Lage waren, Fahrrad zu fahren, aber nur 9 % der befragten Gruppe die Kompetenz hatte, selbstverantwortlich am Verkehr teilzunehmen (vgl. Stöppler 2002, 65).
- Stöppler (2002) veröffentlichte eine umfassende Analyse der Verkehrsteilnahme von Menschen mit unterschiedlicher Behinderung. Im Rahmen eines systemischen Ansatzes gibt sie aus interaktionistischer Perspektive detaillierte Ansatzpunkte für die Theorie und Praxis der Verkehrs- und Mobilitätserziehung. Es werden Lernziele und Übungen für Verkehrsteilnehmer als Fußgänger, Mitfahrer im Pkw, Benutzung öffentlicher Verkehrsmittel und Radfahrer formuliert. In kleinschrittigen Übungseinheiten werden erprobte und evaluierte Vorschläge zum Trainieren von Teilleistungen gemacht. Ziel ist dabei, die Handlungskompetenz im Verkehr zu steigern und damit Integration zu fördern. Stöppler kann mit ihrem Ansatz, der in der Ausführlichkeit für die sonderpädagogische Mobilitätserziehung bisher einmalig ist, Erfolge nachweisen. Trotz des systemischen Ansatzes bleiben jedoch Veränderungsvorschläge für die gesellschaftlich bedingte Einschränkung der Verkehrsteilnahme von Menschen mit Behinderungen in den Praxisvorschlägen unberücksichtigt.

Ausblick

Für die Primar- und Sekundarstufen gibt es in der theoretischen Diskussion inzwischen eine Fülle von Konzepten und Curricula zur Mobilitätsbildung, wenngleich diese bisher kaum durch eine empirische Unterrichtsforschung abgesichert wurden. Ein großes Problem besteht in der Umsetzung dieser Ansätze in der Praxis, in der sich häufig alte Elemente der

Verkehrserziehung zäh halten. Ähnlich stellt sich die Problemlage in der schulischen Behindertenpädagogik dar. Durch Wahrnehmungstraining und lebenspraktische oder motorische Übungen und entsprechende Hinweise in den Lehrplänen werden wichtige Elemente einer Verkehrssicherheitserziehung in der Praxis abgedeckt, wenn auch der reale Kontakt mit dem Straßenverkehr im Rahmen von Unterricht je nach Einrichtung sehr unterschiedlich ausfallen kann. Auffällig ist hingegen das Defizit in der Theoriebildung. Hier müsste, aufbauend auf den vorhandenen Arbeiten, eine weitere Grundlegung mit begleitender Forschung stattfinden.

Dabei ist die Mobilitätsbildung in der Behindertenpädagogik in der Gefahr, dass ein defizitärer Blickwinkel eingenommen wird. Es stehen dann vor allem die Mängel und Einschränkungen der Menschen mit Behinderungen im Vordergrund, die dann durch intensive Trainingseinheiten verbessert werden sollen. Problematisch ist hierbei nicht nur das defizitorientierte Konzept von Behinderung, sondern auch der einseitige Anspruch eines verkehrssicheren Verhaltens an die nicht-motorisierten, schwächeren Verkehrsteilnehmer. Mobilitätsbildung muss daher neben dem Training auch für ein verkehrssicheres Umfeld sorgen, also Lobbyarbeit für eine barrierefreie Gestaltung des Straßenverkehrs machen.

In der Praxis bedeutet das für Eltern, Lehrer und Betreuer abzuwägen, an welchen Stellen auf sichere Fahrdienste zurückgegriffen werden muss und wann (ggf. begleitete) Wege zu Fuß, mit Bus oder Bahn genommen werden können, wie sich für verbesserte Straßengestaltung im Umfeld arbeiten lässt oder wie alle Verkehrsteilnehmer zu mehr Rücksichtnahme angehalten werden können.

In diesem Sinne richtet sich Mobilitätsbildung nicht nur an die Schule, sondern bezieht alle gesellschaftlichen Gruppen und Lebensphasen ein. Eine Umgestaltung der Fahrschulausbildung steht hier ebenso zur Debatte wie das Hinterfragen von Mobilitätsgewohnheiten. Angesichts des durch menschliche Einflüsse veränderten Weltklimas müsste das Ziel sein, so ressourcenschonend mobil zu sein, dass nachfolgende Generationen in ihren Lebensbedingungen nicht beeinträchtigt werden. In diesem Kontext muss der motorisierte Straßenverkehr zu Teilen vermieden, verlangsamt und auf umweltfreundliche Verkehrsmittel verlagert werden. Um dies zu erreichen, müssen alle Bürger kompetent sein, sich umweltfreundlich zu Fuß, im Rollstuhl, mit Bus, Bahn oder Rad fortzubewegen. Diese Schritte zu einer nachhaltigen Mobilität sollen schulisch wie außerschulisch durch Ansätze der Mobilitätsbildung verankert werden. Eine empirische Begleitforschung zu diesem Unterfangen ist jedoch dringend nötig. Sicher ist, dass eine umweltschonende Mobilität und eine humanere Verkehrsgestaltung allen Menschen zugute käme. Somit kann die Mobilitätsbildung Teil eines integrativen Gesamtkonzepts werden, das Behinderten und Nichtbehinderten Perspektiven eines selbstbestimmten und mobilen Lebens eröffnet.

Literatur

Geiler, Michael (1981): Verkehrserziehung für behinderte Kinder in Jugendverkehrsschulen. Bundesanstalt für Straßenwesen – Bereich Unfallforschung. Köln

Haan, Gerhard de & Harenberg, Dorothee (1998): Nachhaltige Entwicklung und Mobilitätserziehung. Paper 98–146 der Forschungsgruppe Umweltbildung. Berlin

Hielscher, Hans (1990): Verkehrserziehung behinderter Kinder und Jugendlicher. Bonn

Interessenvertretung Selbstbestimmt Leben in Deutschland e. V. (ISL) (2001): Ursprung der deutschen Selbstbestimmt-Leben-Bewegung. www.isl-ev.de/2001/04/19/ursprung-der-deutschen-selbstbestimmt-leben-bewegung/ (vom 20.03.2007)

KMK (1973): Empfehlung zur Verkehrserziehung in der Schule. Beschluss der KMK vom 07.06.1972. In: KMK. Kulturpolitik der Länder 1971–1972. Bonn

KMK (1994): Empfehlung zur Verkehrserziehung in der Schule. Beschluss der KMK vom 17.06.1994. In: Zeitschrift für Verkehrserziehung 45, 1, 4–6

Limbourg, Maria (2003): Zukunftsorientierte Verkehrs- und Mobilitätserziehung im Kindes- und

Jugendalter. In: Bericht über die Tagung „Mobilität und Verkehrssicherheit für Kinder und Jugendliche" in Köln am 16.01.2003. Düsseldorf

Pohl, Rudolf (1981): Verkehrserziehung Geistigbehinderter. Hagen

Reeken, Dietmar v. (1998): Von der Gefahrenabwehr zum Risikobewusstsein. Mobilitätsbildung statt Verkehrserziehung. In: Sache Wort Zahl 26, 16, 36–40

Siller, Rolf (Hrsg.) (2003): Kinder unterwegs – Schule macht mobil. Verkehrs- und Mobilitätserziehung in der Schule. Donauwörth

Spitta, Philipp (2005): Praxisbuch Mobilitätserziehung. Baltmannsweiler

Stöppler, Reinhilde (2002): Mobilitäts- und Verkehrserziehung bei Menschen mit geistiger Behinderung. Bad Heilbrunn

Umweltbildung

Hartmut Bölts

Definitionen, Begriffs- und Gegenstandsgeschichte

Die pädagogische Diskussion über die ökologische Krise wurde von außen angestoßen, einerseits von der staatlichen Umweltpolitik und andererseits von der politischen Ökologiebewegung. Externe politische Anstöße wurden im pädagogischen Rahmen in einem Diskurs über Erziehung verarbeitet. So kam es zu Überlagerungen von Kriseninterpretationen, in der sich unterschiedliche Argumentationsfiguren und Handlungskonzepte herausbildeten und konzeptionell stabilisierten. Die Übersetzung staatlicher Umweltpolitik zielte auf eine ökologische Modernisierung, während die politische Umweltbewegung in der Tendenz den Bruch mit dem Industriesystem anvisierte.

Um diese beiden Pole konzentrierten sich die grundlegenden Positionsbeiträge: Die einen sahen jene globalen Gefährdungen als Folgeprobleme von Modernisierungen, die nur mit industriegesellschaftlichen Mitteln zu bewältigen sind, also durch eine ökologische Modernisierung qua Wissenschaft, Technik und flankierenden Bewusstseinsänderungen in der Bevölkerung. Für die anderen ist die global-ökologische Krise der Ausdruck eines grundsätzlich zu kritisierenden Paradigmas in Wissenschaft, Technik, Ökonomie, Politik und Kultur. Wissenschaftlich-technischer Fortschritt und instrumentelle Rationalität haben danach die Destruktivkräfte hervorgebracht, deren Begrenzung und Überwindung nur durch systemische Transformationen zu erreichen sind.

Waren die weltanschaulichen Differenzen auch trennscharf formulierbar, so sind ihnen doch zwei stabile Denkfiguren gemeinsam. Auf der einen Seite diente die Vorstellung von einer Ökologisierung der Pädagogik als eine mögliche Antwort auf die unübersehbaren Erziehungskrisen, während die ökologische Krise durch eine Pädagogisierung der Ökologie bewältigt werden sollte. Vor diesem Hintergrund entwickelten sich drei Richtungen umweltpädagogischer Ansätze:

- *Umwelterziehung*, die im komplementären Zusammenhang mit der administrativen Umweltpolitik auf das Herausbilden eines „Umweltbewusstseins" und einer „ökologischen Handlungskompetenz" angelegt ist (Eulefeld 1993).
- *Ökologisches Lernen* mit der Intention, die besondere Qualität von Lernprozessen in den neuen sozialen Bewegungen (politische Ökologiebewegung, Friedensbewegung, Ju-

gendprotest und Frauenbewegung) als Maßstab und Vorbild alternativer Formen institutionellen Lernens zu setzen (Beer 1992).
- *Ökopädagogik* als zusammenfassende Umschreibung aller Strömungen, die von der Notwendigkeit einer radikalen Veränderung grundlegender Vorstellungen von Gesellschaft, Erziehung und der Mensch-Natur-Beziehungen ausgehen.

Mit dem tendenziellen Verfall der neuen sozialen Bewegungen in den 1980er Jahren sind die genuinen Ansätze ökologischen Lernens und die eher fundamentalistisch orientierten ökopädagogischen Bestrebungen über ein Nischendasein nicht hinausgekommen und verloren in der Folge ihre inhaltliche Substanz. Dagegen konnte die „Umwelterziehung“ dank staatlicher und administrativer Unterstützung ein wenn auch bescheidenes, so doch unübersehbares, Terrain besetzen.

Zentrale Herausforderungen und Forschungsstand

Die Konferenz der Vereinten Nationen (VN) über Umwelt und Entwicklung (UNCED) 1992 in Rio de Janeiro hat mit der „Agenda 21“ ein Aktionsprogramm von 178 Staaten unterzeichnet, das die gewünschte „Tagesordnung“ für das 21. Jahrhundert enthält. In vier Teilen mit 40 Kapiteln wird ein umfassender Leitfaden für eine ‚nachhaltige‘ und ‚zukunftsfähige‘ Entwicklung der Weltgesellschaft skizziert.

Die in Rio 1992 von den VN eingesetzte Kommission für nachhaltige Entwicklung (CSD) hat 1996 beschlossen, ein Aktionsprogramm in die Wege zu leiten, mit dem die VN-Organisation unter Federführung der UNESCO die nationalen Regierungen und die wichtigen gesellschaftlichen Gruppen, insbesondere auch die Nichtregierungsorganisationen, die Umsetzung der Agenda 21 koordiniert voranbringen sollen.

In den Jahren 1994/1995 haben Bund und Länder in getrennter Form auf Regierungsebene die Absicht bekundet, die Agenda 21 zur Leitlinie ihrer Politik zu machen (vgl. Umweltbericht 1994 der Bundesregierung, Bericht der Bundesregierung anlässlich der VN-Sondergeneralversammlung über Umwelt und Entwicklung 1997 in New York „Auf dem Weg zu einer nachhaltigen Entwicklung in Deutschland“, Ministerpräsidentenkonferenz im Dezember 1995; Umweltministerkonferenz im Juni 1996 und im Juni 1997).

Wesentlicher Inhalt des Beschlusses ist die Weiterentwicklung der Umweltbildung hin zu einer „Bildung für eine nachhaltige Entwicklung“, wobei der neugeprägte Leitbegriff darauf aufmerksam machen soll, dass Umweltaspekte, soziale Gesichtspunkte und Entwicklungsfragen gleichrangig in die formelle und nichtformelle Bildung eingebracht werden (Hauenschild & Bolscho 2005).

Die Bund-Länder-Kommission für Bildungsplanung und Forschungsförderung (BLK) hat am 8. Juni 1998 den Orientierungsrahmen einer „Bildung für eine nachhaltige Entwicklung“ verabschiedet. Dieser Orientierungsrahmen soll als „gedankliches Fundament, als konzeptioneller Aufriss und als Leitlinie für eine zukunftsfähige Gestaltung pädagogischer Prozesse dienen“ (BLK 1998, 9). Erzieher, Lehrer, Ausbilder, Professoren und Dozenten sind aufgerufen, die üblichen Instrumentarien zur Umsetzung von Innovationen einzusetzen (z. B. Lehrpläne, Ausbildungsverordnungen, Studienordnungen, Richtlinien, thematische Bausteine, Materialienentwicklung) und darauf ausgerichtete Lehr- und Lernprozesse im Sinne des neuen Leitbilds zu verändern. [→ Begründung von Erziehungs- und Bildungszielen]

Eine zunächst plausible, aber zu kurz greifende Lösung scheint in folgendem Gedankengang zu liegen: Endlich gibt es jetzt einen verbindlichen (BLK-)Orientierungsrahmen, in dem sich alle bewegen können und wo es jetzt nur noch darauf ankommt, das Sein (hier die konkrete reale Krisenphänomenologie und das Verhalten der Menschen in den verschiedenen Subsystemen dieser Gesellschaft) und das Sollen (hier das anscheinend konsensfähige ‚Nachhaltigkeitsparadigma') mit den entsprechenden, vor allem pädagogischen Methoden zur Deckung zu bringen. [→ I Paradigma/Paradigmawechsel] So verführerisch und naheliegend dieser Gedankengang ist, so kurzschlüssig und fehlorientierend könnte er auch sein und in mögliche, vielleicht schon absehbare Sackgassen führen: Wenn sowohl die Interpretation des Seins als auch die des Sollens ungeklärt ist und von daher auf tönernen Füßen steht, dann ist eine skeptische Grundhaltung im Umgang mit den zu erwartenden Konzeptansätzen gerechtfertigt.

Diese Skepsis begründet sich auch aus der Auseinandersetzung mit der bisherigen Geschichte der Umweltpädagogik, zumal eine Diskussion der von mehreren Seiten vorgetragenen Grundlagenkritik (Heid 1992; Bölts 1995) kaum stattgefunden hat und deshalb zu erwarten ist, dass die dort vorgebrachten Defizite in veränderter Gestalt wieder auftreten werden. Aus diesem Grunde werden die folgenden zehn Thesen diese Kritik aufnehmen und daraus Konsequenzen für eine kritisch-konstruktive Praxis ableiten.

Zehn Thesen zur kritisch-konstruktiven Grundlegung und Orientierung eines Programms zur „Bildung für eine nachhaltige Entwicklung"

1. ‚Natur' ist die erste und letzte Ressource menschlicher Existenz. Evolutionär ein Natur- und Kulturwesen, gerät die Gattung Mensch im Durchgang ihrer kulturellen Entwicklungsstufen zunehmend an die Grenzen ihrer ‚äußeren' und ‚inneren' Natur. Im Zentrum der Interpretation des aktuellen ökologischen Krisenzusammenhanges stehen deshalb die historisch veränderlichen und veränderbaren ‚Mensch-Natur'-Beziehungen (Reheis 1996; 2006; Radkau 2000).
2. Eine der zentralen Ursachen dieser fundamentalen Krise ist die historisch gewachsene Form des Wirtschaftens (globalisierter Neoliberalismus), des Arbeitens (abhängige entfremdete Lohnarbeit) und dazu kohärente Weisen des Forschens, der Technikproduktion, des Kulturbetriebs und der Institutionalisierung von Wissen und Bildung (Forrester 1997) [→ VI Globalisierung, Deregulierung, Ökonomisierung].
3. Umweltbildung in ihrer etablierten Form als institutionell-gesellschaftlich integrierte Veranstaltung zur Produktion von vermeintlich richtigem ökologischem Bewusstsein und Verhalten unterliegt in spezifischer Weise den vorgegebenen gesellschaftlichen Rahmenbedingungen und impliziten Zwängen: Sie folgt in ihrem Mainstream dem „heimlichen Lehrplan" unseres Umgangs mit den ökologischen Risiken und Gefahren. Sie gestaltet Vorhaben, die einerseits der einfachen (strukturstabilisierenden) ‚ökologischen Modernisierungslinie' in Ökonomie und Politik folgen, andererseits die alltagsweltlich verankerten populären Angebote des kompensatorischen ‚Naturerlebens' nutzen. Diese beiden Stränge ergänzen sich wechselseitig, ohne die tieferen Funktionsmechanismen unserer Gesellschaft aufzuhellen und anzutasten. (Diesen Mechanismus nenne ich den stetig reproduzierten „kompensatorischen Verhaltenszirkel" in der Umweltbildung.)
   - 3.1. Die ökologische Krise spaltet sich auf in eine ‚äußere' Dimension (z. B. Ozongefahren, drohende Klimakatastrophe, Atommüllprobleme, Artensterben) und eine ‚innere' Dimension (z. B. Entfremdung, spezifische Zivilisationskrankheiten und Orientierungskrisen).
   - 3.2. Die Zustände von ‚innerer' und ‚äußerer' Krise bedingen einander. Genauso wie sich der Zustand der äußeren Natur leiblich, psychisch und kognitiv niederschlägt, ist der Zustand der äußeren Natur auch ein Spiegelbild der inneren leiblichen, psychischen und kognitiven Verfassung der Menschen in dieser Gesellschaft (Korrespondenzthese).
   - 3.3. Die äußere Krise spiegelt sich wider im Diskurs zur ‚Risikogesellschaft'. Ihr systemkonformer Therapieansatz ist die einfache ‚ökologische Modernisierung' (z. B. die reale Praxis zur ‚Agenda 21').

3.4. Die innere Krise wird als unausweichliche Zeiterscheinung der ‚Fortschritts-Moderne' hingenommen. Defekte und Mängel werden mit expertenorientierten Dienstleistungsangeboten therapiert (z. B. naturorientierte Medizin, Psychotherapie, asiatische Meditationstechniken, Zeitmanagement, Risiko-Events, Erlebnispädagogik).

4. Reflexionsebenen und Therapieansätze stehen in einem sich wechselseitig verstärkenden doppelten ‚positiven Rückkopplungsverhältnis' und erzeugen bzw. reproduzieren den „kompensatorischen Verhaltens-Zirkel" im Umgang mit der ökologischen Krise.

5. Die dominierenden Rezeptionsroutinen in der ‚Agenda 21' und im ‚Nachhaltigkeits-Diskurs' sind Beispiele für das Funktionieren dieser Mechanismen. Werden diese Prozesse nicht als solche reflektiert, verbleiben die Programme auf der Ebene einfacher ‚ökologischer Modernisierung' und verstärken somit die Effekte des „kompensatorischen Verhaltenszirkels".

6. Die Aufgaben einer kritisch-konstruktiven Umweltbildung liegen auf zwei Ebenen. Alle vermeintlich „zukunftsfähigen" Konzeptansätze und Vorhaben sollten sich in ihren Zielen und Wirkungen an den folgenden beiden Leitfragen messen:

   6.1. Welche Chancen der Selbstaufklärung bzgl. der in These 1–5 angedeuteten Zusammenhänge bieten die Kontexte und Prozesse in den umweltpädagogischen Projekten? (Reflexionsfunktion mit dem Ziel einer „Strukturellen Sensibilisierung").

   6.2. Welche Möglichkeiten der Entfaltung subjektiven Vermögens zur Ausarbeitung und schrittweisen Realisierung von Modellen und Beispielen ‚konkreter Utopie' werden durch die Lernorte, -inhalte und -methoden geschaffen? (Utopiefunktion mit dem Ziel eines „Lebens-mit-Fähigkeiten").

7. Eine solcherart gestaltete Umweltbildung mit dem Auftrag, im Spannungsfeld von „struktureller Sensibilisierung" und „Utopieentwicklung" einen Beitrag zur Realisierung des Leitbilds einer ‚Nachhaltigen Entwicklung' zu leisten, benötigt für die Konzeptualisierung und die praktische Ausgestaltung ihrer Bildungsarbeit die Vision eines gediegenen, den Strukturproblemen und Herausforderungen angemessenen Entwurfs personaler Fähigkeitsmuster. Diese Denkfigur müsste die mentalen und qualifikatorischen Konturen eines „homo politicus-oecologicus" in sich vereinen. Der notwendige Doppelcharakter ergibt sich aus den folgenden beiden Notwendigkeiten:

   7.1. Die bekannte äußere ökologische Krise wurde von Menschen als Kulturwesen unter konkreten gesellschaftlich-historisch geschaffenen Rahmenbedingungen erzeugt und kann auch nur aufgrund von Einsicht und Willen und der Schaffung veränderter Strukturen und Handlungsrahmen gelöst werden. Diese mutige und voraussetzungsreiche Umgestaltungsarbeit kann wiederum nur von Menschen geleistet werden, die die Gefahren und Ursachen der fundamentalen ‚Mensch-Natur'-Krise analysiert, die Ziele und Vorstellungen nicht nur des ‚Überlebens', sondern auch des ‚guten Lebens' für alle Menschen in der Einen Welt fest vor Augen haben und Wege und Mittel des gemeinwesenorientierten Handelns im Kontext von Staat und gesellschaftlichen Subsystemen gemeinschaftlich mitzugestalten wissen. [→ VI Öffentlichkeit und Gemeinde; → VI Bürgerschaftliches Engagement und Zivilgesellschaft] Dieser Aspekt ist in der zu entwickelnden Denkfigur als das Moment eines ökologisch aufgeklärten ‚homo politicus' zu interpretieren (Mayer-Tasch 1999).

   7.2. Die korrespondierende innere ökologische Krise erschwert die Lösung des Problems in doppelter Weise. Da wir Menschen in unserer gesamten (physischen und psychischen) Konstitution selbst ein Teil des historisch-gesellschaftlichen

Krisenzusammenhangs sind, fehlen uns womöglich sowohl die richtigen Vorstellungen von einer gelingenden Zukunft als auch die notwendigen Kräfte für die zwangsläufig langfristig und kontinuierlich anzulegende Umgestaltungsarbeit. Meine Hoffnung: Diese Impulse und Potenziale wird der tätige ‚homo politicus' in der aufgeklärten Hinwendung zu seinem gattungsgeschichtlichen Ursprung als Naturwesen suchen und über die gezielte Entfaltung seiner ästhetischen, ethischen und leiblich-natürlichen Konstitutionsschichten die subjektiven Voraussetzungen dafür schaffen. Erst das Zusammenspiel und die kraftvolle Wechselwirkung beider Seiten unserer Denkfigur – das sich selbst reproduzierende und zugleich Natur und Gesellschaft gestaltende Natur- und Kulturwesen – machen uns zum zur Koexistenz fähigen ‚homo politicus-oecologicus' (Meinberg 1995).

8. Da die angestrebten Verhältnisse erst geschaffen werden müssen und die konstruierte Figur nur soviel Wirklichkeit besitzt, als die konkreten Menschen sich von ihren hinderlichen Entfremdungen und Fesseln selbsttätig befreien und die auf diesen Wegen neu geschaffenen Handlungsspielräume mit konkret-utopischer Phantasie zu füllen wissen, stellt sich für ‚Bildungs-Institutionen' die Frage, wie sie das Anliegen fördern und unterstützen können. Will man sich dabei nicht nur um eine sporadische praktische Einmischung in das Alltagsgeschehen bemühen, sondern sich der Aufgabe stellen, institutionell abgesicherte Orte zu schaffen, wo möglichst alle Menschen „allgemeinbildend" und „probehandelnd" im Sinne des ‚homo politicus-oecologicus' von früh an bedeutsame Erfahrungen machen und wichtige Erkenntnisse, Fertigkeiten und Fähigkeiten sich aneignen können, dann wird man mit der pädagogisch und psychologisch wichtigen Frage beginnen müssen, wie denn der „richtige Anfang" und Start eines konzeptionellen Ansatzes aussehen kann, der den Weg und das Ziel in sich vereint und die Beteiligten selbst zu den Schöpfern ihrer Werke macht: Die Idee des Aufbaus und der kontinuierlichen Weiterentwicklung eines regionalen, an den Grenzen und Möglichkeiten von allgemeinbildenden Schulen orientierten raum-zeitlichen „Lern-Orte-Netzes" und eines in diesen Zusammenhängen selbst erarbeiteten Stufenkonzepts „ökologisch-sozialer Grundbildung" könnte dazu einen hoffnungsvollen Beitrag leisten (Bölts 2002, 207 ff.).
9. Zur Orientierung aller langfristig angelegten Pädagogikkonzepte kann das folgende ‚*Zivilisierungs-Dreieck*' wertvolle Hilfen leisten: Über die sorgfältige Interpretation der Eck-Kategorien „Subjekt: Wert-Wandel", „Alltag: Lebensstil-Wandel" und „Sys-

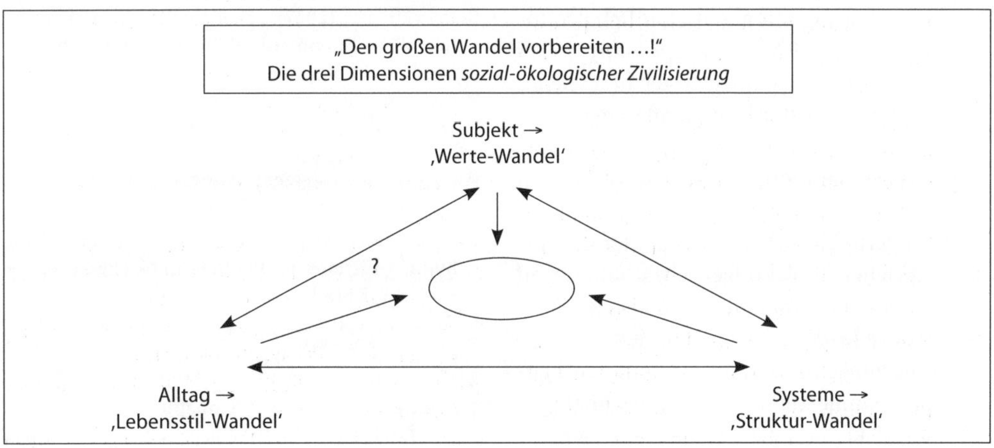

‚Subjekt'-Dimension: Die ganz persönlichen „Wertevorstellungen" – insbesondere im Hinblick auf ‚Natur- und Umweltbeziehungen' – reflektieren und dabei Erfahrungen einer „strukturellen Sensibilisierung" integrieren (s. auch These 7)!

‚Alltags'-Dimension: Wissen, Einstellungen und Verhalten bzgl. der alltäglichen Lebenswelt reflektieren und Fähigkeiten zur Gestaltung eines „verantwortbaren Lebensstils" fördern!

‚System'-Dimension: Systeme (Ökonomie, Technologie, Wissenschaft, Bildung etc.) als Basisstrukturen für sozial-ökologische Kontexte nach kritisch-konstruktiven Maßstäben analysieren und perspektivisch gestalten lernen!

tem: Struktur-Wandel" und deren Zusammenhänge gewinnen die chaotische Vielfalt und Unübersichtlichkeit der wahrnehmbaren und latenten Prozesse in der Wirklichkeit eine bedeutsame Gestalt und Struktur, auf deren Grundlage Zielerwartungen und Synthesen formulierbar und kommunizierbar sind und auch für Forschungszwecke verwendet werden können (Bölts 2007).

10. Der spezifische Transfer im Hinblick auf die besonderen Bedingungen der Behindertenpädagogik könnte sich an den beiden folgenden erziehungswissenschaftlichen Grundkategorien orientieren (Klafki 1993) [→ IV Schlüsselprobleme]:
    - Der Umgang mit gesellschaftlich produzierter *Ungleichheit als epochaltypisches Schlüsselproblem* spiegelt sich hier wieder in der Herausforderung, alle emanzipatorisch nachhaltig angelegten Konzeptansätze daraufhin zu prüfen, ob und in welcher Weise behinderte und nicht behinderte Menschen miteinander die entworfenen Projektideen ausarbeiten und ausgestalten können, somit also die *integrative Leitlinie* stärken können.
    - Alle zunächst abstrakt formulierten Leitprogramme wie „Bildung zur nachhaltigen Entwicklung" oder „Bildung zur menschlichen und gesellschaftlichen Zivilisierung" (s. These 9) wären über das integrative Anliegen hinaus daraufhin zu prüfen, inwiefern eine den besonderen Bedürfnissen der jeweiligen Behindertengruppe gerecht werdende *Elementarisierung* die *Förderung des jeweils Einzelnen* [→ IV Dialektik von Einheitlichkeit und Differenzierung] auf besondere Weise optimieren kann – was sich in folgendem Bild veranschaulichen lässt: Der behinderte junge Mensch macht sich mit einem Rucksack – gefüllt mit Proviant und einem in einer Papp-Rolle aufbewahrten Wunschzettel – auf den (pädagogisch betreuten) Abschnitt seines Lebenswegs mit dem Ziel, entlang der vorbereiteten „Lern-Stationen" *authentische Erfahrungen* mit dem Ergebnis zu machen, diese in Form von sinnlich wahrnehmbaren „Requisiten" dokumentieren und über seine „Bildungsreise" berichten zu lernen – das wäre eine behindertengerechte Form der Evaluation von auch nachhaltig wirksamen Bildungsgängen.

Literatur

Beer, Wolfgang (1992): Ökologische Aktion und politisches Lernen. Opladen

Bölts, Hartmut (1995): Einführung in die Umwelterziehung. Darmstadt

Bölts, Hartmut (2002): Dimensionen einer Bildung zur nachhaltigen Entwicklung. Grundlagen – Kritik – Praxismodelle. Hohengehren

Bölts, Hartmut (2007): „Den großen Wandel vorbereiten!" – Ein interdisziplinäres Lehr-, Studien- und Forschungsprojekt an der Philipps-Universität Marburg (unveröffentlicht)

Eulefeld, Günter (Hrsg.) (1993): Studien zur Umwelterziehung. Kiel

Forrester, Viviane (1997): Der Terror der Ökonomie. München

Hauenschild, Katrin & Bolscho, Dietmar (2005): Bildung für eine nachhaltige Entwicklung in der Schule. Ein Studienbuch. Frankfurt a. M.

Heid, Helmut (1992): Ökologie als Bildungsfrage?. In: Zeitschrift für Pädagogik 38, 1, 113 ff.

Klafki, Wolfgang (1993): Neue Studien zur Bildungstheorie und Didaktik, Weinheim

Mayer-Tasch, P. C. (1999): Politische Ökologie. Opladen

Meinberg, Eckhard (1995): Homo oecologicus. Darmstadt
Radkau, Joachim (2000): Natur und Macht. Eine Weltgeschichte der Umwelt. München
Reheis, Fritz (1996): Die Kreativität der Langsamkeit. Darmstadt
Reheis, Fritz (2006): Entschleunigung – Abschied vom Turbokapitalismus. München.

Ästhetisch-kulturelle Bildung

Yvonne Ehrenspeck

Definition, Begriffs- und Gegenstandsgeschichte

Der Begriff *Ästhetik* ist von dem griechischen Begriff „aisthesis" (sinnliche Wahrnehmung) abgeleitet. Von der „aisthesis" als allgemeiner Lehre von dem menschlichen Wahrnehmungsvermögen überhaupt wird die Ästhetik als die Lehre eines bestimmten Gebrauchs dieses allgemeinen Vermögens der „aisthesis" unterschieden. Somit kann Ästhetik als ein Teilgebiet der Aisthetik verstanden werden (vgl. Seel 1996, 36). Als Begriff wird Ästhetik Mitte des 18. Jahrhunderts durch Baumgarten als neue Diskursposition in die Philosophie eingeführt. Sozialgeschichtlich ist die Disziplin Ästhetik im Zusammenhang der Ausdifferenzierung der Kunst als autonomes gesellschaftliches Teilsystem zu sehen. Mit der Autonomisierung der Kunst etabliert sich Ästhetik als Disziplin, die spezifische Unterscheidungen einführt, die auf die Eigenlogik der Sinnformen der Kunst sowie darauf bezogener Urteils- und Erfahrungsmodi verweisen. Thema der Ästhetik sind spezifische Wahrnehmungs- Erfahrungs- und Herstellungsformen, die sich auf bestimmte als schön oder erhaben genannte kulturelle Objektivationen (Kunstwerke) und Praktiken beziehen. [→ IX Ästhetik]

Kultur kann als das Ensemble symbolischer Ordnungen und materieller Praktiken definiert werden. Dieses Ensemble ist in sich plural, denn es existieren differente Kulturen und diese weisen ebenso integrale wie polemogene Züge auf. Kulturen haben immer einen historischen Index. So müssen sich alle Kulturen im Kontext ihrer Geschichte und im Kontext anderer Gesellschaften positionieren, wobei sie ihre normativen, wertbezogenen, moralischen, kognitiven und ästhetischen Orientierungen konstruieren, aushandeln und mit Verbindlichkeit versehen.

Zu unterscheiden sind zudem kulturelle Objektivationen (z. B. kulturell-ästhetische Artefakte, wie Kunstwerke) und kulturelle Praktiken. Alle ästhetisch-kulturellen Praktiken etwa sind die an ästhetisch-kulturellen Artefakten klebenden Vollzüge (z. B. Literatur lesen, ein Theaterstück inszenieren und aufführen, Musikkonzerte besuchen, ästhetische Erfahrungen machen). Alle ästhetisch-kulturellen Praktiken und ästhetischen Objektivationen setzen Kulturtechniken (schreiben, lesen, zeichnen etc.) voraus oder enthalten sie. Man kann von einem empirischen Kulturbegriff einen ästhetischen Kulturbegriff unterscheiden. So lädt sich der ästhetische Kulturbegriff zusätzlich zum empirischen Verständnis von Kultur mit Absichten auf. „Ästhetisch zielt der Kulturbegriff auf die Vervollkommnung der Kultur zur Kultur" (Baecker 2001, 510). Unter diesem ästhetischen Kulturbegriff lässt sich die Inanspruchnahme der schönen Künste und spezifischer Wahrnehmungs-, Urteils- und Erfahrungsmodi für die Bildung und Erziehung des Menschen subsummieren. Damit geht die Vorstellung einher, dass sich in den Künsten wie in der ästhetischen Erfahrung die kulturellen Möglichkeiten des Menschen verwirklichen.

Bezogen auf *ästhetisch-kulturelle Bildung und Erziehung* stellt sich für die Pädagogik und Erziehungswissenschaft die Frage, welche Bedeutung und Implikationen die spezifischen Sinnformen des autonom prozessierenden Kommunikationssystems Kunst sowie spezifische als ästhetisch bezeichnete Wahrnehmungs-, Urteils- und Erfahrungsformen für Bildungs- und Erziehungsprozesse haben. [→ V Kunst und Kultur]

Erkenntnisse, Forschungsstand

In systematischer Hinsicht kann man unterschiedliche Anschlussmöglichkeiten von Pädagogik und ästhetisch-kultureller Bildung beobachten.

Zunächst gibt es in der Pädagogik eine lange Tradition, über die möglichen Implikationen, die die Begegnung mit Sinnformen der Kunst für den Bildungsprozess eines Individuums haben, zu reflektieren. (vgl. Hellekamps 1988). Hierbei wird davon ausgegangen, dass die von Formen des Wissens und der Forderungen der Moral oder Ethik zu unterscheidende Kunst durch ihre Autonomie und Eigenlogik bildend ist und dass das Individuum durch die so gewonnene „ästhetische Erfahrung" und deren Reflexion spezifische Formen von Bildung erfährt, die sich von anderen Zugängen zur Welt, wie sie durch Vernunft, Verstand, Wissen oder Moral möglich werden, kategorial unterscheiden lassen. Neben der bildungstheoretischen Beschreibung des Verhältnisses von Ästhetik und Pädagogik existiert eine weitere wichtige Verbindung, das Konzept der ästhetischen Erziehung. Im Allgemeinen wird davon ausgegangen, dass Ästhetik oder Kunst bzw. entsprechende Erfahrungsmodi pädagogisch wünschenswert und vermittelbar sind und einen wichtigen Bestandteil von Allgemeinbildung darstellen. Als entsprechende Reflexionsinstanz und pädagogisches Handlungsfeld hat sich dabei auch die Kunstpädagogik ausdifferenziert (vgl. Peez 2002). Als Aufgabe des Kunstunterrichts und der Kunstpädagogik wird dabei oftmals die Einführung und Einübung in den Gebrauch und das Verständnis der kulturell geteilten ästhetischen Zeichen, Symbole, Muster und Praktiken verstanden. Aber auch in allen anderen pädagogischen Disziplinen und Bereichen wird je system-, code- oder programmspezifisch auf die Dimension des Ästhetischen reflektiert. So wird im Sachunterricht wie in der Jugendbildung gleichermaßen erwartet, dass ästhetisch-kulturelles Wissen und eine entsprechende Praxis einen Beitrag zur Wahrnehmungs-, Urteils-, Artikulations-, Bewegungs-, Darstellungs- und Kommunikationsfähigkeit leisten und auch das soziale Verhalten der Individuen oder die Beziehung zu anderen Mensch und zur Umwelt verbessern. Um solche Effekte zu erreichen, wird empfohlen, dass ästhetisch-kulturelle Bildungsangebote Anschlüsse an die Lebenswelt der Kinder, Jugendlichen und Erwachsenen bieten müssen und ästhetisch-kulturelle Bildung auch zur Eigeninitiative und Eigenproduktion anregen sollen. Insbesondere für Individuen mit unterschiedlichen Beeinträchtigungen müssen Möglichkeiten geboten werden, ästhetische Erfahrungen zu machen, auch wenn unterschiedliche Sinneskanäle, wie das Sehen oder Hören beeinträchtigt oder gar verschlossen sind. So gibt es unterschiedliche Aktivitäten, um je nach Beeinträchtigung alternative Zugänge zur ästhetisch-kulturellen Bildung zu finden, etwa auf optischer, haptokinetischer oder akustischer Grundlage. In diesem Kontext sind auch diverse kunsttherapeutische und kunstpädagogische Angebote angesiedelt, die auf die förderlichen Möglichkeiten ästhetisch-kultureller Bildung setzen.

Neben den genannten Anschlussmöglichkeiten von Ästhetik, Pädagogik und Bildung kann man in der Pädagogik auch Bezugnahmen identifizieren, die auf einen erweiterten

Begriff von Ästhetik abzielen und sich nicht nur auf die bildenden oder erzieherischen Implikationen von Kunst und ästhetischer Erfahrung, sondern auf Wahrnehmungsprozesse im Allgemeinen beziehen. In diesem Zusammenhang werden in der Erziehungswissenschaft die Aisthetik bzw. „Ästhesiologie" (Müller 1994) von Bildungsprozessen und deren bildungstheoretische und sozialisatorische Implikationen diskutiert, die eine spezifisch ästhetisch strukturierte Umwelt für Wahrnehmungsprozesse von Individuen haben kann. Darüber hinaus wird auch auf die Folgen einer „Ästhetisierung der Lebenswelt" für Erziehung und Bildung reflektiert (Ehrenspeck 2001).

Ausblick

In den Bildungs- und Erziehungstheorien der Moderne sind bezogen auf das Ästhetische seit Mitte des 18. Jahrhunderts zunächst vielerlei Erwartungen und Absichten systematisch-theoretisch formuliert worden. Die ästhetische Bildung wird seither geradezu als Königsweg zur Bildung der Individualität oder der Moralität konzeptualisiert. Diese Erwartungen oder „Versprechungen des Ästhetischen" (Ehrenspeck 1998) werden im pädagogischen Diskurs kontinuierlich formuliert und weisen eine erstaunliche Persistenz auf, die sie zu zentralen Topoi der modernen Bildungstheorie macht. Seit dem Einsatz einer Bildungstheorie des Ästhetischen im Neuhumanismus um 1800 ist der Glaube an die positive Wirkmacht von Ästhetik, ästhetischer Bildung und Erziehung trotz Diskontinuität und Diversifikation im jeweiligen diskursiven Verständnis von Ästhetik ungebrochen. So wird der ästhetisch-kulturellen Bildung eine positive Wirkmacht für gesellschaftliche, pädagogische, politische oder individuelle Belange attestiert und es wird davon ausgegangen, dass Ästhetik oder ästhetische Bildung den Menschen ganzheitlicher mache, individualisiere, moralisch bilde oder sensibilisiere (vgl. Ehrenspeck 1998). Im Hinblick auf die empirische Erforschung der Implikationen ästhetisch-kultureller Bildung gibt es seit Ende des 20. Jahrhunderts unterschiedliche Bemühungen, die bildende Wirkung des Ästhetischen auch empirisch zu erweisen und zu plausibilisieren (Peez 2002, 138). So werden längst nicht mehr nur die ästhetisch-kulturellen Objektivationen der Hochkultur, sondern zunehmend auch der Alltags-, Populär- und Medienkultur untersucht. Gleichwohl ist im Hinblick auf empirische Forschung das Scriptural- und Visualprimat der Kultur nicht zu übersehen. Der Bedeutung der auditiven ästhetischen Kultur und auch den Formen der Verbindung von Leiblichkeit und Performativität wird erst in den letzten Jahren verstärkt nachgegangen (Ehrenspeck 2001). Es wird dabei zunehmend deutlich, ob, wie und in welcher Weise ästhetisch-kulturelle Bildung auch einen empirisch gesicherten Beitrag zur Bildung des Menschen leistet. Unterschiedliche Forschungsprojekte aus den diversen Disziplinen und Bereichen der Pädagogik, wie Medienpädagogik, Sportpädagogik, Sachunterricht, Jugendkulturarbeit oder Kunstpädagogik, belegen den zentralen Stellenwert und das Anregungspotenzial für Bildungsprozesse, die Angebote ästhetisch-kultureller Bildung für Kinder, Jugendliche und Erwachsene haben.

Literatur

Baecker, Dirk (2001): Kultur. In: Barck, Karlheinz et al. (Hrsg.): Ästhetische Grundbegriffe. Stuttgart, 510–556

Ehrenspeck, Yvonne (1998): Versprechungen des Ästhetischen. Die Entstehung eines modernen Bildungsprojekts. Opladen

Ehrenspeck, Yvonne (2001): Stichwort: Ästhetik und Bildung. In: Zeitschrift für Erziehungswissenschaft 4, 5–23

Peez, Georg (2002): Einführung in die Kunstpädagogik. Stuttgart

Seel, Martin (1996): Ästhetik und Aisthetik. In: Seel, Martin: Ethisch-ästhetische Studien. Frankfurt a.M., 36–70

Technische Bildung

Gerhard H. Duismann

Die Auseinandersetzung mit Technik ist im menschlichen Leben unvermeidlich. Aber erst, wenn absichtsvoll und professionell das technische Handeln erweitert wird, ist von Technischer Bildung im engeren Sinne auszugehen. Technische Bildung ist in allgemeinbildenden Schulen in Deutschland jedoch ein unbestimmter Teil verschiedener Unterrichtsfächer: in der Primarstufe der Sachunterricht, in den Sekundarstufen I und II im Fach Technik, in der Arbeitslehre [→ IV Arbeitslehre] und/oder der Physik bzw. Naturwissenschaften [→ Naturwissenschaftliche Bildung], Werken ... sowie dem neueren fächerübergreifenden und -integrierenden Konzept STS (Science – Technology – Society) und darüber hinaus noch in der ebenfalls fächerübergreifenden Umweltbildung [→ Umweltbildung]. Da es sich bei der Technischen Bildung meist nicht um ein selbstständiges Unterrichtsfach handelt, sind deren Konturen in der Regel unklar und die Ergebnisse zufällig. So kann es durchaus sein, dass während der gesamten Schulzeit der Kinder und Jugendlichen keine systematische Auseinandersetzung mit Technik erfolgt. Dies gilt einerseits für die Gymnasien und, aus anderen Gründen, insbesondere für die Förderschulen. Grünke (2004) und Probst (2005) haben bei ihren empirischen Untersuchungen festgestellt, dass die Fächer der Naturwissenschaften und der Technik/Arbeitslehre von den angehenden Sonderschullehrerinnen – und auch -lehrern – nur sehr selten als zu studierendes Unterrichtsfach gewählt werden. „Die Studierenden bekannten ihre Ahnungslosigkeit und auch ihren ängstlichen Respekt vor technischen Dingen, und offenbarten Physik als ihr frühestmöglich abgewähltes Angstfach ...“ (Probst 2005, 53). Entsprechend desolat fällt die Berücksichtigung technischer Inhalte in den meisten Schulen aus. Wenn teilweise aus Tradition noch am Werken festgehalten wird oder auch im sog. handlungsorientierten Unterricht einfachste technische Gegenstände mehr gebastelt als hergestellt werden, handelt es sich meist um vormaschinelle handwerkliche Technik. So bleibt die technische Bildung auf einem Niveau, das den Schülerinnen und Schülern nur selten Zugänge zum Verständnis neuerer Techniken und Technologien ermöglicht. Sie verstehen sie nicht, können sie nicht sachgerecht nutzen und können sie auch nicht verantwortlich beurteilen.

Durch den in unserer Gesellschaft im Alltagsleben und bei beruflicher Arbeit unvermeidbaren Umgang mit modernster Technik – beispielsweise den neuen Informations- und Kommunikationstechniken [→ IV Lernen mit interaktiven Medien] entsteht in jedem Fall jedoch ein mehr oder weniger zufälliges umgangsorientiertes Nutzerverhalten, jedoch kaum ein entwickeltes technisches Verständnis. Das beiläufig gelernte Nutzerverhalten ist situationsabhängig und lebensweltabhängig. Diese Sozialisation führt auch zu den großen individuellen und den geschlechtstypischen Unterschieden. Unkritisches Nutzerverhalten kommt immer dann an seine Grenzen, wenn die erwartete Funktion nicht – oder nicht mehr – eintritt. Hilflosigkeit und Verärgerung sind Folgen. Selbst intellektuelle Erwachsene sprechen dann ihrem Auto, dem Computer usw. einen autonomen Willen zu: „Es will nicht anspringen!“ oder „Er will nicht drucken“. Die moderne Technik jenseits der grundlegenden Mechanik ist durch Anschauung und Erfahrung nicht mehr ohne systematisches Lernen zugänglich.

Unbestreitbar ist, dass Technik als Ziel und Mittel der Arbeit (und nicht nur beruflicher!) untrennbar mit dem Menschsein und der Personwerdung verknüpft ist (Engels/Marx, [→ IV Tätigkeit und Arbeit, Handeln und Lernen]) und daher ebenso unverzichtbar zu

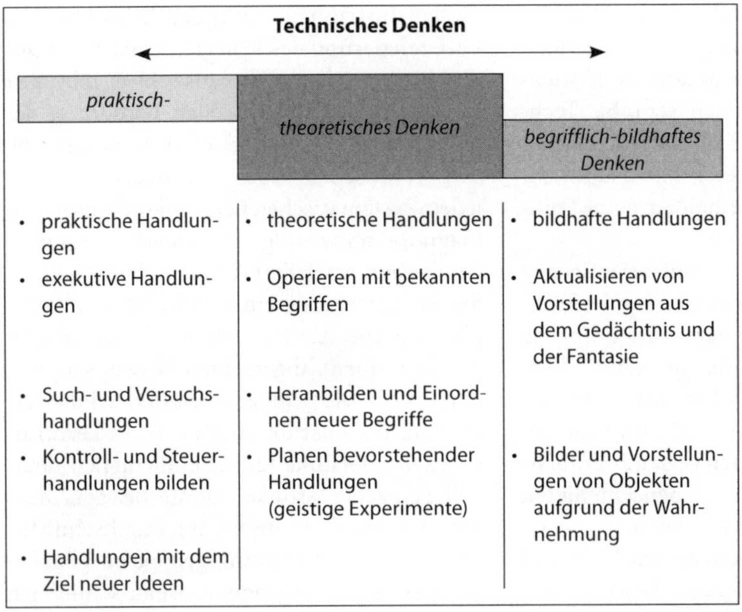

Abb. 1: Die Struktur Technischen Denkens nach Kudrjawzew (Abbildung: Duismann)

einer allseitigen Bildung aller Menschen gehört. Viele gesellschaftliche Entwicklungen sind durch die Verbreitung neuer Techniken angestoßen worden, sodass die technische Entwicklung vielen Menschen als eine kaum beeinflussbare Macht erscheint, der die Einzelnen hilflos und duldend gegenüberstehen.

Zur Technik und somit zur Technischen Bildung gehören die grundsätzlichen Handlungsformen:

- Konstruieren
- Herstellen
- Nutzen
- Außerbetriebnehmen
- Bewerten.

Diese Handlungsformen unterscheiden sich wesentlich von denen der Naturwissenschaften und den im naturwissenschaftlichen Unterricht [→ Naturwissenschaftliche Bildung] zu verfolgenden Handlungsformen. Auch wenn in der neueren Didaktik der Naturwissenschaften die Physik und/oder Chemie in „Kontexten“ unterrichtet wird, fehlen insbesondere die Handlungsformen des Konstruierens und Herstellens. Oft wird dann Technik bewertet, ohne die Grundlagen und Auswirkungen zu kennen.

Für die einzelnen Bereiche technischen Handelns sind unterschiedliche Kompetenzen zu entwickeln, die in der Übersicht nach Kudrjawzew (1972) systematisiert sind (s. Abb. 1).

Durch diese Systematik wird die Vielzahl der beteiligten Verhaltensweisen verdeutlicht, die beim Zustandekommen technischer Kompetenzen beteiligt sind. Die verschiedenen praktischen Handlungen sind eng mit den theoretisch-begrifflichen Handlungen und denen des bildhaften Denkens verbunden. Hieraus lassen sich Kompetenzen zur technischen Kommunikation (vgl. Meschenmoser 1999) ableiten, die Ziele der Technischen Bildung darstellen: verbale und schriftliche Kommunikation über Technik, grafisch-symbolische Kommunikation. Dazu gehören das Lesen und Anfertigen verschiedener technischer Darstellungen (Skizzen, Diagramme, perspektivische Darstellungen usw.), die Anwendung eines technischen Wortschatzes und pragmatisch-motorische Handlungsformen. Systematische Förderung des technischen Denkens muss diese Zusammenhänge beachten und sie beim diagnostischen und didaktischen Vorgehen berücksichtigen. Wie dies am Beispiel des bildhaften Denkens und dem sich daraus ableitenden Darstellen von räumlichen Zusammenhängen durchgeführt werden kann, haben Kornmann & Ullrich-Kehder (1989) exemplarisch erprobt. Technisches Verständnis als Ziel und potenzielles Ergebnis einer Technischen Bildung kann nur als ein nie endendes Bemühen um seine Optimierung verstanden werden.

Auch in Bezug auf die Berufsorientierung [→ Berufs- und Lebensorientierung] ist Technische Bildung von besonderer Bedeutung, da viele Berufe ein Mindestmaß an technischem Verständnis und technischen Kompetenzen erfordern. Dies gilt insbesondere für viele Berufs- und Arbeitstätigkeiten in handwerklich-praktischen Feldern, die auch benachteiligten Jugendlichen noch Chancen bieten.

Bereits Untersuchungen in den 70er und 80er Jahren des vergangenen Jahrhunderts haben bei den Schülerinnen und Schülern der damaligen Schulen für Lernbehinderte deutliche Rückstände im technischen Verständnis (Einstellung zur Technik, Wortschatz, technisches Verständnis) ergeben (vgl. Asmuth & Duismann 1984), die auch hinsichtlich des technisch-naturwissenschaftlichen Verständnisses durch die neueren Studien bestätigt werden (Grünke 2004; Masendorf et al. 2001; Masendorf & Lengsdorf 2002). Neben der großen Bandbreite der festzustellenden Leistungen fallen insbesondere die in der Regel klar niedrigeren Werte der Mädchen auf. Deutlich wurden bei den genannten Interventionsstudien jedoch auch, dass sich bei gezieltem Training technisch-naturwissenschaftlicher Kompetenzen bereits in kurzer Zeit positive Effekte erreichen lassen.

Die bei diesen Tests bislang verwendeten Diagnosemittel sind wenig ansprechend und relativ einseitig auf die Grundlagen der Mechanik und der Kinematik ausgerichtet. Sie sind darüber hinaus auch für leistungsschwächere Kinder und Jugendliche meist frustrierend, weil sie häufig nur wenige Aufgaben lösen und selbst die Fortgeschrittenen auch kaum mehr als die Hälfte der Aufgaben bearbeiten können. Sie sind somit nicht optimal zur Ausgangsdiagnostik geeignet, weil mit diesem Instrumentarium den Lehrenden die Differenzierung des Unterrichts nach den individuell erreichten Niveaus schwer fällt. Zur systematischen individuellen Förderung des technischen Verständnisses als Kern einer jeden Technischen Bildung ist zunächst, wie bei jedem systematischen Lernen, eine Ausgangsdiagnose notwendig. Eine solche Diagnose des bereits erreichten Niveaus bildet jedoch die Voraussetzung einer individuellen Lernplanung und der Förderung. Ein Unterricht, der von einem allgemeinen Niveau ausgeht, kann nicht alle Schülerinnen und Schüler erreichen. Dies hat die Analyse eines Lerntrainings von Grünke (2004) eindringlich deutlich gemacht. Grünke konnte belegen, dass der statistisch nachweisbare durchschnittliche Erfolg einer Trainingsgruppe bei genauerer Analyse der Ergebnisse fast ausschließlich auf die Steigerungen einer bestimmten Gruppe Lernender zurückzuführen ist, während die andere Gruppe von dem Training keine positiven Effekte aufweisen konnte. Dieser Hinweis bestätigt deutlich, dass die Lern-Förderung auf der Basis individueller Niveau-Diagnose erfolgen muss und der Unterricht daraufhin ebenso individuell angepasst sein muss (vgl. Koch et al. 2001).

Die didaktische Lehr-Lernforschung im Bereich Technischer Bildung lässt noch zu wünschen übrig. Die wenigen vorliegenden Studien sind nicht fachdidaktisch koordiniert und erreichen auch kaum die Unterrichtspraxis. Notwendig sind aber solche Untersuchungen, die basisrelevante Kompetenzen definieren und diese durch empirische Studien absichern. Wie solche Untersuchungen zu „arbeitsrelevanten Basiskompetenzen" – neben den allgemeinen besonders auch die technischen Kompetenzen – im aussagekräftigen Umfang – erhoben werden können, wurde durch zwei aufeinanderfolgende Untersuchungen an allen Förderschulen in Berlin (Large Scale Assessment) von Lehmann et al. (2004), Hofmann & Lehmann (2007) im Rahmen eines Modellversuchs differenziert aufgezeigt. Die Ergebnisse dieser Untersuchungen bieten vielfältige Ansätze zur empirisch gestützten Entwicklung von konkreten Kompetenzen, insbesondere dem Lösen technischer Probleme (vgl. Meschenmoser 2006; Duismann et al. 2007).

Mithilfe von fachdidaktischen Indikatoren lassen sich auf empirisch bestätigten fachdidaktischen Erkenntnissen Kompetenzen und Niveaustufen entwerfen, die nicht nur eine individuelle Diagnose des Lernstands ermöglichen, sondern auch eine darauf aufbauende Lernplanung entwickeln. Dieser Weg wurde bei einer didaktisch isolierten Kompetenz schon von Kornmann & Ullrich-Kehder (1989) erfolgreich beschritten, blieb jedoch ohne fachdidaktische Resonanz. Meschenmoser hat dann 1999 grundsätzliche didaktische Zusammenhänge zur „Technischen Kommunikation" vorgestellt. Im Folgenden wird an einem Beispiel aus diesem Kompetenzbereich das erste und das sechste Kompetenzniveau der Kompetenz „Technische Zeichnung lesen" beschrieben. Beim Übergang von der ersten Stufe zu den weiteren vier Zwischenstufen geht es immer um genau beobachtbare Fortschritte bei einzelnen Indikatoren, bis beim sechsten Niveau die Ausbildungsreife [→ Berufs- und Lebensorientierung] erreicht werden kann.

Kompetenzniveau I

Die Schülerinnen und Schüler erkennen – evtl. mit Unterstützung – auf einfachsten zweidimensional-perspektivischen Darstellungen räumliche Zusammenhänge. Sie können auf einer kurzen, wenige Schritte umfassenden bildlichen Darstellung einer einfachen Aufgabe die Reihenfolge erkennen und sich danach richten. Die Schülerinnen und Schüler können Formen und Ausmaße von abgebildeten Gegenständen unterscheiden.

Kompetenzniveau VI

Die Schülerinnen und Schüler erkennen räumliche Zusammenhänge bei komplexen technischen Zeichnungen in verschiedensten perspektivischen Darstellungsformen (auch Fluchtpunktperspektiven). Sie sind in der Lage, nach umfangreichen Darstellungen in Form von bildlichen Ablaufplänen bei der Montage von verschiedensten Gegenständen (Kleingeräte, Möbel etc.) selbstständig vorzugehen. Die Schülerinnen und Schüler können in technischen Norm-Zeichnungen enthaltene Informationen (Maße, Bearbeitungsvorschriften) interpretieren und sie bei der Herstellung von einfachen Produkten beachten.

Der Ausschnitt aus dem Entwurf eines Kompetenzniveau-Modells soll als Beispiel für die Planung von individuellen Lehr-/Lernplänen im Bereich der Technischen Bildung dienen. Es handelt sich um ein Arbeitsmittel mit dem sich die Lehrenden mit den Lernenden auf die nächsten Schritte des Lernens (der Förderung) beziehen. Es ermöglicht die individuelle Förderung einer ausgewählten Kompetenz der Technischen Bildung beim Arbeiten am gemeinsamen Gegenstand.

Literatur

Asmuth, Heinz & Duismann, Gerhard H. (1984): Technisches Wissen und Verständnis „lernbehinderter" Sonderschüler. In: VHN Vierteljahreszeitschrift für Heilpädagogik und ihre Nachbargebiete 54, H. 1, 70–84

Duismann, Gerhard H. (2002): Arbeitsorientierte Basiskompetenzen. Ein neues Konzept zur Qualitätssicherung. In: Unterricht – Arbeit und Technik 4 15, 50–52

Duismann, Gerhard H. et al.: Erfahrung, Denken, Emotionen – Lernvoraussetzungen von Mädchen und Jungen für den Unterricht über Arbeit und Technik im integrierten Sachunterricht. In: Kaiser, Astrid & Röhner, Charlotte (Hrsg.): Kinder im 21. Jahrhundert. Münster, 123–131

Duismann, Gerhard H. et al.: Hinweise zum Umgang mit Bella-Rückmeldungen. Internet: http://www.wir-in-Berlin.de/nbs/wsb/wsb8.pdf (Zugriff 25.04.2007)

Grünke, Matthias (2004): Zur Wirksamkeit eines praktisch-technischen Verständnistrainings bei lernbehinderten Schülern der Mittelstufe unter globaler und individueller Bezugsnorm. In: Sonderpädagogik 34, 4, 218–226

Hoffmann, Ellen & Lehmann, Rainer (2007): Berliner Erhebung der Lernausgangslagen arbeitsrelevanter Basiskompetenzen im Förderschwerpunkt

Lernen (BELLA 7–10 und BQL, BQL/FL). Berlin: Senatsverwaltung für Bildung, Wissenschaft und Forschung

Koch, Klaus et al. (2001): Diagnose und Förderung im subjektwissenschaftlichen Paradigma – Ein anderes Verständnis von Lern- und Entwicklungsproblemen. In: Entwicklungen fördern – Impulse für Didaktik und Therapie. Bd. 2 Sonderpädagogischer Kongress 2001 (Red. Peter Wachtel). Wiesbaden

Kornmann, Reimer & Ullrich-Kehder, Regina (1989): Entwicklung und Validierung einer Lernhierarchie zum Erwerb des perspektivischen Zeichnens. In: Zeitschrift für Entwicklungspsychologie und Pädagogische Psychologie, Bd. XXI H. 1, 57–69

Kudrjawzew, T. W. (1972): Die Struktur technischen Denkens. In: Polytechnische Bildung und Erziehung 14, Heft 1–4

Lehmann, Rainer et al. (2004): Lernausgangslagen arbeitsrelevanter Basiskompetenzen im Förderschwerpunkt Lernen in den Jahrgängen 8–10. (LABEL 8–10) Berlin (Wissenschaftlicher Abschlussbericht). http://www.wir-in-Berlin.de/nbs/

Masendorf, Fritz & Lengsdorf, Roman G. (2002): Verbesserung des Technisch-Praktischen Denkens bei bildungsbenachteiligten Jugendlichen. In: Sonderpädagogik 32, 1, 14–17

Masendorf, Fritz, Lengsdorf, Roman G. & Grünke, Mathias (2001): Berufsvorbereitung von Jugendlichen aus Schulen für Lernbehinderte durch Förderung des praktisch-technischen Verständnisses. In: Heilpädagogische Forschung 27, 170–174

Meschenmoser, Helmut (1999): Technische Kommunikation. In: Meschenmoser, Helmut: Lernen mit Medien. Zur Theorie, Didaktik und Gestaltung interaktiver Medien im fächerübergreifenden Unterricht. Baltmannsweiler, 104–130

Meschenmoser, Helmut (2006): „Es kommt darauf an, was man draus macht!“ Problemlösefähigkeit als technische Basiskompetenz. In: Unterricht Arbeit und Technik 29, 54–61

Probst, Holger (2005): Physikalisch-technisches Denken und Fähigkeitsselbstkonzept. Empirische Studien zur Förderung von Kindern mit Lernproblemen und zur Qualitätssicherung in der Lehrerbildung. In: Unterricht Arbeit und Technik 28, 52–59

Gesellschaftliche Bildung

Detlef Pech

Definition, Begriffs- und Gegenstandsgeschichte

Der Begriff einer Gesellschaftlichen Bildung ist nicht vorhanden. In der Literatur findet er sich nahezu ausschließlich im Zusammenhang mit Politischer Bildung. Aus seiner dortigen Verwendung lässt sich schließen, dass er zumeist als Pendant des „Sozialen Lernens“ angesehen wird. Eine Nutzung des Begriffs in eigenständiger Weise findet sich nicht.

Während es im politischen Lernen „um Prozesse [geht], die nicht nur Einzelpersonen oder kleine Gruppen, sondern zumindest potentiell eine ganze Gesellschaft betreffen und die daher keinen privaten, sondern öffentlichen Charakter besitzen“ (von Reeken 2001, 10), zielt das soziale Lernen im Wesentlichen auf „Beziehungen zwischen Menschen“ (Kaiser 1996, 160), also auf zwischenmenschliche Regeln, die im Nahbereich und im Privaten ausgehandelt werden.

Das Verständnis Gesellschaftlicher Bildung, das diesem Beitrag zugrunde liegt, geht darüber hinaus. Es richtet sich aus auf Zusammenhänge von Strukturen, die soziale und politische Dimensionen verbinden und zielt darauf ab, Bedeutungen im Zusammenleben von Menschen hinsichtlich ihrer Ordnungen und Regeln samt deren Genese in einen Zusammenhang stellen zu können, um sich selbst in der Gesellschaft verorten und positionieren zu können. Gesellschaftliche Bildung ist damit eine integrative Konzeption.

Zentrale Erkenntnisse, Forschungsstand

„Bildungsfragen sind Gesellschaftsfragen" – mit diesem Axiom leitet Wolfgang Klafki (1994, 50) in seinen ‚Neuen Studien zur Bildungstheorie und Didaktik' den Abschnitt ein, in dem er die Gegenstände der Auseinandersetzung für eine allgemeine Bildung umreißt: die epochaltypischen Schlüsselprobleme. [→ Bildung und Erziehung]

Klafkis Grundidee, dass Bildung nicht unabhängig von Gesellschaft gedacht werden kann und zugleich anderes ist als ein kanonisierbarer Katalog von festgelegtem, gesellschaftlich als bedeutsam angesehenem Wissen, wird hier gefolgt.

Der Ausgangspunkt seiner Überlegungen beinhaltet, dass Bildung nur in Abhängigkeit einer Teilhabe an Gesellschaft verstanden werden kann; dies sowohl hinsichtlich des Gegenwärtigen als auch des Zukünftigen. Mit der inhaltlichen Orientierung auf die seines Erachtens zentralen gesellschaftlichen Probleme, die er unter den Überschriften ‚Krieg und Frieden', ‚Umweltfrage', ‚Gesellschaftlich produzierte Ungleichheit', ‚Technikfolgen' sowie die ‚Ich-Du-Beziehung' umreißt, ist dieser Begriff von Bildung stets auch mit ‚gewünschter oder angestrebter' Gesellschaft und somit auch der Sicherstellung, dass es in Zukunft (noch) eine (menschliche) Gesellschaft geben kann, verbunden. Hier ist der Hinweis notwendig, dass trotz einer Orientierung an diesem Entwurf und der Plausibilität von Klafkis Darstellung zu beachten ist, dass seine Entzifferung zentraler Probleme nunmehr vor ca. 20 Jahren erfolgte. Angesichts des Hinweises, es handele sich um ein dynamisches Konzept, bedürfte es einer neuen Diskussion, inwieweit Klafkis Beschreibung noch die gegenwärtigen Schlüsselprobleme beschreibt oder ob der Kanon nicht bspw. um den Aspekt bestimmter Auswirkungen von „Globalisierung" oder anderes zu ergänzen wäre, wobei diese Frage für konzeptionelle Überlegungen zunächst vernachlässigt werden kann.

Zusammengefasst: Es sind in diesem Verständnis Gesellschaftsfragen, an denen Bildung sich zu messen hat, und es sind Bildungsfragen, die den Fortbestand von Gesellschaft sichern können.

Der Begriff „Gesellschaft" ist in den Sozialwissenschaften sicherlich einer der schillerndsten. Ihn zu fassen, ein- und abzugrenzen mag im internen soziologischen Diskurs noch gelingen, wird aber spätestens mit dem Alltagsgebrauch des Begriffs schwierig. Im Kern umfasst er das gesamte Spektrum möglicher Ausformungen, Regeln und Strukturen eines bestimmten Zusammenlebens von Menschen.

Zu den Perspektiven von Kindern und Jugendlichen auf Gesellschaft lassen sich nur bedingt Aussagen formulieren. Insbesondere Studien, die die Perspektiven von Kindern und Jugendlichen auf Gesellschaft rekonstruieren, sind kaum zu finden, wobei die Einschränkung im Bereich Gesellschaftsvorstellungen von Kindern nochmals verstärkt als Desiderat zu kennzeichnen ist. Einer der letzten Versuche, komplexere Zusammenhänge aufzuzeigen, ist immer noch der 1976 von Ali Wacker herausgegebene Sammelband „Die Entwicklung des Gesellschaftsverständnisses bei Kindern". Als eine zentrale neuere empirische Studie sei hier auf Eva Glässers Arbeit (2002) zu den Perspektiven von Kindern auf Arbeitslosigkeit verwiesen.

Vereinzelt finden sich in Schulkontexten Verweise auf ein „Gesellschaftliches Lernen", wie z. B. für den Sachunterricht an den „Förderschulen Lernen" in Rheinland-Pfalz (2005). Doch ist dies primär ein Sammelbegriff für allgemein auf Sozialwissenschaften bezogenes Lernen, das dann zudem von Momenten sozialen Lernens dominiert wird.

Gesellschaftliche Bildung wird in diesem Beitrag indes im Sinne des skizzierten Allgemeinbildungsverständnisses Klafkis verstanden, Zusammenhänge gesellschaftlicher Momente sichtbar zu machen und zu erschließen sowie die Ausrichtung auf die Fähigkeit, aktiv Gesellschaft (mit)gestalten zu können. [→ IV Schlüsselprobleme]

Die gesellschaftliche Dimension ist in den vergangenen Jahren aus verschiedenen Perspektiven als ein zentrales Moment von Bildung aufgegriffen worden. So insbesondere im Zusammenhang mit der Konzeption einer „Bildung für eine nachhaltige Entwicklung". Dabei wird dem Gedanken gefolgt, dass gesellschaftliche Problemstellungen sich nur als Zusammenhang („Retinität") erschließen, deuten und lösen lassen. Dies drückt sich in der Skizzierung des sogenannten „Nachhaltigkeitsdreiecks" bzw. in der Ergänzung von Michelsen und Stoltenberg, die die kulturelle und soziale Dimension im Gegensatz zu anderen als eigenständige beschreiben, des „Nachhaltigkeitsvierecks" aus.

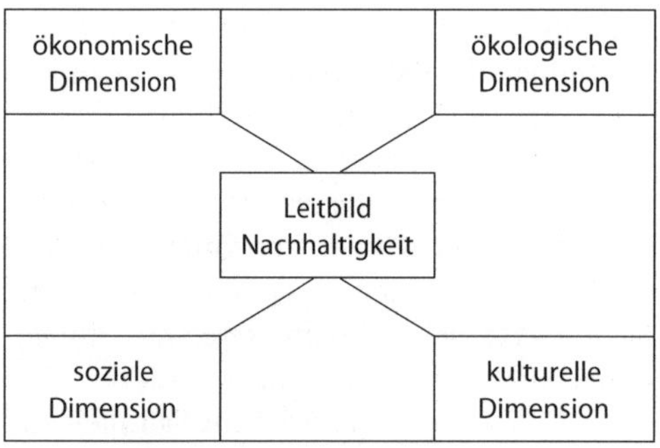

Abb. 1: Leitbild Nachhaltigkeit (nach Stoltenberg & Michelsen 1999)

Übergreifendes Ziel einer „Bildung für eine nachhaltige Entwicklung" ist die Entwicklung von „Gestaltungskompetenz": „Mit Gestaltungskompetenz wird das nach vorne weisende Vermögen bezeichnet, die Zukunft von Sozietäten, in denen man lebt, in aktiver Teilhabe im Sinne nachhaltiger Entwicklung modifizieren und modellieren zu können" (de Haan & Harenberg 1999).

Diese Bildungsverständnisse inklusive der Ausrichtung auf die Fähigkeit zur Gestaltung von Gesellschaft sind normative. Das heißt, obwohl bspw. in der Konzeption einer Bildung für eine nachhaltige Entwicklung betont wird, dass Lernen ein individueller Konstruktionsprozess sei bis hin zu Feststellungen, Wissenserwerb – hier als Lernen verstanden – sei „aktive Bedeutungskonstruktion" (Stoltenberg 2002, 56), die die Entfaltung von Sinn bedinge, verhaftet der Bildungsbegriff in einer gesellschaftlichen, normativen Bestimmung. Die Subjektperspektiven werden damit zwar für Lernen als bedeutsam skizziert, aber nicht für den bildungswirksamen Lerngegenstand. Angesichts der Verknüpfung von subjektiven Erfahrungen oder auch Lebensweltorientierung und Lernen ist an dieser Stelle noch Klärungsbedarf festzustellen [→ IV Initiative und Resonanz: Als Subjekte Lernen und Lehren].

Einen systematischen Ansatz „gesellschaftlichen Lernens" (von Kindern) legte Gerold Scholz (2003) vor. Er differenziert Lernen in gesellschaftliches, sprachliches, ästhetisches, kulturelles sowie Sach-Lernen. Dabei orientiert er sich an de Haans (1996) Modell der Umweltbildung, das sieben zentralen didaktischen Prinzipien möglicher Thematisierungen folgt: Vernetztheit, Betroffenheit, Ganzheitlichkeit, Handlungsorientierung, Perspektivenverschränkung, Geschichtlichkeit und Zukunftsbezug.

Scholz folgt in seinem Ansatz zunächst einer Notwendigkeit der systematischen Unterscheidung sozialen und politischen Lernens. Ohne politisches Lernen, das für Kinder aus Grund- wie Förderschulen in den vergangenen Jahrzehnten weitestgehend zugunsten des sozialen Lernens in den Hintergrund gerückt wurde, sei ein verstehendes soziales Lernen kaum möglich. „Jeder Mensch, auch ein Kind, geht nicht nur mit anderen Menschen um, sondern lebt in einem Spannungsverhältnis von System und Lebenswelt als gemeinsamer Figuration. Das Ausblenden des Systems und die Konstruktion der Schule als bloßer Lebenswelt führt [...] zu einer kritiklosen Einübung in nicht durchschaute Systeme" (Scholz 2003, 43).

Gesellschaftliche Bildung umfasst daher anderes als Einüben von sozialen und politischen Regelsystemen, wie es bspw. im Zentrum demokratischen Lernens steht. Es ist darauf ausgerichtet, Strukturen und Zusammenhänge sichtbar zu machen und intendiert, ausgehend von einer eigenen Positionierung,

Welt mitzugestalten. Damit kann der Ansatz nicht institutionell bspw. auf die Schule begrenzt werden.

Ausblick

In den normativen Verständnissen einer an Gesellschaft ausgerichteten Bildung wird der Vorgabe gefolgt, dass jenes relevant sei, was als gesellschaftlich bedeutsam entziffert wird. Vernachlässigt wird dabei die Subjektperspektive, d. h. das eigene Leben, die eigenen Perspektiven auf Welt werden nicht als bildungswirksame entziffert und zum Gegenstand des Lernens gemacht.

Klafki spricht in seinen Entwürfen von einer „wechselseitigen Erschließung", also ein Erschließen der Welt bzw. Gesellschaft durch das Subjekt und des Subjekts durch die Gesellschaft bzw. Welt. Doch insbesondere in schulischen Bildungsangeboten ist die Subjektperspektive auf Welt und Gesellschaft bislang nur bedingt von Bedeutung, sondern beschränkt sich zumeist auf aus Gesellschaft, Politik oder Wissenschaften formulierte Gegenstände.

Die Möglichkeit, aus den eigenen Perspektiven und ausgehend von subjektiven Erfahrungen und Deutungen zu wissenschaftlichen Modellen und Methoden zu gelangen, ist sowohl theoretisch als auch konzeptionell für die Gestaltung von Bildungsprozessen nicht entwickelt. Die Verschränkung von Bildungsentwürfen und Lebensweltorientierung stellt sich so als vordringliche Aufgabe dar, um eine Konzeption gesellschaftlicher Bildung zu entfalten, die ins Zentrum ihrer Ausrichtung tatsächlich die Fähigkeit und den Handlungsraum des Gestaltens von Gesellschaft stellt.

Literatur

Erckens, Doris & Grüntgens, Willi (2005): Sachunterricht für Schülerinnen und Schüler mit sonderpädagogischem Förderbedarf im Förderschwerpunkt Lernen. 1. Einführende Überlegungen zum Sachunterricht Erfahrungsbereich „Gesellschaftliches Lernen". Bad Kreuznach

Gläser, Eva (2002): Arbeitslosigkeit aus der Perspektive von Kindern. Eine Studie zur didaktischen Relevanz ihrer Alltagstheorien. Bad Heilbrunn

Haan, Gerhard de (1996): Kulturorientierte Umweltbildung in der Grundschule. In: George, Siegfried & Prote, Ingrid (Hrsg.): Handbuch zur politischen Bildung in der Grundschule. Schwalbach, 211–236

Haan, Gerhard de & Harenberg, Doris (1999): Bildung für eine nachhaltige Entwicklung. Gutachten zum Programm. Materialien zur Bildungsplanung und Forschungsförderung, H. 72. Bonn

Kaiser, Astrid (1996): Soziales Lernen bei geschlechtsdifferenter Kultur? In: George, Siegfried & Prote, Ingrid (Hrsg.): Handbuch zur politischen Bildung in der Grundschule. Schwalbach, 153–173

Klafki, Wolfgang (1985): Neue Studien zur Bildungstheorie und Didaktik. Zeitgemäße Allgemeinbildung und kritisch-konstruktive Didaktik. Weinheim

Reeken, Dietmar von (2001): Politisches Lernen im Sachunterricht. Baltmannsweiler

Scholz, Gerold (2003): Gesellschaftliches Lernen in der Grundschule – Wider das Verschwinden der politischen Bildung. In: Burk, Karlheinz et al. (Hrsg.): Kinder beteiligen – Demokratie lernen. Frankfurt a. M., 39–53

Stoltenberg, Ute & Michelsen, Gerd (1999): Lernen nach der Agenda 21: Überlegungen zu einem Bildungskonzept für eine nachhaltige Entwicklung. In: Stoltenberg, U. et al. (Hrsg.): Umweltbildung – den Möglichkeitssinn wecken, NNA-Berichte 12. H. 1, 45–54

Stoltenberg, Ute (2002): Nachhaltigkeit lernen mit Kindern. Bad Heilbrunn

Wacker, Ali (Hrsg.) (1976): Die Entwicklung des Gesellschaftsverständnisses bei Kindern. Frankfurt a. M.

Naturwissenschaftliche Bildung

Brunhilde Marquardt-Mau

Naturwissenschaftliche Bildung beginnt im Elementarbereich und findet als integraler Bestandteil im Sachunterricht der Primarstufe und in der Sekundarstufe in den Fächern Biologie, Physik und Chemie statt. Es gibt aber auch in der Sekundarstufe fächerübergreifende und -integrierende Konzepte einer naturwissenschaftlichen Grundbildung wie z. B. den STS-Ansatz (Science – Technology – Society) oder das PING-Projekt (ping.lernnetz-sh.de). Naturwissenschaftliche Aspekte spielen ferner in Konzepten der Gesundheitserziehung [→ Gesundheitsförderung: Gesundheitserziehung], Sexualerziehung [→ Sexualerziehung] oder der Bildung für nachhaltige Entwicklung eine bedeutsame Rolle. Auch an Schulen für Kinder und Jugendliche mit spezifischen Förderbedarfen gehört der naturwissenschaftliche Bildungsauftrag zum Curriculum. Die Interessen und Bedürfnisse dieser Schülerinnen und Schüler spielen jedoch weder in der öffentlichen noch in der Diskussion der entsprechenden Fachdidaktiken um Ziele und Konzepte einer naturwissenschaftlichen Grundbildung eine bedeutsame Rolle. Auch innerhalb der Behindertenpädagogik gehört die naturwissenschaftliche Grundbildung zu einem stark vernachlässigten Thema (vgl. Fischer 2005; Langermann 2006).

Dabei ist der naturwissenschaftliche Unterricht in die Kritik geraten. Beklagt werden die geringe Akzeptanz der Schulfächer Chemie und Physik bei den Schülerinnen und Schülern sowie das schlechte Abschneiden bundesdeutscher Schulen in internationalen Vergleichsstudien; die naturwissenschaftlichen Kompetenzen von Schülerinnen und Schülern außerhalb der allgemeinen Schulen wurden erst gar nicht erhoben. Aber auch an Förderschulen können gravierende Defizite vermutet werden. Nach einer Studie von Bolte und Behrens (2004) in Hamburg wird der naturwissenschaftliche Unterricht, meist bezogen auf biologische Themen, überhaupt nur an der Hälfte der dort befragten Förderschulen im Primarbereich angeboten. Auch in den an der Umfrage beteiligten Hamburger Haupt- und Förderschulen werden Physik und Chemie erst in der 8. bzw. 9. Jahrgangsstufe unterrichtet, meist aber von fachfremden Lehrkräften. Zu ähnlichen Ergebnissen kommen Bader und Wagner (2005), Chemieunterricht findet demnach nur an 27 % der evaluierten Förderschulen in Hessen statt und wird zu 90 % fachfremd erteilt. Zwar sind diese Untersuchungen nicht repräsentativ, können aber ein Schlaglicht auf die Situation in Förderschulen oder Förderzentren insgesamt werfen.

Auch die Qualität des erteilten naturwissenschaftlichen Unterrichts an Förderschulen lässt zu wünschen übrig. So ist der Biologieunterricht noch eher überkommenen Konzepten einer Naturkunde verhaftet, wie sie sich beispielsweise in Unterrichtsthemen wie „Der Hund und seine Verhaltensweisen" oder „Rinder liefern uns Milch und Fleisch" widerspiegeln (vgl. Fischer 2005). Ein langsames Vorgehen in kleinen Schritten, mit vielfachen Wiederholungen der Lerninhalte sowie eine anschaulich konkrete Lernweise werden als aprobate didaktische Vorgehensweisen auch bei naturwissenschaftlichen Themen angesehen (vgl. Bleidick et al. 1989; Masendorf 1995). Entdeckendes Lernen und Experimentieren bleiben in den naturwissenschaftlichen Anteilen eines Curriculums „Sachunterricht für die Schule für Geistigbehinderte" (Schurad et al. 2006) gegenüber Formen des eher rezeptiven Wissenserwerbs noch immer ausgespart. [→ IV Initiative und Resonanz: Als Subjekte Lernen und Lehren] Eine Ausnahme bilden die Ansätze zum entdeckenden Lernen bei Werning & Bannach (1992) und die von Hameyer et al. (1992) für den Unterricht an der Schule für Lernbehinderte aus dem Amerikanischen adaptierten AKTIF-Materialien sowie die von Lück (2003) entwickelten Experimente zu Themen aus der unbelebten Natur, die sie auch in integrativen Einrichtungen im Elementarbereich eingesetzt hat. Sie stieß dabei auf die Beobachtung, dass diese Experimente auch auf Kinder mit Behinderungen oder Verhaltensauffälligkeiten eine besondere Anziehungskraft ausübten. Langermann (2006) konnte in einer explorativen Studie bei Kindern mit geistiger Behinderung die besondere Bedeutung des Experimentierens für diese Kinder bestätigen. Im Experimentieren erfahren die Kinder Rhythmus und Kontingenz der Naturgesetze. Dadurch entsteht für die Kinder ein Halt, eine Zuverlässigkeit in einer Welt, die sie möglicherweise bisher wenig erfahren haben. Die Kinder haben die Gelegenheit, etwas aktiv tun zu können, zu begreifen und handelnd zu kontrollieren. Insbesondere das Erleben der eigenen Selbstwirksamkeit ist für diese Kinder ein bedeutsamer Faktor. Dazu bietet der naturwissenschaftliche Unterricht mit seinen Konzeptionen der Natur- und Umweltbegegnung [→ Umweltbildung] sowie des Beobachtens, Erkundens und Experimentierens zahlreiche Möglichkeiten. Auch eine Untersuchung von Binnie und Williams (2002) konnte aufzeigen, dass autistische Kinder ein großes Interesse an physikalischen Phänomenen besitzen.

An einem mangelnden Interesse der Schülerinnen und Schüler mit besonderen Förderbedarfen kann also die Misere einer fehlenden adäquaten naturwissenschaftlichen Bildung kaum festgemacht werden. Sie nimmt ihren Anfang offensichtlich noch immer in der Ausbildung angehender Förderschullehrkräfte. So belegt eine Studie von Probst (2005), dass die Naturwissenschaften von den Studierenden nur sehr selten als Unterrichtsfach gewählt werden. Es ist zu befürchten, dass die Berücksichtigung naturwissenschaftlicher Inhalte auch zukünftig randständig bleiben wird. Versuche, diese Probleme durch einzelne Fortbildungsangebote zu beheben, bleiben dabei unzulänglich.

So bleibt die naturwissenschaftliche Bildung auf einem Niveau, das nicht den Anspruch erfüllen kann, *alle* Kinder und Jugendlichen auf dem Wege zum Verstehen einer durch Naturwissenschaft und Technik geprägten Welt zu begleiten und ihnen eine gleichberechtigte Teilhabe sowohl in individuellen und gesellschaftlichen Lebenskontexten als auch im beruflichen Alltag zu ermöglichen.

Angesichts der aufgezeigten Problemlagen des naturwissenschaftlichen Unterrichts wird eine intensive Diskussion um den Bildungswert der Naturwissenschaften geführt (vgl. Bethge & Schecker 1998; Bayrhuber et al. 1998) und alternative Konzepte einer naturwissenschaftlichen Grundbildung werden für die allgemeinen Schulen entwickelt. In Projekten wie z. B. Biologie, Physik oder Chemie geht es im Kontext darum, den beklagten fehlenden lebensweltlichen Bezug in den naturwissenschaftlichen Unterricht zu integrieren. Ferner hat das aus dem angelsächsischen Kontext stammende Konzept einer naturwissenschaftlichen Grundbildung mit dem Ziel einer scientific literacy eine weite Verbreitung gefunden. Das Ziel der scientific literacy gilt als eine notwendige Voraussetzung, um in einer Wissensgesellschaft leben zu können. Betont werden die ökonomische, individuelle, kulturelle, gesellschaftliche sowie die ökologische Relevanz naturwissenschaftlicher Wissensbestände und Methoden (vgl. Gräber & Bolte 1997; Marquardt-Mau 2004). Ohne ein entsprechendes Verständnis grundlegender naturwissenschaftlicher Konzepte und Methoden würde man gleichsam in den Status eines „naturwissenschaftlichen Analphabetentums" gelangen.

Es wäre geradezu verantwortungslos, Kinder und Jugendliche mit besonderen Förderbedarfen von diesen Entwicklungen abkoppeln zu wollen. Aus diesem Grunde berücksichtigen die für die Schulen in den USA entwickelten National Standards (National Research Council 1996) auch explizit den gleichen Anspruch von Minderheiten auf eine qualifizierte naturwissenschaftliche Grundbildung, d. h. von Lernenden mit und ohne Behinderungen, unterschiedlicher Begabungen, ethnischer Herkunft sowie Geschlechtszugehörigkeit. Kooperatives Lernen in Gruppen wird als wichtig erachtet, weil man sich dadurch positive Effekte für das gemeinsame Lernen verspricht. [→ IV Peer Teaching, Helfersystem und Konzepte wechselseitigen Lehrens und Lernens]

Die einem Konzept der scientific literacy folgenden Curricula besitzen ferner eine konstruktivistische Orientierung, wobei dem Vorwissen der Lernenden und dessen Berücksichtigung im Unterrichtsgeschehen eine große Bedeutung zugemessen werden. Die „hands-on"-Erfahrungen und das Anbieten erster Konzepte sollen den Lernenden ermöglichen, sich aktiv und selbsttätig Bedeutungsgehalte zu konstruieren (minds-on), die ihren jeweiligen unterschiedlichen Entwicklungsständen und unterschiedlichen Fähigkeiten entsprechen. Aufgabe der begleitenden Lehrkräfte ist das Bereitstellen von geeigneten Materialien und Fördern von Lernaktivitäten. Die Lernenden gelangen dabei aus einer passiven in eine aktive Rolle, die ihnen eigenes Lernen in der Zusammenarbeit mit Lehrkräften und ihren Mitschülerinnen und -schülern ermöglicht. Wichtige Aspekte eines Konzepts der scientific literacy sind auch die Beschäftigung mit den Prozessen des naturwissenschaftlichen Wissenserwerbs, der Bedeutung der Naturwissenschaften als kultureller Errungenschaft und den Zusammenhängen der Naturwissenschaften mit sozialen und gesellschaftlichen Fragen. Auch die Unterrichtsplanung selbst soll der wissenschaftlichen Arbeitsweise folgen:

- Motivation und Vorerfahrung der Lernenden (engage)
- Erkunden, entdecken, kreieren (explore)
- Erklärungen und Lösungen (explain)
- (Handlungs-)Konsequenzen aus dem Gelernten (elaborate)
- Überprüfen (evaluate).

Offensichtlich sind die Zielsetzung der equity, die Methode der Gruppenarbeit sowie Zusatzprogramme allein nicht ausreichend, um auch Kindern mit besonderen Förderbedarfen eine anspruchsvolle naturwissenschaftliche Grundbildung zu ermöglichen. Anstelle eines defizitorientierten Zugangs der für die USA formulierten National Standards wird eine kompetenzorientierte Sichtweise auf alle Kinder mit jeweils unterschiedlichen Heterogenitäten im *inclusive science curriculum* eingefordert. Entsprechende Curricula liegen beispielweise aus dem Projekt „Promoting Assets And Access: Reframing the Standards To Include All Students" vor (Karp 2002). Bestandteil dieses Projekts bilden auch die Biografien von Naturwissenschaftlerinnen und Naturwissenschaftlern mit Behinderungen wie z. B. die Stephen Hawkings. Einerseits soll damit der Beitrag dieser Wissenschaftlerinnen und Wissenschaftler zur Entwicklung der Naturwissenschaften gewürdigt werden, andererseits können diese Biografien als Modell für Schülerinnen und Schüler mit Behinderungen dienen (vgl. Rousso 1997).

Im bundesdeutschen Kontext gibt es einen großen Mangel an empirischen Untersuchungen, wie Kinder mit besonderen Förderbedarfen im Bereich der naturwissenschaftlichen Bildung unterstützt werden können. Auch die derzeitige Forschung im Bereich der Didaktik der Naturwissenschaften zu Präkonzepten, zu Interessen und Einstellungen, zur Unterrichtsexpertiseforschung oder zur Entwicklung und empirischen Überprüfung von Kompetenzmodellen (Sachwissen, Erkenntnisgewinnung, Bewertung und Kommunikation) müsste den reduzierten Blick auf Schülerinnen und Schüler in allgemeinen Schulen überwinden.

Es bleibt die Aufgabe, für *alle* Kinder die gleichen Ausgangsvoraussetzungen für eine gerechte Teilhabe auch an der naturwissenschaftlichen Bildung zu ermöglichen und die traditionell niedrigen Lernansprüche an diese Kinder zu überwinden.

Das Postulat von Comenius, „alle alles (zu) lehren" gilt es erst noch für den Bereich der naturwissenschaftlichen Bildung einzulösen.

Literatur

Bader, Hans Joachim & Wagner, Liane (2005): Das Unterrichtsfach Chemie - ein Stiefkind an hessischen Förderschulen. In: Vierteljahresschrift Behindertenpädagogik in Praxis, Forschung und Lehre und Integration Behinderter. Landesverband Hessen e. V., 204–212
Bayrhuber, Horst et al. (Hrsg.) (1998): Biologie und Bildung. Kiel
Bethge, Thomas & Schecker, Horst (1998): Der Bildungswert der Naturwissenschaften. In: Die Deutsche Schule 90, 3, 305–320
Binnie, Lynne M. & Williams, Joanne M. (2002): Intuitive psychological, physical and biological knowledge in typically developing preschoolers, children with autism and children with Down's syndrome. In: British Journal of Developmental Psychology 20, 343–359
Bleidick, Ulrich et al. (1989): Einführung in die Behindertenpädagogik. Bd. 2. Stuttgart
Bolte, Claus & Behrens, Jaana (2004): Zur Situation des Physik-/Chemieunterrichts im Förderschwerpunkt Lernen. In: Pitton, Anja (Hrsg.): Gesellschaft für Didaktik der Chemie und Physik. Chemie- und physikdidaktische Forschung und naturwissenschaftliche Bildung. Münster, 317–319
Fischer, Anke (2005): Biologieunterricht in der Schule für Lernhilfe. In: Berck, Karl-Heinz: Biologiedidaktik. Wiebelsheim, 252–258
Gräber, Wolfgang & Bolte, Claus (Hrsg.) (1997): Scientific Literacy. Kiel
Hameyer, U. et al. (1992): Naturwissenschaften AKTIF. Kiel
Karp, Karen (2000): Weaving lessons: Strategies for teaching mathematics and science in inclusive settings. In: Wade, Suzanne E. (Hrsg.): Inclusive education. Mahwah, NJ
Langermann, Katrin (2006): Akzeptanz naturwissenschaftlicher Phänomene bei geistig behinderten Vorschulkindern. Göttingen
Lück, Gisela (2003): Handbuch der naturwissenschaftlichen Bildung. Freiburg
Marquardt-Mau, Brunhilde (2004): Ansätze zur Scientific Literacy. Neue Wege für den Sachunterricht. In: Kaiser, Astrid & Pech, Detlef (Hrsg.): Basiswissen Sachunterricht. Bd. 2. Hohengehren, 67–83
Masendorf, Fritz (1995): Wissenserwerb Lernbehinderter im Sachunterricht als Funktion der Zeit, dargestellt am Beispiel des Unterrichtsgegenstandes „Luftfahrt“. In: Heilpädagogische Forschung 21, 122–129
National Research Council (1996): National Science Education Standards. Washington, DC
Probst, Holger (2005): Physikalisch-technisches Denken und Fähigkeitsselbstkonzept. Empirische Studien zur Förderung von Kindern mit Lernproblemen und zur Qualitätssicherung in der Lehrerbildung. In: Unterricht Arbeit und Technik 28, 52–59
Rousso, Harilyn (1997): Seeing the world anew: Science and disability. In: Kreinberg, Nancy & Wahl, Ellen (Hrsg.): Thoughts and deeds: Equity in mathematics and science education. Washington, DC
Schurad, Heinz et al. (2006): Curriculum Sachunterricht für die Schule für Geistigbehinderte. Oberhausen
Was ist PING? http://ping.lernnetz-sh.de
Werning, Rolf & Bannach, Michael (1992): Möglichkeiten des entdeckenden Lernens im Sachunterricht der Primarschule für Lernbehinderte. In: Zeitschrift für Heilpädagogik 43, 606–615

Interkulturelle Bildung

Reinhard Stähling

Interkulturelle Bildung bezeichnet den Prozess des gemeinsamen Lernens von Menschen verschiedener Herkunft. In der Kinderrechtskonvention der UN von 1989 ist im Artikel 29 Abs. 1c festgelegt, dass dem Kind „Achtung vor seinen Eltern, seiner kulturellen Identität, seiner Sprache und seinen kulturellen Werten, den nationalen Werten des Landes, aus dem es stammt, sowie vor anderen Kulturen als seiner eigenen zu vermitteln“ sei. Migranten gehören von vornherein zur Gemeinschaft und werden nicht nur als Minderheit in einer deutschen

„Leitkultur" „geduldet", sondern in ihrer Menschenwürde geachtet. In einer Lerngruppe mit Menschen aus unterschiedlichen sprachlich-kulturellen Kontexten begegnen Lernende der Welt auf verschiedene Arten. Diese Heterogenität gilt als Chance für einen „multiperspektivischen" Bildungsprozess. [→ II Interkulturelle Pädagogik] In der Empfehlung der Kultusministerkonferenz von 1996 stellt sich interkulturelle Bildung als fächerübergreifendes Unterrichtsprinzip dar.

Von der „Ausländerpädagogik" der 1970er Jahre zur Kritik am Bildungswesen

Entwicklungen der interkulturellen Bildung verliefen in vielen europäischen Ländern ähnlich. Die ersten „Gastarbeiter" in Deutschland kamen ohne ihre Familien. In den 1960er Jahren war die Zahl der schulpflichtigen Kinder gering und veranlasste weder Schulverwaltung noch Erziehungswissenschaft zu besonderen Antworten. Die Schulpflicht wurde auf Ausländerkinder ausgedehnt. Der Familiennachzug zeigte erst in den 1970er Jahren Konsequenzen für pädagogische Institutionen. Man rechnete mit kurzem Aufenthalt der ausländischen Familien. Die „Ausländerpädagogik" dieser Jahre konzentrierte sich darauf, Kinder sprachlich zu befähigen und an die deutsche Kultur anzupassen. Der „muttersprachliche Ergänzungsunterricht" sollte die „Rückkehrfähigkeit" der Migranten sichern. Zur Bildungsreformdebatte der 1960er und 1970er Jahre gab es wenig Verbindungen, obgleich die Reformbemühungen und die Kritik des Schulsystems genau die Problemlage der Migrationskinder hätte treffen müssen (vgl. Auernheimer 2005, 35). Die Allgemeine Schule reagierte eher mit Maßnahmen wie Förderkursen und Separierung in Ausländerklassen als mit Strukturänderungen. Im Mittelpunkt stand das Ziel, „herkunftsbedingte Defizite" zu *kompensieren* und Störungen für deutsche Schüler zu reduzieren. In den 1980er Jahren verstärkte die außerschulische Jugend- und Sozialarbeit ihre Bemühungen um ausländische Kinder und Jugendliche. Konzepte antirassistischer Erziehung entstanden als Antwort auf die zunehmende neofaschistische Jugendkriminalität zu Anfang der 1990er Jahre. In den Schulen blieb der Herkunftssprachenunterricht eigenständig, nicht verbunden mit Fremdsprachenunterricht und fügte sich nicht in ein Konzept von allgemeinem Spracherwerb. Die Schulpraxis blieb auf eine monokulturelle Ausrichtung fixiert und zeigte sich von der veränderten Zusammensetzung der Schülerschaft unberührt (vgl. Auernheimer et al. 1996). Die Lehrpläne und Schulbücher verbreiteten jedoch zunehmend weniger Klischeevorstellungen von Migranten und boten Materialien für interkulturelle Bildung. Neue Ansätze interkulturellen Sachunterrichts zielen auf Offenheit für kulturelle Vielfalt und orientieren sich an der Wirklichkeit und globalen Zukunftsperspektive der Kinder (vgl. Kaiser 2006a). Die Diskussion *„institutioneller Rahmenbedingungen"* des selektiven Bildungssystems sowie die Wahrnehmung der *„Vielfalt von Differenzen"* (Diversity-Ansatz) rücken ins Blickfeld. [→ II Vielfalt]

Zentrale Probleme und Erkenntnisse: „Be-Hinderung" des Lernens bei Schülern mit Migrationshintergrund

Der geschichtliche Rückblick zeigt, dass die Problemlage der Migranten wenig berücksichtigt und ernst genommen wurde. Zum Schutz vor Belastungen mit „Fremden" hat das Bildungswesen durch schwer nachweisbare Ungleichbehandlung bei der Vergabe von Chancen bis heute „eine Art *cordon sanitaire* um sich herum gelegt" (Radtke 1996, 123). In Deutschland gelingt es nicht, migrationsbedingte Nachteile auszugleichen:

- Migrationskinder und bildungsbenachteiligte Kinder bilden den größten Anteil unter den schwachen Lesern, den Klassenwiederholern, den Schülern mit und ohne Hauptschulabschluss und den geringsten Anteil von Menschen mit Berufsausbildungen und höheren Bildungsabschlüssen (vgl. Bellenberg et al. 2004; Klemm 2004). Ein Zusammenhang zwischen wirtschaftlicher Lage, Bildungsniveau, sprachlichen Leistungen und Schulerfolg ist seit Ende der 1960er Jahre empirisch belegt (vgl. Kornmann 2006).
- Wenn Migrationskinder lernschwach oder verhaltensauffällig sind, werden sie häufig ausgegrenzt (vgl. Kottmann 2005). 65 % der ausländischen Sonderschüler werden dem „Schwerpunkt Lernen“ zugeordnet, bei den deutschen ist der Anteil mit 51 % deutlich geringer (KMK-Statistik 2005; Kornmann 2006). In den einzelnen Bundesländern variiert die Zahl der Kinder, die integrativ beschult wird. Im „Schwerpunkt Lernen“ schwankt deren Anteil zwischen 1 % und 61 %. Nicht pädagogische Gründe entscheiden über den Förderort.

Ein Erklärungsansatz für die Überrepräsentation der Migrationskinder im sonderpädagogischen „Schwerpunkt Lernen“ ist im gegliederten Vormittagsschulwesen mit früher Laufbahnentscheidung zu finden. Folgende erschwerten Bedingungen, die besonders die von Armut betroffenen „schwachen“ Schüler treffen, *„be-hindern“* den Bildungsprozess [→ VII Behinderung und Armut]:

1. *Schulentwicklungsplanungen* vieler Städte verhindern die Mischung der Schülerschaft, indem sie Einzugsbezirke für Grundschulen in Hochhausvierteln festlegen. Dadurch sammeln sich „Problemschüler“ in diesen Schulen, die häufig mehr als 60 % Migrationskinder unterrichten. Die Anteile an Migrationskindern schwanken innerhalb und zwischen den Schulformen extrem.
2. Eine *Vormittagsschule ohne Sozialarbeit und aufsuchende Elternarbeit* führt zu Aussonderung von Schülern, die von ihren Eltern nicht zu regelmäßigem Schulbesuch oder selbstständiger Hausaufgabenerledigung angehalten werden können. [→ IV Schulsozialarbeit] Muttersprachliches pädagogisches Personal in einer Ganztagsschule könnte als „Vertrauensbrücke“ fungieren. Migranten besuchen weniger als Deutsche die präventiven Einrichtungen wie Beratungsstellen und Familienbildungsstätten. Dort erleben sie Zugangshindernisse wie z. B. wohnortferne Sprechstunden, fehlende muttersprachliche Fachkräfte, stereotype Defizitperspektiven, Mittelschichtsprache und „Kolonialisierungsabsichten“ der Sozialdienste (vgl. Gaitanides 2001). Dagegen beschäftigen sich Jugendgerichtshilfe, Frauenhäuser, Streetwork überproportional häufig mit Migranten. Mangelnde Koordination der Hilfemaßnahmen behindert sinnvolle Vernetzungen.
3. Einen *„Leitkultur“-Habitus der Aussonderung* („Du gehörst hier nicht hin“) legt das mehrgliedrige Schulsystem den Lehrern nahe. Die selektierenden Vorgänge werden teilweise mithilfe wissenschaftlich nicht haltbarer Zuschreibungen wie „Lernbehinderung“ oder „Verhaltensstörung“ verschleiert. [→ VII Lernbehinderung und Schulversagen] Unangemessenes Verhalten wird als „biologischer Defekt“ erklärt, der medizinisch behandelt werden kann (z. B. ADS, vgl. Jantzen 2001).
4. Eine *zu kurze Grundschulzeit* unterbricht Lernprozesse zu einem Zeitpunkt, wo die Sprache und das Arbeitsverhalten teilweise noch nicht gefestigt sind. Potenziell leistungsfähige Schüler lernen wegen mangelnder Deutschkenntnisse auf Hauptschulen. Teilweise wendet man bei der Aufnahme in Sekundarschulen eine „Ausländerquote“ an. *„Institutionalisierte Diskriminierungen“* (vgl. Gomolla & Radtke 2000) führen zu Aussonderungen von Kindern. So werden z. B. zur Bewertung sprachlicher Kompetenz Leistungskriterien wie Deutschkenntnisse als Maßstab benützt. Auch Überweisungen zu Sonderschulen werden mit Sprachdefiziten und kulturellen Hintergründen legitimiert und Elternwidersprüche als „Kultur-

konflikt“ entwertet (vgl. Gomolla & Radtke 2000).

5. Eine *Fachdidaktik*, die nicht den individuellen Lernweg des Kindes in den Mittelpunkt stellt, überfordert Migrationskinder. Da *(Binnen-)Differenzierung* vernachlässigt wird, sind Migrationskinder benachteiligt. Sie müssen neben der Muttersprache und der deutschen Umgangssprache eine – auch für deutsche Schüler schwierige – (schriftnahe) Standardsprache erlernen, die in der Schule als bekannt vorausgesetzt wird. Dabei erleben sie, dass ihre Muttersprache einem „monolingualen Habitus“ (Gogolin & Neumann 1997) zum Opfer fällt. Sie müssen sich mit fremden Werten auseinandersetzen. Zudem erfahren ihre Eltern teilweise aus sprachlichen Gründen nicht, was ihre Kinder in der Schule lernen sollen.

Zusammenfassend ist festzustellen, dass das deutsche Schulwesen Migrantenkinder beim Lernen „be-hindert“. Viele Migranten besitzen weniger staatsbürgerliche Rechte, sind teilweise als Asylbewerber von Behörden nur zeitlich befristet „geduldet“ und können sich nicht ausreichend politisch einmischen. Einigen Familien droht die „Abschiebung“. Diese Minderheiten fordern nur zurückhaltend eine differenzierende Behandlung ein (vgl. Auernheimer 2005, 34). Am Beispiel der Bevölkerungsgruppe der Roma lässt sich ein Teufelskreis der sozialen Isolation [→ Isolation und Partizipation] darstellen, den Jantzen (1996, 21) entsprechend für beeinträchtigte Entwicklungen analysiert hat: In der Situation gesellschaftlicher *Isolation* (z.B. in Flüchtlingsgettos) wird von vielen Romafamilien eine Autonomie realisiert, die als Anormalität gedeutet und – analog der Reaktion auf „Be-Hinderungen“ – mit typischen Mustern beantwortet wird: Unverständnis, Kommunikationsverweigerung, Überbehütung, Zwang und institutionelle Aussonderung des „Fremden“. Ein Teufelskreis der Isolation setzt ein. So besuchen bis zu 75% der Romakinder in Mittel- und Osteuropa Schulen für geistig Behinderte. Romaeltern erklären sich dazu bereit, weil sie wegen ihrer Armut glauben, keine Wahl zu haben. Diese Praxis hängt mit Vergünstigungen zusammen, die der Besuch der Sonderschule in einigen Ländern mit sich bringt: Schulmaterial, Fahrtkosten, Unterkunft, Verpflegung werden teilweise bezahlt. In Rumänien sind 57% der Kinder in Heilanstalten der Herkunft nach Roma. In Bosnien und Herzegowina gehen die meisten Romakinder unregelmäßig zur Schule (vgl. UNICEF 2006).

Ausblick: Interkulturelle Bildung im Sinne einer „Pädagogik der Vielfalt“

Interkulturelle Pädagogik stellt zunehmend die im Laufe der Geschichte der Schule und der Pädagogik herausgebildeten Homogenitätsvorstellungen und Normalitätsmuster infrage (vgl. Krüger-Potratz 2004). [→ X Normalität und Abweichung] Das Spektrum möglicher Lernvoraussetzungen ist groß. „Inklusive“ Praxiskonzepte einer „Pädagogik der Vielfalt“ antworten auf diese Ausgangslage, indem das Vorwissen in der heterogenen Schülergruppe aufgearbeitet, ausgetauscht und auf Widersprüche hin untersucht wird: Individuelle und gemeinschaftliche Aktivitäten der Lernenden müssen ausbalanciert werden. Ein dynamischer Prozess zwischen Mensch und Sache bestimmt den multiperspektivischen Bildungsprozess, der monokulturelle Orientierungen überwinden hilft (vgl. Kaiser 2006b; Seitz 2005). Dabei baut das persönliche und reflektierende Zusammenleben von Menschen verschiedener Kulturen Vorurteile am effektivsten ab. Zum erfolgreichen Umgang mit Heterogenität tragen Strukturelemente des offenen Unterrichts bei, wie innere Differenzierung, Altersmischung, Partizipation und der regelmäßige Klassenrat (vgl. Stähling 2006). [→ IV Beweglicher Unterricht] Gebundene Ganztagsschulen erleichtern die Umsetzung der interkulturellen (?) „Pädagogik der Vielfalt". Nach Reich und Roth (2002) gilt für den Spracherwerb zweisprachig aufwachsender Kinder als gesichert, dass additive Deutschkurse weniger effektiv sind als die Verbindung von sprachlichem und fachlichem Lernen, das langfristig und planvoll angelegt ist und die Familiensprache einbezieht. Dabei ist die Schriftsprache gezielt zu üben (vgl. Gogolin & Neumann 1997). Informationen zur soziokulturellen Herkunftssituation (vgl. Bahlmann 2000; Kaiser 2006a; Boos-Nünning & Karakasoglu 2006) und Hausbesuche bei Migrationsfamilien ermöglichen, „interkulturelle Kompetenzen" (vgl. Auernheimer 2005, 119ff.) zu entwickeln.

Die Vision der Gleichberechtigung aller Menschen konkretisiert sich durch inklusive Pädagogik (vgl. Hinz 2002; Seitz 2005; Stähling 2006). In einer „Schule für alle" finden „randständige", „schwache", „hochbegabte" oder „behinderte" Kinder verschiedener Herkunft ihren Platz. Eine „inklusive" Schule gestaltet ganztägige Schulerziehung für alle Kinder des Umfelds, indem „multiprofessionelle Teams" – möglichst mit muttersprachlichem pädagogischem Personal – gemeinsam Verantwortung für den Unterricht einer Klasse übernehmen. Ethisch begründete Qualitätskriterien wie Verlässlichkeit, Zugehörigkeit und „Begleitung" kommen zur Geltung. Im englischen „Index for Inclusion" wird ein Leitbild beschrieben, das eine Synthese von Lernen und Teilhabe ermöglicht (vgl. Boban & Hinz 2003). Erforderlich erscheint auf diesem Hintergrund eine grundlegende Bildungsreform, die den Ansprüchen von allen Menschen gerecht wird.

Literatur

Auernheimer, Georg et al. (1996): Interkulturelle Erziehung im Schulalltag. Fallstudien zum Umgang von Schulen mit der multikulturellen Situation. Münster

Auernheimer, Georg (2005): Einführung in die Interkulturelle Pädagogik. 4. Aufl., Darmstadt

Bahlmann, Mechtild (2000): Aussiedlerkinder – ein (sonder-)pädagogisches Problem? Münster

Bellenberg, Gabriele et al. (2004): Selektivität und Durchlässigkeit im allgemein bildenden Schulsystem. Universität Essen: Arbeitsgruppe Bildungsforschung/Bildungsplanung

Boban, Ines & Hinz, Andreas (Hrsg.) (2003): Index für Inklusion – Lernen und Teilhabe in der Schule der Vielfalt entwickeln. Entwickelt von Booth, Toni & Ainscow, Mel. Martin-Luther-Universität Halle-Wittenberg

Boos-Nünning, Ursula & Karakasoglu, Yasemin (2006): Viele Welten leben. Zur Situation von Mädchen und jungen Frauen mit Migrationshintergund. Münster

Gaitanides, Stefan (2001): Zugangsbarrieren von Migrant(inn)en zu den sozialen und psychosozialen Diensten und Strategien interkultureller Öffnung. In: Migration als Herausforderung für pädagogische Institutionen. Opladen, 181–194

Gogolin, Ingrid & Neumann, Ursula (Hrsg.) (1997): Großstadt-Grundschule. Übersprachliche kulturelle Pluralität als Bedingungen der Grundschularbeit. Münster

Gomolla, Mechtild & Radtke, Frank-Olaf (2000): Mechanismen institutionalisierter Diskriminierung in der Schule. In: Gogolin, Ingrid & Nauck, Bernhard: Migration, gesellschaftliche Differenzierung und Bildung. Opladen, 321–341

Hinz, Andreas (2002): Von der Integration zur Inklusion – terminologisches Spiel oder konzeptionelle Weiterentwicklung? In: Zeitschrift für Heilpädagogik 53, 9, 354–361

Jantzen, Wolfgang (1996): Diagnostik, Dialog und Rehistorisierung: Methodologische Bemerkungen zum Zusammenhang von Erklären und Verstehen im dialogischen Prozess. In: Jantzen, Wolfgang: Diagnostik als Rehistorisierung. Berlin, 9–31

Jantzen, Wolfgang (2001): Über die soziale Konstruktion von Verhaltensstörungen – Das Beispiel „Aufmerksamkeitsdefizitsyndrom" (ADS). In: Zeitschrift für Heilpädagogik 52, 7, 222–231

Kaiser, Astrid (2006a): Praxisbuch interkultureller Sachunterricht. Baltmannsweiler

Kaiser, Astrid (2006b): Neue Einführung in die Didaktik des Sachunterrichts. Baltmannsweiler

Klemm, Klaus (2004): Schülerinnen und Schüler mit Migrationshintergrund im Spiegel der neueren Schulleistungsstudien. In: Karakasoglu, Yasemin & Lüddecke, Julian (Hrsg.): Migrationsforschung und Interkulturelle Pädagogik. Münster, 205–214

Kornmann, Reimer (2006): Die Überrepräsentation ausländischer Kinder und Jugendlicher in Sonderschulen mit dem Schwerpunkt Lernen. In: Auernheimer, Georg (Hrsg.): Schieflagen im Bildungssystem. 2. überarb. Aufl., Wiesbaden, 71–85

Kottmann, Brigitte (2005): Selektion in die Sonderschule. Das Verfahren zur Feststellung von sonderpädagogischem Förderbedarf als Gegenstand empirischer Forschung. Bad Heilbrunn

Krüger-Potratz, Marianne (2004): Ist die Interkulturelle Pädagogik in der Erziehungswissenschaft ‚angekommen'? In: Karakasoglu, Yasemin & Lüddecke, Julian (Hrsg.): Migrationsforschung und Interkulturelle Pädagogik. Münster, 75–89

Radtke, Frank-Olaf (1996): Mechanismen ethnischer Diskriminierung in der Grundschule. In: Kersten, Ralph et al. (Hrsg.): Ausbilden statt Ausgrenzen. Frankfurt a. M., 121–132

Reich, Hans H. & Roth, Hans-Joachim (2002): Spracherwerb zweisprachig aufwachsender Kinder und Jugendlicher. Hamburg

Seitz, Simone (2005): Zeit für inklusiven Sachunterricht. Hohengehren

Stähling, Reinhard (2006): „Du gehörst zu uns" – Inklusive Grundschule. Ein Praxisbuch für den Umbau der Schule. Baltmannsweiler

UN-Kinderrechtskonvention (KRK): Übereinkommen über die Rechte des Kindes vom 20. November 1989

UNICEF (2006): Zur Situation der Kinder in der Welt 2006. Kinder ohne Kindheit. Frankfurt a. M.

Bewegungserziehung

Beate Blanke

Wie aktuell das Thema „Bewegungserziehung" ist, zeigt schon eine Google-Suche, die mehr als 243 000 Treffer liefert. In der wissenschaftlichen Diskussion ist der Begriff eng mit (früh-)kindlicher (Persönlichkeits-)Entwicklung verknüpft (z. B. Zimmer 2004), ganzheitliche Konzepte stehen – nicht nur auf dem Gebiet der Psychomotorik – im Mittelpunkt. [→ IX Körper, Selbst und (Ich-)Identität]

In der öffentlichen Diskussion scheint der Begriff „Bewegungserziehung" weitgehend mit „Erziehung im und durch den Sport" gleichgesetzt zu werden (vgl. z. B. Prohl 1999; sowie Rahmenrichtlinien Nordrhein-Westfalen; Kurz 2000). Der Begriff „Sport" wird allerdings in unserer Gesellschaft vielfach mit „Konkurrenz" (z. B. in Vereinen, bei Wettkämpfen) oder „Fertigkeiten-Lernen" in Verbindung gebracht und verengt die Perspektive.

Der Bewegungsbegriff [→ IX Bewegung und Handlung] ist umfassender und wird dem eigentlichen Gegenstand der Betrachtung gerechter, weil er die vielfältigen alltäglichen Bewegungen einschließt, die individuell und sozial von Bedeutung sind und die durchaus auch Elemente des Sports enthalten können oder sogar sollten. Aber von den Betroffenen wird in der Regel zwischen dem Sich-Bewegen im Sport einerseits und im Alltag andererseits radikal unterschieden.

In einer Zeit der wachsenden Bedeutung von Körper- und Sport-/Bewegungskultur mag diese Differenzierung nachvollziehbar sein, sie ist jedoch alles andere als wünschenswert. Kritisch wird es dort, wo unangemessene Selbstbilder (z. B. „Ich bin unsportlich") oder Körperideale (z. B. in Verbindung mit Sportbulimie) zu körperlichen oder psychosozialen Beeinträchtigungen führen. Oft genug stehen am Beginn des Prozesses Kränkungen, Misserfolge und Isolationserfahrungen in der Kindheit.

Bewegungserziehung muss aus der verengenden Perspektive des „Sports" und der entsprechenden heutigen Leitbilder herausführen und den Blick für die umfassende Ausstattung des Menschen schärfen, die ihn dazu befähigt, sich die Welt zu erschließen. Was und wie er diese nutzt, hängt ganz wesentlich von kulturellen, sozialen und individuell-biografischen Voraussetzungen ab.

Notwendige Forschung

Auf dieser Grundlage wären konkretere Überlegungen anzustellen, in welche Richtung und in welcher Form Bewegungserziehung stattfinden sollte – in Abgrenzung zu vorherrschenden Formen und Inhalten, die die beschriebenen Konflikte wahrscheinlich erzeugen helfen oder zumindest nicht verhindern. Dazu sind Forschungsergebnisse nötig, die bislang nur in Ansätzen vorliegen. Die meisten Bewegungen, alltägliche einschließlich sportiver, sind gesellschaftlich-historisch tradiert, d. h. sie sind nicht originärer Bestandteil des genetischen Erbes, sondern haben sich in sozialen Zusammenhängen entwickelt.

Dennoch muss genauer überlegt werden, welche grundlegenden menschlichen Fähigkeiten eigentlich vorhanden sind, um sich Bewegungs-„Kultur"-Techniken aneignen zu können; ebenso muss bedacht werden, mit welchen Methodenkomplexen und didaktischen Überlegungen diese Aneignung vorbereitet und unterstützt wird. Erfolg versprechend scheinen Konzepte, die über erforschendes Lernen den Erwerb von Handlungsfähigkeit anzielen; ganz besonders ist dabei eine auf subjektiv ersehnte Zukunft ausgerichtete Didaktik zu entwerfen, z. B. nach dem Konzept von Lev Vygotskijs „Vorbereitung der Zone der nächsten Entwicklung" (vgl. Jantzen 2006). [→ Die Zone der nächsten Entwicklung]

Schließlich, und das scheint in der aktuellen Forschung am wichtigsten und am schwierigsten zu ermitteln zu sein, muss die Intentionalität aufgedeckt werden, die in diesen gespeicherten Kulturformen enthalten ist: das „Gemacht-Wozu" und das davon durchaus verschiedene „Genutzt-Wofür" (vgl. Holzkamp 1983). Darüber legen sich die individuellen Erfahrungen und subjektiven Deutungen mit ihren bewussten und unbewussten Anteilen, die wiederum durch aktuelle und auch historisch tradierte Diskurse stark beeinflusst werden (Foucault 1975; 1994).

Als Beispiel einer Kunst- bzw. Kulturform der Bewegung sei der Sprung über Bock bzw. Kasten genannt: In der Erinnerung an den Sportunterricht in der Schule erscheint diese im Prinzip recht elegante Form der Hindernisüberwindung mit Aspekten des eigentlich nicht möglichen (wir sind eben keine Vögel), aber dennoch oft gesuchten und genossenen Gefühls des „Fliegens" häufig noch nach Jahrzehnten als eine Tortur, Bild der Erniedrigung, Synonym für Verweigerung und Versagen. Entsprechend ungute Gefühle bei der Erinnerung an den gesamten Sportunterricht sind die Folge. So ist eine eigentlich ganz attraktive und sinnvolle Lerneinheit unhinterfragt zu einem Fixpunkt der eigenen Unzulänglichkeit geworden. Fazit: Für viele Schüler mehr Schaden als Nutzen. Das muss aber nicht so sein, wenn man als Lehrender nicht so sehr das Ziel eines perfekten Bewegungsablaufs im Auge hat, als vielmehr das in einer Übung steckende Potenzial, das jeder Schüler für sich entdecken kann – entsprechende Hilfestellung vorausgesetzt.

Besonders interessant ist hierbei das Wechselspiel zwischen „eigentlich" positive Emotionen auslösenden „grundlegenden Bewegungen" des Menschen – im obigen Beispiel das Springen – und den subjektiv unbewussten sowie den bewussten Emotionen, die diese Bewegung jeweils begleiten. Das dem „Springen" ähnliche „Hüpfen" ist etymologisch mit „Freude empfinden" in Verbindung zu bringen, die Flugphase kann als „Schweben" empfunden werden, was nach neueren Forschungen mit „langwelligen" Empfindungen, die auch für Träume charakteristisch sind, einhergeht. Wenn man davon ausgeht, dass auch in strukturierten Lehr-/Lernsituationen trotz einschränkender Randbedingungen solche positiven Empfindungen kurzfristig gespeichert werden können, ohne dass dieses im vollen Umfang bewusst wird (Damasio 1998), ergeben sich interessante didaktische Ansatzpunkte. Die dazu vorliegende Forschung lässt zwar noch viele Fragen offen (z. B. die Genese von „gemeinsamen" Gefühlen beim Spielen oder Tanzen), bietet aber bereits ein Kaleidoskop von Möglichkeiten (Blanke 2006).

Erziehung wozu?

Damit deutet sich eine Perspektive für die Bewegungserziehung an, die mit dem traditionellen Unterricht und definierten Lernzielen nur scheinbar nicht kompatibel ist. Zwischen den vom Körper durchaus „genossenen" Bewegungen und der individuellen – sozial beeinflussten! – Bewertung dieser Bewegungen besteht in vielen, wenn nicht den meisten Fällen eine Disharmonie. Dies ist mit großer Sicherheit darauf zurückzuführen, dass in unserem Kulturkreis der Effekt einer Bewegung, z. B. das Treffen eines Ziels, Überwindung eines Hindernisses und auch die Form der jeweiligen Bewegung, z. B. kraftvoll (oft „männlich"), ästhetisch (oft „weiblich") oder einer bestimmten Vorschrift entsprechend weitaus bedeutsamer gehandelt werden als die Empfindungen, die eine Bewegung begleiten.

Als Beispiel aus dem Sport sei der Hochsprung genannt: Die immer höher gelegte Latte erzeugt in Zuschauern und Springern die Spannung, ob sie beim nächsten Sprung wohl noch überwunden wird oder fällt. Bei der höchsten Kraft- und Konzentrationsanstrengung, oft identisch mit dem angepeilten Sprung über die höchste Höhe, fällt sie endlich (weil die Leistungsgrenze erreicht ist), was bei allen Beteiligten eine sofort spürbare Enttäuschung erzeugt. Dass aber der Körper des Springers hier möglicherweise am längsten „geflogen" ist, eine positiv stimmende Empfindung, wird völlig vergessen und durch die soziale Bewertung überlagert. Nach Bruchteilen von Sekunden ist die positive Emotion des Fliegens ausgelöscht, denn die Aufmerksamkeit ist allein auf das Ergebnis gerichtet.

Das Problem der Überformung positiver Emotionen durch an Leistungskriterien orientierte soziale Bewertungen tritt natürlich nicht nur im Leistungssport auf, sondern auch im Breitensport, in Freizeit und Spiel. Ziel der Bewegungserziehung muss es sein, die dadurch entstehenden Disharmonien aufzudecken und einen neuen Zugang zu eröffnen, indem die Emotionen in den Vordergrund gestellt werden. [→ Emotionale Erziehung] Bei der „Emotionsdidaktik" (Blanke 2006) werden die emotionalen Grundlagen der Bewegungssteuerung angesprochen. Es wird davon ausgegangen, dass im Alltag ebenso wie im Sportunterricht und im Leistungssport die Selbstwahrnehmung und die Orientierung an den individuellen Bewegungserfahrungen und -bedürfnissen von zentraler Bedeutung sind und didaktisch genutzt werden können.

Dazu gilt es, die quasi „organismisch angelegten" Emotionen und die subjektiv biografisch entstandenen, sehr differenzierten Emotionen, die vor, während oder nach einer Bewegungsausführung entstehen, analytisch voneinander zu trennen. Im Geschehen wird es den Betreffenden selbst sicher nicht gelingen. Allerdings kann man häufig durch genaue Beobachtung und anschließende „Erinnerungsarbeit" an den Kern des Problems herankommen, wobei allerdings der sehr kurze Zeitraum, innerhalb dessen ein Zugang noch möglich ist, beachtet sein will (ca. 5–15 Sek.; Farfel, 1977).

Auch im Vorwege „fantasierte" Bewegungsempfindungen von Lernenden können didaktisch interessant sein. Sie entstammen dem bewusst gewordenen Erfahrungsschatz und bilden eine der beiden wesentlichen Repräsentationsformen, während die Körperrepräsentationen als „somatische Marker" die weitgehend unbewussten Anteile der Bewegungsbiografie abbilden (Damasio 1998). Die autobiografische Codierung von Bewegungserfahrungen hat eine enorme Steuerungsfunktion. Das kann zu einer Resistenz gegenüber „neuen" Erfahrungen führen: Neue Erfahrungen werden dann „alt" ausgewertet und bilden Anlass für Misserfolgserlebnisse und Selbstbezichtigungen in i. d. R. trivialer Form („ich bin eben unsportlich", „das sieht nicht gut aus" oder eben: „die Latte ist doch runtergefallen"). In der Bewegungserziehung muss man sich insbesondere mit diesem Problem auseinandersetzen.

Ferner ist es hilfreich für Lehrende, wenn sie einerseits „typische" Empfindungen und andererseits besondere, nur diesem einen Subjekt bedeutsame Empfindungen, überformt jeweils durch soziale Bewegungsvorstellungen und -bewertungen, unterscheiden können, um im ersten Fall gruppenbezogene Prozesse planen können, im zweiten Fall in den persönlichen Dialog eintreten zu können. [→ IX Körper und Ideelles] Man kann davon ausgehen, dass es Bewegungen gibt, die „grundsätzlich" bestimmte Gefühlslagen ansprechen und insoweit als universelle Auslöser bzw. Ausdrucksformen angesehen werden können (vgl. dazu z.B. Weinberg & Lietzberg 2001; als Überlegung zurückzuführen auf von Laban 1955; 1995). Allerdings besteht dabei die Gefahr, dass eine zu schematische Handhabung und Deutung ohne Berücksichtigung von Kontext und Verlaufsgestalten – ähnlich vielleicht wie in der Grafologie (Schrift als fixierte Bewegung) – zu Fehlschlüssen führt. Dennoch soll nicht zum Verzicht auf solche weiterführenden Ansätze aufgerufen werden, sondern zu einem verantwortungsvollen Umgang, wobei insbesondere der soziale Kontext zu berücksichtigen ist.

Beispiel aus der Offenen Jugendarbeit: Wenn in einer Gruppe bestimmte Bewegungen z.B. als „unmännlich" abgelehnt werden, sollte man an eine andere „Verpackung" denken. So haben wir in einer Gruppe beobachtet, dass das Hin- und Herschwingen am Seil – eine elementare Bewegungsform, die geeignet ist, „langwellige" Empfindungen auszulösen – nur von dem Außenseiter in dieser Gruppe auf eine eher irritierende Art und Weise praktiziert wurde; die anderen Gruppenmitglieder folgten in ihrem Bewegungsverhalten eher einem „Macho"-Leitbild. Wir beobachteten kurze Zeit später, wie die gesamte Gruppe Basketballwürfe auf den Korb mit Hilfe von Trampolin und Weichbodenmatten übte. Enthalten sind hier u.a. Springen, „Fliegen", Fallen, kurz Am-Korb-Hängen – alles Bewegungsabläufe, die geeignet sind, „langwellige" Empfindungen auszulösen. Im Kontext des Basketballwerfens und Korbwürfe-Trainierens war das offensichtlich „männlich" konnotiert und wurde akzeptiert (Blanke 2004).

Es geht allerdings nicht darum, das Spektrum zu reduzieren, Präferenzen zu bilden, sondern im Sinne von „Pulsation" (Weinberg 2001; 2004) möglicht viele über das gesamte Spektrum verteilte Bewegungsmöglichkeiten erleben zu dürfen. Dementsprechend sollen didaktische Entwürfe den übrigen Alltag auswertend einbeziehen, um dann „ausgleichende" und bereichernde Akzente setzen zu können. So könnte man z.B. im Sinne der „Gender"-Perspektive überlegen, ob die bei vielen Mädchen wenig beliebten, weil für „unweiblich" gehaltenen Bewegungsformen des Drückens und Stoßens gefördert werden könnten/sollten. Dies entspräche dem von Möller (2003) vorgestellten interdisziplinären Erklärungsansatz für die Beweggründe von Jugendlichen: sich im Zwiespalt zwischen individuellen und gesellschaftlichen Bedürfnissen nicht nur auf das kleine Spektrum anerkannter Bewegungsmöglichkeit beschränken zu lassen, sondern das uneingeschränkte, theoretische Optimum im Auge zu behalten, wobei dem „persönlichen Sinn" eine Leitfunktion zukommt. [→ II Sinn/sinnhaftes Handeln und der Aufbau der sozialen Welt] Die Frage der Sinnebene (vgl. dazu auch Scherler 1979; Kurz 2000) bzw. des persönlichen Sinnes (Jantzen 1994) kann bei der Diskussion über Bewegungserziehung nicht ausgeklammert werden. Wie bereits oben angeführt, ist dies die Orientierung auf zukünftige Erfüllung von Wünschen oder Hoffnungen, durchaus im sozialen und gesellschaftlichen Kontext widersprüchlich aufscheinend, aber letztlich immer persönlich zu entscheiden. Hier sind pädagogische Hilfen bzgl. des Einblicks in die gesellschaftlichen Diskurse unverzichtbar.

Kompetenzerwerb

Ziele der Bewegungserziehung sind natürlich immer auch die Förderung und Erweiterung von Kompetenzen [→ VI Kompetenz], sei es bei alltäglichen Handlungsabläufen, in der

Freizeit oder im Sport. Zu diesem Thema gibt es eine Fülle von praktisch verwendbarer Literatur, Übungsanweisungen, Lernprogrammen etc. (Beispiele aus der Fülle sportpraktisch orientierter Literatur: Zimmer (2004) zu Vorschulkindern; Katzenbogner & Medler (2001) für Kinder in der Schulleichtathletik; Loibl (1991) für Schulkinder bzgl. Basketball, aber auch auf andere Spiele übertragbar; Bruckmann (1992) für Jugendliche im Schulturnen; Hirtz et al. (2003) z. T. für Erwachsene mit Behinderungen). Wissenschaftliche Ansätze wurden entwickelt, meistens zum Techniktraining, wie es zum Erlernen, Üben und Verfestigen von Fertigkeiten üblich ist (zu finden in der Mehrheit der sportwissenschaftlichen Literatur), bis hin zu handlungs- bzw. handlungstheoretisch orientierten Ansätzen (z. B. Ehni 1977; Brodtmann 1979; Weinberg 1985; Munzert 1997).

Aber immer schon gab es Autoren, die den Emotionen Bedeutung zumaßen (z. B. Tamboer 1979; Trebels 1992; Hotz 1986; 1997). Zugespitzt werden die emotionalen Grundlagen der Bewegungssteuerung in der „Emotionsdidaktik" von Blanke (2006) in den Vordergrund gestellt.

Letztlich geht es aber darum, die individuell „richtige" Technik (bzw. Taktik) zu finden. Es geht nicht nur um die spannende Frage „Wie fühlt es sich für mich ‚richtig' an?", sondern auch um konstitutionelle, konditionelle, biografisch relevante, altersangemessene, sozial und emotional bedeutsame Aspekte einer Fertigkeit, d. h. der von Form und Inhalt her harmonisierenden Art und Weise der Lösung einer bestimmten „für mich wichtigen Aufgabe" oder der Beantwortung einer Anforderung.

Emotionsdidaktisches Vorgehen ist somit als Einstieg zu betrachten, der dann weitere Schritte zur Folge haben muss. Hierbei ist wichtig, dass „Kompetenz" als bewusster, handhabbarer Anteil der Handlungsfähigkeit eines Menschen – die ja weit mehr umfasst – in ihrer Genese und somit auch Eigenart bestimmbar wird. Interessant ist dabei ganz besonders der Bereich der „Methodenkompetenz", d. h. der bewussten Verfügung über verschiedene, mit Wirkungs- und Grenzbereichen behaftete Wege zur Erarbeitung einer Taktik, einer Fertigkeit, eines Bewegungs- und Handlungsfelds im kontextuellen Rahmen von Aufgaben bzw. Anforderungen der Umwelt.

In der praktischen Arbeit mit Kindern, Jugendlichen und Erwachsenen wird es darum gehen, vor allem die positiven Emotionen zu nutzen, um Handlungsabläufe zu befördern. Gegenüber dem zergliedernden „Technik-Training" resultiert daraus eine ganzheitliche Vorgehensweise, die aber wegen der verwendeten Bilder und Vorstellungen – auch solcher, die scheinbar auf Abwege führen, wie etwa ein Weitsprungtraining mit Luftballons, oder wenn nicht der Absprung, sondern die Landung beim Hochsprung in das Zentrum der Aufmerksamkeit gestellt wird (Blanke 2006) – häufig eine individuelle Zuwendung und Betreuung erfordert.

Literatur

Blanke, Beate (2004): Untersuchung für die Hamburger Sportjugend „streetgames". Forschungsbericht. Hamburg

Blanke, Beate (2006): Emotionsdidaktik. Salzhausen

Brodtmann, Dieter (1979): Sportunterricht und Schulsport. Bad Heilbrunn

Bruckmann, Marita (1992): Wir turnen miteinander. 2. Aufl., Stuttgart

Caudwell, Christopher (1936; 1975): Bürgerliche Illusion und Wirklichkeit. Frankfurt a. M.

Damasio, Antonio (1998): Descartes' Irrtum. 3. Aufl., München

Ehni, Horst (1977): Sport und Schulsport. Schorndorf

Farfel, Wladimir S. (1977): Bewegungssteuerung im Sport. Berlin

Foucault, Michel (1975; 1994): Überwachen und Strafen. Frankfurt a. M.

Hirtz, Peter et al. (2003): Bewegungsgefühl. Schorndorf

Holzkamp, Klaus (1983): Grundlegung der Psychologie. Frankfurt a. M.

Holzkamp, Klaus (1993): Lernen. Frankfurt a. M.

Hotz, Arturo (1986; 1997): Qualitatives Bewegungslernen. 2. Aufl., Bern

Jantzen, Wolfgang (1994): Lernen und Dialog. In: Jantzen, Wolfgang: Am Anfang war der Sinn. Marburg, 119–134
Jantzen, Wolfgang (2006): Die „Zone der nächsten Entwicklung" – neu betrachtet. In: Stechow, Elisbath von & Hofmann, Christiane (Hrsg.): Sonderpädagogik und PISA. Bad Heilbrunn, 252–264
Katzenbogner, Hans & Medler, Michael (2001): Spielleichtathletik. Teil 1 und 2. 7. Aufl., Flensburg
Kurz, Dieter (2000): Die pädagogische Grundlegung des Schulsports in Nordrhein-Westfalen. In: Landesinstitut für Schule und Weiterbildung: Erziehender Schulsport. Bönen, 9–55
Laban, Rudolf von (1955; 1995): Kinetografie. Labanotation. Wilhelmshaven
Loibl, Jürgen (1991): Basketball – genetisches Lehren und Lernen. Schorndorf
Möller, Silke (2003): Beweggründe von Jugendlichen. Salzhausen
Munzert, Jörn (1997): Sprache und Bewegungsorganisation. Schorndorf
Prohl, Robert (1999): Grundriss der Sportpädagogik. Wiebelsheim
Scherler, Karlheinz (1979): Sensomotorische Entwicklung und materiale Erfahrung. 2. Aufl., Schorndorf
Tamboer, Jan (1979): Sich-Bewegen – ein Dialog zwischen Mensch und Welt. In: Sportpädagogik 2, 14–19
Trebels, Andreas (1992): Das dialogische Bewegungskonzept. In: Sportunterricht 41, 20–29
Vygotskij, Lev S. (2003): Ausgewählte Schriften. Bände I und II. Hrsg.: Lompscher, Joachim. Berlin
Weinberg, Peter (1985): Bewegung, Handlung, Sport. Köln
Weinberg, Peter (2001): Traum und Reiz. In: Moegling, Klaus (Hrsg.): Integrative Bewegungslehre. Teil II. Immenhausen bei Kassel, 267–297
Weinberg, Peter (2004): Kohärentes Bewegen. In: Klein, G. (Hrsg.): Bewegung. Bielefeld, 185–199
Weinberg, Peter & Lietzberg, Jörg (2001): Lebendigkeit – Berufschulsport. Forschungsbericht. Hamburg
Zimmer, Renate (2004): Handbuch der Psychomotorik. 5. Aufl., Freiburg

Gesundheitsförderung: Gesundheitserziehung

Ulrike Greb

Definition, Begriffs- und Gegenstandsgeschichte

Grundlage der „Gesundheitsförderung" ist die Ottawa Charta (WHO), die im November 1986 von mehr als 200 Gesundheitspolitikern und Präventionsexperten aus 35 Ländern verabschiedet und 1989 erstmals im Sozialgesetzbuch (SGB V, § 20) der Bundesrepublik verankert wurde. Als Globalstrategie mit salutogener Ausrichtung zielt sie auf die Verbesserung der ökonomischen, sozialen, ökologischen und kulturellen Lebensbedingungen. Ihr politisches Programm reicht damit weit über die gesundheitserzieherische Beeinflussung individueller Lebensweisen hinaus und soll in fünf Handlungsbereichen verwirklicht werden: 1. Entwicklung einer gesundheitsförderlichen Gesamtpolitik, 2. Schaffung gesundheitsförderlicher Lebenswelten, 3. Unterstützung gesundheitsbezogener Gemeinschaftsaktionen, 4. Entwicklung persönlicher Kompetenzen und 5. Neuorientierung der Gesundheitsdienste. [→ X Psychische Gesundheit und Resilienz]

Die Gesundheitserziehung gewinnt im vierten dieser Handlungsbereiche ihre Chance zur Neubestimmung: „Es gilt, Menschen zu lebenslangem Lernen zu befähigen und ihnen zu helfen, die verschiedenen Phasen ihres Lebens sowie eventuelle chronische Erkrankungen und Behinderungen angemessen zu bewältigen" (Ottawa Charta 1986, 3). In dieser Ausrichtung auf das pädagogische Praxisfeld reagiert man nicht nur auf die Kritik an paternalistischen und expertokratischen Formen der Gesundheitserziehung aus den 1970er Jahren als bloße „Popularisierungsagentur medizinischen Wissens" (Wulfhorst 2002, 64), sondern rekurriert ideengeschichtlich auf frühe Erkenntnisse der griechischen Antike (‚Regelkreise der Lebensführung', vgl. Pflaumer 1995). Mit der klassischen Diätetik trifft man dort bereits auf das Vorbild des gebildeten Laien, den Aristoteles als dritten Arzttyp gleichberechtigt neben den wissend-anordnenden (Theoretiker) und den empirisch-ausübenden Arzt stellt. Schon die sokratischen Ratschläge zielten gänzlich auf Selbstkompetenz: Ein jeder solle „an sich selbst das ganze Leben hindurch beobachten, welche Speise, welches Getränk und welche Arbeit ihm gut bekomme und wie er bei entsprechender Lebensweise möglichst gesund bleiben könne" (Engelhardt 1995, 29).

Die entscheidende Weiche in diesem anhaltenden Prozess der Selbst-Findung qua Selbst-Sorge stellt der Mediziner Galen (130–199) mit der systematischen Gegenüberstellung der res naturales und der res non naturales: Das Auseinandertreten von Natur und Geist in der selbst zu gestaltenden Lebenskunst setzt eine Dialektik in Gang, deren fundamentale Bedeutung für die Gesundheitserziehung allerdings erst im Zeitalter der Aufklärung augenscheinlich werden sollte: „Eine rationale, eine vernunftgeleitete Lebensweise verlangt ständige Aufmerksamkeit auf Leibliches und ein ständiges Reglement leiblicher Regungen. Da jedoch durch die Selbststilisierung des Menschen zum Vernunftwesen ihm eben diese Regungen fremd geworden sind, werden sie ihm zu Anzeichen möglicher Krankheiten" (Böhme 2003, 363).

Mittelalter und frühe Neuzeit führen die antike Diätetiktradition fort, das kosmologisch-anthropologische Verständnis wird um die religiöse Dimension erweitert. Das belegen zahlreiche Gesundheitsschriften (Werke der Barmherzigkeit, Regula Benedicti, Regimen Sanitatis Salernitanum, Sammlung der Äbtissin Hildegard von Bingen), Fastenvorschriften und die Renaissance der Bäderkultur. Durch die Übersetzung arabischer Medizintexte erreicht die klassische Diätetik auch Westeuropa, verliert jedoch über die Jahrhunderte die Weite und Differenziertheit ihres ganzheitlichen Zusammenhangs, und das Körperliche tritt in den Vordergrund.

Im Säkularisierungsprozess des 18. Jahrhunderts prägen utilitaristische und emanzipatorische Strömungen die Gesundheitspädagogik. Mit der Einsicht in die Weltoffenheit und Erziehbarkeit des Menschen gewinnt die staatliche Gesundheitspolitik einen neuen Ansatzpunkt für soziale Reformen. Im Zuge des Paradigmenwechsels von der Individual- zur Staatsdiätetik werden Ärzte zu Experten des sozialen Elends und übernehmen in vielen Belangen die soziale Rolle der Priesterschaft. Sie starten Initiativen für Kinder, schwangere Frauen, psychisch gestörte und behinderte Menschen. Pflegeheime, Bildungsinstitutionen und Hospitäler entstehen. Als Vorläufer der modernen Gesundheitserziehung gelten die beiden Mediziner Bernhard Christoph Faust (Verhaltensprävention: Gesundheits-Katechismus, 1794) und Johann Peter Frank (Verhältnisprävention: System einer vollständigen medicinischen Polizey, 1799–1819). Die romantisch-idealistische Gesundheitskultur indessen hält dem rationalen Aufklärungskalkül eine ‚Kosmagogik' (Novalis) als ökologische Naturpraxis entgegen.

Im naturwissenschaftlich geprägten 19. Jahrhundert gerät die ‚gesundheitliche Volksbelehrung' in den technokratischen Sog der Bildungsökonomie (‚Erziehung zur Industriosität', ‚Kampf ums Dasein') und wird durch medizinische Modelle und Maßnahmen der Umwelthygiene tendenziell ins Vorwissenschaftliche abgedrängt. Motor der Veränderungen ist, mit Entdeckung der Zelle und Erforschung der Mikroorganismen, der Aufschwung der hygienischen Forschung und die Erkenntnis, dass sich soziale Ungleichheit in den Gesundheitsverhältnissen reproduziert (Virchow, 1821–1902). Eine spezialisierte Hygieneerziehung, Hygiene im Biologieunterricht, Vereine für öffentliche Gesundheitspflege (1873) und Volkshygiene (1908) flankieren die neuen Gesundheitstechniken (Impfzwang, Wasser- und Lebensmittelkontrollen) durch Massenaufklärung, die sich zu Beginn des 20. Jahrhunderts im Dresdener Gesundheitsmuseum und auf den internationalen Gesundheitsmessen auch didaktisch perfektioniert (vgl. Stöckel & Walter 2002, 78–95). Krankheitsverhütung soll volkswirtschaftlichen Schaden abwenden, das Ziel ist der gesunde ‚Volkskörper'.

Der auf Verwertbarkeit und Optimierbarkeit abzielenden Rationalität, die sich mit Beginn der Industrialisierung durchsetzt, antwortet die Naturheilkunde (Hufeland, 1762–1836, Kneipp, 1821–1897) und eine naturkundliche Laienbewegung. Unter der allgemeinen Maxime, den Menschen zu ‚veredeln' und die Gesellschaft zu rehumanisieren, erhebt die Lebensreformbewegung Natur zur übergeordneten Norm: Gesundheit und Hygiene, Bildung und Erziehung (Steiner, 1861–1925), Ernährung, Haushalt und Wohnen werden unmittelbar aus ihr abgeleitet. Aus dieser Volksbewegung, aus der auch Pfadfinder-, Wandervogel- und deutsche Volkshochschulbewegung hervorgehen, speist sich im 20. Jahrhundert u.a. die Ideologie von der Reinheit der Rasse. In Dienst genommen von pseudowissenschaftlicher Argumentation (Eugenik, Vererbungslehre, Familienkunde, Rassenkunde) bildet sie in der NS-Propaganda den volkstümlichen Nährboden für rassenhygienische Maßnahmen, in denen sich das Prinzip der Volksfürsorge in eine mörderische Ideologie verwandelt. [→ II Eugenik] Das ‚Gesetz zur Verhütung erbkranken Nachwuchses' (1933) verkehrt die menschlichen Ziele der Prävention in ihr Gegenteil. Sozialhygienisch (Grotjahn 1924) und sozial-biologisch (Coeper 1932) fundierte Gesundheitserziehungslehren werden Teil eines bürokratischen Apparats zur Selektion und Vernichtung ‚unwerten Lebens'. [→ II Euthanasie]

Trotz einer durch die alliierten Besatzungsmächte umstrukturierten Gesundheitsversorgung bleiben auch in der Nachkriegszeit sozialdarwinistische Vorstellungen von einer kollektiven ‚Volksgesundheit' zumindest unterschwellig präsent, einschließlich der entsprechenden Wertungen gegenüber behinderten Menschen (vgl. Stöckel & Walter 2002, 152–189). Ihren anrüchigen Charakter der ‚hygienischen Volksbelehrung' verliert die Gesundheitserziehung erst, als sie im Kontext der Risikofaktorenforschung der 1950er Jahre inhaltlich und begrifflich wieder am biomedizinischen Krankheitsmodell anknüpft (Sabo 1996). Orientiert an statistischen Morbiditäts- und Mortalitätsrisiken einer breiten Mittelschicht, stützt sie ihre auf Abschreckung zielenden rationalen Aufklärungskonzepte methodisch stark auf die neuen Massenmedien. Ideell überwindet sie den Charakter einer Katastrophen-Pädagogik erst mit dem Paradigmenwechsel der 1980er Jahre. Geprägt von der sozialmedizinischen Wende, der Programmatik der Ottawa Charta und der Etablierung von Public Health als Wissenschaft begründet sie seither ihre Konzepte auch sozial- und verhaltenspsychologisch (kognitive Dissonanztheorie, Health-Belief-Modell, Protection Motivation Theory, Salutogenese). Leitbild ist hier das potenziell ‚kompetente Subjekt', das sein Leben und seine Gesundheit eigenverantwortlich (mit-)gestaltet. Parallel entsteht ein neuer Wellness- und Fitness-Markt mit ausufernder Produktpalette und einer durchgängigen Gleichsetzung von Gesundheit und Attraktivität. Unternehmer und Massenmedien versprechen intensivere Erfahrungen beim Essen, Trinken, in der Sexualität und beim Sport und propagieren neue, an Jugendlichkeit orientierte Definitionen von Gesundheit, Körper, Behinderung, Schönheit und Leistungsfähigkeit.

Zentrale Erkenntnisse, Forschungsstand

Die Ottawa Charta, selbst kein wissenschaftliches Konzept, hat die Basis einer gesundheitspolitischen Neuorientierung für die professionelle Gesundheitspraxis geschaffen. Charakteristisch für das neue Selbst- und Aufgabenverständnis der Gesundheitserziehung ist in diesem Rahmen die Ergänzung des Konzepts vom Gesundheitsverhalten (Risikofaktorenmodell) durch das sozialwissenschaftliche Konzept des Gesundheitshandelns (Salutogenese). Statt soziodemografische, kognitive und soziale Variablen herauszuarbeiten, die das beobachtete Verhalten erklären, geht man im Konzept des Gesundheitshandelns von der Annahme aus, „dass Gesundheit auch aktiv hergestellt werden kann und dass dabei die Person als handelndes Subjekt und die gesellschaftlichen Bedingungen eine zentrale Rolle spielen" (Faltermaier 2005, 189). Für die Umsetzung dieser neuen Programmatik hat sich als ‚Schlüsselstrategie' gesundheitsförderlicher Interventionen der Setting-Ansatz bewährt. Settings bezeichnen soziale Systeme, wie Betriebe, Schulen, Gemeinden, die eine Vielzahl relevanter Umwelteinflüsse auf eine bestimmte Personengruppe in typischer Weise prägen und daher das natürliche Milieu bilden, in welchem diese Bedingungen von Gesundheit und Krankheit auch gesundheitsförderlich gestaltet werden können (vgl. Jakarta-Erklärung 1997; Faltermaier 2005, 306–330). In der Schule beispielsweise gehört Gesundheitsförderung zu den Querschnittsaufgaben und sollte nicht allein unter Gesichtspunkten der Organisationsentwicklung gesehen werden. Das pädagogische Ziel ist die Stärkung zentraler Persönlichkeitsmerkmale als Basis gesundheitsförderlicher Lebensgestaltung, wie z.B. Selbstwertgefühl, Selbstwirksamkeitserwartungen oder Lebenskompetenzen.

Die theoretischen Grundlagen dieser Förderprogramme stammen überwiegend aus zwei Theorietraditionen: Erstens: Verhaltenstheoretischen Ansätzen, wie z.B. dem ‚Health-Belief'-Modell, das von der Prämisse ausgeht, vorbeugendes und schädigungsvermeidendes Verhalten könne auf der Basis von Überzeugungen und Wissen in einem Prozess bewusster Kosten-Nutzen-Abwägung (Bedrohung und Genuss) beeinflusst werden; zweitens: Ökologischen Ansätzen, die einen Zusammenhang zwischen sozialen und ökologischen Umweltfaktoren sowie körperlichen, psychischen und sozialen Gesundheitsbeeinträchtigungen annehmen und den Bewältigungsprozess auf sozialisatorisch erworbene Risiko- und Schutzfaktoren zurückführen. Diese Konzepte betonen eher den strukturellen ‚Makrobereich', d.h. allgemeine Verbesserungen der Bildungs- und Entwicklungsbedingungen. Deshalb kommen Hurrelmann & Laaser (2003, 403) zu dem Schluss, dass ökologische Theorieansätze die eigentliche Legitimation für umfassende Strategien der Gesundheitsförderung und Gesundheitspolitik liefern. Die Vorteile integrativer Modelle zur systematischen Maßnahmenplanung begründet Wulfhorst (2002, 134–140, 205) und verweist auf das sozialkognitive Prozessmodell von Schwarzer (1992), das Elemente des Health-Belief-Modells, der theory of planned behavior und des Modells der Selbstwirksamkeit integriert.

Trotz beachtenswerter Fortschritte fehlt der Gesundheitserziehung als pädagogischem Praxisfeld der Gesundheitsförderung eine adäquate erziehungswissenschaftliche Einbindung. Das spiegelt sich auch in der unbefriedigenden terminologischen Beliebigkeit: Gesundheitsbildung, -aufklärung, -beratung, -förderung, Gesundheits-, Medico- und Krankenpädagogik. In einer terminologischen Analyse von ‚Gesundheitserziehung' und affinen Begriffen plädiert Wulfhorst (2002, 30) für die Etablierung der Gesundheitspädagogik als erziehungswissenschaftliche Teildisziplin, um der Gesundheitserziehung einen verbindlichen Theorie- und Forschungsrahmen zu geben. Waller (2002, 119) integriert in einer grafischen Übersicht Gesundheitserziehung, -bildung, und -selbsthilfe als Teilbereiche der Gesundheitsförderung. Sie bilden, parallel zur eher präventionsmedizinischen Gesundheitsaufklärung und -beratung, unterschiedliche Interventionstypen.

Ausblick

Als realistische Bedingungen für eine subjektorientierte Gesundheitsförderung, die nicht Verhinderung von Störungen, sondern biografische Balance von Lebensaufgaben zum Ziel hat, nennen Faltermaier & Kühnlein (1998, 197–207): 1. Grundlage: empirisch breit gestützte Theorie der Salutogenese (Antonovsky); 2. verändertes Menschenbild: vom „potenziellen Patienten" zum Individuum als Gesamtperson; 3. Partizipation: Anerkennung medizinischer Laien als Experten für ihre eigene Gesundheit; 4. Gesundheitshandeln: Einbindung der Gesundheitsförderung in den Gesamtkontext der Lebensweise. Einen starken Aufschwung in diese Richtung bestätigt Trojan (2002) in struktureller Hinsicht (programmatische und rechtliche Absicherung), prognostiziert jedoch für die Zukunft Hindernisse durch zwei gesellschaftliche Faktoren: die Dominanz der Medizin und das Primat der Ökonomie. Um ‚marktfähig' zu sein, muss Gesundheit mit anderen unternehmerischen und politischen Zielen verbunden werden. Anknüpfungspunkt für die staatliche Gesundheitsförderung ist dabei ihr volkswirtschaftlicher Kapitalwert. Entsprechend kritisch ist die gewaltige Investition in die Gentechnologie zu beurteilen, die u. a. das Ziel einer „prädikativen Medizin" und darauf aufbauender „Krankheitsvermeidung und Gesundheitsförderung" verfolgt (Stöckel & Walter 2002, 261 f.). [→ II Bioethik/Biomedizin] Darüber hinaus beschränken Überformungen durch gesellschaftliche Entfremdungsprozesse und Medikalisierung, die konzeptuell nicht mitgedacht sind, den ideell auf breiter Basis geteilten Ansatz: Für den in der Selbstsorge objektivierten Körper fehlt es an Empathie. Der moderne Mensch kann die Zeichen seines Leibes nicht mehr deuten, er fühlt sich nicht heimisch in ihm und beobachtet seinen Körper wie eine Blackbox (Böhme 2003). So ist denn auch Niehoffs Fazit der letzten 30 Jahre eher skeptisch: Trotz des Abschieds von der paternalistischen Gesundheits-Erziehung dominiere ein rationales Aufklärungskonzept, ein Trend zur Kodifizierung korrekten Verhaltens und die Normierung von Körperlichkeit. „Die Enteignung gesundheitlicher Leitbilder durch die Vermarktungsstrategien des ‚functional food' und die Zurschaustellung verunstalteter Leiber durch die ‚bay watch industry' lassen Zweifel, ob präventionskonzeptionell wirklich etwas gewonnen wurde. Die Spannungsfelder zwischen Verhältnis- und Verhaltensprävention, therapeutischer Intervention oder genetischer Verbesserung, Gehorsam oder Bildung sind nicht aufgelöst" (Niehoff in: Stöckel & Walter 2002, 229). Eine adäquate Reaktion auf diese gesellschaftlichen Tendenzen wäre die Einbindung der Gesundheitserziehung in die kritische Bildungstheorie und die Aufhebung des Begriffs in einer umfassenderen Gesundheitsbildung.

Literatur

Böhme, Gernot (2003): Leibsein als Aufgabe. Leibphilosophie in pragmatischer Hinsicht. Zug (Schweiz)

BzgA (2003): Leitbegriffe der Gesundheitsförderung. 4. erw. und überarb. Aufl., Schwabenheim a. d. Selz

Engelhardt, Dietrich v. (1999): Krankheit, Schmerz und Lebenskunst. München

Faltermaier, Toni (2005): Gesundheitspsychologie. Stuttgart

Faltermaier, Toni et al. (1998): Gesundheit im Alltag. Laienkompetenz in Gesundheitshandeln und Gesundheitsförderung. Weinheim

Hurrelmann, Klaus et al. (Hrsg.) (2004): Lehrbuch Prävention und Gesundheitsförderung. Bern

Hurrelmann, Klaus & Laaser, Ulrich (Hrsg.) (2003): Handbuch Gesundheitswissenschaften. 3. Aufl., Weinheim

Stöckel, Sigrid & Walter, Ulla (Hrsg.) (2002): Prävention im 20. Jahrhundert. Historische Grundlagen und aktuelle Entwicklungen in Deutschland. Weinheim

Trojan, Alf & Legewie, Heiner (2001): Nachhaltige Gesundheit und Entwicklung. Frankfurt a. M.

Waller, Heiko (2002): Sozialmedizin. Grundlagen und Praxis. 5. Aufl., Stuttgart

Wulfhorst, Britta (2002): Theorie der Gesundheitspädagogik. Legitimation, Aufgabe und Funktion von Gesundheitserziehung. Weinheim

Sexualerziehung

Ditmar Schmetz

Sexualerziehung wird in ihrem Ansatz und in ihrer normativen Intention entscheidend davon bestimmt, welches Verständnis von Sexualität und welche sexualmoralischen Wertvorstellungen ihr zugrunde gelegt werden. Sexuelle Normen gehen aus jeweils eingelebten Gesellschaftswerten hervor und sind damit langfristig einem ständigen Wandel unterworfen. [→ IX Liebe und Sexualität] So haben gesellschaftliche Veränderungen infolge von Industrialisierung, Technisierung, Urbanisierung, Kriegen mit weltpolitischen Auswirkungen viele Aussagen der tradierten Sexualmoral infrage gestellt. Zu bedenken ist, dass der emotionale Einfluss bei sexuellen Normen besonders stark ausgeprägt ist und häufig eine Änderung traditioneller Moralvorstellungen verhindert oder verzögert. Sexualmoral ist jedoch nicht beliebig machbar und veränderbar. Sie ist vielmehr einer dauernden Kritik seitens der Ethik unterworfen. Wenn Sexualmoral nicht nach obersten Werten ausgerichtet ist wie Freiheit, Gerechtigkeit, Wahrhaftigkeit, Liebe, Gleichwertigkeit und Gleichberechtigung der Geschlechter, dann wird ihre Handhabung letztlich auf bloße Machtfragen reduziert (vgl. Molinski 1996; Schmetz 1998, 24). Die Geschichte der Sexualerziehung zeigt, dass für das Verständnis von Sexualität die Funktion der Fortpflanzung immer eine besondere Rolle gespielt hat. Heute noch betrachten viele Menschen Sexualität hauptsächlich unter biologischem Aspekt. Das darüber hinausgehende Sexualitätsverständnis geht jedoch davon aus, dass Sexualität nicht einseitig auf den Genitalbereich zu begrenzen ist. Sexualität stellt eine zentrale Lebensenergie dar und in ihrer Multidimensionalität spiegeln sich neben der Möglichkeit der Fortpflanzung und der Lust ebenso lebensnotwendige Merkmale wie durch Zärtlichkeit und Liebe geprägte mitmenschliche Interaktion, kultur- und gesellschaftsspezifische Normvorstellungen und sittliche Selbstbestimmung. Im Sinne von Sozio-Sexualität wird somit der komplexe Bereich zwischenmenschlicher Beziehungen einbezogen. Dieser umfasst neben positiv-sozialen Äußerungen der Emotionalität, der Erotik und Liebe ebenso Konflikte wie die Notwendigkeit, sich mit diesen auseinanderzusetzen.

Das hier vorgegebene weit gefasste Sexualitätsverständnis ist zugleich richtungweisend für die Intentions- und Inhaltsgestaltung der Sexualerziehung. Diese ist auf Interaktion und Kommunikation im weitesten Sinne angelegt. Als integrierter Bestandteil der Gesamterziehung realisiert sie sich im Feld des emotionalen und sozialen Lernens und setzt sich mit den Sozialisations- und Enkulturationserfahrungen des heranwachsenden Menschen auseinander. Somit wird Sexualerziehung als ein interaktiv-kommunikatives Geschehen verstanden, das die sexuellen Erlebnis- und Verhaltensdispositionen des heranwachsenden Menschen für die Annahme des eigenen Körpers, Gefühlsoffenheit und positive Selbstkonzeptbildung, für pro-soziales Verhalten, kritisches Normenbewusstsein und für autonomiegeleitete Handlungsfähigkeit stabilisieren soll. Für den interaktiv-kommunikativen Gestaltungsbereich der Sexualerziehung in Schule und Elternhaus zeichnen sich in Weiterentwicklung erzieherisch-therapeutischer Anliegen von Satir (2000) und Chopich & Paul (2000) folgende Grundgedanken und Perspektiven ab:

- Menschen treten in soziale und darüber hinaus in sexuelle Beziehungen zueinander. Dies geschieht in der Regel auf der Grundlage ihrer Gemeinsamkeiten. Sie wachsen in ihrer Beziehung zueinander aufgrund ihrer Verschiedenartigkeit.

- Jeder vermag in der Interaktions- und Kommunikationsgestaltung aufgrund seiner inneren Ressourcen Einfluss auf den Anderen zu nehmen und innerlich zu wachsen und sich zu verändern.
- In Interaktion und Kommunikation zwischen den Geschlechtern sollen Kinder und Jugendliche sich ihrer Geschlechtsrolle bezogen auf ihre physiologische Eigenart (gender role) und auf ihre soziologische Ausprägung (sex role) bewusst und im Sinne der Gleichwertigkeit der Geschlechter mit ihr vertraut werden. [→ IV Koedukativer Unterricht] Sie sollen in Begegnung und Auseinandersetzung mit dem Anderen lernen, dass ein Problem nicht im Problem an sich, sondern in der Art des Umgangs mit dem Problem liegt. Im Umgang mit Problemen sollen sie pro-soziale Konfliktlösungsmöglichkeiten kennenlernen und in die Lage versetzt werden, eigene Entscheidungen zu treffen.
- Im interaktiven und kommunikativen Handeln sollen Kinder und Jugendliche erfahren, dass Gefühle Teile von ihnen sind und dass jeder sie hat.
- Sie sollen lernen, dass partnerschaftliche Beziehungen auf Gleichwertigkeit gründen. Im interaktiven und kommunikativen Kontext sollen sie erfahren, dass Menschen im Grunde ihres Wesens gut sind. Um ihr Selbstwertgefühl zu stärken, sind ihnen Gelegenheiten vielfältigster Art zu eröffnen, in denen sie ihre innere Mitte finden können.
- Kinder und Jugendliche sollen Erziehungsmuster ihrer eigenen Ursprungsfamilie durchschauen lernen, die dysfunktional angelegt sind, wie z. B. sich dem Anderen gegenüber immer in der Opferrolle zu befinden oder Ko-Abhängigkeiten dem Familienmitglied gegenüber im Gefühlsleben zu praktizieren. Sie sollen in der Weise gefördert werden, dass sie sich von dysfunktionalen Erziehungsmustern distanzieren und befreien können.
- Heranwachsende Menschen sollen erkennen, dass zur Liebe zwischen zwei Menschen und zu dem Erhalt von Liebe nicht nur die Bindung, sondern auch das Loslassen-Können und die Distanz gehören.
- Jede Interaktions- und Kommunikationsgestaltung im sexuellen Handlungsbereich eröffnet zumindest die Möglichkeit, eine innere Veränderung anzustreben. Je stärker das Selbstwertgefühl ausgeprägt ist, desto leichter gelingen Bewältigungsstrategien zur Veränderung.

Die hier gezeichneten grundlegenden Intentionen einer interaktiv-kommunikativen Sexualerziehung haben gleichermaßen Gültigkeit für Menschen mit einem Handicap oder ohne ein Handicap. Grundsätzlich wird davon ausgegangen, dass Menschen mit einer Behinderung Sexualität ebenso mitgegeben ist wie Menschen ohne Behinderung. Das elementare Lebensrecht auf Zärtlichkeit und Liebe, das uneingeschränkt für behinderte und nicht behinderte Menschen gilt, erfordert für Menschen mit einem Handicap zumeist eine umfänglichere sexuelle Sozialisationshilfe, um den in der Regel vielfach belasteten affektiven Erfahrungshorizont, Ich-Stärke und Identitätsfindung im Sinne einer positiven Selbstkonzeptbildung aufzuarbeiten und zu fördern. Auch die autonome Handlungsfähigkeit – eine grundlegende Zielgröße von Erziehung, sollte im Rahmen gegebener Möglichkeiten als ein permanent zu erstrebender Anspruch – auch bei einem umfänglichen Handicap – angestrebt werden.

Problembereiche im Kontext sozio-sexueller Sozialisation und Erziehung

Sozialisationsbedingte Besonderheiten hinsichtlich sexuellen Verhaltens bei Kindern und Jugendlichen mit einem Handicap sind für die Sexualerziehung zu beachten und können spezielle Problemfelder darstellen. So bestimmen Einflüsse der Primär- wie Sekundärsozialisation insbesondere für Kinder in erschwerten Lern- und Lebenssituationen die soziologische Geschlechtsrolle (sex role), die sie im Rahmen sozio-kultureller Benachteiligung in besonderer Weise prägt. Bei Schülerinnen und Schülern mit dem Förderschwerpunkt Lernen herrschen noch immer häufig Rollenklischees vor, die in traditioneller Weise zwischen einseitiger männlicher und weiblicher Zuschreibung bei beruflichen und häuslichen Tätigkeiten unterscheiden. Kampshoff (1996) weist insbesondere bei weiblichen Jugendlichen aus sozio-kulturell benachteiligtem Milieu nach, dass im Sinne des Autonomie-Denkens eigenständige Gestaltungsmöglichkeiten des Lebensalltags nur ansatzweise vorhanden sind. Häufig sind Interaktionsabläufe zwischen Jungen und Mädchen aufgrund dissozialer Beziehungsmuster erschwert. Hinzu kommt, dass der extrem hohe Anteil ausländischer Kinder und Jugendlicher an Förderschulen (Kornmann & Kornmann 2003) zu sehr divergierenden Normvorstellungen bezüglich der Geschlechtsrollengestaltung führt.

Für die schulische Sexualerziehung stellt sich für das gemeinsame Spielen und Lernen von Mädchen und Jungen die Aufgabe, im interaktiv-kommunikativen Handlungsrahmen das ABC des sozialen und emotionalen Lernens im Rollenhandeln erfahrbar zu machen und dissoziale Beziehungsmuster durch prosoziale aufzulösen. Die Thematik „doing gender" [→ II Geschlecht] erfordert aktive tägliche Interaktionsgestaltung zwischen Mädchen und Jungen, Männern und Frauen und ist durch die Notwendigkeit interkultureller Erziehung an Förderschulen in besonderer Weise gefordert. Für einheimische wie zugewanderte Kinder und Jugendliche ist im Rahmen von Gleichwertigkeit und Gleichberechtigung der Geschlechter die Gender-Problematik als bewusstseinsbildender Prozess in der Sexualerziehung zur Geltung zu bringen und hinsichtlich ihres emanzipatorischen Anspruchs zu evozieren.

Die Thematisierung des Verhütungsverhaltens sowie der Aids-Prävention in der Sexualerziehung erweist sich unabhängig von der Behindertenproblematik gleichermaßen für alle Kinder und Jugendlichen als besonders notwendig, wenn man die gewonnenen Jugenddaten zum sexuellen Verhalten z. B. aus dem Jahre 2001 (n = 2565) (Bundeszentrale für gesundheitliche Aufklärung 2002) zugrunde legt. So zeichnet sich ein deutlicher Anstieg bei Jugendlichen im Alter von 14 bis 17 Jahren innerhalb der Petting-Erfahrungen und der Geschlechtsverkehr-Erfahrungen ab. 2001 lag das Durchschnittsalter für den ersten Geschlechtsverkehr bei etwa 15 Jahren. Deutlich angestiegen ist ebenso der gleichgeschlechtliche Kontakt (61 % der Mädchen, 53 % der Jungen). Insbesondere der erste Geschlechtsverkehr erfolgt häufig ungeplant und in fast jedem fünften Fall ohne Verhütungsmaßnahmen. Nach Angaben des Statistischen Bundesamts (2003) waren im Jahre 2002 7443 Schwangerschaftsabbrüche bei Minderjährigen bekannt. Die vorhandenen Daten weisen vor allem auf die Notwendigkeit hin, bereits frühzeitig sexualerzieherisch bei Kindern tätig zu werden.

Die gesellschaftskritische Intention einer Sexualerziehung im Kontext sozio-sexueller Sozialisation ist gerade bei heranwachsenden Menschen mit einem Handicap besonders gefordert, wenn es um Kommerzialisierung und Vermarktung von Sexualität geht. So haben z. B. innerhalb der Sozialisationseffekte mit ihren Auswirkungen auf sexuelles Verhalten bei Kindern und Jugendlichen Schönheitsnormen einen großen Einfluss. Diese werden nicht nur von der Musik-, Film- und Modeszene vorgegeben und von Kindern und Jugendlichen nachgeahmt, sondern ebenso von der Sport- und Ernährungsindustrie unter dem Faktor Gesundheit vermarktet. Nicht nur für Jugendliche, sondern auch für Ältere sind inzwischen z. B. Piercings und Tattoos in Mode. Ebenso gibt es reichhaltige Angebote z. B. von Branding, Body Modification, Fitnesstraining, Muskeltraining, Diäten usw. Die Umfunktionierung von Schönheit als Leistung und Ware in der Erlebnisgesellschaft, die sexuelle Vermarktung bilden Problembereiche, die für alle Kinder und Jugendlichen in der Sexualerziehung kritisch aufzuarbeiten sind.

Jedoch sind in diesem Bereich Kinder und Jugendliche mit Lern- und Entwicklungsstörungen auf weitreichende sexualerzieherische Hilfen angewiesen.

Ein weiterer Problembereich bezüglich der Auswirkungen von Sozialisation auf sexuelles Verhalten speziell bei Kindern und Jugendlichen im Förderschwerpunkt Lernen ist die häufige Verwendung der Vulgärsprache im Alltagshandeln (Schmetz 2001). Kinder und Jugendliche aus ungünstigen sozialen Lebenslagen benutzen häufiger die Vulgärsprache und sind zugleich weniger in der Lage, den Code in Interaktionssituationen situationsangemessen zu wechseln. In der Sexualerziehung wären so alternative Wortmaterialien für sexuelle Sachverhalte zu erschließen, die ohne Diskriminierung des anderen Geschlechts im allgemeinen Sprachgebrauch Verwendung finden. Sprache im sexuellen Verhaltensbereich sollte sich demnach im Sinne ihrer Grundfunktionen in menschlichen Lebenszusammenhängen danach ausrichten, ein Höchstmaß an Orientierung im Sinne von Wirklichkeit, an Kommunikation sowie an Emanzipation zu erreichen.

Zu bedenken ist, dass mit zunehmender Schwere der Behinderung im kognitiven Bereich die Fähigkeit zur verbalen Kommunikation abnimmt. Vermögen Nichtbehinderte im sexuellen Bereich ihren Empfindungen und Gefühlen sprachlich Ausdruck zu verleihen, den Partner Sympathie und Zuneigung mittels der Sprache mitzuteilen, so fehlen den schwerer Behinderten diese verbalen Ausdrucksmöglichkeiten weitgehend. Stattdessen können sie ihre Gefühle oft nur durch Berührungen und Zärtlichkeitsgesten zum Ausdruck bringen. In dieser Körpersprache teilen sie sich dann demjenigen mit, der ihnen sympathisch ist. Über den Körperkontakt kommt somit Kommunikation zustande, vorausgesetzt, dass der Andere dieses Symbolsystem versteht. Das erziehende und betreuende Personal für Schwerbehinderte sollte sich bewusst machen, dass die leibliche Kommunikation im extralinguistischen Symbolsystem für diese Klientel eine besondere Bedeutung besitzt. Aufgabe der Sexualerziehung ist es hier, körperliche Ausdrucksperformanz zu fördern und sozial-akzeptable Gesten auf dem Gebiet der Zärtlichkeit zu vermitteln. In diesem Bereich der Körpersprache erweisen sich auch noch Schwerbehinderte als lernfähig und sind letztlich auf ihn angewiesen, wenn sie nur noch über die leibliche Kommunikation Mitteilungen an den Mitmenschen vollziehen können.

Das Recht auf Selbst- und Mitbestimmung in Sachen Sexualität bei Menschen mit einem mentalen Handicap ist mit dem Inkrafttreten des Betreuungsgesetzes zum 1. Januar 1992 in besonderer Weise deutlich geworden. Mit der Abschaffung bisheriger Regelungen über Entmündigung, Vormundschaft und Pflegschaft für Volljährige steht an deren Stelle die Betreuung, die sich nach dem konkreten Hilfebedarf der Behinderten richtet. Bezogen auf die Sterilisation, die einen weitreichenden Eingriff in die Persönlichkeitsrechte des Betroffenen darstellt, ist sie für einen Behinderten, der einwilligungsunfähig ist, sehr streng geregelt. Eine Zwangssterilisation und eine Sterilisation vorübergehend Einwilligungsunfähiger sind verboten. Dies gilt auch für die Sterilisation Minderjähriger (Schmetz 1998, 50 ff.).

Die didaktische Konzeption einer interaktiv-kommunikativen Sexualerziehung bei Kindern, Jugendlichen und Erwachsenen mit einem Handicap geht von einem Lernverständnis aus, in dem Lernen als der Aufbau und die Erweiterung des Wissensnetzes durch Selbststeuerung verstanden wird (vgl. Maturana & Varena 1987). Somit stehen eigenständiges und selbstverantwortetes Lernen – auch bei einem Handicap – im Mittelpunkt sexualerzieherischer Bemühungen.

Literatur

Bundeszentrale für gesundheitliche Aufklärung (Hrsg.) (2002): Jugendsexualität. Wiederholungsbefragung von 14- bis 17-Jährigen und ihren Eltern. Ergebnisse der Repräsentativbefragung aus 2001. Köln

Chopich, Erika J. & Paul, Margret (2000): Aussöhnung mit dem inneren Kind. Donauwörth
Kampshoff, Marita (1996): Schule – Jugend – Identität. Zwölf- und 16jährige Schülerinnen und Schüler im Vergleich. Bielefeld
Kornmann, Reimer & Kornmann, Aline (2003): Erneuter Anstieg der Überrepräsentation ausländischer Kinder in Schulen für Lernbehinderte. In: Zeitschrift für Heilpädagogik 54, 286–289
Molinski, Waldemar (1996): Bemerkungen zur ethischen Dimension der Sexualität und Partnerschaft Geistigbehinderter. In: Walter, Jürgen (Hrsg.): Sexualität und geistige Behinderung. 4. Aufl., Heidelberg, 87–100
Ortland, Barbara (2005): Sexualerziehung an der Schule für Körperbehinderte aus der Sicht der Lehrerinnen und Lehrer. Wissenschaftliche Grundlagen, empirische Ergebnisse, pädagogische Konsequenzen. Bad Heilbrunn
Satir, Virginia et al. (2000): Das Satir-Modell. Familientherapie und ihre Erweiterung. Paderborn
Schmetz, Ditmar (1982): Sexualpädagogik für Sonderschulen, Grundschulen, Hauptschulen. Bonn/Bad Godesberg
Schmetz, Ditmar (1998): Sexualerziehung bei Menschen mit geistiger Behinderung. Studienbrief FernUniversität – Gesamthochschule Hagen, Fachbereich Erziehungs-, Sozial- und Geisteswissenschaften (3980-3-01-S1)
Schmetz, Ditmar (2001): Sexualität und Sprache. In: Lernchancen 22, 41–47
Statistisches Bundesamt (2003): Schwangerschaftsabbrüche in Deutschland. 1998–2002 nach Alter der Frauen und Quote je 10 000 Frauen der Altersgruppe. Verfügbar unter: www.destatisd/basis/d/gesu/tab17.html (06. 10. 2003)
Walter, Jürgen (1996): Sexualität und geistige Behinderung. 4. Aufl., Heidelberg

Medienerziehung

Birgit Werner

Definition

Der Begriff der Medien (Singular: Medium) ist aus dem Lateinischen „medius", der „mittlere", abgeleitet und bedeutet zunächst „das in der Mitte Befindliche" und beschreibt das vermittelnde Element zwischen zwei Bestandteilen. Er wird heute in den verschiedenen Disziplinen mit unterschiedlichen Intentionen gebraucht. [→ VIII Medien]

Innerhalb pädagogischer Kontexte erhält dieser Begriff aus drei Aspekten eine wichtige Bedeutung:

1. Medien als Mittel zur gezielten didaktisch-methodischen Unterstützung pädagogischer Intentionen.
2. Mediennutzung als fester Bestandteil des gesamtgesellschaftlichen Lebens, des gesamtgesellschaftlichen Kommunikationsprozesses.
3. Medien als Sozialisationsfaktor. Neben der Familie, der Schule und der Gruppe der Gleichaltrigen (Peergroups) gelten Medien als wichtige Sozialisationsinstanz. Kinder in hoch industrialisierten Gesellschaften wachsen in Medienwelten auf. Medien sind Teilsysteme unserer Umwelt, die impliziten Einfluss auf individuelle Auseinandersetzungsprozesse nehmen, indem sie Verhaltensweisen, Einstellungen, aber auch Wissen vermitteln (können). Medien bieten Gesprächsanlässe, dienen der Meinungsbildung, bilden die Basis von Gruppenidentitäten.

Mediennutzung als Alltagskultur

Medien durchziehen alle gesellschaftlichen Bereiche wie Politik, Wirtschaft, Militär, Kunst und Kultur und prägen die Alltagsstrukturen. Die Hauptmotive der Mediennutzung liegen in den beiden Bereichen:

- Unterhaltung, Entspannung, Anregung, Genuss, Ablenkung sowie
- Information und Wissenserwerb.

Unsere Mediennutzung, unser Mediengebrauch ist demnach als Alltagskultur zu verstehen, der Umgang mit den Medien als Kulturtechnik.

Folgende Tabelle gibt einen Überblick über ausgewählte Daten zur Mediennutzung.

Tab. 1: Tägliche Mediennutzung der 14- bis 49-Jährigen in Deutschland (Angaben in Minuten)

	2005	1999
TV	168	146
Radio	142	143
Internet	59	9
Zeitungen	21	24
Zeitschrift	15	15

(Quelle: http://www.prosiebensat1.com/pressezentrum/sevenonemedia/2005/)

Ein Bundesbürger zwischen dem 14. und 49. Lebensjahr verbringt täglich rund acht Stunden mit den Medien Fernsehen, Radio, Internet, Zeitungen und Zeitschriften. Während die Nutzung des Fernsehens, der Zeitungen und Zeitschriften nahezu konstant blieb, stiegen in den letzten fünf Jahren die Nutzungszeiten des Internets sprunghaft an und übersteigen deutlich die der Printmedien. Ungefähr die Hälfte aller Bundesbürger nutzt das Internet heute täglich. Dennoch bleibt das Fernsehen das wichtigste Medium (http://prosiebensat1.com/pressezentrum/sevenonemedia/2005/ vom 25.05.2007). In ihrer Häufigkeit werden die Medien in folgender Reihenfolge genutzt:

1. Fernsehen
2. Radio
3. Internet
4. Zeitungen/Zeitschriften (Forsa-Umfrage 2002).

Der Mediengebrauch ist stark individualisiert und habitualisiert. Durch die Vielfalt der Angebote, hier besonders der TV-Anbieter, und die individualisierte Nutzung kommt es zu einer Fragmentierung des Publikums. Programmsparten lassen sich sowohl durch Inhalte, mehr noch aber durch ihre Nutzer charakterisieren. Die öffentlich-rechtlichen Fernsehsender ARD und ZDF werden eher von informationsorientierten Zuschauern genutzt, private Sender mehrheitlich von unterhaltungsorientierten Zuschauern (http://www.ard-werbung.de/mp/publikationen/fachzeitschrift/).

Das Kommunikationsangebot von Massenmedien (d. h. ab einer potenziellen Erreichbarkeit von ca. 100 000 Adressaten) richtet sich an ein disperses Publikum, an eine große, unüberschaubare, anonyme Gruppe, deren Reaktionen auf dieses Angebot vielfältig und nicht vorhersagbar sind. Sender und Empfänger sind zeitlich und räumlich getrennt, die Kommunikation verläuft uni-direktional, indirekt.

Medien erfüllen in diesem gesamtgesellschaftlichen Kommunikationsprozess eine wichtige Funktion: sie grenzen für die Entstehung und Aufrechterhaltung von Kommunikation notwendige Selektionsspielräume (von Information, Mitteilung und Verstehen) ein, ohne jedoch die Selektionsmöglichkeiten zu unterbinden (Berghaus 2003, 100). Diese Eingrenzungen wiederum erhöhen die Wahrscheinlichkeit, dass die ausgewählten Kommunikationsabsichten (die potenziell zu vermittelnden Informationen) in nahezu adäquater Weise angenommen/verstanden werden (können). So ist erfahrungsgemäß die mediale Form „(Funk-)Telefon“ oder „sms“ für kurzfristige, zeitnahe, meist private Verabredungen gut geeignet. Belletristik und Forschungsergebnisse werden eher über Printmedien als zeitunabhängige und wiederholbare Zugangsmöglichkeit vermittelt, während aktuelle Nachrichten überwiegend über audio- bzw. audiovisuelle Medien vermittelt werden.

Medienwirkungen

Eine grundlegende und pädagogisch relevante Frage in der Beschäftigung mit Medien/Massenmedien stellt die Diskussion nach den möglichen Wirkungen der Mediennutzung dar. In dieser Debatte konkurrierten viele Jahre zwei monokausale Erklärungsmodelle:

1. Wirkungsansatz: „Stimulus-Response"-Modell. Hier werden technische, personelle, organisatorische und inhaltliche Aspekte des Mediums betrachtet und Antworten auf die Frage gesucht: „Was machen die Medien mit den Menschen?"
2. Nutzungsansatz: „Use-and-Gratifications-Approach"-Modell. Der Rezipient wird in seinen konstitutiven Wahrnehmungsbedingungen betrachtet. Es wird untersucht, auf welche Art und Weise die Medienbotschaften entschlüsselt werden und welche Rückwirkung durch den Rezipienten auf Medien sich beobachten lassen: „Was machen die Menschen mit den Medien?"

Heutige Erklärungsmodelle [→ I Erklären und Verstehen] gehen – aufgrund der prinzipiellen Unvorhersagbarkeit jeglicher kommunikativer Prozesse – von einem nicht-linearen und nicht-monokausalen Wirkungsverständnis medialer Einflüsse aus. Wirkungen entstehen und lassen sich nur durch das Zusammenspiel dreier Einflussmomente erklären: Personen- sowie Stimulus- bzw. Medienmerkmale und situative, kontextgebundene/gesellschaftliche Merkmale (Früh & Wünsch 2005, 423). Dieses dynamisch-transaktionale Denken beschreibt Medienwirkungen als „alle tatsächlichen oder verhinderten Veränderungen (Konservierungen/Retardierungen) aller Faktoren, die direkt oder indirekt an einem Kommunikationsprozess beteiligt sind, in dem Medien mitwirken und die auf diese Mitwirkung zurück zu führen sind" (ebd., 424). Diese Definition verneint direkte und unmittelbare mediale Auswirkungen auf den Einzelnen. Einige Wirkungsbereiche, wie beispielsweise die von Gewalt, Werbung, Science fiction, sind dennoch pädagogisch besonders relevant.

Mediennutzung für Menschen mit Behinderungen

Eine Studie in Österreich „Mediennutzung ohne Barrieren" (Fierlinger) zu Fragen des barrierefreien Zugangs zu Information und Kommunikation [→ V Barrieren] aus dem Jahre 2006 arbeitete aus der Sicht von Menschen mit Behinderungen Folgendes heraus:

1. Das tägliche Informationsverhalten von Menschen mit Behinderungen wird eindeutig durch das Internet dominiert.
2. Für 69 % der Befragten ist das Internet sehr wichtig.
3. Informationen für politisches und alltägliches Geschehen erfolgt primär via TV, gefolgt von Online-Medien und Online-Diensten.
4. Internet und Online-Medien zählen somit zu den primären Informationsquellen und Kommunikationsinstrumenten der befragten Personen (Fierlinger 2006).

Die Nutzung der Medien und speziell die der ‚Neuen Medien' [→ IV Lernen mit interaktiven Medien] ist in unserer heutigen hoch differenzierten Gesellschaft ungleich verteilt, da die Zugänge u. a. von finanziellen Rahmenbedingungen der Haushalte abhängig sind. Aufgrund der unterschiedlich zur Verfügung stehenden finanziellen und materiellen Güter droht die „Gefahr einer weiteren Ausdifferenzierung der Nutzer nach sozialgeschichteten Kommunikationsstilen" sowie einer „medienbewirkten Segmentierung der Gesellschaft – einer multimedialen Zweiklassengesellschaft" (Hüther 2005, 351). Angelehnt an den Problemkreis der Wissenskluft beschreibt der Begriff „Digitale Kluft" (auch „Digitale Spaltung") die unterschiedlichen Zugriffsmöglichkeiten sowie die Beherrschung dieser Technologien. [→ V Technologien] Dabei sind nicht allein die technischen Komponenten, d. h. die Bedienungskompetenzen zentral, sondern auch die damit verbundene inhaltliche Kluft, da gerade die durch das Internet verbreiteten Inhalte an den Bedürfnissen eines Großteils der Bevölkerung weltweit vorbeigehen.

Niesyto (2000) macht auf die Gefahr pädagogischer Benachteiligungen aufmerksam. Eine Benachteiligung in diesem Bereich liegt dann vor, „wenn durch bestimmte Formen des Zugangs, der Aneignung und Vermittlung von Medienkompetenz soziale Gruppen und Schichten tendenziell ausgegrenzt werden, z. B. durch eine zu starke Betonung kognitiv orientierter Arbeitsformen" (Niesyto 2000, 7). Benachteiligt sind dadurch u. a. Kindern aus sozial randständigen, sozial schwachen und Familien mit Migrationshintergrund. Damit ist auch der Erwerb gerade für den beruflichen Einstieg notwendiger informationstechnologischer Kompetenzen ungleich verteilt. Wenn diese Zugänge verwehrt sind – und durch politische, pädagogische Maßnahmen nicht entsprechend kompensiert werden können – drohen für die Betroffenen erhebliche berufliche und soziale Benachteiligungen.

Medienerziehung/ Medienpädagogik

Medienerziehung meint „pädagogisches Handeln, das zur richtigen, d. h. kritisch-reflexiven Aneignung der Medien anleiten soll" (Schorb 2005b, 249). In der Fachliteratur findet sich keine durchgängig exakte Trennung zwischen den Begriffen Medienerziehung und Medienpädagogik. Erhalten Medien als Mittel der Information, Beeinflussung, Unterhaltung, Unterrichtung und Alltagsorganisation Relevanz für die Sozialisation des Menschen, werden sie zum Gegenstand der Medienpädagogik (Hüther/Schorb 2005).

Folgende Teilbereiche umfassen derzeit medienerzieherische bzw. -pädagogische Überlegungen:

- *Medienkunde* vermittelt Wissen über Medien, beschäftigt sich mit Medien als Unterrichtsgegenstand, informiert über Medien.
- *Medienerziehung* thematisiert besonders Medienwirkungen, das Verhältnis von Fiktion und Wirklichkeit; sensibilisiert und emanzipiert für Kritik, Bewertung und Auswahl medialer Angebote.
- *Mediendidaktik* beschäftigt sich mit der Anwendung von Medien, entwickelt Konzepte aktiver Medienarbeit (Schülerzeitung, Videoarbeit, Schulfernsehen, Homepage, Schulfunk, -radio).

Medienerziehung i. e. S. umfasst die Erziehung zur reflektierten Mediennutzung sowie die Erziehung durch die Medien selbst (Schorb 2005a, 240). Sie überschneidet sich damit mit dem weitverbreiteten Begriff der Medienkompetenz. Medienkompetenz avisiert die Befähigung des Einzelnen zur Teilnahme am Kommunikationsprozess sowie zum sinnvollen Gebrauch der Medien. Sie beschreibt die Fähigkeit, „auf der Basis strukturierten zusammenschauenden Wissens und einer ethisch fundierten Bewertung der medialen Erscheinungsformen und Inhalte, sich Medien anzueignen, mit ihnen kritisch, genussvoll und reflexiv umzugehen und sich nach eigenen inhaltlichen und ästhetischen Vorstellungen in sozialer Verantwortung sowie in kreativen und kollektivem Handeln zu gestalten" (Schorb 2005b, 262). Baacke (1997) definiert diese Kompetenz aufgrund ihrer immensen gesellschaftlichen Relevanz als vierte Kulturtechnik. Medienkompetenz befähigt den Menschen, „autonom und mit Distanz zu den dominanten und formierenden Medien zu handeln" (Schorb 2005a, 243). Medienkompetenz gilt als wesentliche und entscheidende Voraussetzung zur Teilnahme an der Kommunikation in den verschiedensten Bereichen des gesellschaftlichen Lebens und als grundlegender Faktor für berufliche Qualifikation.

Dieser breit gefächerte Charakter lässt sich in schulischen Rahmen nicht in ein separates, neues Unterrichtsfach pressen, sondern ist als schulformunabhängiges, fächerübergreifendes Prinzip mit folgenden Aufgabenbereichen zu verstehen:

- Auswahl und Nutzung von Medienangeboten,
- Gestalten und Verbreiten von Medienbeiträgen,
- Verstehen und Bewerten von Mediengestaltungen,
- Erkennen und Aufarbeiten von Medieneinflüssen,
- Durchschauen und Beurteilen von Entstehungs-, Übertragungs- und Wirkungsbedingungen (Tulodziecki 1999, 291).

Diese Aufgaben- und Zielstellungen spiegeln sich auch in dem von der Bund-Länder-Kommission für Bildungsplanung und Forschungsförderung im Dezember 1994 verabschiedeten „Orientierungsrahmen Medienerziehung in der Schule" sowie der Erklärung der Kultusministerkonferenz zu „Medienpädagogik in der Schule" aus dem Jahr 1995 wider.

Medienpädagogische Herausforderungen an die Sonderpädagogik

Medien bieten gerade Menschen mit Behinderungen erweiternde Möglichkeiten, am gesamtgesellschaftlichen Kommunikationsprozess teilzunehmen. Gerade Online-Medien bzw. das Internet stellen für sie eine der wichtigsten Zugangsmöglichkeiten für Informationen aller Art dar. Darüber hinaus wirken Medien bei behinderungsspezifischen Schwierigkeiten kompensierend, wie beispielsweise Bildinformationen für Menschen mit Hörbeeinträchtigungen, Audio- und Videoprogramme für Menschen mit Sehbeeinträchtigungen, Computer mit Braille-Schrift, interaktive Lernsoftware und Internetzugänge. Gerade ein PC erweist sich nicht nur bei Menschen mit einer Sehbehinderung und Menschen mit autistischen Verhaltensweisen als ein notwendiges Arbeitsgerät. Die Arbeit am Computer vermag häufige Schreibblockaden und Ängste u.a. bei Schülern mit Schreib-, Rechen- und allgemeinen Lernschwierigkeiten zu mindern.

Alle Formen des E-Learnings schaffen weitreichende Möglichkeiten pädagogischer Interventionen z.B. eines Haus- und Klinikunterrichts, der beispielsweise von einer Schule aus individuell in unterschiedlichsten Regionen genutzt werden kann.

Erfahrungsberichte aus zahlreichen sonderpädagogischen Arbeitsfeldern, wie beispielsweise Computerlernen für Menschen mit Behinderungen, Internetcafés als Form der beruflichen Benachteiligtenförderung, zeigen, dass es vermutlich keinen sonderpädagogischen Bereich gibt, in dem Medien nicht sinnvoll eingesetzt werden können (Fitzner 2002).

Internetplattformen eignen sich für einen zielgruppenorientierten und problemspezifischen Kommunikationsraum, dessen Vorteile u.a. in seiner Freiwilligkeit und möglichen Anonymität bestehen.

Datenbanken zu allen Bereichen sonderpädagogischer Förderung erleichtern die mögliche Informationssuche für alle Beteiligten und Betroffenen.

Medienpädagogische Überlegungen spielen in sonderpädagogisch-didaktischen Überlegungen derzeit nur eine marginale Rolle und beschränken sich auf die allgemein didaktischen Fragen zum Einsatz von Unterrichtsmedien sowie den kompensatorischen Aspekt.

Zielgruppen- und problemspezifische Modifizierungen medienpädagogischer Konzepte für sonderpädagogische Handlungsfelder sind notwendig und sinnvoll, wie beispielsweise das internationale Projekt CHICAM (Children in Communication about Migration) für Kinder mit Migrationshintergrund zeigt (Maurer 2004). Dass gerade Vielfalt in den regionalen, ethnischen, sozialen Herkünften und unterschiedlichsten Wissensvoraussetzungen produktiv genutzt werden kann, dokumentiert u.a. das internationale Forschungsprojekt VideoCulture (1997–1999). Hier produzierten und interpretierten Jugendliche aus den unterschiedlichsten kulturellen Milieus Videofilme

(Niesyto 2006). Darüber hinaus ist gerade unter dem Aspekt benachteiligender Lebensbedingungen sowie erschwerter Lern- und Lebenssituationen der Medienkompetenz als „Voraussetzung für die Integration des Nutzers in die sich vielfältig anbietende Multimediastrukturen" besonders große Aufmerksamkeit zu schenken (Hüther 2005, 351). Die Notwendigkeit und Sinnhaftigkeit zielgruppenspezifischer Modifizierungen zeigen auch Niesytos Studien (2000) zur aktiven Medienarbeit mit Kindern und Jugendlichen aus bildungsmäßig und sozial benachteiligten Verhältnissen. Medienangebote innerhalb lokaler Kinder- und Jugendarbeit mit angemessenen „Schnupperangeboten, d.h. niedrigschwelligen Angeboten", bei dezentralen, mobilen Zugängen, praxisnahen, wenig theorielastigen Angeboten erreichen gerade sozial benachteiligte Kinder und Jugendliche (Niesyto 2000, 10). Über die Nutzung des vorhandenen Medienwissens der Kinder und Jugendlichen, die Berücksichtigung ihrer Bedürfnisse sowie die Ermöglichung von Spielräumen für die eigene Kreativität lassen sich wichtige Medienkompetenzen aufbauen.

Weitreichende pädagogische und mediendidaktische Chancen zur Nutzung des Internets, z.B. über die systematische Internetrecherchen im Unterricht, die Einrichtung eines Internetcafés in einer Schule, Erstellung eigener Lernplattformen sowie individualisierte internetbasierte Lernzugänge in der Schule für Lernbehinderte, dokumentieren Werning & Urban (2006).

Didaktisch umsetzbare Vorschläge für aktive Videoarbeit als projektorientierte und medienerzieherische fächerübergreifende Variante gerade in der Förderschule (Schule für Lernbehinderte) finden sich bei Schmidt (2002).

Neben der vielzitierten Medienkompetenz versuchen gerade diese Konzepte der sozioökonomisch begründeten Diskrepanz in der privaten Mediennutzung entgegenzutreten und die sich verschärfende soziale Spaltung, die sogenannte „digital divide", zu vermindern (Werning & Urban 2006, 8).

Ausblick

Medienpädagogische und -erzieherische Arbeit spielt im didaktisch-methodischen Bereich der Sonderpädagogik bislang nur eine marginale Rolle. Vermutlich oft noch verhaftet im defizitorientierten Denken über die (hypothetisch nicht vorhandenen) Fähigkeiten der Kinder, teilweise auch aus Angst vor Überforderung sowie aus der Sorge um eine mögliche globale Fremdbestimmung durch Medien im gesamtgesellschaftlichen Umfeld, aber auch ausbildungsbedingt durch fehlende didaktisch-methodische Kompetenzen finden medienpädagogische Konzepte derzeit noch zu wenig Berücksichtigung in sonderpädagogischen Aufgabenfeldern. Dabei bieten gerade diese Konzepte die Chance einer individuell angemessenen Beteiligung am gesamtgesellschaftlichen Kommunikationsprozess, die Chance lebens- und berufsrelevante Kompetenzen zu erwerben sowie der Wissenskluft zwischen unterschiedlichen sozialen Schichten wirksam zu begegnen.

Literatur

Baacke, Dieter (1997): Medienpädagogik. Tübingen

Berghaus, Margit (2003): Luhmann leicht gemacht. Weinheim

Fierlinger, Beate (2006): Mediennutzung ohne Barrieren. http://mainweb.at/projekte/b_part/ vom 25.05.2007

Fitzner, Thilo (Hrsg.) (2002): Medienkompetenz für Lernschwächere. Stuttgart

Forsa-Institut (2002): Umfrage zur Mediennutzung in Deutschland. www.3sat.de/3sat.php?http://www.3sat.de/nano/bstucke/15309/html vom 25.05.2007

Früh, Werner & Wünsch, Carsten (2005): Wirkung. In: Hüther, Jürgen & Schorb, Bernd (Hrsg.): Grundbegriffe Medienpädagogik. München, 420–427

Hüther, Jürgen (2005): Neue Medien. In: Hüther, Jürgen & Schorb, Bernd (Hrsg.): Grundbegriffe Medienpädagogik. München, 345–351

Hüther, Jürgen & Schorb, Bernd (Hrsg.) (2005): Grundbegriffe Medienpädagogik. München

JIM (2002): Jugend, Information, (Multi)Media. Basisstudie zum Medienumgang 12- bis 19-Jähriger in Deutschland. http://www.tivola.de/kind_medien.html vom 25.05.2007

JIM (2006): Medienpädagogischer Forschungsverbund Südwest (Hrsg.): JIM-Studie 2006. Jugend, Information, (Multi)Media. Basisstudie zum Medienumgang 12- bis 19-Jähriger in Deutschland. http://blog.learntec.de vom 25.05.2007
Maurer, Bernd (2004): Medienarbeit mit Kindern aus Migrationskontexten. München
Niesyto, Horst (2000): Medienpädagogik und soziokulturelle Unterschiede. Medienpädagogischer Forschungsverbund Südwest/Baden-Baden. Pädagogische Hochschule Ludwigsburg
Niesyto, Horst (2006): Chancen und Perspektiven einer interkulturellen Medienpädagogik. In: GMK (Gesellschaft für Medienpädagogik und Kommunikationskultur) (Hrsg.): Medienbildung in der Migrationsgesellschaft. Bielefeld, 64–76
Schmidt, Siegfried (2002): Medienkompetenz in der Förderschule. Frankfurt a. M.
Schorb, Bernd (2005a): Medienerziehung. In: Hüther, Jürgen & Schorb, Bernd (Hrsg.): Grundbegriffe Medienpädagogik. München, 240–243
Schorb, Bernd (2005b): Medienkompetenz. In: Hüther, Jürgen & Schorb, Bernd (Hrsg.): Grundbegriffe Medienpädagogik. München, 259–262
Tulodziecki, Gerhard (1999): Entwicklung medienpädagogischer Konzepte in der Schule. In: Goglin, Ingbert & Lenzen, Dieter (Hrsg.): Mediengeneration. Opladen, 285–303
Werning, Rolf & Urban, Michael (2006): Das Internet im Unterricht für Schüler mit Lernbeeinträchtigungen. Stuttgart

Spielpädagogik

Ulrich Heimlich

Vorbemerkung

In der Spielpädagogik wird die Vereinbarkeit von Spiel und Pädagogik stillschweigend vorausgesetzt. Gerade weil es sich beim Spiel um eine phantasievolle, intrinsisch motivierte und selbst kontrollierte Tätigkeit handelt [→ V Spiel], ist die erzieherische Einflussnahme auf diese Tätigkeit aber nicht so ohne Weiteres möglich. In der Heil- und Sonderpädagogik lässt sich wiederum eine lange Tradition der Einbeziehung des Spiels in Diagnose- und Fördermaßnahmen ausmachen. Dabei sinkt das Spiel allerdings meist zu einem Medium für Förderziele herab, die außerhalb der Spieltätigkeit liegen (z. B. Wahrnehmung, Motorik usf.). Doch auch hier erweist sich das Spiel offenbar als unverzichtbar. Es stellt sich somit die Frage, warum das Spiel immer wieder der erzieherischen Beeinflussung und Indienstnahme für Diagnose- und Förderaufgaben unterworfen wird. Eine erste Antwort zur Bildungsbedeutsamkeit des Spiels ergibt sich aus einem kritischen Rückblick auf die Geschichte der Spielpädagogik. Darauf aufbauend soll das Verhältnis von Spiel und Therapie sowie von Spiel und Förderung in der Heil- und Sonderpädagogik näher bestimmt werden.

Spiel und Bildung – Geschichte der Spielpädagogik

Eine Geschichte der Spielpädagogik kann gegenwärtig nur in großen Zügen nachgezeichnet werden (vgl. Heimlich 2001). Dabei sind besonders die Einflüsse der griechischen Antike, der Renaissance und der Aufklärungsphilosophie hervorzuheben.

Spiel und Bildung in der griechischen Antike

Spiele durchziehen das gesamte Alltagsleben im antiken Griechenland. Glücksspiele sind zwar verpönt, aber vor allem Spiele zur Schulung des Körpers erfreuen sich großer Beliebtheit. Feste und religiöse Zeremonien enthalten im antiken Griechenland ebenfalls wiederkehrende spielerische Elemente. Die griechische Sprache unterscheidet zwischen dem Begriff Spiel allgemein (*paidia*), der vor allem für das Kinderspiel gebraucht, aber auch gleichbedeutend mit dem Fröhlichen und Sorglosen verwendet wird, und dem Wettkampfspiel (*agon*), das auch Erwachsenen zugänglich ist. Die Einstellung zur Kindheit in der griechischen Gesellschaft der Antike ist allerdings mit der heutigen keineswegs vergleichbar. So sind seinerzeit weder gesetzliche noch moralische Verbote der Kindstötung bekannt. Auch das Aussetzen und Verkaufen von Kindern oder der sexuelle Missbrauch werden keineswegs einhellig abgelehnt. Noch vernichtender fällt das Urteil der griechischen Gesellschaft bezogen auf Kinder mit Behinderung aus. Auch Philosophen wie Aristoteles oder Platon sprechen sich eindeutig dagegen aus, „deformierte Kinder" überhaupt aufzuziehen. Die hohe Kinder- und Säuglingssterblichkeit lässt überdies kaum eine enge emotionale Beziehung zwischen Eltern und Kindern zu. Insofern dürften die Spiele der Kinder seinerzeit kaum von Erwachsenen wahrgenommen worden sein.

Vor diesem Hintergrund entwirft Platon (427–347 v. Chr.) sein Ideal von Erziehung und Bildung, das wiederum in seine Vorstellung von einem idealen Staat eingebunden ist. Spielpädagogische Reflexionen durchziehen dabei das gesamte überlieferte Schrifttum dieses Schülers von Sokrates. Platon betrachtet das Spiel als Entwicklungsnotwendigkeit, auf die jegliche Erziehung Rücksicht zu nehmen habe. Die Spiele der Kinder haben nach Platon aber auch eine außerordentlich bedeutsame Funktion für den Fortbestand des Gemeinwesens (*polis*). Deshalb sollte stets auf die genaue Einhaltung der Spielregeln und Spieltraditionen geachtet werden. Dabei geht Platon bis zu der Forderung nach einer strengen Beaufsichtigung des kindlichen Spiels. Abwandlungen der Spielregeln sind strikt abzulehnen. Spiel sollte somit schon bei Platon eindeutig eine sozialisierende Funktion einnehmen. Letztlich sieht Platon einen engen Zusammenhang von Spiel (*paidia*) und Bildung (*paideia*).

Spiel und Bildung in der Renaissance

Eine eigenständige Kindheitsphase kann sich in der stark hierarchisch gegliederten Ständegesellschaft des Mittelalters erst spät herausbilden. Unter dem Einfluss der Kirche werden allerdings der Kindesmord und der Verkauf von Kindern immer stärker juristisch verfolgt. Seit dem 14. Jahrhundert häuft sich die Darstellung von Kindern in der bildenden Kunst (z. B. als Engel oder putti); dies eröffnet einen Zugang zur kindlichen Spielwelt dieser Zeit. Es dominieren hier religiös eingekleidete Spielszenen (z. B. Jesus und Johannes beim Spiel). In den Genreszenen der zeitgenössischen Kunst gibt es nun zahlreiche Hinweise auf Kinderspiele wie Steckenpferd, Reifen, Windmühle oder den lebendigen Vogel an der Leine. Die Spiele der Kinder unterscheiden sich noch nicht deutlich von den Spielen der Erwachsenen. So nehmen Kinder wie selbstverständlich an Glücksspielen um hohe Geldbeträge teil. Auch bei den zahlreichen Gesellschaftsspielen wie Karten- und Ratespiele oder Schlagball, Hockey sowie Federball sind Kinder in der Regel beteiligt.

In dem Maße wie die Sinnlosigkeit von gesellschaftlichen Spielverboten allmählich bewusst wird, steigt das Interesse an einer erzieherischen Indienstnahme des Kinderspiels wieder an. Besonders in den oberitalienischen Städten der Renaissance erfolgt dabei eine ausdrückliche Anknüpfung an das griechische Bildungsideal. In diesem Zusammenhang entstehen auch die ersten Schulen modernen Typs. So errichtet Vittorino da

Feltre (1378–1446) auf Einladung des Marquese Gianfrancesco Gonzaga in Mantua eine öffentliche Schule, in der zeitweise ca. 500 Schülerinnen (!) und Schüler aus allen Bevölkerungsschichten zusammen mit den Kindern des Stadtfürsten unterricht werden. Vittorino nennt diese Schule *casa giocosa* (wörtlich: fröhliche Schule). Kulturhistorische Untersuchungen zum Spiel haben zeigen können, dass das italienische Wort *giocosa* gleichbedeutend mit Spiel verwendet wird und auf den romanischen Wortursprung für Spiel (*iocosa*) hinweist. Insofern könnte die *casa giocosa* auch als „Schule des Spiels" bzw. als „Spielschule" bezeichnet werden. Die Schulkonzeption ist am ehesten mit einer „Mittelschule" vergleichbar, die zwischen Elementarschule und Universität steht. Im Vergleich mit den Klosterschulen dieser Zeit fällt die Betonung des Spiels und der Bewegung in Vittorinos Schulkonzeption auf. Allerdings geht es Vittorino nicht nur um Zerstreuung oder körperliche Übung. Vittorino steht als Erziehungspraktiker für die Entdeckung, dass das Spiel von Kindern und Jugendlichen nicht nur einem Bildungszweck dienen kann, sondern vielmehr einen Bildungswert in sich hat. „Lernen mit Freude" wird hier erstmals über die vielfältigen Formen des Spiels in Bildung und Erziehung aufgenommen.

Spiel und Bildung am Beginn der Moderne

Vollends zur Wiege einer modernen Spielpädagogik wird das Zeitalter der Aufklärung in Europa. Der Alltag der Kinder ist in dieser Epoche durch extreme soziale Unterschiede gekennzeichnet. Im 17. Jahrhundert hinterlässt der Dreißigjährige Krieg in Europa ein Feld der Verwüstung. Die Folgen sind eine weitreichende Verarmung breiter Bevölkerungsschichten (Pauperisierung). Die überwiegende Zahl der Kinder hat bis weit in das 19. Jahrhundert hinein kaum freie Zeiten für das Spielen. Erst im Jahre 1853 wird in Preußen das Mindestalter für die Kinderarbeit auf zwölf Jahre angehoben, wenn auch damit noch längst kein Verbot der Kinderarbeit durchgesetzt ist. Von der Aufklärungsphilosophie gehen nun bedeutsame Einflüsse auf Erziehung und Bildung aus. „Der Ausgang des Menschen aus seiner selbstverschuldeten Unmündigkeit" – wie Immanuel Kant (1724–1804) die Kernaussage der Aufklärung zusammenfasst – ist nur über den „Gebrauch des eigenen Verstandes" zu erreichen. Bildung und Erziehung können damit nicht mehr nur bestimmten Bevölkerungsgruppen vorbehalten bleiben. Bildung wird in dieser Zeit als Aufgabe für alle Menschen definiert.

Im Lebenswerk des Pfarrerssohns und Kindergartengründers Friedrich Wilhelm August Fröbel (1782–1852) wird dieses Konzept einer „Bildung für alle" auch auf die frühen Entwicklungsjahre übertragen. Zugleich ist Fröbel einer der Väter einer modernen Spielpädagogik. Am Beginn seiner spielpädagogischen Systematik stehen deshalb die Mutter-, Kose- und Spiellieder. Ausgehend von den Grundformen Kugel und Würfel hat Fröbel ein System von Spiel- und Beschäftigungsmitteln (Spielgaben) geschaffen, das in den Holzbaukästen bis in die Gegenwart erhalten geblieben ist. Zusätzlich gibt Fröbel auch Hinweise auf Spiele in der Gruppe der Kinder, die er als Ton- und Singspiele, Wort- und Sprechspiele sowie Bewegungs- und Darstellungsspiele bezeichnet. Eingerahmt werden diese konkreten Spielvorschläge durch ein Konzept von „Spielpflege", in dem erstmals der deutliche Hinweis auf die Notwendigkeit der pädagogischen Förderung des Spiels und zur Weiterentwicklung der Spielfähigkeit selbst gegeben wird. Die Begründung für die Bedeutung der Spielpädagogik liegt bei Fröbel letztlich in der Bildungswirkung des Spiels und vermeidet so jede einseitige Bindung an Lern- und Erziehungsziele, die außerhalb der „Sphäre" des Spiels liegen. Dieser spielpädagogische Rahmen wurde in der heil- und sonderpädagogischen Spielförderung bislang kaum berücksichtigt.

Spielförderung und Spieltherapie – Heil- und sonderpädagogische Aspekte

In der Heil- und Sonderpädagogik dominieren die Versuche, das Spiel in therapeutische und fördernde Handlungsmuster einzubinden.

Spiel und Therapie

Bis in die Gegenwart wirkende Anregungen hat die therapeutische Nutzung des Spiels insbesondere durch die Übertragung des Menschenbilds der Humanistischen Psychologie erhalten. Virginia M. Axline entwickelt einen nicht-direktiven Ansatz von Spieltherapie, der von Herbert Goetze und Stefan Schmidtchen über ein klientenzentriertes Modell bis zur personenzentrierten Spieltherapie weiterentwickelt wird. Damit ist zugleich ein Phasenmodell der Spieltherapie beschrieben. Goetze geht davon aus, dass sich eine spieltherapeutische Maßnahme aus einem non-personalen Stadium über ein nicht-direktives und ein klientenzentriertes hin zu einem personalen Stadium weiterentwickelt (vgl. zu den neueren Entwicklungen und zur praktischen Umsetzung: Goetze 2002).

Im Mittelpunkt dieses spieltherapeutischen Konzepts steht das Kind selbst mit seinen Bedürfnissen, Wünschen und spontanen Einfällen, die es im Spiel thematisieren möchte. Das Therapeutenverhalten ist durch starke Zurückhaltung gekennzeichnet und sollte sich durch die drei Grundhaltungen „Echtheit", „Akzeptanz" und „Empathie" auszeichnen. Das zentrale Mittel der personenzentrierten Spieltherapie ist die Person des Therapeuten, auch wenn sie in der Therapiesituation nur im Hintergrund zur Geltung kommt. In der Sprache des Konstruktivismus bedeutet dies, dass personenzentrierte Spieltherapie über eine bestimmte Therapeutenhaltung dazu beitragen möchte, dass die Konstruktionen des Kindes zum Ausdruck kommen und rekonstruiert werden können und dass in zunehmendem Maße eine gemeinsame Konstruktion versucht wird. Auf diese Weise übernimmt die Spieltherapie eine vorbereitende Funktion für heil- und sonderpädagogische Interventionen.

In der Heil- und Sonderpädagogik ist das Verhältnis zwischen „Pädagogik und Therapie" immer wieder umstritten. Neben kritischen Abgrenzungsversuchen hat sich gegenwärtig eher ein pragmatisches Nebeneinander von Therapie- und Fördermaßnahmen mithilfe des Spiels herausgebildet (vgl. Katz-Bernstein 2000). Problematisch erscheint auch im therapeutischen Zusammenhang nach wie vor, dass das Spiel zum Mittel für Therapie und Förderung reduziert wird.

Spiel und Förderung

Bei Kindern und Jugendlichen mit sonderpädagogischem Förderbedarf [→ IV Didaktik und Förderung unter erschwerten Bedingungen] reicht es nicht immer aus, ihnen eine angemessene Umwelt für das Spiel zur Verfügung zu stellen und auf ihr spontanes Interesse an Spieltätigkeiten zu vertrauen. Die Umweltbedingungen des Spiels müssen vielmehr gezielt so organisiert werden, dass auch Kinder und Jugendliche mit sonderpädagogischem Förderbedarf das volle Entwicklungspotenzial von Spieltätigkeiten erschließen können (vgl. Heimlich 2001, 238). Von Interesse ist das Spiel für Förderangebote aber auch deshalb, weil es eine Vielfalt von Entwicklungsdimensionen anspricht. Sonderpädagogische Spielförderung erschöpft sich bis dato allerdings noch zu häufig in einseitigen Förderangeboten mithilfe des Spiels. In der Spielpädagogik wäre damit allenfalls der Bereich der „spielerischen Einkleidungen" angesprochen, indem mithilfe des Spiels Förderziele beispielsweise im Bereich der emotionalen und sozialen Kompetenzen angestrebt werden.

Sonderpädagogische Spielförderung ist demgegenüber ebenfalls als „Förderung zum Spiel" zu konzipieren. Das Ziel der Spielförderung ist somit die Förderung des Spiels selbst. Sonderpädagogische Spielförderung unterscheidet sich von allgemeinen spielpädagogischen Maßnahmen lediglich dadurch, dass sie zur Förderung des Spiels zusätzliche und intensivierte pädagogische Maßnahmen ergreifen muss. Dazu ist ein enger Zusammenhang zwischen Diagnose, Intervention und Evaluation erforderlich.

Am Beginn einer Spielfördermaßnahme steht deshalb auch die Diagnose der Spielfähigkeit. Neben den verbalen Spielbeobachtungsmethoden (Tagebuch, Spielprotokoll) stehen uns mehrere Kategoriensysteme zur Verfügung (vgl. Heimlich 2001, 232 f.). Wir können das Spielniveau sowohl des spielmittel- als auch des spielpartnerbezogenen Spiels gegenwärtig mit entsprechenden Beobachtungsmethoden zuverlässig bestimmen.

Ähnlich wie in der sonderpädagogischen Förderung wird auch bei der Spielförderung zwischen direkter und indirekter Spielintervention unterschieden. Bei der indirekten Spielförderung erhalten die Kinder lediglich ein Angebot an Spielmaterialien und räumlichen sowie zeitlichen Spielmöglichkeiten, das nach bestimmten auf die Diagnose bezogenen Kriterien ausgewählt ist. Die Erwachsenen nehmen zwar in der Begleitung des Spiels mittelbar Einfluss auf das Spiel, spielen jedoch nicht mit den Kindern, sondern bleiben eher in einer beobachtenden und lediglich die Umweltbedingungen arrangierenden Haltung. In der direkten Spielförderung nehmen Erwachsene zusätzlich die Möglichkeit zum Mitspielen wahr. Dies kann notwendig sein, wenn das Spiel der Kinder spontan nicht in Gang kommt, wenn keine Spielideen bei den Kindern entstehen oder wenn Konflikte zwischen den Kindern das Spiel unterbrechen.

Zur Auswertung von Spielfördermaßnahmen (Evaluation) eignen sich erfahrungsgemäß Teamgespräche am ehesten. Als hilfreich hat sich hier insbesondere die gemeinsame Analyse von Video-Mitschnitten erwiesen, wie das in Erzieherinnenteams beispielsweise von integrativen Kindertageseinrichtungen vielfach praktiziert wird (vgl. Heimlich 1995). Hier kann sich auch ein erneuter Einstieg in die spielbezogene Diagnostik als notwendig erweisen.

Begleitend zum Prozess der Spielförderung wird es ebenfalls erforderlich sein, dass die Eltern über die jeweils geplanten Spielfördermaßnahmen und deren Erfolg informiert werden (Beratung). Vielfach muss Eltern in solchen Beratungsgesprächen die Bedeutung der kindlichen Spieltätigkeit für die sonderpädagogische Förderung erst nähergebracht werden. Gespräche zeigen, dass die Eltern im Umgang mit dem kindlichen Spiel sehr verunsichert sind und nur selten gelernt haben, selbst mit den Kindern intensiv zu spielen. Insofern sind die meisten aufgeschlossen für weitere Anregungen zum gemeinsamen Spiel mit den Kindern im familialen Umfeld.

Ausblick

Im heil- und sonderpädagogischen Arbeitsfeld wird die Spielförderung gegenwärtig insbesondere im Bereich der Prävention und der Integration eingesetzt. Auch dafür dürfte die Multidimensionalität des Spiels einer der wichtigsten Gründe sein. Das Spiel bietet von daher nicht nur einen Zugang zu kindlichen Ausdrucksmöglichkeiten. Es zählt zu den basalen Förderkonzepten in der Heil- und Sonderpädagogik, die geeignet sind, im Sinne einer primären Prävention die Entstehung von sonderpädagogischem Förderbedarf zu verhindern.

Literatur

Goetze, Herbert (Hrsg.) (2002): Handbuch der personenzentrierten Spieltherapie. Göttingen

Heimlich, Ulrich (1995): Behinderte und nichtbehinderte Kinder spielen gemeinsam. Konzept und Praxis integrativer Spielförderung. Bad Heilbrunn

Heimlich, Ulrich (2001): Einführung in die Spielpädagogik. Eine Orientierungshilfe für sozial-, schul- und heilpädagogische Arbeitsfelder. 2. Aufl., Bad Heilbrunn

Katz-Bernstein, Nitza (2000): Paul Moors Gedanken zur Bedeutung des Spiels in der Erziehung – Anfrage an die Aktualität. In: Haeberlin, Urs. (Hrsg.): Paul Moor als Herausforderung. Bern, 69–80

Erziehung und Bildung im Säuglingsalter

Wolfgang Praschak

Begriffs- und Gegenstandsbereich

Säuglinge und Kleinkinder galten lange Zeit aufgrund ihrer umfänglichen Abhängigkeit als hilflose Wesen, die keinen nennenswerten Einfluss auf ihre Lebensgeschichte nehmen. Aus diesem Grund wurden die selbst gesteuerten Anteile der Persönlichkeitsentwicklung auch in der Säuglings- und Kleinkindforschung lange nicht in genügender Weise gewürdigt. Die Forschung zentrierte in erster Linie auf die Bedeutung der primären Bezugsperson, in der Regel der Mutter, was sich in der gegenwärtigen Theoriebildung aber deutlich verändert hat. Mittlerweile wird die Entwicklung von Säuglingen und Kleinkindern als Ergebnis einer gegenständlichen und sozialen Auseinandersetzung gesehen, an der auch die Kinder einen bedeutsamen Eigenanteil haben. Die frühe Kindheit wird unter dem Blickwinkel der Einheit des Gegenstands- und Personenbezugs als eine Lebensphase aufgefasst, die vielfältigen Gestaltungsmöglichkeiten und auch kulturell-wertorientierten Erziehungs- und Bildungsprozessen offensteht. Das leuchtet ein, denn die immensen Entwicklungsfortschritte, die Säuglinge und Kleinkinder in dieser Zeit machen, unterliegen weder festgelegten Reifungsprozessen, noch sind sie das Ergebnis äußerlicher Beeinflussungen, die auf das Kind einwirken und seine Persönlichkeit prägen. [→ VII Entwicklungspsychologie: vereinheitlichte Theorien] Die Einbindung des Kindes in seine Lebenswelt ist vielmehr vielfältig strukturiert und kann deshalb nur im Rahmen seines Lebensumfelds aufgeklärt werden. Die neueren Forschungen zentrieren aus diesem Grund nicht mehr nur auf das Kind in seinem Verhältnis zur primären Bezugsperson, sondern blicken auf das Insgesamt des familiären Alltags, der die Entwicklungsmöglichkeiten des Kindes von Geburt an bestimmt (vgl. Mahler et al. 1993; Dornes 1994).

Zentrale Erkenntnisse, Forschungsstand

Diese Erweiterung des Untersuchungsfelds bedingte eine Neuausrichtung des Forschungsfelds, in dem nun die Qualität der kulturellen und sozialen Rahmenbedingungen des familiären Alltags untersucht wird. Auf dem Hintergrund der Hospitalismus-, der Trauma- und der Resilienzforschung werden die Bedeutung des Bindungsaufbaus nun im Kontext der familiären Sozialisation gespiegelt und das Verhältnis des Kindes zur Mutter durch die gegenständliche Auseinandersetzung im Rahmen ihrer kulturellen Wertorientierung untersucht. [→ II Bindung] Die gesellschaftliche Ausgangslage der Familie wird in dieser multiperspektivischen Forschung im Hinblick auf sozialwissenschaftliche, erziehungswissenschaftliche und entwicklungspsychologische Modellvorstellungen neu gebündelt. Dieser umfängliche Blick auf den familiären Alltag lässt die Entwicklungsfortschritte, aber auch die Entwicklungsschwierigkeiten von Kindern und ihren Familien als Bedingungen des gesellschaftlichen Umfelds und als Bedingung des gegenständlichen und des sozialen Austauschs in Erscheinung treten. Die Entwicklung des Kindes wird in diesen Forschungen auf eine mehr oder weniger zureichende Partizipation am Alltagsgeschehen mit dem Ziel bezogen, darüber einen Beitrag zur Optimierung der familiären Ausgangssituation leisten zu können.

Die familiären Strukturen und Problemlagen [→ V Familie] werden mit qualitativen Forschungsstrategien untersucht und als Handlungsraum ausgelegt, in dem die Kinder zusammen mit ihren Bezugspersonen eine gemeinsam zu verantwortende Lebenswelt gestalten, in die die Ausbildung erster Werthaltungen, Rollenbilder und Motivationslagen eingebettet ist. In diesen Entwicklungsprozessen wird das Kind als ein handlungsfähiges Subjekt betrachtet, das seine frühen Sozialisationsprozesse mitbestimmt. In diesem Kontext erscheint die Persönlichkeitsentwicklung des Kindes auch im Lichte von intentionalen Erziehungs- und Bildungsprozessen, in die die frühe Bindungsgestaltung eingefügt ist (vgl. Jetter 1984; Dornes 1994). Diese pädagogische Perspektive gründet in den kulturellen und gesellschaftlichen Partizipationsmöglichkeiten, die in die familiäre Sozialisation hineinspielen und die Qualität der gegenständlichen und sozialen Kooperationsprozesse bestimmen. Im Rahmen dieser Prozesse werden auch die kommunikativen Kontextfaktoren untersucht, die die Verständigungsmöglichkeiten des Kindes mit seinen Familienmitgliedern formen (vgl. Praschak 1993). Die Untersuchung dieser basalen Kommunikation richtet sich auf die Analyse präverbaler Zeichensysteme, die einen elementaren Zugang zur kindlichen Entwicklung darstellen.

Auf dem Hintergrund dieser Forschungen hat sich auch das professionelle Selbstverständnis der Frühförderung verändert. [→ Frühförderung] Sie ist von ihrer ursprünglichen Zentrierung auf das einzelne Kind abgewichen und nimmt nun die Lebenslage der ganzen Familie in den Blick und kümmert sich zunehmend auch um die Familien, die als gesellschaftlich randständig und bildungsfern gelten. Durch die Ausdehnung der professionellen Ansprüche auf die prekären Lebenslagen von Familien werden die innerfamiliären Ressourcen thematisiert und in ein möglichst gemeindenahes Netzwerk von familienorientierten Hilfen eingefügt. Aus diesem Grund ist die Frühförderung nicht nur in ihrer fachlichen Unterstützung offener und flexibler geworden, sondern hat sich auch interdisziplinär neu ausgerichtet und wird mittlerweile in einigen Bundesländern sogar als Komplexleistung angeboten, was die bisherige Diversifizierung der Kostenträgerschaft grundlegend überwindet.

Das Verhältnis von Bindungsgestaltung und elementaren Bildungsprozessen

In der traditionellen Säuglingsforschung stehen der Bindungsaufbau und die Bindungsgestaltung im Zentrum der Betrachtung. Diese Forschung geht auf Ainsworth und Bowlby (2005) zurück und ist als Bindungstheorie zu einer bedeutsamen Grundlage der Neustrukturierung der frühen Kindheit geworden. Diese Theorie geht von einer angeborenen Disposition des Säuglings aus, sich an seine primäre Bezugsperson binden zu wollen. Aus diesem Grund sieht die Bindungstheorie in der gelingenden Bindungsgestaltung den wichtigsten Bezugspunkt der frühkindlichen Entwicklung, die in einer kontinuierlichen und verlässlichen Bestätigung des Bindungswunschs ihre wichtigste Grundlage hat. Im Rahmen der Bindungsgestaltung wird das kindliche Bedürfnis nach Schutz und Geborgenheit mit dem Ergebnis befriedigt, dass sich das Kind in der Beziehung zur Mutter aufgehoben und abgesichert fühlt. Diese Absicherung wird als Resultat von Zuwendungshandlungen betrachtet, deren unterschiedliche Qualität bedeutsame Auswirkungen auf die kindliche Entwicklung hat.

Nach Ainsworth und Bowlby bietet insbesondere die sichere Bindung des Kindes an die Mutter die Gewähr dafür, dass es seine Ressourcen ausschöpfen und eine verlässliche Beziehung, die schon René Spitz als „Urvertrauen“ gekennzeichnet hat, entwickeln kann. Unter dieser Bedingung entwickelt das Kind die unverrückbare Zuversicht, dass die primäre Bezugsperson im Prinzip immer zugegen ist und seine Bedürfnisse befriedigen kann. Dieses Gefühl der Absicherung wird auf die Feinfühligkeit der Zuwendungshandlungen der Mutter zurückgeführt, wobei in der Bindungstheorie allerdings offen bleibt, auf welcher Grundlage und auf welche Weise dieses Gefühl vermittelt wird.

In einer unsicher-vermeidenden Bindung leidet das Kind an einem grundlegenden Vertrauensverlust, der darin besteht, dass es sich der Gegenwärtigkeit und Verlässlichkeit der Mutter nicht mehr sicher ist, und es dazu zwingt, herausfinden zu müssen, wie es auf die Distanziertheit und Ambivalenz der Mutter reagieren soll. Noch schwerer haben es Kinder, die in einer desorganisierten und/oder desorientierenden Bindungskonstellation aufwachsen müssen. Ihre Verunsicherung ist so gravierend, dass es zur Ausbildung problematischer Verhaltensweisen kommt, die sich in motorischen Stereotypien, in sozialen Abkapselungen und in einer paranoiden Ängstlichkeit zeigen und zumeist auf frühkindliche Traumatisierungen zurückzuführen sind.

Die Bindungsforschung belegt sehr eindrücklich, wie bedeutsam die frühe Bindungsgestaltung für die Entwicklung von Säuglingen und Kleinkindern ist. Der Nachweis, dass ein Zuviel an Zuwendung ebenso schädlich wie eine dauerhafte Ambivalenz oder eine dauerhafte Unterforderung ist, macht deutlich, dass nur eine verständnisvolle und zugewandte Mutter die frühkindliche Entwicklung positiv beeinflussen kann. Die grundlegende Bedeutung des Personenbezugs ist damit umfänglich belegt, allerdings ohne die Bedeutung der gegenständlichen Aspekte der Auseinandersetzung in genügender Weise herausgearbeitet zu haben. Die Erweiterung des Personenbezugs durch den Gegenstandsbezug macht die Betrachtung der Einheit beider Bezugssysteme der kindlichen Entwicklung notwendig, um den innerfamiliären Bedingungen der frühkindlichen Entwicklung genügend Rechnung zu zollen (vgl. Jetter, Schönberger & Praschak 1987; Praschak 1993).

Diese Einheit des Personen- und Gegenstandsbezugs gestaltet sich im Rahmen eines kooperativen Miteinanders im Rahmen eines Lebensalltags, in dem das Kind sowohl förderliche soziale Bedingungen als auch förderliche gegenständliche Auseinandersetzungen mitgestalten kann. In Rahmen dieser Mitgestaltung wird einerseits die grundlegende Bedeutung der primären Beziehung, anderseits aber auch die Bedeutung der gegenständlich geordneten Alltagskultur vermittelt. Das gelingt nur im Rahmen einer Zusammenarbeit mit dem Kind, die Bindung ermöglicht, aber auch den Nutzwert der alltäglichen Gegenstände verhandelt. Diese Zusammenarbeit geschieht in „Sensumotorischer Kooperation" (Praschak 1993). Sie setzt an einem gemeinsam zu bewältigenden Alltag an und vermittelt sich in einer ‚Sprache', in der die tonischen Möglichkeiten des Kindes gemeinsam ausgeformt werden. Die Zuwendung verwirklicht sich mithin in wechselseitig vermittelten körperlichen Begegnungen, in der die gemeinsame tonische Reagibilität so ausgestaltet wird, dass zwischenkörperliche Dialoge entstehen, die zur Grundlage der vorsprachlichen Ausdrucksformen des Kindes werden. [→ VIII Frühe Kommunikation und Interaktion] In diesen „tonischen Dialogen" werden gemeinsame Befindlichkeiten ausgetauscht und das kindliche Streben nach Nähe und Geborgenheit und sein Bedürfnis nach Sicherheit und Kontinuität befriedigt. Diese präverbalen Zeichensysteme gründen in den lebendigen Funktionen einer geteilten Körperlichkeit, die sich tonisch präsentiert und deshalb auf andere lebendige ‚Gegenstände' übertragen werden kann. Diese lebendige Abstimmung geschieht auf der Basis der tonischen Funktionen und ist selbstredend von Blickkontakten und stimmlichen Untermalungen begleitet. Diese tonischen Dialoge sind zwischenkörperliche Kreisprozesse, in denen das Kind einerseits seine sensumotorischen Kompetenzen eigenständig zum Ausdruck bringt, andererseits im Spiegel seiner Bezugsperson(en) aber die Absicherung erlebt, sie weiter ausdifferenzieren zu wollen (vgl. Praschak 2002).

Im Kontext dieser tonischen Dialoge wird die Bedeutung einer verständnisvollen, zugewandten und kooperativen Ausgestaltung des familiären Alltags erst wirklich verständlich. Einerseits muss eine Form der Zusammenarbeit realisiert und in ein Bildungsangebot eingefügt werden, die vom Kind in gegenseitiger Verständigung zu bearbeiten ist. Das alles geschieht im Kontext der Mitgestaltung an den alltäglichen Besorgungen, über die das Kind kognitive, emotionale, kommunikative, ästhetische und soziale Bezugssysteme aufbauen, weiter entwickeln und in immer neue Handlungsperspektiven einbinden kann. Diese frühe Form der Zusammenarbeit formt Erziehungs- und Bildungsprozesse, in die das Kind auf dem Hintergrund seiner sensumotorischen Handlungsfähigkeit kooperativ eingebunden ist. [→ IX Basale Wahrnehmungs- und Bewegungsförderung: Kooperative Pädagogik und Dialog]

Ausblick

Die Bindungsgestaltung geht demnach der Bildung nicht voraus, sondern mit ihr einher. Aus diesem Grund darf es in der frühen Entwicklungsförderung nicht darum gehen, Verhaltensweisen zu ‚produzieren' oder gar Wissen anzuhäufen, sondern in erster Linie um die Ausbildung sensumotorischer Kompetenzen, die in die eigene Lebensgeschichte produktiv eingewoben sind. Diese Kompetenzen sind Ausdruck der Selbstbildungsmöglichkeiten des Kindes, auch dann, wenn es in eine prekäre Lebenslage eingebunden ist oder durch organische Schädigungen beeinträchtigt sein sollte. Der Anteil dieser Kinder wächst, sodass wir zukünftig gezwungen sind, die Bildungsbedürfnisse von „Kindern in Not" stärker in den Blick zu nehmen. Aus diesem Grund müssen mögliche Bildungsbarrieren in gemeindenahen Netzwerken sozialer Hilfen aufgefangen werden, in denen alle Kinder die Möglichkeit erhalten, ihre Ressourcen ausschöpfen zu können. Insofern hat die Säuglings- und Kleinkindforschung auch eine bildungspolitische Dimension, die den weiteren Ausbau der Komplexleistung Frühförderung als ein umfassendes und familienorientiertes Hilfesystem dringend erforderlich macht. Auch die Familien, in denen noch kein Bewusstsein für den Anspruch auf professionelle Unterstützung besteht, müssen zur Mitarbeit gewonnen werden. Auch dann, wenn sie den notwendigen Eingriffen in die Familienstruktur mit Misstrauen und Ablehnung begegnen werden.

Literatur

Ainsworth, Mary D. S. & Bowlby, John (2005): Frühe Bindung und kindliche Entwicklung. München

Benner, Dietrich (1996): Allgemeine Pädagogik. Eine systematisch-problemgeschichtliche Einführung in die Grundstruktur pädagogischen Denkens und Handelns. München

Dornes, Martin: (1994): Der kompetente Säugling: Die präverbale Entwicklung des Menschen. Frankfurt a. M.

Dornes, Martin (1997): Frühe Kindheit. Entwicklungspsychologie der ersten Lebensjahre. Frankfurt a. M.

Heydorn, Heinz-Joachim (1995): Zur Aktualität der klassischen Bildung. In: Werke Bd. 4. Vaduz

Jetter, Karlheinz (1984): Leben und Arbeiten mit behinderten und gefährdeten Säuglingen und Kleinkindern. Stadthagen

Klafki, Wolfgang (1996): Neue Studien zur Bildungstheorie und Didaktik. Weinheim

Mahler, Margaret et al. (1993): Die psychische Geburt des Menschen. Frankfurt a. M.

Praschak, Wolfgang (1993): Alltagsgestaltung und Zusammenarbeit – Grundlagen der sensumotorischen Kooperation mit schwerstbehinderten Menschen. In: Vierteljahresschrift für Heilpädagogik und ihre Nachbargebiete 62, 297–311

Praschak, Wolfgang (2002): Von der Berührung zum Dialog. Bemerkungen zur sensumotorischen Kooperation mit anderen Menschen, die auch schwerstbehindert sein können. In: Arbeitskreis Kooperative Pädagogik (AkoP) e.V. (Hrsg.): Vom Wert der Kooperation. Frankfurt a. M., 63–79

Schönberger, Franz et al. (1987): Bausteine der Kooperativen Pädagogik. Stadthagen

Tillmann, Klaus-Jürgen (1989): Sozialisationstheorien. Eine Einführung in den Zusammenhang von Gesellschaft, Institution und Subjektwerdung. Rowohlts Enzyklopädie. Reinbek

Erziehung und Bildung in früher Kindheit

Ellen Schwarzburg-von Wedel & Hans Weiß

Im Gegensatz noch zu den frühen 1990er Jahren (vgl. Schäfer 1995, 17) erfahren gegenwärtig Begriffe wie ‚frühe Bildung' und ‚frühe Förderung' in der bildungspolitischen Diskussion (wieder) eine zunehmende Konjunktur. Die damit verbundenen Intentionen und Interessen sind vielfältiger Art: Neben der Bedeutung einer ‚Bildung von Anfang an' als Bedingung für mehr Chancengerechtigkeit für Kinder in benachteiligten Lebenslagen und mit Migrationshintergrund wird vor allem – nicht zuletzt vonseiten der Wirtschaft – der Stellenwert früher Bildung und Förderung zur optimalen Ausschöpfung verwertbaren Humanvermögens hervorgehoben. Den wissenschaftlich-theoretischen Hintergrund bildet dabei die Hirnforschung, der ein neuer Grundlagenstatus zugewiesen wird; ihr zufolge bedürfen die für die kognitiven Funktionen wichtigen neuronalen Vernetzungen der reichhaltigen Anregung innerhalb bestimmter sensibler Phasen bzw. ‚Lernfenster'.

Sicher ist es zu begrüßen, wenn die Bedeutung des frühen Lernens nach einer Phase in den 1970er Jahren wieder verstärkt Beachtung findet. Gleichwohl ist auf die Gefahr möglicher Verzweckungen der frühen Bildung in der aktuellen Diskussion aufmerksam zu machen, in der sich bemerkenswerte Parallelen in den Intentionen zeigen, wie sie beim Aufkommen des Begriffs der Bildung am Ende des 18. Jahrhunderts formuliert wurden. Im Hinblick auf die frühe Bildung sind Herders Ansprüche und Einsprüche bemerkenswert aktuell, die Sandkaulen (2004, 10) so zusammenfasst: „Der Aufstieg der Bildung zum neuen Grundwort verdankt sich also dem kritischen Einspruch gegen die ausschließliche Zweckrationalität des Wissens und dem Einspruch gegen den ‚Wahn', unter Beigesellung von ‚Furcht und Geld' das Leben beherrschbar zu machen." Es wird daher zum einen darauf ankommen, dass mit dem Begriff ‚Bildung' sein ursprüngliches kritisches Potenzial gegenüber politisch oder ökonomisch orientierten Verzweckungen gewahrt bleibt oder ihm wieder verstärkt zugeordnet wird. Zum anderen bedarf es eines Bildungsverständnisses, das kritisch gegenüber Tendenzen der eigenen Überhöhung im Sinne einer permanenten Selbststeigerung des Bildungssubjekts ist, die oftmals zum Ausschluss behinderter und benachteiligter Menschen aus Bildungsprozessen geführt haben.

Umrisse eines Verständnisses von früher Bildung und Erziehung

Bildung und Erziehung im Leben mit dem kleinen Kind vollziehen sich in der gemeinsam geteilten Lebenswelt. Ob in der Familie, im familienähnlichen Rahmen (z. B. Tagesmutter) oder im institutionellen Kontext (Krippe, Kindergarten etc.) – immer ist diese Lebenswelt eine kulturelle Welt mit einer sozialen, normativen, sachbezogenen (Objektwelt) und zeitlichen Dimension (Mollenhauer 1974). Sich in dieser Welt einzurichten, um darin heimisch zu werden, Sinn zu suchen und Orientierung zu finden, ist eine Entwicklungsaufgabe des Kindes. Sie kann auch als Bildungsprozess bezeichnet werden, wenn man Bildung als einen Prozess des Kennenlernens und Sich-Erschließens der Welt in ihren personalen und sächlichen Bezügen (äußere Realität) und zugleich als einen Prozess versteht, in dem sich das Kind seiner selbst gewahr und bewusst wird, in der Auseinandersetzung mit der Welt Möglichkeiten und Grenzen eigener Wirksamkeit erfährt, wie auch seine Vorstellungen und Gefühle entdeckt (innere Realität) [→ Bildung und Erziehung als Prozess].

Bildungsprozesse als differenziertes Zusammenspiel zunehmender Welt- und Selbsterfahrung, von äußerer und innerer Realität, sind eigenaktive Prozesse der Selbstbildung. Aber dazu bedürfen Kinder der Erwachsenen, die ihnen einen Beziehungs- und Orientierungsrahmen bieten, der Sicherheit gibt und explorierende Aktivitäten der Weltaneignung in zunächst vor allem dyadischer, später komplexerer Interaktion und Kommunikation ermöglicht. Der Erwachsene ist dabei nicht nur ‚Stimulationsgeber', sondern Vermittelnder und Erschließender einer von ihm immer schon interpretierten Welt; denn der Bezug des Kindes zu bedeutungsvollen Menschen und der Aufbau einer gegenständlichen Welt als Teil ihrer gemeinsamen Welt stehen in einem engen Zusammenhang: Die Welt der Dinge wird durch solche Menschen bedeutungsvoll und (be-)deutungswürdig (vgl. Pfeffer 1983, 360). Bildungsprozesse gründen also auf Beziehungsprozessen (vgl. Ahnert 2007, 58) und damit auf Erziehungsprozessen, insofern ‚Beziehung' dann zur ‚Erziehung' wird, wenn ein gemeinsames Drittes hinzukommt, an dem Erziehungsperson und Kind ‚arbeiten': die von ihnen geteilte, sozial geprägte äußere Welt, in der sie sich mit ihren inneren individuellen Welten – auch spannungsvoll und nicht immer konfliktfrei – begegnen. [→ Ethik des pädagogischen Prozesses] Erziehung ist somit der bewusste, intentionale, manchmal auch unbewusste und nicht beabsichtigte Anteil aufseiten der Erwachsenen in den Bildungsprozessen von Kindern, verstanden als Weitergabe und Erschließung des kulturellen Erbes an die (jeweils) nächste Generation. Zentral ist dabei für Schäfer (1995, 27) die Frage, wie Erfahrungen, Begegnungen, Angebote aus der äußeren Realität zu einem Teil der persönlichen Geschichte des Kindes werden, zu persönlicher Bedeutung gelangen.

Mit diesen Umrissen ist der deutliche Anspruch eines inklusiven Bildungsverständnisses jenseits unangemessener Überhöhungen des Bildungssubjekts verbunden. Gemeint ist mit Pestalozzi (1793; 1949) die von jedem Menschen erwerbbare „gute Bildung für die wesentlichen Bedürfnisse seines Erdenlebens". Es ist jeweils im Einzelnen zu analysieren, worin die „wesentlichen Bedürfnisse" von Kindern in unterschiedlichen Entwicklungsstadien und Lebenssituationen bestehen, was z. B. Kinder aus psychosozial hoch belasteten Lebenslagen oder Kinder mit progredienten Erkrankungen auch für die notvollen, bedrängenden Situationen ihres Lebens brauchen, wie sie in einer ihnen möglicherweise bedrohlich erfahrenen Welt vielleicht dennoch Orientierungen finden. Wie können sie ein Minimum an Zutrauen in Andere und in sich selbst entwickeln und durch Bildungsprozesse gestärkt werden? Wie sind diese Prozesse zu gestalten, dass Kinder dabei Resilienz fördernde Erfahrungen von Sicherheit, Selbst-Wertschätzung (Selbstzutrauen) und Selbst-Wirksamkeit sammeln können (Daniel & Wassell 2002)?

Zentrale Momente frühkindlicher Bildungsprozesse

Die Begriffe „frühkindlich" und „frühe Kindheit" sind nicht genau definiert. Sie werden entweder auf die gesamte Lebens- und Entwicklungsphase von der Geburt bis zur Einschulung oder schwerpunktmäßig auf die ersten drei bis vier Lebensjahre bezogen. In Abgrenzung zu den inhaltlich eng benachbarten Beiträgen über die Erziehung und Bildung im Säuglingsalter [→ Erziehung und Bildung im Säuglingsalter] stehen nachfolgend Bildungsprozesse bei Kindern zwischen dem zweiten und dem vierten Lebensjahr (oder entsprechendem Entwicklungsalter) im Fokus. Dafür sprechen vor allem auch entwicklungspsychologische Gründe: Mit etwa 12 bis 18 Monaten erwirbt das Kind die Symbolfähigkeit und zwischen drei bis vier Jahren bewältigt es einen weiteren „Quantensprung" (Stern 1992) der Entwicklung, der wiederum seine Weltauffassung qualitativ entscheidend verändert.

Daher führt Erziehung im Leben mit dem Kleinkind, die Bildungsprozesse zu ermöglichen sucht, die intensive Interaktion fort, die bereits mit dem Säugling begonnen wurde, sie zeigt jedoch andere Strukturen. Selbst wenn die Kompetenzen des Säuglings immer genauer erforscht werden, ist dennoch festzuhalten, dass sie nur in einigermaßen gelingenden Dialogen zum Tragen kommen. War der Dialog mit dem Säugling noch überwiegend auf die Befriedigung der kindlichen Bedürfnisse gerichtet und in diesem Sinne bedeutungsgebend, so muss in der Beziehung mit dem Kleinkind nun die enge, ‚alles verstehende und verzeihende' Bindung und die bisher sinngebende Kommunikation durch eine zunehmende Freigabe und eine zunehmende Sinnoffenheit abgelöst werden. Das bedeutet für die Interaktion der Bezugspersonen eine zunehmende Distanz. Diese Distanzerfahrung war lange vorbereitet. Bereits im Säuglingsalter machte das Kind die Erfahrung von Beständigkeit und Wandel, von Nähe und Distanz zur Mutter, von ihrem Verschwinden und Wiederauftauchen. Die Mutter spielte mit ihm Wiederannäherungsspiele und Guck-guck-da-Spiele, und das Kind erprobte spielerisch die Objektpermanenz.

Mit Erreichen der Symbolfähigkeit entsteht aber im Sinne Piagets eine geistige Repräsentationsfähigkeit, die nicht nur auf der Fähigkeit zur Vorstellung und Ersetzung nicht sichtbarer Personen und Objekte basiert, sondern auch die Erkenntnis und Anerkennung des Anderen als eigenem, selbstständigem Handlungszentrum herbeiführt. [→ VII Repräsentationsniveaus des Psychischen] Es begegnet dem Kind ein Anderer mit eigenen, vom Selbst des Kindes unabhängigen Handlungen und Wirkungen. Die kindliche Bildung als Distanzierungsprozess heißt, dass das Kind ‚für wahr-nimmt', dass Personen und Objekte nicht nur Bestandteile seines subjektiven Bewusstseins sind, sondern unabhängig von ihm existieren. Die geistige Repräsentationsfähigkeit rückt auch die Welt der Dinge in eine größere Distanz, sodass Abstraktions- und Kategorisierungsprozesse möglich werden. Die Handlungen des Kindes beruhen von nun an auch auf mentalen und verbalen Repräsentationen von Objekten, Sachverhalten und Ereignissen. In Bezug auf die Interaktion mit dem Erwachsenen nimmt das Kind in der „verbalen Bezogenheit" (Stern 1992) nun wahr, dass das Selbst und der Andere einen Vorrat an persönlicher Weltkenntnis und Lebenserfahrung besitzen. Dieses Wissen kann nun durch Symbole verbaler und nonverbaler Art objektiviert und ausgedrückt werden. Bedeutungen können von nun an immer besser geteilt werden. Und Bedeutungen können durch ‚Verhandlungen' neu geschaffen werden. Die Beziehung zu und die Auseinandersetzung mit der Bezugsperson gewinnen dann im vierten Lebensjahr erneut eine neue und grundlegende, qualitative Veränderung, wenn das Kind in der Theory of Mind beginnt, Repräsentationen über die Repräsentationen seiner Handlungspartner aufzubauen, wodurch es begreifen lernt, dass auch der andere Mensch auf der Grundlage seiner mentalen Voraussetzungen etwas weiß, glaubt und meint.

Frühe Bildungsprozesse bedeuten für das Kind auch Mühe und bringen Gefahren der Entfremdung mit sich. Es erlebt ein gespaltenes Verhältnis zu sich und der Welt. Jeder Entwicklungsschritt zu mehr angepasster Sprache, zu mehr rationaler Durchgliederungsfähigkeit ist für das Kind auch mit einem Abschied von seinem unmittelbaren Erleben mit seinem Leib, von seinen unmittelbar ausgedrückten Emotionen verbunden. [→ X Emotionen und Persönlichkeit] Bewusstsein (consciousness) bedeutet in seiner Wurzel ‚schneiden'. Bewusstsein durchschneidet auch, trennt ab. Auch die Erkenntnis der Vielschichtigkeit der Prozesse und die Anerkennung der Vorläufigkeit, ja sogar der Widersprüchlichkeit von Bedeutungen sind mühsam und mitunter konflikthaft. In derartigen Situationen braucht das Kind Halt in verlässlicher Beziehung und Rückbindung an seinen Leib, d. h. unmittelbares leibliches Gewahrwerden des Selbst und des Anderen.

Die Erziehungsperson kann den Rückhalt bieten, beispielsweise mit Ritualen, die das Bewährte und Vertraute präsent machen. Ihre Haltung sollte die der offenen Bereitschaft sein, wachsam und hingegeben, einerseits schützend und stützend, andererseits auch provozierend und vorwärtsziehend, dann wieder bremsend und gegenwirkend. Dies gehört seit Theodor Litt zur Dialektik in pädagogischen Beziehungen. Das Paradoxon von Erziehung gipfelt in dem entscheidenden Eingeständnis, ein Kind erziehen zu wollen und handeln zu müssen, obwohl wir nicht genau wissen, wohin wir erziehen, weil wir letztlich nicht wissen, was der Mensch eigentlich ist und wohin er geht. Aber so wie wir ihm begegnen, so legen wir ihn aus.

Probleme der Bildung und Erziehung in früher Kindheit

Damit werden besondere Anforderungen an die Erziehungspersonen deutlich, die nicht immer erfüllt werden (können). Das Problem der Erziehung liegt im Freihalten eines Freiraums, im Freihalten von allzu fixierten Vorwegnahmen und vom Einsickern utilitaristischen Kalküls etwa im Sinne einer ‚Turboförderung' Hochbegabter, genauso wie von enger Zielführung des Expertenblicks in institutionellen Kontexten früher Bildung und Erziehung. Der Erziehende muss offen für die je gegenwärtige Begegnung sein können. Der Freiraum, den er dafür schaffen muss, ist aber von den inneren und äußeren Spielräumen abhängig, die ihm selbst zur Verfügung stehen. Das personale Erziehungsverhältnis ist grundsätzlich in materielle und ökonomische, sowie gesellschaftliche und kulturelle Verhältnisse eingebunden und von diesen abhängig. Es ist von besonderer Brisanz, dass Kinder in Armutslagen und sonstigen prekären Lebensverhältnissen in ihren Entwicklungschancen tatsächlich benachteiligt sind. Aufgrund schwieriger lebensgeschichtlicher und lebensweltlicher Bedingungen, aber auch aufgrund widersprüchlicher, medial verbreiteter Erziehungsnormen hat ein offensichtlich wachsender Teil von Eltern Probleme, ‚intuitive elterliche Kompetenzen' zu aktivieren. Nicht selten können sie schon basalen Pflege- und Betreuungsaufgaben sowie ihrer Rolle, Kinder in der gemeinsamen Lebenswelt heimisch werden zu lassen und ihnen Welt zu erschließen, nicht hinreichend gerecht werden. Dies gilt oftmals auch für alleinerziehende Mütter, wenn sie nur über ein eingeschränktes soziales Netz und Unterstützungssystem verfügen.

Probleme können ferner auftreten, wenn Eltern mit einer Behinderung oder gravierenden Entwicklungsauffälligkeit ihres Kindes konfrontiert werden und es ihnen schwerfällt, sich auf die neue Lebenssituation sowie auf die veränderten Ausdrucks- und Kommunikationsformen des Kindes einzustellen.

Wo immer kleine Kinder in ihren grundlegenden Entwicklungs- und Bildungsprozessen im häuslichen Kontext nicht hinreichend unterstützt werden, weil Eltern dazu nicht in der Lage sind, bedürfen sie kind- und familienbezogener Hilfen zur Unterstützung der Erziehungs- und Bildungsprozesse im häuslichen Kontext (z. B. durch Erziehungsberatungsstellen, Früherziehungshilfe als pädagogischer Teil der interdisziplinären Frühförderung oder durch spezielle Angebote der Kinder- und Jugendhilfe). Allerdings besteht eine sozial „selektive Wirkung" dieser Hilfesysteme, auch der Frühförderung trotz ihrer relativen Niedrigschwelligkeit (Klein 2002, 48 ff.). [→ VI Dienstleistungen für eine möglichst selbst bestimmte Lebensführung: Kinder und Jugendliche und ihre Familien].

Familie und Kindertagesstätten als sich ergänzende Orte früher Erziehung und Bildung

Der seit Jahrhunderten sich vollziehende Prozess der Verlagerung von ursprünglich familialen Erziehungs- und Bildungsaufgaben auf öffentliche Einrichtungen wie Schulen und Kindergärten wird sich auch in Deutschland durch den geplanten Ausbau der Krippenerziehung fortsetzen. Dazu tragen ökonomische und gesellschaftliche Gründe wie die bessere Vereinbarkeit von Kindererziehung und Erwerbsarbeit für Mütter mit kleinen Kindern sowie eine kompensatorische Betreuungs- und Bildungsfunktion bei unzureichenden familiären Anregungsbedingungen bei. In dieser langfristigen Entwicklung sind Chancen unter zwei Bedingungen zu sehen. Erstens müssen die jeweiligen alters- und entwicklungsspezifischen Bedürfnisse nach Zuwendung, Beziehungsgestaltung und Responsivität, Schutz, Anregung etc. ‚hinreichend gut' (im Sinne von Winnicott) befriedigt werden. Im Krippenbereich erfordert dies einen Betreuerschlüssel, der den Bedürfnissen sehr kleiner Kinder nach dyadisch orientierten und sozial erweiterbaren Beziehungsmustern gerecht wird (vgl. Ahnert 2007, 63).

Neben dieser zentral bedeutsamen Qualitätsfrage beim weiteren Ausbau öffentlicher Erziehungs- und Bildungsangebote darf zweitens der grundlegende Beitrag der Familie zur Förderung frühkindlicher Lern- und Bildungsprozesse nicht unterschätzt werden – ungeachtet der angedeuteten Probleme einer durch ökonomische, soziale und kulturelle Entwicklungen tendenziell geschwächten Erziehungskompetenz eines Teils der Eltern und Familien. Vielmehr sollte die Familie als „Ort der Bildung" (Wissenschaftlicher Beirat für Familienfragen 2005, 13) wahrgenommen und wo erforderlich gestärkt werden. Eine wechselseitige Ergänzungsfunktion von Familien und Kindertagesstätten (integrative Krippen, die auch für Kinder mit Behinderung offen sind, Kindergärten) begründet sich nicht zuletzt in der jeweiligen Spezifität der Beziehungsgestaltung und des Erziehungsverhaltens von Eltern und Erzieherinnen, also in der unterschiedlichen „Bildungsvermittlung in familiärer und öffentlicher Betreuung" (Ahnert 2007, 61). Konsequenz einer daraus resultierenden konzertierten Verantwortung von Familie einerseits und Staat und Gesellschaft andererseits müsste es sein, familienbezogene und öffentliche Erziehung und Bildung stärker miteinander zu verbinden. In Anlehnung an die britischen Early Excellence Centres wird dies in ‚Häusern für Kinder und Familien' oder sog. ‚Mehrgenerationenhäusern' bereits modellhaft praktiziert: Kindertagesstätten öffnen sich und bieten sich als Begegnungszentren für Eltern und Familien an, damit diese gemeinsam etwas unternehmen, Erfahrungen austauschen oder auch Beratung erhalten können (Weiß 2007). Entsprechend der Early Excellence Centres ist beim weiteren Aufbau von ‚Häusern für Kinder und Familien' darauf zu achten, dass sie einladenden Charakter besonders auch für sozial benachteiligte Kinder und Familien haben.

Literatur

Ahnert, Liselotte (2007): Herausforderungen und Risiken in der frühen Bildungsvermittlung. In: Frühförderung interdisziplinär 26, 58–65

Daniel, Brigid & Wassell, Sally (2002): The early years. Assessing and promoting resilience in vulnerable children, Bd. 1. London

Klein, Gerhard (2002): Frühförderung für Kinder mit psychosozialen Risiken. Stuttgart

Mollenhauer, Klaus (1974): Theorien zum Erziehungsprozess. 2. Aufl., München

Pestalozzi, Johann Heinrich (1949): Brief an Nicolovius. In: Pestalozzi, J. H.: Sämtliche Briefe, Bd. 3. Zürich

Pfeffer, Wilhelm (1983): Die Förderung schwerst geistig Behinderter auf der Grundlage der sensomotorischen Intelligenz. In: Zeitschrift für Heilpädagogik 34, 357–363

Sandkaulen, Birgit (2004): La Bildung. In: Frankfurter Allgemeine Zeitung vom 19. 11. 2004, 10

Schäfer, Gerd E. (1995): Bildungsprozesse im Kindesalter. Weinheim

Stern, Daniel N. (1992): Die Lebenserfahrung des Säuglings. Stuttgart

Weiß, Hans (2007): Was brauchen kleine Kinder und ihre Familien? In: Frühförderung interdisziplinär 26, 78–86

Wissenschaftlicher Beirat für Familienfragen (2005): Familiale Erziehungskompetenzen. Weinheim

Frühförderung

Klaus Sarimski

Definition und System der Frühförderung

Frühförderung bezieht sich auf ein Spektrum pädagogischer und pädagogisch-psychologischer Maßnahmen bei Kindern im Alter zwischen der Geburt und sechs Jahren, bei denen eine Sinnes-, Körper- oder intellektuelle Behinderung festgestellt wird oder die aufgrund biologischer Risiken (z. B. einer sehr unreifen Geburt) oder sozialer Risiken (z. B. Deprivation in Familien mit multiplen Problemen) von einer Behinderung bedroht sind. Sie sollen dazu beitragen, das Ausmaß dieser Behinderung so gering wie möglich zu halten und sekundäre Beeinträchtigungen der Entwicklung zu verhindern.

In Deutschland hat sich seit den 1970er Jahren ein duales System von pädagogischen Frühförderstellen und Sozialpädiatrischen Zentren (SPZ) entwickelt. [→ VI Dienstleistungen für eine möglichst selbst bestimmte Lebensführung: Kinder und Jugendliche und ihre Familien] Die im medizinischen Versorgungsbereich angesiedelten Angebote orientierten sich zunächst an den Erfahrungen, die mit übenden Verfahren in der Rehabilitation und lernpsychologisch fundierten Trainingsprogrammen der Frühtherapie in den USA gemacht wurden. Sie verbanden z. B. eine intensive Krankengymnastik und systematisch aufeinander aufbauende Übungen zum Erwerb von feinmotorischen, perzeptiven, sprachlichen und sozialen Fähigkeiten miteinander und wiesen den Eltern die Rolle von Ko-Therapeuten zu, die in der häuslichen Durchführung dieser Übungsbehandlungen angeleitet wurden. Die pädagogischen Frühförderstellen verfolgten dagegen oft das Modell der Hausfrüherziehung und betonten die Notwendigkeit einer Kooperation zwischen Eltern und Fachleuten sowie der Förderung der kindlichen Persönlichkeitsentwicklung statt einzelner, isolierter Fertigkeiten. Heute haben sich die Arbeitskonzepte angenähert, sodass an den meisten Orten eine gute Zusammenarbeit gelingt. Dabei kommt den Sozialpädiatrischen Zentren die Aufgabe einer differenzierten Diagnostik zu, während die – heutzutage meist interdisziplinär besetzten – Frühförderstellen für die kontinuierliche Förderung von Kindern mit Behinderungen und die Unterstützung ihrer Integration im Kindergarten verantwortlich sind.

Prinzipien der Frühförderung

Frühförderung versteht sich als entwicklungsorientierte Maßnahme in dem Sinne, den Eltern „Verstehens-, Deutungs- und Interaktionshilfe" zu leisten (Weiß 1995), damit sie die Eigeninitiative des Kindes, seine Aufmerksamkeit und Motivation zur Auseinandersetzung mit seiner Welt stärken und Lernprozesse fördern können, sodass das Kind Vertrauen in seine eigenen Fähigkeiten und Selbstgestaltungskräfte gewinnt. Sie arbeitet nicht am Ziel der „Normalisierung" [→ II Normalität] im Sinne des Ausgleichens der Behinderung durch Übungs- oder Entwicklungstherapien und des Angleichens der Entwicklung an die Entwicklung von Kindern mit unbeeinträchtigten Lernvoraussetzungen.

Sie versteht sich als familienorientierte Hilfe mit dem Ziel, die Eltern in ihrer Fähigkeit zur Gestaltung einer positiven und entwicklungsförderlichen Beziehung mit ihrem Kind zu unterstützen. Eltern von Kindern mit Behinderungen bringen dazu – wie alle Eltern – ein Repertoire an intuitiven Verhaltensbereitschaften mit, mit denen sie die Beziehung zu ihrem Kind gestalten können (Papoušek 1996). Diese können aber in der Interaktion mit einem Kind mit einer Behinderung aus verschiedenen Gründen blockiert sein. Ungelöste emotionale Belastungen durch die Mitteilung der Diagnose oder die Überforderung durch die vielfältigen Belastungen des Alltags können die Abstimmung auf die kindlichen Bedürfnisse erschweren. Entwicklungsförderung und Familienunterstützung sind somit komplementäre Konzepte der Frühförderung, die sich an den individuellen Bedürfnissen von Kind und Eltern orientieren.

Partnerschaftliche Zusammenarbeit mit den Eltern und die Respektierung ihrer Erziehungskompetenz sind Leitmotive der Frühförderung (Pretis 1998). [→ Elternqualifizierung und Familienbildung] Zu den Qualitätsmerkmalen der Kooperation zwischen Fachleuten und Eltern gehören:

- Erhebung der Erwartungen und Bedürfnisse der Eltern,
- Absprache über Ziele der Förderung,
- Transparenz und Klärung des Förderprozesses (Begründung von Förderaktivitäten),
- Verwendung von intersubjektiv nachvollziehbaren Dokumentationen des Förderverlaufs.

Mit diesem partnerschaftlichen und ganzheitlichen Ansatz hat sich auch die Rolle der Mitarbeiter in der Frühförderung verändert. Statt defizitorientierte Behandlungsansätze zu verfolgen, verstehen sie sich als Partner des Kindes in einem dialogischen Spiel mit dem Ziel, seine Eigenaktivität und Kompetenz zu fördern. Gleichzeitig sind sie Partner der Eltern und versuchen, die durch die Behinderung des Kindes zum Teil erschwerte Kommunikation und Interaktion zwischen Eltern und Kind zu verbessern. Die Qualität der Beziehung, Interaktion und Kommunikation zwischen Erwachsenem und Kind wird zum zentralen entwicklungsförderlichen Kriterium, erschwerende Bedingungen für die Erziehungsaufgaben werden zu Ansatzpunkten frühförderspezifischen Handelns. Es gilt, den Eltern zu helfen, sich auf die Entwicklungsbesonderheiten ihrer Kinder einzustellen und wieder Sicherheit im Umgang mit den gegenwärtigen und zukünftigen Anforderungen zu gewinnen.

Interaktionsberatung als Ansatzpunkt frühförderspezifischen Handelns

Kinder mit Behinderungen unterscheiden sich im zeitlichen Verlauf der kognitiven, sprachlichen und sozialen Entwicklung von nicht behinderten Kindern, in der Klarheit und „Lesbarkeit“ ihrer kommunikativen Ausdrucksweisen, oft aber auch in ihrer Motivation zur eigenständigen Auseinandersetzung mit ihrer Umwelt, der Organisation ihrer Handlungen und ihrer emotionalen Selbstregulation. Dies führt zu Problemen der dialogischen Abstimmung in der Eltern-Kind-Interaktion. Hier liegen die Ansatzpunkte frühförderspezifischen Handelns (Weiß 2002). [→ II Anerkennung] Dies gilt für Kinder mit einer verlangsamten intellektuellen Entwicklung ebenso wie für Kinder mit einer schweren Bewegungsstörung oder einer Hör- bzw. Sehbehinderung (Marfo et al. 1998; Pennington & McConachie 2001; Loots & Devise 2003; Loots et al. 2003).

Es besteht die Gefahr einer übermäßigen Direktivität seitens der Eltern, die sekundär hemmende Auswirkungen auf den Entwicklungsverlauf hat. Dabei zeigt sich, dass die Partizipation des Kindes am gemeinsamen Spiel nicht von der Zahl der Lenkungen des Erwachsenen abhängt, sondern vor allem davon, ob die Versuche der Eltern zur Lenkung der Aufmerksamkeit, ihre Vorschläge und Hilfen auf die spezifischen Verarbeitungsschwierigkeiten und Bedürfnisse ihres Kindes abgestimmt sind.

Eine (videogestützte) Interaktionsberatung ist somit ein zentraler Ansatzpunkt frühpädagogischen Handelns. Sie muss ziel- und ressourcenorientiert sein, d.h. die positiven Ansätze und intuitiven elterlichen Fähigkeiten stärken und sich auf klar beschreibbare, für die Eltern verständliche und überzeugende Ziele ausrichten. Es gilt, mit den Eltern die Beobachtungen zur kindlichen Partizipation am gemeinsamen Spiel, seine Initiative und Ansprechbarkeit (Responsivität) für die elterlichen Beiträge und Hilfen zu reflektieren und mögliche Hindernisse für das Gelingen des spielerischen Dialogs zu identifizieren, um daraus gemeinsam mit ihnen förderliche Interaktionsmerkmale zu formulieren (Sarimski 2001). Darüber hinaus geht es in der Beratung darum, die Eltern in der Mobilisierung ihrer individuellen Ressourcen und der sozialen Unterstützung innerhalb der Partnerschaft, der Familie und des Freundeskreises zu unterstützen, um ihre Überzeugung zu stärken, die besondere erzieherische Herausforderung bewältigen zu können (Empowerment).

Wirksamkeit interaktionsorientierter Frühförderung

Empirische Belege für die Bedeutung der Unterstützung positiver Interaktionen mit Kindern, die von einer Behinderung bedroht sind, stammen aus amerikanischen Frühförderprogrammen. Im Rahmen eines multizentrischen Follow-up-Programms frühgeborener Kinder werteten z.B. Mahoney et al. (1998) jeweils Entwicklungstestergebnisse und Videoaufzeichnungen der Mutter-Kind-Interaktion im Spiel nach einem einheitlichen Beurteilungsschema aus. Die Varianz des Entwicklungsstands im Alter von drei Jahren hing wesentlich stärker von der Responsivität der Mütter in den gemeinsamen Spielsituationen ab als von den Inhalten der Übungen, die zur Förderung der kognitiven und sozialen Fähigkeiten empfohlen wurden. Mahoney & Powell (1988) und Mahoney & Perales (2003) untersuchten die Wirksamkeit einer interaktionsorientierten Beratung bei retardierten Kleinkindern und Kindern mit autistischem Störungsbild über den Zeitraum eines Jahres. Die soziale Beteiligung der Kinder und die Entwicklung ihrer kommunikativen und adaptiven Fähigkeiten korrelierten mit der Zunahme responsiven Verhaltens der Mütter im Spiel; positive Veränderungen der Selbstregulationsfähigkeiten spiegelten sich in entsprechenden Elternbefragungen wider. [→ VII Dialog und Kommunikation]

Bedeutsame Zusammenhänge zwischen früher Eltern-Kind-Interaktion, Familienbelastung und Entwicklungsverlauf der Kinder zeigt auch eine Langzeitstudie über zehn Jahre, in der 190 Kinder mit verschiedenen Behinderungen begleitet wurden („Early Intervention Collaborative Study“). Kinder, bei denen die Mutter-Kind-Interaktion gut aufeinander abgestimmt und die Familienbeziehungen positiv waren, hatten im Alter von vier und zehn Jahren mehr soziale, kommunikative und praktische Kompetenzen als Kinder, bei denen das nicht der Fall war (Hauser-Cram et al. 1999). In ihrer psychischen Belastung am stärksten gefährdet waren Mütter, die wenig soziale Unterstützung erfuhren und die im Verlauf der Jahre weitere kritische Lebensereignisse (ökonomische Schwierigkeiten, Trennung vom Partner) zu bewältigen hatten.

Ausblick

Eltern finden im System der Frühförderung große Unterschiede vor im Umfang der Diagnostik, in der Orientierung der Zielplanung an ihren Bedürfnissen, im Stellenwert der Interaktionsberatung (statt einzelner Übungsbehandlungen mit dem Kind) und in der Dokumentation des Förderverlaufs. Die berufliche Vorbildung der Mitarbeiter in Frühförderstellen ist unterschiedlich, es bestehen keine verbindlichen Curricula für die Aus- und Weiterbildung (Pretis 2006).

In der Zukunft wird sich die Praxis in diesem Versorgungsbereich stärker auf fachliche Standards verständigen und ihre Angebote flexibler gestalten müssen. [→ Qualitätssicherung und -entwicklung von Bildungseinrichtungen] So sind die Mitarbeiter in vielen Einrichtungen noch gewohnt, einzeln mit dem Kind zu „arbeiten" und nur in größeren Abständen der Mutter über den Fortgang der Förderung zu berichten. Diese Arbeitsform ähnelt der traditionellen schulischen Förderung und mag dadurch unterstützt werden, dass viele Mitarbeiter berufliche Vorerfahrungen aus traditionellen Unterrichtsformen in Sonderschulen mitbringen; konzeptionell überzeugend begründet ist sie nicht (Thurmair & Naggl 2000). Zugangswege zu frühen Hilfen und Hilfen beim Übergang in nachfolgende Institutionen (Kindergarten) müssen vereinheitlicht werden. Weitgehend ungelöst sind bisher Fragen, wie das Hilfekonzept an die kultur-spezifischen Bedürfnisse und Sichtweisen von Familien mit behinderten Kindern und Migrationshintergrund angepasst werden können und wie das Spektrum der nötigen Hilfen für Multiproblemfamilien (sehr junge, alleinerziehende Mütter; Eltern mit eigenen psychiatrischen Erkrankungen; Eltern mit Drogen- oder Medikamentenabusus) sinnvoll und wirksam koordiniert werden kann.

Literatur

Hauser-Cram, Penny et al. (1999): Family influences on adaptive development in young children with Down's syndrome. In: Child Development 70, 979–989

Loots, Gerrit & Devise, Isabel (2003): An intersubjective developmental perspective on interactions between deaf and hearing mothers and their deaf infants. In: American Annals of the Deaf 148, 295–307

Loots, Gerrit et al. (2003): The interaction between mothers and their visually impaired infants: an intersubjective developmental perspective. In: Journal of Visual Impairment & Blindness 403–417

Mahoney, Gerald & Perales, Frida (2003): Using relationship-focused intervention to enhance the social-emotional functioning of young children with autism spectrum disorders. In: Topics of Early Childhood Special Education 23, 74–86

Mahoney, Gerald & Powell, Amy (1988): Modifying parent-child interaction: Enhancing the development of handicapped children. In: Journal of Special Education 22, 82–96

Mahoney, Gerald et al. (1998): The relationship of parent-child interaction to the effectiveness of early intervention services for at-risk children and children with disabilities. In: Topics in Early Childhood Special Education 18, 5–17

Marfo, Kofi et al. (1998): Mother-child interactions and the development of children with mental retardation. In: Burack, Jacob A. et al. (Hrsg.). Handbook of Mental Retardation and Development. Cambridge, 637–668

Papoušek, Mechtild. (1996): Frühe Eltern-Kind-Beziehungen: Gefährdungen und Chancen in der Frühentwicklung von Kindern mit genetisch bedingten Anlagestörungen. In: Kindheit und Entwicklung 5, 45–52

Pennington, Lindsay & McConachie, Helen (2001): Predicting patterns of interaction between children with cerebral palsy and their mothers. In: Developmental Medicine & Child Neurology, 43, 83–90.

Pretis, Manfred (1998): Das Konzept der „Partnerschaftlichkeit" in der Frühförderung. Vom Haltungs- zum Handlungsmodell. In: Frühförderung interdisziplinär 17, 11–17

Pretis, Manfred (2006): Professional training in early intervention: A European perspective. In: Journal of Policy and Practice in Intellectual Disabilities 3, 42–48

Sarimski, Klaus (2001): Kinder und Jugendliche mit geistiger Behinderung. Göttingen

Thurmair, Martin & Naggl, Monika (2000): Praxis der Frühförderung. München

Weiß, Hans (1995): Bedingungs- und Wirkungszusammenhänge in der Frühförderung. In: Frühförderung interdisziplinär 14, 59–71

Weiß, H. (2002): Was wirkt in der Frühförderung? – Eine Analyse aus einem pädagogischen Blickwinkel. In: Frühförderung interdisziplinär 21, 74–87

Elementarbildung

Helen Knauf & Tassilo Knauf

Der Begriff und seine historischen Bezüge

Der Begriff Elementarbildung ist neu und spielt erst seit wenigen Jahren im Zusammenhang mit der Renaissance des Bildungsbegriffs eine Rolle. Bis in die 90er Jahre des 20. Jahrhunderts hinein wurde von Kindergartenpädagogik oder – im Anschluss an den Bildungsgesamtplan des Deutschen Bildungsrats von 1970 – von Elementarerziehung oder Elementarpädagogik gesprochen.

Elementarbildung ist weniger als Schule, berufliche und akademische Bildung von curricularen Vorgaben geprägt. Sie kann daher flexibler auf den Wandel theoretischer Konzepte eingehen, lebt aber zugleich stark von den individuellen Aufgabeninterpretationen und Verhaltensstilen der professionellen Akteure. Die seit der griechischen Antike sich explizit oder implizit herausbildenden Vorstellungen von Bildung konzentrieren sich allerdings auf Heranwachsende ab dem mittleren Kindesalter und berücksichtigen kaum das pädagogische Umgehen mit Kindern unter sechs Jahren. Sie haben dennoch erheblichen Einfluss auf elementarpädagogische Handlungskonzepte. Dabei spielt in mehrfacher Hinsicht die Entfaltung eines Allgemeinbildungskonzepts durch Wilhelm von Humboldt eine besondere Rolle: Seine in den Jahren um 1800 verfassten Schriften (vgl. Benner 1990; Tenorth 1988, 121 ff.) verbreiteten sich zeitlich parallel zum Aufkommen erster elementarpädagogischer Einrichtungen in Deutschland (vgl. Reiher 2006, 269 ff.), transportierten dabei ältere pädagogische Überlegungen und wirkten zugleich auf die Ausbildung speziell elementarpädagogischer Konzepte ein, vor allem auf Friedrich Fröbels „Kindergarten"-Idee im zweiten Viertel des 19. Jahrhunderts (vgl. u. a. Scheuerl 1991, 249 ff.). [→ Allgemeine Pädagogik]

Humboldt schloss sich mit seinen Vorstellungen von Bildung an die von der Aufklärung entworfenen und erkämpften Prinzipien einer neuen und gerechteren Beziehung zwischen Individuum und Gesellschaft an. Zugleich rückte er, wie parallel Schiller und zuvor schon Kant, vom rationalistischen Nützlichkeitsdenken der Aufklärung ab und suchte in der Auseinandersetzung mit der antiken Philosophie nach einer Konkretisierung von Kants Satz, dass „der Mensch erst Mensch werden kann durch Erziehung" (zit. nach Tenorth 1988, 124). In der vertieften Antikenauseinandersetzung war Humboldt Repräsentant einer an den ästhetischen Idealen der Klassik orientierten Kulturepoche, wie sie vor allem von Winckelmann und Goethe geprägt wurde. Humboldt griff hierbei auf das im 5. und 4. vorchristlichen Jahrhundert sich herausbildende Konzept der „paideia" zurück. Die paideia bezieht sich als Gesamtbeschreibung von Lebensform und Lebenssinn auf das demokratisch verfasste Gemeinwesen der „polis". Dessen Mitglieder sollten, wie es in den platonischen Dialogen zum Ausdruck kommt, in der paideia Identität und Individualität finden. „Die Gesetze einerseits, Maß und Mitte eines ausgeglichenen Lebens andererseits bestimmen dieses Bild einer idealen Lebensführung. Gerechtigkeit und Tapferkeit, Frömmigkeit und Besonnenheit sind die zentralen platonischen Tugenden" (ebd., 42).

Diese Bildungswerte überdauerten das Ende der Antike und lebten in den christlichen Kardinaltugenden, etwa in den hochmittelalterlichen Idealen ritterlichen Handelns, weiter. Sie erfuhren im Renaissance-Humanismus eine Neubelebung und vorsichtige Herauslösung aus dem verengten Wirkungskreis sozialer Eliten. „Humanitas" war der neue Leitbegriff, in dem sich Tugend und Gelehrsamkeit (virtus und doctrina) vereinigen sollten (vgl. Tenorth 1988, 61). Zugleich eröffnete dieses Leitbild erstmals eine Chance für eine theoretische und praktische Aufwertung einer Erziehung im frühen Kindesalter und folgerichtig auch dafür, „die Kinder zu ihrem eigenen Recht kommen zu lassen" (ebd.). Protagonist dieser Horizonterweiterung war im frühen 16. Jahrhundert Erasmus von Rotterdam, der mit seinem Blick auf die Kinder selber und ihre Natur auf Jean Jacques Rousseau vorauswies, der in der Mitte des 18. Jahrhundert in seinem „Émile" Kinderbedürfnissen und Kinderindividualität einen zentralen Stellenwert zuordnete. Rousseau war es dann auch, der Natürlichkeit als Wert und Orientierungspunkt der Erziehung herausarbeitete und nicht mehr als eine zu überwindende Kategorie definierte (vgl. Scheuerl 1991, 120 ff.). Mit diesen, eine deutliche Erziehungs- und Gesellschaftskritik einschließenden Ideen wirkte Rousseau schließlich als Motor für die Entfaltung der Reformpädagogischen Bewegung im späten 19. und frühen 20. Jahrhundert.

Die Reformpädagogik [→ IV Reformpädagogik und entwicklungsfördernder Unterricht] ihrerseits bildete neben dem Bildungskonzept Humboldts im Wesentlichen das historische Fundament unserer heutigen Vorstellungen von Elementarbildung. Beide traditionsreichen Ansätze werden durch die Kritik an der durch gesellschaftliche Verhältnisse bedingten „Entfremdung" des Menschen und durch die sich daraus ergebende Suche nach einer „Bildung des Menschen zum Menschen" (Tenorth 1988, 123) verbunden. Eine so verstandene Bildung kann nur eine allgemeine Bildung sein, die sich „der unmittelbaren Verwertung des Menschen und der ökonomischen Nutzung entzieht" (ebd.). Bildung soll nach Humboldt eine Versöhnung der von der Gesellschaft produzierten Widersprüche herbeiführen und der „höchsten und proportionierlichen Ausbildung aller Kräfte des Menschen zu einem Ganzen" folgen (ebd., 125). „Auch Griechisch gelernt zu haben, könnte auf diese Weise dem Tischler ebenso wenig unnützig seyn, als Tische zu machen dem Gelehrten" (ebd.).

Die aktuelle Diskussion um den Bildungsbegriff rückt allerdings von einer Definierbarkeit der Bildungsziele und -inhalte ab, wie sie für Humboldt selbstverständlich war. Die von Ulrich Beck beschriebenen Tendenzen zur Pluralisierung und Individualisierung in der „Risikogesellschaft" spiegeln sich auch in einer Relativierung der Ziel-Inhalts-Dimension von Bildung wider. An die Stelle eines gesellschaftlichen Normenkonsenses tritt in einer postmodernen Sicht auf kulturelle und soziale Entwicklungen die Akzeptanz von kultureller Diversität, sozialer Komplexität, Diskontinuität und rückläufiger Prognostizierbarkeit gesellschaftlicher Prozesse (vgl. Fthenakis 2009, 6). Das einzelne Kind, seine Rechte, seine kontextuellen Aufwachsensbedingungen und seine individuelle Förderung gewinnen dafür an Bedeutung als Bezugspunkt für Bildung (vgl. ebd., 7). Bildungsziele werden, z. B. in den Bildungsplänen der Bundesländer, vorrangig in der Stärkung individueller Kompetenzen des Kindes, seiner Selbstkonzepte und seiner Selbstwirksamkeitserfahrung gesehen (vgl. ebd., 8).

Bildung als biografischer Prozess

Schon in der Reformpädagogik und ihrem kulturgeschichtlichen Umfeld wurden unterschiedliche Modelle entworfen, mit denen die Persönlichkeits- und Kompetenzentwicklung Heranwachsender erklärt wurde. Überwiegend vollzieht sich nach ihnen die individuelle Entwicklung in einem gestuften Prozess. Als Motor der Entwicklung wurden Reifungsphasen des Leib-Seele-Geist-Zusammenhangs (Rudolf Steiner) oder die gesetzmäßige Abfolge von Sensibilitäten angenommen, mit denen sich das Kind spezifische Formen der Umweltaneignung erwirbt (Maria Montessori).

Empirisch fundiert durch eigene Beobachtungen sind spätere Modelle der gestuften kognitiven Entwicklung, wie sie Jean Piaget entworfen hat. Breiter angelegt ist das Konzept der Lebenslaufinterpretation Erik Eriksons, das alle Bereiche der lebenslangen Persönlichkeitsentfaltung einschließt. [→ Erziehung des Menschen als Identitäts- und Persönlichkeitsentwicklung]

Individuelle Entwicklung, innerhalb derer das Subjekt seine Potenziale entfaltet, kann im Rahmen des aktuellen Transitionsansatzes auch als Prozess der Kompetenzgewinnung beim Bewältigen von Veränderungen und Widerständen verstanden werden (vgl. Griebel & Niesel 2004). Krisen als Entwicklungschance werden auch im Life-Event-Ansatz gesehen, allerdings auch als mögliche Ursachen oder Auslöser des Scheiterns, der Regression oder des depressiven Reduzierens individueller Handlungsmöglichkeiten (vgl. Filipp 1995). Dahinter steht die Vorstellung individuell verschiedener Verarbeitung sozialer Erfahrungen. Erikson hatte für solche Erklärungsansätze mit seinem Konzept biografisch unterschiedlicher Verläufe von Lebensphasen ein Strukturmodell entworfen. Dieses setzt sich von der seit der Antike oder in fernöstlichen Denktraditionen gepflegten Überzeugung ab, dass sich mit zunehmendem Lebensalter auch ein Zuwachs von Lebenserfahrungen und Lebensklugheit einstellt. Etwas von jener vorsichtig optimistischen Denktradition klingt noch in Wolfgang Klafkis Konzept „kategorialer Bildung" an: Für Klafki ist Bildung weniger „die Aufnahme und Aneignung von Inhalten, sondern die Formung, Entwicklung, Reifung von körperlichen, seelischen und geistigen Kräften" (1959, 33), also auch von „Denkweisen, Gefühlskategorien, Wertmaßstäben" (ebd., 36). Auch in Klafkis späteren Schriften wird Bildung vorrangig als Entwicklungsprozess verstanden, der sich in der Entfaltung von Fähigkeiten und Handlungsmöglichkeiten des Individuums konkretisiert. Explizit genannt werden von ihm die „kognitiven, emotionalen, ästhetischen, sozialen, praktisch-technischen Fähigkeiten" (1992, 25).

Ein solches an der Entfaltung individueller Fähigkeiten orientiertes Konzept kann auch als richtungweisend für elementare Bildung gesehen werden. Es kann bedeuten, dass elementare Bildung einen Fokus jeweils auf folgende Handlungs- und Erfahrungsfelder legt:

- die Förderung von Sinnstrukturen: das Konstruieren von Zusammenhängen, Erklärungen und Bedeutungen,
- das Ausprägen und Kultivieren von emotionalen Beziehungen,
- das Finden und Ausdifferenzieren sozialer Interaktionsstrategien: Kommunizieren, Umgehen mit Hierarchie und Interessendivergenz in Gruppen, Pflegen von Zugehörigkeit, Sich-Behaupten, aber auch Kompromisse-Eingehen.

In eine ähnliche Richtung gehen die Forderungen der Europäischen Kommission zur „Vermittlung von Schlüsselkompetenzen" (vgl. Europäische Kommission 2008, 5). [→ V Kompetenz]

Ein breiteres, über die Pragmatik von Schlüsselkompetenzen hinausgehendes Bildungsverständnis speziell in Hinblick auf das Kindesalter vor der Einschulung wurde von Dieter Baacke entfaltet (vgl. 1999). In ihm spielt die körperliche und emotionale Entwicklung des Kindes ebenso eine Rolle wie die Bezugnahme auf gesellschaftliche Erwartungen:

- Förderung von Bewegungskompetenz
- Förderung von Wahrnehmungskompetenz
- Förderung der Fähigkeit zum Erkunden und Informationen-Aufnehmen
- Förderung der Fähigkeit, Welt zu deuten
- Kultivierung der Gefühle
- Entfaltung der Spielfähigkeit
- Differenzierung von Sprache und Kommunikation
- Entwicklung von Leistungsbewusstsein.

Unverkennbar sind in dieser Zusammenstellung von Dimensionen individueller Bildungsentwicklung die Querbeziehungen zur Reggio-Pädagogik. Wie bei Baacke wird Bildung in ihr als ein wechselseitig sich verstärkender Prozess der Persönlichkeits- und Kompetenzentwicklung verstanden. Doch auch Unterschiede sind deutlich: Baacke geht es um die Beschreibung der Dimensionen, in denen sich diese Entwicklung konkretisiert und sich das Handeln der Kinder ausprägt; die Reggio-Pädagogik beschreibt vorrangig die individuelle und interaktive Binnenstruktur der miteinander verschränkten Prozesse von Persönlichkeits- und Kompetenzentwicklung (vgl. Knauf et al. 2007, 129 ff.). Sie entspricht einer ko-konstruktiven Sicht auf Kinder, deren Entwicklung von „Eltern und Fachkräften in einen Prozess gemeinsamer Gestaltung und Mitverantwortung eingebunden" sein könnte (Fthenakis 2009, 9).

Bildung als Weltauseinandersetzung

Weltauseinandersetzung ist einer der überhistorischen Kernbestandteile des Bildungsbegriffs. Bemerkenswert ist dabei die Vielfalt der Interpretationen dieser Dimension von Bildung: Johann Amos Comenius schafft mit seinem „Orbis sensualium pictus" (vgl. Scheuerl 1991, 72) einen kommentierten ikonischen Kanon von Weltbestandteilen, deren Aneignung beim Lernenden eine Art kognitive Landkarte der Welt erzeugen soll.

Zwei Jahrhunderte später versucht Friedrich Fröbel mit seinen ausgewählten Spiel- und Beschäftigungsmaterialen (Kugel, Ball, Walze, Würfel) etwas Ähnliches zu erreichen. [→ Spielpädagogik]. Er setzt aber auf die Selbsttätigkeit und die unmittelbare körperlich-sinnliche Erfahrung des Kindes und legt weniger Wert auf die enzyklopädische Welterfassung als auf das handelnde Erschließen der „ästhetischen und mathematischen Ordnung" der Welt und ihrer „Gesetzlichkeit" in einem „übergreifenden, kosmischen Modell" (Schäfer 2006, 35).

Maria Montessori knüpfte an die Grundidee Fröbels an, sinnliche Materialauseinandersetzung in das Zentrum des individuellen Bildungsprozesses zu stellen. Sie reduziert aber drastisch den spielerisch-kreativen Materialumgang: Das Ziel ist nicht mehr die körperliche Erfahrung von Dimensionen der Welt, sondern die schrittweise Aneignung von Kulturtechniken für das Handeln in dieser Welt. Die romantisch-ganzheitliche Vorstellung vom Spiel als Hineinwachsen in die Welt wird durch einen systematischen Aufbau einzelner Lernschritte und eines Trainings von Fertigkeiten und Disziplin in den „Übungen des täglichen Lebens" ersetzt.

Auch in dem Stufenmodell der kognitiven Entwicklung, wie es Piaget in der Mitte des 20. Jahrhunderts auf der Basis von Kinderbeobachtung entwarf, spielt die Weltauseinandersetzung eine Rolle, allerdings eher in einer mittelbaren Konstellation: Das nach physischem und psychischem Gleichgewicht strebende Individuum stößt immer wieder auf die Widerstände und Problemkonstellationen des dinglichen oder sozialen Lebensalltags [→ VII Die Entwicklung geistiger Operationen]. Welt ist eine Ansammlung von Hindernissen, die zur Herstellung individueller Zufriedenheit aus dem Weg zu räumen sind. Dabei kommt es zu Lernhandlungen, die Piaget mit den Begriffen Assimilation und Akkomodation als unterschiedliche Formen der Anpassung von kognitiven Schemata des Individuums an die Strukturen der physischen und sozialen Welt versteht. Bildung ist bei Piaget Lernen als Differenzierung kognitiver Strukturen zur Bewältigung alltäglich dem Individuum begegnender Dimensionen von Welt (vgl. Siegler et al. 2005, 200).

Die u. a. von den Biologen Varela und Maturana eingeleitete „Wende" zu konstruktivistischen Erkenntnis- und Lernmodellen gibt der Grundvorstellung von Bildung als Weltauseinandersetzung eine neue, kritische Bedeutung: Die Welt wird nicht mehr, wie bei Humboldt, als existierendes Gesamtsystem verstanden, dem sich das Individuum in mühevollen Prozessen verstehend annähert. Welt wird vielmehr als ein sich für individuelle Ausdifferenzierungen anbietendes Sinnkonstrukt gedeutet (vgl. Huschke-Rhein 1998, 129).

Gerade im Bereich der Elementarpädagogik hat sich diese seit den letzten beiden Jahrzehnten des 20. Jahrhunderts ausprägende erkenntnis- und lerntheoretische Strömung durchgesetzt: Erkennbar wird dies vor allem in den Bildungsplänen, wie sie in den verschiedenen Bundesländern seit 2003 für elementarpädagogische Einrichtungen vorgelegt wurden. Dabei ergeben sich aber Differenzen zwischen einer stärker am Humboldt'schen Konzept der Selbstbildung orientierten Richtung und dem eher sozialwissenschaftlich begründeten Modell des sozialen Konstruktivismus oder Ko-Konstruktivismus (vgl. zusammenfassend Textor 2006, 28 ff.). So betont Schäfer: „In diesem Sinne ist frühkindliche Bildung in erster Linie Selbst-Bildung und wird entlang der Erfahrungen gewonnen, die Kinder in ihrem Lebenszusammenhang machen. Die wichtigste Erfahrung, die Kinder dabei machen, ist die Erfahrung, welche Bedeutung das hat, was sie erleben und erfahren" (2003, 31). Fthenakis argumentiert: „In postmodern orientierten Curricula wird Bildung hingegen als sozialer Prozess konzeptualisiert, der in einem spezifischen Kontext stattfindet, und an dem, neben Kindern und Fachkräften, auch Eltern und andere Erwachsene aktiv beteiligt sind. Kulturelle Unterschiede und soziale Komplexität werden intensiv thematisiert" (2003, 27).

Bildung als Aufgabe elementarpädagogischer Einrichtungen

Die knapp zweihundertjährige Geschichte elementarpädagogischer Einrichtungen ist von einer immer wieder neu definierten Funktionstrias von Betreuung, Erziehung und Bildung geprägt.

Schon bei den in der ersten Hälfte des 19. Jahrhundert gegründeten Kleinkinderbewahr- und -beschäftigungsanstalten spielten alle drei Aufgabenstellungen eine Rolle:

- die Betreuung vorrangig zur Entlastung der Mütter aus bürgerlichen Familienkonstellationen,
- die Erziehung vorrangig zur Förderung „proletarischer Sittlichkeit ..., um Menschen zu befähigen, ihre Lohnarbeiterexistenz bescheiden und gehorsam zu ertragen" (Reyer 2006, 270),
- die Bildung in Anschluss an die pädagogischen Konzepte Humboldts, Pestalozzis und Diesterwegs zur Entfaltung der „von Natur aus gegebenen Kräfte und Begabungen" (ebd.).

Der „Bildungsgesamtplan" von 1970 und das Kinder- und Jugendhilfegesetz von 1991 gehen von der gleichen Funktionstrias aus.

Hans-Joachim Laewen erweitert dieses Aufgabenspektrum um die Funktion Prävention. Dabei geht es darum, „Risiken der Entwicklung vom ersten Lebensjahr an aufzuspüren und gegebenenfalls eine diagnostische Abklärung zu veranlassen" (vgl. 2006, 101). Eine solche eher punktuelle Erweiterung von Bildungsaufgaben konfrontiert Fthenakis mit der Einschätzung, dass ein der Postmoderne verpflichtetes Bildungskonzept ohnedies auf die gesellschaftsprägenden Phänomene wie Diskontinuität und soziale Komplexität bezogen sein müsse. Der Verlust der sozialen Normensicherheit biete die Chance, dass „das Kind nicht bloß Objekt der Bildungsbemühungen anderer (bleibt). Im Gegenteil, es wird nunmehr als Subjekt im Bildungsprozess behandelt" (2009, 7).

Eine Verschiebung der Aufgabenschwerpunkte elementarpädagogischer Einrichtungen hat sich darüber hinaus durch die kritische Diskussion der Ergebnisse der PISA-Studie ergeben. In den Beschlüssen der Kultusministerkonferenz von 2001 und der Jugendministerkonferenz von 2002 wird die Zusammenarbeit mit der Schule eingefordert. Im „Hessischen Bildungsplan 0–10", im 2008 abgeschlossenen Berlin-Brandenburger Projekt „Ponte" (vgl. Ramseger 2007) oder in dem 2005 als BLK-Modellversuch gestarteten Projekt „TransKiGs" werden Ansatzpunkte vertiefter Zusammenarbeit gesucht. Angestrebt werden ein „komplementärer Charakter von Bildung in Kindertageseinrichtung und Grundschule" und „eine gemeinsame Vorstellung von einer neuen Lernkultur" (Ministerium für Bildung, Jugend und Sport des Landes Brandenburg 2008, 21).

Bildungsbereiche

Schon Humboldt umschrieb Felder, in denen Heranwachsende Wissen und Fähigkeiten erwerben sollten. Seit Fröbel wurde der Versuch unternommen, Kompetenzen zu beschreiben, die Kinder im Kindergarten und in ihren Familien erwerben sollten. Es handelte sich dabei oft um Alltagsfertigkeiten, mit denen Kinder unabhängiger von Erwachsenenhilfe werden sollten (Schleife binden u. v. m.). Montessori prägte dafür den Begriff der „Übungen des täglichen Lebens". Diese Übungen sollten auch Erfahrungen der sozialen Verantwortlichkeit und Verpflichtung vermitteln.

In den „Vorschulmaterialien" der 1960er und 1970er Jahre trat der schulvorbereitende Aspekt in den Vordergrund. Logisches Denken und Kombinieren, genaues Hinschauen und Konzentration waren wichtige Bildungsziele, an die schulisches Lernen anknüpfen sollte. In der Einschulungsdiagnostik schlugen sich diese Zieldimensionen verstärkt nieder. Nachdem ein Jahrzehnt später Horst Nickel in seinem „Ökosystemischen Schulreifemodell" auf die komplexen kontextuellen Faktoren des Einschulungserfolgs aufmerksam gemacht hatte (vgl. 1982), verlagerte sich das fachliche Interesse von den vorschulischen Trainingskonzepten zur Beachtung und Förderung von „schulischen Vorläuferqualifikationen", vor allem im Bereich der Sprachkompetenz. Aber auch diese Tendenz erfuhr Kritik, weil sie Bildungsprozesse jüngerer Kinder zu eindimensional in Hinblick auf schulische Verwertung definierte (vgl. Ramseger 2007).

In den seit 2003 entstandenen Bildungsplänen der Bundesländer spiegelt sich in unterschiedlichen Varianten einerseits die Bezugnahme auf eine konstruktivistische Interpretation von Bildung wider, andererseits deutet sich verschiedentlich die Bezugnahme auf eine schulnahe curriculare Füllung von Bildungsbereichen an. Für die von Schäfer geprägte NRW-„Bildungsvereinbarung" wird beispielsweise postuliert: „Selbstbildung ist ein komplexer Prozess, der sensorische, motorische, emotionale, ästhetische, kognitive, sprachliche und mathematische Dimensionen umfasst. Es geht also nicht darum, definierte Kompetenzen, Wissen oder Fertigkeiten zu vermitteln, sondern kindliche Bildungsprozesse [...] als komplexe Beziehungserfahrungen aufzugreifen, diese zu begleiten, zu fördern und herauszufordern" (Bräuer et al. 2005, 31).

Literatur

Benner, Dietrich (1990): Wilhelm v. Humboldts Bildungstheorie. Weinheim

Bräuer, Susanne et al. (2005): Bildungspläne im Vergleich. In: Kita spezial: Bildung von Anfang an – Bildungspläne für Kindertageseinrichtungen. Kronach, 28–34

Europäische Kommission (2008): Bessere Kompetenzen für das 21. Jahrhundert. In: Mitteilung der Kommission an das Europäische Parlament, den Rat, dem Europäischen Wirtschafts- und Sozialausschuss und den Ausschuss der Regionen. Brüssel (SEK (2008) 2177)

Filipp, Sigrun H. (Hrsg.) (1994): Kritische Lebensereignisse. 3. Aufl., Weinheim

Fthenakis, Wassilios (2003): Zur Neukonzeptualisierung von Bildung in der frühen Kindheit. In: Fthenakis, Wassilios (Hrsg.): Elementarpädagogik nach PISA. Freiburg, 18–36

Fthenakis, Wassilios (2009): Bildung neu definieren und hohe Bildungsqualität von Anfang an sichern. In: Betrifft Kinder 01–02, 6–11

Griebel, Wilfried & Niesel, Renate (2004): Transitionen: Fähigkeit von Kindern in Tageseinrichtungen fördern, Veränderungen erfolgreich zu bewältigen. Weinheim

Huschke-Rhein, Rolf (1998): Systemische Erziehungswissenschaft. Weinheim

Klafki, Wolfgang (1959): Das pädagogische Problem des Elementaren und die Theorie der kategorialen Bildung. Weinheim

Klafki, Wolfgang (1992): Allgemeinbildung in der Grundschule und der Bildungsauftrag des Sach-

unterrichts. In: Lauterbach, Roland et al. (Hrsg.): Brennpunkte des Sachunterrichts. Kiel, 11–31
Knauf, Tassilo et al. (2007): Handbuch pädagogische Ansätze. Berlin
Laewen, Hans-Joachim (2006): Funktionen der institutionellen Früherziehung: Bildung, Erziehung, Prävention. In: Fried, Lilian & Roux, Susanna (Hrsg.): Pädagogik der frühen Kindheit. Weinheim, 96–107
Ministerium für Bildung, Jugend und Sport des Landes Brandenburg (Hrsg.) (2009): Gemeinsamer Orientierungsrahmen für die Bildung in Kindertagesbetreuung und Grundschule. Weimar/Berlin
Nickel, H. (1982): Schuleingangsberatung auf der Grundlage eines ökopsychologischen Schulreifemodells. In: Heller, K. & Nickel, H. (Hrsg.): Modelle und Fallstudien der Schul- und Erziehungsberatung. Bern
Ramseger, Jörg (2007): Gibt es eigentlich „Vorläuferfähigkeiten"? In: Deutsche Kinder- und Jugendstiftung und Internationale Akademie für innovative Pädagogik, Psychologie und Ökonomie an der Freien Universität Berlin (INA): (HRSG): Bildungsqualität von Anfang an. Berlin, 18–29
Reyer, Jürgen (2006): Geschichte frühpädagogischer Institutionen. In: Fried, Lilian & Roux, Susanna (Hrsg.): Pädagogik der frühen Kindheit. Weinheim, 268–280
Schäfer, Gerd (2003) (Hrsg.): Bildung beginnt mit der Geburt. Weinheim
Schäfer, Gerd (2006): Der Bildungsbegriff in der Pädagogik der frühen Kindheit. In: Fried, Lilian & Roux, Susanna (Hrsg.): Pädagogik der frühen Kindheit. Weinheim, 33–44
Scheuerl, Hans (Hrsg.) (1991): Klassiker der Pädagogik. Bd. I. München
Siegler, Robert S. et al. (2005): Entwicklungspsychologie im Kindes- und Jugendalter. München
Tenorth, Heinz-Elmar (1988): Geschichte der Erziehung. Weinheim
Textor, Martin R. (2006): Bildung im Kindergarten. Münster

Berufs- und Lebensorientierung

Roland Stein

Definition, Begriffs- und Gegenstandsgeschichte

Beruf und Arbeit scheinen in unserer Gesellschaft unbedingt zum Leben und auch zur Identität fast aller Menschen zu gehören, auch wenn immer wieder das Ende der Arbeitsgesellschaft diskutiert wird. Für Menschen mit Behinderungen ist die Ausübung eines Berufs allerdings keineswegs immer selbstverständlich – aufgrund von Faktoren, die in der Person liegen (etwa einer erheblichen körperlichen Behinderung oder mangelnder kognitiver Kompetenz), aber auch aufgrund von Faktoren im Umfeld (etwa der mangelnden Bereitschaft, einen Menschen mit Behinderung einzustellen). [→ V Erwerbstätigkeit, Leben ohne Arbeit und berufliche Bildung] Grundsätzlich schlechtere Chancen von Menschen mit Behinderungen im Hinblick auf ihre Integration in Beruf und Arbeit bestehen nach wie vor in erheblichem Maße (vgl. BMBF 2007, 228 f.). Im Falle schwererer organischer oder geistiger Behinderungen wird häufiger eine nachhaltige Verankerung in der Arbeitswelt gänzlich unmöglich sein. Es können aber auch einfach Schwierigkeiten auftreten, die Hilfen bei der grundsätzlichen Orientierung notwendig machen. Da diese Schwierigkeiten und die zur Orientierung notwendigen Kompetenzen oft mit Anforderungen an die Lebensführung als solche verbunden sind, ist in den letzten Jahren verstärkt von der sonderpädagogischen Aufgabe einer Berufs- und Lebensorientierung die Rede, wobei es sich eigentlich um eine Arbeits-, Berufs- und Lebensorientierung handeln muss, denn Arbeit ist auch ohne Beruf denkbar. [→ IV Tätigkeit und Arbeit, Handeln und Lernen]

Berufsorientierung kann unterschiedlich verstanden werden: als Haltung von Schülern, als spezifische Ausrichtung der Lerninhalte oder auch Methoden – aber auch, was das verbreitetste Verständnis ist, als ein spezifisches Lernfeld (vgl. Schudy 2002). In diesem letzteren Sinne ist Berufsorientierung im § 33 des SGB III als Aufgabe der Agenturen für Arbeit verankert und wird als eine Vorbereitungsphase der Berufswahl von Jugendlichen und Erwachsenen verstanden. Sie beginnt in der Regel in den letzten Schuljahren und ist dort inhaltlich eng an das Fach Arbeitslehre geknüpft. [→ IV Arbeitslehre] Vorgesehen ist eine intensive Zusammenarbeit zwischen Schulen und Agenturen für Arbeit; aber auch die Kooperation mit Betrieben und Eltern ist von großer Bedeutung. Seitens der Agenturen für Arbeit wird hierfür ein Spektrum von Maßnahmen angeboten: Schulbesprechungen, Vortrags- und Seminarveranstaltungen, Elternveranstaltungen, Arbeitgeberinformationen, individuelle Betriebskontakte in Form von Erkundungen und Praktika sowie Besuche von Reha-Einrichtungen (etwa Berufsbildungswerken) und Werkstätten für behinderte Menschen. Im Hinblick auf dieses Angebot sollen die Mitarbeiter der Agenturen für Arbeit auf unterschiedliche Behinderungen Rücksicht nehmen und demgemäß geschult sein; des Weiteren sollen auch – behinderungsspezifisch – entsprechende Materialien und Medien zur Verfügung gestellt werden.

Ziel der Berufsorientierung ist die Hilfe zur Selbsthilfe; dies ist etwa auch das Prinzip der Berufsinformationszentren (BiZ). Allerdings wird häufig bei vorliegenden Behinderungen und Beeinträchtigungen ein individueller Unterstützungsbedarf notwendig sein.

Zu einer Berufsorientierung im weiteren Sinne kann man auch Maßnahmen der Berufsvorbereitung zählen. Hier sind sowohl das Berufsvorbereitungsjahr (BVJ) sowie das Berufsgrundbildungsjahr (BGJ) als auch weitere Maßnahmen der Berufsvorbereitung (vgl. Bundesanstalt für Arbeit 2002) zu nennen. Das ursprüngliche Spektrum unterschiedlicher Maßnahmen in diesem Bereich, die oft zugleich auf bestimmte Problematiken und Behinderungen zugeschnitten waren, ist mittlerweile durch das individuell orientierte Konzept der Berufsvorbereitenden Bildungsmaßnahmen (BvB) und der Bildungsbegleitung abgelöst worden (vgl. §§ 61 ff. SGB III sowie INBAS 2004).

Wenn in den letzten Jahren aus sonderpädagogischer Perspektive zunehmend eine enge Verbindung zwischen der Arbeits- und Berufsorientierung einerseits sowie einer „Lebensorientierung“ andererseits gesehen wird, so hat dies vor allem zwei Gründe:

- Zum einen kann nicht für alle Menschen mit Behinderungen und Benachteiligungen ein (nachhaltiger) Einstieg in das Arbeitsleben gewährleistet werden. Es stellt sich dann die Frage, auf welche Alternativen hin sich die Vorbereitung ausrichten soll – und es kann und muss hier um eine Orientierung im Hinblick auf Lebensbereiche außerhalb von Arbeit und Beruf gehen. [→ V Erwerbstätigkeit, Leben ohne Arbeit und berufliche Bildung]
- Zum anderen ist die Forderung einer engen Verknüpfung von Arbeits-, Berufs- und Lebensorientierung inhaltlich begründet, indem im Rahmen einer „Orientierung“ Kompetenzen gefördert werden, die oft in gleichem oder ähnlichem Maße für Arbeit und Beruf sowie für „Leben“ von Relevanz sind.

Was sind Aspekte einer „Lebensorientierung“? In den Blick kommen zum einen allgemeine Anforderungen des Lebens: die Verwaltung der eigenen Finanzen, Fragen der (gesunden) Ernährung, die Kontakte mit öffentlichen Einrichtungen und Behörden sowie die befriedigende Gestaltung von Freizeit. Im Falle von Behinderungen und Beeinträchtigungen gelten verschiedene dieser Anforderungen in bestimmter Form besonders: Es muss möglicherweise mit besonders wenig Geld ausgekommen werden, die Kontakte mit Ämtern sind aufgrund der vorliegenden Behinderung erschwert, eine eigenständige und kompetente Freizeitgestaltung begegnet spezifischen Schwierigkeiten oder hat größere Bedeutung, da die Person keiner Arbeit nachkommt – und anderes mehr. Neben der Beeinträchtigung oder Behinderung als solcher entsteht damit jeweils eine Doppelbelastung durch die zusätzlichen Erschwernisse.

Zentrale Erkenntnisse, Forschungsstand

Besondere Bedeutung für die Orientierung im Hinblick auf Beruf und Leben hat der Übergangsbereich zwischen Schule und dem Danach, die sogenannte „Erste Schwelle". Die Qualität der hier erfolgenden Förderung steht und fällt zum einen mit dem Engagement der zuständigen Fördereinrichtungen, zum anderen mit der Kooperation unterschiedlicher Einrichtungen und Professioneller an diesem Schnittbereich. Hier wurden in den vergangenen Jahren viele Bemühungen unternommen, die allerdings keineswegs alle Probleme beseitigen konnten – man kann es auch deutlicher formulieren: „Die Berufsorientierung von Jugendlichen an den Schulen ist unzureichend. Sie muss ein größeres Gewicht erhalten. Die Berufswahl ist häufig wenig fundiert und von falschen Erwartungen geprägt. Es fehlt an realistischen Eindrücken über Anforderungen und Perspektiven der Arbeitswelt und Berufspraxis" (BMBF 2007, 23). Dieses Problem besteht im Wesentlichen europaweit (vgl. ebd., 221).

Seit einiger Zeit wird, ausgehend von einer Diskussion um junge Menschen mit Lernbeeinträchtigungen und Verhaltensauffälligkeiten (vgl. Hiller 1997; Baur et al. 2004), zunehmend die Problematik erkannt, dass das Bemühen um eine nachschulische Integration nicht auf Arbeit und Beruf beschränkt sein darf, sondern auch Kompetenzen zu einem Leben unter erschwerten Bedingungen [→ V Didaktik und Förderung unter erschwerten Bedingungen] gefördert werden müssen, auch zu einem Leben mit vielen Ungewissheiten und immer wieder stattfindenden Diskontinuitäten und Brüchen: etwa wiederholter Arbeitslosigkeit, dem Management unterschiedlicher kleinerer „Jobs", die zu wenig Geld einbringen, um sich zu finanzieren, persönlichen Krisen, Wohnungslosigkeit usw. Nicht unberechtigt ist die Frage, ob angesichts dieser Situation der Anspruch klassischer Bildung für junge Menschen mit Beeinträchtigungen und Benachteiligungen – etwa in Klafkis Sinne als Bildung für alle, als Aneignung allgemein relevanter Thematiken sowie in allen Grunddimensionen – überhaupt sinnvoll aufrecht erhalten werden kann: Sind verschiedene allgemein relevante Thematiken für diese Gruppe gerade nicht relevant und kommen für sie vielleicht andere relevante Thematiken hinzu? Hiller (vgl. 1997) hat aus dieser kritischen Frage heraus eigene Curricula für eine „realitätsnahe Schule" entwickelt und beispielhaft konkretisiert – Themen sind etwa die realistische Einschätzung der eigenen Situation, sinnerfüllende Freizeitbeschäftigungen, Finanzorganisation, preiswerte Ernährung, Konflikte mit Behörden usw. Allerdings ist zu fragen, ob solche Besonderungen der Curricula nicht möglicherweise auch Chancen verschließen, anstatt sie zu eröffnen, und ob nicht ein ‚klassisches' Bildungsverständnis all dies implizieren mag.

Eine Klammer der zentralen Ziele im Kontext von Bildung und Erziehung, welche zugleich Berufs- als auch Lebensorientierung umfasst, stellt das Konzept der Schlüsselqualifikationen dar, denn damit werden bedeutsame übergreifende Kompetenzen beschrieben, welche eine solche Orientierung ermöglichen und den Zielbereich einer umfassenden Förderung der menschlichen Persönlichkeit spezifizieren. Schlüsselqualifikationen bezeichnen – im Unterschied zu einer arbeitsbereichs-bezogenen „Fachkompetenz" – vielfältig verwendbare Breitenkompetenzen (vgl. Stein 2000): fachübergreifende, unterschiedlich einsetzbare Sachkompetenzen (als „Ressource Wissen" in einer Wissens- und Informationsgesellschaft), Methodenkompetenz (Denken und Problemlösen sowie Gewinnung und Verarbeitung von Informationen), Sozialkompetenz (Kooperation und Kommunikation) sowie personale oder Selbstkompetenz (Selbstständigkeit, Verantwortungsbereitschaft, Belastbarkeit, Wertmaßstäbe). [→ IV Schlüsselprobleme] Im Hinblick auf Behinderungen muss das Konzept der Schlüsselqualifikationen durchaus kritisch gesehen werden, denn es kennzeichnet auch verschiedenste Problembereiche, welche den Weg in Arbeit und Beruf verschließen können, weil sie nicht ausreichend grundgelegt werden können oder indem sie Ansprüche des Arbeitsmarkts darstellen, deren Erfüllung schwierig wird. Dem Konzept der Schlüsselqualifikationen wird zudem vorgeworfen, dass es die Wunschvorstellung eines optimal flexiblen und umstellungsbereiten Arbeitnehmers zugunsten industrieller „Verwertbarkeit" transportiert. Schließlich ist kritisch anzumerken, dass in der Diskussion um Schlüsselqualifikationen der wichtige Unterschied zwischen Kompetenz und Performanz allzu häufig verwischt wird. Nicht immer sind jedoch mangelnde Kompetenzen das Problem, sondern häufig Störungen der Performanz: motivationale Probleme, Ängste und Unsicherheiten, Transferproblematiken usw. Sonderpädagogische Förderziele können dann zum einen darin liegen, Hilfestellung zum Aufbau von Kompetenzen zu leisten – aber zum anderen auch darin, Hindernisse zur Realisierung verfügbarer Kompetenzen zu erkennen und Unterstützung zu leisten, sie beiseite zu räumen. Insbesondere motivationale Problematiken sind für die Kontexte der Verhaltensauffälligkeiten und Lernbeeinträchtigungen von besonderer Bedeutung.

Gerade in dieser Hinsicht ist die zusätzliche Möglichkeit einer „Arbeitsorientierung" zu bedenken: Manche Jugendliche in sonderpädagogischen Kontexten „orientieren" sich durchaus hin zu Arbeit und Beruf, sie weisen also im Sinne eines weiteren Verständnisses von Arbeits- und Berufsorientierung (vgl. Schudy 2002) selbst eine solche Orientierung im Sinne spezifischer Motivation auf – sie sind aber nur dann motiviert, wenn sie auch eine Nähe zur Realität des Arbeitslebens erfahren. Das traditionelle sonderpädagogische Bemühen um Förderung im Rahmen verschiedener, oft mehrjähriger, hintereinander gestaffelter Orientierungsmaßnahmen läuft dann unter Umständen ins Leere; sinnvoller wäre eine unmittelbarere Verankerung im Arbeitsleben. Da hieraus wiederum bei den Betroffenen die Motivation zu breiterer Bildung (wieder-)erwachen könnte, wären flankierend Maßnahmen zugunsten eines lebenslangen Lernens zu entwickeln – ein Handlungsfeld, für das in unserer Gesellschaft noch ein erheblicher Entwicklungsbedarf zu konstatieren ist, der gerade für Menschen mit Behinderungen bedeutungsvoll wäre (vgl. Ellinger et al. 2006). Hier ist der Aufbau gesetzlicher sowie organisatorisch-institutioneller Grundlagen vonnöten.

Mittlerweile bestehen konkrete Versuche, Berufs- und Lebensorientierung im (sonder- bzw. förder-)schulischen Bereich zu realisieren. Ein Beispiel ist das Bundesland Bayern, für das seit 2003 ein eigener Lehrplan für „Berufs- und Lebensorientierung" (BLO) besteht und umgesetzt wird, verbunden mit dem Konzept der „Sonderpädagogischen Diagnose- und Werkstattklassen" (vgl. BayStMUK 2003): Das Fach BLO wird in den Klassen 7 bis 9 in Schulen mit dem Förderschwerpunkt Lernen sowie sonderpädagogischen Förderzentren (für die Förderschwerpunkte Lernen, Emotionale und Soziale Entwicklung sowie Sprache) umgesetzt. Es findet sich in drei Klassenstufen:

- in Klasse 7 (Vorbereitungsphase), auch in verschiedenen Berufsfeldern und in Form von Betriebserkundungen;
- in Klasse 8 (Orientierungsphase), auch mit Praktikumsphasen in Betrieben, Werkstätten usw.;

- in Klasse 9 (Individualisierungsphase), möglichst in einem Berufsfeld unter Einschluss weiterer Praktika.

Insgesamt sind sehr breite Praxisphasen in Betrieben, Werkstätten und anderen Einrichtungen vorgesehen, die in der 8. und 9. Klasse gegenüber denjenigen in der Schule überwiegen sollen. Zentrales Förderziel ist bei aller Berufsorientierung in jedem Falle die „ganzheitliche" Persönlichkeitsentwicklung. [→ Erziehung des Menschen als Identitäts- und Persönlichkeitsentwicklung] Dies versöhnt etwas mit der starken Orientierung hin auf Berufe, welche die angesprochenen möglichen Notwendigkeiten einer Arbeitshinführung gerade für die im Vordergrund stehenden Jugendlichen zu wenig berücksichtigt und gegenüber einer Lebensorientierung, trotz der fachlichen Bezeichnung, doch recht stark die Berufsorientierung in den Vordergrund rückt.

Es gibt gerade in Förderschulen eine beeindruckende Fülle von Versuchen, in verschiedener Hinsicht die Orientierung hin zu Arbeit und Beruf konzeptionell weiterzubringen (vgl. die Zusammenstellung bei Ellinger et al. 2006). Eine wichtige Ergänzung wäre hier das Kennenlernen von „Lebensfeldern", wie sie eingangs als Aspekte einer „Lebenshinführung" beschrieben wurden. Es scheint symptomatisch für den gegenwärtigen Umsetzungsstand der Orientierungshilfen hin zu Arbeit, Beruf und Leben, wenn dies mittlerweile häufig vom Konzept her vorgesehen, aber nicht konsequent realisiert wird.

Ausblick

Der Arbeitsmarkt bietet in Zeiten der Globalisierung dynamische, oft widersprüchliche und damit schwer einzuschätzende Tendenzen: Auf der einen Seite besteht nach wie vor ein beträchtliches Potenzial von Arbeitslosigkeit, die gerade Menschen mit Behinderungen und Beeinträchtigungen trifft. Auf der anderen Seite entstehen in einer schrumpfenden Bevölkerung wie der deutschen neue Potenziale: etwa ein sich abzeichnender Facharbeitermangel oder eine verstärkte Bedeutung von Dienstleistungstätigkeiten, beispielsweise in der Pflege. Allerdings ist davon auszugehen, dass unsere Gesellschaft den Charakter einer Arbeitsgesellschaft wahren wird – und damit die zentrale Bedeutung von Arbeit und Beruf für eine nachhaltige Integration und für persönliche Identität bestehen bleibt.

Je nach individueller Problemlage kann die traditionelle sonderpädagogische Orientierung an einer Verankerung im Berufsleben auch absurd werden; insofern ist das sinnvolle Verhältnis der Komponenten Arbeits-, Berufs- sowie Lebensorientierung jeweils kritisch zu prüfen. Notwendig ist mehr denn je eine adäquate Breite der Unterstützungsangebote – in mehrerlei Hinsicht:

- für das gesamte Spektrum der Beeinträchtigungen und Behinderungen;
- für das Spektrum der Integrationsmöglichkeiten in Arbeit und Beruf vom Ziel einer vollständigen Integration über die Unterstützung eines Lebens mit Brüchen und Unsicherheiten bis hin zur Bewältigung eines Lebens ohne Arbeit;
- für ein lebenslanges Lernen und das Angebot von Unterstützungsmaßnahmen für Prozesse der Bildung und Erziehung in unterschiedlichen Lebensphasen, abrufbar durch die Lernenden dann, wenn sie ein Angebot benötigen.

Literatur

Baur, Werner et al. (Hrsg.) (2004): Bildung von unten denken. Bad Heilbrunn

BayStMUK (Bayerisches Staatsministerium für Unterricht und Kultus) (2003): Lehrplan für den Lernbereich Berufs- und Lebensorientierung (BLO) für die Vierte Förderstufe der Schule zur Lernförderung und des Sonderpädagogischen Förderzentrums. München. http://www.isb.bayern.de 05.05.2007

BMBF (Bundesministerium für Bildung und Forschung) (2007): Berufsbildungsbericht 2007. Bonn/Berlin

Bundesanstalt für Arbeit (2002): Teilhabe durch berufliche Rehabilitation. Nürnberg

Dedering, Heinz (2000): Einführung in das Lernfeld Arbeitslehre. 2. Aufl., München

Ellinger, Stephan et al. (2006): Nischenarbeitsplätze für Menschen mit geringer Qualifikation. Forschungsstand und erste Ergebnisse eines Projektes im Kontext von Lernbeeinträchtigungen und Verhaltensauffälligkeiten. In: Zeitschrift für Heilpädagogik 57, 122–132

Hiller, Gotthilf Gerhard (1997): Ausbruch aus dem Bildungskeller. Pädagogische Provokationen. 4. Aufl., Langenau-Ulm

INBAS (Institut für berufliche Bildung, Arbeitsmarkt- und Sozialpolitik GmbH) (2004): Bildungsbegleitung als Bestandteil individueller Qualifizierung. Offenbach a. M.

Schudy, Jörg (Hrsg.) (2002): Berufsorientierung in der Schule. Grundlagen und Praxisbeispiele. Bad Heilbrunn

Stein, Roland (2000): Schlüsselqualifikationen – ihre Bedeutung für die Berufshinführung bei Behinderungen und Beeinträchtigungen. In: Zeitschrift für Heilpädagogik 51, 442–452

SGB III. Arbeitsförderung (2001). 6. Aufl., München

Erziehung und Bildung im Alter: Andragogik und Geragogik

Alexander Skiba

Definition, Begriffs- und Gegenstandsgeschichte

Andragogik wird gerne mit Erwachsenenbildung, Geragogik mit Altenbildung gleichgesetzt. Doch die Intention beider Begriffe reicht wesentlich tiefer und der jeweilige Bedeutungsgehalt ist weitaus differenzierter. Der Terminus Andragogik umfasst sowohl die Praxis als auch die Theorie der Bildung Erwachsener [→ V Erwachsensein und Alter], so wie es in folgender Definition zum Ausdruck kommt: Andragogik ist „the art and science of helping adults learn and the study of adult education theory, processes, and technology to that end" (Krajnc 1989, 19).

Der erste Gebrauch des Begriffs Andragogik geht wohl auf Alexander Kapp zurück. Er veröffentlichte im Jahre 1833 das Werk „Platon's Erziehungslehre" und widmete den dritten Teil des Buchs dem Kapitel „Die Andragogik oder Bildung im männlichen Alter". Darin unterstrich er die Bedeutung einer lebenslang anhaltenden Charakterbildung und plädierte für ein kontinuierliches Weiterlernen auch im Erwachsenenalter. Kapps Vorstoß fügte sich in eine Entwicklungsphase ein, die durch die Aufklärung, eine erste Arbeiterbewegung und daran anknüpfenden kirchlichen Erziehungs- und Bildungslehren geprägt war. Der Begriff Andragogik selbst konnte sich allerdings nicht durchsetzen. In den 1920er Jahren wurde der Begriff Andragogik erneut in Deutschland zum Leben erweckt. Mit Andragogik wurde dann aber ein Gegenentwurf zur Demagogie konzipiert, der sich gegen volksverhetzende Bewegungen in der noch jungen Weimarer Demokratie kehrte. Ein solches Verständnis von Andragogik war durchaus anspruchsvoll und emanzipatorisch gedacht, gleichwohl war der Ansatz zu theorielastig und konnte sich daher weder in der Wissenschaft durchsetzen noch entscheidende praktische Impulse geben. Erst in den 1950er und 1960er Jahren lebten der Begriff und ein neues Verständnis von Andragogik wieder auf. Der Schweizer Heilpädagoge Heinrich Hanselmann beschäftigte sich sehr früh mit dem Ansatz einer Erwachsenenbildung, und auch andere Wissenschaftler nahmen den Faden erneut auf, der bis heute nicht mehr abreißen sollte. Einen wesentlichen Anstoß dürften diese Entwicklungen durch den starken Trend in den Vereinigten Staaten von Amerika, im Bereich der Bildung älterer Erwachsener geeignete Konzepte zu entwickeln, sowie durch die ersten Ansätze der europäischen Großindustrie, die (berufliche) Weiterbildung der Arbeitnehmer zu forcieren, erhalten haben.

Der Begriff Geragogik vermag auf keine so lange Tradition zurückzublicken. Zuerst hat wohl Ferdinand Adalbert Kehrer im Jahr 1952 in der zweiten Auflage seines Buchs „Vom seelischen Altern" den Begriff gebraucht. Er postulierte, „dass der Gealterte lernen soll, die richtige gedankliche und vor allem tätige Einstellung zu seinem Altern [...] zu gewinnen" (ebd., 128). Falls er dies nicht selbst schaffe, so sei eine entsprechende Schulung namens Geragogik erforderlich. Seit diesem ersten Gebrauch des Terminus vor 55 Jahren ist die Beschäftigung mit Begriff und Konzept nicht mehr abgerissen. Insbesondere im deutschen Sprachraum haben zahlreiche Pädagogen von Bollnow über Mieskes zu Petzold, Veelken, Klingenberger oder Schneider dieses Konzept übernommen. Seit den 1990er Jahren wurde der Begriff auch im angloamerikanischen Sprachraum üblich. Klingenberger definiert Geragogik als „die Theorie und die Praxis pädagogischen Handelns mit, für und durch alte Menschen. Die theoretische Geragogik umfasst die Beschreibung und Erklärung altenpädagogisch relevanter Wirklichkeiten und die Formulierung von Erziehungs- und Bildungslehren für die Arbeit mit ihrer Zielgruppe, den älteren und alten Menschen. Die praktische Geragogik befasst sich vor allem mit Maßnahmen der Altenbildung, aber auch mit den Aufgabenfeldern der Aus-, Fort- und Weiterbildung von Mitarbeitern, der Angehörigenarbeit, der Träger- und Politikberatung sowie mit den Grenzbereichen der Altenpflege, Altenpastoral und Altentherapie" (1996, 25). Geragogik ist also nicht allein Altenbildung. Geragogik ist auch Altersbildung, also Vorbereitung auf das Älterwerden. Geragogik ist auch nicht nur die Praxis der Bildung und Anleitung, des Förderns [→ IV Didaktik und Förderung unter erschwerten Bedingungen] und des Lernens [→ IV Unterricht und Lernen] für das und im Alter, sondern zugleich die Theoriebildung dazu.

Die theoretische Geragogik hat, nachdem bis in die 1980er Jahre hinein der Kampf hauptsächlich um die Existenz einer solchen Disziplin ausgefochten wurde, in den letzten 15 Jahren verschiedene Ansätze hervorgebracht. Die ganzheitliche Geragogik (Klingenberger 1996) betrachtet den alten Menschen in seiner Multidimensionalität und entwickelt daraus ein sehr weitreichendes agogisches Programm. Mit einem solch breiten Ansatz werden die Grenzen anderer Nachbardisziplinen schnell überschritten und es kommt zu Grenzkonflikten. Die integrative Geragogik (Skiba 1996) richtet ihr Augenmerk zunächst auf alte Menschen mit Beeinträchtigungen oder alt gewordene Menschen mit erworbenen Behinderungen und stellt die Frage, wie deren spezifische Bildungsbedürfnisse befriedigt werden können. Die kritische Geragogik (Formosa 2002) ist allen fürsorglich anmutenden Bildungsüberlegungen für das dritte und vierte Alter gegenüber skeptisch bis ablehnend eingestellt und favorisiert dagegen das Konzept des selbstbestimmten [→ Selbstbestimmung und Selbstvertretung] und selbstorganisierten Lernens im Alter, das wenig bis gar nicht auf fremde Organisation angewiesen ist.

Zentrale Erkenntnisse, Forschungsstand

Theorie und Praxis der Erwachsenenbildung haben mit dem Ansatz des Amerikaners Malcolm Knowles eine starke Ausrichtung hin zum selbstbestimmten Lernen bekommen. Nicht das vorgegebene Curriculum wie stärker in der Pädagogik, sondern das selbstgewählte Themenspektrum steht im Mittelpunkt. Dies muss didaktisch mit dem Modell des Lehrers als Organisator und Unterstützer korrespondieren. Durch diese geistige Wende in der Andragogik ist der Erwachsenenbildung viel Bedeutung zugewachsen. Eine aktuelle zentrale Erkenntnis besteht jedoch darin, dass der selbstbestimmte und selbsttätige Ansatz keineswegs das einzige geeignete Modell ist, um der Vielfalt an Herausforderungen in der Erwachsenenbildung zu begegnen. Man denke nur an die hohe Bedeutung von beruflicher Weiterbildung in der westlichen Welt, aber auch an die Herausforderung an die Wissensbildung in unterentwickelten Regionen der Erde und schließlich an die Rolle der Erwachsenenbildung bei Menschen mit früh erworbenen Behinderungen. Unbestritten ist auch die wichtige Rolle der Erwachsenenbildung, wie sie sich außerhalb von Institutionen ereignet und vollzieht, sei es in Form von Selbsthilfeinitiativen [→ V Hilfe, Helfen, Selbsthilfe], Internetforen, Vereinen, Bürgerinitiativen oder lokalen Teilhabekreisen. Die Betonung des selbstbestimmten Lernansatzes ist auch eine starke Bewegung innerhalb der Geragogik. Die Aspekte des immer noch verhältnismäßig frühen Renteneintrittsalters, der Verjüngung des Alters und der Verbannung von Alterskrankheiten auf das hohe Alter haben dazu geführt, dass die Altersphase von 55 bis 75 Jahre sowohl von einer auskömmlichen ökonomischen Basis als auch von großen kognitiven Ressourcen und Bildungsinteressen geprägt ist, dabei aber nicht ausschließlich vorgegebenen Angeboten folgt, sondern auch eigene individuelle Noten setzen möchte. Aber auch in der Altenbildung ist offensichtlich, dass die Heterogenität der Zielgruppen nicht alles auf ein Modell reduzieren lässt. Als Beispiel seien Menschen mit psychischen Alterskrankheiten wie der [→ X Demenz] genannt. Sie sind ebenfalls Zielgruppe geragogischer Angebote, die dafür einer eigenen Ausrichtung bedürfen. Die Heterogenität der Zielgruppen spiegelt sich im mittlerweile breit gefächerten Bildungsangebot für ältere Menschen. Eierdanz (1997, 227 f.) teilt in folgende Bereiche ein:

- Vermittlung von Kenntnissen vornehmlich über Alter und Altern
- Lebenshilfe bei kritischen Lebensereignissen
- Vorträge und Gesprächskreise mit sozialkommunikativer Intention
- altersunabhängige Themen speziell für Ältere
- Vorbereitung auf Alter und Ruhestand
- Vorbereitung auf nachberufliche (ehrenamtliche) Tätigkeit
- allgemeine und politische Weiterbildung in altersheterogenen Gruppen.

Die Notwendigkeit einer ganzheitlichen Betrachtung von Andragogik bzw. Geragogik und zugleich einer inneren Differenzierung ergibt sich auch, wenn das Verhältnis von Erwachsenen- zur Altenbildung betrachtet wird. Zunächst einmal gibt es keinen Grund, überhaupt zu unterscheiden, fällt doch der alte Mensch auch in den Bereich der Erwachsenenbildung und ist doch der generationenübergreifende Ansatz eine wichtige Zutat einer Alternsbildung. Dennoch kommt es im Alter zu besonderen Konstellationen, die einen eigenen Ansatz einer Altenbildung erforderlich erscheinen lassen. Erwähnt seien beispielsweise die fehlende Notwendigkeit, erwerbsorientiert denken zu müssen, das Sterben wichtiger Lebensgefährten, das Vernehmlichwerden geringerer Kapazitätsreserven oder das Zugehen auf den eigenen Tod. Selbst wenn ein eigener Ansatz einer Altenbildung gerechtfertigt erscheint, bleibt doch die Frage, weshalb sich die Andragogik nicht auch dieser Aufgabe mit annehmen kann. Sie kann es deshalb nicht, weil sie in ihrer Entstehungsgeschichte insbesondere die Abgrenzung zur Pädagogik vorgenommen hat. Der Blick in die andere Richtung blieb weitgehend fremd und bereitete schließlich einer eigenen Geragogik den Weg.

Was wissen wir über den älteren Erwachsenen als Lernenden? Die Vorbildung spielt eine nicht unwesentliche Rolle beim Weiterlernen im Erwachsenenalter. Die mitgebrachten Kompetenzen und Wissensbestände müssen bei Weiterbildungsangeboten Platz finden können. Die Sinnhaftigkeit des Lernangebots spielt eine entscheidende Rolle für die Akzeptanz und den Erfolg. Die Leistungen im Kurzzeitgedächtnis mögen vermindert sein, wobei dies weniger auf fehlende Ressourcen als auf ungenügende Strategien zurückzuführen ist. Hinweisreizen für das Abrufen von Gedächtnismaterial kommt eine wesentliche Rolle für Outputleistungen zu. Wie stellt sich die Ausgangssituation im Lernen von erwachsenen Menschen mit Behinderungserfahrung dar? Grundsätzlich ist wichtig zu erkennen, dass das Erwachsenenalter die Möglichkeit bietet, einer etwa nicht ausreichenden Lernphase im Kindes- und Jugendalter zusätzliche Lernzeiträume zuzufügen. Eine Reihe von Lern- und Entwicklungserfolgen kann dadurch nachgeholt werden. Im hohen Alter stellen sich die weiteren Entwicklungsoptionen unterschiedlich dar. Dabei kann grundlegend das Konzept der Energiewirtschaftlichkeit zugrunde gelegt werden. Wer mit seiner Lebensenergie und seinen Ressourcen hausgehalten hat, kann auch im Alter darauf zurückgreifen. So gilt für gesunde Menschen mit geistiger und Lernbehinderung im Alter, dass bei geeigneten Lernarrangements zufriedenstellende Weiterentwicklungen möglich sind. Bei Menschen mit lebenslanger Erfahrung von Körperbehinderung gilt u. a., dass kumulative Belastungen eine negative Prognose hinsichtlich der eigenen Beweglichkeit darstellen. Bei Menschen mit lebenslanger Sehbehinderung ist zu konstatieren, dass die erworbene Raumwahrnehmungskompetenz aufgrund langjähriger Erfahrungen bessere Voraussetzungen für Weiterentwicklung und Weiterbildung bietet als bei der Zahl der altersbedingt sehbehinderten Menschen. Ähnliches dürfte für Menschen mit lebenslangen Hörbehinderungen gelten, deren Zahl aber aufgrund medizinischer Früherkennung und -behandlung immer geringer wird. Insgesamt kann festgestellt werden, dass der ältere Mensch mit lebenslanger Behinderungserfahrung mit zunehmendem Alter auf immer mehr Menschen trifft, die vergleichbare Einschränkungen aufweisen, er diesen gegenüber aber aufgrund langjährig entwickelter Kompensationsstrategien in seinen Entwicklungs- und Bildungschancen keineswegs schlechter gestellt ist.

Ausblick

Welche Rolle spielen Andragogik und Geragogik für Menschen mit lebenslanger Behinderungserfahrung? Abgesehen von einer zunehmenden Anzahl an speziellen Konzepten muss man in praktischer Hinsicht konstatieren, dass die Breitenwirkung von Erwachsenen- und Altenbildung noch gering ist. Hinsichtlich der Behinderungsformen mit großer versorgungspolitischer Bedeutung erfolgt die Ausrichtung der Hilfe und Unterstützung immer noch sehr traditionell in und durch Institutionen, weshalb ein davon unabhängiger Bildungsansatz mit eigenständiger Zielrichtung kaum Fuß zu fassen vermag. Wenn dann doch durch Volkshochschulen oder Bildungswerke eigene Impulse gesetzt werden, so folgt die zugrunde liegende Bildungstheorie selten ideellen, meist aber ökonomischen Prämissen. Gleichwohl käme einer eigenständigen Andragogik bzw. Geragogik eine wichtige Rolle zu, wie es zum Beispiel bei Menschen mit Down-Syndrom [→ VII Lernen und Entwicklung bei Trisomie 21] deutlich wird. Die chromosomalen Besonderheiten beim Down-Syndrom führen zu Voralterungserscheinungen. Eine dieser Voralterungserscheinungen ist das im Vergleich zur Normalbevölkerung frühere Ansteigen dementieller Erkrankungen. Menschen mit Down-Syndrom haben im Alter von 50 oder 60 Jahren ein vielfach höheres Risiko, an einer Demenz zu erkranken als andere Menschen. Ein wesentlicher Faktor für die Wahrscheinlichkeit, an einer Demenz zu erkranken, ist das kognitive Niveau. Menschen mit Down-Syndrom, die ein höheres kognitives Ausgangsniveau verzeichnen, haben ein geringeres Risiko, eine Demenzerkrankung zu erleiden. Verantwortlich für das kognitive Niveau sind vor allem die Schulbildung, ein Arbeitsverhältnis mit einem gewissen Anforderungsniveau und die in einer Institution verbrachte Zeit. Hier wird deutlich, dass Erwachsenen- und Altenbildung einen wesentlichen Einfluss auf die Entwicklung von Menschen mit kognitiven Einschränkungen ausüben könnten.

Die eher bescheidende Rolle der Erwachsenen- und Altenbildung bei Menschen mit lebenslanger Behinderungserfahrung liegt möglicherweise darin, dass der Schub, der für den Durchschnittsbürger durch berufliche Weiterbildung während des Arbeitslebens und durch persönlichkeitsorientierte Erwachsenen- und Altenbildung bei Eintritt in den (Vor-)Ruhestand ausgeht, bei ersteren dann unterbleibt, wenn institutionelle Vorkehrungen eine ganzheitliche Betrachtung und Versorgung bieten. Die Rolle von Andragogik und Geragogik werden aber in dem Maße anwachsen, wie die Logik der umfassenden Besorgung zurückgedrängt wird und im Gegenzug mehr und mehr individuelle Hilfearrangements an deren Stelle treten. Wenn Konzepte vorhanden sind, die die eigene Entwicklung überzeugend zu befördern vermögen, dann wird die zunehmende Freiheit zur Selbstbestimmung ein Grund für die Entscheidung zur Teilnahme sein. Mit besonderer Sorgfalt wird allerdings zu beobachten sein, ob die entwickelten Konzepte auch den unterschiedlichen Bedarfssituationen entsprechen oder ob nur bestimmte Personengruppen anvisiert werden.

Falls es zu einer nachhaltigen Umorganisation des Behindertenhilfesystems weg von festgefügten stationären Hilfen hin zu flexiblen ambulanten und offenen Hilfen kommt, muss die Andragogik insbesondere die heutige Altersgruppe der 30- bis 55-Jährigen ins Auge fassen. Durch ein ausgeklügeltes Erwachsenenbildungsangebot kann es gelingen, diese Personengruppe auf ein deutlich selbstständigeres Leben einzustimmen, sofern genügend flankierende Hilfen bereitgehalten werden und die erforderlichen infrastrukturellen Rahmenbedingungen zur Verfügung stehen. Eine darauf aufbauende Altenbildung kann dann dazu beitragen, dass aus heutiger Sicht bis zum 75. Lebensjahr ein Leben in weitgehender Selbstständigkeit unter Zuhilfenahme kompensatorischer Hilfen geführt werden kann. Dadurch würde eine weitgehende Gleichstellung mit dem Lebensvollzug des Durchschnittsbürgers erreicht werden können. Dies ist ein lohnenswertes Ziel.

Literatur

Eierdanz, Jürgen (1997): Alte. In: Bernhard, Armin & Rothermel, Lutz (Hrsg.): Handbuch Kritische Pädagogik. Weinheim, 216–231

Formosa, Marvin (2002): Critical gerogogy: Developing practical possibilities for critical educational gerontology. In: Education and Aging 17, 73–86

Kapp, Alexander (1833): Platon's Erziehungslehre, als Paedagogik für die Einzelnen und als Staatspaedagogik. Minden

Kehrer, Ferdinand A. (1952): Vom seelischen Altern. Münster

Klingenberger, Hubert (1996): Handbuch Altenpädagogik. Bad Heilbrunn

Krajnc, Ana (1989): Andragogy. In: Titmus, Colin J. (Hrsg.): Lifelong Education for Adults: An International Handbook. Oxford, 19–21

Skiba, Alexander (1996): Fördern im Alter: Integrative Geragogik auf heilpädagogischer Grundlage. Bad Heilbrunn

Bildung, Professionalisierung und Kooperation von Erzieherinnen und Erziehern

Elsbeth Krieg

Durch die Diskussion um die PISA- und IGLU-Ergebnisse ist der Bildungsauftrag der Kindertageseinrichtungen erneut in das Blickfeld der wissenschaftlichen und öffentlichen Debatte gerückt. In diesem Kontext werden die Zusammenarbeit von Kindergarten und Grundschule diskutiert und neue Modelle der Kooperation erprobt. Mit der Diskussion um den Bildungsauftrag des Kindergartens und die erweiterten Anforderungen an Erzieherinnen geriet die Fachschulausbildung verstärkt in die Kritik. In diesem Zusammenhang und im Kontext des Bolognaprozesses etablierten sich erste Studiengänge zur Elementarpädagogik, die derzeit eine rasche Ausbreitung an verschiedenen Standorten und Hochschultypen in Deutschland finden. [→ Elementarbildung]

Übergang Kindergarten – Grundschule

Die Diskussion des Übergangs Kindergarten – Grundschule hat eine lange Tradition. In der Frühphase der Bundesrepublik stand das Einschulungsalter im Kontext der Reifungstheorie und die Zurückstellung von Kindern wegen mangelnder Schulreife im Blickfeld. Im Rahmen der Bildungsreform der Sechziger- und Siebzigerjahre wurde eine strukturelle Verzahnung beider Bereiche präferiert. Im Kontext des Paradigmenwechsels zur Lerntheorie tritt anstelle des Begriffs Schulreife die Schulfähigkeit. Diese wird in einen Kontext zu Lernvorgängen gestellt und als förderbar angesehen (Kammermeyer 2001). Eine Weiterentwicklung erfuhr der Schulfähigkeitsbegriff durch die ökosystemische Perspektive, die Nickel in den Achtzigerjahren entwickelte. Nach ihr wird seitdem das Problem der Einschulung als Vernetzung der Beziehungen von Kind, seiner Familie, abgebendem Kindergarten und aufnehmender Grundschule betrachtet. Schulfähigkeit ist demnach eine Entwicklungsaufgabe, die alle Beteiligten in Kooperation zu leisten haben (Kammermeyer 2001). Seit jüngster Zeit werden in fast allen Bundesländern Verordnungen zur Kooperation von Kindergarten und Grundschule erlassen und neue Modelle erprobt. Grundlage sind ökosystemische Sichtweisen, die sich in weitere Stränge ausdifferenzieren lassen: Unter entwicklungspsychologischer Perspektive wurde der Begriff der Transition eingeführt, der ökopsychologische, systemtheoretische Ansätze und Erkenntnisse der Stressforschung zusammenführt. „Mit Transitionen werden komplexe, ineinander übergehende und sich überblendende Wandlungsprozesse bezeichnet, die sozial prozessierte, verdichtete und beschleunigte Phasen eines Lebenslaufs in sich verändernden Kontexten darstellen. Dabei kommt es zu einer Häufung von Belastungsfaktoren, wenn Anpassung an Veränderungen auf der individuellen, interaktionalen und kontextuellen Ebene geleistet werden muss und eine Neugestaltung innerpsychischer Prozesse und Beziehungen zu anderen Personen erfolgt" (Griebel & Niesel 2003, 139). Dieser Übergang ist vom Kind und seinen Eltern zu bewältigen. Eltern sind in diesem Prozess Unterstützer ihres Kindes und haben gleichzeitig ihre neue Rolle als Eltern eines Schulkinds zu bewältigen. Der Übergang wird als prozessuale Entwicklungsaufgabe verstanden und ist erfolgreich, wenn sich das Kind angemessen in das Schulleben integriert und den neuen Anforderungen gewachsen zeigt. In bildungstheoretischer Perspektive werden darüber hinaus die Kompetenzen, die Kinder bereits vor ihrem Schuleintritt erworben haben und die Notwendigkeit ihrer Anschlussfähigkeit durch die aufnehmende Schule betont (Carle 2004; Speck-Hamdan 2001). [→ IV Lernvoraussetzungen und Lernen] Carle stellt in diesem Zusammenhang drei Bezugspunkte her: 1. Rekurrierend auf die Theorie von Kegan versteht sie Lebensübergänge als „Ort intensiver Selbst-Entwicklungs-Erfahrung […] Das Selbst wird […] durch Veränderungen der Subjekt-Objekt-Beziehung rekonfiguriert, um anschließend eine völlig neue Einheit zu bilden" (Carle 2004, 39). Für den Übergang zur Grundschule bedeutet dies für das Kind eine Transformation zum konkreten Denken. Es bedarf eines weiteren qualitativen Sprungs, um diese in ein abstrakteres System überführen zu können. 2. Kinder entwickeln schon in sehr jungem Alter durch aktives Handeln und Forschen intuitive Theorien über Phänomene der sie betreffenden Bereiche, auf deren Basis „sich durch begriffliche Differenzierungsprozesse alle weiteren Theorien" ausbilden (2004, 41). 3. Im Kontext des Paradigmenwechsels zum Ko-Konstruktivismus stellt Carle die Reziprozität und damit die Bedeutung der Gleichaltrigengruppe für Lernprozesse in den Mittelpunkt. [→ Erziehung des Menschen als Identitäts- und Persönlichkeitsentwicklung] Die Aufgabe der Erwachsenen bestehe darin, eine symmetrische Kommunikation herzustellen, die „klugen Gedanken" der Kinder wahrzunehmen und auf dieser Basis das pädagogische Handeln zu gestalten (ebd., 43). In diesem Kontext kann die Theorie der einbindenden Kultur Bedeutung erlangen, die Kegan in drei miteinander verschränkten Dimensionen beschreibt: „Sie muss festhalten, sie muss loslassen, und sie muss in der Nähe bleiben, damit sie reintegriert werden kann" (1994, 165). Für den Übergang Kindergarten – Grundschule heißt das, dass im Dialog mit dem einzuschulenden Kind beide Institutionen in Zusammenarbeit mit Eltern ein Umfeld zu bieten haben, das dem Kind die notwendigen Ablöseprozesse und den Übertritt in einen neuen Lebensbereich erlaubt, ihm aber gleichzeitig die Sicherheit der Nähe der abgebenden Institution und die Offenheit für seine Individualität aufseiten der aufnehmenden Institution in der Übergangsphase bietet. Unter anderem ist es Aufgabe der Schule, die Kompetenzen und intuitiven Theorien der Kinder wahrzunehmen und in intersubjektiv anerkanntes Wissen zu überführen (Möller 2001). Der Kindergarten hat die Aufgabe, Kindern vielfältige Lernmöglichkeiten zu eröffnen, die zu Forschungen mit der belebten und unbelebten Welt herausfordern (Krieg 2004; Röbe 2004). Eine Passung beider Seiten und erweiterte Kooperationsformen und -inhalte werden gefordert. Erzieherinnen und Lehrerinnen haben Gemeinsamkeiten und Unterschiede im dialogischen Prozess z. B. bezüglich des Bildungs- und Lernverständnisses, der Ziele, Inhalte und Methoden, des Stellenwerts der Elternarbeit offenzulegen und auf dieser Basis gemeinsam den förderlichen Übergang in Interaktion mit Kindern und Eltern zu entwickeln (Speck-Hamdan 2006).

Professionalisierung von Erzieherinnen und Erziehern

Die Ausbildung der Erzieherinnen geschieht in Deutschland mehrheitlich an Fachschulen und war dort bis 2004 ausschließlich angesiedelt. 1967 wurden bis dahin getrennte Ausbildungsbereiche zur Fachschule für Sozialpädagogik zusammengeführt und die Breitbandausbildung konzipiert. Im Kontext der Ausdifferenzierung der pädagogischen Arbeit in den sozialpädagogischen Berufsfeldern sowie des Paradigmenwechsels zum Ko-Konstruktivismus wurden erweiterte Lernziele, -inhalte und -methoden innerhalb der Ausbildung von Erzieherinnen gefordert. Mit den Rahmenvereinbarungen der Kultusministerkonferenz von 2000 und 2002 wurde das Ziel der Ausbildung neu definiert: Die Ausbildung soll die Studierenden befähigen, „Erziehungs-,

Bildungs- und Betreuungsaufgaben zu übernehmen und in allen sozialpädagogischen Bereichen als Erzieher oder Erzieherin selbstständig und eigenverantwortlich tätig zu sein. Die Ausbildung soll eine berufliche Handlungskompetenz vermitteln, die Fach-, Methoden- und Sozialkompetenz verknüpft" (Kagerer 2002, 42). Neben der Neuorganisation der Unterrichtsfächer in Lernfeldern werden die Prozesshaftigkeit und die Eigenständigkeit des Lernens betont. Die Studierenden sollen sich in selbstgesteuerten Lern- und Arbeitsprozessen mit Problemen der Praxis auseinandersetzen. [→ IV Selbststeuerung des Lernens]

Seit 2004 werden an deutschen Hochschulen Studiengänge für die Ausbildung von Erzieherinnen eingeführt. Dies steht im Kontext unterschiedlicher Koordinaten: 1. Mit dem Bolognaprozess werden vergleichbare Studienstrukturen innerhalb der EU auf der Ebene von Bachelor- und Masterabschlüssen eingeführt. 2. Das Tätigkeitsprofil in Kindertageseinrichtungen hat sich ausdifferenziert und es sind neue Kompetenzen gefordert: Umgang mit sozialer, kultureller und religiöser Heterogenität der Kinder, Integration von Kindern mit Behinderungen, partizipative Zusammenarbeit mit Eltern sowie neue Kooperationserfordernisse mit Grundschulen, Fach- und Beratungsdiensten. 3. Auf dem Hintergrund der PISA- und IGLU-Debatte wird erneut der Bildungsauftrag des Kindergartens betont. Neuere Ergebnisse aus Hirnforschung, Psychologie und Sozialisationsforschung weisen auf die hohe Bedeutsamkeit der frühkindlichen Förderung hin (Krieg & Schneider-Vollmann 2005). Heutige Erzieherinnen würden einer Ausbildung bedürfen, die auf eine qualifizierte, wissenschaftlich begründete Berufspraxis in der Arbeit mit Kindern vorbereitet. Das heißt, dass erziehungswissenschaftliche Inhalte sowie psychologische, sozial- und politikwissenschaftliche Referenztheorien in Bezug zur Erarbeitung und Reflexion u. a. zu folgenden Schwerpunkten zu setzen sind: didaktisch-methodische Kenntnisse, vertieftes Wissen in Bildungsbereichen im Einzelnen sowie in ihrer Vernetzung, familienunterstützende Bereiche und Netzwerkarbeit, Organisationstheorien und Managementkompetenzen. Diese wissenschaftlichen Grundlagen und Schwerpunkte seien mit Handlungsforschung sowie Praxiserprobung zu vernetzen. Ein Streitpunkt unter den Befürwortern der Anhebung auf Hochschulniveau ist die Frage, für welche Institutionen und Altersgruppen ausgebildet werden soll. Hier stehen sich mehrere Positionen gegenüber: 1. Der Bachelorstudiengang dient schwerpunktmäßig der Ausbildung zur unmittelbaren Arbeit mit Kindern, der Masterstudiengang dagegen der Erweiterung und Spezialisierung. Dazu würden u. a. Management und Ausbildung für den mittleren Tätigkeitsbereich, aber auch die Vorbereitung auf eine wissenschaftliche Laufbahn gehören. 2. Der Bachelorstudiengang soll inhaltlich auf Leitungsfunktion in Kindertageseinrichtungen oder die mittlere Laufbahn in Behörden und Verbänden ausgerichtet sein (Thole & Cloos 2006). Entsprechend haben sich Bachelorstudiengänge mit unterschiedlicher Zielsetzung entwickelt. Die Mehrzahl der Bachelorstudiengänge richtet den Schwerpunkt ihrer Curricula auf die unmittelbare Arbeit mit Kindern u. a. aus der Argumentation heraus, dass eine Anhebung einer Qualität der pädagogischen Praxis mit der Höherqualifizierung des Personals einhergehen muss. Aber auch hier gibt es Unterschiede. Während die einen sich auf die Altersgruppe der null- bis sechsjährigen Kinder unter Einschluss des Übergangs zur Grundschule festlegen, weiten andere Studiengänge die Altersgruppe auf zehn bis vierzehn Jahre und Bereiche der Kinder- und Jugendhilfe außerhalb der Kindertageseinrichtungen aus. Darüber hinaus entwickeln sich an Universitäten und Pädagogischen Hochschulen Studiengänge, die elementar- und primarpädagogische Elemente vernetzen. Außerdem ist zwischen Bachelorstudiengängen zu unterscheiden, die grundständig mit dem ersten Semester beginnen und denjenigen, die eine enge Vernetzung von Fachschulen und Hochschule praktizieren (Krieg & Schneider-Vollmann 2005). Es wird gefordert, dass innerhalb der Akteure der Hochschulausbildung eine Verständigung auf die Kernkompetenzen herzustellen ist, ohne jedoch ein eigenständiges Profil aufzugeben. Zu den Kernkompetenzen werden u.a. die Wahrnehmung und Förderung der kindlichen Bildungsprozesse, eine professionelle, wissenschaftlich gestützte Selbstreflexion sowie Kompetenzen in der Zusammenarbeit mit Eltern und in der Bewältigung organisationsbezogener Aufgaben gesehen (Rauschenbach, Urban). Nach Urban stehen Fallverstehen, Selbstreflexion und professionelles Handeln im Zentrum der Qualifikationsprozesse.

Fort- und Weiterbildungsveranstaltungen für Erzieherinnen zielen auf Erweiterung und Vertiefung des beruflichen Wissens und der professionellen Fähigkeiten. Fortbildungen sind in der Regel auf bestimmte Themenstellungen bezogen und von relativ kurzer Dauer. Weiterbildungen zielen dagegen auf einen zertifizierten Abschluss. Die Fortbildungslandschaft stellt sich vonseiten der Anbieter und der inhaltlichen Angebote diversiv dar. Dagegen zeigen sich die Weiterbildungsangebote weniger thematisch ausdifferenziert und lassen sich in Zusatzqualifikationen, Aufstiegs- und Funktionsweiterbildungen sowie Weiterbildungsabschlüsse unterteilen (Becker 2002). In jüngster Zeit wird eine Vernetzung mit dem gesamten Ausbildungssystem empfohlen, d.h., dass Angebote und Programme modularisiert gestaltet werden und damit eine Durchlässigkeit über die Systemgrenzen hinweg bieten (Urban). Gleichzeitig werden im Kontext um die Diskussion der Anschlussfähigkeit von Kindergarten und Grundschule Modelle der gemeinsamen Fort- und Weiterbildung von Erzieherinnen und Lehrerinnen erprobt, wie z.B. im BLK-Projekt „Transkigs“. Eine wesentliche Basis dieses Projekts ist die Entwicklung einer gemeinsamen Bildungsphilosophie als Grundlage der Qualitätsentwicklung beider Institutionen (www.transkigs.de).

Ausblick

Es ist zu erwarten, dass mittelfristig neue Kooperationformen von Kindergarten und Grundschule eine gegenseitige Anerkennung beider Berufsgruppen und eine Weiterentwicklung der Institutionen befördert. Allerdings besteht die Gefahr einer „Verschulung“ des Elementarbereichs (Röbe 2004). Im Bereich der Hochschulausbildung für Erzieherinnen ist zu erwarten, dass diese einen weiteren Ausbau erfahren wird. Die Fachschulen werden jedoch noch längere Zeit Bestand haben, u.a. weil die Hochschulen den Bedarf an Erzieherinnen und Erzieher mittelfristig nicht abdecken können. Eine Vernetzung der Ausbildungsgänge und der Weiterbildung mit entsprechender Modularisierung und damit ihrer Durchlässigkeit ist unumgänglich. Eine Anhebung der Qualifikation des Erzieherinnenberufs wird, so zeigen Beispiele aus dem Ausland, der Elementarpädagogik innerhalb des Bildungsbereichs einen neuen Eigenwert geben und zu seiner gesellschaftlichen Anerkennung beitragen.

Literatur

Becker, Wolfgang (2002): Fortbildungskonzepte im Zeichen des Innovationsdrucks. In: Fthenakis, Wassilos E. & Oberhuemer, Pamela (Hrsg.). Ausbildungsqualität. Neuwied 225–244

Carle, Ursula (2004): Die Bedeutung von Bildungsübergängen für die kindliche Persönlichkeitsentwicklung. In: Denner, Liselotte & Schumacher, Eva (Hrsg.): Übergänge im Elementar- und Primarbereich reflektieren und gestalten. Bad Heilbrunn, 30–51

Griebel, Wilfried & Niesel, Renate (2003): Die Bewältigung des Übergangs vom Kindergarten in die Grundschule. In: Fthenakis, Wassilos E. (Hrsg.): Elementarpädagogik nach PISA. Freiburg i.B., 136–151

Kagerer, Rita (2002): Die neue KMK-Rahmenvereinbarung zur Ausbildung und Prüfung von Erzieherinnen und Erziehern. In: Fthenakis, Wassilos E. & Oberhuemer, Pamela (Hrsg.). Ausbildungsqualität. Neuwied, 39–46

Kammermeyer, Gisela (2001): Schulfähigkeit und Schuleingangsdiagnostik. In: Einsiedler, Wolfgang et al. (Hrsg.): Handbuch Grundschulpädagogik und Grundschuldidaktik. Bad Heilbrunn, 243–252

Kegan, Robert (1994): Die Entwicklungsstufen des Selbst. München

Krieg, Elsbeth (2004): STEP-Kitapraxis. Bd. 1–6. Münster

Krieg, Elsbeth & Schneider-Vollmann, A. (2005): Bachelorstudiengang Elementarpädagogik. In: Hammes-Di Bernardo, Eva & Hebenstreit-Müller, Sabine (Hrsg.): Innovationsprojekt Frühpädagogik. Baltmannsweiler, 156–166

Möller, Kornelia (2001): Die naturwissenschaftliche Perspektive im Sachunterricht. In: Fölling-Albers, Maria et al. (Hrsg.): Kindheitsforschung zum Sachunterricht. Frankfurt a. M., 105–111

Rauschenbach, Thomas: Rahmencurriculum „Frühe Bildung“. In: www.profis-in-kitas.de/download/expertenrunden-rahmencurriculum/beitrag-rauschenbach-neu.pdf (Zugriff: 14. 04. 2007)

Röbe, Edeltraud (2004): Leistung in den frühen Kindheitsjahren. In: Diskowski, Detlef & Hammes-Di Bernardo, Eva (Hrsg.): Lernkulturen und Bildungsstandards. Baltmannsweiler, 23–36

Speck-Hamdan, Angelika (2001): Schulanfänger: Könner? – Debütanten? In: Faust-Siehl, Gabriele & Speck-Hamdan, Angelika (Hrsg.): Schulanfang ohne Umwege. Frankfurt a. M., 16–29

Speck-Hamdan, A. (2006): Neuanfang und Anschluss. In: Diskowski, Detlef et al. (Hrsg.): Übergänge gestalten. Weimar, 20–31

Thole, Werner & Cloos, Peter (2006): Akademisierung des Personals für das Handlungsfeld Pädagogik der frühen Kindheit. In: Diller, Angelika & Rauschenbach, Thomas (Hrsg.): Reform oder Ende der Erzieherinnenausbildung? München, 47–77

Urban, Mathias: Professionalisierung und Qualitätsentwicklung im System. www.profis-in-kitas.de/download/expertenrunden-rahmencurriculum/beitrag-urban.pdf. (Zugriff: 14. 04. 2007)

www.transkigs.de (Zugriff: 14. 04. 2007)

Elternqualifizierung und Familienbildung

Kerstin Ziemen

Definition

Elternqualifizierung und Familienbildung kennzeichnen im Erwachsenenbildungsbereich zumeist gruppenbezogene Arbeitsweisen mit dem Ziel, Fragen und Probleme, die sich mit den Anforderungen an die Rolle als Eltern, mit Fragen der Erziehung, Bildung und Förderung von Kindern befassen und eine Erweiterung des Wissens und der Kompetenzen intendieren. Auf der Basis der Berücksichtigung der sozialen Situation der Eltern behinderter Kinder [→ II Behinderung als sozial- und kulturwissenschaftliche Kategorie], der veränderten Bedingungen innerhalb der Familie, der Kompetenzen und Teilhabe- bzw. Mitbestimmungsmöglichkeiten der Eltern soll damit der Prozess der Unterstützung, Beratung, Bildung und Qualifizierung definiert werden, der die Eltern als kompetente Partner und Experten, als Fragende und nach Unterstützung Suchende wahrnimmt. Damit zielen Elternqualifizierung und Familienbildung prinzipiell auf Kompetenzerweiterung [→ VI Kompetenz] von Eltern/Bezugspersonen; wobei zu unterscheiden ist:

- Qualifikation, Bildung durch Fachleute, Experten,
- Qualifikation, Bildung von Eltern durch Eltern (bspw. „Eltern bilden Eltern“),
- Qualifikation, Bildung in Eltern- und Selbsthilfegruppen durch die eigene Auseinandersetzung mit Problemen und Fragestellungen (bspw. Eltern als Akteure der Integrationsbewegung).

Begriffs- und Gegenstandsgeschichte, zentrale Erkenntnisse und Forschungstand

Die Familie der Moderne

Die Theorie und das Selbstverständnis der Familie der Moderne haben sich verändert. [→ V Familie] Neben der hauptsächlichen Funktion der Familie, die Familienmitglieder emotional zu unterstützen und die Intimität zu wahren, sind zunehmend Erziehungsabsichten intendiert worden, sodass das Kind „zu gleicher Zeit Bezugspunkt von Zuneigung und Ehrgeiz" wurde (de Singly 1993, 29). Die Familie gilt als „überpersönliche Persönlichkeit mit einem gemeinschaftlichen Leben und Geist einer besonderen Weltsicht" (Bourdieu 1998, 127), stellt eine „gesonderte soziale Welt" (ebd.) dar, fungiert als „Stätte des Vertrauens (trusting) und des Gebens (giving)" (ebd.), wobei „das Streben nach Äquivalenz im Tauschverkehr aufgehoben ist" (ebd.). „Die Familie der Moderne – für die Emile Durkheim ein erstes Modell entworfen hat – ist ohne eine Berücksichtigung der historisch zu beobachtenden, zunehmenden Verschulung nicht verständlich … die Ausweitung des Schulbesuchs" (de Singly 1993, 24). Dies führte zur veränderten Beziehung zwischen Eltern und Kind, dem Kind wurde eine veränderte Rolle in der Familie zuteil, zugleich übt die Schule einen Einfluss auf die Familie aus und dies von der Geburt bis zur Post-Adoleszenz (vgl. ebd.). Erzieherische Absichten sind in der Geschichte damit immer stärker geworden, das Kind wurde zum Träger von Bildungskapital (vgl. ebd., 29) und stellt insofern einen Wert dar, als dass insbesondere der Bildungsabschluss die gesellschaftlichen, beruflichen, sozialen Chancen eines Menschen beeinflussen. Erziehungsstrategien, Förderung und Bildungsabsichten sind darauf ausgerichtet, diesen Anforderungen zu entsprechen. Eltern werden aktiv, um für ihre Kinder ein optimales Umfeld zu schaffen und ihnen so früh wie möglich Chancen für Bildung zu bieten.

Das Verhältnis von Fachleuten und Eltern

In besonderer Art und Weise war und ist bei Eltern behinderter Kinder stets die Frage nach effektiver Förderung präsent. Da Eltern, insbesondere mit schwerer behinderten Kindern, sehr früh mit Fachleuten unterschiedlicher Disziplinen in Kontakt kommen, stellt sich die Frage nach dem Verhältnis zwischen diesen und den Eltern. Vor allem im Kontext der Frühförderung etablierte sich die Elternarbeit [→ Frühförderung]. Experten entdeckten vor drei Jahrzehnten die Eltern als Unterstützung des professionellen Ansatzes (vgl. Speck 2003, 90) und favorisierten zunächst einen eher „naiven Belehrungsansatz" (ebd.), bei dem die „Eltern als Laien … sich an den Fachleuten zu orientieren" hatten. Diese Sichtweise veränderte sich, wobei zunächst ein „systematisch konditioniertes Training" (ebd.) angestrebt wurde, welches „bis in einzelne Lernschritte festgelegt war", um sicherzustellen, „dass elterliches Verhalten … pädagogisch-therapeutisch effektiver wird" (ebd.). Eltern „wehrten sich gegen Bevormundungen und Abhängigkeiten, d. h. gegen … für sie unergiebige Belehrungen und gegen die Reduzierung ihrer Primärfunktion gegenüber den Kindern. Es bildeten sich die ersten Elterngruppen" (ebd., 91). Vor allem in der Frühförderung, dann auch im schulischen Bereich und anderen Lebensfeldern wurde nun zunehmend die Kooperation im Sinne einer partnerschaftlichen Zusammenarbeit zwischen Eltern und Fachleuten favorisiert, „als ein komplementäres Verhältnis autonomer Instanzen und Personen mit unterschiedlichen Kompetenzen unter gegenseitiger Respektierung der Eigenbedeutung jeder Seite" (ebd., 91). Insbesondere auf der Basis der Kritik der Eltern an dem Begriff der Elternarbeit, der vor allem für das Konzept der Kooperation von Fachleuten und Eltern als untauglich erschien, wurden Begriffe wie Elternbildung, Familienbildung, Familienerziehung, Elternschule teils als Ersatz, teils als synonym gebrauchte Begriffe gesetzt.

Aus Sicht der Fachleute galten Eltern generell bis in die 1970er Jahre als „bildungsbedürftig", Kompetenzen der Eltern wurden nicht wahrgenommen, so entstand eine Vielzahl von Eltern-Ratgebern, Elterntrainings und Elternzeitschriften, die die Defizite ausgleichen und die Erziehungs- und Sozialisationsleistungen verbessern sollten.

Seit den 1980er Jahren wurden in Abkehr der eher defizitorientierten Sichtweise stärker die Fähigkeiten, das eigene Wissen und die Erfahrungen der Eltern wahrgenommen und das Bedürfnis der Eltern nach Austausch und gegenseitiger Unterstützung berücksichtigt.

Seit den 1990er Jahren ist insbesondere im Kontext der Diskussion um Empowerment und Integration zum einen die Beratung und Begleitung durch Fachpersonen auf der Basis einer möglichst kooperativen Form favorisiert worden, zum anderen das Bewusstsein darüber gewachsen, dass sich betroffene Eltern bspw. in Selbsthilfegruppen gegenseitig unterstützen, sich bilden, sich informieren. [→ Selbstbestimmung und Selbstvertretung] Diese solidarische Form der Zusammenarbeit sichert die Anerkennung der Familien und deren Situation. Stärker wurden nun auch aus professioneller Sicht das Potenzial, die Ressourcen und Kompetenzen der Eltern erforscht, die Beratung, Unterstützung und Kooperation von Fachleuten und Eltern favorisiert, wobei die Lebenssituation von Familien mit behinderten Kindern nur marginal in den Konzepten Berücksichtigung gefunden hat.

Soziale Situation von Eltern behinderter Kinder

Die Lebenssituation von Eltern und Familien mit behinderten Kindern, die seit den 1960er Jahren erforscht wird, stellte vor allem das Vorhandensein von frühzeitiger und lang andauernder Konfrontation mit Hoffnungslosigkeit, Schock, Nichtannahme und Nichtbewältigung der in vielen Fällen eingetretenen Krise heraus (vgl. u. a. Tietze-Fritz 1993, 22 f.; Thurmair 1990, 51). Damit wurde die Familie, in die ein behindertes bzw. von Behinderung bedrohtes Kind geboren wird, oftmals zwangsläufig als „behinderte Familie" stigmatisiert. [→ Stigmatisierung/Etikettierung] So lag der Schwerpunkt der Forschung bis in die späten 1980er Jahre auf dem „versuchten Nachweis einer Gefährdung der Familie durch die Behinderung" (Engelbrecht 1989, 109). Familien mit behinderten Kindern müssen sich ständig zwischen den Polen „Besonderheit" und „Normalität" bewegen und die Spannung zwischen beiden aushalten. Seit einigen Jahren (ca. 1980er Jahre) sind zunehmend Ideen und Ansätze zu finden, die vielmehr die möglichen Copingstrategien und speziellen Bedingungen der Familien erfassen, vor allem aber jedoch hauptsächlich darauf ausgerichtet sind, die Prozesse der Krisenverarbeitung zu favorisieren. [→ V Alltags- und Belastungsbewältigung und soziale Netzwerke] Crnic et al. (1983) z. B. erfasste die Anpassungsprozesse von Familien mit geistig behinderten Kindern durch Stress, Coping und Ökologie. Stress, der von Familien unterschiedlich wahrgenommen wird, löst Copingstrategien aus. Diese wiederum sind durch die ökologischen Systeme beeinflusst, mit denen die Familie in Beziehung steht.

Aus der Studie von Wöhrlin (1997) zum „Copingverhalten" der Eltern konnten folgende Copingschritte herausgearbeitet werden:

1. Erleben der Behinderung als Belastung,
2. veränderte Einstellung zur Belastung und zum Kind,
3. Vermeidung der Konfrontation mit der Behinderung,
4. Behinderung als Herausforderung,
5. Hoffen auf Veränderbarkeit der Behinderung,
6. Suche nach Kontakt und Unterstützung,
7. Akzeptanz der Behinderung (vgl. ebd., 54).

Diese Schritte, die keine „Reihenfolge" (ebd.) darstellen sollen, illustrieren jedoch, ohne die Relationen zu umreißen, in denen diese wirksam werden, nur eine Seite eines komplexen Prozesses, zumeist die subjektive Seite. So betont die Verfasserin zwar die Abhängigkeit des Copingverhaltens „von einer Vielzahl intra- und interpersoneller Bedingungsfaktoren" (ebd., 59), letztlich wird das Copingverhalten jedoch als ausschließlich subjektiver Prozess diskutiert. Eine zur Problematik erschienene ausdifferenzierte Arbeit sowohl hinsichtlich der Aufnahme von bereits angestellten Untersuchungen als auch bezüglich der eigens realisierten Längsschnittuntersuchung, ist die von Krause 1997 vorgelegte Dissertationsschrift zum Thema „Elterliche Bewältigung und Entwicklung des behinderten Kindes", die letztlich „elterliches Bewältigungsverhalten und seine Auswirkung auf die kognitive und sozioemotionale Entwicklung von Kindern mit mentaler Retardierung (ICD 10 F 70-F 72) oder Entwicklungsverzögerung (F 81.9)" (Krause 1997, 9) im Längsschnitt untersucht. Unter anderem kommt der Autor zu folgendem Ergebnis: „Entgegen der Hypothese, höhere Entwicklungsfortschritte bei elternzentriertem Bewältigungsverhalten zu erzielen, konnte in multiplen hierarchischen Regressionsanalysen ein Einfluss des kindzentrierten Bewältigungsstiles vor allem für die Verminderung negativen Sozialverhaltens, tendenziell für Selbstständigkeitsentwicklung, nachgewiesen werden. Direktivität wirkte sich ungünstig auf die kognitive Entwicklung aus, responsives Verhalten stand mit einer Steigerung positiven Interaktionsverhaltens in Zusammenhang" (ebd., 10).

Die soziale Situation von Eltern behinderter Kinder und deren Kompetenzen wird seit Neuerem unter Berücksichtigung subjektiver, sozialer und gesellschaftlicher Prozesse bestimmt durch:

- Wahrnehmung der besonderen Ausgangsbedingungen, Konflikterfahrung mit dem medizinischen Feld und Verschiebung der Position der Eltern in Richtung Pol der Ohn-Macht;
- Widerspruchsentwicklung, so z. B. zwischen Wert und Abwertung der Eltern; zwischen der Tatsache, als Eltern des Kindes das Kind bedingungslos zu lieben und andererseits die Ablehnung des Kindes zu erfahren;
- Kompetenzen, so z. B. die emotionalen Kompetenzen, die sich durch die Reflexionen der Wünsche, Hoffnungen, Emotionen, Selbstreflexion zeigen; die kognitiven Kompetenzen, die dominant durch die Widerspiegelung des „inkorporierten kulturellen Kapitals" (Bourdieu) wirksam werden und hier vor allem als pädagogische bzw. diagnostische Kompetenzen erscheinen, und die sozialen Kompetenzen, die durch die Reflexionen der sozialen Beziehungen, der Unterstützung, des Netzes an Beziehungen bestimmt werden. Jegliche Kompetenz ist immer auch „soziale Kompetenz", ein Akt des Erkennens und Anerkennens (vgl. Ziemen 2001).

Elternbildung: Formen und Konzepte

Prinzipiell können generell zwei Formen der Elternbildung unterschieden werden, die durch Institutionen angebotene Elternbildung (z. B. durch Familienbildungsstätten, Wohlfahrtsverbände, Kirchen, Kommunen, Schulen) [→ Die institutionelle Bildung in ihren Entstehungszusammenhängen] und die eher zufällig und durch die Eltern selbst organisierte Elternbildung, z. B. durch Selbsthilfegruppen, Eltern-Kind-Gruppen, Freunde. Darüber hinaus ist eine dritte Form erkennbar, die von betroffenen Eltern selbst organisiert wird und sich an sozialen und gesellschaftlichen Rahmenbedingungen, Kritik an diesen bzw. Veränderungen orientiert: Eltern, die sich selbst bilden (z. B. bei schulischer Integration) und als gemeinsame und auch politische Kraft wirksam werden.

Elternbildung ist als Erwachsenenbildung und als familienorientierte Gemeinwesenarbeit zu verstehen, die die Eltern begleitet und bei der Reflexion der Erziehungs-, Beziehungsaufgaben und der politischen und sozialen Rahmenbedingungen, die das Elternsein prägen (vgl. Schweizer Bund für Elternbildung SBE 1994), unterstützt.

Modelle und Konzepte der Elternbildung und Qualifikation existieren in großer Vielfalt und zumeist auf bestimmte Zielgruppen bezogen. Prinzipiell unterscheiden sich sechs große Gruppen:

1. Informationsprogramme: Bsp.: Eltern werden über die Entwicklung ihres Kindes, über die Behinderung informiert, Informationen über Fördermöglichkeiten angeboten
2. Elterngruppen mit oder ohne Beteiligung von Fachleuten/Experten: Bsp.: Diskussionsgruppen über die Erfahrungen mit dem eigenen Kind, Besorgnisse, Wünsche, „Eltern beraten Eltern" (Aubrecht & Oberndorfer 2000)
3. Bildungsprogramme: Bsp.: Eltern eignen sich neue Fähigkeiten und Kenntnisse an, beteiligen sich an diesen Programmen aktiv (vgl. Pithon et al. 1996, 120)
4. Selbstbildung und Qualifikation: Bsp.: auf der Basis moderner Interaktionsformen, neuer Medien, Recherchen in Bibliotheken
5. Systematisches Training: Bsp.: Triple P (Positive Parenting Programme)
6. Präventive Programme: Bsp.: FuN (Familie und Nachbarschaft).

Ausblick

Bildung und Qualifizierung von Eltern und Familien werden heute auf verschiedenen Ebenen bis hin zur Selbstbildung durch neue Interaktionsmedien möglich, sodass Eltern durchaus in spezifischen bzw. Detailfragen (z. B. zur Behinderung des Kindes) Kompetenzvorsprünge gegenüber Fachleuten aufweisen können. Der Prozess zwischen Fachleuten und Eltern mit dem Ziel, die Bildungs-, Erziehungs- und Förderangebote gemeinsam abzustimmen bzw. sich wechselseitig bei der Erziehung und Bildung der Heranwachsenden zu unterstützen, auch um Konflikte oder Diskrepanzen zwischen öffentlichen Institutionen und der Familie zu verringern, gilt als Option, welche jedoch auf der Ebene der Realisierung Schwierigkeiten bereitet. Die Weiterentwicklung von Ideen und Modellen der Elternqualifizierung muss die soziale Situation der Eltern und Familien mit behinderten Kindern stärker berücksichtigen, insbesondere die Stellung der Eltern im jeweiligen Feld wahrnehmen, welches gleichzeitig Möglichkeiten, aber auch Grenzen aufzeigt.

Des Weiteren steht bislang eine umfassende Evaluation der Bildungs- und Qualifizierungsprogramme, Projekte und Konzepte aus, wobei Selbst- und Fremdevaluationen anzustreben wären. Auch die Selbstevaluation der Eltern/Familien „leistet als metakognitiver Prozess Entscheidendes beim Erwerb von Wissen" (Pithon et al. 1996, 121) und Fähigkeiten.

So haben Elternqualifizierung und Familienbildung:

- die Familie und ihren gesellschaftlichen Stellenwert zu berücksichtigen, darüber lassen sich die Intentionen und Bedürfnisse der Eltern erklären;
- das Verhältnis zwischen Fachleuten und Eltern und die Stellung der Familien in den jeweiligen Feldern zu hinterfragen;
- die soziale konkrete Situation jeder Familie aufzunehmen und Verschiebungen innerhalb der Felder wahrzunehmen und
- die Konzepte bzw. Modelle zu evaluieren bzw. auf der Basis der Ergebnisse weiterzuentwickeln.

Literatur

Aubrecht, Brigitta & Oberndorfer, Barbara (2000): Endbericht zum Bildungsprojekt „Eltern beraten Eltern". http://www.bidok.uibk.ac.at/texte/aubrecht-ebe.html (17. 05. 2000)

Bourdieu, Pierre (1998): Praktische Vernunft. Frankfurt a. M.

Crnic, Keith A. et al. (1983): Adaptation of families with mentally retarded children: A model of stress, coping and family ecology. In: American Journal of mental deficiency 88, No. 2, 125–138

Engelbrecht, Angelika (1989): Behindertes Kind – „gefährdete" Familie? In: Heilpädagogische Forschung Band XV, Heft 2, 104–111

Krause, Matthias Paul (1997): Elterliche Bewältigung und Entwicklung des behinderten Kindes. Frankfurt a. M.

Pithon, Gérard et al. (1996): Ein Elternbildung- und Evaluationsprogramm mit „Risiko"-Müttern. In: Speck, Otto & Peterander, Franz (1996): Frühförderung in Europa. München, 116–131

Schweizer Bund für Elternbildung SBE: Elternbildung. http://www.elternbildung.ch/page.asp?DH=12

Singly, François de (1994): Die Familie der Moderne. Konstanz

Speck, Otto (2003): Frühförderung mit den Eltern unter ethischem Aspekt. In: Wilken, Udo & Jeltsch-Schudel, Barbara: Eltern behinderter Kinder. Empowerment – Kooperation – Beratung. Stuttgart, 90–101

Thurmair, Martin (1990): Die Familie mit einem behinderten Kleinkind. In: Frühförderung interdisziplinär 9, 49–62

Tietze-Fritz, Paula (1993): Elternarbeit in der Frühförderung. Dortmund

Wöhrlin, Ursula (1997): Bewältigungsprozesse von Eltern behinderter Kinder. In: Leyendecker, Christoph & Horstmann, Tordis: Frühförderung und Frühehandlung. Heidelberg, 53–60

Ziemen, Kerstin (2001): Das bislang ungeklärte Phänomen der Kompetenz – Kompetenzen von Eltern behinderter Kinder. Butzbach

Qualitätssicherung und -entwicklung von Bildungseinrichtungen

Kristina Kraft

Die meisten qualitätssichernden Bemühungen im Bildungs- und Sozialbereich greifen auf ein Ordnungsmodell mit Qualitätsdimensionen zurück. Qualitätsdimensionen sind „von einzelnen Qualitätsmerkmalen abstrahierte, zusammengesetzte und verallgemeinerte Ebenen von Qualität, die sich als Ordnungsmodell verwenden lassen" [www.qs-kompendium.de/glossar.html]. Das bekannteste dreiteilige Ordnungsmodell ist die auf Donabedian zurückgehende Unterteilung in Strukturqualität (bauliche Gegebenheiten und andere Rahmenbedingungen), Prozessqualität (Interaktionsebene) und Ergebnisqualität (Zielerreichung/Kundenzufriedenheit u. a.). Mittlerweile wird dieses linear gedachte Qualitätssicherungs-Modell problematisiert, zum einen, weil eine „gute" Struktur- und Prozessqualität wegen komplexer Wechsel- und Kontextwirkungen nicht unbedingt linear zu „guter" Ergebnisqualität führt. Zum anderen wird kritisiert, dass solch ein Modell den Kurzschluss erlaubt, eine vermeintlich schon vorhandene „gute" oder sogar „beste" Qualität müsse nur noch (z. B. gegen Kostensenkung) abgesichert werden.

Daher wird seit einigen Jahren vermehrt der qualitätsentwickelnde Aspekt betont, um die jeweils bestehende Qualität zu dynamisieren. Qualitätsentwicklung soll den Status quo aller drei Qualitätsdimensionen hinterfragen und dadurch Veränderungen bewirken. Beim Vergleich verschiedener Einrichtungen wurde hierbei deutlich, dass sich die jeweiligen Prozesse und Ergebnisse der Qualitätsentwicklung v. a. deswegen verschiedenartig präsentieren, weil sich das der Arbeit innewohnende Menschenbild (bzw. das implizite Bildungsverständnis, an dem sich die inhaltliche Arbeit einer Institution ausrichtet) unterscheidet. Um diesen übergeordneten Aspekten eine erhöhte Reflektion zukommen zu lassen, wurde angeregt, als vierte Qualitätsdimension die sogenannte Orientierungsqualität einzuführen (siehe von Spiegel 1998). Die Orientierungsqualität wird zwischen Struktur- und Prozessqualität verortet. Mit Blick auf Struktur- (oder Rahmen-)Qualität besäße diese Dimension das Potenzial für eine „Ethik des Rahmens". In Richtung Prozessqualität würde die Orientierungsqualität generell eine bewusstere „Reflektions(prozess)kultur" über die übergeordneten Werte, Leitideen und Ziele des eigenen professionellen Handelns aktivieren helfen. Damit wäre u. a. der Erstellung von pädagogischen Konzepten und Leitbildern ein eigenständiger zentraler Platz im Qualitätsentwicklungsprozess eingeräumt. Hierzu gehört jedoch stets die Beantwortung der Frage, woran sich denn Alltagshandeln, Konzepte und Leitbilder orientieren, um Orientierungsqualität nicht auf „Konzeptqualität" zu reduzieren.

Für die Arbeit mit Menschen mit geistigen Behinderungen erhält die bewusste Einführung einer Orientierungsqualitäts-Dimension im aktuellen „paradigmatische(n) Übergang von einer am Defekt orientierten Behandlung [hin] zur Persönlichkeitsentwicklung und sozialen Teilhabe durch Bildung" (Beck 2001, 83) [→ Erziehung und Bildung] durch eine orientierte Unterstützungsleistung eine bestimmte Richtung: Durch die hier benannte Verknüpfung von Behinderung, Bildung und Partizipation (Teilhabe) können nicht nur die dem klassischen Bildungswesen zugehörigen Institutionen als Bildungsinstitutionen in den Blick von anzustrebender Qualitätsentwicklung genommen werden, sondern all jene Institutionen, die „Bildungsprozesse" zur „Bewältigung von Behinderungsfolgen", für „eine selbstständige und zufrieden stellende Lebensführung (Wohlbefinden, soziale Integration)" und für „Persönlichkeitsentwicklung und Autonomie" initiieren (ebd., 339). [→ VI Programm-, Person-, und Organisationsentwicklung zwischen System und Lebenswelt]

Gemeint sind all jene Einrichtungen, die seit Einführung des SGB IX nicht mehr nur als (vorrangig heilpädagogische) Einrichtungen der Eingliederungshilfe, sondern nun gleichzeitig als Rehabilitationseinrichtungen gelten und „Leistungen zur Teilhabe" anbieten. Neben Zielen wie „Teilhabe" und „Selbstbestimmung" beinhalten diese Leistungen auch die Aufgabe, die „persönliche Entwicklung ganzheitlich zu fördern" (SGB IX § 4). Die Herausforderung für die Aufgabe der Qualitätsentwicklung besteht in diesem Kontext darin, Bildung von denjenigen her zu denken, die nach wie vor davon bedroht sind, als bildungs-, entwicklungs- und lernunfähig zu gelten und daher immer noch (bzw. – vorrangig unter Kostenaspekten – schon wieder) der Gefahr ausgesetzt sind, institutionalisierte Hilfe überwiegend in „anregungsausgedünnten" (Feuser) und bildungsfernen Umgebungen zu erhalten. [→ II Bildungsunfähigkeit] Es geht i. e. S. um Menschen mit schwer(st) er Behinderung, die für eine ernst gemeinte Umsetzung der Forderung „lebenslange Bildung für alle" im Mittelpunkt zu stehen haben – ebenso wie diejenigen Professionellen, die schwer(st) behinderte Menschen bei der Bildungsaneignung unterstützen.

Hierbei tauchen erschwerte Bedingungen für beide Seiten auf. (Geistige) Behinderung bedeutet (nach Jantzen) vor allem das extrem erhöhte Risiko, durch innere und äußere Faktoren vom allgemeinen Bildungsangebot und bei der Bildungsaneignung isoliert zu sein bzw. zu werden (z. B. durch unterschiedliche Formen von Hirnschädigung und Formen struktureller Gewalt und deren Wechselwirkungen). Isolation liegt (nach Zimpel) z. B. dann vor, wenn adäquate Bildungsangebote dem Menschen verwehrt werden oder ihm die Teilnahme daran nicht zugetraut wird bzw. anderen Teilnehmern dessen Teilnahme nicht zugemutet werden soll. [→ II Isolation und Partizipation]

Diejenigen Institutionen und Professionellen, die dem Anspruch einer Orientierungsqualität folgen, welche bewusst Isolationsfaktoren erkennen, abbauen und vermeiden will und auf Partizipation und Selbstbestimmung unter allen Umständen setzt, haben gerade in der Arbeit mit selbst- und fremdverletzenden Menschen [→ X Selbstverletzungen] ständig zu reflektieren, an welchen Stellen und in welchen (Extrem-)Situationen sich die Unterstützungsleistungen gegen den Menschen mit Behinderung richten, sodass sie in Richtung Aberkennung von Selbstbestimmung und Partizipation, Verunmöglichung von Bildung und Entwicklung oder sogar in Richtung Gewalt umzuschlagen drohen. [→ VII Behinderung und Gewalt] Ohne diese Reflektion steigt das Risiko, dass zur Prozessqualität wie selbstverständlich Formen der mechanischen Fixierung, der räumlichen Isolierung oder die Verabreichung hochdosierter Medikationen gehören. Sprachlich verkleidet (z.B. in Anglizismen wie „time-out") führen diese Begriffe und Maßnahmenformen in einem die Problemlage verkürzenden Gebrauch mitunter dazu, als unreflektierte „Standards" – jedoch qualitätsgesichert – angewandt zu werden, was gerade in krisenhaften Extremsituationen ein durchtragendes dialogorientiertes und personenzugewandtes professionelles Handeln häufig verhindert. [→ X Krisenintervention]

Der Anspruch einer „Ethik des Rahmens" könnte hier als Aufgabe verstanden werden, Professionelle nicht nur unter quantitativen Aspekten mit mehr Personal zu unterstützen, sondern Professionelle qualitativ so zu unterstützen, dass sie die Bedeutung von massiven Selbst- oder Fremdverletzungen nicht nur allgemein in Aus- und Fortbildung näher erklärt bekommen. Professionelle benötigen vielmehr – innerhalb einer auf den einzelnen Menschen ausgerichteten Reflektionskultur – ihnen zugesicherte Reflektionsorte. Dort sollten sie ihre aktuellen Probleme – auszumachen als erschwerte Bedingungen, Partizipation und Gewährleisten von Selbstbestimmung -zur individuellen Lebens-, Entwicklungs- und Syndromgeschichte des Menschen mit Behinderung in Beziehung setzen können. [→ Rehistorisierende Diagnostik] Diese Form der Reflektion – möglicherweise als scheinbarer Umweg oder als aufwendige, aber vermeintlich wirkungslose Kostentreiberin angesehen – beinhaltet gleichwohl für Professionelle hernach – ausgestattet mit einem tieferen Verständnis für die aktuelle Notwendigkeit von individuellem selbst- oder fremdverletzenden Verhalten – die zukunftsweisende Option, bisher nicht genutzte „entwicklungsrelevante Möglichkeitsräume" (Feuser) anbieten zu können.

Das heißt, eine „Ethik des Rahmens", die Partizipation und Bildung unter allen Umständen ermöglichen will, müsste den Professionellen innerhalb einer personenbezogenen und inhaltlich gedachten Qualitätssicherung die Chance ermöglichen, ihren Wissensbedarf zum Verstehen individueller Symptomatik umfassend zu definieren und benötigtes Wissen *über* den einzelnen behinderten Menschen oder direkt *von* ihm zu erhalten. Ebenso gehört beispielsweise eine Sensibilisierung für strukturelle und versteckte Gewaltaspekte in diesen Reflektionsrahmen. Mit diesem ergänzten (Spezial-)Wissen und neuen pädagogischen Ideen für die personenbezogene Prozessqualität würden Professionelle wieder in die Praxis zurückgehen können.

Ermöglichte und verhinderte Bildung ist jeweils „das Resultat von Entwicklungsprozessen und ist unter Berücksichtigung dieser darzustellen und zu denken" (Jantzen 2006). Bildungsaneignung setzt demzufolge voraus, dass die unterstützenden Professionellen zu „wissenden Zeugen" (A. Miller) der konkreten isolierenden Erfahrungen werden und sie als solche anerkennen. Ebenso gehört dazu, dass Institutionen mit diesem Wissen ihre Macht dafür einsetzen, zukünftig den (zumeist extrem) belasteten Menschen vor vermeidbaren Isolationserfahrungen zu schützen. Bildungsarbeit mit einem schwer(st) behinderten Menschen unter qualitätsentwickelnder Zielsetzung bedeutet also, konkret erlebte und/oder existierende Formen von Isolation nicht nur zu beachten, sondern mit allen vernetzten Kräften abzubauen, um emotionale Stabilisierung bei gleichzeitiger Öffnung selbstbestimmter und teilhabender Entwicklungsräume zu ermöglichen.

Bildungsarbeit im Kindergarten oder in der Schule hätte auf der Ebene der Orientierungsqualität gleichen Prinzipien zu folgen: Sie hat den aktuellen wissenschaftlichen Diskurs aufzunehmen und mit der Praxis zu verbinden („state of the art") i.S. eines entwicklungs- und partizipationsbezogenen Menschenbilds. [→ II Behinderung als sozial- und kulturwissenschaftliche Kategorie]

Die Einführung einer solchen Orientierungsqualität würde auf die drei anderen Qualitätsdimensionen zurückwirken:

Bezug zur Strukturqualität

„Bildung ereignet sich nicht im luftleeren Raum, sondern in konkreten, historisch gewordenen und von Menschen gestalteten und gestaltbaren Räumen" (BMBF 2004, 24). Sind diese Räume von und für geistig schwer(st) behinderte Menschen auf jedem Entwicklungsniveau gestaltbar, ermöglichen sie Entwicklung und eröffnen weitere Entwicklungs-Räume, denn: „Aneignung von Räumen heißt, die eigenen Fragen und Themen mitbringen und im räumlichen Arrangement bearbeiten und weiterführen zu können. ... Die Aneignungsqualität von Räumen ist somit ein zentraler Aspekt für die Möglichkeit und die Qualität von Bildungsprozessen" (ebd., 24 f.).

Bezug zur Prozessqualität

Will Pädagogik die Bildung auch und gerade von Menschen, die durch Isolation belastet oder bedroht sind, ermöglichen, so gilt Partizipation und Selbstbestimmung „nicht nur als Ziel für die künftige Lebensgestaltung ..., sondern auch für die konkrete Praxis in den pädagogischen Institutionen selbst". Zur Konkretion von Partizipation gehört u. a., „die Wirkungen des eigenen Handelns erfahren zu können" (ebd., 24).

Bezug zur Ergebnisqualität

„Bildung im Sinne der freien Entwicklung der Persönlichkeit ... ist als normatives Konzept auch empirisch daraufhin zu konzeptualisieren, wie dies in widersprüchlichen gesellschaftlichen Konstellationen und individuell prekären Lebensverhältnissen gelingen oder misslingen kann. ... In diesem Sinne ist Bildung auch im Horizont der alltäglichen Lebensbewältigung zu interpretieren" (ebd., 25).

Qualitätsentwicklung in Kindergarten, Schule, Behindertenhilfe, Erwachsenenbildung u. a. bedeutet eine bleibende Herausforderung für „lernende Organisationen", alle jeweiligen Betroffenen an der inhaltlichen Qualitätsdiskussion zu beteiligen.

Literatur

Beck, Iris (2001): Normalisierung. In: Antor, G. & Bleidick, U. (Hrsg.): Handlexikon der Behindertenpädagogik. Stuttgart, 82–85

Beck, Iris (2001): Lebensqualität. In: Antor, G. & Bleidick, U. (Hrsg.): Handlexikon der Behindertenpädagogik. Stuttgart, 337–340

BMBF [Bundesministerium für Bildung und Forschung] (2004): Konzeptionelle Grundlagen für einen Nationalen Bildungsbericht – Non-formale und informelle Bildung im Kindes- und Jugendalter. Bd. 6 der Reihe Bildungsreform; Quelle: www.bmbf.bund.de/pub/nonformale_und_informelle_bildung_Kindes_u_jugendalter.pdf

Jantzen, Wolfgang (2006): Eine Schule für alle – nicht ohne umfassende Integration behinderter Kinder! Pädagogische, psychologische und sozialwissenschaftliche Aspekte. In: Marxistische Blätter 44 (2006) 6, 45–55; http://www.linksnet.de/artikel.php?id=2891

Spiegel, Hiltrud von (1998): Selbstevaluation – Qualitätsentwicklung und Qualitätssicherung „von unten". In: Merchel, Joachim (Hrsg.): Qualität in der Jugendhilfe. Münster, 251–271

Stichwortregister

A
Ästhetik, ästhetisch-kulturelle Bildung 203 ff.
Allgemeinbildung 46, 48, 177
Allgemeine Pädagogik 15–25, 36
Aids-Prävention 234
Andragogik 271 ff.
Anstaltsfürsorge 106
Arbeit 266, 269 f.
Arbeitslehre 206
Armut 100, 105 f., 108, 111 f.
Aufklärung 47, 72, 105 f., 111, 118 f., 143, 260
Autonomie 28 f., 64 f., 107, 112 f., 115, 118, 148 ff., 185, 220, 234

B
Begabung 47
Behindertenpädagogik 101, 114, 117, 121, 168, 194
Behinderung 6, 43, 49, 73 f., 90, 100, 106, 112, 116, 185 f., 194, 216, 238, 267 f., 270, 278, 280 282, 284, 287
Berufliche Bildung, Berufsorientierung, Berufswahl 266 ff., 269
Bewegungserziehung 222 ff.
Bildung 5 ff., 9 f., 19, 30, 32 ff., 43, 46–49, 56, 71 f., 105–114, 116 f. 123, 160, 173 f., 194, 205 f., 210 ff., 229, 243 f., 251 ff., 254 f., 261, 263 ff., 270 ff., 276, 278, 284, 286 f.
Bildungsgerechtigkeit 46, 75
Bildungspolitik 71, 75 f.
Bioethik 99
Blindenbildung 106 ff.

C
Computerlernen 240
Copingverhalten 138, 282

D
Delinquenz 136
Demenz 273, 275
Deutscher Bildungsrat 74, 113, 260
Diagnostik, diagnostischer Prozess 88
Didaktik 48, 176 f.
Differenzierung 75

E
Elementarbildung 260 ff.
Elementarpädagogik 50, 276
Elternqualifizierung 280 ff., 284
Emanzipation 63, 107, 118, 166
Empathie 65, 68, 144, 178 f.
Empowerment-Bewegung 113, 183 ff.
Entwicklung 33, 44, 82 ff., 87, 262
Entwicklungspsychologie 91, 135
Entwicklungstheorie 86 f.
Erziehung 6 f., 9 f., 19, 25 f., 32 ff., 35, 43–46, 56, 61 ff., 68, 107, 109 ff., 112, 116 f., 121 ff., 173 f., 178 ff., 181, 224, 229, 243, 247, 250 f., 253 ff., 270 f.
Erziehungstheorien 63 f., 205
Erziehungswissenschaft 17 ff., 22 ff., 74, 176,
Ethik 115 ff., 118, 122
Etikettierungsansatz 169
Eugenik 99
Euthanasiemorde 72
Exklusion 71 f., 96 ff., 122

F
Familie 182, 280 f.
Förderschule 72 f., 206, 270
Förderschule Lernen 211, 269
Förderschwerpunkte 50, 74
Frauenforschung 166
Frühe Kindheit 81, 254
Frühförderung 256 ff.

G
Geisteswissenschaftliche Pädagogik 111, 116 f.
Gemeinsamer Unterricht 74 ff., 76
Geragogik 271 ff.
Geschlechterforschung 166 f., 168
Gesellschaft 29 f., 162, 210 ff., 266
Gesellschaftliche Bildung 210 ff.
Gesundheitserziehung 227 ff.

H
Heilpädagogik 242, 245 f.
Heterogenität 43, 52, 56, 218
Hilfsschule 72, 108, 112
Humanistische Psychologie 116

I
Identität 54, 61, 65 ff., 94, 143–150, 172, 183, 217, 262, 270, 277
Individualisierung, Individualität 75, 143,
Industrialisierung 105
Industrieschulen 108
Inklusion 55, 75 f., 96 ff., 113, 195

Inklusive Pädagogik 43, 221
Inklusiver Unterricht 125 f.
Integration 55, 73 ff., 76, 96 f., 113, 266, 270, 278
Interaktion 63, 79, 81 f., 116, 121 f., 143, 145, 147, 167, 171 f., 180, 232 f., 257 f., 277
Interkulturelle Bildung und Erziehung 164, 217 f., 234
Interkulturelle Pädagogik 52, 160, 220
Intelligenz 140, 148
Internet 237 f., 241

K
Kindergartenpädagogik 260
Kindertageseinrichtungen 276
Kindliche Entwicklung 81 f.
Kleinkindforschung 247
Körperbehinderung 274
Kommunikation 45, 113, 116, 121, 144, 147, 149, 184, 237, 257, 262, 277
Kompetenzniveau-Modell 209
Konstruktivismus 63, 125 f., 245, 264, 277
Kooperation, kooperatives Lernen 73, 125 ff.
Kritische Erziehungswissenschaft 117

L
Lebenshilfe 273
Lernbehinderung 179
Lernen 32 ff., 78, 148, 212
Liebe 120, 232

M
Medienerziehung 236 ff.
Merkantilismus 106
Migration 100, 159 f.
Migrationshintergrund 162 ff., 218 f.
Mobilitätsbildung, Mobilitätserziehung 192–196
Moral 116
Muttersprachlicher Unterricht 162

N
Nationalsozialismus 62, 111
Naturwissenschaftliche Bildung 214 ff.
Neuhumanismus 110
Normalisierungsprinzip 113

P
Pädagogik der Vielfalt 53, 64, 220
Pädagogische Ethik 117 f.
Partizipation 67, 194, 220, 231
Philanthropische Bildungstheorien 106
Pietismus 106, 109
Psychische Entwicklung 87
Psychologische Diagnostik 80

Q
Qualitätsentwicklung 285 ff.

R
Rechte des Kindes 116
Reformpädagogik 62, 261
Reggio-Pädagogik 263
Rehistorisierende Diagnostik 88–94
Resilienz 135–142
Resilienzforschung 247
Rettungshäuser 109
Rollendistanz 68, 144

S
Sachunterricht 204, 211, 214
Salutogenese 138, 230 f.
Säuglingsforschung 247 ff.
Schlüsselqualifikationen 268 f.
Schule für Lernbehinderte 72
Schulpädagogik 50
Schulpflicht 110
Schulreife 276
Sehbehinderung 274
Selbstbestimmung 183 ff.
Selbstwertgefühl 145
Separation 72 ff.
Sexualerziehung 214, 232–235
Signifikantes Lernen 144
Sonderpädagogik 50 f., 55, 194, 240, 242, 245 f.
Sonderschulwesen 73 f., 105
Sozialisation 33, 62 f., 206, 239
Soziale Kompetenz 188 f., 191
Sozio-sexuelle Sozialisation 233 f.
Spielpädagogik 242 ff.
Spieltherapie 245
Sterilisation 235
Stigmatisierung 122 f., 146, 169 ff., 282,
Symbolischer Interaktionismus 144, 147 f.

T
Taubstummenbildung 106 ff.
Tätigkeitstheorie 83
Technische Bildung 206 ff.

U
Umweltbildung 197 ff.

V
Verkehrserziehung 192–196
Vorschulische Erziehung 166

Z
Zone der nächsten Entwicklung 78–87, 223
Zwangssterilisation 72

Die Autoren

Prof. Dr. Rainer Benkmann
Universität Erfurt
Erziehungswissenschaftliche Fakultät
Sonder- und Sozialpädagogik
Postfach 90 02 21
99105 Erfurt

PD Dr. Beate Blanke
Olendörp 33
22335 Hamburg

PD Dr. Hartmut Bölts
Forsthaus 1
35085 Ebsdorfergrund-Roßberg

Prof. Dr. Ursula Carle
Universität Bremen
Fachbereich 12: Erziehungs- und Bildungswissenschaften
Postfach 33 04 40
28334 Bremen

Dr. Seth Chaiklin
University of Bath
Department of Education
Bath BA2 7AY, UK
United Kingdom

Prof. em. Dr. rer. pol. Gerhard H. Duismann
Ratzeburger Allee 71
23562 Lübeck

Prof. Dr. Yvonne Ehrenspeck
Hochhauser Straße 8
26121 Oldenburg

Prof. Dr. Michael Fingerle
Johann Wolfgang Goethe-Universität
Institut für Sonderpädagogik
Senckenberganlage 15
60325 Frankfurt

Prof. Dr. Ulrike Greb
Universität Hamburg
Fakultät IV, Sektion 3, Berufliche Bildung und lebenslanges Lernen
Sedanstraße 19
20146 Hamburg

Prof. Dr. Ulrich Heimlich
Ludwig-Maximilians-Universität München
Lehrstuhl für Lernbehindertenpädagogik
Leopoldstraße 13
80802 München

Prof. Dr. Birgit Herz
Leibniz Universität Hannover
Institut für Sonderpädagogik
Schloßwenderstraße 1
30159 Hannover

Prof. em. Dr. Jürgen Hohmeier
Westfälische Wilhelms-Universität Münster
Institut für Sozialpädagogik, Weiterbildung und empirische Pädagogik
Georgskommende 33
48143 Münster

Prof. Dr. Hajo Jakobs
Fachhochschule Kiel
Fachbereich Soziale Arbeit und Gesundheit
Sokratesplatz 1
24149 Kiel

Prof. Dr. Wolfgang Jantzen
Universität Bremen
Fachbereich 12: Erziehungs- und Bildungswissenschaften
Postfach 33 04 40
28334 Bremen

Prof. Dr. Astrid Kaiser
Carl von Ossietzky Universität Oldenburg
Institut für Pädagogik
Postfach 25 03
26111 Oldenburg

Prof. Dr. Helen Knauf
Hochschule Fulda
Fachbereich Sozialwesen
Marquardstraße 35
36039 Fulda

Prof. Dr. Tassilo Knauf
Am Gottesberg 61
33619 Bielefeld

Prof. Dr. Katja Koch
Universität Rostock
Institut für sonderpädagogische Entwicklungsförderung und Rehabilitation
August-Bebel-Straße 28
18055 Rostock

Prof. Dr. Barbara Koch-Priewe
Universität Bielefeld
AG 4: Schulentwicklung und Schulforschung
Fakultät für Erziehungswissenschaft
Postfach 10 01 31
33501 Bielefeld

Kristina Kraft
Harzburger Straße 9
28205 Bremen

Prof. Dr. habil. Elsbeth Krieg
Fachhochschule Hannover
Fakultät V: Diakonie, Gesundheit und Soziales
Blumhardtstraße
30625 Hannover

Prof. Dr. Willehad Lanwer
Evangelische Fachhochschule Darmstadt
Zweifalltorweg 12
64293 Darmstadt

PD Dr. Friedrich Linderkamp
Universität Dortmund
Fakultät Rehabilitationswissenschaften
Rehabilitationspsychologie
Martin-Schmeißer-Weg 13
44221 Dortmund

Prof. Dr. Brunhilde Marquardt-Mau
Universität Bremen
Fachbereich 12: Erziehungs- und Bildungswissenschaften
Bibliothekstraße 1
28334 Bremen

Prof. Dr. Wolfgang Nieke
Universität Rostock
Philosophische Fakultät
Institut für Allgemeine Pädagogik
August-Bebel-Straße 28
18051 Rostock

Prof. Dr. Detlef Pech
Humboldt-Universität zu Berlin
Philosophische Fakultät IV
Institut für Erziehungswissenschaften
Unter den Linden 6
10099 Berlin

Prof. Dr. Wolfgang Praschak
Universität Hamburg
Fakultät IV, Sektion 2, Behindertenpädagogik
Sedanstraße 19
20146 Hamburg

Prof. Dr. Norbert Ricken
Universität Bremen
Fachbereich 12: Erziehungs- und Bildungswissenschaften
Postfach 33 04 40
28334 Bremen

Prof. Dr. Alfred Sander
Mecklenburgring 47
66121 Saarbrücken

Prof. Dr. Klaus Sarimski
Pädagogische Hochschule Heidelberg
Sonderpädagogische Frühförderung und Allgemeine Elementarpädagogik
Keplerstraße 87
69120 Heidelberg

Prof. Dr. Ditmar Schmetz
Mentlerstraße 4
44227 Dortmund

Ellen Schwarzburg-von Wedel
Im Bulziggarten 15
72116 Mössingen

Prof. Dr. Simone Seitz
Universität Bremen
Fachbereich 12: Erziehungs- und Bildungswissenschaften
Postfach 33 04 40
28334 Bremen

Dr. Alexander Skiba
Behaimstraße 34
84453 Mühldorf/Inn

Philipp Spitta
Studienseminar für Lehrämter an Schulen
Lennershofstraße 50
44801 Bochum

Dr. Reinhard Stähling
Gemeinschaftsgrundschule Berg Fidel
Hogenbergstraße 160
48153 Münster

Prof. Dr. Roland Stein
Julius-Maximilians-Universität Würzburg
Institut für Sonderpädagogik
Lehrstuhl für Sonderpädagogik V
Wittelsbacherplatz 1
97074 Würzburg

Prof. Dr. Ursula Stinkes
Pädagogische Hochschule Ludwigsburg
Fakultät für Sonderpädagogik
Institut für sonderpädagogische Förderschwerpunkte
Pestalozzistraße 53
72762 Reutlingen

Prof. Dr. Georg Theunissen
Martin-Luther-Universität Halle-Wittenberg
Philosophische Fakultät III Erziehungswissenschaften,
Institut für Rehabilitationspädagogik
06099 Halle

Prof. Dr. Hans Weiß
Pädagogische Hochschule Ludwigsburg
Fakultät für Sonderpädagogik
Postfach 23 44
72713 Reutlingen

Prof. Dr. Birgit Werner
Pädagogische Hochschule Heidelberg
Institut für Sonderpädagogik
Keplerstraße 87
69120 Heidelberg

Prof. Dr. Kerstin Ziemen
Universität zu Köln
Humanwissenschaftliche Fakultät
Dept. Heilpädagogik und Rehabilitation
Klosterstraße 79b
50931 Köln

Behinderung, Bildung, Partizipation
Enzyklopädisches Handbuch der Behindertenpädagogik
Überblick über das Gesamtwerk

Bd. 1: Wissenschaftstheorie
Hrsg. von Detlef Horster & Wolfgang Jantzen

Bd. 2: Behinderung und Anerkennung
Hrsg. von Markus Dederich & Wolfgang Jantzen

Bd. 3: Bildung und Erziehung (unter erschwerten Bedingungen)
Hrsg. von Astrid Kaiser, Ditmar Schmetz, Peter Wachtel & Birgit Werner

Bd. 4: Didaktik und Unterricht
Hrsg. von Astrid Kaiser, Ditmar Schmetz, Peter Wachtel & Birgit Werner

Bd. 5: Lebenslagen und Lebensbewältigung
Hrsg. von Iris Beck & Heinrich Greving

Bd. 6: Gemeindeorientierte Dienstleistungssysteme
Hrsg. von Iris Beck & Heinrich Greving

Bd. 7: Entwicklung und Lernen
Hrsg. von Georg Feuser, Joachim Kutscher & Birger Siebert

Bd. 8: Sprache und Kommunikation
Hrsg. von Otto Braun und Ulrike Lüdtke

Bd. 9: Sinne, Körper und Bewegung
Hrsg. von Markus Dederich, Wolfgang Jantzen & Renate Walthes

Bd. 10: Emotion und Persönlichkeit
Hrsg. von Georg Feuser, Birgit Herz & Wolfgang Jantzen